Gewerkschaften, Arbeitslosigkeit
und Politische Stabilität

Europäische Hochschulschriften
Publications Universitaires Européennes
European University Studies

Reihe III
Geschichte und ihre Hilfswissenschaften

Série III Series III
Histoire, sciences auxiliaires de l'histoire
History and Allied Studies

Bd./Vol. 923

PETER LANG
Frankfurt am Main · Berlin · Bern · Bruxelles · New York · Oxford · Wien

Claudia Kaiser

Gewerkschaften, Arbeitslosigkeit und Politische Stabilität

Deutschland und Großbritannien in der Weltwirtschaftskrise seit 1929

PETER LANG
Europäischer Verlag der Wissenschaften

Die Deutsche Bibliothek - CIP-Einheitsaufnahme

Kaiser, Claudia :

Gewerkschaften, Arbeitslosigkeit und politische Stabilität : Deutschland und Großbritannien in der Weltwirtschaftskrise seit 1929 / Claudia Kaiser. - Frankfurt am Main ; Berlin ; Bern ; Bruxelles ; New York ; Oxford ; Wien : Lang, 2002

(Europäische Hochschulschriften : Reihe 3, Geschichte und ihre Hilfswissenschaften ; Bd. 923)

Zugl.: Freiburg (Breisgau), Univ., Diss., 1999

ISBN 3-631-38226-X

D 25

ISSN 0531-7320

ISBN 3-631-38226-X

www.peterlang.de

Vorwort

Während meines Studiums hat mich keine wissenschaftliche Kontroverse so interessiert wie die Debatte um den "deutschen Sonderweg". Der teils sachlich-nüchterne, teils scharfe und emotionale Austausch von Argumenten faszinierte mich. Hier schienen sich Historiker und Historikerinnen in einem Forschungszusammenhang zu befinden, den die deutsche Historiographie, in deren Fachzeitschriften es die anglo-amerikanische Tradition der "rejoinders" und "replies to ..." nicht gibt, häufig vermissen läßt. Was lag für mich also näher, als aktiv in die Diskussion einzugreifen, obwohl sie viele Vertreter der Geschichtswissenschaft schon Anfang der 90er Jahre, als ich diese Untersuchung begann, für abgeschlossen hielten. Tatsächlich aber liegen bis heute kaum Studien vor, die den der These vom deutschen Sonderweg stets implizit zugrunde liegenden Vergleich mit anderen europäischen Ländern im einzelnen empirisch überprüfen. Meine Studie versucht das am Beispiel der gewerkschaftlichen Arbeitslosenpolitik zu tun. Sie fragt nach den Ausgangsbedingungen für politische Stabilität in Deutschland und Großbritannien in der Krisenzeit der dreißiger Jahre und wendet sich dabei einer Nahtstelle zwischen Politik, Wirtschaft und Gesellschaft zu – den "industriellen" oder "Arbeitsbeziehungen" zwischen Staat, Gewerkschaften und Unternehmerverbänden.

Diese Untersuchung benötigte eine lange Entstehungszeit. Die Geburt meiner Tochter Victoria, die allein durch ihre Existenz plötzlich andere Prioritäten schuf, ließ mich endlich den Schlußpunkt setzen. Mein größter Dank gilt zwei Menschen: meinem Doktorvater Professor Dr. Bernd Martin, der mich über Jahre hinweg geduldig betreut und durch wichtige Hinweise maßgeblich beeinflußt hat, sowie meinem Mann Privatdozent Dr. André Kaiser, der mich in jeder Hinsicht – fachlich, psychisch und finanziell – unterstützt und zahlreiche Krisen mit mir gemeistert hat.

Darüber hinaus bin ich den Mitarbeitern der verschiedenen deutschen und britischen Archive ebenso zu großem Dank verpflichtet wie dem Deutschen Historischen Institut London, das mir durch ein zweimonatiges Forschungsstipendium zu einem ersten Einblick in die britischen Akten verhalf. Zu danken habe ich jedoch vor allem der Deutschen Forschungsgemeinschaft für ihre großzügige finanzielle Unterstützung, ohne die meine Archivstudien im In- und Ausland nicht durchführbar gewesen wären. Von den Betreuern, insbesondere Professor Dr. Kurt Düwell, und Kollegiaten, besonders Heike Arend, Dr. Dietrich Oberwittler und Dr. Martin Kerkhoff, des Graduiertenkollegs "Westeuropa in vergleichender historischer Perspektive" an der Universität Trier erhielt ich unschätzbare Hilfe. Wichtige Hinweise wurden mir auch durch die Mitglieder des "Arbeitskreises Deutsche England-Forschung" zuteil.

Meine Eltern schließlich legten den Grundstein für die spätere Entstehung dieses Buches. Dafür danke ich ihnen.

Mannheim, im August 2001
C.K.

Für André und Victoria

Inhaltsverzeichnis

Einleitung

"Just as Alexis de Toqueville travelled to America in 1831 to seek the secrets of democracy so one might journey to England to seek the secrets of stable government."[1]

1. Fragestellungen und Thesen

Massenarbeitslosigkeit, soziales Elend und Existenzängste prägten Anfang der dreißiger Jahre das Leben breiter Bevölkerungsschichten in den von der Weltwirtschaftskrise betroffenen Industriegesellschaften. Den zeitgenössischen Politikern und staatlichen Institutionen stellte sich die Lösung dieser Probleme als innenpolitische Hauptaufgabe, wenn sie nicht ihre Glaubwürdigkeit verlieren und die Stabilität des gesamten politischen Systems gefährden wollten. Dabei waren sie auf die Mitarbeit der großen wirtschaftlichen Interessenverbände der Arbeitgeber und der Arbeitnehmer angewiesen, die durch ihre Kollektivabkommen über Löhne und Arbeitsbedingungen der staatlichen Wirtschafts- und Sozialpolitik Grenzen setzen, sie unterstützen oder sogar durchkreuzen konnten. Dies galt im europäischen Kontext auf Arbeitnehmerseite insbesondere für die deutsche und britische Gewerkschaftsbewegung, die die mit Abstand stärksten Organisationen im Internationalen Gewerkschaftsbund (IGB) stellten[2]. Auch für die Gewerkschaften selbst stand die Bekämpfung der Rezession ganz oben auf ihrer Prioritätenliste, nicht nur aufgrund ihres Selbstverständnisses als wirtschaftliche und soziale Interessenvertretung der Arbeitnehmer, sondern auch, weil sie durch die Massenerwerbslosigkeit in ihrem Organisationsbestand angegriffen wurden.

---

1 Richard Rose, Politics in England. Change and Persistence, London usw. 1989(5), S.1.

2 Im Jahre 1929 gehörten dem IGB 29 Landeszentralen mit insgesamt 13.800.567 Mitgliedern an (ohne Zählung der italienischen und litauischen Landeszentrale, wo aufgrund der politischen Verhältnisse keine freie gewerkschaftliche Tätigkeit möglich war). Davon stellte die deutsche Landeszentrale allein 5.420.233 Mitglieder, die britische 3.673.144 Mitglieder. Es folgte an dritter Stelle Österreich mit 766.168 Mitglieder, dann Frankreich mit 640.790 Mitgliedern. Vgl. Jahrbuch 1929 des Allgemeinen Deutschen Gewerkschaftsbundes (im folgenden: ADGB-Jahrbuch 19..), Berlin 1930, S.320. Auch in der Sozialistischen Arbeiter-Internationale (SAI) stellten die SPD und die Labour Party mit jeweils 40 Stimmen die beiden stärksten Fraktionen. Vgl. Vierter Kongreß der Sozialistischen Arbeiter-Internationale, Wien, 25. Juli bis 1. August 1931. Berichte, Verhandlungen und Beschlüsse (Kongreß-Protokolle der Sozialistischen Arbeiter-Internationale, Bd. 4/1 u. 4/2), Glashütten i. Taunus 1974 (unveränd. Nachdr. d. Ausg. Zürich 1932), S.887.

Die deutschen und britischen Gewerkschaften[3] entwickelten eine Vielzahl an Vorschlägen und Forderungen zur Beseitigung der Arbeitslosigkeit, die in der vorliegenden Studie vergleichend dargestellt werden. Dabei steht der jeweilige Dachverband - auf der einen Seite der Allgemeine Deutsche Gewerkschaftsbund (ADGB), auf der anderen der Trades Union Congress (TUC) - im Mittelpunkt der Betrachtung[4]. Die vergleichende Analyse der gewerkschaftlichen Arbeitslosenpolitik fragt darüber hinaus nach dem jeweiligen Beitrag der beiden Organisationen zum Erhalt der politischen Stabilität in ihrem Land. Negativ formuliert geht sie damit auch einem möglichen Versagen und der Mitverantwortung der deutschen Gewerkschaften für den Untergang der Weimarer Republik nach.
Das Jahr 1933 stellte für die deutschen Gewerkschaften einen entscheidenden Wendepunkt in ihrer Entwicklung dar, während sich für die britischen Gewerkschaften bis zum Kriegsausbruch 1939 kein markanter Einschnitt ergab. Um trotz des in Deutschland und Großbritannien unterschiedlichen zeitlichen Rahmens den Vergleich zu ermöglichen, wurde die vorliegende Untersuchung primär nach systematischen Gesichtspunkten gegliedert. Einer ausführlichen Analyse der gewerkschaftlichen Handlungspielräume auf politischer, wirtschaftlicher, gesellschaftlicher und organisatorischer Ebene schließt sich daher eine kürzere Darstellung der programmatischen Entwicklung des TUC und des ADGB im

---

[3] Wenn im folgenden kurz von den deutschen Gewerkschaften gesprochen wird, sind damit die "freien" oder sozialdemokratischen Gewerkschaften gemeint, die, als größte der drei gewerkschaftlichen Richtungsorganisationen in der Weimarer Republik, auch der maßgebliche Ansprechpartner für Unternehmerverbände und Regierung waren. 1931 hatte der ADGB 4.134.902 Mitglieder, der Gesamtverband der christlichen Gewerkschaften Deutschlands 698.472 Mitglieder, der Verband der Deutschen Gewerkvereine (Hirsch-Duncker) 149.804 Mitglieder (jeweils ohne Berücksichtigung der angeschlossenen Angestellten- und Beamten-Verbände); vgl. Dietmar Petzina, Werner Abelshauser u. Anselm Faust, Sozialgeschichtliches Arbeitsbuch, Bd. 3: Materialien zur Statistik des Deutschen Reiches 1914-1945, München 1978, S.111. Für Großbritannien stellen sich diese Differenzierungsprobleme in geringerem Maße, da es dort keine Richtungsgewerkschaften gab. Jedoch waren nicht alle britischen Gewerkschaften dem TUC angeschlossen. 1931 gehörten rd. 3.613 Mio. Mitglieder (78% aller Gewerkschaftsmitglieder) dem Dachverband an; vgl. Robert Price u. George Sayers Bain, The Labour Force, in: A. H. Halsey (Hg.), British Social Trends Since 1900. A Guide to the Changing Social Structure of Britain, London usw. 1988(2), S.162-201, hier S.191.

[4] Eine Berücksichtigung der Einzelgewerkschaften erfolgt hingegen nur im Hinblick auf deren Möglichkeiten und Grenzen zur Einflußnahme auf die Politik der Zentralorganisation. Vgl. zu diesem Thema Wolfgang Zollitsch, Einzelgewerkschaften und Arbeitsbeschaffung: Zum Handlungsspielraum der Arbeiterbewegung in der Spätphase der Weimarer Republik, in: GG 8 (1982), S.87-115. Eine entsprechende Abhandlung für Großbritannien liegt nicht vor, jedoch befassen sich die im Literaturverzeichnis aufgeführten Spezialuntersuchungen zu den Einzelgewerkschaften u.a. auch mit dieser Problematik.

Bereich der Arbeitslosenpolitik unter dem Einfluß der Weltwirtschaftskrise und in den dreißiger Jahren an. Die im analytischen Teil herausgearbeiteten generellen Entwicklungstendenzen sollen anhand dieses Fallbeispiels im einzelnen überprüft und verdeutlicht werden.
Jede wissenschaftliche Untersuchung, die die Endphase der ersten deutschen Republik zum Gegenstand hat, muß sich mit den Ursachen ihres Scheiterns auseinandersetzen. Das Spektrum der in der Forschung bereits vorgebrachten Erklärungen ist weit gefächert[5]. Einig sind sich die Historiker jedoch darin, daß der Niedergang des Weimarer Systems und die nationalsozialistische Machtübernahme nur durch ein komplexes Ursachengeflecht, nicht aber durch die monokausale Betonung einzelner Faktoren erklärt werden kann. Daß in der vorliegenden Studie die Gründe politischer Stabilität oder Zerrüttung dennoch am Fallbeispiel der gewerkschaftlichen Arbeitslosenpolitik abgehandelt werden, ist zum einen durch die vergleichende Perspektive bedingt, die eine Eingrenzung des Themas notwendig macht. Zum zweiten hat mich aber eine weitere Überlegung zu dieser Vorgehensweise bewogen. Ohne die beiden Flügelparteien KPD und NSDAP miteinander gleichsetzen zu wollen, läßt sich aus den neueren Ergebnissen der historischen Wahlforschung (vgl. Kap.I.3.) doch die Schlußfolgerung ziehen, daß durch die wirtschaftliche Notlage die Entstehung extremistischer politischer Positionen und demokratiefeindlicher Einstellungen gefördert wurde. In diesem politischen Klima bot sich den Nationalsozialisten die Chance, ein Gesellschaftsmodell vorzustellen, das der Mehrheit der Bevölkerung nicht nur ein Ausweg aus der Krise, sondern schließlich auch die bessere Alternative zum bestehenden System zu sein schien. Die wirtschaftspolitischen Vorstellungen dieses gesellschaftspolitischen Konzeptes trugen einen wichtigen Teil dazu bei.
Das wirtschaftspolitische Sofortprogramm der Nationalsozialisten, das eigens für die Reichstagswahl vom 31. Juli 1932 ausgearbeitet und in seinen Grundzügen von Gregor Strasser in einer Reichstagsrede am 10. Mai 1932 vorgetragen wurde, machte deutlich, daß nicht nur mit der von Brüning eingeschlagenen Deflationspolitik des Sozialabbaus radikal gebrochen werden sollte. Auch die von den Präsidialkabinetten Papen und Schleicher zögernd begonnene Arbeitsbeschaffungs-

---

5 Es ist nicht möglich, in diesem Rahmen einen Gesamtüberblick über die Forschungslage zur Endphase der Weimarer Republik zu geben, der zudem durch den Forschungsstand zur britischen Entwicklung in den dreißiger Jahren ergänzt werden müßte. Insofern einzelne Titel und Kontroversen direkt für mein Thema relevant sind, werden sie im nachfolgenden Abschnitt zur Quellen- und Literaturlage vorgestellt. Ansonsten verweise ich auf Eberhard Kolb, Die Weimarer Republik, München 1988; ders., Literaturbericht: Weimarer Republik, 3 Teile, in: GWU 43 (1992), S.311-21, 636-51, 699-721; Dieter Gessner, Das Ende der Weimarer Republik. Fragen, Methoden und Ergebnisse interdisziplinärer Forschung, Darmstadt 1978, sowie für Großbritannien auf Chris Cook u. John Stevenson, The Longman Handbook of Modern British History 1714-1987, London usw. 1989(2), Topic Bibliography, S.386 ff.

politik sollte im Sinne einer antizyklischen Konjunkturpolitik energisch und in weit größerem Umfang als zuvor fortgesetzt werden[6]. Die wirtschaftspolitische Programmatik wurde mit gesellschaftspolitischen Zielsetzungen verbunden, welche die NSDAP zur ersten modernen Integrationspartei und damit mehrheitsfähig machten[7]. Die Nationalsozialisten waren jedoch nicht die einzigen, die die Notwendigkeit einer neuen wirtschaftspolitischen Strategie zur Bekämpfung der Depression erkannten. Im Jahre 1931 bildeten sich an verschiedenen Orten, vor allem in Berlin, Kreise und Gruppen, die zahlreiche Pläne und Vorschläge für eine aktive Konjunkturpolitik erarbeiteten. Ihre Mitglieder kamen aus Wirtschaft und Politik, Verwaltung und Publizistik, während sich die Vertreter der Wirtschaftswissenschaften eher ablehnend verhielten. Im nationalsozialistischen Sofortprogramm gab es somit nichts, "(...) was nicht auch von den Reformern, und zwar früher, besser und fundierter, gesagt worden wäre."[8]
Unter diesen "Reformerkreisen" kam den freien Gewerkschaften besondere Bedeutung zu, da der ADGB die einzige demokratische Massenorganisation der Weimarer Republik war, die die neuen konjunkturpolitischen Ideen zum Programm erhob[9]. Durch ihre enge Verbundenheit mit der Sozialdemokratie und

---

6 Die Reichstagsrede Strassers wurde zunächst als "Wirtschaftliches Sofortprogramm der NSDAP" in hohen Auflagen verbreitet, bis es Hitler nach Einsprüchen der Wirtschaftsverbände wieder zurückziehen ließ (vgl. Hans Mommsen, Die verspielte Freiheit. Der Weg der Republik von Weimar in den Untergang 1918-1933, Berlin 1989, S.503). Der Bevölkerung wurde Hitlers fehlende Unterstützung des Programms ebenso wenig deutlich, wie die Ziele der nationalsozialistischen Wirtschaftspolitik, die von Beginn an im Dienste von Aufrüstung und Krieg stand; zur nationalsozialistischen Wirtschaftspolitik vgl. z.B. Avraham Barkai, Das Wirtschaftssystem des Nationalsozialismus. Ideologie, Theorie, Politik 1933-1945, Frankfurt/M. 1988; Hans-Erich Volkmann, Die NS-Wirtschaft in Vorbereitung des Krieges, in: Wilhelm Deist, Manfred Messerschmidt, ders. u. Wolfram Wette (Hg.), Ursachen und Voraussetzungen des Zweiten Weltkrieges, Frankfurt/M. 1989, S.211-435.

7 Vgl. J. W. Falter, Wahlen und Wählerverhalten unter besonderer Berücksichtigung des Aufstiegs der NSDAP nach 1928, in: Karl Dietrich Bracher, Manfred Funke u. Hans-Adolf Jacobsen (Hg.), Die Weimarer Republik 1918-1933. Politik, Wirtschaft, Gesellschaft, Bonn 1987, S.484-504.

8 Wilhelm Grotkopp, Die große Krise. Lehren aus der Überwindung der Wirtschaftskrise 1929/32, Düsseldorf 1954, S.281. Zu den "Reformerkreisen" vgl. ebda., S.32-43; Michael Schneider, Das Arbeitsbeschaffungsprogramm des ADGB. Zur gewerkschaftlichen Politik in der Endphase der Weimarer Republik, Bonn-Bad Godesberg 1975, S.36-44.

9 Vgl. Schneider, Arbeitsbeschaffungsprogramm, S.44. Die Umsetzung dieser Ideen bezeichnen wir heute als "keynesianische" Wirtschaftspolitik, obwohl es, außer in Großbritannien, auch in anderen Ländern, neben Deutschland auch in Belgien, den Niederlanden, der Schweiz, der Tschechoslowakei, Frankreich, Schweden und in den USA, eigenständige Überlegungen gab, die in ähnliche Richtung gingen. Teilweise

durch ihre Position als wichtigste Interessenvertretung der Arbeitnehmer im Rahmen der Weimarer Sozialverfassung hatten die freien Gewerkschaften zudem Möglichkeiten der politischen Einflußnahme. Dennoch gelang es weder dem ADGB noch der SPD, ihre seit den Septemberwahlen 1930 verfolgte Politik der Tolerierung des Präsidialkabinetts Brüning für die Durchsetzung von Forderungen zur Bekämpfung der Arbeitslosigkeit zu nutzen. Im Gegenteil: Befürchtungen, die mit Beschäftigungsprogrammen verbundene Kreditausweitung könne zu einer erneuten Inflation führen, veranlaßten vor allem die Sozialdemokratie zur Unterstützung der Brüningschen Deflationspolitik. Zu dieser Haltung trug auch die Bindung der deutschen Arbeiterbewegung an die marxistische Doktrin maßgeblich bei. Danach durfte in den Krisenverlauf nicht eingegriffen werden, da er die Klassenwidersprüche verschärfte und damit das Ziel der sozialistischen Gesellschaftstransformation einen Schritt näherbrachte. In der Forschungsliteratur wurde deshalb der Vorwurf erhoben, der ADGB habe, behindert durch den Immobilismus der SPD, aber auch durch ideologische Fixiertheit in den eigenen Reihen, die Chance zur Durchsetzung eines erfolgversprechenden Weges zur Bekämpfung der Wirtschaftskrise vertan. Stattdessen habe er der NSDAP die wirtschaftspolitische Initiative überlassen und trage in dieser Hinsicht eine Mitverantwortung für den Untergang der Weimarer Republik[10]. Andere, in ähnlichem Ausmaß von Erwerbslosigkeit betroffenen Länder, darunter Großbritannien, hätten demgegenüber durch

wurden sie auch realisiert, wie etwa der schwedische Arbeitsbeschaffungsplan von 1933 und der im gleichen Jahr gestartete amerikanische "New Deal" (vgl. ebd., S.215-18). John Maynard Keynes verschaffte den vielfältigen, international diskutierten Plänen mit seiner "Allgemeine(n) Theorie der Beschäftigung, des Zinses und des Geldes", Berlin 1983(6) [zuerst ersch. als: "The General Theory of Employment, Interest and Money", London 1936] jedoch eine theoretische Fundierung, die der darauf aufbauenden Politik ihren Namen gab.

10 Vgl. Robert A. Gates, Von der Sozialpolitik zur Wirtschaftspolitik? Das Dilemma der deutschen Sozialdemokratie in der Krise 1929-1933, in: Hans Mommsen, Dietmar Petzina u. Bernd Weisbrod (Hg.), Industrielles System und politische Entwicklung in der Weimarer Republik, Düsseldorf 1974, S.206-25; Bernd Martin, Die deutschen Gewerkschaften und die nationalsozialistische Machtübernahme. Von der Anpassungspolitik während der Präsidialkabinette zur Selbstausschaltung im totalitären Staat, in: GWU 36 (1985), S.605-31, hier S.611 f., 622; Hans Mommsen, Sozialdemokratie und Freie Gewerkschaften in der Weimarer Republik, in: GM 34 (1983),S.203-18, hier S.214; Heinrich August Winkler, Choosing the Lesser Evil: The German Social Democrats and the Fall of the Weimar Republic, in: JCH 25 (1990), S. 205-27, hier S.220 f.; ders., Der Weg in die Katastrophe. Arbeiter und Arbeiterbewegung in der Weimarer Republik 1930 bis 1933, Berlin usw. 1987, S.541.

die frühzeitige Durchführung einer antizyklischen Konjunkturpolitik eine politische Radikalisierung und Destabilisierung verhindert[11].
So führt Michael Schneider[12], der die Krisenbekämpfungspolitik in den USA, England, Schweden, Frankreich und Deutschland miteinander verglichen hat, die deutliche Abflachung des Krisenverlaufs in Großbritannien auf die geldpolitischen Maßnahmen der Regierung und ein großangelegtes, kommunales Wohnungsbauprogramm zurück. Wie diese Untersuchung zeigen wird (vgl. Kap.II.1.), wurde der 1932/33 einsetzende "housing boom" jedoch von der privaten Investitionstätigkeit getragen, während die öffentlichen Ausgaben eher zurückgingen. Entsprechend hebt auch William Garside in seinem Beitrag zur Arbeitsmarktpolitik der britischen Regierungen im europäischen Kontext hervor, daß sie häufig nur Stückwerk gewesen und ad hoc entschieden worden sei. Die Sorge des jeweiligen Kabinetts habe vorrangig dem Ziel des Budgetausgleichs und der Bewahrung der Stellung Londons als internationales Finanzzentrum gegolten, hinter dem die Durchführung staatlicher, defizitär finanzierter Arbeitsbeschaffungsprogramme zurückstehen mußte. Die Geschichte der staatlichen Beschäftigungspolitik in Großbritannien sei aber gerade deshalb keine "missed opportunity" gewesen. Vielmehr gab sie den britischen Regierungen nach 1931 die Gelegenheit, als Wächter des nationalen Interesses zu erscheinen, "(...) prepared to act only at the time and to the extent dictated by circumstance but never out of panic or under duress."[13]
Großbritannien bietet sich als Gegenbeispiel und Gegenstand einer vergleichenden Untersuchung zur Weimarer Entwicklung an, da es die Weltwirtschaftskrise mit bemerkenswert wenigen Veränderungen seiner politischen Institutionen überstand. Folgt man dem bisherigen vergleichenden Forschungsstand zum Scheitern der Weimarer Republik, dann lag eine Ursache der politischen Stabilität in Großbritannien in der Entwicklung und Durchführung einer antizyklischen Konjunktur-

---

11 Der britische Historiker Robert Skidelsky wirft umgekehrt der von 1929 bis 1931 regierenden Labour Party vor, sie habe in der Weltwirtschaftskrise aufgrund ihrer ideologischen Bindung an den "Utopischen Sozialismus" bei systemverändernden Forderungen zur sozialistischen Umgestaltung der Wirtschaft und einer orthodoxen Wirtschaftspolitik verharrt, anstatt sich mit einem sozialdemokratischen oder gradualistischen Programm der ökonomischen Realität zu stellen. Vgl. ders., Politicians and the Slump. The Labour Government of 1929-1931, London 1967, S.xii.

12 Vgl. Schneider, Arbeitsbeschaffungsprogramm, S.217; ders., Von der Deflations- und Arbeitsbeschaffungspolitik in der Krise der 30er Jahre. Aspekte eines internationalen Vergleichs, in: GM 33 (1982), S.65-73, hier S.69 f..

13 William R. Garside, Public Works and Mass Unemployment: Britain's Response in a European Perspective 1919-1939, in: AfS 27 (1987), S.83-102, Zitat S.102. Vgl. auch Johannes Paulmann, Arbeitslosigkeit in Großbritannien 1931-1939. Sozial- und Wirtschaftspolitik zwischen Weltwirtschaftskrise und Weltkrieg, Bochum 1989, S.149 ff., mit ähnlichem Resümee.

politik, die den Krisenverlauf frühzeitig dämpfte, während der ADGB aufgrund seiner ideologischen Inflexibilität in dieser Hinsicht versagte. Dieser Auffassung wurde allerdings in nichtkomparatistischen Studien zur britischen Wirtschaftspolitik in den dreißiger Jahren grundlegend widersprochen[14]. Da eine historische, komparatistisch angelegte Monographie zur Rolle der deutschen und britischen Gewerkschaften in der Depression bisher nicht vorhanden ist, stellen sich für den weiteren Verlauf der Untersuchung folgende Fragen:

a) Wie gestalteten sich die Reaktionen von TUC und ADGB auf die Massenerwerbslosigkeit in der Weltwirtschaftskrise? Welche Handlungsspielräume und Einflußmöglichkeiten zu ihrer politischen Durchsetzung besaßen die beiden Interessenorganisationen? Hatten beide Organisationen maßgeblichen Anteil an der politischen Entscheidungsfindung zur tatsächlich durchgeführten staatlichen Arbeitsmarktpolitik?

b) Kann die politische Stabilität in Großbritannien während der Weltwirtschaftskrise allein auf die Bekämpfung der Arbeitslosigkeit durch eine antizyklische, defizitär finanzierte Konjunkturpolitik zurückgeführt werden oder wurde die politische Radikalisierung durch andere Faktoren verhindert, an denen der TUC maßgeblich beteiligt war? Hatte der ADGB umgekehrt die gleichen Stabilisierungsmöglichkeiten, oder trugen die jeweils anderen Handlungsspielräume des deutschen und britischen Dachverbandes wesentlich dazu bei, daß im Vereinigten Königreich und in der Weimarer Republik ein unterschiedlicher politischer Weg eingeschlagen wurde, der in Deutschland in die nationalsozialistische Diktatur führte, in Großbritannien aber die Demokratie bewahrte?

Mit diesen Fragen wird zugleich die These zur Diskussion gestellt, daß weder der Umfang der Arbeitslosigkeit noch die Art der wirtschafts- und sozialpolitischen Maßnahmen zu ihrer Bekämpfung den ausschlaggebenden Faktor bildeten, der zu dieser unterschiedlichen Entwicklung beitrug. Von maßgeblicher Bedeutung war dagegen die legitimatorische Absicherung der staatlichen Arbeitsmarktpolitik in breiten Bevölkerungsteilen durch die gleichberechtigte Einbeziehung der wirtschaftlichen Interessenverbände, und somit auch der Gewerkschaften, in den diesbezüglichen politischen Entscheidungsfindungsprozeß. Damit ist konkret die Form der Entstehung und Durchführung staatlicher Maßnahmen und Entscheidungen gemeint, die Verfahrensweise also, in der nationale staatliche und partikulare gesellschaftliche Interessen miteinander vermittelt werden. Die Rolle des Vermittlers im wirtschafts- und sozialpolitischen Bereich nehmen in entwickelten Industrieländern die Organisationen der Arbeitgeber und Arbeit-

---

14 Vgl. Alan Booth u. Melvyn Pack, Employment, Capital and Economic Policy: Great Britain 1918-1939, Oxford 1985, S.94-122; Frederic M. Miller, The Unemployment Policy of the National Government 1931-1936, in: HJ 19 (1976), S.453-76, insb. S.460-65; Sidney Pollard, The Development of the British Economy 1914-1980, London usw. 1991(3), S.151-53.

nehmer wahr. Hier stellte sich die Aufgabe, die sie neben der reinen Interessenvertretung zur Stabilisierung des parlamentarisch-demokratischen Regierungssystems erfüllen mußten. Bei der Suche nach einer Antwort auf ihre zentrale Frage nach dem gewerkschaftlichen Beitrag zur politischen Stabilität folgt diese Untersuchung somit den Spuren des britischen Historikers Keith Middlemas, der in diesem Zusammenhang festgestellt hat:

"In reacting against the threat of revolution, to the extent of modifying ancient preoccupations about the political system, Britain developed its own distinctive form of triangular collaboration in the industrial sphere, between government, trade unions and the business class, just as in the field of parliamentary politics the Labour Party grew harmoniously to rival Conservatives and supersede the Liberals. Given the similarity of industrial experience and structural change in these three countries [Deutschland, Frankreich und Großbritannien; C. K.] in wartime, the contrast between political stability on one hand, and instability and class conflict on the other, cannot be ascribed wholly to social or economic differentiation, and must be explained by development in the political system, consciously willed and brought about."[15]

2. Theoretische Grundlagen und methodische Vorgehensweise

Wer nach der Verantwortung der Gewerkschaften für die politische Stabilität fragt, muß vor allem die Beziehungen zwischen ihnen, dem Staat und den Unternehmerverbänden in den Blick nehmen. Die Bedeutung der deutschen und britischen Gewerkschaften für die politische und gesellschaftliche Entwicklung ihres Landes wurde und wird jedoch in der Geschichtsschreibung von sehr unterschiedlichen Sichtweisen her untersucht[16]. So zielt die Fragestellung organisationsgeschichtlicher Studien stets auf die Politik der Gewerkschaftsspitze. Konflikte zwischen Verbandsführung und Basis werden zwar kritisch thematisiert, deren Unterdrückung jedoch zugunsten einer effektiven zentralisierten Interessenvertretung wohlwollend akzeptiert. Dagegen richtete sich seit den sechziger und siebziger Jahren das Interesse der Vertreter der Alltagsgeschichte bzw. der "rank-and-filists" in der britischen "labour history" vor allem auf die Lage und das Bewußtsein der Arbeiter an der Basis und führte teilweise dazu, daß die Betrach-

---

15 Ders., Politics in Industrial Society. The Experience of the British System since 1911, London 1979, S.123.

16 Vgl. zum folgenden Jonathan Zeitlin, From Labour History to the History of Industrial Relations, in: EcHR 40 (1987), S.159-84; andere Schwerpunkte setzt Jürgen Kocka, New Trends in Labour Movement Historiography: A German Perspective, in: IRSH 42 (1997), S.67-78.

tung der von den Gewerkschaften erreichten wirtschaftlichen und sozialen Verbesserungen in den Hintergrund trat. Stattdessen wurde häufig die disziplinierende Wirkung der Gewerkschaften auf die Arbeiter kritisch hervorgehoben und von einem fundamentalen Interessengegensatz zwischen der gewerkschaftlichen Führung und den einfachen Mitgliedern ausgegangen. Zu unterscheiden sind hier allerdings marxistisch inspirierte Arbeiten, die sich gegen reformistische Strategien der Gewerkschaften wenden, von Untersuchungen mit einer, wie es Gerhard A. Ritter formuliert hat, "nicht zu unterschätzende(n) 'grüne(n)' Komponente", mit der oft "auch eine bewußt kritische Einschätzung der heutigen Industriegesellschaft, der Massenkultur und der Gefahren der modernen Wissenschaft sowie die Suche nach verschütteten Alternativen in der angeblich 'heilen Welt' der Vergangenheit verbunden" ist[17].
Vor allem in den angelsächsischen Ländern entwickelte sich daneben die stark interdisziplinär arbeitende "industrial relations" - Forschung als ein dritter Ansatz der Gewerkschaftsgeschichtsschreibung[18]. Ganz anders als die "rank-and-filists" stellt er wieder die gewerkschaftlichen Organisationen in den Mittelpunkt. Dabei untersucht er aber nicht primär, wie der organisationsgeschichtliche Ansatz, deren organisatorische Entwicklung als "pressure group"[19], sondern hat die Strukturen

---

17 Gerhard A. Ritter, Die neuere Sozialgeschichte in der Bundesrepublik, in: Jürgen Kocka (Hg.), Sozialgeschichte im internationalen Überblick. Ergebnisse und Tendenzen der Forschung, Darmstadt 1989, S.19-88, Zitat S.59. Vgl. auch James E. Cronin, Neither Exceptional nor Peculiar. Towards the Comparative Study of Labor in Advanced Society, in: IRSH 38 (1993), S.59-75, der die Dominanz der marxistischen Interpretation in der britischen "labour history" beklagt.

18 Im deutschsprachigen Raum konnte sich diese Thematik bisher nicht in dem Ausmaß als eigenständige Forschungsrichtung etablieren, wie es im anglo-amerikanischen Raum der Fall war. So fehlt z.B. eine Gesamtdarstellung der Entwicklung der deutschen Arbeitsbeziehungen ebenso wie entsprechende Untersuchungen auf Branchenebene für die meisten Industriezweige und den Dienstleistungssektor. Sowohl Fritz Blaich, Staat und Verbände in Deutschland zwischen 1871 und 1945, Wiesbaden 1979, als auch Hans-Peter Ullmann, Interessenverbände in Deutschland, Frankfurt/M. 1988, schließen die "Sonderfälle" Gewerkschaften und Arbeitgeberverbände als Untersuchungsgegenstand ihrer Darstellung aus. Vgl. auch den Forschungsbericht von Matthias Freese, der die Forderung aufstellt, daß sich die moderne deutsche Gewerkschaftsgeschichte erweitern müsse, "(...) sich z.B. in eine Geschichte der industriellen Beziehungen wandeln und stärker als bisher von programmatischen und organisationsstrukturellen Studien hin zu Problemfeldern gewerkschaftlicher Tätigkeit bewegen [müsse]." (Kooperation und Konflikt. Neuere Studien zu den Gewerkschaften in der Weimarer Republik, in: Neue Politische Literatur 36 (1991), S.405-49, Zitat S.444 f.)

19 Vgl. Rupert Breitling, Die zentralen Begriffe der Verbandsforschung. "Pressure Group", Interessengruppen, Verbände, in: PVS 1 (1960), S.47-73.

und den Wandel der Arbeitsbeziehungen[20] zwischen Gewerkschaften, Arbeitgebern und Staat insgesamt im Auge[21]. Wie die bisherigen Ansätze geht auch diese Konzeption von prinzipiellen Interessengegensätzen zwischen Kapital und Arbeit aus, jedoch in einem System der Konfliktregelung, in dem gesellschaftliche und politische Interessenkonflikte auf dem Verhandlungsweg ausgetragen und, wenn möglich, in tragfähigen Kompromissen ausgeglichen werden können.
Den meisten Studien zur Gewerkschaftsgeschichte seit dem Zweiten Weltkrieg, ganz gleich, welchen Ansatz sie verfolgten, lag lange Zeit die Neo-Pluralismustheorie zur Erklärung des Einflusses der Verbände auf den Staat zugrunde[22]. Danach wird die Konkurrenz zwischen den verschiedenen gesellschaftlichen Interessengruppen und Parteien als ein wesentliches Strukturmerkmal westlicher Industriegesellschaften interpretiert. Durch die Einwirkung ("pressure") der Ver-

---

20 Ich ziehe den Begriff "Arbeitsbeziehungen" der direkten Übersetzung "Industrielle Beziehungen" vor, die zu sehr auf den sekundären Sektor hin konzeptioniert ist. Arbeitsbeziehungen gilt es hingegen auch im agrarischen und Dienstleistungssektor zu untersuchen.

21 Vgl. Werner Abelshauser, Konflikt und Kooperation. Strategien europäischer Gewerkschaften im 20. Jahrhundert, Essen 1988; Gerald D. Feldman u. Klaus Tenfelde (Hg.), Arbeiter, Unternehmer und Staat im Bergbau. Industrielle Beziehungen im internationalen Vergleich, München 1989. Für Großbritannien: Rodger Charles, The Development of Industrial Relations in Britain 1911-1939. Studies in the Evolution of Collective Bargaining at National and Industry Level, London 1973; Hugh A. Clegg, Alan Fox u. A. F. Thompson, A History of British Trade Unions Since 1889, Bd. 1: 1889-1910, Oxford 1964; Hugh A. Clegg, A History of British Trade Unions Since 1889, Oxford, Bd. 2: 1911-1933 (1985), Bd. 3: 1934-1951 (1994); Chris J. Wrigley (Hg.), A History of British Industrial Relations, Brighton, Bd. 1: 1875-1914 (1982); Bd. 2: 1914-1939 (1987). Für Deutschland: Benno König, Interessenvertretung am Arbeitsplatz: Betriebsrätepraxis in der Metallindustrie 1920-1933, in: Klaus Tenfelde (Hg.), Arbeiter im 20. Jahrhundert, Stuttgart 1991, S.66-90; Michael Ruck, Gewerkschaften - Staat - Unternehmer. Die Gewerkschaften im sozialen und politischen Kräftefeld 1914-1933, Köln 1990; Klaus Schönhoven, Von der Kooperation zur Konfrontation. Gewerkschaften, Arbeitgeber und Staat in der Weimarer Republik, in: Frank von Auer u. Franz Segbers (Hg.), Sozialer Protestantismus und Gewerkschaftsbewegung. Kaiserreich - Weimarer Republik - Bundesrepublik Deutschland, Köln 1994, S.131-48.

22 In der Bundesrepublik wurde die Neo-Pluralismustheorie maßgeblich von Ernst Fraenkel konzipiert. Sie entwickelte sich seit Ende der fünfziger Jahre zum leitenden Paradigma der westdeutschen politikwissenschaftlichen Verbändeforschung; vgl. den Forschungsüberblick bei Ulrich von Alemann u. Rolf G. Heinze, Verbändepolitik und Verbändeforschung in der Bundesrepublik, in: dies. (Hg.), Verbände und Staat. Vom Pluralismus zum Korporatismus. Analysen, Positionen, Dokumente, Opladen 1979, S.12-37, hier S.13-22. In Großbritannien wird der Pluralismus-Ansatz explizit durch den sog. "Oxford approach", z.B. durch H. A. Clegg, A. Fox und den deutschstämmigen O. Kahn-Freund, repräsentiert.

bände und Parteien auf den politischen Willensbildungsprozeß entsteht nach dieser Theorie ein gesellschaftliches Kräftegleichgewicht im politischen System, das der Stabilität dient. Demgegenüber wird in der neueren Forschung zunehmend stärker problematisiert, daß das Verhältnis der Verbände zum Staat nicht ausreichend erfaßt wird, wenn es ausschließlich als Einbahnstrasse der Ausübung von Druck beschrieben wird. Stattdessen schaltet sich der Staat mitunter aktiv in die Kollektivbeziehungen ein oder greift als Sozialstaat auch aus eigener Initiative Arbeitnehmerinteressen auf. Gleichzeitig stellen die Gewerkschaften häufig Partikularinteressen zurück und setzen die Zustimmung zu politischen Handlungen und Zielen des Staates bei ihren Mitgliedern durch, wenn sie es im gesamtgesellschaftlichen Interesse für notwendig halten. Diese Überlegungen führten zu einer Neukonzeption der "industrial relations" - Forschung, in die sich die vorliegende Untersuchung methodisch einordnet[23].
Schon seit dem Ende der siebziger und Anfang der achtziger Jahre entstanden auch in der Bundesrepublik vermehrt Aufsätze und Monographien zur Geschichte der Arbeitsbeziehungen, angeregt durch eine theoretische Debatte in der politikwissenschaftlichen Verbandsforschung, welche die gegenwärtige Entwicklung der angloamerikanischen "industrial relations" - Forschung begleitete[24]. Ausgelöst wurde die

---

23 Zur methodischen Vorgehensweise der Arbeit vgl. auch Jürgen Kocka, Comparative Historical Research: German Examples, in: IRSH 38 (1993), S.369-79; ders., Paradigmenwechsel? Die Perspektive der "Historischen Sozialwissenschaft", in: Bernd Mutter u. Siegfried Quandt (Hg.), Historie - Didaktik - Kommunikation. Wissenschaftsgeschichte und aktuelle Herausforderungen, Marburg 1988, S.65-80; ders., Theorien in der Sozial- und Gesellschaftsgeschichte. Vorschläge zur historischen Schichtungsanalyse, in: GG 1 (1975), S.9-42; Heinz-Gerhard Haupt u. ders. (Hg.), Geschichte und Vergleich. Ansätze und Ergebnisse international vergleichender Geschichtsschreibung, Frankfurt a.M./New York 1996; Hans-Jürgen Puhle, Theorien in der Praxis des vergleichenden Historikers, in: Jürgen Kocka u. Thomas Nipperdey (Hg.), Theorie und Erzählung in der Geschichte, München 1979, S.119-36; Hans-Ulrich Wehler, Anwendung von Theorien in der Geschichtswissenschaft, ebd. S.17-39; Theodor Schieder, Möglichkeiten und Grenzen vergleichender Methoden in der Geschichtswissenschaft, in: ders., Geschichte als Wissenschaft. Eine Einführung, München usw. 1965, S.187-211.

24 Vgl. z.B. Werner Abelshauser, The First Post-Liberal Nation: Stages in the Development of Modern Corporatism in Germany, in: European History Quarterly 14 (1984), S.285-318; ders., Freiheitlicher Korporatismus im Kaiserreich und in der Weimarer Republik, in: ders. (Hg.), Die Weimarer Republik als Wohlfahrtsstaat. Zum Verhältnis von Wirtschafts- und Sozialpolitik in der Industriegesellschaft, Stuttgart 1987, S.147-70; Johannes W. Bähr, Staatliche Schlichtung in der Weimarer Republik. Tarifpolitik, Korporatismus und industrieller Konflikt zwischen Inflation und Deflation 1919-1932, Berlin 1989; Ulrich Nocken, Korporatistische Theorien und Strukturen in der deutschen Geschichte des 19. und frühen 20. Jahrhunderts, in: Ulrich von Alemann (Hg.), Neokorporatismus, Frankfurt/M. usw. 1981, S.17-39; ders., Corporatism and Pluralism in Modern German History, in: Dirk Stegmann, Bernd-Jürgen Wendt u. Peter-Christian Witt (Hg.), Industrielle Gesellschaft und politisches System. Beiträge zur politischen

Diskussion durch eine 1974 erschienene Abhandlung des nordamerikanischen Politologen Philippe Schmitter. Darin schlug er vor, das ideengeschichtlich alte und durch die Erfahrung des Faschismus und Nationalsozialismus stark vorbelastete Konzept des Korporatismus zur Analyse und Erklärung des modernen Systems der Interessenrepräsentation in Industriegesellschaften seit dem Zweiten Weltkrieg zu nutzen. Ausdrücklich wollte Schmitter das Konzept allerdings von allen ideologisch-normativen Inhalten befreit und auf die Verfahrensweisen oder organisatorischen Arrangements beschränkt wissen, "(...) for linking the associationally organized interests of civil society with the decisional structures of the state. As such it is one of several possible modern configurations of interest representation, of which pluralism is perhaps the best-known and most frequently acknowledged alternative"[25].

In einer idealtypischen Gegenüberstellung von Pluralismus und Korporatismus definierte er letzteren als "(...) ein System der Interessenvermittlung, dessen wesentliche Bestandteile organisiert sind in einer begrenzten Anzahl singulärer Zwangsverbände, die nicht miteinander in Wettbewerb stehen, über eine hierarchische Struktur verfügen und nach funktionalen Aspekten voneinander abgegrenzt sind. Sie verfügen über staatliche Anerkennung oder Lizenz, wenn sie nicht sogar auf Betreiben des Staates hin gebildet worden sind. Innerhalb der von ihnen vertretenen Bereiche wird ihnen ausdrücklich ein Repräsentationsmonopol zugestanden, wofür sie als Gegenleistung bestimmte Auflagen bei der Auswahl des Führungspersonals und bei der Artikulation von Ansprüchen oder Unterstützung zu beachten haben."[26]

Entsprechend konkurriere im Pluralismus eine nicht näher bestimmte Anzahl verschiedener, freiwilliger, nicht hierarchischer und autonomer organisierter Gruppen miteinander, die weder eine staatliche Lizenz, Anerkennung oder Unterstützung besäßen, noch auf staatliche Initiative hin gebildet worden seien oder hinsichtlich der Rekrutierung von Führungspersonal oder der Interessenartikulierung staatlicher Kontrolle unterlägen[27].

Sozialgeschichte, Bonn 1978, S.37-56; Bernd Weisbrod, Kapital und Arbeit: Der umstrittene Gesellschaftsvertrag, in: Lutz Niethammer u.a. (Hg.), Bürgerliche Gesellschaft in Deutschland. Historische Einblicke, Fragen, Perspektiven, Frankfurt/M. 1990, S.332-47, 679-83; Methodenkritik bei Klaus von Beyme, Der Neokorporatismus - Neuer Wein in alte Schläuche?, in: GG 10 (1984), S.211-33.

25 Philippe C. Schmitter, Still The Century of Corporatism?, in: Review of Politics 36 (1974), S.85-131, hier S.86 (Hervorh. i. Orig.).

26 Ders., Interessenvermittlung und Regierbarkeit, in: Alemann u. Heinze (Hg.), Verbände und Staat, S.92-114, Zitat S.94 f. (engl. Orig.fassung d. Def. in: ders., Century, S.93 f.).

27 Vgl. ebda, S.94 (bzw. S.96 in engl. Orig.fassung).

Schmitters Anliegen war es vor allem, ein Erklärungsmodell der Interessenrepräsentation zu unterbreiten, das deren Erscheinungsformen seit dem Zweiten Weltkrieg[28] besser erfaßt als das bis dahin vorherrschende Pluralismus-Paradigma. Letzteres blendet strukturelle gesellschaftliche Ungleichheiten aus, indem es von der gleichmäßigen, wenn auch konkurrierenden, Einflußnahme aller gesellschaftlichen Interessengruppen auf das politisch-administrative System ausgeht. Tatsächlich läßt sich aber gerade im Bereich der Wirtschafts- und Sozialpolitik eine zunehmende Kartellisierung und Monopolisierung der organisierten Interessenvertretung durch Gewerkschaften und Unternehmerverbände beobachten, während gleichzeitig die Interessen gesellschaftlicher Gruppen mit eingeschränkten Möglichkeiten der Organisation und Konfliktaustragung, also z.B. Frauen, Alte, Behinderte oder Arbeitslose, politisch nicht in gleichem Maße vertreten und daher marginalisiert werden[29]. Da also das Korporatismus-Konzept den Schein der Gleichheit gesellschaftlicher Gruppen im Prozeß der Interessenvermittlung zerstört, vermag es besser als der Pluralismus-Ansatz, gesellschaftliche Machtstrukturen aufzudecken und Erklärungen der Stabilitätsbedingungen von Industriegesellschaften zu liefern. Die hier vorliegende Analyse der gewerkschaftlichen Arbeitslosenpolitik in Deutschland und Großbritannien nutzt daher den Schmitterschen Idealtypus "Korporatismus" für ihre Fragestellung. Dabei wird zu berücksichtigen sein, daß die historische Realität mit der idealtypischen Definition nur unvollkommen und in vielfach modifizierter Form übereinstimmt. Schmitter selbst hat darauf hingewiesen, daß seine Typen bewußt statisch und deskriptiv gewählt wurden, weil mit ihnen nicht auf noch im Entstehen begriffene, sondern auf erworbene Eigenschaften aufmerksam gemacht werden soll, wie sie im heutigen System der Interessenvermittlung in liberal-demokratischen, kapitalistischen Ländern zu beobachten sind. In Gang gesetzt seien ihre Erscheinungsformen jedoch Produkte sehr verschiedener politischer, sozialer und ökonomischer Prozesse, Träger sehr verschiedener Macht- und Einflußbeziehungen und Lieferanten unterschiedlicher politischer Lösungen. Schmitter differenzierte deshalb zwischen zwei historisch verschiedenen Subtypen, die er "gesellschaftlicher Korporatismus" und "Staatskorporatismus" nannte.

Danach kommt im gesellschaftlichen Korporatismus die begrenzte Anzahl der Partizipienten aufgrund freiwilliger Absprachen und Vereinbarungen zwischen den

---

28 Vgl. die knappe Zusammenfassung der diesbezüglichen Entwicklung im internationalen Vergleich bei Roland Czada, Korporatismus, in: Pipers Wörterbuch zur Politik, Bd. 2: Westliche Industriegesellschaften. Wirtschaft - Gesellschaft - Politik, hrsg. v. Manfred G. Schmidt, München usw. 1983, S.209-18.

29 Zu den anti-egalitären Elementen korporatistischer Arrangements im soziopolitischen System vgl. Claus Offe, Korporatismus als System nichtstaatlicher Makrosteuerung? Notizen über seine Voraussetzungen und demokratischen Gehalte, in: GG 10 (1984), S.234-56.

beteiligten Gruppen und zwischen ihnen und dem Staat zustande. Aufgrund von de facto vorhandenem sozialen Druck, von vertraglich vereinbarter Beitragseinziehung und anderen Regelungen auf freiwilliger Basis ergibt sich ein Zwang zur Mitgliedschaft in den beteiligten Organisationen. Die staatliche Anerkennung erfolgt aufgrund gesellschaftlichen Drucks von unten und als politische Notwendigkeit; das Repräsentationsmonopol ist dementsprechend unabhängig erkämpft worden. Ein staatskorporatistisches Interessenvermittlungssystem ist dagegen u.a. durch eine von der Regierung begrenzte Anzahl von Teilnehmern gekennzeichnet. Eine de jure durch Arbeitsgesetzgebung oder auf anderem offiziellen Wege verordnete, ausschließlich gewährte Autorität der Partizipienten beinhaltet den Zwang zur Mitgliedschaft. Die staatliche Anerkennung ist die Voraussetzung für Bildung oder Weiterbestehen einer Interessenvereinigung, das Repräsentationsmonopol ist daher auch von einem staatlichen Zugeständnis abhängig[30].

Beide Grundtypen des Korporatismus seien Teil sehr unterschiedlicher historischer Entwicklungsprozesse: "Societal corporatism appears to be the concomitant, if not ineluctable, component of the post-liberal, advanced capitalist, organized democratic welfare state; state corporatism seems to be a defining element of, if not structural necessity for, the antiliberal, delayed capitalist, authoritarian, neomercantilist state."[31]

Schmitters historisches Entwicklungsschema erinnert in vieler Hinsicht an das Modell des "Organisierten Kapitalismus", das auf den sozialdemokratischen Theoretiker der Zwischenkriegszeit Rudolf Hilferding zurückgeht und in den siebziger Jahren von einigen deutschen Historikern wieder aufgegriffen und zunächst favorisiert wurde[32]. Diese Protagonisten der These eines "deutschen Son-

---

30 Vgl. Schmitter, Interessenvermittlung, S. 95-97; ders., Century, S. 103-105; vgl. auch Gerhard Lehmbruch, Wandlungen der Interessenpolitik im liberalen Korporatismus, in: Alemann u. Heinze (Hg.), Verbände und Staat, S.50-71, der zwischen "liberalem" und "autoritärem" Korporatismus unterscheidet, inhaltlich aber dasselbe meint.

31 Schmitter, Century, S.105.

32 Vgl. Hans-Jürgen Puhle, Historische Konzepte des entwickelten Industriekapitalismus. "Organisierter Kapitalismus" und "Korporatismus", in: GG 10 (1984), S.165-84; die Beiträge in: Heinrich August Winkler (Hg.), Organisierter Kapitalismus. Voraussetzungen und Anfänge, Göttingen 1974; kritisch dazu ders., Organisierter Kapitalismus? Versuch eines Fazits, in: ders., Liberalismus und Antiliberalismus. Studien zur politischen Sozialgeschichte des 19. und 20. Jahrhunderts, Göttingen 1979, S.264-71; Doris von der Brelie-Lewien, Der Aufstieg des Nationalsozialismus - unvermeidliches Ende des "deutschen Sonderweges" in Europa?, in: Helga Grebing, Der "deutsche Sonderweg" in Europa 1806-1945. Eine Kritik, Stuttgart usw. 1986, S.138-195, hier S. 168-193. Zu den verschiedenen historiographischen Interpretationsansätzen zum Verhältniss von Staat und Wirtschaft seit dem Ersten Weltkrieg bis 1933 vgl. auch Gerold Ambrosius, Staat und Wirtschaft im 20. Jahrhundert, München 1990, S.70-72, 75-78.

derweges" entwickelten eine Vielzahl von politischen, wirtschaftlichen und sozialen Kriterien, die den Übergang des Industrialisierungsprozesses zum "organisierten Kapitalismus" erfassen und beschreiben sollten[33]. Beide Modelle - sowohl Schmitters als auch das deutsche - erhielten damit einen problematisch weiten und generalisierenden Systemcharakter, gekennzeichnet durch einen umfassenden Katalog von Merkmalen, die eine empirische Überprüfung entweder erschwerten oder ihr im Einzelfall nicht standhielten. So ist es wohl kein Zufall, "(...) daß es, von Ausnahmen abgesehen, nach wie vor keine umfassenden Vergleichsstudien gibt, die erst ganz überzeugend den Beweis erbringen könnten, inwieweit die Sonderweg-These vor dem Hintergrund der politischen und der gesellschaftlichen Entwicklung anderer Länder tragfähig ist, oder ob sich ein Wechsel der Interpretationsmuster als notwendig aufdrängt."[34]
Aufgrund der Beschränkung des Korporatismus-Konzeptes auf die Prozesse von Interessenartikulation, -organisation und -abstimmung, die letztlich schon Schmitter selbst vornahm, wurde nun aber seitens der Befürworter des "Organisierten Kapitalismus" - Modells neue Kritik laut. So wurde der Vorwurf zu enger, begrenzter Erklärungskapazitäten, der Industrielastigkeit und der Ausklammerung bedeutsamer wirtschaftlicher und sozialer Entwicklungen, z.B. der Klassenbildung, sowie deren politischer Konsequenzen erhoben[35]. Dem ist entgegenzuhalten, daß Schmitters Konzept durch die weitere Unterteilung in eine staatliche und eine gesellschaftliche Erscheinungsform "ein empirisch nutzbares System für eine analytische Differenzierung verschiedener historischer Strukturen und Entwicklungen" bietet, dessen Kriterien zwar die "allesumfassende Tendenz eines Großkonzeptes wie Organisierter Kapitalismus"[36] vermeiden, dessen Ergebnisse aber dennoch Hinweise auf Veränderungen in politischen und gesellschaftlichen System eines Landes geben. Die Anwendung staatskorporatistischer Verfahrensweisen könnte zum Beispiel in diesem Zusammenhang ein Anzeichen des Abbaus pluralistisch-demokratischer Systemeigenschaften sein. In Abweichung von

---

33 Vgl. den Überblick bei Puhle, Historische Konzepte, S.168f.

34 Grebing, Der "deutsche Sonderweg", Vorwort, S.9 f. Christiane Eisenberg hat gezeigt, daß im Einzelfall einige der die deutsche Arbeiterbewegung betreffenden Argumente der Sonderweg-These einer empirischen komparatistischen Betrachtung der deutschen und britischen Arbeiterbewegung vor 1914 nicht standhalten können, andere hingegen bestätigt werden (vgl. "The Comparative View in Labour History. Old and New Interpretations of the English and German Labour Movements before 1914", in: IRSH 34 (1989), S.403-32).

35 Vgl. Puhle, Historische Konzepte, S.183. Vgl. für einen Überblick zum Stand der Korporatismus-Forschung Peter J. Williamson, Corporatism in Perspective. An Introductory Guide to Corporatist Theory, London 1989.

36 Nocken, Korporatistische Theorien, S.21.

Schmitters Definition ist es jedoch sinnvoller, die im folgenden vorgenommene Unterscheidung von Voluntarismus und Korporatismus als alternative Verfahrensweisen der Konfliktregulierung in pluralistischen und demokratischen Industriegesellschaften zu treffen[37]. Voluntarismus wird dabei als die bewußte Minimierung der politischen Regulierung der Arbeitsbeziehungen ("abstention of law and state") und Korporatismus als Interessenvermittlung zwischen staatlichen Institutionen, Gewerkschaften und Arbeitgeberverbänden verstanden. Demgegenüber bezeichnet der von Schmitter verwendete Begriff "Pluralismus" eine Systemeigenschaft demokratischer Herrschaftsweise: "Eine demokratische Gesellschaft ist pluralistisch, oder sie ist nicht demokratisch."[38]

3. Quellenlage und Forschungsstand

Die Auswahl der Quellen wurde von der Konzeption der vorliegenden Arbeit geleitet. Zum einen sollte die gewerkschaftliche Arbeitslosenpolitik in der Weltwirtschaftskrise rekonstruiert, zum anderen dem Ausmaß der gewerkschaftlichen Einbindung in den staatlichen Entscheidungsprozeß im Bereich der Arbeitsmarktpolitik nachgegangen werden. Entsprechend standen die archivalischen Überlieferungen des ADGB und des TUC im Vordergrund, jeweils ergänzt durch das Korrektiv der staatlichen Akten im Bundesarchiv Koblenz und Potsdam für Deutschland und im Public Record Office in Kew für Großbritannien.
Der TUC hat seine schriftlichen Aufzeichnungen seit den zwanziger Jahren bis einschließlich 1960 als Dauerleihgabe dem Modern Records Centre übergeben, das der University of Warwick in Coventry angeschlossenen ist. Gleichzeitig wurde eine Vereinbarung zur regelmäßigen Aufstockung getroffen[39]. Die sich darunter

---

37 Zur theoretischen Diskussion um Korporatismus als Systemeigenschaft oder als Strukturvariante vgl. die kontroversen Beiträge von Andrew Cox, The Old and New Testaments of Corporatism: Is it a Political Form or a Method of Policy-making?, in: Political Studies 36 (1988), S.294-308, und Alan Cawson, In Defence of the New Testament: A Reply to Andrew Cox, "The Old and New Testaments of Corporatism", in: ebd., S. 309-15.

38 Vgl. André Kaiser, Staatshandeln ohne Staatsverständnis. Die Entwicklung des Politikfeldes Arbeitsbeziehungen in Großbritannien 1965-1990, Bochum 1995, insb. S.46-66, Zitat S.47. Unter Voluntarismus werden hier, gemäß der im angelsächsischen Sprachraum verbreiteten Verwendung, "auf Freiwilligkeit beruhende Beziehungen oder Strategien" und nicht die im Deutschen damit bezeichnete philosophische Lehre verstanden.

39 Vgl. S. Duffield u. R. Storey, The Trades Union Congress Archive 1920-60 (University of Warwick Library Occasional Publication No.19, Modern Records Centre Sources Booklet No.5), Coventry 1992; Trades Union Congress Deposited Records (MSS.292) (Modern Records Centre Information Leaflet No.9), Coventry 1992.

befindenden Akten der beiden Hauptgruppen "Unemployment 1921-1960" und "Unemployment Insurance 1922-1948" dokumentieren erschöpfend die Forderungen und Aktivitäten des Dachverbandes der britischen Gewerkschaften im Bereich der Arbeitslosenpolitik. Sie enthalten nicht nur chronologisch und thematisch geordnete Nachweise über sämtliche Kontakte in Form eines Schriftwechsels oder in persönlichen Gesprächen mit staatlichen Stellen und den Unternehmerverbänden in diesem Politikfeld. Auch die diesbezügliche Korrespondenz mit den regionalen und lokalen Unterorganisationen, den Einzelgewerkschaften und der Labour Party sowie Hinweise auf die Entscheidungsfindung im TUC-Vorstand (General Council) finden sich hier.
Im Vergleich zur britischen Quellenlage weist die Überlieferung des ADGB zur gewerkschaftlichen Arbeitslosenpolitik in der Weltwirtschaftskrise aufgrund von Zerstörungen und Verlusten infolge der nationalsozialistischen Herrschaft und des Zweiten Weltkrieges große Lücken auf. Unterlagen zum internen Meinungsaustausch des Vorstands mit den Unterorganisationen und angeschlossenen Einzelgewerkschaften über die Arbeitslosenpolitik fehlen größtenteils. Auch die neuerdings zugänglichen Akten des ehemaligen Zentralarchivs des Freien Deutschen Gewerkschaftsbundes (FDGB) der DDR, die jetzt von der Stiftung Archiv der Parteien und Massenorganisationen der DDR im Bundesarchiv, Berlin, verwahrt werden, konnten diesen Mangel nicht beheben[40]. Lediglich für den Aspekt des "Freiwilligen Arbeitsdienstes" bieten die Restakten des ADGB im Archiv des August-Bebel-Instituts bei der Historischen Kommission zu Berlin einen ähnlich aufschlußreichen Quellenfundus wie die Überlieferungen seiner britischen Kollegen. Die Darstellung der Meinungsfindungs- und Entscheidungsprozesse innerhalb des ADGB muß sich deshalb auf Dokumente stützen, die eher den Endpunkt als das Anfangsstadium und die Entwicklung einer Diskussion wiedergeben. Darunter fallen insbesondere die Nachlässe einzelner Funktionsträger, offizielle Verlautbarungen und Druckschriften des ADGB, die Berichterstattung in der Presse, die Protokolle der Bundesvorstands- und Bundesausschußsitzungen sowie die Jahrbücher und die 1928, 1931 und 1932 stattgefundenen Kongresse des ADGB.

---

[40] Vgl. Detlev Brunner, Quellen zur Gewerkschaftsgeschichte. Bestandsverzeichnisse Ostberliner Archive zur Geschichte der Gewerkschaftsbewegung von den Anfängen bis 1933, Essen 1992. Die im früheren FDGB-Archiv enthaltenen Überlieferungen der Einzelgewerkschaften und Ortsausschüsse des ADGB befassen sich primär mit der internen Entwicklung dieser Organisationen. Die ADGB-Vorstandskorrespondenz im Archiv der Hans-Böckler-Stiftung, Düsseldorf, enthält zwar einzelne, die Arbeitslosenpolitik betreffende, jedoch zusammenhanglose Schreiben, die keine Rekonstruktion kontinuierlicher Meinungsbildungsprozesse über einen längeren Zeitraum hinweg erlauben. Winkler, Weg, verzeichnet diese Akten noch unter den Beständen des Archivs beim Bundesvorstand des Deutschen Gewerkschaftsbundes (DGB-Archiv), Düsseldorf. Inzwischen wurden sie im Dezember 1988 von der Hans-Böckler-Stiftung aus dem DGB-Archiv übernommen.

Neben den unveröffentlichten Quellen wurden auf deutscher Seite auch die in edierter Form vorliegenden Überlieferungen der Unternehmerverbände, staatlichen Stellen und der Gewerkschaften genutzt[41]. Für Großbritannien wurden die unveröffentlichten Überlieferungen des TUC teils durch auf Microfiche verfilmte Dokumente des gewerkschaftlichen Dachverbandes und der Labour Party, teils durch zahlreiche Publikationen der britischen Arbeiterbewegung ergänzt. Diese sind ebenfalls in der Microfiche-Edition, sowie vor allem in der Trades Union Congress and Labour Party Library des Londoner Congress House, dem Hauptquartier der britischen Gewerkschaften, und in der Bibliothek der London School of Economics and Political Science (LSE) zugänglich. In der LSE finden sich auch die "Parliamentary Papers", die amtlichen Veröffentlichungen also, welche die unveröffentlichten staatlichen Akten komplementieren.

Die historische Forschung hat sich bisher eher sporadisch des hier vorliegenden Themas angenommen. Zur staatlichen Arbeitslosenpolitik in Großbritannien zwischen den Kriegen wurden zwar neuerdings zwei Monographien vorgelegt[42], eine Untersuchung der gewerkschaftlichen Arbeitslosenpolitik in Großbritannien fehlt jedoch sowohl für die Phase der Weltwirtschaftskrise als auch insgesamt für die Zwischenkriegszeit[43]. Für die deutsche Seite stellt sich die Forschungslage

---

41 Vgl. Akten der Reichskanzlei. Weimarer Republik: Kabinett Müller II - Kabinett von Schleicher, wechselnde Bearbeiter, Boppard [1970-1990]; Politik und Wirtschaft in der Krise 1930-1932. Quellen zur Ära Brüning. Eingel. von Gerhard Schulz, bearb. von Ilse Maurer u. Udo Wengst unter Mitw. von Jürgen Heideking, 2 Bde., Düsseldorf 1980; Hermann Weber, Klaus Schönhoven u. Klaus Tenfelde (Hg.), Quellen zur Geschichte der deutschen Gewerkschaftsbewegung im 20. Jahrhundert, Köln, Bd.3: Die Gewerkschaften von der Stabilisierung bis zur Weltwirtschaftskrise 1924-1930, bearb. von Horst-Albert Kukuck u. Dieter Schiffmann (1986); Bd.4: Die Gewerkschaften in der Endphase der Republik 1930-1933, bearb. von Peter Jahn unter Mitarb. von Detlev Brunner (1988).

42 Vgl. William R. Garside, British Unemployment 1919-1939. A Study in Public Policy, Cambridge 1990; zeitlich weitgefaßter: Johannes Paulmann, Staat und Arbeitsmarkt in Großbritannien. Krise, Weltkrieg, Wiederaufbau, Göttingen usw. 1993. Kontrovers zum Problem der Jugendarbeitslosigkeit: W. R. Garside, Juvenile Unemployment and Public Policy between the Wars, in: EcHR 30 (1977), S.322-39; ders., Juvenile Unemployment between the Wars: A Rejoinder, in: EcHR 32 (1979), S.529-32; Daniel K. Benjamin u. Levis A. Kochin, What went Right with Juvenile Unemployment Policy between the Wars: A Comment, ebd., S.523-28.

43 Vgl. jedoch Donald I. MacKay, David J. C. Forsyth u. David M. Kelly, The Discussion of Public Works Programmes, 1917-1935: Some Remarks on the Labour Movement's Contribution, in: IRSH 11 (1966), S.8-17; Sidney Pollard, Trade Union Reactions to the Economic Crisis, in: JCH 4 (1969), S.101-15; sowie die Debatte über die Haltung der Gewerkschaften zur staatlichen Arbeitslosenversicherungsgesetzgebung 1916-1920: Noelle Whiteside, Welfare Legislation and the Unions during the First World War, in: HJ 23 (1980), S.857-74; dies., Industrial Labour and Welfare Legislation after the First

genau umgekehrt dar. Hier erschien kürzlich eine ausführliche Untersuchung zur Arbeitslosenpolitik der deutschen Gewerkschaften, die allerdings noch nicht die Bestände der ostdeutschen Archive berücksichtigen konnte[44]. Eine Gesamtdarstellung der staatlichen Arbeitslosenpolitik in der Weimarer Republik steht hingegen noch aus[45]. Auch eine vergleichende Monographie zur britischen und deutschen Gewerkschaftsbewegung in der Weltwirtschaftskrise liegt bisher nicht vor[46].

World War: A Reply, in: HJ 25 (1982), S.443-46; Rodney Lowe, Welfare Legislation and the Unions during and after the First World War, ebd., S.437-41.

44 Vgl. Rose-Marie Huber-Koller, Gewerkschaften und Arbeitslose. Erfahrungen der Massenerwerbslosigkeit und Aspekte freigewerkschaftlicher Arbeitslosenpolitik in der Endphase der Weimarer Republik, 2 Bde., Pfaffenweiler 1992. Die These der Autorin von den verpaßten Chancen zur Mobilisierung der Arbeitslosen durch die sozialdemokratischen Gewerkschaften stützt die politische Linie der kommunistischen Erwerbslosenbewegung, ohne genügend die staatliche Seite bzw. die Durchsetzungschancen der gewerkschaftlichen Forderungen zu berücksichtigen. Die umfangreiche Quellen- und Literaturbasis der Untersuchung ist jedoch beeindruckend. Vgl. auch Schneider, Arbeitsbeschaffungsprogramm, sowie seine zahlreichen, im Literaturverzeichnis nachgewiesenen Aufsätze zu diesem Thema; mit vergleichender, deutsch-britischer Perspektive: Claudia Kaiser, Trade Union Reactions to Economic Crisis: Britain and Germany in the Early 1930s, in: Christoph Buchheim u. Redvers Garside (Hg.), After the Slump. Industry and Politics in 1930s Britain and Germany, Frankfurt/M. usw. 2000, S.179-200; Sidney Pollard, German Trade Union Policy 1929-1933 in the Light of the British Experience, in: Jürgen von Kruedener (Hg.), Economic Crisis and Political Collapse. The Weimar Republic 1924-1933, New York usw. 1990, S.21-44.

45 Zu einigen Einzelaspekten liegen bereits Abhandlungen vor; vgl. u.a. Karl Christian Führer, Arbeitslosigkeit und die Entstehung der Arbeitslosenversicherung in Deutschland 1902-1927, Berlin 1990; Peter Lewek, Arbeitslosigkeit und Arbeitslosenversicherung in der Weimarer Republik 1918-1927, Stuttgart 1992; Helmut Marcon, Arbeitsbeschaffungspolitik der Regierungen Papen und Schleicher. Grundsteinlegung für die Beschäftigungspolitik im Dritten Reich, Bern usw. 1974. Forschungsdefizite für die Phase der Weltwirtschaftskrise bzw. die Zwischenkriegszeit bilden u.a. auch die Untersuchung der arbeitsmarktpolitischen Vorstellungen und Maßnahmen einzelner Parteien, regionale und lokale Studien, die Entwicklung des Arbeitsmarkts in einzelnen Industriebereichen sowie vergleichende Studien mit anderen westlichen Industrieländern, z.B. Frankreich oder Schweden.

46 Für die Zeit vor dem Ersten Weltkrieg vgl. Christiane Eisenberg, Deutsche und englische Gewerkschaften, Göttingen 1986; Wolfgang J. Mommsen u. Hans-Gerhard Husung (Hg.), The Development of Trade Unionism in Great Britain and Germany 1880-1914, London usw. 1985 (zuerst ersch. als "Auf dem Weg zur Massengewerkschaft. Die Entwicklung der Gewerkschaften in Deutschland und Großbritannien 1880-1914", Stuttgart 1984). Die Beiträge des Sammelbandes sind jedoch mit wenigen Ausnahmen nicht ver-

Wichtige Anregungen verdankt diese Arbeit jedoch dem Werk von Gerhard A. Ritter zur Entstehung und Entwicklung des Sozialstaats, das diese Thematik in einem größeren Zusammenhang untersucht und dabei gerade auch das Feld der Arbeitsbeziehungen in Deutschland und Großbritannien während der Zwischenkriegszeit betrachtet[47]. Für einen weiteren Einblick in verschiedene Aspekte der Sozial- und Wirtschaftsgeschichte Deutschlands in der Zwischenkriegszeit bieten sich darüber hinaus die Publikationen von Werner Abelshauser und Volker Hentschel sowie Ludwig Prellers immer noch gültiges Standardwerk an[48]. In der Wirtschaftsgeschichte Kontinentaleuropas 1918-1945 von Roger Munting und B. A. Holderness wird die ökonomische Entwicklung Deutschlands in den Zusammenhang internationaler, auch britischer, wirtschaftlicher Abläufe eingebettet[49]. Die Beiträge in den von Peter Stachura sowie von Richard Evans und Dick Geary herausgegebenen Werken beleuchten besonders das Problem der Arbeitslosigkeit in der Weimarer Republik[50].

---

gleichend angelegt, sondern behandeln entweder die deutsche oder die britische Entwicklung.

47 Gerhard A. Ritter, Der Sozialstaat. Entstehung und Entwicklung im internationalen Vergleich, München 1991 (2., überarb. u. erhebl. erweiterte Aufl.).

48 Werner Abelshauser (Hg.), Die Weimarer Republik als Wohlfahrtsstaat. Zum Verhältnis von Wirtschafts- und Sozialpolitik in der Industriegesellschaft, Stuttgart 1987; Volker Hentschel, Geschichte der deutschen Sozialpolitik 1880-1980. Soziale Sicherung und kollektives Arbeitsrecht, Frankfurt/M. 1983; ders., Wirtschafts- und sozialhistorische Brüche und Kontinuitäten zwischen Weimarer Republik und Drittem Reich, in: Zeitschrift für Unternehmensgeschichte 28 (1983), S.39-80; ders., Die Sozialpolitik in der Weimarer Republik, in: Bracher u.a. (Hg.), Weimarer Republik, S.197-217; Ludwig Preller, Sozialpolitik in der Weimarer Republik, Kronberg/Ts. usw. 1978 (unveränd. Nachdr. von 1949).

49 Roger Munting u. B. A. Holderness, Crisis, Recovery and War. An Economic History of Continental Europe 1918-1945, New York usw. 1991.

50 Vgl. Richard J. Evans u. Dick Geary (Hg.), The German Unemployed. Experiences and Consequences of Mass Unemployment from the Weimar Republic to the Third Reich, London usw. 1987; Peter D. Stachura (Hg.), Unemployment and the Great Depression in Weimar Germany, London 1986; vgl. auch Detlev J. K. Peukert, Die Erwerbslosigkeit junger Arbeiter in der Weltwirtschaftskrise in Deutschland 1929-1933, in: VSWG 72 (1985), S.305-28. Der von Barry Eichengreen und Timothy J. Hatton herausgegebene Tagungsband, Interwar Unemployment in International Perspective, Dordrecht usw. 1988, beleuchtet zwar das Erwerbslosenproblem in verschiedenen westlichen Industrieländern zwischen den Kriegen. Der Deutschland betreffene Beitrag von D. P. Silverman befaßt sich aber mit der nationalsozialistischen Arbeitsbeschaffungspolitik.

Für einen allgemeinen Einstieg in die Geschichte Großbritannien während der Zwischenkriegszeit liegen mit Charles L. Mowats "Britain between the Wars" und A. J. P. Taylors "English History 1914-1945" zwei ältere, aber immer noch grundlegende Abhandlungen vor[51]. Mit der sozioökonomischen Entwicklung Großbritanniens zwischen den Kriegen befassen sich Trevor May sowie Sean Glynn und John Oxborrow, während sich Sidney Checkland und Martin Pugh besonders mit den Entstehungsbedingungen und Entwicklungsprozessen der Wirtschafts- und Sozialpolitik von Parteien und Verbänden auseinandersetzen[52]. Bentley Gilberts umfassende Untersuchung der britischen Sozialpolitik zwischen 1914 und 1939 wird durch Anne Crowthers Darstellung ergänzt, die einen kurzen Überblick über die historische Entwicklung sowie die wichtigste Literatur zu dieser Thematik bietet[53]. Der Sammelband "The Road to Full Employment" stellt das britische Arbeitslosenproblem während der Zwischenkriegszeit in den Mittelpunkt[54]. Es beschäftigt sich sowohl mit den sozialen und wirtschaftlichen Ursachen und Konsequenzen der Erwerbslosigkeit als auch mit der diesbezüglichen politischen Debatte und Politikformulierung.

In nahezu allen Studien zur Arbeitslosenproblematik, so auch in der vorliegenden, werden die Betroffenen als Objekt der wirtschaftlichen, sozialen oder politischen Handlungsweisen von Individuen, Institutionen oder Organisationen untersucht. Eine Ausnahme von dieser Regel bildet Richard Flanagans Darstellung der

---

51 Mowats Werk erschien 1956, Taylors inzwischen als Taschenbuch erhältliche Untersuchung wurde erstmals 1965 als 15.Band der Oxford History of England veröffentlicht. Die vorhandenen deutschsprachigen Überblicksdarstellungen und Nachschlagewerke eignen sich aufgrund der kurzen Behandlung des hier interessierenden Zeitraums nicht für eine Einführung; vgl. Isolde Friebel u. Heinrich Händel, Großbritannien, Bd.2: Wirtschaft und Gesellschaft, München 1982; Kurt Kluxen, Geschichte Englands. Von den Anfängen bis zur Gegenwart, Stuttgart 1968; Gottfried Niedhart (Hg.), Einführung in die englische Geschichte, München 1982; ders., Geschichte Englands im 19. und 20. Jahrhundert, München 1987; Jochen Schmidt-Liebich, Daten der englischen Geschichte. Von den Anfängen bis zur Gegenwart, München 1977; Peter Wende, Geschichte Englands, Stuttgart 1985.

52 Trevor May, An Economic and Social History of Britain 1760-1970, Harlow 1987; Sean Glynn u. John Oxborrow, Interwar Britain: A Social and Economic History, London 1976; Sydney Checkland, British Public Policy 1776-1939: An Economic and Political Perspective, Cambridge usw. 1983; Martin Pugh, The Making of Modern British Politics 1867-1939, Oxford 1982.

53 Bentley B. Gilbert, British Social Policy 1914-1939, London 1970; Anne Crowther, British Social Policy 1914-1939, London 1988; zur Vorgeschichte bis 1914 vgl. Gerhard A. Ritter, Sozialversicherung in Deutschland und England. Entstehung und Grundzüge im Vergleich, München 1983.

54 Sean Glynn u. Alan Booth (Hg.), The Road to Full Employment, London 1987.

politischen Aktivitäten der britischen Erwerbslosen zwischen 1884 und 1939[55]. John Burnett betrachtet dagegen aus alltagsgeschichtlicher Perspektive die Erfahrungen der Arbeitslosigkeit in Großbritannien zwischen 1790 und 1990 und fragt, "(...) how unemployment happened to individual people, how they and their families reacted to and coped with it, what steps they took to find work and what remedies were available to them if they failed. And, because life is not only about physical survival, what was it like to be without work, and what did one feel about it?"[56]

Die vorliegende Untersuchung zur gewerkschaftlichen Arbeitslosenpolitik in der Weltwirtschaftskrise läßt sich in zwei größere, thematische Teilbereiche aufspalten. Der eine umfaßt die politische und gesellschaftliche Entwicklung, die Frage nach Radikalisierungstendenzen in der Bevölkerung, den Machtverhältnissen in Staat und Gesellschaft, der Repräsentation gesellschaftlicher Interessen im politischen Bereich, der Verankerung der demokratischen Institutionen, kurzum nach der Stabilität des politischen Systems. Den zweiten Bereich bilden die wirtschaftliche Entwicklung, die wirtschaftspolitischen Handlungsspielräume von Staat und Gewerkschaften und insbesondere die Frage nach den Durchsetzungs- und Erfolgsmöglichkeiten einer alternativen Konjunkturpolitik. Im folgenden werden die wichtigsten, mit diesen Bereichen befaßten Forschungsergebnisse oder -kontroversen kurz vorgestellt.
Zur Frage der Bedeutung der Gewerkschaften für die Entwicklung des politischen Systems nahm Ludwig Prellers ältere Untersuchung zur Sozialpolitik in der Weimarer Republik vieles von dem vorweg, was in der neueren Forschung auf breiterer Quellen- und Literaturbasis dargelegt wird. Preller führte den Untergang der Weimarer Republik maßgeblich auf die Einflußnahme der wirtschaftlichen Kollektivorganisationen auf das Parlament und die politische Beeinflussung der Regierung über klassenorientierte Parteien zurück. Zwar habe auch die Entwicklung der Weltwirtschaftskrise das ihre zu dieser politischen Entwicklung beigetragen, jedoch sei der Hauptgrund im Versagen des deutschen Parlamentarismus auszumachen, der sich die Führung der Politik, insbesondere der Wirtschafts- und Sozialpolitik, aus der Hand nehmen ließ[57]. Das für diese Arbeit zentrale Werk zur deutschen Arbeiterbewegung in der Zwischenkriegszeit stellt jedoch Heinrich August Winklers dreibändige Geschichte der Arbeiter und

---

55 Richard Flanagan, "Parish-Fed Bastards". A History of the Politics of the Unemployed in Britain, 1884-1939, New York 1991.

56 John Burnett, Idle Hands: The Experience of Unemployment, 1790-1990, London 1994, S.1.

57 Vgl. Preller, Sozialpolitik, S.527.

Arbeiterbewegung in der Weimarer Republik dar. Wie Preller macht er den "Klassenkampf im Kabinett" für das Scheitern der letzten demokratisch gewählten Regierung Weimars, der großen Koalition unter der Leitung des sozialdemokratischen Reichskanzlers Hermann Müller, verantwortlich. Ihre zu enge Bindung an die wirtschaftlichen Interessenorganisationen habe den Parteien, insbesondere der SPD und der DVP, den Spielraum beschnitten, den sie zur Findung tragfähiger politischer Kompromisse benötigt hätten[58]. Daneben sind vor allem die neueren Spezialuntersuchungen über den ADGB von Gerard Braunthal, Detlev Brunner und Heinrich Potthoff hervorzuheben[59].

Für Braunthal liegt das Verdienst der freien Gewerkschaften in der Weimarer Republik darin, daß sie ihren Einfluß auf SPD und Bürokratie ausnutzten, um soziale Fortschritte zu erzielen und das demokratische System für eine kurze Zeitspanne am Leben zu erhalten. Brunner sieht den Dachverband dagegen in einem Repräsentationsdilemma: "Der gewerkschaftliche Doppelanspruch, für die gesamte Nation und für die Arbeiterschaft gleichermaßen Verantwortung tragen zu wollen und Interessen zu vertreten, verhinderte eine effektive Interessenvertretung der Gewerkschaften."[60] Letzteres sei aber primär verantwortlich für die Mitgliederverluste in der Zwischenkriegszeit. Wie auch die vorliegende Studie, gelangt Brunner daher zu dem Schluß, daß nicht zu viel sondern zu wenig Interessenpolitik der Gewerkschaften der Grund ihres schleichenden Legitimitätsverlustes gewesen sei, der zur Destabilisierung des politischen Systems beitrug.

Potthoff nimmt Bezug auf die neuere Korporatismus-Diskussion und konstatiert ein "Dreiecksverhältnis" zwischen Staat, Unternehmerverbänden und Gewerkschaften, in dem sich die Kräfteverhältnisse ständig verschoben hätten. Das Kräftegleichgewicht der Trias von Staat, Gewerkschaften und Unternehmerverbänden sei in der Endphase der Republik tiefgreifend gestört gewesen. Es kehrte sich gegen den demokratischen Staat, als die Unternehmerschaft mangels eines gesellschaftlichen Gegengewichts auf seiten der durch Mitgliedereinbußen und Massenarbeitslosigkeit geschwächten Gewerkschaften seine Regelungsmechanismen nur

---

58 Vgl. Heinrich August Winkler, Der Schein der Normalität. Arbeiter und Arbeiterbewegung in der Weimarer Republik 1924 bis 1930, Berlin usw. 1988(2), S.815 ff.; ders., Von der Revolution zur Stabilisierung. Arbeiter und Arbeiterbewegung in der Weimarer Republik 1918 bis 1924, Berlin usw. 1984; ders., Weg (Anm.10). Vgl. auch ders., Weimar 1918-1933. Die Geschichte der ersten deutschen Demokratie, München 1993.

59 Gerard Braunthal, Der Allgemeine Deutsche Gewerkschaftsbund in der Weimarer Republik, Köln 1981; Detlev Brunner, Bürokratie und Politik des Allgemeinen Deutschen Gewerkschaftsbundes 1918/19 bis 1933, Köln 1992; Heinrich Potthoff, Freie Gewerkschaften 1918-1933. Der Allgemeine Deutsche Gewerkschaftsbund in der Weimarer Republik, Düsseldorf 1987.

60 Brunner, Bürokratie und Politik, S.470.

noch als lästige Fesseln empfand[61]. In David Abrahams stark kritisierter, neomarxistischer Analyse[62] der Ursachen des Untergangs der Weimarer Republik spielen die Gewerkschaften hingegen nur als Koalitionspartner der Exportindustrie im Kampf um die gesellschaftliche und politische Meinungsführung eine Rolle. Eine eigenständige Bedeutung für die Gestaltung der historischen Entwicklung gesteht ihnen Abraham offensichtlich nur in geringem Maße zu. Der Autor führt den Untergang Weimars darauf zurück, daß der Machtblock der dominanten Klassen oder Fraktionen der Weimarer Gesellschaft, d.h der Großgrundbesitz, die stagnierende, binnenmarktorientierte Schwerindustrie und die dynamische Exportindustrie, in gegensätzliche Interessen zerfallen gewesen sei. Dies habe es dem Staat in der Endphase der Republik unmöglich gemacht, sie auf eine gemeinsame "coherent capitalist response to the crisis"[63] zu verpflichten und sich damit eine legitimatorische Absicherung seiner Politik zu schaffen.
Wie der Bruch der Großen Koalition 1930 in Deutschland, gaben auch die Regierungskrise von 1931 in Großbritannien, der Rücktritt der Labour-Regierung und die Bildung einer Nationalen Koalitionsregierung unter Ausschluß der Labour Party Anlaß für eine Vielzahl von Veröffentlichungen. Das Meinungsspektrum zu dieser Problematik reicht von dem Vorwurf einer Diktatur des TUC über die Labour Party[64], über eine moderate, verständnisvolle Haltung gegenüber der Hand-

---

61 Vgl. Potthoff, Freie Gewerkschaften, S.297 ff.. Für Bernd Weisbrod liegt die Verantwortung für den Untergang der Weimarer Republik maßgeblich bei der Schwerindustrie, die flexibel genug war, jede Variante der Interessenvertretung für ihre Zwecke zu nutzen. So akzeptierte sie unter revolutionärer Bedrohung eine "societal corporatist solution" in Gestalt der ZAG, sie forderte die Rückkehr zu "free pluralist competition", wenn rivalisierende Interessenorganisationen staatliche Unterstützung zur Kompensation ihrer Schwäche erhielten, und paßte sich problemlos "state corporatist solutions" an, die sie unter den politischen Bedingungen der Weimarer Republik abgelehnt hatte, als diese in den ersten Jahren der nationalsozialistischen Herrschaft implementiert wurden; vgl. ders., Economic Power and Political Stability Revisited: Heavy Industry in Weimar Germany, in: Social History 4 (1979), S.241-63, hier S.262.

62 David Abraham, The Collapse of the Weimar Republic. Political Economy and Crisis, Princeton, New Jersey 1981; zur Kritik vgl. ders., Business Wars: On Contributions to Weimar Scholarship, in: VSWG 72 (1985), S.329-52; Ulrich Nocken, Weimarer Geschichte(n). Zum neuen amerikanischen Buch "Collapse of the Weimar Republic", in: VSWG 71 (1984), S.505-27; ders. / David Abraham, Noch einmal: "Weimarer Geschichten", in: VSWG 73 (1986), S.61 f., mit weiteren Literaturhinweisen zur Kontroverse, sowie Winkler, Schein, S. 517 f.

63 Abraham, Collapse, S.48; vgl. auch ders., Conflicts within German Industry and the Collapse of the Weimar Republic, in: Past and Present 88 (1980), S.88-128.

64 Vgl. Ross J. McKibbin, The Economic Policy of the Second Labour Government 1929-1931, in: Past and Present 68, 1975, S.95-123, hier S.116-20.

lungsweise Premierminister MacDonalds[65], bis zu der Behauptung, dieser habe die Partei verraten[66]. Der Verschwörungstheorie, die zum Inhalt hat, daß der Premierminister den Sturz der Labour-Regierung zugunsten einer Allparteienregierung seit langem geplant habe, mag sich heute niemand mehr so recht anschließen. Sie wurde 1931 nach der Regierungskrise innerhalb der Labour Party formuliert und allenfalls von zeitgenössischen Autoren vertreten[67]. Daneben steht noch die nach dem Rücktritt der Regierung aufgebrachte These vom "Schwindelmanöver" der Bankiers, die eine momentane finanzielle Krise genutzt hätten, um Veränderungen in der Regierungspolitik, insbesondere Einsparungen bei den Sozialausgaben, zu diktieren, und so den Sturz der Regierung absichtlich und unnötigerweise herbeiführten[68]. Philip Williamson hat untersucht, ob die Labour-Regierung tatsächlich ein Opfer der Finanzwelt wurde, während Andrew Thorpe der Rolle von Arthur Henderson, MacDonalds Gegenspieler im Kabinett während der Regierungskrise, nachging[69].

Ergaben die ersten, nach dem Zusammenbruch der Großen Koalition durchgeführten Reichstagswahlen im September 1930 u.a. starke Stimmengewinne der NSDAP, so erbrachten die nach dem Rücktritt der Labour-Regierung erfolgten General Elections im Oktober 1931 ein überwältigendes Votum für die Nationale Regierung. Die ausgezeichnete Studie von John Stevenson und Chris Cook[70] stellt

---

65 Vgl. R. Bassett, 1931: Political Crisis, London 1958; Humphry Berkeley, The Myth that will not die. The Formation of the National Government 1931, London 1978; Keith Laybourn, The Rise of Labour. The British Labour Party 1890-1979, London usw. 1988; David Marquand, Ramsay MacDonald, London 1977.

66 Vgl. Austen Morgan, J. Ramsay MacDonald, Manchester 1987, S.208, 250; Mowat, Britain between the Wars, S.393-99.

67 Vgl. Philip Snowden, An Autobiography, Bd. 2: 1919-1934, London 1934, S.771 f., 950-54; BLPES, Passfield Papers, IV/26/34-66: Sidney Webb, Papers relating to the Crisis of August 1931, and the resignation of the Labour Government (written early in September 1931, before the General Election was even determined upon).

68 Vor allem der TUC General Council unterstützte diese Interpretation und betonte zugleich die übereinstimmenden Interessen der Finanzwelt und der Unternehmerverbände in dieser Frage; vgl. die Rede des Generalsekretärs Citrine auf dem TUC-Kongreß im September 1931, in: TUC, Report of Proceedings (im folgenden TUC-Report 19..) at the 63rd Annual Trades Union Congress, London 1931, S. 456-60, insb. S.456-58; ebenso auch der Labour-Politiker George Lansbury; vgl. BLPES, Lansbury Collection 25/III/n.1-17 (c. Sept. or Oct. 1931): The Cabinet Crisis of 1931.

69 Philip Williamson, A "Bankers' Ramp"? Financiers and the British Political Crisis of August 1931, in: EHR 99 (1984), S.770-806; Andrew Thorpe, Arthur Henderson and the British Political Crisis of 1931, in: HJ 31 (1988), S.117-39.

70 Vgl. dies., The Slump. Society and Politics during the Depression, London usw. 1979.

die politischen, wirtschaftlichen und sozialen Verhältnisse Großbritanniens während der Weltwirtschaftskrise dar und benennt eine Vielzahl von Faktoren als Ursache der Stabilität des britischen politischen Systems in den dreißiger Jahren. Dazu gehörte etwa die starke Verankerung der Labour Party in den von Arbeitslosigkeit besonders betroffenen alten Industrieregionen, wo sie aufgrund der vorherrschenden Personalunion von Partei- und Gewerkschaftsfunktionären und ihrer Präsenz in den von ihr kontrollierten Kommunalregierungen als ein Element der sozialen Kontrolle gewirkt habe. Andere Autoren haben die innenpolitische Entwicklung Großbritanniens jedoch weniger positiv beurteilt. So hat Ralph Miliband der Labour-Regierung von 1929 bis 1931 unterstellt, sie habe eine klassenverräterische Politik über die Köpfe der Basis hinweg verfolgt und das sozialistische Ziel dem Dogma des Parlamentarismus geopfert[71]. Noreen Branson und Margot Heinemann werfen den von 1931 bis 1939 amtierenden Nationalen Regierungen vor, trotz einer revolutionären Aufbruchstimmung in allen Parteien eine träge, rückwärtsgewandte Politik betrieben zu haben. Diese sei vor allem von den Konservativen getragen, aber auch von der offiziellen Arbeiterbewegung im Interesse von Ruhe und Ordnung unterstützt worden. So sei auf Kosten der Arbeitslosen die politische Stabilität erhalten geblieben. Protest sei nur von außerparlamentarischen Bewegungen, wie der kommunistisch dominierten National Unemployed Workers' Movement (NUWM), erhoben worden[72].

Welcher Interpretation man schließlich zuneigt, hängt davon ab, welche Auffassung man hinsichtlich des Zustandekommens politischer Entscheidungen zugrunde legt. Geht der bestimmende Einfluß vom Parlament, von der Exekutive, den gesellschaftlichen Interessenorganisationen oder dem Druck der unorgani-

---

71 Vgl. Ralph Miliband, Parliamentary Socialism. A Study in the Politics of Labour, London 1961. Auch Ben Pimlott, Labour and the Left in the 1930s, Cambridge usw. 1977, stellt den Parlamentarismus der Labour Party in den Vordergrund, bewertet ihn aber als konstruktive Haltung. Kritisch zu Miliband auch Iain McLean, der die Labour Party als "Bottom-Up"-Partei im Gegensatz zur "Top-Down"-Partei der Konservativen bezeichnet ("Party Organisation", in: Chris Cook u. Ian Taylor (Hg.), The Labour Party. An Introduction to its History, Structure and Politics, London usw. 1980, S.32-49); Kenneth O. Morgan spricht von einem Spannungsverhältnis innerhalb der Partei zwischen parlamentarischer Politik und außerparlamentarischen politischen und industriellen Einflüssen ("The High and Low Politics of Labour: Keir Hardie to Michael Foot", in: Michael Bentley u. John Stevenson (Hg.), High and Low Politics in Modern Britain. Ten Studies, Oxford 1983, S.285-312); Ross J. McKibbin betont den starken gewerkschaftlichen Einfluß auf die Partei ("The Evolution of the Labour Party 1910-1924", Oxford 1974).

72 Vgl. Noreen Branson u. Margot Heinemann, Britain in the Nineteen Thirties, London 1971, S.6 f.. Vgl. ähnlich auch die zeitgenössische Sicht des Führers der NUWM: Wal Hannington, Unemployed Struggles 1919-1936. My Life and Struggles Amongst the Unemployed, London 1936; ders., Never on our Knees, London 1967.

sierten Massen aus? John Stevenson hat die Relevanz verschiedener Interpretationsansätze in einem, für eine Einführung in den Forschungsstand sehr aufschlußreichen, Beitrag am Beispiel der Arbeitslosenpolitik überprüft und kommt dabei zu der Schlußfolgerung: "Where power lay in inter-war British politics and how it could be mobilized remains, on the evidence of unemployment policy, still very much an open question."[73]
Der britische Historiker Keith Middlemas hat in dieser Frage eindeutig Stellung bezogen und den wirtschaftlichen Interessenorganisationen einen maßgeblichen Einfluß auf die Politikformulierung eingeräumt. Als er gar einen "corporate bias" in der Entwicklung des politischen Systems seines Landes zwischen 1911 bis in die 1970er Jahre konstatierte und damit das Bild Großbritanniens als Paradebeispiel pluralistischer Strukturen kräftig gegen den Strich bürstete, sorgte dies in der historischen Zunft für heftigen Widerspruch[74]. Middlemas stellte die These zur Diskussion, daß Großbritannien in der Zwischenkriegszeit im Vergleich zu anderen westeuropäischen Ländern ein außergewöhnliches Maß an politischer Stabilität aufgewiesen habe, weil sich die industriellen Interessenverbände aufgrund ihrer zunehmenden Einbindung oder "Inkorporierung" in politische Entscheidungsprozesse durch die aufeinanderfolgenden Regierungen von "pressure groups" in "governing institutions" gewandelt hätten. In ihrer Rolle als quasi-staatliche Einrichtungen legitimierten sie, als Gegenleistung für einen Zuwachs an Status und Macht, staatliche Entscheidungen gegenüber ihren Mitgliedern und kontrollierten die Unzufriedenheit ihrer Klientel, indem sie diese in konstitutionelle Bahnen lenkten. Gesellschaftlicher Protest, der sich außerhalb des institutionalisierten Gleichgewichts von Staat und den Spitzenverbänden der Unternehmer und Gewerkschaften formierte, wie z.B. die National Unemployed Workers' Movement, sei so aufgrund seines fehlenden politischen Einflusses marginalisiert worden.
Die Kritik an Middlemas machte sich insbesondere daran fest, daß es keine Verlagerung von Entscheidungsprozessen von den Verfassungsorganen auf die industriellen Selbstverwaltungsgremien (National Industrial Conference, Whitley Councils) gegeben habe, sondern daß im Gegenteil nach der korporatistischen Einbindung der industriellen Interessenverbände während des Ersten Weltkriegs

---

73 John Stevenson, The Making of Unemployment Policy, 1931-35, in: Bentley u. Stevenson (Hg.), High and Low Politics, S.182-213, Zitat S.213.

74 Vgl. Middlemas, Politics in Industrial Society (Anm.15); kritisch dazu die Rezensionen von Gustav Schmidt, in: VSWG 69 (1982), S. 260-64; Robert Oakeshott, in: The Political Quarterly 51 (1980), S. 235-37, J. A. Turner, in: HJ 24 (1981), S.255 f.; sowie Rodney Lowe, Adjusting to Democracy. The Role of the Ministry of Labour in British Politics, 1916-1939, Oxford 1986; ders., Hours of Labour: Negotiating Industrial Legislation in Britain, 1919-1939, in: EcHR 35, 1982, S.254-71; Christopher J. Nottingham, Recasting Bourgois Britain? The British State in the Years which followed the First World War, in: IRSH 31 (1986), S.227-47.

die Rückkehr zur Parlamentsherrschaft erfolgt sei[75]. Darüber hinaus hätten die Angst der britischen Gewerkschaftsführungen vor einem Macht- und Autonomieverlust sowie ein stark fragmentiertes, dezentralisiertes und partikularisiertes System der Arbeitsbeziehungen mit einem geringen Grad an Verrechtlichung eine korporatistische Strategie der Konfliktregulierung von vornherein zum Scheitern verurteilt[76]. Ungeachtet aller Kritik läßt sich aber die qualitative Änderung der britischen Arbeitsbeziehungen nach dem Ersten Weltkrieg nicht wegdiskutieren. So stellte schon Alan Bullock in seiner Biographie des Gewerkschaftsführers und Labour-Politikers Ernest Bevin fest: "The Britain of the 1930s was not the Britain of the 1880s in which he had been born, nor even of the 1920s. (...) When Bevin first joined the trade-union movement it was still struggling for recognition, even of the right to collective bargaining. By the time he became chairman of the General Council [1936; C.K.], the right of the T.U.C. to be consulted on any

---

[75] Vgl. Bernd-Jürgen Wendt, Vom Interventionsstaat zum Industrieparlament. Ordnungspolitische Vorstellungen in England nach dem Ersten Weltkrieg, in: GG 12 (1986), S.5-33, hier S.28. Dagegen hatte schon in den sechziger Jahren Samuel H. Beer festgestellt, daß in der Zwischenkriegszeit "(...) the scale and nature of state intervention under the National Government founded a system of quasi-corporatism in which industry and government were brought into regular and continuous contact." (ders., Modern British Politics. A Study of Parties and Pressure Groups, London 1969(2), S. 298). In einem Vergleich des Stabilisierungsprozesses der bürgerlichen Gesellschaft in Deutschland, Italien und Frankreich während der Dekade nach dem Ersten Weltkrieg hat Charles S. Maier das von ihm festgestellte Erscheinen ähnlicher Strukturen als "new corporatism" bezeichnet, die Mitte der zwanziger Jahre in der Weimarer Republik bereits klar erkennbar waren, in Italien zu ihrer Herausbildung erst der politischen Zwangsmaßnahmen der Faschisten bedurften und in Frankreich zu diesem Zeitpunkt nur embryonal vorhanden waren (vgl. ders., Recasting Bourgois Europe. Stabilization in France, Germany, and Italy in the Decade after World War I, Princeton, New Jersey 1975; vgl. auch ders., Strukturen kapitalistischer Stabilität in den 20er Jahren. Errungenschaften und Defekte, in: Winkler, Organisierter Kapitalismus, S.195-213). U. Nocken hat die unpräzise theoretische Ausarbeitung von Maiers Konzept kritisiert. Er plädiert für Schmitters klarer definierte Idealtypen und sieht die Endphase der Weimarer Republik durch ein "mixed system of state and societal corporatism and pluralism" charakterisiert (vgl. ders., Corporatism and Pluralism, S.38-42, Zitat S.42).

[76] Vgl. Wendt, Vom Interventionsstaat, S.30 f.. Dem ist entgegen zu halten, daß Korporatismus nach Schmitters Definition nur in seiner staatskorporatistischen Form einen hohen Verrechtlichungsgrad beinhaltet. Verstanden als eine Strukturvariante der Arbeitsbeziehungen unter mehreren, muß er auch nicht notwendig den Systemcharakter tragen, den ihm Beer, Maier, Middlemas und Wendt zumessen, wenn sie die vollständige Auflösung des Klassenkonflikts in einem System der Sozialpartnerschaft und eine Art politischer Nebenregierung durch wirtschaftliche Selbstverwaltungskörperschaften damit verbinden.

legislation or to be represented on any inquiry dealing with social and industrial matters was taken for granted."[77]
Eng verbunden mit dem Wandel der Arbeitsbeziehungen sind die Anfänge einer "keynesianischen" Wirtschaftspolitik, die eine Abstimmung mit Investoren und Gewerkschaften voraussetzt, damit die Wirkungen antizyklischer Staatsausgaben nicht durch Investitionstätigkeit und Tarifentwicklung blockiert werden[78]. In der Zwischenkriegszeit noch kontrovers diskutiert, wurde die Notwendigkeit einer staatlichen Konjunkturlenkung in Wissenschaft und Politik nach dem Ende des Zweiten Weltkrieges weithin akzeptiert[79]. Entsprechend wurden die wirtschaftspolitischen Vorstellungen, Forderungen und Maßnahmen von Regierungen, Parteien und Verbänden in der Weltwirtschaftskrise von den Historikern nach keynesianischen Prämissen analysiert und, sofern sie diesen nicht entsprachen, negativ beurteilt[80]. In den 1970er Jahren zeigten sich im Gefolge der Ölpreiskrisen von 1973 und 1978 und zunehmender Inflation bei gleichzeitig stagnierender Wirtschaftsentwicklung die Grenzen keynesianischer Konjunktursteuerung[81]. Die Geschichtswissenschaft reagierte darauf mit kontroversen Deutungen der wirtschaftspolitischen Strategien in der Zwischenkriegszeit, welche die Erfolgsaussichten

---

77 Alan Bullock, The Life and Times of Ernest Bevin, Bd.1: Trade Union Leader 1881-1940, London 1960, S.600.

78 Vgl. Czada, Korporatismus, S.216. Zur wirtschaftstheoretischen Entwicklung aus Sicht des Arbeitsmarktes vgl. Bernhard Gahlen, Heinz-Dieter Hardes, Fritz Rahmeyer u. Alfons Schmid, Volkswirtschaftslehre. Eine problemorientierte Einführung, Tübingen 1982 (13., verb. Aufl.), S.119-26; Robert Skidelsky, John Maynard Keynes, Bd.2: The Economist as Saviour 1920-1937, London 1992, S. 548-71; Gerhard Wilke, Konjunkturpolitik, in: Pipers Wörterbuch zur Politik, Bd.2, S. 191-98; Toni Pierenkemper, Historische Arbeitsmarktforschung: Vorüberlegungen zu einem Forschungsprogramm, in: ders. u. Richard Tilly (Hg.), Historische Arbeitsmarktforschung. Entstehung, Entwicklung und Probleme der Vermarktung von Arbeitskraft, Göttingen 1982, S.9-36, hier S.14-19; vgl. auch ders., Beschäftigung und Arbeitsmarkt, in: Gerold Ambrosius, Dietmar Petzina u. Werner Plumpe (Hg.), Moderne Wirtschaftgeschichte. Eine Einführung für Historiker und Ökonomen, München 1996, S.243-63.

79 Der von den Vereinten Nationen 1949 veröffentlichte Bericht "Maintenance of Full Employment" nennt 26 Staaten, die sich gesetzlich zur Sicherung der Vollbeschäftigung als Ziel staatlicher Wirtschaftspolitik verpflichtet hatten. Vgl. Harald Winkel, Der Glaube an die Beherrschbarkeit von Wirtschaftskrisen (1933-1970). Lehren aus der Weltwirtschaftskrise, in: Gerhard Schulz (Hg.), Die Große Krise der dreißiger Jahre. Vom Niedergang der Weltwirtschaft zum Zweiten Weltkrieg, Göttingen 1985, S.29.

80 Vgl. z.B. Skidelsky, Politicians and the Slump.

81 Vgl. Winkel, Der Glaube an die Beherrschbarkeit, S.33-38.

antizyklischer Maßnahmen bei der Bekämpfung der Massenerwerbslosigkeit in der Weltwirtschaftskrise teilweise wieder in Frage stellten[82].
Der Münchner Wirtschaftshistoriker Knut Borchardt hat mit seinen seit 1979 erschienenen Aufsätzen über die wirtschafts- und sozialpolitischen "Zwangslagen und Handlungsspielräume"[83] Brünings in der Weltwirtschaftskrise eine immer noch andauernde Debatte in Gang gesetzt. Anders als die Neokeynesianer suchte er die Ursachen von Arbeitslosigkeit und Wirtschaftskrise nicht auf makroökonomischer Ebene, bei der konjunkturellen Schwäche der Nachfrageseite, sondern im mikroökonomischen Bereich, bei den strukturellen Beeinträchtigungen der Angebotsseite. So seien schon in den zwanziger Jahren die Reallöhne im Verhältnis zur Produktivitätsentwicklung zu stark gestiegen und hätten, indem sie die unternehmerischen Profite einschränkten, zu niedrigen Investitionsraten und einer "kranken Wirtschaft" schon vor dem Einsetzen der weltweiten Depression geführt. Verantwortlich für diese Entwicklung waren, nach Borchardt, "the trade unions, in combination with a labour market system guaranteed by the state [die Zwangsschlichtung, C.K.], that prevented the adaption of real wages to the long-term development of productivity and reinforced the upward pressure on wages."[84]
Während auf der einen Seite das System der Weimarer Sozialverfassung keine Handlungsspielräume zur Beseitigung der strukturellen Probleme ohne Gefährdung des sozialen Friedens offen gelassen habe, hätten andere Faktoren, wie die Bindung der Reichsmark an den Goldstandard, Inflationsängste, die Verschuldung der öffentlichen Haushalte und das Fehlen ausländischer Anleihemöglichkeiten, die Implementation einer antizyklischen Konjunkturpolitik verhindert[85]. Mit dem

---

82 Vgl. den diesbezüglichen Überblick der englischsprachigen Forschung bei Patrick K. O'Brian, Britain's Economy between the Wars: A Survey of a Counter-Revolution in Economic History, in: Past and Present 115 (1987), S.107-30.

83 Vgl. Knut Borchardt, Zwangslagen und Handlungsspielräume in der großen Weltwirtschaftskrise der frühen dreißiger Jahre. Zur Revision des überlieferten Geschichtsbildes, in: ders., Wachstum, Krisen, Handlungsspielräume der Wirtschaftspolitik. Studien zur Wirtschaftsgeschichte des 19. und 20. Jahrhunderts, Göttingen 1982, S.165-82 (zuerst ersch. in: Bayrische Akademie der Wissenschaften, Jahrbuch 1979, München 1979, S.87-132). Der Sammelband "Economic Crisis and Political Collapse" (vgl. Anm.44) befaßt sich ausschließlich mit der sogenannten "Borchardt-Kontroverse" und läßt sowohl den Initiator als auch seine Kontrahenten und Unterstützer zu Wort kommen. Dort finden sich auch weiterführende, in der Forschungsliteratur bereits so häufig zitierte Hinweise auf die Teilnehmer der Debatte, daß auf ihre erneute Nennung hier verzichtet wird.

84 Vgl. Knut Borchardt, A Decade of Debate About Brüning's Economic Policy, in: Kruedener (Hg.), Economic Crisis and Political Collapse, S.99-151, hier S.130-32, 137-47, Zitat S.145.

85 Vgl. ebd., S.106-20.

Hinweis auf die genannten Zwangslagen rechtfertigte Borchardt die krisenverschärfende Deflationspolitik des Reichskanzlers als einzig gangbaren Weg[86]. Er befreite ihn zugleich von der Verantwortung für ihre politischen Folgen und belastete stattdessen, wenn auch nur implizit, die Gewerkschaften als Mitschuldige an der nationalsozialistischen Machtübernahme.
Carl-Ludwig Holtfrerich hat der deterministischen Argumentation Borchardts die Auffassung entgegengestellt, daß menschliche Handlungsweisen, ungeachtet von immer vorhandenen Beschränkungen der Handlungsspielräume, im privaten wie im politischen Raum stets das Ergebnis individueller Verantwortung und freier Wahl zwischen mehreren Möglichkeiten seien. Brüning habe sich, zugunsten einer Regelung der Reparationsfrage, für die Fortsetzung der Deflationspolitik entschieden, obwohl in einzelnen Ministerien, in der Unternehmerschaft, den Gewerkschaften und auch in der Bevölkerung Unterstützung für antizyklische Maßnahmen vorhanden gewesen sei. Letztere habe sich in einer wachsenden Zustimmung der Wähler zur nationalsozialistischen Arbeitsbeschaffungspropaganda geäußert. Die Beibehaltung des deflationistischen Kurses müsse daher als vermeidbares Versagen der politischen Führung in einer Situation gesehen werden, in der "(...) democratic political parties pursue the goals of the political-power élite but disrespect the electorate's primary concerns."[87]

Zu hohe Reallöhne wurden auch zur Erklärung der Massenarbeitslosigkeit in Großbritannien zwischen 1929 und 1932 ins Feld geführt[88]. Der britische Wirtschaftshistoriker Broadberry sieht dagegen ihre Entstehung im Zusammenwirken nega-

---

86 Borchardt weist zu Recht darauf hin, daß auch Keynes den Zusammenhang zwischen Produktionskosten und Wettbewerbsfähigkeit hervorgehoben habe. Während Keynes jedoch die Inflexibilität der Löhne nach unten akzeptierte und, unter Berücksichtigung der gegebenen sozialen Verhältnisse, konstruktive Vorschläge zur Konjunkturankurbelung erarbeitete, fällt Borchardt hinter diese Position zurück und vermag keinerlei wirtschaftspolitische Handlungsspielräume zu erkennen.

87 Vgl. Carl-Ludwig Holtfrerich, Was the Policy of Deflation in Germany Unavoidable?, in: Kruedener (Hg.), Economic Crisis and Political Collapse, S.63-80, Zitat S. 70.

88 Vgl. Forrest Capie, Unemployment and Real Wages, in: Glynn u. Booth (Hg.), Full Employment, S.57-69; N. H. Dimsdale, S. J. Nickell u. N. Horsewood argumentieren für den Zeitraum 1928-37, daß weder die Rezession noch die anschließende wirtschaftliche Erholung ursächlich durch Veränderungen des Reallohnniveaus ausgelöst wurden, sondern vielmehr durch Beeinträchtigungen der Nachfrage und einen Preissturz bei Importgütern (dies., Real Wages and Unemployment in Britain During the 1930's, in: Economic Journal 99 (1989), S.271-92); William R. Garside beleuchtet die Bedeutung der zeitgenössischen, neoklassischen Lohndiskussion als stimulierendes Element für die Entwicklung der keynesianischen Konjunkturtheorie (ders., The Real Wage Debate and British Interwar Unemployment, in: Glynn u. Booth (Hg.), Full Employment, S.70-81).

tiver Einflüsse sowohl auf die Nachfrage- als auch auf die Angebotsseite Anfang der zwanziger Jahre begründet. Zum einen habe die drastische Verkürzung der Arbeitszeit nach dem Ersten Weltkrieg als "major supply shock" die Reallöhne stärker ansteigen lassen als die Arbeitsproduktivität. Zum anderen habe die Rückkehr der Regierung zum Goldstandard zu einer verminderten Konkurrenzfähigkeit und Nachfrage nach britischen Erzeugnissen infolge der Überbewertung des Pfundes geführt und damit ebenfalls die Freisetzung von Arbeitskräften ausgelöst[89].

Andere Autoren hoben die monetären Fehlentwicklungen auf dem internationalen Kapitalmarkt noch entschiedener hervor. Nach Barry Eichengreens keynesianisch geprägter Auffassung trug eine restriktive US-amerikanische Geldpolitik maßgeblich zum Ausbruch der Krise bei, indem sie andere Länder ebenfalls zur Deflation zwang, um ihre Goldparität zu verteidigen. Diejenigen Staaten, die sich, wie z.B. Großbritannien, frühzeitig zur Abkehr vom Goldstandardsystem und zu einer expansionistischen Geldpolitik entschlossen, hätten daher auch am schnellsten die Wirtschaftskrise bewältigt[90].

---

89 Vgl. Stephen N. Broadberry, The Emergence of Mass Unemployment: Explaining Macroeconomic Trends in Britain During the Trans-World War I Period, in: EcHR 43 (1990), S.271-82; kritisch dazu Sean Glynn u. Alan Booth, The Emergence of Mass Unemployment: Some Questions of Precision, in: EcHR 45 (1992), S.731-38; Broadberry antwortete darauf mit dem Beitrag "The Emergence of Mass Unemployment: A Reply", ebd., S.739-42. Ausführlicher ders., The British Economy Between the Wars. A Macroeconomic Survey, Oxford 1986; hinsichtlich der Angebotsseite mit übereinstimmenden Ergebnissen für Deutschland: ders. u. Albrecht O. Ritschl, The Iron Twenties: Real Wages, Productivity and the Lack of Prosperity in Britain and Germany before the Great Depression, in: Christoph Buchheim, Michael Hutter u. Harold James (Hg.), Zerrissene Zwischenkriegszeit: Wirtschaftshistorische Beiträge. Knut Borchardt zum 65. Geburtstag, Baden-Baden 1994, S.15-43.

90 Vgl. ders., The Origins and Nature of the Great Slump Revisited, in: EcHR 45 (1992), S.213-39; vgl. auch ders., Wages and the Gold Standard. Perspectives on the Borchardt Debate, in: Buchheim u.a. (Hg.), Zerrissene Zwischenkriegszeit, S.177-203. Kritisch dazu: Harold James, Financial Flows Across Frontiers During the Interwar Depression, ebd., S.594-613. Ähnlich wie Eichengreen argumentierte bereits Charles P. Kindleberger in seiner klassischen Studie "Die Weltwirtschaftskrise. 1929-1939", München 1984(3); Theodore Balderston hat in zahlreichen Beiträgen die Auswirkungen des Kapitalmarkts und die Folgen der staatlichen Geld- und Finanzpolitik auf das Investitionsverhalten und den Arbeitsmarkt in der Weimarer Republik untersucht; vgl. ders., The Origins of Economic Instability in Germany, 1924-1930: Market Forces versus Economic Policy, in: VSWG 69 (1982), S.488-514, und die in Kap.II.1., Anm.36 genannten Titel. In seinem neueren Werk "The Origins and Course of the German Economic Crisis 1923-1932", Berlin 1993, befaßt sich der Autor ausführlich mit den Ursachen des besonders schweren Auftretens der Weltwirtschaftskrise in Deutschland. Dabei weist er Thesen zurück, die die Lohnentwicklung oder eine unzureichende Wettbewerbsfähigkeit auf dem

Für starken Widerspruch in der Forschung sorgte die von Daniel K. Benjamin und Levis A. Kochin aufgestellte Behauptung, daß die, im Verhältnis zu den Durchschnittslöhnen relativ hohen, Arbeitslosenversicherungsleistungen für einen Anstieg der Arbeitslosenrate in der britischen Zwischenkriegszeit um durchschnittlich 5-8% verantwortlich gewesen seien[91]. Großzügige Leistungen zusammen mit seit dem Erlaß der Unemployment Insurance Act von 1920 fortschreitend erleichterten Bezugsbedingungen hätten ein hohes Maß an freiwilliger Erwerbslosigkeit induziert, da deren finanzielle Nachteile gering gewesen seien. Die Arbeitslosen hätten sich daher mit der Suche nach einer neuen Beschäftigung Zeit lassen und wählerisch sein können. Die Autoren belegen ihre These für den Zeitraum von 1920 bis 1938 mit Hilfe einer linearen, auf dem Verhältnis von Arbeitslosenunterstützungsleistungen und Löhnen basierenden Regressionsanalyse. Als zusätzliches Beweismaterial führen sie die im Vergleich zu den Erwachsenen geringe Erwerbslosenquote unter den Jugendlichen an, die niedrigere Unterstützungsleistungen bezogen, sowie den Rückgang der Frauenarbeitslosigkeit im Gefolge der Anomalies Act von 1931, die u.a. die Bezugsbedingungen für verheiratete Frauen verschärfte.

Diesen Auffassungen wurde in verschiedener Hinsicht widersprochen[92]. Dabei wurde die höhere Attraktivität der Einstellung jugendlicher Arbeitskräfte für die Arbeitgeber als Billiglohnkräfte hervorgehoben[93]. Es wurde darauf hingewiesen, daß die zurückgehende Erwerbslosenquote unter verheirateten Frauen lediglich administrative Veränderungen widerspiegele, nicht aber eine zunehmende Erwerbstätigkeit. Bei schärferen Bewilligungskriterien seien weniger Frauen in den Genuß der Unterstützung gekommen und in entsprechend reduzierter Zahl als arbeitslos registriert worden[94]. Weiterhin wurde geltend gemacht, daß die These

---

Exportmarkt verantwortlich machen, und hebt erneut die negativen Folgen der staatlichen Geldpolitik hervor.

91 Vgl. dies., Searching for an Explanation of Unemployment in Inter-War Britain, in: JPolEc 87 (1979), S.441-78, hier S.441.

92 Die Autoren haben einem Teil ihrer Kritiker ausführlich geantwortet. Vgl. Daniel K. Benjamin u. Levis A. Kochin, Unemployment and Unemployment Benefits in Twentieth-Century Britain: A Reply to Our Critics, in: JPolEc 90 (1982), S.410-36.

93 Vgl. P. A. Ormerod u. G. D. N. Worswick, Unemployment in Interwar Britain, in: JPolEc 90 (1982), S.400-09, hier S.407 f., die darüber hinaus auch die Aussagekraft der ökonometrischen Berechnungen von Benjamin und Kochin in Zweifel ziehen.

94 Vgl. Michael Collins, Unemployment in Interwar Britain. Still Searching for an Explanation, in: JPolEc 90 (1982), S.369-79, hier S.372-78. Auch Collins bemängelt den Ansatz der Zeitreihenanalyse, der sektorale und regionale Unterschiede nicht berücksichtige, und fordert stattdessen Querschnittsanalysen; vgl. ebd., S.372.

von der "freiwilligen" Erwerbslosigkeit ein nicht in Anspruch genommenes, aber ausreichendes Angebot an Arbeitsplätzen voraussetze. Dieses sei in den strukturschwachen Gebieten Großbritanniens nicht gegeben gewesen. Sie vernachlässige darüber hinaus die sozialen und psychologischen Auswirkungen der dort herrschenden Langzeitarbeitslosigkeit, wie Überalterung, Verlust an beruflicher Qualifikation und Apathie. Die Annahme von der freiwilligen Arbeitslosigkeit erweise sich zwar insofern als richtig, als die Langzeiterwerbslosen eine geringe Bereitschaft zur Mobilität gezeigt oder sich für die Unterstützung und gegen die Annahme von Gelegenheitsarbeit entschieden haben, die eine Dequalifizierung zum ungelernten Arbeiter durch das Arbeitsamt zur Folge gehabt hätte. Diese Entscheidungen seien jedoch unter dem Druck der Erwerbslosigkeit getroffen worden und bedeuteten keine zynische Ausnutzung des Arbeitslosenunterstützungssystems[95].
Auch das Ausmaß der Liberalisierung des Unterstützungssystems wurde in Frage gestellt und die Sanktionsmaßnahmen, wie etwa die Bedürftigkeitsprüfung ("means test"), betont, die zur Ablehnung von Ansprüchen auf Arbeitslosenunterstützung zur Verfügung gestanden hätten[96]. Im Vergleich mit dem britischen Arbeitslosenunterstützungssystem nach dem Zweiten Weltkrieg könne zudem die Behauptung nicht aufrechterhalten werden, daß eine unangemessene Großzügigkeit des Systems zwischen den Kriegen einen Anstieg der Erwerbslosenrate hervorgerufen hätte. Obwohl das Verhältnis von Unterstützungsleistungen und Löhnen in der Nachkriegszeit dem der Vorkriegszeit zumindest vergleichbar und die Bewilligungskriterien sogar großzügiger gewesen seien, sei die Arbeitslosigkeit zwischen den Kriegen mindestens dreimal so hoch wie die in den drei Jahrzehnten nach 1945 gewesen[97].

William Garside hat schließlich zusammenfassend darauf aufmerksam gemacht, daß es sich als schwierig erwiesen habe, "(...) to establish any significant causal link between unemployment insurance, institutional wage procedures, trade union strength and wage rigidity. The most dramatic fall in nominal money wages occured during the early 1920s when the union share of the labour force was nearly double that of 1930/1 when wages stayed almost constant at a time of of considerably higher unemployment."[98]

---

95 Vgl. N. F. R. Crafts, Long-term Unemployment in Britain in the 1930s, in: EcHR 40 (1987), S.418-32, hier S.431.

96 Vgl. Rodney Cross, How Much Voluntary Unemployment in Interwar Britain?, in: JPolEc 90 (1982), S.380-85.

97 David Metcalf, Stephen J. Nickell u. N. Floros, Still Searching for an Explanation of Unemployment in Interwar Britain, in: JPolEc 90 (1982), S.386-99, hier S.394.

98 Garside, Real Wage Debate, S.73.

Sean Glynn und Alan Booth hatten schon Mitte der siebziger Jahre darauf hingewiesen, daß Großbritannien in der Zwischenkriegszeit unter einem nicht monokausal herzuleitenden, vielschichtigen Arbeitslosenproblem gelitten habe[99]. Zyklische, friktionale, saisonale, vor allem aber strukturell begründete, regionale Formen der Erwerbslosigkeit seien hier zu nennen, so daß auch eine keynesianisch operierende Wirtschaftspolitik die Intensität des Arbeitslosenproblems zwar gemildert, aber nicht beseitigt hätte. In den achtziger Jahren nahmen sie dieses Argument wieder auf und bekräftigten erneut, daß „(...) the much proclaimed 'End of the Keynesian Era' has cast doubts on the ability of established theories to explain not only the problems of the contemporary world, but also, by extension, those of the interwar period."[100]

Im Licht einer differenzierteren Analyse der Arbeitslosenstatistiken biete Großbritannien in der Zwischenkriegszeit das Bild einer "dual economy" mit struktureller Arbeitslosigkeit in den Basisindustrien auf der einen Seite, deren Bekämpfung eine Politik der Deflation und der Lohnkürzungen zur Kostensenkung erfordert hätte, und den potentiellen Wachstumsindustrien auf der anderen Seite, die zu ihrer Entwicklung und Expansion der Reflation und steigender Nachfrage bedurfte hätten[101]. Angesichts dieser sich ausschließenden wirtschaftspolitischen Alternativen habe sich der Beitrag der britischen Regierungen zur wirtschaftlichen Erholung in den dreißiger Jahren zu Recht primär auf die Förderung privater Wohnungsbauinvestitionen durch die Senkung der Zinssätze und auf die Arbeitslosenunterstützung zur Aufrechterhaltung der Kaufkraft und des sozialen Friedens beschränkt[102]. Im Gegensatz zu neokeynesianischen Interpretationen[103]

---

99 Vgl. dies., Unemployment in the Interwar Period: A Multiple Problem, in: JCH 10 (1975), S.611-36, und die anschließende Kontroverse: dies., Interwar Unemployment: Restatement and Comments, in: JCH 15 (1980), S.761-68; J. D. Tomlinson, Unemployment and Government Policy Between the Wars: A Note, in: JCH 13 (1978), S.65-78; ders. / Alan Booth u. Sean Glynn, Interwar Unemployment - Two Views, in: JCH 17 (1982), S.545-55.

100 Sean Glynn u. Alan Booth, Unemployment in Interwar Britain: A Case for Re-learning the Lessons of the 1930s?, in: EcHR 36 (1983), S.329-48, Zitat S.329; dies., Building Counterfactual Pyramids, in EcHR 38 (1985), S.89-94; kritisch: William R. Garside u. T. J. Hatton, Keynesian Policy and British Unemployment in the 1930s, ebd., S.83-88.

101 Vgl. Glynn u. Booth, A Case for Re-learning, S.337.

102 Vgl. ebd., S.342 f.

103 Die Kritik der Neokeynesianer macht sich vor allem an der orthodoxen fiskalpolitischen Einstellung des Schatzamtes, dem sogenannten "Treasury view", fest, der sich u.a. in der Ablehnung staatlicher Investitionen zur Finanzierung von Arbeitsbeschaffungsprogrammen äußerte; vgl. Derek H. Aldcroft, The Inter-War-Economy: Britain 1919-1939,

könne die Durchführung eines staatlichen "demand-management" nicht zur Conditio sine qua non der Wirtschaftspolitik gemacht werden. Die Politik der Nationalen Regierungen habe eine durchaus konsistente, vom traditionellen "laissez-faire" abweichende Strategie der Förderung der privaten Profitmöglichkeiten durch Preiserhöhungen und Senkung der Produktionskosten verfolgt. Diesem Ziel habe die Abwertung der Währung, die Senkung der Zinssätze, die Einführung von Schutzzöllen und die Förderung von Rationalisierungsmaßnahmen gedient: "'Delegated management' seems to be a more accurate description of economic policy in the 1930s."[104]

Die lebendigen, insbesondere in der angelsächsischen Forschung sehr differenziert geführten Kontroversen lenken die Aufmerksamkeit auf einen zur Erklärung der deutschen Entwicklung bisher weitgehend vernachlässigten Sachverhalt: die unterschiedlichen Ursachen der Arbeitslosigkeit in der Weltwirtschaftskrise. Strukturell begründeter Erwerbslosigkeit kann nicht mit den gleichen Mitteln begegnet werden wie konjunkturell verursachter, zyklischer Arbeitslosigkeit. Sowohl keynesianisch argumentierende Analysen der Depression in Deutschland als auch angebotsorientierte Interpretationen, wie sie u.a. Knut Borchardt vorlegte, müßten daher unter Berücksichtigung der Entwicklung der Arbeitslosen-, Investitions- und Produktivitätsrate sowie der Lohnentwicklung von Industrie zu Industrie, von Region zu Region auf ihre Richtigkeit hin überprüft werden. Dies kann im Rahmen der vorliegenden Untersuchung nicht geleistet werden. Jedoch wird im folgenden von Interesse sein, inwieweit die Gewerkschaften die

---

London 1970, S.314-22. Nach der Öffnung neuer staatlicher Akten im Public Record Office Ende der sechziger / Anfang der siebziger Jahre erfolgte eine partielle Revision dieses Urteils; vgl. Roger Middleton, Treasury Policy on Unemployment, in: Glynn u. Booth (Hg.), Full Employment, S.109-24; G. C. Peden, The "Treasury View" on Public Works and Employment in the Interwar Period, in: EcHR 37 (1984), S.167-81; Robert Skidelsky, Keynes und die Treasury: Argumente für und wider eine aktive Arbeitslosenpolitik 1920-1939, in: Wolfgang J. Mommsen (Hg.) in Zs.arb. mit Wolfgang Mock, Die Entstehung des Wohlfahrtsstaates in Großbritannien und Deutschland 1850-1950, Stuttgart 1982, S.175-95.

104 Vgl. Alan Booth, Britain in the 1930s: A Managed Economy?, in: EcHR 40 (1987), S.499-522, Zitat S.512; ders., Britain in the 1930s: A Managed Economy? A Reply to Peden and Middleton, in: EcHR 42 (1989), S.548-55; kritisch dazu: Roger Middleton, Britain in the 1930s: A Managed Economy? A Comment, in: EcHR 42 (1989), S.544-47; G. C. Peden, Britain in the 1930s: A Managed Economy? A Comment, in: EcHR 42 (1989), S.538-43. Booth bezog seine Kritik primär auf Aldcroft, British Economy; G. C. Peden, British Economic and Social Policy: Lloyd George to Margaret Thatcher, Deddington 1985; Donald Winch, Britain in the 'Thirties. A Managed Economy?, in: C. H. Feinstein (Hg.), The Managed Economy: Essays in British Economic Policy and Performance Since 1929, Oxford 1983, S.47-67 (Nachdruck; zuerst ersch. 1969).

unterschiedlichen Formen der Erwerbslosigkeit erkannten und in ihren Forderungen und Aktivitäten berücksichtigten.

I. Arbeitslosigkeit, soziale Lage und Wahlverhalten der Erwerbslosen

"Russia had gone over almost completely to Bolshevism and we had consoled ourselves with the thought that they were only a half civilised race; but now even in Germany, whose people were without exception the best educated in Europe, prospects are very black ... Great Britain would hold out, but only if the people were given a sense of confidence - only if they were made to believe that things were being done for them."[1]

Die Bekämpfung der Arbeitslosigkeit in der Weltwirtschaftskrise - das wurde schon ausgeführt - ist ein politischer Aufgabenbereich, der sich in besonderem Maße dazu eignet, das Verhältnis zwischen Staat und Wirtschaftsverbänden sowie den Beitrag der Gewerkschaften zur politischen Stabilität zu beleuchten. Die folgenden Ausführungen sollen allgemeinere Strukturen und Entwicklungsprozesse Großbritanniens und Deutschlands in der Zwischenkriegszeit aufzeigen, sofern diese neben den tagespolitischen Diskussionen und Aktivitäten die Handlungsspielräume der Gewerkschaften in der Weltwirtschaftskrise beeinflußten, erweiterten oder begrenzten. Dazu gehören insbesondere die soziale Lage der gewerkschaftlichen Klientel, die wirtschafts- und sozialpolitische Entwicklung beider Länder, die Position der Gewerkschaften im Beziehungsgeflecht der Arbeitsbeziehungen und die organisatorische Entwicklung der Gewerkschaften unter dem Einfluß der Rezession. Zunächst befaßt sich dieses Kapitel unter drei Aspekten mit der sozialen Lage der Arbeitnehmer in Deutschland und Großbritannien: Erstens soll der generelle, statistisch meßbare Einfluß der Erwerbslosigkeit in beiden Ländern über ihren zahlenmäßigen Umfang und ihre unterschiedlichen Ausprägungen in beiden Ländern überprüft werden, zweitens sollen die materiellen, physischen und psychischen Folgen des Beschäftigungsverlustes für die Betroffenen geschildert und drittens soll die Einwirkung der Massenarbeitslosigkeit im Hinblick auf das Wahlverhalten der deutschen und britischen Bevölkerung und die Wahlergebnisse in der Weltwirtschaftskrise untersucht werden.

---

1 Premierminister David Lloyd George zu seinem Kabinett im März 1919; zit. n. Alan Deacon, Concession and Coercion: The Politics of Unemployment Insurance in the Twenties, in: Asa Briggs u. John Saville (Hg.), Essays in Labour History 1918-1939, London 1977, S.9-35, hier S.11.

1. Strukturen und Entwicklung der Arbeitslosigkeit

Die britischen Liberalen leiteten ihr Wahlprogramm von 1929 mit der Bemerkung ein, daß es keinen Begriff gebe, der sich so tief in die Herzen und das Bewußtsein der Menschen eingegraben habe wie das Wort Arbeitslosigkeit.[2] In dieser Zeit der beginnenden Weltwirtschaftskrise blickte die Bevölkerung des Vereinigten Königreichs bereits auf acht Jahre zurück, in denen die Arbeitslosenquote kaum mehr unter die 10%-Marke gesunken war (vgl. Tab.1)[3]. Auf einen kurzen Nachkriegsboom war in Großbritannien 1920/21 die erste schwere Rezession gefolgt, die in mancherlei Hinsicht einen tieferen Einbruch bedeutete als die wirtschaftliche Krise der dreißiger Jahre[4]. 1921 lag die Quote der versicherten Arbeitslosen bei 17% und war damit um 15,2% höher als zur gleichen Zeit in Deutschland. Dort stieg die Erwerbslosenversichertenrate unter dem Einfluß der Inflation 1923/24 erstmals bis auf 4,9% an, fiel 1925 um knapp ein Drittel und kletterte in der Wirtschaftskrise 1925/26 erneut auf 10%[5].

Auch Großbritannien verzeichnete 1926 eine leichte Zunahme der Arbeitslosigkeit auf 12,5%. Diese war eine Folge des Generalstreiks, der in Deutschland wiederum maßgeblich zur konjunkturellen Erholung beitrug, indem er es dem deutschen Kohlebergbau ermöglichte, in Exportmärkte der englischen Montanindustrie vorzustoßen[6].

---

2 Vgl. Liberal Party, We Can Conquer Unemployment. Mr. Lloyd George's Pledge, London 1929, S.5.

3 Zur Problematik von Arbeitslosenstatistiken und deren Vergleich, wie z.B. unterschiedliche Bezugsgrößen zur Bemessung der Erwerbslosenquote in aufeinanderfolgenden Zeitabschnitten oder auch von Land zu Land, vgl. William R. Garside, The Measurement of Unemployment. Methods and Sources in Great Britain, 1850-1979, Oxford 1980; Glynn u. Oxborrow, Interwar Britain, S.144-48; Manfred Lohr, Langfristige Entwicklungstendenzen der Arbeitslosigkeit in Deutschland, in: Erich Wiegand u. Wolfgang Zapf (Hg.), Wandel der Lebensbedingungen in Deutschland, Wohlfahrtsentwicklung seit der Industrialisierung, Frankfurt/M. usw. 1982, S.237-333.

4 Vgl. Derek H. Aldcroft, The British Economy, Bd.1: The Years of Turmoil 1920-1951, Brighton 1986, S.44-48.

5 Zur staatlichen Wirtschafts- und Sozialpolitik in der Krise von 1925/26 vgl. Dieter Hertz-Eichenrode, Wirtschaftskrise und Arbeitslosigkeit. Konjunkturpolitik 1925/26 und die Grundlagen der Krisenpolitik Brünings, Frankfurt/M. 1982.

6 Auch Wolfram Fischer, Die Weimarer Republik unter den weltwirtschaftlichen Bedingungen der Zwischenkriegszeit, in: Mommsen u.a. (Hg.), Industrielles System, S.26-50, hier S.33, weist darauf hin, daß sich die Konjunkturkurven Deutschlands und Großbritanniens bei einigen Produktionsgütern, vor allem der Kohle, nahezu invers zueinander verhalten, weil das eine Land jeweils vom Produktionsausfall des anderen durch eine entsprechende Produktionssteigerung profitieren kann.

Tab. 1: Arbeitslosigkeit im Deutschen Reich und im Vereinigten Königreich, 1921 - 1938

	Deutsches Reich[1]		Vereinigtes Königreich	
Jahr	**Arbeitslose (in 1000)**[2]	**in % der versicherten Erwerbspersonen**[3]	**Arbeitslose (in 1000)**[4]	**in % der versicherten Erwerbspersonen**[5]
1921	346	1,8	1.840	17,0
1922	215	1,1	1.588	14,3
1923	818	4,1	1.304	11,7
1924	927	4,9	1.168	10,3
1925	682	3,4	1.297	11,3
1926	2.025	10,0	1.463	12,5
1927	1.312	6,2	1.142	9,7
1928	1.391	6,3	1.278	10,8
1929	1.899	8,5	1.250	10,4
1930	3.076	14,0	1.979	16,1
1931	4.520	21,9	2.705	21,3
1932	5.603	29,9	2.828	22,1
1933	4.804	25,9	2.567	19,9
1934	2.718	13,5	2.170	16,7
1935	2.151	10,3	2.027	15,5
1936	1.593	7,4	1.749	13,1
1937	912	4,1	1.482	10,8
1938	429	1,9	1.800	12,9

Anmerkungen:

(1) 1921-1934 ohne Saargebiet; 1922-1938 ohne abgetretenen Teil Oberschlesiens; 1935-1938 einschließlich Saargebiet, ohne Saarknappschaft.

(2) 1921-1928 nichtamtliche, errechnete Zahlen der Vollarbeitslosen unter teilweiser Schätzung der Abzüge; ab 1929 amtliche Zahlen der Reichsanstalt für Arbeitsvermittlung und Arbeitslosenversicherung.

(3) Versicherte Erwerbspersonen: alle Mitglieder der Krankenversicherung.

(4) Zahlen der amtlichen Arbeitslosenversicherungs-Statistik.

(5) Versicherte Erwerbspersonen: alle Mitglieder der Arbeitslosenversicherung.

Quellen:
Dietmar Petzina, Werner Abelshauser u. Anselm Faust, Sozialgeschichtliches Arbeitsbuch, Bd.3: Materialien zur Statistik des Deutschen Reiches 1918-1945, München 1978, S.119 f.; William R. Garside, British Unemployment 1919-1939. A Study in Public Policy, Cambridge usw. 1990, Tab.2, S.5.

Es folgten in Deutschland, gesamtwirtschaftlich gesehen, zwei Jahre der relativen Stagnation bzw., aus der Sicht des Arbeitsmarktes, des wirtschaftlichen Aufschwungs. Dieser wurde allerdings von einen wachsenden "Bodensatz" nicht vermittelbarer Langzeiterwerbsloser begleitet, der auf die strukturellen Ursachen eines Teils der herrschenden Arbeitslosigkeit, etwa infolge der Freisetzung von

Arbeitskräften durch Rationalisierung, hinwies[7]. Schon im harten Winter 1928/29 wuchs die deutsche Arbeitslosenquote wieder an und steigerte sich kontinuierlich im Verlauf der Weltwirtschaftskrise, bis sie 1932 ihren Spitzenwert mit 29,9% oder 5.603.000 registrierten Erwerbslosen erreichte.
In Großbritannien ging die Zahl der Arbeitslosen 1929 zunächst noch einmal leicht zurück. Ein Jahr später setzte jedoch auch hier die Depression ein. Auf ihrem Höhepunkt 1932 betrug die Erwerbslosenquote im Vereinigten Königreich 22,1% oder 2.828.000 Arbeitslose. Tatsächlich war aber die Gesamterwerbslosenrate in beiden Ländern weit höher und umfaßte neben den "sichtbaren" gemeldeten auch die weder bei den Arbeitsämtern noch bei den Wohlfahrts- oder Fürsorgeämtern registrierten "unsichtbaren" Arbeitslosen. Nach einer Schätzung des zeitgenössischen Statistikers Willi Hemmer läßt sich die Zahl der "unsichtbaren" deutschen Erwerbslosen auf rd. 1,43 Millionen im Jahr 1932 beziffern, während in Großbritannien die Zahl der nichtregistrierten Arbeitslosen Ende 1932 mit rd. 750.000 veranschlagt wurde[8].
Ab dem dritten Quartal des Jahres 1932 kam die zahlenmäßige Schrumpfung der Arbeitsplätze als erstes Anzeichen des Konjunkturumschwungs in beiden Ländern zum Stillstand[9]. Ab 1933 kündeten dann sinkende Arbeitslosenzahlen den Beginn der wirtschaftlichen Erholung an und zeigten für Deutschland, daß die neue nationalsozialistische Regierung von den wirtschaftspolitischen Maßnahmen ihrer unmittelbaren Vorgänger profitieren konnte. Die britischen Werte lagen nun ab 1934 bis zum Kriegsausbruch 1939 wieder konstant weit über den deutschen. Ihre dennoch kontinuierlich sinkende Tendenz wurde in der Wirtschaftskrise von 1937/38 noch einmal durch ein Ansteigen der Erwerbslosenquote unterbrochen, das jedoch durch die Aufrüstung wieder aufgefangen wurde.
Mögen die absoluten britischen Zahlen in der Weltwirtschaftskrise aus deutscher Sicht auch vergleichsweise niedrig erscheinen, so zeigt die Statistik doch, daß sich die Anteile der Erwerbslosen an der jeweiligen gesamten Erwerbsbevölkerung mit Ausnahme des für Deutschland erheblich härteren Krisenjahres 1932 in beiden

---

7 Vgl. Winkler, Schein, S.26-45; Preller, Sozialpolitik, S.338 f.

8 Vgl. Heidrun Homburg, Vom Arbeitslosen zum Zwangsarbeiter. Arbeitslosenpolitik und Fraktionierung der Arbeiterschaft in Deutschland 1930-1933 am Beispiel der Wohlfahrtserwerbslosen und der kommunalen Wohlfahrtshilfe, in: AfS 25 (1985), S.251-98, hier S.254 ff.; Winkler, Weg, S.23 f.; Miller, Unemployment Policy, S.455.

9 Vgl. BAK, R 41/5/Bl.1-15: Zur Entlastung des Arbeitsmarktes im Winter 1933/34. Denkschrift des Präsidenten der Reichsanstalt für Arbeitsvermittlung und Arbeitslosenversicherung, Dr. Syrup, vom 28.9.1933, S.4; Wladimir Woytinsky, Die Arbeitslosigkeit im Jahre 1932, Teil I u. II, in: GZ 43 (1933), S.86-88, 104 f., hier S.86; Pollard, Development, S.155.

Ländern nicht allzu weit voneinander entfernten (vgl. Tab.2[10]). Betrachtet man die gesamte Zwischenkriegszeit, dann war das Vereinigte Königreich sicherlich schwerer von diesem Problem betroffen als das Deutsche Reich. Die psychischen und sozialen Auswirkungen der Massenarbeitslosigkeit in der Weltwirtschaftskrise und die daraus entstehenden Gefahren für die gesellschaftliche und politische Stabilität waren daher auch in Großbritannien nicht zu unterschätzen, wenngleich der in zeitgenössischen Darstellungen oft stark betonte Aspekt der sogenannten "hungry thirties" in der modernen britischen Geschichtsschreibung relativiert wurde.[11] Bei dem Versuch, die technischen, medizinischen und sozialen Fortschritte dieser Zeit in den Vordergrund zu rücken, darf jedoch nicht vergessen werden, (...) that the asserted myth of deprivation represented reality for a substantial section of the population. In practice revisionism often amounts to little more than the truism that conditions in depressed regions and among the low paid should not be taken as representing the state of affairs in every quarter of the population."[12]

---

10 Aufgrund der in Anm. 3 angedeuteten Probleme des statistischen Vergleichs liefert die Tabelle bestenfalls Annäherungswerte. C. H. Feinstein hat auf der Grundlage des Bevölkerungszensus von 1931 die Arbeitslosenquote des Vereinigten Königreichs neu berechnet und dadurch, wie in der vorliegenden Tabelle, die in der amtlichen Statistik nicht enthaltenen Nichtversicherten miteinbezogen. Dabei gelangte er allerdings zu völlig anderen Ergebnissen, wie bspw. 8,0% (1929), 12,3% (1930), 16,4% (1931), 17,0% (1932), 15,4% (1933); vgl. ders., Statistical Tables of National Income, Expenditure and Output of the U.K. 1855-1965, Cambridge usw. 1976 (zuerst ersch. als Teil von ders., National Income, Expenditure and Output of the United Kingdom, 1855-1965, Cambridge 1972), Tab. 58, S. T128.

11 Vgl. für die zeitgenössische Sicht: Walter Greenwood, Love on the Dole, Harmondsworth 1987 (1. Aufl. 1933); Men Without Work. A Report Made to the Pilgrim Trust, Cambridge 1938; George Orwell, Der Weg nach Wigan Pier, Zürich 1982 (engl. Orig.ausg.: The Road to Wigan Pier, London 1937); J. B. Priestley, English Journey, Chicago 1984 (1. Aufl. 1934). Für die moderne revisionistische Sicht: Stevenson u. Cook, Slump, S.8-30; Booth u. Glynn, Multiple Problem, S.614.

12 C. Webster, Health, Welfare and Unemployment during the Depression, in: Past and Present, Nr.109 (1985), S.204-30, hier S.205; kritisch zu den Revisionsbemühungen auch: Noel Whiteside u. James A. Gillespie, Deconstructing Unemployment: Developments in Britain in the Interwar Years, in: EcHR 44 (1991), S.665-82.

Tab.2: Arbeitslosigkeit als Anteil an der gesamten Erwerbsbevölkerung, 1920-1938 (in %)

Jahr	Vereinigtes Königreich	Deutsches Reich	USA
1920	1,8	1,7	3,9
1921	9,6	1,2	11,4
1922	8,1	0,7	7,2
1923	6,6	4,5	3,0
1924	5,8	5,8	5,3
1925	6,4	3,0	3,8
1926	7,1	8,0	1,9
1927	5,5	3,9	3,9
1928	6,1	3,8	4,3
1929	5,9	5,9	3,1
1930	9,3	9,5	8,7
1931	12,6	13,9	15,8
1932	13,1	17,2	23,5
1933	11,7	14,8	24,7
1934	9,9	8,3	21,6
1935	9,2	6,5	20,0
1936	7,9	4,8	16,8
1937	6,7	2,7	14,2
1938	8,1	1,3	18,9

Quelle:
Sean Glynn u. John Oxborrow, Interwar Britain: A Social and Economic History, London 1976, S.149.

Um den Ursachen der unterschiedlichen gesellschaftlichen Verarbeitung des Massenerwerbslosenproblems in Deutschland und Großbritannien auf die Spur zu kommen, ist es daher sinnvoller, anstelle eines allgemeinen Vergleichs der nationalen Arbeitslosenquoten die spezifischen Strukturen der Erwerbslosigkeit in beiden Ländern genauer zu betrachten. Folgt man der zeitgenössischen Analyse von William Beveridge[13], so läßt sich das Auftreten von Arbeitslosigkeit in drei Kategorien einteilen: kurzfristige Arbeitslosigkeit aufgrund friktionaler oder saisonaler Einwirkungen auf den Arbeitsmarkt, langfristige Arbeitslosigkeit aufgrund strukturellen wirtschaftlichen Wandels oder individueller Schwächen (Alter, physische und psychische Einschränkungen der Arbeitsfähigkeit) und zyklische Arbeitslosigkeit in zeitlich begrenzten Konjunkturkrisen der gesamten Volkswirtschaft.

---

13 Vgl. ders., An Analysis of Unemployment III, in: Economica 4, New Ser. (1937), S.168-83, hier S.180; vgl. auch die Unterscheidungen der verschiedenen Formen von Arbeitslosigkeit bei F. A. Hermens, Der Staat und die Weltwirtschaftskrise, Berlin usw. 1936, S.28-32.

Saisonale Arbeitslosigkeit bzw. Gelegenheitsarbeit, z.B. in der Landwirtschaft, der Hafenarbeit und im Baugewerbe, war in beiden Ländern ein altes, schon vor dem Ersten Weltkrieg bekanntes und ernstgenommenes Problem. Das Baugewerbe litt in beiden Ländern bereits vor dem Einbruch der Depression unter überdurchschnittlich hoher saisonaler Arbeitslosigkeit. In Deutschland führte die Weltwirtschaftskrise dann zu einem nahezu vollständigen Stillstand dieser Branche: Von 100 Verbandsmitgliedern des zum ADGB gehörenden Baugewerksbunds waren im Jahresdurchschnitt 1932 82,2% arbeitslos[14]. In Großbritannien gehörte das Baugewerbe zwar nicht zu den am härtesten betroffenen Industriezweigen. Jedoch wies es in der Depression mit 30,2% der versicherten Arbeiter ebenfalls überdurchschnittlich hohe Erwerbslosenzahlen auf. Das änderte sich allerdings mit dem Beginn des "housing boom", der ab 1933/34 den Wirtschaftsaufschwung in Großbritannien einleitete und die Arbeitslosenquote in diesem konjunkturellen Schlüsselsektor bis auf 14,6% im Jahre 1937 halbierte[15]. Mit Ausnahme des Agrarsektors waren die unter Saison- oder Gelegenheitsarbeit leidenden Branchen mit einem dadurch ohnehin vorhandenen Arbeitslosen-Grundsockel besonders anfällig für den verschärfenden Einfluß der zyklischen Krise. Nach den Statistiken Wladimir Woytinskys[16], der die Wirtschaftszweige in eine Konjunktur- und eine Saisongruppe unterteilte, lag die Arbeitslosenquote der deutschen Gewerkschaftsmitglieder in der Saisongruppe zwischen 1930 und 1932 durchgehend über dem Durchschnitt in sämtlichen Verbänden, die der Konjunkturgruppe kontinuierlich darunter. Umgekehrt verhielt es sich beim Prozentsatz der kurzarbeitenden Gewerkschaftsmitglieder, der in der Saisongruppe sehr niedrig, in der Konjunkturgruppe dagegen überdurchschnittlich hoch war und dort offensichtlich zur Linderung der zyklischen Arbeitslosigkeit beitrug[17]. In einer Anzahl britischer Wirtschaftszweige, insbesondere in der Textilindustrie, der Eisen- und Stahlindustrie, dem Kohlebergbau sowie der Schuhbekleidungs- und Jute-Industrie, war Kurzarbeit die traditionelle Antwort auf wirtschaftliche Krisensituationen, um eine

---

14 Vgl. Woytinsky, Arbeitslosigkeit im Jahre 1932, S.88.

15 Vgl. Glynn u. Oxborrow, Interwar Britain, Tab. 5.6, S.151. Ein Vergleich der arbeitslosen Gewerkschaftsmitglieder ist nicht möglich, da für Großbritannien diesbezügliche Zahlenangaben nur bis zum Jahr 1926 vorliegen.

16 Vgl. ders, Arbeitslosigkeit im Jahre 1932, S.87 u. 104. Der russische Nationalökonom Woytinsky war von 1928 bis 1933 der Leiter der Statistischen Abteilung des ADGB.

17 Woytinsky zeigte dies auch am Beispiel der regionalen Verteilung der Arbeitslosigkeit. Danach entfielen Ende September 1931 auf Südwestdeutschland und Westfalen einerseits die geringsten Erwerbslosenquoten unter den Gewerkschaftsmitgliedern in der Konjunkturgruppe, andererseits aber die stärkste Verbreitung der Kurzarbeit; vgl. ders., Arbeitslosigkeit oder verkürzte Arbeitszeit, in: Berliner Tageblatt Nr.555 v. 25.11.1930.

erzwungene Entlassung von Arbeitskräften zu vermeiden. In der Baumwollindustrie entpuppte sich diese "Beschäftigungsgarantie" durch Kurzarbeit langfristig jedoch als kostspieliger Luxus, der die Produktionsstückkosten über das wettbewerbsfähige Niveau hinaus steigerte. Anders als bei der Milderung konjunktureller Krisen erwies sich die Kurzarbeit damit als ungeeignetes Mittel, dauerhaften strukturellen Problemen, hier vor allem den Überkapazitäten in der Textilindustrie, zu begegnen[18].
Die offene Arbeitslosenquote unter den Landarbeitern war hingegen in beiden Ländern gering. Im Juni 1933 erreichte sie 3,3% in der deutschen Land- und Forstwirtschaft. In Großbritannien nahm das gesonderte Arbeitslosenversicherungssystem für die Land-, Garten- und Forstwirtschaft im Mai 1936 erstmals seine Arbeit auf und ermittelte 1937 eine durchschnittliche Arbeitslosenrate von 4,5% (fast 4% unter Männern und knapp 14% unter Frauen)[19].
Friktionale Hemmnisse der Anpassung von Angebot und Nachfrage auf dem Arbeitsmarkt, wie z.B. unflexible Löhne, staatliche Sozialleistungen oder der Eintritt zusätzlicher Erwerbsgruppen, insbesondere von Frauen und Jugendlichen, in den Arbeitsmarkt waren in Großbritannien und Deutschland vorhanden und wurden von den zeitgenössischen, vorkeynesianischen Wirtschaftstheoretikern als hauptsächliche Gründe für die Entstehung von Arbeitslosigkeit benannt. Nach Auffassung des britischen Historikers Sidney Pollard gelang es sowohl den britischen als auch den deutschen Gewerkschaften, die Reallöhne selbst in der Depression nicht nur stabil zu halten, sondern im Vergleich zur Phase 1925-29 (=100) sogar zu steigern[20]. Sie profitierten dabei von einem Arbeitslosenunterstützungssystem, welches das Unterbieten der Löhne durch eine "industrielle

---

18 Vgl. Garside, British Unemployment, S.89 f.. In Deutschland war Kurzarbeit vor allem in den Verbrauchsgüterindustrien, also ebenfalls im Bereich Textil und Bekleidung, bei Hutarbeitern, Schuhmachern, Leder- und Tabakarbeitern, verbreitet. Diese wurden zwar von der Depression weniger hart getroffen als die Produktionsgüterindustrien, wiesen dafür aber auch in Zeiten des Wirtschaftsaufschwungs wenig Wachstum auf; vgl. Winkler, Weg, S.68; Dietmar Petzina, Arbeitslosigkeit in der Weimarer Republik, in: Abelshauser (Hg.), Weimarer Republik als Wohlfahrtsstaat, S.239-59, hier S.248.

19 Vgl. Winkler, Weg, S.61; Parliamentary Papers (im folgenden PP) 1937-38, Cmd. 5717: Ministry of Labour, Report for the Year 1937, London 1938, S.7. Mit steigender Bedeutung des landwirtschaftlichen Sektors im Verhältnis zum Bereich Industrie und Handel verminderte sich in den einzelnen deutschen Regionen daher auch die Höhe der Arbeitslosigkeit. Andererseits schlug sich die Agrarkrise aber aufgrund der speziellen Besitzverhältnisse in der Landwirtschaft kaum in den Erwerbslosenstatistiken nieder; vgl. BAP, 62 DAF 3/2435: Die regionale Verteilung der Arbeitslosigkeit. Die Landwirtschaft als Puffer, von Dr. C. R. Andre. Deutsche Bergwerks-Zeitung Nr. 20 v. 24.1.1932.

20 Vgl. Pollard, German Trade Union Policy, Tab.2.1., S.23.

Reservearmee" verhinderte, sowie von sinkenden Lebenshaltungskosten, die in Deutschland zwischen 1929 und 1933 sogar stärker fielen als in Großbritannien[21]. Während die Stabilität der britischen Realeinkommen während der Krise unumstritten ist[22], kam die Forschung hinsichtlich der deutschen Einkommensentwicklung auch zu ganz anderen, konträren Ergebnissen. Aufgrund von Berechnungen Woytinskys wies beispielsweise Heinrich August Winkler darauf hin, daß man für Deutschland zwischen 1929 (=100) und 1933 von großen realen Einkommensverlusten der Arbeiter ausgehen muß (1933 lagen die jährlichen Reallöhne um 32,3% unter dem Stand von 1929), sowie von geringeren Rückgängen bei den Gehältern der Angestellten (12,7%) und den Bezügen der Beamten (1,6%)[23]. Maßgebend für die jeweilige Einschätzung der deutschen Einkommensentwicklung durch Pollard und Winkler war die unterschiedliche Berechnungsgrundlage ihrer Indizes. Jedoch dürften die letztgenannten Zahlen stärker den Empfindungen der damals betroffenen Arbeitnehmer entsprochen haben, die ihre private Finanzplanung und ihre Erwartungshaltung wohl eher auf das gerade durchlebte Jahr und nicht auf Einkommensverhältnisse von vor fünf oder mehr zurückliegenden Jahren abstellten.
Auch nach Pollards Berechnungen war der Anstieg der deutschen Reallöhne ab 1931 rückläufig - im Gegensatz zur britischen Entwicklung, wo die Reallöhne weiterhin leicht anstiegen bzw. langfristig stagnierten. Noch stärker als die der Beschäftigten unterschied sich die Einkommenssituation der deutschen und britischen Arbeitslosen (vgl. Tab.3)[24]. Die britischen Unterstützungssätze der Arbeitslosenversicherung lagen - umgerechnet in Reichsmark - vor allem in der Zeit der zweiten Labour-Regierung beträchtlich über den deutschen. Lediglich in den drei höchsten Lohnklassen IX (17,85 RM), X (19,95 RM) und XI (22,05 RM) waren die britischen Sätze für erwachsene, männliche Arbeitslose bis zum Herbst 1931 niedriger als die deutschen. Bei der Höchstunterstützung für eine sieben-

---

21 Vgl. Pollard, German Trade Union Policy, Tab.2.2., S.28. Nicht immer wurden die gesunkenen Großhandelspreise für Agrarprodukte durch den Einzelhandel auch an den Verbraucher weitergegeben; vgl. Die Lebensmittelpreise, in: GZ 40 (1930), S.744-46.

22 Vgl. z.B. Mowat, Britain between the Wars, S.451 f.; Pollard, Development, S.186-88; Stevenson, British Society, S.117 f.; Taylor, English History, S.284, 342.

23 Vgl. Winkler, Weg, Tab.8, S.85.

24 Hermens ging in seiner Untersuchung von 1936 ebenfalls von großzügigeren Unterstützungsleistungen in Großbritannien aus und befürchtete, daß die Beseitigung friktionaler Störungen des Arbeitsmarktes oft einen Berufs- oder Ortswechsel der freigesetzten Arbeiter voraussetzt, der "(...) bei einer Arbeitslosenunterstützung mit so hohen Unterstützungssätzen wie etwa der englischen vielleicht gar nicht durchgeführt wird." (ders., Staat und Wirtschaftskrise, S.28). Ähnliche zeitgenössische Einschätzungen ließen sich für das deutsche Unterstützungssystem nicht finden.

köpfige Familie galt das nur für die höchste Lohnklasse. Durch die Pfundabwertung und die Leistungskürzungen der britischen Nationalen Regierung um 10% näherten sich dann die Sätze vorübergehend einander an, durch die deutsche Notverordnung vom 14. Juni 1932 wurde jedoch schnell das alte Verhältnis wiederhergestellt bzw. der Abstand noch verschärft[25]. Zu beachten ist außerdem, daß die Sätze der Krisenunterstützung in Deutschland unter denen der Arbeitslosenunterstützung lagen, während die britischen "transitional benefits" bis zum August 1931 zeitlich unbegrenzt und in gleicher Höhe wie die Versicherungsleistungen gewährt wurden. Allerdings sagen die nominalen Zahlen wenig über die jeweilige reale Kaufkraft der Leistungen in beiden Ländern aus. Einen Anhaltspunkt dafür ergeben die zeitgenössischen Schätzungen der zur Aufrechterhaltung einer Mindesternährung erforderlichen Geldsumme. Nach der amtlichen Preisliste vom 7. September 1932 lag der potentielle wöchentliche Verbrauch einer fünfköpfigen deutschen Arbeiterfamilie bei 26,04 RM[26]. Die wöchentlichen Unterstützungssätze der Arbeitslosenversicherung nach der Notverordnung vom 14. Juni 1932[27] für einen Erwerbslosen mit vier zuschlagsberechtigten Angehörigen lagen also in allen Lohn- und Ortsklassen unter dem amtlichen Existenzminimum. Eine fünfköpfige britische Familie hingegen benötigte nach den Richtsätzen der British Medical Association (B.M.A.) mindestens 23s. 2d. wöchentlich, um nicht unterernährt zu sein. Die ihr zustehende Unterstützung aus der Arbeitslosenversicherung war etwas höher und betrug 1932 29s. 3d.. Dennoch kann man auch in Großbritannien davon ausgehen, daß nur etwas mehr als 60% der arbeitslosen Familien nach Abzug ihrer sonstigen Ausgaben für Miete, Kleidung oder Heizung genügend Geld zur Deckung der Mindesternährung zurückbehielten[28].

---

25 In die Tabelle wurden nur die Sätze der Sonderklasse und der Ortsklasse A, also die nach der Notverordnung günstigste Einstufung, aufgenommen. In den Orten der Ortsklassen B bis E war die Unterstützungshöhe je nach Einwohnerzahl weitaus geringer und der Abstand zu den britischen Sätzen noch krasser. In den Orten der Ortsklasse B bis E mit 10.000 oder weniger Einwohnern lagen die britischen Sätze in allen Lohnklassen über den deutschen; vgl. die in Tab.3 für die deutsche Seite genannten Quellenangaben.

26 Vgl. Huber-Koller, Gewerkschaften und Arbeitslose, S.162.

27 Vgl. GZ 42 (1932), S.405.

28 Vgl. Webster, Health, S.211 f., Tab.1, S.208. Vgl. auch die Berechnungen des TUC auf Basis der Lebenshaltungskosten vom Juli 1937 in: ders., Unemployment and the Cost of Living, London 1937.

Tab.3: Wöchentliche Unterstützungssätze der Arbeitslosenversicherung in Deutschland und Großbritannien, 1927-1938

a) Mindestunterstützung für Alleinstehende über 21 Jahren

Deutschland[1]				**Großbritannien[2]**		
Geltungs-Zeitraum	**Lohnklassen** I	VI	XI	**Geltungs-Zeitraum**	**Männer**	**Frauen**
Okt. 1927 - Juni 1931	6,00 RM	13,20 RM	22,05RM	**April 1928 – Okt. 1931**	17s. = 17,23 RM	15s. = 15,20 RM
ab Notverordnung v. 5.6.1931	5,60 RM	11,55 RM	18,90RM	**Okt. 1931 – Juni 1934**	15s.3d. = 10,81 RM	13s.6d. = 9,57 RM
ab Notverordnung v. 14.6.1932	5,10 RM (Orte d. Sonderklasse u. Ortsklasse A)	8,40 RM	11,70RM	**Juli 1934 – März 1938**	17s. = 10,46 RM	15s. = 9,23 RM

b) Unterstützung einschließlich Familienzuschläge für eine siebenköpfige Familie[3]

Deutschland					**Großbritannien**
Geltungs-Zeitraum	**Familie nach Lohnklassen** I	VI	XI	**Geltungs-Zeitraum**	**Familie**
Okt. 1927 - Juni 1931	6,40 RM	21,45 RM	37,80 RM	**April 1928 – März 1930**	34s. = 34,46 RM
				März 1930 – Okt. 1931	36s. = 36,49 RM
Ab Notverordnung v. 5.6.1931	gesenkte Mindestunterstützung plus gleichbleibende Familienzuschläge (Zahlen nicht verfügbar)			**Okt. 1931 – Juni 1934**	33s. 3d. = 23,57 RM
Ab Notverordnung v. 14.6.1932	6,60 RM (Orte d. Sonderklasse u. Ortsklasse A)	19,20 RM	27,90 RM		
				Juli 1934 – Okt. 1935	36s. = 22,16 RM
				Nov. 1935 – März 1938	41s. = 25,24 RM

Anmerkungen:

(1) Die deutschen Unterstützungssätze waren nach elf Lohnklassen gestaffelt, von denen hier die unterste (I), eine mittlere (VI) und die höchste Klasse (XI) herausgegriffen wurden. Den Lohnklassen I-VI waren 48,4% (April 1929), 51,6% (April 1931) bzw.

61,9% (April 1932) der Arbeitslosen zuzuordnen (vgl. Statistisches Jahrbuch des Deutschen Reiches, Bd.48.1929, Tab.19, S.286; Bd.51.1932, Tab.15, S.301).

(2) In Großbritannien galten einkommensunabhängige, geschlechts- und altersspezifische Einheitssätze (die Sätze für Jugendliche wurden hier nicht aufgenommen). Die Währungsumrechnung erfolgte nach: Deutsche Bank, Fil. Hamburg, Devisenkurse 1924-1933, Hamburg o.J.; dies., Devisenkurse 1934-1945, Hamburg o.J.. Sie basiert, je nach Geltungs-Zeitraum der Unterstützungssätze, auf den errechneten Durchschnittskursen der Zeiträume April 1928-Okt. 1931 (£ 1 = 20,27 RM), Okt. 1931 - Juni 1934 (£ 1 = 14,18 RM), Juli 1934 - März 1938 (£ 1 = 12,31 RM).

(3) Für Deutschland entsprechen die Angaben den Höchstsätzen (1 Arbeitsloser und max. 6 zuschlagsberechtigte Angehörige); in Großbritannien wurde bei der Höhe der Zuschläge nach abhängigen Erwachsenen und abhängigen Kindern unterschieden, eine Höchstgrenze bei den Kinderzuschlägen ist d. Verf. jedoch nicht bekannt. Für den Vergleich mit den deutschen Höchstsätzen wurden hier aber ebenfalls 1 männlicher Arbeitsloser, 1 abhängige Erwachsene und 5 abhängige Kinder zugrunde gelegt.

Quellen:
GZ 41 (1931), S.372; GZ 42 (1932), S.405 (Abdruck auch in: H.A. Winkler, Der Weg in die Katastrophe. Arbeiter und Arbeiterbewegung in der Weimarer Republik 1930 bis 1933, Berlin usw. 1987, Tab.4, S.31); Heidrun Homburg, Vom Arbeitslosen zum Zwangsarbeiter. Arbeitslosenpolitik und Fraktionierung der Arbeiterschaft in Deutschkand 1930-1933 am Beispiel der Wohlfahrtserwerbslosen und der kommunalen Wohlfahrtshilfe, in: AfS 25 (1985), S.251-98, Tab.3, S.261 (Abdruck auch in: Winkler, Weg, Tab.3, S.28); William R. Garside, British Unemployment 1919-1939. A Study in Public Policy, Cambridge usw. 1990, S.86 f. (App.3.2.).

Mit weiteren Unterschieden des deutschen und britischen Arbeitslosenunterstützungssystems wird sich dieses Kapitels im folgenden noch befassen. Zunächst bleibt festzuhalten, daß sich weder bei der Lohnentwicklung noch beim Umfang der sozialen Absicherung der Erwerbslosen durch staatliche Leistungen im deutsch-britischen Vergleich die Annahme bestätigt, daß diese friktionalen Störungen des Arbeitsmarkts für den enormen Anstieg der Arbeitslosigkeit in Deutschland während der Weltwirtschaftskrise verantwortlich waren. Denn umgekehrt müßte das dann auch für den Konjunktureinbruch in Großbritannien gelten, der ja bei vergleichbarer Lohnentwicklung und höheren staatlichen Unterstützungstransfers milder ausfiel als in Deutschland[29].

In beiden Ländern wurden männliche, ungelernte Arbeiter am stärksten von der Massenarbeitslosigkeit der Weltwirtschaftskrise betroffen. Die Erwerbslosenquote unter Frauen war jeweils niedriger als unter Männern und betrug nach der Berufszählung vom Juni 1933 im Deutschen Reich 19,5% bzw. 36% bei den Arbeitern und 18,7% bzw. 23,6% bei den Angestellten. In Großbritannien lag sie im gleichen Jahr bei 11,4% der weiblichen und 23,2% der männlichen Arbeitskräfte in den ver-

[29] Zu den diesbezüglichen Forschungskontroversen in beiden Ländern vgl. Einleitung, S.30ff.

sicherten Industriezweigen[30]. Das hatte zu einem Teil friktionale Gründe, da sich Arbeitgeber möglicherweise die im Vergleich zu ihren männlichen Kollegen niedrigere Entlohnung der Frauen bei gleichwertiger Arbeit zunutze machten. Zu einem größeren Teil waren aber strukturelle Ursachen verantwortlich, da die männlich dominierten Produktionsgüterindustrien stärker von der Krise erfaßt wurden als die Verbrauchsgüterindustrien (mit Ausnahme der britischen Textilindustrie) und der eher von weiblichen Arbeitskräften geprägte tertiäre Sektor[31]. Daneben war aber das tatsächliche Ausmaß der Frauenarbeitslosigkeit in beiden Ländern wahrscheinlich weit höher als es die Statistiken ausweisen. Viele verheiratete Frauen meldeten sich angesichts der herrschenden Aussichtslosigkeit, einen Arbeitsplatz zu finden, gar nicht erst beim Arbeitsamt oder wurden durch diskriminierende gesetzliche Sparmaßnahmen in der Wirtschaftskrise aus dem Unterstützungssystem ausgeschlossen und damit auch nicht mehr als arbeitslos registriert.

In beiden Ländern wurden ungelernte Arbeiter stärker von Erwerbslosikeit betroffen als angelernte und Facharbeiter, Arbeiter bzw. "manual workers" wiederum stärker als Angestellte bzw. "white-collar" und "professional workers"[32]. Beim hohen Arbeitsplatzrisiko der niedrig qualifizierten Arbeiter wirkte sich zwar nicht die Konkurrenz zwischen den Geschlechtern, wohl aber die Verdrängung durch jüngere Arbeitskräfte aus. Obgleich die verfügbaren Statistiken das Ausmaß der Jugendarbeitslosigkeit in der Weltwirtschaftskrise und den dreißiger Jahren in Deutschland und Großbritannien nur verzerrt wiedergeben[33], läßt sich doch sagen,

---

30 Vgl. Winkler, Weg, S.57; William Beveridge, An Analysis of Unemployment I, in: Economica 3, New Ser. (1936), S.357-86, Tab.I, S.358; zur Frauenarbeitslosigkeit in Deutschland vgl. auch Karin Hausen, Unemployment also hits Women: the New and the Old Woman on the Dark Side of the Golden Twenties in Germany, in: Stachura (Hg.), Unemployment and the Great Depression, S.78-120; Helgard Kramer, Frankfurt's Working Women: Scapegoats or Winners of the Great Depression?, in: Evans u. Geary (Hg.), German Unemployed, S.108-41.

31 Nach Ansicht Woytinskys fiel die Verdrängung von männlichen Arbeitskräften aus den Betrieben durch billigere Frauenarbeit nicht besonders schwer ins Gewicht. In den von Frauenarbeit dominierten Industrien habe sich die weibliche Arbeitslosigkeit etwa in demselben Maße entwickelt wie die männliche; vgl. ders., Arbeitslosigkeit im Jahre 1932, S.105. Dasselbe trifft auch für Großbritannien in denjenigen Branchen zu, in denen sowohl Frauen als auch Männer in substantiellen Anteilen beschäftigt waren; vgl. Beveridge, Analysis of Unemployment III, S.172 f.

32 Vgl. Winkler, Weg, S.56; Glynn/Oxborrow, Interwar Britain, S.150.

33 Zu den statistischen Mängeln vgl. Peukert, Erwerbslosigkeit junger Arbeiter, Anm. 3, S.305; Garside, Juvenile Unemployment between the Wars, S.529 f.; u.a. änderten sich die Kriterien für die statistische Erfassung junger Erwerbsloser beständig. In Deutschland verloren alle Jugendlichen unter 21 Jahren, sofern sie noch familienrechtliche Ansprüche

daß die Erwerbslosigkeit der jungen Arbeitskräfte unter 18 Jahren jeweils deutlich unter dem Gesamtdurchschnitt[34] blieb und vorwiegend kurzfristig war. Bei einer Gesamtquote von 22,1% der versicherten Erwerbspersonen im schlimmsten Krisenjahr 1932 betrug die registrierte Erwerbslosigkeit der britischen Jugendlichen unter 18 Jahren im Monatsdurchschnitt 8,4% bei den Jungen und 6,4% bei den Mädchen. Mit durchschnittlich 124.207 registrierten jugendlichen Arbeitslosen entsprach dieser Anteil rd. 4,4% aller versicherten Erwerbslosen in diesem Jahr[35]. In Deutschland umfaßte der Anteil der jugendlichen Erwerbslosen unter 18 Jahren im Juli 1932 mit 150.074 Mädchen und Jungen etwa 2,7% der versicherten Gesamterwerbslosenzahl. Nach der Volkszählung im Deutschen Reich vom 16.6.1933 waren 11% der jugendlichen männlichen Wohnbevölkerung von 14 bis unter 18 Jahren arbeitslos sowie 4,3% der gleichaltrigen weiblichen Wohnbevölkerung (Gesamtquote 29,9%)[36]. Bei der geringen Erwerbslosenquote der Jugendlichen schlug sich offenbar positiv nieder, daß niedrig oder gar nicht entlohnte Lehrlingstätigkeit nicht so stark abgebaut wurde wie die vollbezahlte Arbeitskraft, daß man ungelernte, jugendspezifische Tätigkeiten, die besonders niedrig entlohnt wurden, wie Botendienste, Aushilfen und Tagelöhnerarbeit beibehielt und daß der wirtschaftliche Strukturwandel im Dienstleistungsbereich, im Einzelhandel und in der industriellen Massenproduktion zunehmend Arbeitsplätze ("blind-alley employment") eröffnete, die - bei niedrigen Löhnen - keine fachlichen Qualifikationen, sondern allenfalls die begrenzten Fähigkeiten der Schulabgänger erforderten. Hinzu kam die demographische Entwicklung. Die niedrige Geburtenrate während des Ersten Weltkriegs sorgte in Deutschland zwischen 1931 und 1933 für einen Rückgang der 14 bis 18-jährigen Alterskohorte

---

hatten, mit der Notverordnung vom 5.6.1931 das Recht auf Unterstützung aus der Arbeitslosenversicherung, von der Krisenunterstützung waren sie bereits im Juni 1929 grundsätzlich ausgeschlossen worden (vgl. Preller, Sozialpolitik, S.421 u. 440). In Großbritannien waren jugendliche Arbeitnehmer erst ab 16 Jahren versicherungspflichtig, eine Registrierung beim Arbeitsamt als erwerbslos war jedoch auf freiwilliger Basis auch unterhalb dieser Altersgrenze möglich. 1934 wurde die Arbeitslosenversicherung auf Jugendliche ab 14 Jahren ausgedehnt.

34 Zum Gesamtdurchschnitt der versicherten Erwerbslosen vgl. Tab.1.

35 Vgl. PP 1932-33, Cmd. 4281: Ministry of Labour, Report for the Year 1932, London 1933, S.43. Die Angaben umfassen die Alterskohorte der 16 und 17-jährigen, sowie diejenigen Jugendlichen unter 16 Jahren, die sich freiwillig arbeitslos meldeten, obwohl sie keinen Anspruch auf Arbeitlosenunterstützung hatte. Nach Einschätzung des Arbeitsministeriums müßte die Zahl der 1932 durchschnittlich registrierten jugendlichen Arbeitslosen bei Einbeziehung der nicht registrierten um etwa ein Drittel auf 166.000 erhöht werden. Vgl. auch die Aufstellung bei Garside, Juvenile Unemployment and Public Policy, App.1, S.337.

36 Vgl. Peukert, Erwerbslosigkeit junger Arbeiter, S.313 und Tab.1, S.311.

um 24%[37]. In Großbritannien verminderte sich die Zahl der versicherten Jugendlichen unter 18 Jahren im gleichen Zeitraum um rd. 11,4%[38].
Ein ganz anderes Bild ergibt sich jedoch, wenn man die Arbeitsmarktsituation der jungen Erwachsenen von 18 bis unter 25 Jahren in der Wirtschaftskrise betrachtet, die den stark besetzten Geburtsjahrgängen der Vorkriegszeit entstammten. In dieser Altersgruppe, in der vor allem die männlichen Jugendlichen nach beendeter Lehre keine weitere Anstellung mehr fanden oder auch in ungelernten Tätigkeiten in Konkurrenz mit anderen vollbezahlten Arbeitskräften treten mußten, erhöhte sich die Arbeitslosenquote drastisch. Im November 1932 waren in Großbritannien 397.500 versicherte junge Männer im Alter zwischen 18 und 24 Jahren arbeitslos gemeldet[39]. Das entsprach einem Anteil von 14,1% aller versicherten Arbeitslosen (Männer und Frauen). Im Deutschen Reich lauteten im Juli 1932 die entsprechenden Zahlen 957.373 männliche Erwerbslose zwischen 18 und unter 25 Jahren[40] bzw. 17,0% aller Erwerbslosen.

Zu sektoralen Schwerpunkten der Arbeitslosigkeit entwickelten sich in Großbritannien vor allem die alten Hauptindustrien des 19. Jahrhunderts. Bei einer durchschnittlichen Erwerbslosenquote in der Industrie von 22,8% (Stand 1932) verzeichnete der Schiffsbau 62,0% versicherte Erwerbslose, die Roheisenerzeugung 43,8%, der Kohlebergbau 34,5%, die Baumwolltextilindustrie 30,6% und der allgemeine Maschinenbau 29,1%. Vergleichsweise niedrige Erwerbslosenquoten wiesen dagegen die in unserem Jahrhundert entstandenen neuen Leichtindustrien und die Konsumgüterindustrien auf wie die Chemieindustrie (17,3%), der elektrotechnische Maschinenbau (16,8%), die Elektrizitäts-, Gas- und Wassererzeugung (10,9%), die Bekleidungsindustrie (11,5%), die Schuhindustrie (18,0%), der Einzelhandel (12,6%) oder das Personentransportgewerbe (Straßenbahnen und Busse) (5,9%)[41]. Im Deutschen Reich herrschte aus Sicht der Gewerkschaften[42], die von dem proportionalen Anteil ihrer arbeitslosen an allen

---

37 Vgl. Peter D. Stachura, The Social and Welfare Implications of Youth Unemployment in Weimar Germany, 1929-1933, in: ders. (Hg.), Unemployment and the Great Depression in Weimar Germany, London 1986, S.121-147, hier S.122.

38 Vgl. Ministry of Labour, Report 1932, S.42; PP 1933-34, Cmd. 4543: Ministry of Labour, Report for the Year 1933, London 1934, S.48.

39 Vgl. William Beveridge, An Analysis of Unemployment II, in: Economica 4, New Ser. (1937), S.1-17, Tab.XIV, S.14.

40 Vgl. Peukert, Erwerbslosigkeit junger Arbeiter, Tab.1, S.311.

41 Vgl. Glynn u. Oxborrow, Interwar Britain, Tab.5.6, S.151; etwas abweichende Zahlen bei Aldcroft, Inter-war Economy, Tab.22, S.147, Tab.26, S.180 f.

42 Vgl. zu den folgenden Zahlen Woytinsky, Arbeitslosigkeit im Jahre 1932, S.88.

Verbandsmitgliedern innerhalb einer Wirtschaftsgruppe ausgingen, unter den Bergarbeitern, in starkem Kontrast zur britischen Entwicklung, eine nur unterdurchschnittliche Arbeitslosigkeit. Zwar trat auch hier seit 1929, als im Bergbau nahezu Vollbeschäftigung herrschte, ein drastischer, konjunkturell bedingter Rückgang der Beschäftigung ein. Dennoch waren 1932 von 100 Verbandsmitgliedern durchschnittlich nur 19,5 Kumpel von Erwerbslosigkeit betroffen (Jahresdurchschnitt 1932 in sämtlichen Verbänden: 44,4). Ganz anders stellte sich hingegen die Lage im Baugewerbe und den damit eng verbundenen Branchen (Baugewerksbund, Zimmerer, Maler, Steinarbeiter, Grobkeramik) dar, wo zusammengenommen von 100 Verbandsmitgliedern in diesem Jahr durchschnittlich 77,1 Arbeiter erwerbslos waren. Es folgten die Holzarbeiter mit 65,7 Arbeitslosen, die Glasindustrie mit 52,5 Arbeitslosen und die Metallarbeiter mit 47,4 Arbeitslosen unter je 100 Verbandsmitgliedern. Durchschnittliche Erwerbslosenzahlen verzeichneten die Arbeiter in der Porzellanindustrie, die Tabak- und die Bekleidungsarbeiter; unterdurchschnittlich betroffen waren in abnehmender Reihenfolge die Schuhmacher, die Buchdrucker, die Arbeiter in der Chemieindustrie, die Lederarbeiter, die Textilarbeiter, die Arbeiter in der Papierherstellung, die Nahrungsmittel- und Getränkearbeiter sowie der neben den Bergarbeitern am geringsten betroffene Gesamtverband der Arbeitnehmer der öffentlichen Betriebe und des Personen- und Warenverkehrs. Es fällt auf, daß, anders als in Großbritannien, die unter dem wirtschaftlichen Strukturwandel und der Schrumpfung des Welthandels[43] leidenden, entwicklungsgeschichtlich alten Industrien, mit Ausnahme der Metallindustrie, keineswegs am härtesten getroffen wurden. Ausschlaggebend für das Ausmaß der sektoralen Betroffenheit scheint in Deutschland vielmehr die Einstellung der öffentlichen und privaten Investitionen auf dem Binnenmarkt gewesen zu sein, die zu einer Lahmlegung des Bau- und Baunebengewerbes und seiner Zulieferindustrien (Holz, Glas) sowie des Metallgewerbes führten. So führte auch der Präsident der Reichsanstalt für Arbeitsvermittlung und Arbeitslosenversicherung, Friedrich Syrup, die Besserung der Lage auf dem Arbeitsmarkt bis zum Sommer 1933 vorwiegend auf öffentliche Aufträge und die indirekte Förderung der Privatwirtschaft mit öffentlichen Mitteln im Rahmen der nationalsozialistischen Arbeitsmarktpolitik zurück. Das Baugewerbe profitierte danach von der Belebung im Kleinhäuser- und Wohnungsbau und im Reparaturgewerbe, in der Metallindustrie schlug sich ein Aufschwung im Fahrzeugbau positiv nieder und in der Textilindustrie gab es eine Sonderkonjunktur, hervorgerufen durch einen neu aufgetretenen Bedarf an Textilien wie zum Beispiel Uniformstoffen[44].

---

[43] Zur wirtschaftlichen Entwicklung vgl. Kap.II.

[44] Vgl. Zur Entlastung des Arbeitsmarktes (Anm.9), S.6, 8-10.

Entsprechend gering stufte daher Woytinsky den Anteil der strukturellen Erwerbslosigkeit im Frühjahr 1931 ein. Etwa ein Drittel der insgesamt herrschenden Arbeitslosigkeit sei auf strukturelle, friktionale und saisonale Ursachen zurückzuführen, während rund zwei Drittel konjunkturell bedingt seien[45]. Hingegen wurden in Großbritannien friktionale, saisonale und vor allem strukturelle Gründe für etwa die Hälfte der herrschenden Arbeitslosigkeit verantwortlich gemacht. So sei der während der gesamten Zwischenkriegszeit kontinuierlich vorhandene harte Kern von 10% Arbeitslosen auf diese Ursachen zurückzuführen. Die darüber hinausgehenden variierenden Erwerbslosenzahlen, in der Depression also etwa noch einmal so viel, stellten den jeweiligen Anteil an zyklischer Arbeitslosigkeit dar[46].

Zu ähnlichen Ergebnissen gelangt man auch bei der Analyse der regionalen Verteilung und individuellen Dauer der Arbeitslosigkeit in beiden Ländern. Da sich die Standorte der großen viktorianischen Stapelindustrien vornehmlich in Nordengland, Schottland und Wales konzentrierten, ergaben sich erhebliche Unterschiede zwischen den Verwaltungsbezirken des Arbeitsministeriums in "Inner" und "Outer Britain". In den strukturschwachen Regionen wiesen auch ansonsten eher prosperierende Industrien und Gewerbezweige hohe Arbeitslosenquoten auf[47]. Das gesamte Wirtschaftsleben dieser Gebiete wurde durch den Niedergang der Basisindustrien, deren Massenfreisetzung von Arbeitskräften und die dadurch generell sinkende Nachfrage in Mitleidenschaft gezogen.

---

45 Vgl. Theodor Leipart (Hg. i. A. des ADGB), Die 40 Stunden - Woche. Untersuchungen über Arbeitsmarkt, Arbeitsertrag und Arbeitszeit, Berlin 1931, Anhang: 1. Die Zusammensetzung des Arbeitslosenheeres Anfang 1931 (Woytinsky), S.218; vgl. auch Wladimir Woytinsky, Stand und Ursachen der Arbeitslosigkeit in Deutschland, in: GZ 42 (1932), S.451-54 (kritisch zu den Berechnungen des zeitgenössischen Konjunkturforschers Anton Reithinger, der den strukturellen Anteil der Arbeitslosigkeit beträchtlich höher ansetzt als den konjunktuellen; vgl. ders., Stand und Ursachen der Arbeitslosigkeit in Deutschland und Vorschläge zu ihrer Bekämpfung. Teil A: Entwicklung und gegenwärtiger Stand der Arbeitslosigkeit in Deutschland, abgeschlossen Ende Dezember 1931; Teil B: Die Ursachen der Arbeitslosigkeit in Deutschland und Vorschläge zu ihrer Bekämpfung, abgeschlossen Anfang Januar 1932; Typoskript im Bestand der UB Mannheim, hier Teil B, S.13; publiziert als: ders., Stand und Ursachen der Arbeitslosigkeit in Deutschland. Vierteljahrshefte zur Konjunkturforschung, Sonderheft 29, Berlin 1932).

46 Vgl. Glynn u. Oxborrow, Interwar Britain, S.157 f.

47 Vgl. Beveridge, Analysis of Unemployment I, S.382 f.. Zur regionalen Arbeitsmarktlage der britischen Jugendlichen vgl. auch Garside, Juvenile Unemployment and Public Policy, App. II, S.338.

Tab.4: Regionale Arbeitslosenquoten in Großbritannien und im Deutschen Reich in % der versicherten Erwerbspersonen

Großbritannien			Deutsches Reich		
Verwaltungsbezirke	**1932**	**1936**	**Landesarbeitsamtsbezirke**	**1932**	**1936**
London	13,5	7,2	Südwestdeutschland	19,3	3,7
South-East	14,3	7,3	Bayern	25,7	5,9
South-West	17,1	9,4	Sachsen	33,4	10,1
Midlands	20,1	9,2	Mitteldeutschland	29,2	4,1
North-East	28,5	16,8	Hessen	30,3	8,9
North-West	25,8	17,1	Rheinland	36,3	11,7
Scotland	27,7	18,7	Westfalen	35,1	7,9
Wales	36,5	29,4	Niedersachsen	27,7	3,1
			Nordmark	29,4	7,5
			Posen	24,0	4,0
			Brandenburg	34,2	7,9
			Schlesien	34,5	12,2
			Ostpreußen	20,8	3,3

Quellen:
William R. Garside, British Unemployment 1919-1939. A Study in Public Policy, Cambridge 1990, Tab.4, S.10; Dietmar Petzina, Arbeitslosigkeit in der Weimarer Republik, in: Werner Abelshauser (Hg.), Die Weimarer Republik als Wohlfahrtsstaat. Zum Verhältnis von Wirtschafts- und Sozialpolitik in der Industriegesellschaft, Stuttgart 1887, S.239-59, Tab.3, S.245.

Auch im Deutschen Reich wiesen die älteren, traditionellen Industriereviere an Rhein und Ruhr, in Sachsen, Schlesien und im Berliner Raum die höchsten Arbeitslosenquoten auf. Ein Vergleich der deutschen und britischen Entwicklung in den Jahren 1932 und 1936 zeigt jedoch, daß in Großbritannien die regionale Konzentration der Arbeitslosigkeit nicht nur ausgeprägter war, sondern sich als strukturelle Langzeiterwerbslosigkeit im Laufe der dreißiger Jahre noch vertiefte (vgl. Tab.4[48]). So betrug die Differenz zwischen den Regionen mit der jeweils höchsten und niedrigsten Erwerbslosenrate im Deutschen Reich 1932 17,0% (Rheinland und Südwestdeutschland) bzw. 1936 9,1% (Schlesien und Niedersachsen) und in Großbritannien 1932 23,0% bzw. 1936 22,2% (jeweils Wales und London). Waren im September 1929 noch fast 90% der britischen Unterstützungsempfänger weniger als sechs Monate arbeitslos und unter 5% länger als 12 Monate, betrug das Verhältnis im September 1936 nur noch 66% und 24%[49]. Im Deutschen Reich überstieg die Zahl der Wohlfahrtserwerbslosen im September 1932 erstmals die Gesamtzahl der Empfänger von Versicherungsleistungen und

---

48 Vgl. auch die leicht differierenden Zahlenangaben bei Beveridge, Analysis of Unemployment I, Tab.V, S.379; Paulmann, Arbeitslosigkeit in Großbritannien, Tab.2, S.15.

49 Vgl. Beveridge, Analysis of Unemployment II, S.5-7.

Krisenunterstützung. Die Mehrheit der Wohlfahrtserwerbslosen bestand dabei aus Ausgesteuerten der beiden anderen Unterstützungszweige[50]. In dieser Entwicklung spiegelte sich zum einen der staatliche Sozialabbau durch gesetzliche Bestimmungen über Personenkreis, Dauer und Voraussetzungen der Leistungen wider. Zum anderen kam aber auch ein mit anhaltender Konjunkturkrise steigender Anteil an Dauererwerbslosen zum tragen. Dennoch handelte es sich dabei vorwiegend um zyklisch Arbeitslose, die mit dem wirtschaftlichen Wiederaufschwung ab 1933 schnell in den Arbeitsmarkt integriert werden konnten. In Großbritannien herrschte dagegen strukturelle Langzeitarbeitslosigkeit vor, die bis zum Ausbruch des Zweiten Weltkriegs andauerte. Das Schicksal der chronischen Arbeitslosigkeit traf vor allem ältere Männer ab 45 Jahren - nicht weil bei ihnen das Risiko des Arbeitsplatzverlustes höher war als bei Jüngeren, sondern weil sie bei einem herrschenden Überangebot an jüngeren Arbeitskräften schwerer wieder einen neuen Arbeitsplatz fanden. So läßt sich in Deutschland ebenfalls, zumindest nach Ablauf des ersten Krisenjahrs, eine "Verjüngung" der Wohlfahrtserwerbslosen bei gleichzeitiger absoluter Zunahme ihrer Gesamtzahl feststellen (auch das ein Indiz für zyklische Arbeitslosigkeit). In Großbritannien erhöhte sich jedoch der Anteil der über 45-jährigen mit der Dauer der Arbeitslosigkeit kontinuierlich und überproportional sowohl zur Betroffenheit dieser Altersgruppe als auch zu ihrem Anteil an allen Erwerbslosen. 1935 waren 63,9% aller seit fünf oder mehr Jahren Arbeitslosen älter als 45 Jahre[51]. Nicht umsonst mahnte daher William Beveridge, daß die ständige Bevorzugung jüngerer Männer "(...) merely for their youth, in filling jobs within the competence of older men, makes for unemployment. It would not happen in a socialist community with employment unified. In an individualist community it is an anti-social act and should be recognised as such."[52]

---

[50] Vgl. Homburg, Vom Arbeitslosen zum Zwangsarbeiter, Tab.4, S.266, Tab.6, S.270.

[51] Vgl. Beveridge, Analysis of Unemployment II, S.11-16.

[52] Ebd., S.17.

2. Die soziale Lage: Materielle, physische und psychische Folgen der Arbeitslosigkeit

Die von Arbeitslosigkeit besonders betroffenen Regionen, bis dahin allgemein als "depressed" oder "distressed areas" bezeichnet, wurden 1934 im Rahmen der Special Areas (Development and Improvement) Act auf Drängen des Oberhauses beschönigend in "special areas" umbenannt und in ihren Grenzen genau definiert. Dennoch handelte es sich dabei um eine willkürliche Auswahl von Arbeitsamtbezirken mit hoher Arbeitslosigkeit in Nord-England (Durham, Northumberland, West Cumberland), Süd-Wales und Südwest-Schottland[53]. Die Labour Party führte daher 1937, unter Einbeziehung der lokalen Partei- und Gewerkschaftsorganisationen, eine Untersuchung durch[54], die die wirtschaftliche und soziale Lage nicht nur in den staatlich anerkannten Notstandsgebieten, sondern auch in anderen Regionen beleuchtete, in denen ähnliche Bedingungen herrschten[55].
Danach war die Nordostküste Englands, deren Wirtschaft auf den großen Kohlefeldern von Durham und Northumberland und den Eisenerzen von Cleveland basierte, ein typisches Beispiel für die Abhängigkeit dieser Gebiete von den Basisindustrien. Fast ein Fünftel der dort lebenden Arbeiter war im Kohlebergbau beschäftigt, über ein Sechstel im Eisenerzabbau und in der Eisen- und Stahlindustrie, fast ein Viertel im Schiffsbau, etwa ein Zwölftel im Maschinenbau, der

---

53 Vgl. Paulmann, Staat und Arbeitsmarkt, S.141. Nord-Irland wurde, obwohl es in der zweiten Hälfte der dreißiger Jahre die höchsten Arbeitslosenquoten des Vereinigten Königreich hatte, z.B. nicht in die "special areas" - Gesetzgebung aufgenommen; vgl. Stevenson, British Society, S.270 f. Zur langfristigen Entwicklung der britischen Wirtschaftsstrukturen vgl. mit unterschiedlichen Sichtweisen Humphrey R. Southall, The Origins of the Depressed Areas: Unemployment, Growth, and Regional Economic Structure in Britain before 1914, in: EcHR 41 (1988), S.236-58; N. von Tunzelmann, Britain 1900-45: A Survey, in: Roderick Floud u. Donald McCloskey (Hg.), The Economic History of Britain since 1700, Bd.2: 1860 to the 1970s, Cambridge 1981, S.239-64.

54 Im Hinblick auf die Aktivitäten der Labour Party beschloß der TUC, auf eine eigene Untersuchung in den strukturschwachen Gebieten zu verzichten; vgl. TUC General Council, Minutes of First Meeting, 1936-37, of the Economic Committee held on 2nd December, 1936 [in: Archives of the Trades Union Congress (im folgenden TUC-Archives), TUC Committee Minutes and Papers 1922-1953, Part I, reel 3: Economic Committee, Box 1254, 1929-1944, Brighton 1983].

55 Vgl. Labour Party, The Distressed Areas. A Programme of Immediate Action. Labour Commission's Interim Report, London, Januar 1937; dies., West Cumberland. Report of the Labour Party's Commission of Enquiry into the Distressed Areas, London, März 1937; dies., Durham and the North East Coast. Report (...), London, April 1937; dies., South Wales. Report (...), London, Mai 1937; dies., Central Scotland. Report (...), London, Juli 1937; dies., Lancashire. Report (...), London, September 1937.

Verschiffung und anderen maritimen Branchen sowie ein Achtel in der Chemieindustrie. Von den 41 Kreisen des Notstandsgebiets "Durham and Tyneside" herrschte nach Angaben des Arbeitsministers noch im Zeitraum Januar bis Dezember 1936 in 16 Kreisen über 30% Arbeitslosigkeit, in 15 Kreisen zwischen 20 und 30% und nur in 10 Kreisen weniger als 20%: "Within these districts are many communities where conditions are even worse, and some where there is practically no employment."[56]

Auch West-Cumberland war abhängig von Kohle, Eisen und Stahl: "The lovely hills and valleys and lakes of Cumberland shut off from the rest of England an industrial coastal belt, with a population of 150.000, where unemployment and poverty are grim and terrible. (...) The effects of prolonged unemployment and poverty are accentuated by geographical isolation, bad communications, and lack of diversified industries." Trotz einer umfangreichen Umsiedlung und Vermittlung von Arbeitskräften durch die Arbeitsämter in andere Landesteile waren 37% der Arbeiter West-Cumberlands im Januar 1937 erwerbslos, davon mehr als ein Achtel schon seit über fünf Jahren, ein Drittel seit mehr als zwei Jahren und fast die Hälfte seit mehr als zwölf Monaten.[57]

Schottland verzeichne hingegen, mit Ausnahme des Bergbaus, niedrigere Arbeitslosenquoten als die "special areas" von England and Wales. Um die Lebensbedingungen der schottischen Arbeiterschaft richtig einzuschätzen, müßten die Erwerbslosenstatistiken jedoch in Zusammenhang mit hohen Sterbe- und Krankheitsraten und extrem schlechten Wohnverhältnissen betrachtet werden. So gebe es in Glasgow, das nicht zur offiziellen "special area" gehörte, 35.300 "one-appartment houses" und 112.600 "two-appartment houses", die von insgesamt über 600.000 Personen bewohnt würden[58].

Auch in Lancashire war die wirtschaftliche Lage aufgrund eines höheren industriellen Diversifikationsgrades etwas besser. Teile der Industrieregion verzeichneten jedoch hohe Arbeitslosenzahlen, so z.B. die von der Baumwolle lebenden Städte Blackburn, Burnley, Bolton, Leigh und Oldham, das Kohlefeld um Wigan und vor allem Merseyside mit den Hafenstädten Liverpool und Birkenhead. Zu einem umfassenden Bild dieser Region gehöre jedoch auch das Vorherrschen besonders niedriger Löhne und unattraktiver Lebensbedingungen. In vielen Fällen sei ein Wochenlohn in der Textilindustrie niedriger als die Richtsätze der kommunalen Fürsorgebehörden[59].

---

56 Vgl. dies., Durham and the North East Coast. Report, S.1 u. 4, Zitat S.4.

57 Vgl. dies., West-Cumberland. Report, S.1, Zitat ebd.

58 Vgl. dies, Central Scotland. Report, S.1. Vgl. auch John Butt, Working-Class Housing in Glasgow, 1900-39, in: Ian MacDougall (Hg.), Essays in Scottish Labour History. A Tribute to W. H. Marwick, Edinburgh o. J. [1978], S.143-69.

59 Vgl. dies., Lancashire. Report, S.4.

Am härtesten aber waren die Bergarbeiterdörfer und -städte in den Tälern von Süd-Wales betroffen, dessen Kohlerevier einen langsamen Tod starb. Trotz hoher Migrationsraten litten nicht weniger als 32 der 38 Distrikte der "special area" unter mehr als 30% Arbeitslosigkeit (Januar bis Dezember 1936), fünf Distrikte verzeichneten zwischen 20 und 30% und nur einer hatte weniger als 20% erwerbslose Arbeiter. Bezeichnend ist dabei, daß im Zeitraum März bis Dezember 1935 durchschnittlich 108.000 Personen in Süd-Wales Arbeitslosenhilfe bezogen, ihren Anspruch auf Versicherungsleistungen also bereits erschöpft hatten. Das entsprach 14% aller britischen Arbeitslosenhilfe-Empfänger, wohingegen die Versicherten in Süd-Wales nur 5% aller Versicherten in Großbritannien repräsentierten[60]. Im Juni 1936 steuerte Wales nicht nur mehr als dreimal so viele Arbeitslose, die länger als zwölf Monate ohne Beschäftigung waren, wie die Verwaltungsbezirke London, Süd-Osten und Süd-Westen zusammen bei, sondern hatte auch innerhalb der eigenen Region in diesem Monat fast doppelt so viele Dauerarbeitslose wie Anfang 1932[61]. Selbst bei einer Umsiedlung von weiteren 80.000 versicherten Arbeitern aus Süd-Wales würde nach Einschätzung der Labour Party ein ausreichendes Arbeitskräfteangebot zur Versorgung aller vorhandenen Industrien sowie eine Erwerbslosenquote von 12% verbleiben[62].
Einige Kommunen waren dabei besonders betroffen. Die Kreisstadt Merthyr Tydfil in der Grafschaft Glamorgan verzeichnete 1933 eine Arbeitslosenquote von 68%[63]. Einst eines der wichtigsten Zentren der Schwerindustrie, schloß 1929 das letzte große Stahlwerk im nahegelegenen Dowlais und lieferte den ganzen Distrikt dem Verfall aus: "There were at least half a dozen pits belonging to G. K. Nettlefolds supplying coal to the steel-works. They all went under. Twelve thousand men out, miners and steelworkers, all in one day. There was utter despair. Family businesses also disappeared overnight. The main shopping streets of Merthyr were boarded up overnight."[64]
Im Stadtkreis Rhondda, der drittgrößten und fast ausschließlich vom Bergbau abhängigen Kommune in Wales, verringerte sich, nach den Angaben der Labour Party, zwischen 1921 und 1935 die Bevölkerung um rd. 17%. Seit 1924 halte die Depression dort kontinuierlich und intensiv an. 27,1% von 21.845 untersuchten Grundschulkindern seien 1936 als unterernährt eingestuft worden. 1935 habe der Anteil noch 14,5% betragen. Die Hälfte der untersuchten Kinder sei nicht aus-

---

60 Vgl. Labour Party, South Wales. Report, S.1 u. 3.

61 Vgl. Beveridge, Analysis of Unemployment II, S.10.

62 Vgl. Labour Party, South Wales. Report, S.30.

63 Vgl. Glynn u. Oxborrow, Interwar Britain, S.153.

64 Aus einem zeitgenössischen Erfahrungsbericht, zit. n. Burnett, Idle Hands, S.215.

reichend gekleidet gewesen[65]. Um der Unterernährung entgegenzuwirken, führten die Kommunalverwaltungen kostenlose Schulspeisungen und die Verteilung von Milchrationen ein. Aber gerade die Kommunen mit den höchsten Arbeitslosenquoten konnten die wenigsten und schlechtesten Mahlzeiten bereitstellen, da ihnen aufgrund zu geringer Steuereinnahmen die Mittel fehlten. So hätte es z.B. in Pontypridd (Süd-Wales) eine unzumutbare Erhöhung der Kommunalsteuer um 3 1/2d. (bisheriger Steuersatz 23s.11d. pro £ 1) erfordert, um eine freie Schulmahlzeit aus Milch, Keksen und Lebertran einzuführen. In Oxford, wo der Steuersatz nur 7s.4d. pro £ 1 betrug, wäre das gleiche Projekt hingegen leicht realisierbar gewesen[66]. Ungefähr ein Drittel aller als unterernährt eingestuften Kinder in den südwalisischen Bergbaudistrikten erhielten daher in der Schule weder kostenlose Mahlzeiten noch Milch (Stand Juli/August 1936)[67].
Die materiellen, physischen und psychischen Folgen der Massenarbeitslosigkeit, etwa in Form einer verschlechterten Ernährung und gesundheitlichen Verfassung, von schulischen Leistungsrückgängen, überdurchschnittlich hohen regionalen Säuglings- und Erwachsenensterberaten, erhöhter Kriminalität, sozialem Abstieg und steigenden Selbstmordraten, sind in der Forschungsliteratur für die Betroffenen in beiden Ländern bereits ausführlich beschrieben worden und müssen hier nicht wiederholt werden[68]. Eine Unterscheidung zwischen den Folgen von Arbeitslosigkeit und denen von allgemeinen sozialen Mißständen und der Armut, die in der Arbeiterschaft zwischen den Kriegen noch weit verbreitet war, ist darüber hinaus nicht unproblematisch. Besonders deutlich wird das bei den Wohnverhältnissen, die, unabhängig von der Lage auf dem Arbeitsmarkt, für die meisten Arbeiterfamilien über Jahre hinweg gleichblieben. Zwei Beispiele mögen dafür genügen.
Der "Reichsbund der Kinderreichen Deutschlands zum Schutze der Familie e.V." beschrieb im März 1927 die Wohnung einer kinderreichen Kieler Familie, in der diese seit zwölf Jahren wohnte, wie folgt: "Wohnung: Kiel, Gerhardstr.5 Hinterhaus. Keller. Erste Stube ca. 3 x 3,20 x 2,80 m. Zwei Fenster nach dem Hofe. Fussboden mit Brettern belegt, die vielfach morsch, besonders an den Wandseiten brüchig sind. Belichtung ausreichend. Hier steht ein Bett, in dem die Eltern schlafen. Hier steht der Kinderwagen, in dem das 8 Monate alte Kind Meta schläft. Hier steht ein Schrank, in dem zahlreiche Kleider hängen, die einen

---

65 Vgl. Labour Party, South Wales. Report, S.12 f.

66 Vgl. Webster, Health, S.228.

67 Vgl. ebd., Tab.2, S.217.

68 Vgl. bspw. für Deutschland: Huber-Koller, Gewerkschaften und Arbeitslose, S.143-327; Winkler, Weg, S.19-55; für Großbritannien: Burnett, Idle Hands, S.213-64; Stevenson u. Cook, Slump, S.31-53, 74-93.

modrigen Geruch verbreiten. Das Zimmer wird erwärmt durch eine grosse Hexe, auf der auch gekocht wird. Zweites Zimmer ca. 3,20 x 2,80 m. Ein Fenster. Zwei Betten. In dem einen schlafen die 12 jährige Bertha, die 11 jähr. Martha, der 6 jähr. Ernst, der 4 jähr. Hans. In dem zweiten schlafen der 17 jähr. Karl, der 15 jähr. Willy, der 15 jähr. Erwin (Zwillinge). Der Fussboden ausgiebig brüchig, so dass die Bettpfosten einsinken. Geruch nach Leder, das in Form alter Stiefel hier lagert. Daneben eine Küche mit einem Fenster, ca 3,20 x 2,26 m. Herd nicht benutzt. Ausguss brüchig, leckt. Eindruck der Küche grau in grau. Wohnung sauber gehalten. Karl ist erwerbslos, Erwin hat eine Laufstelle, Willy hat keine Stelle."[69]
Der Schriftsteller George Orwell wiederum notierte in seinen Unterlagen: "Haus in Maplewell (kleines Bergbaudorf bei Barnsley). Zwei oben, eins unten (Zimmer je Stockwerk; C.K.). Wohnzimmer 14 auf 12 Fuß (rd. 4,27 x 3,66 m; C.K.). Ausguß im Wohnzimmer. Putz ist rissig und kommt von den Wänden. Keine Bleche im Ofen. Gas leicht undicht. Die oberen Zimmer je 10 auf 8 Fuß (rd. 3,05 x 2,44 m, C.K.). Vier Betten (für sechs Personen, alle erwachsen), aber "ein Bett taugt nichts", wahrscheinlich aus Mangel an Bettwäsche. Das Zimmer bei der Treppe hat keine Tür, und die Treppe hat kein Geländer; wenn man aufsteht, hängen die Füße im Leeren, und man kann 10 Fuß tief auf die Steine fallen. Trockenfäule so schlimm, daß man durch den Fußboden in das untere Zimmer sehen kann. Wanzen. Die ungepflasterte Straße, die an den Hütten vorbeiführt, wie ein Misthaufen, soll im Winter fast unbegehbar sein. Steinerne Waschräume am Ende der Gärten in halbverfallenem Zustand. Die Mieter sind seit 22 Jahren in diesem Haus."[70]
Wie der Rückblick des vormaligen deutschen Reichskanzlers Heinrich Brünings zeigt, waren die Lebensbedingungen der britischen Arbeiterschaft in der Zwischenkriegszeit generell wohl schwieriger als die der deutschen: „Ich erinnere mich der Führung einer Quäker-Gruppe aus Lancashire, die die „slums“ von Berlin sehen wollte. Ich führte sie in die minderwertigsten Wohnungen, die ich von meiner Zusammenarbeit mit Siegmund Schultze am Schlesischen Bahnhof kannte. Als wir den Häuserblock verließen, sagten mir die eine Dame und mehrere Herren taktvoll ermunternd, ich solle ihnen nun doch „slums“ zeigen, und waren erstaunt, daß es keine schlechteren Wohnverhältnisse in Berlin gäbe.“[71]
Ungeachtet dieser objektiven Unterschiede richtete sich bei den Arbeitslosen die subjektive Wahrnehmung ihrer Deprivation jedoch nach ihrem eigenen sozialen Umfeld und nicht nach den Verhältnissen im Ausland. Dem Einwand, die britische

---

69 BAK, Nl. Hermann Dietrich/343: Begleitworte zu den Mitteilungen des Statistischen Amts der Stadt Kiel Nr. 21 "Die Wohnverhältnisse der kinderreichen Familien in Kiel", 25.3.1927.

70 Orwell, Wigan Pier, S.54 f.

71 Heinrich Brüning, Memoiren 1918-1934, Stuttgart 1970, S.58.

Arbeiterschaft sei aufgrund ihres ohnehin niedrigen Lebensstandards anspruchsloser und im Falle von Erwerbslosigkeit weniger anfällig für eine politische Radikalisierung gewesen als die deutsche, läßt sich daher mit gleicher Plausibilität die Überlegung entgegenhalten, daß auch die Klassenunterschiede in Großbritannien dementsprechend größer waren und daß sich die herrschende soziale Ungerechtigkeit gerade unter den britischen Arbeitslosen zu einem gefährlichen politischen Unruheherd hätte entwickeln können. Zur weiteren Abwägung dieser Argumente sollen daher im folgenden die für den Vergleich wichtigen und markanten Unterschiede in der materiellen Lage der Erwerbslosen hervorgehoben werden. Dies betrifft zunächst einmal die finanzielle Versorgung der Arbeitslosen durch den Staat.

In beiden Ländern existierte ein dreigliedriges Unterstützungssystem, bestehend aus der Arbeitslosenversicherung, einer ergänzenden Arbeitslosenhilfe (Krisenunterstützung bzw. "transitional benefits") für versicherte Arbeitslose und die kommunale Erwerbslosenfürsorge bzw. das Poor Law für alle Erwerbslosen, die entweder die gesetzlichen Kriterien für einen Anspruch auf die eben genannten Leistungen nicht erfüllen konnten oder ihre Ansprüche auf Unterstützung aus der Arbeitslosenversicherung oder -hilfe ausgeschöpft hatten.

1911 hatte die liberale Regierung Asquith die National Insurance Act verabschiedet, die aus zwei Teilen bestand. Der erste Teil implementierte eine obligatorische Kranken- und Invalidenversicherung für alle Arbeiter zwischen 16 und 70 Jahren sowie alle weiteren Arbeitnehmer dieses Alters mit einen jährlichen Einkommen von unter £ 160. Der zweite Teil führte die Arbeitslosenversicherung in Großbritannien ein, das damit Deutschland auf dem Gebiet der Sozialversicherung als fortschrittlichstes Land überholte[72]. Das Gesetz erstreckte sich jedoch nicht auf alle Arbeiter, sondern galt lediglich für sieben Industriezweige, die besonders von zyklischer und saisonaler Arbeitslosigkeit betroffen waren. Wenngleich es berufstätige Frauen, im Gegensatz zu abhängigen Angehörigen des Erwerbslosen, für die keine Leistungen vorgesehen waren, nicht von der Arbeitslosenunterstützung ausschloß, so waren dies doch vorwiegend männlich dominierte Beschäftigungsbereiche: Bauwesen, Schiffsbau, Maschinenbau, Fahrzeugbau, Eisengießereien und Sägewerke. Zur Auszahlung der Leistungen waren nicht nur die Arbeitsämter berechtigt. Organisierte Arbeiter konnten sich die Erwerbslosenunterstützung auch im Büro ihrer Gewerkschaft abholen, wodurch ihnen der demütigende Weg zum

---

72 Die folgenden Ausführungen zum britischen Arbeitslosenunterstützungssystem basieren primär auf Eveline M. Burns, British Unemployment Programs, 1920-1938. A Report prepared for the Committee on Social Security, Washington 1941; Garside, British Unemployment, S.31-83; Gilbert, Social Policy, S.51-97, 162-92; Pollard, Development, S.158-62; Brenda Swann u. Maureen Turnbull, Records of Interest to Social Scientists. Unemployment Insurance 1911 to 1939 (Public Record Office Handbooks No.16), London 1975.

Arbeitsamt erspart und eine stärkere Bindung an die Organisation erhalten blieb. Indem man sich auf die bestehenden Institutionen stützte, verzichtete man auf die Einrichtung von Selbstverwaltungskörpern, wie sie z.B. später in Gestalt der deutschen Reichsanstalt für Arbeitsvermittlung und Arbeitslosenversicherung geschaffen wurden. Dennoch führten die liberalen Sozialreformen ein neues Element administrativer Abhängigkeit des Staates von gesellschaftlichen Organisationen ein, das die Beziehungen zwischen Regierung und Gewerkschaften grundlegend veränderte: "Earlier, the unions had been involved in the administration of legislation governing such things as industrial safety and workers' compensation, but primarily as channels of information peripheral to the formal administrative structure. The labour exchange and national insurance schemes, in particular, required a much closer involvement."[73]
So wurde der TUC, neben den Friendly Societies, den kommerziellen Versicherungsgesellschaften und der British Medical Association, schon im Vorfeld der National Insurance Act von 1911 in einem Maße konsultiert, für das es in Deutschland zu dieser Zeit "keine Parallele"[74] gab. Viele Gewerkschaften zahlten ohnehin bereits eine Kranken- oder Arbeitslosenunterstützung an ihre Mitglieder aus. Wie Schatzkanzler Lloyd George, der das Gesetz im Parlament eingebracht hatte, den Gewerkschaftsführern mitteilte, wolle er lieber auf deren Organisationsstrukturen zurückgreifen als einen großen, staatlich bezahlten Verwaltungsapparat neu einzurichten. In beiden Fällen wurden die Gewerkschaften daher "(...) incorporated as official administrative agencies"[75]. Für Streitfälle richtete man lokale, paritätisch mit Arbeitgeber- und Arbeitnehmervertretern besetzte Schiedsgerichte (Courts of Referees) ein, an die sich Erwerbslose wenden konnten, deren Anspruch auf Unterstützung durch den Versicherungsbeamten abgelehnt worden war. Dabei konnten sie sich von ihrer Gewerkschaft vertreten lassen[76].

---

73 Ross M. Martin, TUC: The Growth of a Pressure Group 1868-1976, Oxford 1980, S.102.

74 Ritter, Sozialversicherung, S.97. Im Ergebnis basierte dann die Krankenversicherung auf der Erfahrung und Praxis der Unterstützungskassen, während sich die Arbeitslosenversicherung auf der Erfahrung und Praxis der Gewerkschaften gründete. Das deutsche Versicherungsmodell wirkte sich hingegen, "außer auf der trivialsten Ebene der Nachahmung bestimmter Elemente", nicht prägend aus; vgl. E. P. Hennock, Die Ursprünge der staatlichen Sozialversicherung in Großbritannien und das deutsche Beispiel 1880-1914, in: Mommsen (Hg.), Entstehung des Wohlfahrtsstaates, S.92-114, hier S.108.

75 Vgl. Martin, TUC, S.102 f., Zitat S.102.

76 Ließ sich vor dem Schiedsgericht keine Einigung erzielen, konnte der Versicherungsbeamte, und unter bestimmten Voraussetzungen auch der Kläger, in oberster Instanz den nur der Krone unterstehenden Umpire anrufen. Dessen Entscheidung bildete anschließend ein Fallrecht des Common Law und war für Courts of Referees und Versicherungsbeamte rechtsverbindlich (vgl. Deacon, Concession and Coercion, S.32, Anm.40).

Um den Übergang von der Kriegs- in die Friedenswirtschaft zu erleichtern, wurde 1918 als kurzfristige Überbrückungsmaßnahme die "out-of-work donation" eingeführt, eine einseitige, nicht auf zuvor gezahlten Beiträgen fußende Leistung des Staates aus dem Versicherungsfonds. Diese "Schenkung" wurde zivilen, ehemaligen Rüstungsarbeitern bis zum November 1919 und ehemaligen Soldaten in versicherungspflichtigen Berufen bis 1921 gewährt. Mit ihrer Abkehr vom bisherigen Prinzip der Grundsicherung gegen akute Not und dem Übergang zu einer ausreichenden, nicht an Bedingungen geknüpften staatlichen Absicherung des Existenzminimums Erwerbsloser, die auch dessen Familienangehörige berücksichtigte, bildete sie einen Präzedenzfall für den weiteren Ausbau des Versicherungssystems und die daran geknüpften Erwartungen der Bevölkerung[77].
In den Jahren 1920 (Unemployment Insurance Act) und 1921 (Unemployed Workers' Dependants [Temporary Provisions] Act) wurde dann das Arbeitslosenunterstützungsystem auf der Basis des Versicherungsprinzips erweitert und erstreckte sich nun auf nahezu alle Berufe. Weiterhin ausgeschlossenen blieben Landarbeiter und Hauspersonal, Berufsgruppen mit hoher Arbeitsplatzsicherheit, wie der öffentliche Dienst und Beschäftigte der Eisenbahn sowie „non-manual workers" mit einem Jahresverdienst über £ 250. Die Einführung besonderer Unterstützungsleistungen für abhängige Familienangehörige der Erwerbslosen im Rahmen der Arbeitslosenversicherung setzte die Tendenz der Abkehr vom Grundsicherungsprinzip fort.
Die gesetzliche Ausweitung der Arbeitslosenversicherung war kaum erfolgt, als 1920/21 schon die Rezession einsetzte und in zahlreichen Fällen die Ansammlung ausreichender Beiträge zum Erwerb eines Anspruchs auf Versicherungsleistungen verhinderte. Erneut wurden daher Ausnahmezahlungen eingeführt, die verhindern sollten, daß „respektable" Arbeiter dem Armenrecht anheimfielen. Diese Ausnahmezahlungen unterlagen in den zwanziger Jahren zahlreichen Gesetzesänderungen und wurden nacheinander „uncovenanted benefits" (1921-24), „extended benefits" (1924-28), „transitional benefits" (1928-31) und „transitional payments" (1931-34) im Unterschied zu den „covenanted" oder „standard benefits" der Versicherung genannt. Sie entsprachen in etwa der Weimarer Krisenfürsorge und sollen im folgenden als Übergangsunterstützung bezeichnet werden. Ihre Kosten wurden zunächst vom Versicherungsfonds übernommen, dann aber 1930 durch die Labour-Regierung auf das Schatzamt übertragen, um die weitere Zahlungsfähigkeit des Fonds zu gewährleisten. Anwärter auf Übergangsunterstützung wurde, wer entweder kein Recht auf Zahlungen aus der Arbeitslosenversicherung hatte, weil er die erforderlichen Beiträge nicht geleistet hatte, oder wer aufgrund von Langzeitarbeitslosigkeit seinen Anspruch bereits ausgeschöpft hatte. Die Bezugsdauer der Übergangsunterstützung wurde im Laufe

---

77 Vgl. Gilbert, Social Policy, S.56-61.

der Zwischenkriegszeit nahezu kontinuierlich ausgeweitet. Seit dem Erlaß der Unemployment Insurance Act von 1927 durch die Regierung Baldwin und bis zum Amtsantritt der Nationalen Regierung im August 1931 konnten Arbeitslose, sofern sie die im Gesetz jeweils vorgesehenen Beitragsleistungen nachweisen konnten, für einen unbegrenzten Zeitraum entweder Versicherungsleistungen oder Übergangszahlungen beziehen, deren Höhe vereinheitlicht wurde. Wer jedoch auch die Anforderungen für den Erhalt der Übergangsunterstützung nicht erfüllen konnte, für den gab es, wie in Deutschland, nur noch die öffentliche Fürsorge, die vor 1929 von den Boards of Guardians und danach von den Public Assistance Committees (PACs) der Kommunalverwaltungen ausgezahlt wurde.
Im Deutschen Reich trat am 1. Oktober 1927 das Gesetz über Arbeitsvermittlung und Arbeitslosenversicherung (AVAVG) in Kraft[78]. Zusätzlich zu den vom britischen System abgedeckten Berufsgruppen versicherte es außerdem Landarbeiter, häusliches Dienstpersonal und Angestellte bis zu einem Jahreseinkommen von 8.400 RM (£ 420)[79]. Anders als in Großbritannien gab es kein gesetzlich fixiertes Eintritts- oder Austrittsalter. Personen unter 16 und über 65 Jahren waren also nicht von der Versicherung ausgeschlossen, sofern sie sich in einer versicherungspflichtigen Beschäftigung befanden. Die Leistungen bestanden aus der Hauptunterstützung des Versicherten sowie gegebenenfalls aus Zuschlägen für unterhaltsberechtigte Familienangehörige und wurden ausschließlich von den Arbeitsämtern ausbezahlt. Die administrative Durchführung des Versicherungssystems oblag in Deutschland einer autonomen Selbstverwaltungskörperschaft, der Reichsanstalt für Arbeitsvermittlung und Arbeitslosenversicherung (im folgenden Reichsanstalt) bzw. deren Verwaltungsrat. Dieser wiederum setzte sich paritätisch aus Vertretern der Arbeitgeber, Arbeitnehmer und öffentlichen Körperschaften zusammen. Über den Antrag auf Arbeitslosenunterstützung entschied der Vorsitzende des jeweils zuständigen Arbeitsamtes. Gegen dessen Entscheidung konnte der Arbeitslose bzw. jeder, der ein berechtigtes Interesse hatte, z.B. auch die Gemeinde oder die Gewerkschaft, Einspruch beim Spruchausschuß einlegen. Gegen die Entscheidung des Spruchausschusses war unter bestimmten Umständen noch eine Berufung bei der Spruchkammer möglich, die entweder endgültig

---

[78] Die folgenden Ausführungen zum deutschen Arbeitslosenunterstützungssystem basieren primär auf Homburg, Vom Arbeitslosen zum Zwangsarbeiter, S.258-63; Huber-Koller, Gewerkschaften und Arbeitslose, S.145-53; Preller, Sozialpolitik, S.363-76, 418-51; Winkler, Weg, S.23-25; Franz Spliedt u. Bruno Bröcker, Die Versorgung der Arbeitslosen nach dem neuesten Stande der Gesetzgebung, Berlin 1932.

[79] Bestimmte Beschäftigungen, darunter langfristige Beschäftigungsverhältnisse in der Land- und Forstwirtschaft, bei denen der Arbeitnehmer in die häusliche Gemeinschaft des Arbeitgebers aufgenommen wurde ("ländliches Gesinde"), oder sogenannte "geringfügige Beschäftigungsverhältnisse" waren nach dem AVAVG jedoch versicherungsfrei; vgl. Spliedt u. Broecker, Versorgung der Arbeitslosen, S.10f.

entschied oder die Sache zur grundsätzlichen Entscheidung an den Spruchsenat beim Reichsversicherungsamt abgab. Vor allen Spruchinstanzen der Arbeitslosenversicherung konnte sich ein Erwerbsloser durch einen Gewerkschafts- oder Arbeitersekretär vertreten lassen.
Wie seine britischen Kollegen hatte ein deutscher Erwerbsloser einen Rechtsanspruch auf Versicherungsleistungen, wenn er erstens arbeitsfähig, arbeitswillig und unfreiwillig arbeitslos war, zweitens die Anwartschaftszeit erfüllt und drittens seinen Anspruch noch nicht erschöpft hatte. In Zeiten kontinuierlich ungünstiger Arbeitsmarktlage sah das AVAVG darüber hinaus die Auszahlung einer Krisenunterstützung vor, die im Gegensatz zur britischen Übergangsunterstützung an eine Bedürftigkeitsprüfung durch das Arbeitsamt gekoppelt war. Diese berücksichtigte das gesamte Familieneinkommen. Erst ab 1931 wurde auch in Großbritannien der Erhalt und die Höhe der „transitional payments" an das Ergebnis einer Haushalts-Mittelüberprüfung („means test") durch die kommunalen Public Assistance Committees geknüpft, bis diese 1936 durch das Unemployment Assistance Board (UAB) abgelöst wurden. Erwerbslose konnten Krisenunterstützung beziehen, wenn sie keinen Anspruch auf Arbeitslosenunterstützung (mehr) besaßen, aber in den letzten zwei Jahren wenigstens 13 Wochen in einer versicherungspflichtigen Beschäftigung gestanden hatten. Im Gegensatz zur britischen Regelung waren Jugendliche unter 21 Jahren und Saisonarbeiter grundsätzlich von der Krisenunterstützung ausgeschlossen. Finanziert wurde sie zu vier Fünfteln durch die Reichsregierung und zu einem Fünftel durch die Kommunen. Letztere belastete man also in Deutschland stärker als in Großbritannien, wo das Schatzamt auch noch nach 1931 für die Gesamtkosten der Übergangsunterstützung aufkam. Die Unterstützung Erwerbsloser, die keinen Anspruch auf Krisenunterstützung hatten oder bereits ausgesteuert waren, blieb schließlich den Kommunalbehörden überlassen. Die Erwerbslosenfürsorge konnte in beiden Ländern aus Geld- oder Sachleistungen bestehen. In Dauer und Höhe richtete sie sich nach der Hilfsbedürftigkeit des Empfängers und bestimmten oberen Richtwerten, die sich in Deutschland an den ortsüblichen Löhnen ungelernter Arbeiter und in Großbritannien an den „local needs"[80] orientierten. Als einzige Gruppe der unterstützten Arbeitslosen hatten Fürsorgeempfänger keinen Rechtsanspruch auf die empfangenen Leistungen, sondern konnten dafür im Gegenzug zur unentgeldlichen Pflichtarbeit bzw. „test work" herangezogen werden.
Durch die Praxis der kommunalen Bedürftigkeitsprüfung und die örtlich unterschiedliche Bereitstellung von Sonderleistungen, wie Schulspeisungen oder Kleiderbeihilfen, gestaltete sich in beiden Ländern die Lage der Krisen- bzw. Übergangsunterstützten und der Wohlfahrtserwerbslosen in den einzelnen

80 Vgl. Webster, Health, S.209.

städtischen und ländlichen Gemeinden sehr uneinheitlich[81]. Die zerrütteten Finanzen zahlreicher Kommunen, subjektive Einschätzungen der behördlichen Mitarbeiter über das örtlich notwendige Existenzminimum, unterschiedliche Anrechnungspraktiken und die lokalen politischen Verhältnisse wirkten sich dabei auf die Bemessung der Unterstützung aus. Vor allem in Großbritannien schärfte ab 1931, unbeabsichtigt von der Regierung, die Anwendung des „means test" nun auch auf die bislang vom Armenrecht unberührt gebliebenen Empfänger von Übergangsunterstützung den Blick vieler Arbeitsloser für die Vorteile einer Labour-regierten Kommunalverwaltung. Gerade in den unter Langzeitarbeitslosigkeit leidenden „depressed areas" wurde so die Bindung der Erwerbslosen an die Organisationen der offiziellen Arbeiterbewegung gefördert und eine politische Radikalisierung vermieden. Durch die Trennung von Finanz- und Verwaltungskompetenz zwischen Schatzamt und Kommunen kamen parteipolitische Gegensätze bei der Überprüfung der Bedürftigkeit stärker zum Tragen, da Labour-kontrollierte Kommunalregierungen bei der Bewilligung von „transitional payments" ihren sozialpolitischen Prinzipien folgen konnten, ohne dafür die finanzielle Verantwortung übernehmen zu müssen. So entschied zum Beispiel der Labour-dominierte Stadtrat von Merthyr Tydfil (Süd-Wales) im Zeitraum vom 25. Januar bis zum 3. September 1932 in 98,9% der Fälle auf Erhalt der Leistungen in maximaler Höhe, in 0,6% der Fälle in niedrigerer Höhe, und in 0,5% der Fälle wurde die Bewilligung verweigert. Dagegen gewährte der Stadtrat von Birmingham mit konservativer Mehrheit Übergangsunterstützung zum Höchstsatz in 29,2% der Fälle, zu niedrigeren Sätzen in 36,0% der Fälle, während 34,8% der Anträge abgelehnt wurden[82]. Einige der Kommunalbehörden, unter ihnen die Labour-Hochburgen Durham County, Glamorgan County, Rotherham und Barnsley, wurden daraufhin wegen „illegaler" Zahlungen vom Arbeitsministerium verwarnt. In zwei Fällen - Rotherham und Durham County - wurden die Beamten der lokalen Fürsorgeämter vom Dienst suspendiert und durch aus London entsandte Kommissare ersetzt[83].

---

81 Vgl. für Großbritannien Webster, Health. Für das Deutsche Reich liegen dazu bisher kaum Untersuchungen vor; vgl. die kurzen Ausführungen bei Homburg, Vom Arbeitslosen zum Zwangsarbeiter, S.279; Huber-Koller, Gewerkschaften und Arbeitslose, S.151-55; vgl. auch BAK, ZSg. 103/1617: Was erhalten die Wohlfahrtsbefürsorgten? Bayerische Kommunal-Korrespondenz, München, Nr.35 v. 2.9.1931, mit einer Aufstellung des Bayerischen Städtebundes (Stand Juli 1931) über die Fürsorgesätze in 52 damals bayrischen Gemeinden.

82 In ganz Großbritannien erhielten zwischen Januar und September 1932 nach Prüfung ihrer Bedürftigkeit 50,8% der Antragsteller den Höchstsatz an Übergangsunterstützung, 30,9% bekamen verminderte Sätze und 18,3% wurde die Unterstützung verweigert. Vgl. Labour Party, The Inquitious Means Test, London 1933, S.7.

83 Vgl. Stevenson und Cook, Slump, S.69 f.

Der Economic Advisory Council (EAC), ein im Jahre 1930 ernannter Ausschuß zur Beratung der Regierung in wirtschaftspolitischen Fragen, entsandte am 17. September 1930 eine Untersuchungskommission nach Deutschland. Unter dem Vorsitz des Labour-Parteitheoretikers und Wirtschafts- und Sozialwissenschaftlers G. D. H. Cole sollte sie sich über die Funktionsweise des deutschen Arbeitslosenversicherungssystems und die Bereitstellung von Notstandsarbeiten informieren. Der Abschlußbericht der Kommission vom 16. Oktober 1930 arbeitete weitere Gemeinsamkeiten und Unterschiede des Unterstützungssystems in beiden Ländern deutlich heraus[84].
Als erste und wichtigste Abweichung nannte er die unterschiedlichen Verwaltungsstrukturen des Systems[85]. Zum Erstaunen der britischen Beobachter war der Verwaltungsrat der Reichsanstalt berechtigt, mit Billigung des Arbeitsministers Verordnungen, z.B. hinsichtlich der Unterstützung von Kurz- oder Saisonarbeitern, zu erlassen, die von den allgemeinen Bestimmungen des AVAVG abwichen. In Großbritannien lag die administrative Zuständigkeit dagegen aussschließlich beim Arbeitsminister, der jedoch nicht ohne die Zustimmung des Parlaments von den detaillierten Regelungen der geltenden Unemployment Insurance Act abweichen durfte. Das deutsche System war nach Auffassung der Kommission komplizierter als das britische, führe aber zu einer größeren Flexibilität. Damit war im negativen Sinne vor allem die Verhinderung der sogenannten „mißbräuchlichen" Inanspruchnahme von Leistungen durch Kurz-, Saison- und Gelegenheitsarbeiter sowie verheiratete Frauen gemeint, auf deren Behandlung im Rahmen des deutschen Systems die Kommission ihre besondere Aufmerksamkeit gerichtet hatte. In diesem Zusammenhang war vor allem auch die Kurzarbeiterunterstützung von besonderem Interesse, die es in dieser Form, d.h. als Sonderregelung, in Großbritannien nicht gab[86]. Ein deutscher Arbeiter erhielt Kurzarbeiterunterstützung, wenn er mindestens drei Tage einer Kalenderwoche ohne Beschäftigung war. Während ein unverheirater britischer Arbeiter in derselben Situation für die restlichen drei Tage die vollen Sätze der Arbeitslosenunterstützung erhalten hätte, bekam sein deutscher Kollege ohne abhängige Familienangehörige diese nur für einen Tag, bei vier verlorenen Arbeitstagen für zwei Tage und bei fünf verlorenen Arbeitstagen für drei Tage. Verheiratete Arbeiter mit Kindern unterlagen etwas günstigeren Regelungen, jedoch waren bestimmte Beschäftigungsgruppen, wie Hausangestellte, Eisenbahn-

---

84 Vgl. PRO, PRO 30/69/440: Economic Advisory Council, Unemployment Insurance and Public Works in Germany. Report of Mission, October 16, 1930, E.A.C. (H) 126 (gleichzeitig C.P. 358/30).

85 Vgl. ebd., S.4.

86 Vgl. ebd., S.7.

und Hafenarbeiter, von der Kurzarbeiterunterstützung in Deutschland ausgenommen. Allgemein herrsche dort, so die Kommission, die Überlegung vor, daß der erhaltene Lohn und die Kurzarbeiterunterstützung zusammen nicht mehr als fünf Sechstel eines vollen Wochenlohns betragen sollten. In Großbritannien wirkte dagegen die Arbeitslosenversicherung, beispielsweise im Hafentransportgewerbe, in dem Gelegenheitsarbeit das gängige Beschäftigungsverhältnis war, als Mittel der indirekten staatlichen Lohnsubventionierung[87]. Die Arbeitgeber profitierten von dieser Regelung, indem sie jederzeit über eine vorhandene Reserve an Arbeitskräften verfügen konnten, die infolge der staatlichen Grundversorgung nicht in andere Wirtschaftsbereiche abwandern mußten.

Ein anderer fundamentaler Unterschied zwischen dem deutschen und britischen Systems bestand darin, daß die Finanzierung der deutschen Versicherung zu gleichen Teilen durch Beiträge der Arbeitgeber und Arbeitnehmer erfolgen sollte, während in Großbritannien ein dreiteiliges Beitragssystems durch Staat, Arbeitgeber und Arbeitnehmer vorgesehen war. Dabei änderte sich der Umfang des jeweiligen Anteils während der Zwischenkriegszeit mehrmals, ab 1929 bestand er jedoch in jeweils einem Drittel der gesamten Beitragssumme[88].

Die Kommission hob weiterhin hervor, daß die deutschen Beitrags- und Unterstützungssätze nicht wie in Großbritannien Einheitssätze waren, die nur nach Alter oder Geschlecht variierten. Vielmehr waren sie unabhängig von diesen Kriterien nach dem Prinzip des Lohnanteils differenziert[89]. Der Gesamtbeitrag (Arbeitgeber- und Arbeitnehmeranteil) bestand daher in einem festgelegten prozentualen Anteil an einem Basislohn (seit 6.10.1930 6,5%), der durch den Arbeitgeber an die Krankenversicherungsanstalt abgeführt und von dieser an das Arbeitsamt weitergeleitet wurde. Die Leistungen waren nach elf Lohnklassen gestaffelt, denen der Versicherte aufgrund seines Durchschnittseinkommens während eines bestimmten Zeitraums zugeteilt wurde. Die Leistungshöhe errechnete sich dann als festgelegter Prozentsatz eines Einheitslohns (der mit dem Basislohn nicht notwendig identisch war) in jeder Lohnklasse und konnte zwischen 75% des Einheitslohns (8 RM) in der niedrigsten Klasse und 35% des Einheitslohns (63 RM) in der höchsten Lohnklasse variieren. Abhängige Familienangehörige des Erwerbslosen erhielten in Deutschland jeweils 5% des Einheitslohns bis zu einem maximalen Anteil der Haupt- und Familienunterstützung von insgesamt 80% des Einheitslohns in den beiden niedrigsten Lohnklassen und 60% des Einheitslohns in den vier höchsten Klassen. In

---

87 Vgl. Beveridge, Analysis of Unemployment I, S.377 f.

88 Vgl. Report of Mission (Anm.84), S.4; Swann u. Turnbull, Unemployment Insurance, App. 7, S.184.

89 Vgl. Report of Mission (Anm.84), S.5 f. u. 13.

Großbritannien gab es auch hier gesetzlich fixierte Einheitssätze, die der Arbeitslose, von der Anzahl her unbegrenzt, für jedes abhängige Familienmitglied erhielt. Wie die Kommission ausführte, stand hinter dem deutschen System die Ansicht, daß sich ein beschäftigter Facharbeiter zum einen in der höchsten Lohnklasse höhere Beiträge leisten könne, während er als Erwerbsloser zur Aufrechterhaltung seines gewohnten Lebensstandards zum anderen auch höhere Leistungen benötige. Zusammenfassend stellte sie fest, daß erstens die Nominal- und die Reallöhne in Deutschland niedriger seien als in Großbritannien; zweitens, daß sich demzufolge das deutsche allgemeine Niveau der Unterstützungssätze, mit Ausnahme weniger Spitzensätze, ebenfalls unter dem britischen befände; und drittens, daß die Unterstützungssätze der Arbeitslosenversicherung in Deutschland unter den Leistungssätzen der Krankenversicherung lägen, während das in Großbritannien genau umgekehrt sei.
Darüber hinaus seien die gesetzlich vorgeschriebenen Bedingungen für den Erhalt der Leistungen in Deutschland strikter und es existiere ein zeitliches Limit, bis zu dem Arbeitslosen- oder Krisenunterstützung bezogen werden könne[90]. In Großbritannien erfüllte ein Anwärter die Bedingungen für den Erhalt von Versicherungsleistungen, wenn er dreißig aufeinanderfolgende Beiträge in den vorhergehenden zwei Jahren nachwies. Ein Beitrag wurde für eine Beschäftigung in jeder Kalenderwoche bezahlt und konnte sowohl für eine Beschäftigungsdauer von einem Tag als auch von sechs Tagen in der betreffenden Woche stehen. Ein deutscher Anwärter mußte hingegen nachweisen, daß er in den vorhergehenden zwei Jahren volle 52 Wochen bzw. 312 Tage einer Beschäftigung nachgegangen war. Bei Erfüllung der Anwartschaft konnte ein britischer Erwerbsloser zunächst 74 Wochen lang innerhalb von zwei Jahren Versicherungsleistungen beziehen und anschließend (bis zum Herbst 1931) in gleicher Höhe „transitional benefits" ohne zeitliche Beschränkung. Ein deutscher Arbeitsloser bezog 1930 bis zu 26 Wochen Versicherungsleistungen. Danach erhielt er maximal 39 Wochen (52 Wochen bei über Vierzigjährigen) Krisenunterstützung, wenn er zu den durch Verordnung des Arbeitsminister festgelegten Beschäftigungsgruppen gehörte. Die Sätze der Krisenunterstützung unterschieden sich in den höchsten Lohnklassen von denen der Versicherung. Sie konnten in allen Lohnklassen entsprechend den Ergebnissen der vorgeschriebenen Bedürftigkeitsprüfung gekürzt werden, wenn das Familieneinkommen einen festgelegten oberen Richtsatz überstieg. Anders als in Großbritannien sei es nach Ansicht der britischen Besucher in Deutschland allgemein akzeptiert, daß erwerbslose Arbeiter, die die Anwartschaftsbedingungen für Arbeitslosen- oder Krisenunterstützung nicht erfüllen konnten, dem Armenrecht überlassen werden.

---

90 Vgl. ebd., S.5 f. u. 15.

Die Kommission hob abschließend hervor, daß der starke Anstieg der Arbeitslosigkeit in beiden Ländern zu einer schweren Belastung des Staatshaushalts geführt habe[91]. Die Position der deutschen Regierung sei jedoch ungleich schwieriger, da es ihr im Gegensatz zur britischen Regierung aufgrund des Reichsbankgesetzes nicht erlaubt sei, das entstandene Defizit des Versicherungsfonds über Kreditaufnahmen auf dem Kapitalmarkt zu decken. Bei finanziellen Notlagen der Reichsanstalt bestand zwar eine Darlehensverpflichtung des Reiches, jedoch mußten diese Darlehen aus den Einnahmen des laufenden Reichsetats gedeckt werden. Zusätzliche Ausgaben für Arbeitslosenunterstützung brachten daher den aus Sicht der orthodoxen Wirtschafts- und Finanztheorie notwenigen Ausgleich von Einnahmen und Ausgaben des deutschen Staatsbudgets sehr viel schneller in Gefahr als den des britischen. Zudem engten sie, da sich die keynesianische Vorstellung der Defizitfinanzierung noch nicht durchgesetzt hatte, die finanzpolitischen Handlungsspielräume der Reichsregierung zur Durchführung anderer Maßnahmen, wie z.B. Arbeitsbeschaffung, stark ein.
Bis zum Juli 1930 hatte die Reichsanstalt nach den Angaben der britischen Delegation eine Darlehensschuld von umgerechnet £ 44,2 Millionen (rd. 895,9 Millionen RM) angesammelt, die sich trotz Beitragserhöhungen ständig weiter erhöhte. In Großbritannien wurde dieser Stand schon im November 1928 nahezu erreicht, als die Unemployment Insurance Act das Schatzamt ermächtigte, die Darlehenssumme an den Versicherungsfonds auf £ 40 Millionen zu erweitern. Eine steigende Arbeitslosenquote durch den Beginn der Weltwirtschaftkrise und der unbegrenzte Bezug von Versicherungsleistungen nötigten jedoch die Arbeitsministerin der Zweiten Labour-Regierung, Magaret Bondfield, zur Beantragung weiterer Kreditaufnahmen für den Fonds, der allerdings schon seit 1922 kontinuierlich ein Defizit aufwies. Insgesamt fünfmal billigte das Parlament während ihrer Amtszeit eine schrittweise Erhöhung des gesetzlich erlaubten Limits bis auf £ 115 Millionen (rd. 2,3 Milliarden RM). Am 31. März 1932 erreichte die Verschuldung des Fonds die letztgenannte Summe[92]. Gleichzeitig hatten sich die Gesamtausgaben für Versicherungs- und Übergangsleistungen während der Regierungszeit der Labour Party mehr als verdoppelt und waren von rd. £ 51,2 Millionen im Jahr 1929 auf rd. £ 125 Millionen (rd. 2,5 Milliarden RM) im Jahr 1931 angestiegen[93]. Für fast doppelt soviele Erwerbslose betrugen die Gesamtausgaben der Arbeitslosenversicherung in Deutschland im Vergleich dazu im Rechnungsjahr 1931 rd. 1,3 Milliarden RM, die der Krisenfürsorge rd. 905

91 Vgl. ebd., S.7 f.

92 Vgl. PP 1931-32, Cmd. 4185: Royal Commission on Unemployment Insurance, Final Report, London 1932, S.36.

93 Vgl. Ministry of Labour, Report 1932, S.70.

Millionen RM, die Belastung der Gemeinden durch die Wohlfahrtserwerbslosen belief sich auf über 1 Milliarde RM[94].
Ab 1931 waren sowohl die deutschen als auch die britischen Erwerbslosen starken Einschnitten in das Arbeitslosenunterstützungssystem durch die Notverordnungen der Kabinette Brüning und Papen bzw. die Sparmaßnahmen der Nationalen Regierung MacDonald ausgesetzt. Dennoch war die materielle Versorgung der Arbeitslosen durch den Staat während der Weltwirtschaftskrise im Vereinigten Königreich ohne Zweifel großzügiger als in Deutschland. Zwar gab es in beiden Ländern beträchtliche lokale Unterschiede bei der Behandlung der Wohlfahrtserwerbslosen, die sich jeweils am unteren Ende der Arbeitslosenhierarchie befanden. In Deutschland wurde die soziale Ausdifferenzierung der Erwerbslosen jedoch noch zusätzlich dadurch verschärft, daß die Empfänger von Krisenunterstützung geringere Sätze erhielten und härteren Bewilligungskriterien unterlagen als die Bezieher von Versicherungsleistungen. So ergab sich ein echter, dreistufiger Abstieg von der Arbeitslosenunterstützung über die Krisenunterstützung bis zur öffentlichen Fürsorge, der dem sozialen Frieden und der politischen Stabilität nicht förderlich war. Ähnliches galt auch für die Unterstützung der Saisonerwerbslosen, die besonderen, verschärften Regelungen unterlagen. In einer Eingabe an die Reichsregierung vom Juni 1929 protestierte daher der Verband der Fabrikarbeiter Deutschlands, eine ADGB-Einzelgewerkschaft, gegen die Verordnung über berufsübliche Arbeitslosigkeit vom 18. Dezember und das entsprechende Gesetz über eine Sonderfürsorge vom 24. Dezember 1928 mit folgenden Worten: "Die Sonderregelung hat bei der Arbeiterschaft der Industrien, die davon betroffen werden, das bittere Gefühl ungerechter Behandlung ausgelöst. (...) Wir gestatten uns, auch darauf hinzuweisen, daß jene ausländischen Staaten, die staatliche Arbeitslosenversicherung eingeführt haben, den Begriff 'berufsübliche' Arbeitslosigkeit nicht kennen. In England gehörte gerade das Baugewerbe zu denjenigen Berufen, die zuerst von der staatlichen Zwangsversicherung gegen Arbeitslosigkeit im Jahre 1911 erfaßt wurden."[95]
Erst mit der Unemployment Insurance (No.3) Act vom 31.7.1931 führte auch die zweite Labour-Regierung unter dem Druck der Wirtschaftskrise Sonderregelungen für bestimmte Beschäftigungsgruppen, darunter Saisonarbeiter, ein. Daneben war es jedoch in Großbritannien allgemeiner Konsens, daß „respektable" Facharbeiter, die in der Krise besonders unter Langzeitarbeitslosigkeit litten, vor dem Armenrecht bewahrt werden sollten. Britische Erwerbslose bezogen deshalb bis 1931 Versicherungs- und Übergangsleistungen in gleicher Höhe und insgesamt unbegrenzter Dauer. Zur Hierarchisierung und Fortschreibung sozialer Ungleich-

---

[94] Vgl. ADGB-Jahrbuch 1931, S.93 f.

[95] BAP, 62 DAF 3/2636.

heit innerhalb des deutschen Erwerbslosenheeres trug darüber hinaus das Systems der lohnabhängigen Beitrags- und Leistungszahlungen bei. Wer schon in wirtschaftlich guten Zeiten über ein höheres Einkommen verfügt hatte, dem ging es auch in der Arbeitslosigkeit, zumindest am Anfang, finanziell besser[96].
Trotz der bis in die Gegenwart reichenden, erstaunlichen Kontinuität in den Grundzügen des deutschen Versicherungssystems, denen sich Großbritannien 1959 mit der Einführung einkommensbezogener Beiträge und Leistungen ebenfalls annäherte[97], ist die Leistungsfähigkeit des deutschen Arbeitslosenversicherungsmodells zumindest in Zweifel zu ziehen. Es verband aufgrund des fehlenden staatlichen Zuschusses höhere Belastungen der Beitragszahler mit niedrigeren Leistungen als in Großbritannien[98]. Wie die bereits erwähnte britische Untersuchungskommission feststellte, hatte sich der Beitragssatz der Arbeitslosenversicherung innerhalb weniger Monate nahezu verdoppelt und entsprach seit der letzten Erhöhung vom 6. Oktober 1930 auf 6,5% bei einem Basislohn von 50 RM ungefähr 3s.3d. wöchentlich, während der Gesamtbeitrag der britischen Arbeitgeber und -arbeitnehmer für einen erwachsenen Mann zu diesem Zeitpunkt nur 1s.3d. betrug. Darüber hinaus machten die gesamten Sozialversicherungsbeiträge der Arbeitgeber und Arbeitnehmer schon vor dieser Erhöhung 15% eines Wochenlohns aus, wohingegen sich die vergleichbare Zahl in Großbritannien wohl eher auf 5,5% eines Wochenlohns von 50s. belief[99]. In Deutschland sollte die Arbeitslosenversicherung, zumindest vom Prinzip her, allein von den Arbeits-

---

96 Auch die bereits 1911 erfolgte Einführung einer gesonderten Angestelltenversicherung in Deutschland, deren Leistungen erheblich über die der Alters- und Invaliditätsversicherung der Arbeiter hinausgingen, ordnet sich in diesen Zusammenhang ein. Ihr politisches Ziel, das Sonderbewußtsein der Angestelltenschaft gegenüber der Arbeiterschaft zu fördern, hat sie bis zum Ende der Weimarer Republik größtenteils erfüllt; vgl. Ritter, Sozialversicherung, S.58 f.

97 Vgl. Ritter, Sozialversicherung, S.105.

98 Zu einem ähnlich negativen Ergebnis gelangte auch der sozialdemokratische "Vorwärts" in einer Stellungnahme zum Regierungsentwurf des Arbeitslosenversicherungsgesetzes. Danach beabsichtige das englische System die Sicherung eines gewissen Existenzminimums, was durch die Einheitssätze ausreichend gewährleistet sei. Auch seien diese Einheitssätze wesentlich höher als die im deutschen Regierungsentwurf vorgesehenen Leistungen für die höchste Lohnklasse. Das deutsche System ziele zwar darauf ab, Ersatz für ausfallendes Arbeitsentgeld zu sein. Dieser Grundgedanke werde aber u.a. durch einen niedrigen Prozentsatz, der für die Errechnung der Unterstützung maßgebend sei, praktisch wirkungslos gemacht. Vielmehr verfolge die deutsche Bürgerblockregierung langfristig die Ausübung von Zwang (Erhaltung des Arbeitswillens) und Lohndruck; vgl. BAP, 62 DAF 3/2636: Die Arbeitslosenversicherung. Englisches und deutsches System. Vorwärts Nr. 94 v. 25.2.1927.

99 Vgl. Report of Mission (Anm.84), S.8 f.

marktparteien getragen werden. In Großbritannien zog man auch andere Bevölkerungsteile durch den staatlichen, über direkte Steuern finanzierten Beitrag heran und erreichte damit einen größeren gesellschaftlichen Umverteilungseffekt. Auch aus heutiger Sicht ist in diesem Zusammenhang anzumerken, daß infolge der deutschen Finanzierungsmethode insbesondere die beschäftigungsintensiven Betriebe mit Sozialabgaben belastet werden, während hochtechnisierte Unternehmen oder die Banken, die zwar hohe Gewinne erwirtschaften, aber wenig Arbeitsplätze bereitstellen, von dieser Regelung bevorteilt werden.

Im Hinblick auf die psychischen Folgen und die mentale Verarbeitung der Arbeitslosigkeit in Deutschland wird zur Illustration, mangels entsprechender Untersuchungen für das Deutsche Reich, zumeist die bekannte Studie von Jahoda, Lazarsfeld und Zeisel über das niederösterreichische Fabrikdorf Marienthal herangezogen[100]. Seit die Textilfabrik, um die sich das Dorf gruppierte, im Februar 1930 stillgelegt worden war, waren drei Viertel der dort ansässigen Familien arbeitslos und in ihrer materiellen Existens von der Auszahlung der Arbeitslosenunterstützung abhängig. Der Ort, "von jeher ein politisch heißer Boden", in dem viel gelesen, diskutiert und organisiert worden war, bot nun das Bild einer "abgestumpften Gleichmäßigkeit"[101]. Resignation war daher mit 69% die häufigste, von den Autoren beobachtete Grundhaltung der Einwohner. Nur 23% der Familien waren demgegenüber noch "ungebrochen", 8 % jedoch "gebrochen", davon wiederum ein Teil "verzweifelt", ein anderer Teil aber bereits völlig "apathisch"[102]. Die Verfasser der Studie kamen schließlich zu der Auffassung, daß es sich bei den beschriebenen Grundhaltungen vermutlich nur um verschiedene Stadien eines psychischen Hinabgleitens handelte, die bei anhaltender Arbeitslosigkeit mit der Verschlechterung der ökonomischen Situation durch die stufenweise Aussteuerung von der Arbeitslosenversicherung bis zur Erwerbslosenfürsorge und die Abnützung des persönlichen Hab und Guts einhergingen. In der Gruppe der Apathischen fand sich daher auch das geringste Durchschnittseinkommen[103].
Die überwiegend resignative bis apathische Grundeinstellung der Marienthaler als Folge langfristiger Arbeitslosigkeit führte zu einem "Einschrumpfen der Lebensäußerungen" in zahlreichen Bereichen des öffentlichen und privaten Lebens. Bei

---

[100] Vgl. Marie Jahoda, Paul F. Lazarsfeld u. Hans Zeisel, Die Arbeitslosen von Marienthal. Ein soziographischer Versuch mit einem Anhang zur Geschichte der Soziographie, Allensbach usw. 2. unveränd. Aufl. 1960 (1. Aufl. Leipzig 1933).

[101] Vgl. ebd., S.16, 37 f.

[102] Vgl. ebd., S.54-58.

[103] Vgl. ebd., S.83 u. 89.

den Männern ging das Gefühl für Zeiteinteilung und -verwendung verloren (die Frauen waren durch die Erwerbslosigkeit zwar verdienstlos, aber durch ihre Pflichten der Haushaltsführung nicht arbeitslos geworden), die Bibliotheksausleihungen und Zeitungsabonnements gingen zurück, die Mitgliederzahlen der örtlichen politischen Parteien und Vereine sanken, und die politische Auseinandersetzung wich der individuellen gegenseitigen Gehässigkeit durch anonyme Anzeigen wegen unbefugter Gelegenheitsarbeit trotz des Bezugs der Arbeitslosenunterstützung. Daneben fand sich aber große nachbarschaftliche Hilfsbereitschaft und auch die innerfamiliären zwischenmenschlichen Beziehungen blieben "im wesentlichen noch intakt"[104]. Die Mitgliedschaft in den durchwegs parteipolitisch orientierten Vereinen des Ortes entwickelte sich zunehmend von einer Gesinnungs- zu einer Interessensache, d.h diejenigen Vereine, die ihren Mitgliedern materielle Vorteile boten, wie etwa der sozialdemokratische Feuerbestattungsverein "Die Flamme", konnten entgegen dem allgemeinen Trend sogar Mitgliederzuwächse verbuchen[105]. Auf der anderen Seite blieben die früheren politischen Bindungen in Form einer rund 80-prozentigen Unterstützung der Sozialdemokratie bei Wahlen stabil[106].
Das Nachlassen der politischen Aktivitäten und Gegensätze, das „in seltsamen Widerspruch steht zu allem, was im Augenblick im Deutschen Reich vorgeht"[107], war nach Ansicht der Autoren auf die homogene Interessenlage der Marienthaler zurückzuführen, die alle ohne Rücksicht der Parteizugehörigkeit das gleiche Schicksal zu ertragen hatten. Die in Marienthal beobachtete Resignation und Depression, Verzweiflung und Apathie schien zwar den für das Deutsche Reich vorliegenden zeitgenössischen Publikationen zufolge auch die vorherschende Einstellung der deutschen Arbeitslosen gewesen zu sein, jedoch handelte es sich dabei nicht um sozialwissenschaftlich orientierte, sondern um sozialfürsorgerische, auf die Situation der Jugendlichen konzentrierte und methodisch wenig reflektierte Recherchen[108]. Entgegen der in Marienthal dominierenden Schrumpfung der Lebensäußerungen erfreuten sich aber im Deutschen Reich Kinos und Rummelplätze vor allem bei Jugendlichen einer hohen Anziehungskraft, in Frankfurt am Main wurde über die zunehmende Ausbreitung von Glücksspielen geklagt, und der Verband der Volksbibliotheken verzeichnete in der Krisenzeit einen

---

104 Vgl. ebd., S.39-45, 68-77, 89.

105 Vgl. ebd., S.43 f.

106 Vgl. ebd., S.43 f.

107 Ebd., S.42.

108 Vgl. Huber-Koller, Gewerkschaften und Arbeitslose, S.236, 245 f., 270 f.

Benutzeranstieg um 60%[109]. Das waren die positiven Unterschiede zu Marienthal. In negativer Hinsicht wurde darauf hingewiesen, daß sich die Ergebnisse der österreichischen Studie zwar mit Blick auf die dort beschriebenen materiellen Lebensverhältnisse der erwerbslosen Familien verallgemeinern lassen. Hinsichtlich der psychischen Auswirkungen des Arbeitsplatzverlustes sei der fast ausschließlich aus Arbeitslosen bestehende Ort jedoch von einer sozialen Gleichartigkeit und Harmonie geprägt gewesen, die für Deutschland atypisch war. Entsprechend einer gleichmäßigeren Verteilung der Arbeitslosigkeit, habe es in der Weimarer Republik keine geschlossene Gesellschaft der Arbeitslosen, sondern vielmehr eine offene Gesellschaft gegeben, in der die Arbeitslosen den untersten "fünften Stand" bildeten[110]. Zusätzlich entwickelte sich, wie bereits beschrieben, unter den Arbeitslosen selbst noch einmal eine weitere, dem Unterstützungssystem innewohnende Hierarchisierung. Das alles mußte zu gesellschaftlichen Spannungen und Konflikten führen.
Auch in Großbritannien wurde die Marienthal-Studie und das darin ausgeführte Stufenmodell von Ungebrochenheit bis Apathie schon von den Zeitgenossen stark rezipiert, insbesondere da sich die aus Marienthal bekannte homogene Gemeinschaft von Arbeitslosen in den "depressed areas" ebenso wiederfand. Dennoch stellte die britische Erfahrung von Arbeitslosigkeit in der Weltwirtschaftskrise, wie John Burnett betont hat, keineswegs eine genaue Paralle zu Marienthal dar. Wie zahlreiche autobiographische Schilderungen von Betroffenen zeigen, wurde das letzte Stadium der Apathie und des totalen Zusammenbruchs selbst in den geschlossenen Gesellschaften der Notstandsgebiete nur sehr selten erreicht[111]. Burnett führt dies auf die höhere britische Erwerbslosenfürsorge und die kürzere Dauer der Arbeitslosigkeit für die Mehrheit der britischen Bevölkerung zurück: "Levels of relief (...) were so pitched as to prevent revolution or even widespread disturbance. This does not mean that the unemployed were 'broken' or cowed into apathetic acceptance of whatever was handed out to them. Communities remained strong - perhaps even strengthened; families generally remained united and supportive; men accepted their insurance benefit and also their transitional benefits as rights, not as charity for which they had to be deferentially grateful. Resilient, resourceful and always hopeful, the unemployed endured what was for most an unprecedented change in the pattern of their lives and reduction in their standard of living."[112]

---

109 Vgl. ebd., S.290-95.

110 Vgl. Winkler, Weg, S.22.

111 Vgl. Burnett, Idle Hands, S.228 f., 232.

112 Ebd., S.264.

Die Erfahrung von Arbeitslosigkeit und die Reaktionen darauf seien jedoch - so Burnett - individuell vollkommen unterschiedlich und nicht zu verallgemeinern. Gehässigkeiten und Denunziationen wie in Marienthal oder unter deutschen Unterstützungsempfängern[113] gab es selbstverständlich auch in Großbritannien. So berichtet Orwell, daß ein Mann angezeigt wurde, weil er die Hühner eines Nachbarn während dessen Abwesenheit mit Nahrung versorgte: "Den Behörden wurde gemeldet, er 'hätte eine Arbeit als Hühnerfütterer' und er hatte große Schwierigkeiten, das zu widerlegen. Der beliebteste Witz in Wigan drehte sich um einen Mann, dem die Unterstützung verweigert wurde, weil er 'eine Arbeit als Brennholzführer' hatte. Man sagte, er sei nachts beim Brennholzführen gesehen worden. Er mußte erklären, daß er nicht Brennholz geführt hatte, sondern bei Nacht heimlich umgezogen war. Das Brennholz waren seine Möbel."[114]
Die populäre Ansicht, daß die erzwungene Untätigkeit zu höherer Kriminalität führt, kann in Großbritannien empirisch nicht belegt werden. Dagegen spiegelte die Kriminalstatistik des Deutschen Reiches die Spuren der Weltwirtschaftskrise, des staatlichen Sozialabbaus und der politischen Radikalisierung deutlich wider. Jugendkriminalität, Vermögens- und Gewaltdelikte nahmen zu[115]. Auch der in Marienthal beobachtete Verlust der Zeitrelationen läßt sich in Großbritannien nicht bestätigen. Aufgrund einer 1931 im Londoner Vorort Greenwich durchgeführten soziologischen Fallstudie wurde kalkuliert, daß die dort ansässigen Erwerbslosen an fünf-ein-halb Tagen in der Woche durchschnittlich 4,2 Stunden am Tag für die Arbeitssuche aufwendeten[116]. Das persönliche, in Deutschland als "stempeln" bezeichnete, tägliche Erscheinen auf dem Arbeitsamt nahm ebenfalls Zeit in Anspruch. Die gleiche Studie schätzte, daß die an einem durchschnittlichen Tag auf der Straße "herumlungernden" erwerbslosen Männer nur 8% aller Arbeitslosen in Greenwich repräsentierten, wovon wiederum fast die Hälfte junge Männer unter 21 Jahren waren. Etwa ein Viertel machten die Rentner aus und nur das letzte Viertel bestand aus erwachsenen Männern, die scheinbar sinnlos ihre Zeit totschlugen[117]. Sowohl für Deutschland als auch für Großbritannien kann man daher mit einiger Wahrscheinlichkeit vermuten, daß ein großer Teil dieses stereotypen Bildes der Arbeitslosen durch das altersspezifische Verhalten erwerbsloser Jugendlicher geprägt wurde, die sich sicherlich auch als Beschäftigte

---

113 Vgl. Huber-Koller, Gewerkschaften und Arbeitslose, S.282.

114 Orwell, Wigan Pier, S.77.

115 Vgl. Burnett, Idle Hands, S.234 f.; Winkler, Weg, S.49 f. Die Frage, ob sich bei diesem Befund auch unterschiedliche gesellschaftliche Vorstellungen und Normen von Recht und Ordnung niedergeschlagen haben, übersteigt den Rahmen dieser Untersuchung.

116 Vgl. Burnett, Idle Hands, S.220.

117 Vgl. ebd., S.236.

lieber mit Freunden auf der Straße aufgehalten hätten als zuhause unter den Augen der Eltern.
In den von einer einzigen Industrie abhängigen Depressionsgebieten war Arbeitssuche natürlich sinnlos. Die gesetzliche Einforderung der "genuinely seeking work"- Klausel (also der Nachweis der Arbeitswilligkeit) wurde hier oftmals als Farce empfunden, denn es gab keine Arbeit[118]. Die arbeitslosen Männer fanden jedoch in beträchtlichem Ausmaß eine neue Erfüllung in der Beteiligung an den häuslichen Pflichten ihrer Ehefrauen, in der Kinderbetreuung, an häuslichen Renovierungs- und Reparaturarbeiten und in der Gartenarbeit: "'Helping the missus' in many cases is a permanent occupation. The brass round the kitchen range and anything which shines come within the duties of the man."[119]
Wie in Deutschland nahm der Besuch von Büchereien zu. Kinos, sportliche Aktivitäten und die Mitgliedschaft in den Gewerkschaften, Kirchen und zahlreichen kleinen Glaubensgemeinschaften ("chapels") verschafften zusätzliche Abwechslung. In starkem Kontrast zu Marienthal wurden zusätzlich zu den bestehenden Institutionen in bemerkenswertem Ausmaß neue Vereine und Gesellschaften verschiedenster Art - politisch, sozial, unterhaltend, sportlich oder weiterbildend - gegründet. Sie sollten den Arbeitslosen auf sinnvolle und interessante Art die Zeit vertreiben und stießen, wie sich herausstellte, gerade in den von hohen Erwerbslosenquoten betroffenen, eng miteinander verbundenen "communities" der Bergbaureviere auf besonderen Zuspruch. So gab es in den Rhondda-Tälern zwischen 30 und 40 solcher Erwerbslosen-Clubs und in Crook, Durham, wurde geschätzt, daß 49% der ansässigen Arbeitslosen Mitglieder in den verschiedenen Clubs bzw. Vereinen waren[120]. Ein signifikanter Unterschied scheint das auf Deutschland beschränkte Phänomen der "wilden Cliquen" zu sein, die ab 1929 starken Zulauf erhielten. Überwiegend junge deutsche Erwerbslose schlossen sich ihnen an, weil für sie weder die Familie noch die Kirche oder die Massenorganisationen der Arbeiterschaft, die sich aus ihrer Sicht als "Bonzen" diskreditiert hatten, einen Anreiz zur Integration boten[121]. Wo die organisatorischen Bindungen hielten, wirkten sie sich jedoch positiv auf die psychische Verfassung der jugendlichen Erwerbslosen aus. Dies zeigte das Ergebnis einer Umfrage des Zentralverbandes der Angestellten (ZdA) unter den Teilnehmern

---

118 Vgl. ebd., S.222 f.

119 Aus einem autobiographischen Bericht (Cecil Northcott, "Filling in the Workless Day"); zit. n. Burnett, Idle Hands, S.237 f.; vgl. ebd., S.236-38.

120 Vgl. ebd., S.238-42. Über die Einbindung der deutschen Erwerbslosen in das Vereinsleben liegen keine Erhebungen vor; vgl. Huber-Koller, Gewerkschaften und Arbeitslose, S.284.

121 Vgl. Winkler, Weg, S.46-49.

eines Erwerbslosenkursus im Jahre 1932. Von den insgesamt 31 arbeitslosen Jugendlichen des kaufmännischen Bereichs unterschieden sich nur zwei Antworten von dem verzagten Grundton der anderen Äußerungen. Beide hoben ihre Aktivitäten innerhalb der "proletarischen Organisationen" hervor, so z.B. der 24jährige, seit zwölf Monaten erwerbslose Teilnehmer: "Außer in materieller Hinsicht hat mich die Arbeitslosigkeit noch nicht belastet. Im Gegenteil, ich habe ausgiebig meinen persönlichen Neigungen Rechnung tragen können und jede Gelegenheit ausgenutzt, mein Wissen zu erweitern. Besonders intensiv beschäftige ich mich mit Gewerkschafts- und Parteiarbeit."[122]
Erwerbslose Jugendliche in Großbritannien wurden offenbar stärker in die bestehenden Institutionen eingebunden, da hier von keiner, den "wilden Cliquen" vergleichbaren Entwicklung berichtet wurde. Allerdings stammen diejenigen Erfahrungsberichte Arbeitsloser, die auch in Großbritannien auf eine politische Radikalisierung hindeuteten, überwiegend von jungen Leuten. So schilderte bspw. der ungelernte Sohn eines Dorfzimmermanns seine Situation folgendermaßen: "I don't think things will improve much until we have a revolution, bloodless or otherwise. (...) I've just met a young lady, and we would like to get married, but what hopes have we? I don't look like ever being able to afford it, and is it fair to ask her to wait? I feel a bit violent when I stop to think."[123]
Bitterkeit und Ressentiments wurden von britischen Arbeitslosen gewöhnlich personalisiert, richteten sich also beispielsweise gegen die Angestellten der Arbeitsämter. Ganz anders als in Deutschland wurden über die konkreten täglichen Ärgernisse hinaus typischerweise nur unspezifische, anonyme Schicksalsmächte, nicht eine bestimmte politische Partei oder das politische oder wirtschaftliche System insgesamt für die herrschende Misere verantwortlich gemacht. Gängigen Vorstellungen von der Stabilität des britischen politischen Systems zum Trotz herrschte aber auch unter britischen Arbeitslosen die Sichtweise vor, daß alle Parteien gleichermaßen gefühllos und uninteressiert am Schicksal der Erwerbslosen seien und nichts von ihnen erwartet werden könnte. Dennoch wandten sich nur wenige Arbeitslose einer radikalen Partei zu. Die meisten

---

122 BAP, 62 DAF 3/2428: Angestelltenjugend will Arbeit! Das Ergebnis einer Rundfrage, von Walter Eschbach. Vorwärts Nr.584 v. 12.12.1932. Der ZdA war die größte Mitgliedsorganisation des AfA-Bundes. Auch wenn daher davon auszugehen ist, daß die Teilnehmer des Erwerbslosenkurses unter politischen Gesichtspunkten, d.h. ihrer Nähe zur Sozialdemokratie, rekrutiert wurden, verdeutlicht das Ergebnis dennoch die Bedeutung, die z.B. den Gewerkschaften (neben anderen weltanschaulich oder interessengebundenen Organisationen, wie Kirchen, Parteien, etc.) bei der Stabilisierung der bestehenden politischen und Gesellschaftsordnung durch die Integration der arbeitslosen Jugendlichen zukam.

123 H. L. Beales u. R. S. Lambert (Hg.), Memoirs of the Unemployed, Wakefield 1973 (Nachdruck; zuerst ersch. bei Victor Gollancz 1934), S.198.

Arbeitslosen, sofern sie politische Überzeugungen hatten, unterstützten die Labour Party[124].
Eine von Marie Jahoda in Süd-Wales durchgeführte Feldforschung nach dem Vorbild der Marienthal-Studie untermauert diese Befunde der Forschungsliteratur[125]. Vom November 1937 bis April 1938 lebte sie bei Bergarbeiterfamilien im Eastern Valley von Monmouthshire, das zum größten Teil zur "special area" gehörte. Dort begleitete sie ein von Quäkern organisiertes Hilfsprogramm der Bedarfsdeckungsproduktion. Arbeitslose Familien der zum Tal gehörenden Gemeinden konnten sich auf freiwilliger Basis an dem Programm beteiligen. Die Männer bezogen für die Herstellung der Güter keinerlei Lohn, konnten stattdessen die Produkte ihrer Arbeit zu einem sehr günstigen Preis erwerben und erhielten weiterhin die normale Arbeitslosenunterstützung. Ungefähr 30% der männlichen Bevölkerung über 14 Jahren in der Region waren zum Zeitpunkt der Erhebung ohne Arbeit, die durchschnittliche Dauer der Arbeitslosigkeit unter den Mitgliedern des Programms betrug sechs Jahre[126]. Die übliche Haltung der Erwerbslosen des Eastern Valley war nach Jahodas Auffassung Resignation, die sich jedoch von jener Einstellung unterscheide, die bei der Marienthal-Studie festgestellt wurde: "(...) im Eastern Valley gab es nichts, was über Resignation hinausgegangen wäre, während wir in Marienthal auch nackte Verzweiflung und völlige Apathie vorfanden. Vielleicht liegt der Hauptgrund dafür in der Höhe und unbeschränkten Dauer der Unterstützungszahlungen in Großbritannien."[127]
Der Bergbau und seine Traditionen hatten, wie Jahoda ausführt, die Einstellung der dort lebenden Menschen zutiefst geprägt. Die für die herrschende Ideologie im Tal wichtigsten drei Faktoren - die Großindustrie, die Gewerkschaftsbewegung und die Religion - hätten ihr Zentrum in den Kohlegruben, denn hier erfuhren die Arbeiter "(...) die Macht der Finanzwelt und des Kapitalismus; hier lernten sie die Macht der Solidarität und der Gewerkschaftsbewegung kennen; und hier brauchten und erhielten sie Unterstützung durch ihren Glauben"[128].
Der Glaube an den Sozialismus sei bei fast allen Arbeitern anzutreffen, dabei aber utopisch und eng mit religiösen Glaubensvorstellungen der Nächstenliebe und Selbstlosigkeit verwandt. Ein vages Gefühl der Einheit von Religion und sozialer

---

124 Vgl. Burnett, Idle Hands, S.213, 218 f., 232; Zitat S.219.

125 Vgl. Marie Jahoda, Arbeitslose bei der Arbeit. Die Nachfolgestudie zu "Marienthal" aus dem Jahr 1938, hrsg. u. mit e. Einführung versehen von Christian Fleck, Frankfurt/M. usw. 1989.

126 Vgl. ebd., S.26 u.48.

127 Ebd., Anm.13, S.30.

128 Ebd., S.25 f.

Gerechtigkeit sei weit verbreitet, die größeren und kleineren Kirchen der zahlreichen Glaubensgemeinschaften bildeten praktisch den Mittelpunkt des gesellschaftlichen Lebens in der Region[129]. Der gleiche starke und fatalistische Glaube, mit dem Grubenunglücke als Wille Gottes hingenommen wurden, führte dann zur Hinnahme der Arbeitslosigkeit als vom Schicksal gesandt.
Mit ganz wenigen Ausnahmen seien die arbeitslosen Männer Mitglieder der Gewerkschaft geblieben und zahlten die von ihnen verlangten herabgesetzten Beiträge. Der Wert der Gewerkschaftsbewegung sei von ihnen nie in Zweifel gezogen worden. Ein beträchtlicher Anteil der Männer des Tales sei politisch interessiert, jedoch bestünden zwischen den politischen und gewerkschaftlichen Einstellungen oft bemerkenswerte Unterschiede. Den Wahlergebnissen zufolge werde jedoch vorwiegend Labour gewählt, die TUC-eigene[130] Tageszeitung "Daily Herald" werde bei weitem am häufigsten gelesen. An Kritik an den örtlichen Behörden oder der britischen Regierung werde in Gesprächen nicht gespart. Am Ende der Diskussionen werde jedoch immer übereinstimmend festgestellt, daß "England trotz allem das beste Land der Welt ist", in dem niemand zu hungern brauche und jeder sagen könne, was er denkt. In dieser Beziehung seien sich Sozialisten und Kommunisten, Liberale und Konservative einig[131].
Angesichts der starken Verankerung der britischen Arbeiterbewegung und der hohen Glaubwürdigkeit des politischen Systems, die in diesen Ergebnissen Jahodas zum Ausdruck kommt, stellt sich die Frage nach den politischen Einstellungen der deutschen Arbeitslosen sowie nach dem Ausmaß, in dem das Beispiel Süd-Wales auf ganz Großbritannien übertragbar ist. Immerhin verteilten sich die versicherten Erwerbspersonen in Großbritannien zwischen 1929 und 1935 zu nahezu gleichen Teilen auf den Süden einerseits, den Norden und Wales andererseits[132], so daß es sich hier nicht etwa um eine politisch leicht zu marginalisierende Minderheit regional besonders Betroffener handelte. Vor dem Hintergrund der späteren Entwicklung scheint es vergleichsweise schwer vorstellbar, daß die Weimarer Gesellschaft eine die Hälfte des Reichsgebiets erfassende, hohe Erwerbslosenquote ertragen hätte, die beispielsweise seit der Rationalisierungskrise von 1925/26 ununterbrochen angehalten hätte. Wie wir gesehen haben, unterschieden sich die deutschen wie die britischen Arbeitslosen von ihren

---

129 Vgl. ebd., S.18-22.

130 Genauer gesagt besaß der TUC 49% des Aktienkapitals und vier Vertreter im Direktorium, die Firma Odhams besaß 51% und fünf Direktoren. Bei Entscheidungen über allgemein- und industriepolitische Stellungnahmen des Blattes waren jedoch allein die TUC-Direktoren stimmberechtigt; vgl. Bullock, Ernest Bevin, S.421.

131 Vgl. Jahoda, Arbeitslose bei der Arbeit, S.15-18, Zitat nach ebd., S.18.

132 Vgl. Beveridge, Analysis of Unemployment I, Tab. VI, S.381.

Leidensgenossen in Marienthal darin, daß sie sich keineswegs in ihren Lebensäußerungen einschränkten, sondern vielfältige Aktivitäten entwickelten. Die Apathie als Folge von Erwerbslosigkeit, mit der in der Forschung häufig das unspektakuläre Wahlverhalten der freigesetzten Männer und Frauen in Großbritannien erklärt wurde[133], ist daher wenig überzeugend. Darüber hinaus berücksichtigt diese Sichtweise zu wenig den Beitrag anderer Wählergruppen zum Erhalt der politischen Stabilität im Vereinigten Königreich. Die im Kontrast zu den deutschen Wählern geringe Radikalisierung des gesamten britischen Wahlvolks war umso erstaunlicher, wenn man bedenkt, daß Schatzkanzler Chamberlain in seiner Haushaltsansprache 1933 verkündete, daß Großbritannien wahrscheinlich noch weitere zehn Jahre unter schwerer Arbeitslosigkeit leiden werde[134]. Vergleichen wir darum abschließend das Wahlverhalten der Erwerbslosen in der Wirtschaftskrise und die Wahlergebnisse in beiden Ländern.

3. Wahlverhalten und Wahlergebnisse in der Weltwirtschaftskrise aus der Sicht der organisierten Arbeiterbewegung

Unbeschadet aller durch die Weltwirtschaftskrise verursachten wirtschaftlichen und sozialen Belastungen überstand das Vereinigte Königreich die Rezession mit bemerkenswert wenigen Veränderungen in seinen politischen Institutionen. Die Immobilität der Wähler angesichts der Krise wurde in der Forschung als das auffälligste Merkmal der dreißiger Jahre bezeichnet: "Thus there was no British New Deal, no wholesale rejection of parliamentary democracy, and no mass backing for the parties of the extreme left or right."[135]
In Deutschland leitete die Weltwirtschaftskrise den Untergang der Weimarer Republik ein, wobei die Massenarbeitslosigkeit in der Geschichtsschreibung zumindest als einer der wichtigen, zur nationalsozialistischen Machtübernahme führenden Faktoren gesehen wird. Das gilt auch für die historische Wahlforschung. Sowohl der maßgeblich von Seymour Martin Lipset vertretene klassen- oder schichttheoretische Erklärungsversuch der nationalsozialistischen Wahlerfolge, als auch der vor allem von Reinhard Bendix und anderen formulierte massen-

133 Vgl. bspw. Stevenson/Cook, Slump, S.125.

134 Vgl. ebd., S.62.

135 Ebd., S.265. Zur 1932 gegründeten British Union of Fascists (BUF) vgl. S. Cullen, The Development of the Ideas and Policy of the British Union of Fascists, 1932-40, in: JCH 22 (1987), S.115-36; Kenneth Lunn u. Richard C. Thurlow (Hg.), British Fascism. Essays on the Radical Right in Interwar Bitain, London 1980; Robert Skidelsky, Oswald Mosley, London 1975. Zur Kommunistischen Partei Großbritanniens vgl. Henry Pelling, The British Communist Party. A Historical Profile, London 1958.

theoretische Ansatz verweisen auf die Weltwirtschaftskrise als Katalysator der politischen Radikalisierung[136]. Bruno S. Frey und Hannelore Weck kommen in ihrer wahlanalytischen Studie sogar zu dem Ergebnis, "(...) daß der Stimmenanteil der NSDAP ohne Wirtschaftskrise nicht über 23% gestiegen wäre."[137] Dagegen gibt Jürgen Falter, der sich im Rahmen eines umfangreichen Forschungsprojekts mit dem Wahlverhalten in der Weimarer Republik auseinandergesetzt hat[138], zu bedenken, daß die politischen Konsequenzen der Massenarbeitslosigkeit in der Endphase der Weimarer Republik zwar beträchtlich waren, aber "keineswegs so einheitlich [verliefen], wie das im einschlägigen Schrifttum unterstellt zu werden pflegt."[139] Er weist nach, daß die Radikalisierungshypothese unterstützt werden kann, da Arbeitslosigkeit beim Wahlverhalten die systemfeindlichen Kräfte begünstigt habe. Mit wachsender Höhe und Dauer der Massenerwerbslosigkeit nahm zwischen 1928 und 1933 auch der Stimmenanteil der beiden radikalen Flügelparteien des politischen Spektrums, KPD und NSDAP, zu. Andererseits habe sich aber die Mehrheit der Erwerbslosen entsprechend ihrer vorherrschenden klientel- oder gruppenspezifischen Bindungen radikalisiert, indem erwerbslose Arbeiter besonders häufig für die Kommunisten, arbeitslose Angestellte häufiger für die Nationalsozialisten als für die KPD votierten. Gleichwohl habe die KPD auch von der Arbeitslosigkeit der Angestellten profitieren können, so daß im

---

136 Vgl. die zusammenfassende Darstellung der neueren Erklärungsversuche in der historischen Wahlforschung bei Jürgen W. Falter, Hitlers Wähler, München 1991, S.45 ff., und Dirk Hänisch, Sozialstrukturelle Bestimmungsgründe des Wahlverhaltens in der Weimarer Republik. Eine Aggregatdatenanalyse der Ergebnisse der Reichstagswahlen 1924 bis 1933, Duisburg 1983, S.8 ff.. Kritisch zum klassentheoretischen Ansatz vgl. Thomas Childers, The Middle Classes and National Socialism, in: David Blackbourne u. Richard Evans (Hg.), The German Bourgeoisie. Essays on the Social History of the German Middle Class from the Late Eighteenth to the Early Twentieth Century, London usw. 1991, S.318-337; F. Lenger, Mittelstand und Nationalsozialismus? Zur politischen Orientierung von Handwerkern und Angestellten in der Endphase der Weimarer Republik, in: AfS 29 (1989), S.173-98; Heinrich August Winkler, Extremismus der Mitte? Sozialgeschichtliche Aspekte der nationalsozialistischen Machtergreifung, in: ders., Liberalismus und Antiliberalismus, S.205-17, 349-53 (zuerst ersch. in: VfZ 20 (1972), S.175-91).

137 Dies., Hat Arbeitslosigkeit den Aufstieg des Nationalsozialismus bewirkt?, in: Jahrbücher für Nationalökonomie und Statistik 196 (1981), S.1-31, Zitat S.31.

138 Vgl. Jürgen W. Falter, Arbeiter haben erheblich häufiger, Angestellte dagegen sehr viel seltener NSDAP gewählt als wir lange Zeit angenommen haben. Ein Rückblick auf das Projekt "Die Wähler der NSDAP 1928-1933, in: GG 16 (1990), S.536-52.

139 Ders., Politische Konsequenzen von Massenarbeitslosigkeit. Neue Daten zu kontroversen Thesen über die Radikalisierung der Wählerschaft am Ende der Weimarer Republik, in: PVS 25 (1984), S.275-95, Zitat S.292.

ganzen nicht die NSDAP, sondern die KPD direkt von der Massenarbeitslosigkeit gestärkt worden sei.. Die zeitliche Übereinstimmung zwischen dem Anstieg der Arbeitslosenzahlen und den NSDAP-Wahlerfolgen auf Reichsebene zwischen 1928 und 1933 könne demnach nicht durch das Verhalten der Arbeitslosen erklärt werden. Wähler der Nationalsozialisten seien vielmehr vor allem Menschen gewesen, die sich von der zunehmenden Radikalisierung vieler Erwerbsloser nach links und von der Arbeitslosigkeit bedroht fühlten, ohne von diesem Schicksal persönlich oder in ihrem näheren Umfeld direkt betroffen zu sein. Diese Menschen hätten zunehmend den Glauben an die Kompetenz der systemtragenden Parteien verloren, mit den wirtschaftlichen und sozialen Problemen der frühen dreißiger Jahre fertig zu werden, das Vertrauen in die Lösungsfähigkeit des Weimarer Systems allgemein eingebüßt und sich daraufhin verstärkt der NSDAP angeschlossen[140]. Damit trugen jedoch auch die durch die Erwerbslosigkeit begünstigten Stimmenzuwächse der KPD indirekt zur politischen Destabilisierung der Republik bei. Vor allem die sozialdemokratische Arbeiterbewegung geriet durch diese Abwanderung ihrer Klientel in Bedrängnis. Die Bekämpfung der Arbeitslosigkeit entwickelte sich für sie zu einer zentralen Aufgabe, der sie sich als staatstragende Organisation zur Bekämpfung der allgemeinen Legitimationskrise des politischen Systems zu stellen hatte.

Zwischen 1930 und 1933 reduzierte sich der Stimmenanteil der SPD gegenüber den anderen Parteien bei steigender Wahlbeteiligung kontinuierlich von Wahl zu Wahl. Bei der Reichstagswahl vom 31. Juli 1932 rutschte sie im Vergleich zur letzten Reichstagswahl vom 14. September 1930 von 24,5% auf 21,6% (5. März 1933: 18,3%) und stellte damit erstmals in der Geschichte der Weimarer Republik nur die zweitstärkste Fraktion im Parlament hinter der NSDAP. Diese umfaßte nun mehr Abgeordnete als beide Arbeiterparteien, SPD und KPD, zusammen. Dabei verlor die SPD gerade in ihren Hochburgen, den überwiegend bis nahezu rein evangelischen, städtischen Arbeitergebieten, besonders stark[141]. Während sich die erwerbslosen Anhänger der SPD vorwiegend den Kommunisten zuwandten, mußte sie gleichzeitig auch, so ein weiteres Ergebnis der Falterschen Wahlanalysen, "in durchaus nennenswertem Maße Stimmen an die Nationalsozialisten abgeben". Dabei handelte es sich jedoch in erster Linie nicht um Arbeiter, sondern

140 Vgl. Falter, Hitlers Wähler, S.290-314; ders., Politische Konsequenzen, S.283-292; ders., Unemployment and the Radicalisation of the German Electorate 1928-1933: An Aggregate Data Analysis with Special Emphasis on the Rise of National Socialism, in: Stachura (Hg.), Unemployment and the Great Depression, S.187-207, hier S.206.

141 Vgl. Tab.5 und die weiteren Daten bei Jürgen Falter, Thomas Lindenberger u. Siegfried Schumann, Wahlen und Abstimmungen in der Weimarer Republik. Materialien zum Wahlverhalten 1919-1933, München 1986, S.66, 72 f., 129, 195; Winkler, Weg, S.685 f.

um einen Wählerwechsel des "neuen Mittelstands" von der SPD zur NSDAP in mittelständisch geprägten Gewerbe- und Dienstleistungszentren[142].
Die NSDAP, die ihre Wähler aus allen sozialen Schichten rekrutierte, war wegen des zwar überdurchschnittlichen, aber nicht erdrückenden Mittelschichtanteils eine "Volkspartei mit Mittelstandsbauch"[143]. Doch auch der Arbeiteranteil unter den NSDAP-Wählern war nach den Berechnungen des Falter-Teams wesentlich höher, als bislang unterstellt wurde, und betrug etwa 30 bis 40%. Dabei handelte es sich vor allem um eher bürgerlich und nationalistisch gesinnte Arbeiter, Arbeiter in kleinen Gewerbe- und Handwerksbetrieben und ungelernte Arbeiter, welche die von der sozialdemokratischen Arbeiterbewegung am wenigsten organisierten Teile der Arbeiterschaft darstellten[144].
Dieses Resultat impliziert einen niedrigeren Mittelschichtanteil unter den NSDAP-Wählern als bisher angenommen. Friedrich Lenger hat daher die Frage aufgeworfen, inwieweit die These, die SPD hätte Hitler durch eine stärkere Öffnung zum Mittelstand vielleicht verhindern können[145], noch zu halten sei:

---

142 Falter, Arbeiter haben erheblich häufiger (...) NSDAP gewählt, S.546; vgl. Winkler, Weg, S.691 f.

143 Falter, Hitlers Wähler, S.372.

144 Vgl. Falter, Arbeiter haben erheblich häufiger (...) NSDAP gewählt, S.545; Thomas Childers, The Social Basis of the National Socialist Vote, in: JCH 11 (1976), S.17-42, hier S.24 f.; Winkler, Weg, S.692. Kritisch dazu Conan J. Fischer, der - bezogen auf alle Wähler, nicht ausschließlich auf die erwerbslosen - zu dem Schluß gelangt, daß sich eine starke Minderheit der NSDAP-Wähler aus der sozialdemokratischen Arbeiterschaft rekrutierte, während die Stimmenzuwächse der KPD zwischen 1930 und 1932 häufig aus Randgruppen der Arbeiterschaft oder sogar aus mittelständischen Milieus stammten. Vgl. ders., Gab es am Ende der Weimarer Republik einen marxistischen Wählerblock?, in: GG 21 (1995), S.63-79.

145 Auch generell und nicht ausschließlich auf die SPD bezogen, wird der ideologische Charakter des deutschen Parteienwesens für den Zerfall des parlamentarischen Regierungssystems verantwortlich gemacht. Vgl. Winkler, Schein, S. 815 ff.; Karl-Dietrich Bracher, Die Auflösung der Weimarer Republik. Eine Studie zum Problem des Machtverfalls in der Demokratie, Düsseldorf 1984 (unveränd. Nachdr. d. 5. Aufl. 1971), S.63 ff.; Karl Dietrich Erdmann, Die Weimarer Republik, München 1982(3), S.270 ff.; Hans Mommsen hält es dagegen für verfehlt, die Funktionsschwäche des Weimarer parlamentarischen Systems "(...) ausschließlich oder überwiegend auf eine mangelnde Koalitionsbereitschaft der Mittelparteien und der SPD zurückzuführen, die die Bildung von Mehrheitskabinetten wiederholt unmöglich gemacht hatte. Die chronische Parlamentskrise von Weimar beruhte größerenteils auf der Intransigenz der DNVP, des rechten Flügels der DVP, der BVP und der hinter ihnen stehenden Verbände, die sich dagegen sträubten, Regierungsverantwortung auf der Grundlage der republikanischen Verfassung zu übernehmen, in zweiter Linie auf der mangelnden Interessenintegration innerhalb der liberalen Mittelparteien." Vgl. ders., Regierung ohne Parteien. Konser-

Tab.5: Die 15 stärksten Hochburgen der SPD (Stand 1930) und ihre Entwicklung bis 1933[1]

	Reichstagswahlergebnisse (in %)			
Wahlkreise	14. September 1930	31. Juli 1932	6. November 1932	5. März 1933
Süd-Hannover-Braunschweig	**39,4**	**31,5 (- 7,9)**	**31,0 (- 0,5)**	**27,9 (- 3,1)**
Magdeburg	**37,2**	**32,3 (- 4,9)**	**31,0 (- 1,3)**	**27,6 (-3,4)**
Mecklenburg	**35,2**	**31,3 (- 3,9)**	**30,5 (- 0,8)**	**26,5 (-4,0)**
Leipzig	**34,9**	**33,1 (- 1,8)**	**32,2 (- 0,9)**	**30,1 (-2,1)**
Dresden-Bautzen	**34,7**	**31,1 (- 3,6)**	**29,5 (- 1,5)**	**28,4 (- 1,1)**
Hamburg	**32,0**	**31,7 (- 0,3)**	**28,6 (- 3,1)**	**26,9 (- 1,7)**
Liegnitz	**32,0**	**26,3 (- 5,7)**	**26,4 (+ 0,1)**	**21,4 (- 5,0)**
Schleswig-Holstein	**29,8**	**26,2 (- 3,6)**	**24,7 (- 1,5)**	**22,2 (- 2,5)**
Breslau	**29,3**	**24,4 (- 4,9)**	**23,1 (- 1,3)**	**19,3 (- 3,8)**
Thüringen	**28,9**	**22,1 (- 6,8)**	**21,6 (- 0,5)**	**19,2 (- 2,4)**
Hessen-Darmstadt	**28,9**	**26,2 (- 2,7)**	**23,3 (- 2,9)**	**21,7 (- 1,6)**
Potsdam I	**28,7**	**26,7 (- 2,0)**	**23,5 (- 3,2)**	**20,8 (- 2,7)**
Chemnitz-Zwickau	**28,3**	**22,4 (- 5,9)**	**22,3 (- 0,1)**	**21,3 (- 1,0)**
Osthannover	**28,1**	**24,5 (- 3,6)**	**23,4 (- 1,1)**	**19,7 (- 3,7)**
Berlin	**28,0**	**27,9 (- 0,1)**	**23,8 (-4,1)**	**22,5 (- 1,3)**
Durchschnittsverluste		**(- 3,9)**	**(-1,5)**	**(- 2,6)**
SPD im Reich	**24,5**	**21,6 (- 2,9)**	**20,4 (- 1,2)**	**18,3 (- 2,1)**

Anmerkung:

(1) In Klammern: Verluste im Vergleich zur jeweils vorhergehenden Wahl.

Quelle:

Jürgen W. Falter, Thomas Lindenberger u. Siegfried Schumann, Wahlen und Abstimmungen in der Weimarer Republik. Materialien zum Wahlverhalten 1919-1939, München 1986, S.72-75.

"Nach Auskunft der Wahlforscher (...) gewann die SPD aber weit mehr kleinbürgerliche Stimmen, als bislang angenommen, während umgekehrt die Arbeiterschaft weit weniger geschlossen hinter den Arbeiterparteien stand. Sollte das für die Beurteilung möglicher Strategien der Sozialdemokratie gleichgültig sein?"[146] Tatsächlich legen die geringe Anziehungskraft der offiziellen Arbeiterbewegung auf die Jugendlichen, das klientelenorientierte Muster der Radikalisierung sowie die Stimmenverluste in den Hochburgen ebenfalls die Vermutung nahe, daß die

vative Pläne zum Verfassungsumbau am Ende der Weimarer Republik, in: Heinrich August Winkler (Hg.), Die deutsche Staatskrise 1930-1933. Handlungsspielräume und Alternativen, München 1992, S.1-18, hier S.2 f.

146 Lenger, Mittelstand und Nationalsozialismus?, S.197.

SPD (und mit ihr die Gewerkschaften) eher eine zuwenig sektionalistisch orientierte Interessenpolitik für die Arbeiterschaft betrieben und sich - im Rahmen der Tolerierungspolitik - eher zu stark als staatstragende Partei geriert hat und damit ihre Verankerung in der eigenen Basis untergraben hat. Dagegen spricht auch nicht die in der Wahlanalyse deutlich gewordene, wachsende gesellschaftliche Polarisierung in der Endphase der Republik. Neben anderen Faktoren ergab sie sich aus dem oben beschriebenen, indirekten radikalisierenden Einfluß der Arbeitslosigkeit auf die Erwerbstätigen, der durch eine stärkere Integrationsfähigkeit ihrer Klientel durch die SPD verhindert worden wäre. Die von Jahoda und ihren Kollegen in Marienthal aufgestellte These, daß sich Arbeitslosigkeit in Apathie und politischer Interessenlosigkeit auswirke, läßt sich also für Deutschland nur auf der Individualebene bestätigen, da vermutlich Erwerbslose tatsächlich etwas seltener zur Wahl gingen als Erwerbstätige und ihre Angehörigen. Auf der System- und Regionalebene reagierte die Wählerschaft hingegen mit Mobilisierung, steigenden Partizipationsraten und eben Radikalisierung[147].

Die britischen Parlamentswahlen vom 27. Oktober 1931, die nach zweijähriger Amtszeit auf den Rücktritt der zweiten Labour-Regierung im August folgten, endeten für die Labour Party in einem Desaster. Die Parteien der Nationalen Koalitionsregierung, die in der zweimonatigen Übergangsphase vom König mit den Amtsgeschäften betraut worden war, erhielten insgesamt 67,2% der Stimmen bzw. 554 von 615 Sitzen[148]. Der Löwenanteil entfiel dabei auf die Konservative Partei mit 55% bzw. 470 Abgeordneten. Den Rest teilten sich die Liberal Nationals[149] (35 Sitze), die Liberals (33 Sitze), National Labour (13 Sitze) und drei unabhängige Nationals. James Ramsay MacDonald, der sich mit einer kleinen Gruppe von

---

147 Vgl. Falter, Politische Konsequenzen, S.280-85.

148 Zu diesen und den folgenden Ergebnissen der Parlamentswahlen von 1929, 1931 und 1935 vgl. F. W. S. Craig, British Electoral Facts, 1885-1975, London 1976(3), S.15, 17 u.19.

149 Die Liberale Partei hatte sich im Vorfeld der Wahlen endgültig in drei Teile gespalten, von denen sich zwei der Nationalen Regierung angeschlossen hatten: 1. Die Liberal Nationals, die mit den Konservativen in der Frage des Übergangs zu einer protektionistischen Wirtschaftspolitik übereinstimmten und bis zur Bildung der Kriegskoalition der Nationalen Regierung angehörten; 2. die offizielle Liberal Party, die die Konservativen 1931 zugunsten einer stabilen Regierungsbildung unterstützte, deren Vertreter aber schon im September 1932 wegen der Abkehr Großbritanniens vom Freihandel zurücktraten; 3. die Lloyd George Liberals, die aus Lloyd George selbst, seinem Sohn, seiner Tochter und dem Schwager seines Sohnes bestanden und als Befürworter der Freihandelspolitik erfolgreich als oppositionelle Abgeordnete (alle für ländliche walisische Wahlkreise) kandidierten.

Getreuen[150] als National Labour Organization von seiner bisherigen Partei abgespalten hatte, übernahm auch in der konservativ dominierten Regierung erneut das Amt des Premierministers. Die Labour Party wurde von 37,1% der Stimmen und 287 Abgeordneten (1929) auf 30,8% bzw. 52 Sitze (1931) drastisch reduziert. Die restlichen neun Sitze auf den Oppositionsbänken teilten sich die Lloyd George-Liberalen (4), die Irischen Nationalisten (2) und "Andere" (3).
Das britische Mehrheitswahlrecht benachteiligte die Labour Party als Hauptoppositionspartei. Sie mußte sich 1931, anders als in dem noch die zwanziger Jahre dominierenden Dreiparteiensystem, zumeist nur einem Kandidaten der sich gegenseitig unterstützenden Nationalen Regierungsparteien stellen. Letztere vermieden dadurch ein Stimmensplitting, das der Labour Party zugute gekommen wäre. Für den Erhalt stabiler Regierungsverhältnisse in der Krise kann das Mehrheitswahlrecht allerdings nicht als ausschlaggebender Faktor herangezogen werden. Selbst unter den Bedingungen des Verhältniswahlrechts hätte sich mit 413 (anstatt 554) Sitzen immer noch eine stabile Mehrheit für die Nationale Regierung ergeben. Labour hätte 189 Sitze erhalten, die Lloyd George-Liberalen 3, die Kommunisten wären mit zwei, die proto-faschistische New Party mit einem, "Andere" mit sieben Abgeordneten vertreten gewesen[151]. Die Gründe für die geringe Radikalisierung des britischen Wahlvolks müssen also woanders gesucht werden[152].
In den 49 Wahlkreisen Großbritanniens, in denen sowohl 1929 als auch 1931 jeweils ein Kandidat der Konservativen, der Liberalen und der Labour Party antraten ("3/3 seats") nahm der konservative Stimmenanteil durchschnittlich um 47,6% zu, Labours Anteil fiel um 22,9%. Am stärksten sank aber signifi-

---

150 Insgesamt spalteten sich neben MacDonald 14 Abgeordnete von der Labour-Parlamentsfraktion ab und unterstützten die Nationale Regierung. Von den führenden Mitgliedern des zweiten Labour-Kabinetts folgten ihm: Philip Snowden (Schatzkanzler), James H. Thomas (bis Juni 1930 Lord Privy Seal, danach Kolonialminister) und Lord Sankey (Lord Chancellor); vgl. Mowat, Britain between the Wars, S.400 f.

151 Vgl. Andrew Thorpe, The British General Election of 1931, Oxford 1991, S.262. Dies gilt natürlich nur unter der Annahme, daß ein anderes Wahlsystem die parteipolitische Orientierung der Wähler nicht verändert hätte.

152 Umgekehrt läßt sich die Frage, ob ein Mehrheitswahlrecht nach englischem Muster den Nationalsozialismus eingedämmt oder gar verhindert hätte, aus Sicht der historischen Wahlforschung nicht eindeutig beantworten. Nur in dem Fall, daß sich allein die Wähler der Weimarer Koalitionsparteien auf einen Kandidaten geeinigt hätten, hätten diese noch im Juli 1932 über eine knappe Mehrheit der Reichstagsmandate verfügt. Sowohl bei einem gleichermaßen strategischen Wahlverhalten der Wähler der NSDAP und der anderen Rechtsparteien als auch bei einem unveränderten Wahlverhalten wie unter den Bedingungen des Verhältniswahlrechts wäre die Weimarer Koalition im Juli 1932 von den Nationalsozialisten abgelöst worden; vgl. Falter, Hitlers Wähler, S.132-34.

kanterweise der liberale Anteil, nämlich um 23,3%. Auch in den 236 Kreisen, in denen die Liberalen 1931 im Gegensatz zu 1929 nicht mehr antraten ("3/2 seats"), profitierten die Konservativen von den dadurch entstehenden Wählerwanderungen. Ihr Anteil stieg durchschnittlich um 79,7%, während der von Labour um 10,2% zurückging[153]. Der Niedergang der britischen Liberalen in den dreißiger Jahren kam somit fast ausschließlich den Konservativen zugute, die - anders als ihre deutschen "counterparts" - die durch die Krise verunsicherten Mittelschichten integrieren konnten.
Labour hingegen büßte sogar zahlreiche ihrer sichersten Wahlkreise ein. Vor allem die Hochburgen in Lanarkshire, der schottischen Industrieregion, gingen fast vollständig verloren[154]. Dennoch war die Niederlage der Partei nicht so umfassend, wie die Zahlen anzudeuten scheinen. Im Vergleich zur vorhergehenden Wahl von 1929 verlor sie rd. 1,7 Millionen Wähler, erhielt aber insgesamt mehr Stimmen als bei jeder Wahl zuvor, mit Ausnahme der von 1929. Im Gegensatz dazu verloren die Liberalen (National Liberals, Liberals und Independant Liberals) insgesamt über drei Millionen Stimmen, die meisten, wie schon angedeutet, zugunsten der Konservativen. Labours Verluste wiederum waren in denjenigen Wahlkreisen am stärksten, wo der Anteil der Mittelschichten am höchsten war. In den "Labour heartlands" mit hohen Arbeiteranteilen, vor allem in den Bergbauregionen von Süd-Wales, Nordostengland und Yorkshire, aber auch im Londoner East End, blieb die Labour Party hingegen bemerkenswert stabil. In den Tälern von Süd-Wales erzielte sie sogar eines ihrer besten bisherigen Wahlergebnisse und steigerte z.B. in der Grafschaft Glamorgan in fünf von sieben Wahlkreisen noch ihren Stimmenanteil gegenüber 1929 (vgl. Tab.6). Die dominierende soziale und industrielle Prägung der Wahlkreise war weitaus entscheidender als der herrschende Grad der Arbeitslosigkeit, hinsichtlich deren Auswirkung sich kein einheitliches Muster ergab. Unter denjenigen Wahlkreisen, in denen die Labour Party 1929 und 1931 ausschließlich gegen die Konservativen antreten mußte ("2/2 seats"), verlor sie in den Kreisen mit niedriger Erwerbslosigkeit weitaus mehr als in denen mit hoher, während es sich in den "3/2 seats" und "3/3 seats" umgekehrt verhielt[155]. In den zwölf städtischen Wahlkreisen mit den höchsten Arbeitslosenquoten (Stand 1932) des Landes erzielte Labour durchschnittlich 84,75% ihres Stimmenergebnisses von 1929. In vier dieser Kreise verbuchte sie sogar Stimmengewinne gegenüber 1929[156]. Noch deutlicher wird die solide

---

153 Vgl. Thorpe, General Election, S.263 f.

154 Vgl. Stevenson/Cook, Slump, S.104; regionale Wahlergebnisse der Labour Party vgl. auch bei Thorpe, General Elections, S.268.

155 Vgl. ebd., Tab. 11.4, 11.5 u. 11.6, S.264-66.

156 Vgl. Stevenson/Cook, Slump, Tab.6.4, S.109.

Unterstützung der traditionellen "working-class strongholds" für die Labour Party, wenn man zusätzlich die Parlamentswahlen von 1935 betrachtet. Vier Jahre nach dem politischen Erdrutsch von 1931 konnte die Partei in der Grafschaft Durham alle verlorenen Sitze zurückgewinnen (vgl. Tab.7). Und nicht nur in Nordostengland, sondern auch in London, Yorkshire und Schottland nahm die Zahl der durch Labour vertretenen Wahlkreise wieder zu[157]. Viele Arbeiter hatten 1931 nicht die Partei gewechselt, sondern ihre Unzufriedenheit und ihren Protest lediglich durch Stimmenthaltung ausgedrückt. Das zeigte auch die gegenüber 1929 um eine Million Stimmen zurückgegangene Wahlbeteiligung, deren leichter Anstieg bei den Wahlen von 1935 vermutlich vor allem der Labour Party zugute kam. Hatte sich die Wahlbeteiligung in diesem Jahr um rd. 300.000 Stimmen erhöht, so verlor die Nationale Regierung gegenüber 1931 fast drei Millionen Wähler. Labour hingegen gewann fast 1,7 Millionen Stimmen Wähler hinzu und erreichte damit nahezu wieder die absolute Stimmenzahl von 1929. Diese positive Tendenz hatte sich schon in den Ergebnissen der vorhergehenden Kommunalwahlen von 1932 und 1933 angedeutet. Doch damit nicht genug: 1934 errang Labour zum ersten Mal in ihrer Geschichte die Kontrolle über die größte kommunale Verwaltungseinheit des Landes - den London County Council: "The return of the Labour faithful and the recovery of Labour confidence and morale at this local level, especially in areas where the issues of unemployment and the means test were most explosive, undoubtely explain the subsequent failure of the communist and N.U.W.M. challenges. Only a year after the débacle of 1931, Labour was again a party to be reckoned with in municipal politics. Any chance of a vacuum for extremist parties to exploit had gone."[158]

---

157 Vgl. Thorpe, General Elections, Tab.11.7, S.268. Für eine ausführliche Interpretation der Wahlen von 1935 vgl. Stevenson/Cook, Slump, S.245-64.

158 Stevenson/Cook, Slump, S.117; vgl. ebd., S.114-18.

Tab.6: Stimmenanteile der Labour Party in den Wahlkreisen der Grafschaft Glamorgan (Wales) bei den Parlamentswahlen 1929, 1931 und 1935

	1929		1931		1935	
Wahlkreise	Labour Party (in %)	Wahlkreis-vertretung im Parlament durch:	Labour Party (in %)	Wahlkreis - vertretung im Parlament durch:	Labour Party (in %)	Wahlkreis-vertretung im Parlament durch:
Aberavon	**55,9**	**Lab.**	**58,4**	**Lab.**	**unopposed[1]**	**Lab.**
Caerphilly	**57,9**	**Lab.**	**67,6**	**Lab.**	**76,3**	**Lab.**
Gower	**54,0**	**Lab.**	**53,4**	**Lab.**	**66,8**	**Lab.**
Llandaff and Barry	**40,8**	**Lab.**	**39,3**	**Cons.**	**48,7**	**Cons.**
Neath	**60,2**	**Lab.**	**64,0**	**Lab.**	**unopposed[1]**	**Lab.**
Ogmore	**56,7**	**Lab.**	**61,0**	**Lab.**	**unopposed[1]**	**Lab.**
Pontypridd	**53,1**	**Lab.**	**58,3**	**Lab.**	**unopposed[1]**	**Lab.**

Anmerkung:

(1) Mit Ausnahme der Labour Party stellte sich keine der im Parlament vertretenen Parteien zur Wahl, da es den Konkurrenzparteien als aussichtslos erschien, den betreffenden Wahlkreis zu gewinnen. [Abkürz.: Conservative Party (Cons.); Labour Party (Lab.)]

Quelle:
F. W. S. Craig (Hg.), British Parliamentary Election Results 1918-1949, London 1977(2), S.556-62.

Tab.7: Stimmenanteile der Labour Party in den Wahlkreisen der Grafschaft Durham (England) bei den Parlamentswahlen 1929, 1931 und 1935

	1929		1931		1935	
Wahlkreise	Labour Party (in%)	Wahlkreis-vertretung im Parlament durch:	Labour Party (in %)	Wahlkreis-vertretung im Parlament durch:	Labour Party (in %)	Wahl-kreis-vertretung im Parlament durch:
Barnard Castle	**42,0**	**Lab.**	**44,7**	**Cons.**	**49,8**	**Lab.**
Bishop Auckland	**55,8**	**Lab.**	**48,6**	**Nat.Lib.**	**62,3**	**Lab.**
Blaydon	**59,1**	**Lab.**	**49,3**	**Cons.**	**62,3**	**Lab.**
Chester-Le-Street	**69,8**	**Lab.**	**60,6**	**Lab.**	**71,0**	**Lab.**
Consett	**56,5**	**Lab.**	**47,0**	**Nat.Lib.**	**58,7**	**Lab.**
Durham	**56,8**	**Lab.**	**49,6**	**Lib.**	**59,1**	**Lab.**

Houghton-Le-Spring	**57,1**	**Lab.**	**47,0**	**Cons.**	**57,2**	**Lab.**
Jarrow	**62,5**	**Lab.**	**45,9**	**Cons.**	**53,1**	**Lab.**
Seaham[1]	**72,5**	**Lab.**	**43,7**	**Nat.Lab.**	**68,2**	**Lab.**
Sedgefield	**47,7**	**Lab.**	**41,2**	**Cons.**	**52,3**	**Lab.**
Spennymore	**71,8**	**Lab.**	**56,2**	**Lab.**	**71,2**	**Lab.**

Anmerkung:

(1) Seaham war der Wahlkreis von Premierminister James Ramsay MacDonald. [Abkürz.: Conservative Party (Cons.); Labour Party (Lab.); Liberal Party (Lib.); National Labour Organization (Nat.Lab.); Liberal National Organization (Nat.Lib.)]

Quelle:

F. W. S. Craig (Hg.), British Parliamentary Election Results 1918-1949, London 1977(2), S.338-48.

Die radikalen Parteien des rechten und linken Spektrums konnten von Wirtschaftskrise und Massenarbeitslosigkeit nicht profitieren. Die Communist Party of Great Britain (CPGB) hatte im Januar 1932 9.000 Mitglieder. Erst unter dem Eindruck ihres antifaschistischen Engagements, insbesondere nach dem Ausbruch des Spanischen Bürgerkriegs, traten zahlreiche junge Mittelschicht-Intellektuellen in die Partei ein. Zwischen 1935 und 1942 wuchs ihre Mitgliederzahl daher von 7.700 auf 56.000. Mit der KPD war sie dennoch nicht zu vergleichen, deren Mitgliedschaft Ende 1932 zwischen 320.000 und 360.000 bei einer allerdings sehr hohen Fluktuation betrug[159]. Die industrielle Satellitenorganisation der CPGB, die der deutschen Revolutionären Gewerkschaftsopposition (RGO) vergleichbare National Minority Movement, erlebte einen noch eklatanteren Mißerfolg. Bei ihrer 1933 beschlossenen Auflösung verzeichnete sie lediglich 550 organisierte Mitglieder in 82 Betriebszellen. Dagegen konnte die RGO in der Krise ihren Mitgliederstand von 106.000 (plus 30.000 in den "roten Verbänden") Anfang 1931 auf einen Höchstwert von 371.000 im Juni 1932 steigern[160]. Weit erfolgreicher als die Minority Movement war die 1921 gegründete, kommunistisch geführte National Unemployed Workers' Movement (NUWM), in der sich die Erwerbslosen organisieren und ihre Interessen eigenständig vertreten sollten. Auf dem Gipfel ihres Erfolgs gab sie 1933 100.000 organisierte Mitglieder an, darunter

159 Vgl. Winkler, Weg, S.595.

160 Vgl. Winkler, Weg, S.597. Unter Berücksichtigung einer ähnlich hohen Fluktuationsrate wie bei der KPD dürfte der Höchststand nach Winkler eher bei 220.000 gelegen haben. Vgl. auch ZPA I 4/6/8 mit verschiedenen statistischen Unterlagen zur organisatorischen Entwicklung der RGO.

auch solche der Gewerkschaften und der Labour Party[161]. Auch sie konnte jedoch mit den kommunistischen Organisationserfolgen unter den deutschen Arbeitslosen nicht mithalten. So existierten nach kommunistischen Angaben im Sommer 1930 ca. 1200 und Anfang 1931 ca. 1400 Erwerbslosenausschüsse der KPD, die von 300.000 bis 400.000 Arbeitslosen gewählt worden sein sollen. Hinzu kämen 600 Erwerbslosengruppen der RGO mit 30.000 Mitgliedern[162].

Die NUWM fand wie die CPGB ihre größte Unterstützung in den Bergbaugebieten von Süd-Wales und Teilen Schottlands, wo sie der Partei zahlreiche neue Anhänger zuführte. Anders als die Minority Movement bildete sie eine ernstzunehmende Gefahr für den TUC und somit auch für die Labour Party, da zwischen Partei- und Gewerkschaftsorganisationen in den "depressed areas" praktisch Personalidentität bestand. Bei den Parlamentswahlen von 1931 wurde jedoch keiner der 26 von der Kommunistischen Partei aufgestellten Kanditaten gewählt. Die Partei erhielt insgesamt 0,3% der Stimmen (1929: 0,2%; 1935: 0,1%). Das beste Ergebnis wurde von dem südwalisischen, kommunistischen Bergarbeiterführer Arthur Horner[163] mit 31,9% erzielt, das aber im Wahlkreis East Rhondda gegen seinen Konkurrenten von der Labour Party nicht ausreichte. Erst 1935 gelang es einem kommunistischen Kandidaten, William Gallacher, einen Wahlkreis - das schottische West Fife - zu gewinnen.

Der proto-faschistischen New Party unter der Führung des ehemaligen Ministers der zweiten Labour-Regierung, Sir Oswald Mosley[164], erging es dagegen ohne

---

161 Vgl. die Daten zu den kommunistischen Organisationen bei Croucher, We Refuse to Starve in Silence, S.148; Stevenson/Cook, Slump, S.136-38, 154.

162 Vgl. Siegfried Bahne, Die Erwerbslosenpolitik der KPD in der Weimarer Republik, in: Hans Mommsen u. Winfried Schulze (Hg.), Vom Elend der Handarbeit. Probleme historischer Unterschichtenforschung, Stuttgart 1981, S.477-96, hier S.491. Ende Juni 1932 bestanden 2943 Erwerbslosenausschüsse der KPD mit einem "einheitsfrontmäßig[en]" Charakter; vgl. ZPA I 4/6/25, Bl.67: Bericht über Erwerbslosenarbeit, S.4. Vgl. auch ZPA I 4/6/8, Bl.217: Danach existierten 480 RGO-Erwerbslosengruppen im Februar, 1311 im Juni und 1437 im Dezember 1931.

163 Horner übte verschiedene Gewerkschaftsfunktionen aus und war u.a. von 1927 bis 1928 und von 1936 bis 1944 im Vorstand der Miners' Federation of Great Britain. Damit ergab sich die Konstellation, daß er über seine Gewerkschaft nicht nur Mitglied des TUC, sondern auch der Labour Party war, gegen die er kandidierte - ein Beispiel für die, im Vergleich zur deutschen, unverkrampftere Umgangsweise der britischen sozialistischen Arbeiterbewegung mit dem Kommunismus.

164 Mosley (1896-1980) kam über einen Umweg als unabhängiger Abgeordneter von den Konservativen zur Labour Party. Im Mai 1930 trat er aus Unzufriedenheit mit der orthodoxen Wirtschafts- und Finanzpolitik der Regierung von seinem Amt als Chancellor of the Duchy of Lancaster zurück (vgl. Kap.II.3.) und gab, nach seinem Austritt aus der Labour Party, am 1. März 1931 die Gründung der New Party bekannt.

einen Sitzgewinn und mit 0,2% der Stimmen noch schlechter. Sie hatte 24 Kandidaten, die meisten davon in Labour-Wahlkreisen, aufgestellt, von denen einer, in hartem Kampf gegen die siegreiche Labour Party, immerhin 30,6% der Stimmen im südwalisischen Merthyr Tydfil erringen konnte[165]. Ihre Nachfolgerin war die 1932 gegründete British Union of Fascists (BUF). Auch sie kandidierte bei den Wahlen zur größten Kommunalregierung Großbritanniens, dem London County Council, im März 1937 ausschließlich in Labour-Hochburgen im Ostteil der Stadt, wo sie sich aufgrund des hohen jüdischen Bevölkerungsanteils mit ihrer antisemitisch ausgerichteten Wahlkampagne die größten Erfolgschancen durch Protestwähler ausrechnete. Dabei erreichte sie in Bethnal Green North East mit 23,1% immerhin den zweiten Platz hinter Labour (59,3%) und vor den Liberalen (17,6%). Weder hier noch in den beiden anderen, von ihr angestrebten Arbeiter-Wahlkreisen - Stepney/Limehouse (Labour: 64,1%, BUF:16,4%) und Shoreditch (Labour: 65,0%, BUF: 14,8%) - gelang es der BUF jedoch, die Vorherrschaft der Labour Party zu brechen[166]. Bei den letzten Parlamentswahlen vor dem Krieg am 14. November 1935 hatte die BUF den Höhepunkt ihrer Karriere bereits überschritten und trat gar nicht erst an.

Das Londoner East End war das einzige Gebiet Großbritanniens, in dem die Faschisten zumindest eine gewisse Popularität erreichten. Etwas stärkere Unterstützung erfuhr die Partei darüber hinaus in Lancashire und Yorkshire sowie in einigen ländlichen Gebieten Süd-Englands, wie insbesondere Suffolk. Sofern sich aus den unvollständig vorhandenen Mitgliederlisten der BUF auf ihre Wählerschaft schließen läßt, waren die Anhänger der Partei überdurchschnittlich jung. Die Mehrheit der BUF-Führung hatte das vierzigste Lebensjahr noch nicht überschritten und entstammte der Mittelschicht, während die Basis, zumindest in den Anfangsjahren 1932 bis 1935, sehr heterogen war und stark fluktuierte[167]. Über die Anzahl der Mitglieder in der British Union of Fascists liegen keine genaue Angaben vor. Nach einer Schätzung Robert Skidelskys betrug die Mit-

---

Nach deren Scheitern bei den Wahlen von 1931 rief Mosley - nach einer Italienreise vom italienischen Faschismus tief beeindruckt - am 1. Oktober 1932 die British Union of Fascists (BUF) ins Leben. Diese änderte ihren Namen 1936 in British Union of Fascists and National Socialists, oder kurz British Union. Zur Biographie vgl. Skidelsky, Mosley; vgl. auch Skidelskys Beitrag: Reflections on Mosley and British Fascism, in: Kenneth Lunn u. Richard C. Thurlow (Hg.), British Fascism. Essays on the Radical Right in Interwar Britain, London 1980, S.78-99. Dort setzt er sich mit der Kritik an seinem Buch auseinander, die u.a. die zu positive Darstellung Mosleys bemängelte.

165 Vgl. Thorpe, General Election, S.269 f.

166 Vgl. Stevenson/Cook, Slump, S.209.

167 Vgl. Stevenson/Cook, Slump, S.212; Stuart Rawnsley, The Membership of the British Union of Fascists, in: Lunn u. Thurlow (Hg.), British Fascism, S.150-65, hier S.157.

gliedschaft in der BUF auf ihrem Höhepunkt 1934 ca. 40.000, auf ihrem tiefsten Stand 1939 nur noch 9.000-10.000 Personen, und blieb damit weit hinter den Erfolgen der NSDAP zurück. Allein auf betrieblicher Ebene stieg die Zahl der Mitglieder der Nationalsozialistischen Betriebszellen-Organisation (NSBO) von etwas über 4.000 im Frühjahr 1931 auf knapp 260.000 im Januar 1933[168]. Auch in der BUF gab es eine "industrial section", deren Mitglieder zur Bildung von Gewerkschaftsgruppen angehalten wurden. Die mageren Rekrutierungserfolge der BUF in der Arbeitnehmerschaft beschränkten sich jedoch außer einem kleinen Standbein in der Textilindustrie und im Bergbau vor allem auf die "non-industrial working-class" im Dienstleistungssektor mit einem schwachen gewerkschaftlichen Organisationsgrad[169]. In starkem Kontrast zur deutschen Entwicklung waren Katholiken in der BUF-Mitgliedschaft überproportional stark vertreten. Ein Hauptgrund dafür war vermutlich Mosleys Eintreten für die politische Selbstständigkeit ("home rule") Irlands[170]. Wie in Deutschland wurde jedoch ein signifikanter Anteil der frühen Mitglieder wahrscheinlich infolge der Angst vor Arbeitslosigkeit oder Verzweiflung aufgrund bestehender Erwerbslosigkeit rekrutiert, gewöhnlich gekoppelt mit Mißtrauen gegenüber den etablierten Parteien, mit dem Problem des Beschäftigungsmangels fertig zu werden. Dies scheint vor allem in Lancashire der Fall gewesen zu sein, wo sich nach Schutzzollkampagnen für die bedrängte Baumwollindustrie zahlreiche Textilarbeiter der Partei anschlossen. Allerdings gibt es kaum Belege dafür, daß diese Mitglieder, "(...) unemployed or not, were recruited from the organized sections of the working classes. Very little headway was made in recruiting members from the highly-unionised engineering industry or from coalmining for example. The working-class recruit was typically one who had not been educated into the labour movement by trade union or Labour Party membership."[171]

Bedrohungsgefühlen angesichts der schlechten wirtschaftlichen Lage unterlagen wie in Deutschland gerade die unteren Mittelschichten, wobei sich Büroangestellte, Taxi-Fahrer, kleine Geschäftsleute und Ladenbesitzer auch in Großbritannien als besonders anfällig für die faschistische Propaganda erwiesen. Die überwiegende Mehrheit wählte allerdings die Nationale Regierung, denn diese "(...) provided a bulwark for these people against the communists and in doing so condemned the B.U.F. to a relatively minor role. In Germany the situation had been entirely different: without a strong conservative party to guarantee the security of the middle class (...) the Nazis were able to make a successful stand as

---

168 Vgl. Skidelsky, Mosley, S.331; Winkler, Weg, S.607.

169 Vgl. Skidelsky, Mosley, S.328 f.

170 Vgl. Rawnsley, Membership, S.161 f.

171 Ebd., S.160.

the party of order. In Britain, that role was fulfilled by the National Government."[172]

Zusammenfassend kann man also feststellen, daß sich in Großbritannien, ähnlich wie in Marienthal, die vorhandenen politischen Bindungen der Arbeitslosen in den homogenen Gemeinschaften der "depressed areas" als stabil erwiesen. Die relativen Wahlerfolge der Kommunisten und der Faschisten in den Notstandsgebieten zeigen zwar das Vorhandensein eines Radikalisierungspotentials an, das aber offensichtlich am linken Rand von der Labour Party und am rechten Rand von der Nationalen Regierung erfolgreich integriert wurde. Hinzu kam eine im Vergleich zu Deutschland bessere materielle Versorgung der Erwerbslosen, die sie nicht an ihrem Schicksal verzweifeln ließ. Britische Familien, in denen der Haupt- oder einzige Verdiener arbeitslos war, mußten in den dreißiger Jahren einen durchschnittlichen Einkommensverlust von 45 bis 66% hinnehmen. In einer Anzahl von Industrien waren die Versicherungsleistungen jedoch höher als die dort üblichen Löhne, so daß eine Ende der dreißiger Jahre in Süd-Wales durchgeführte Studie ergab, daß ein Drittel der alleinstehenden Männer und fast die Hälfte der verheirateten Frauen mehr an Arbeitslosenunterstützung erhielten als an Lohn in ihrer letzten Beschäftigung[173]. John Stevenson vertritt daher die Auffassung, daß der Einbruch der Massenarbeitslosigkeit ab 1929/30 insbesondere für die Menschen in den "depressed areas" kein plötzlicher Schock war wie im Deutschen Reich, sondern für viele lediglich eine Intensivierung gewohnter pauperistischer Verhältnisse bedeutete. Ein Teil der Langzeiterwerbslosen - viele waren mit dem Ende des Generalstreiks 1926 entlassen und seither nicht wieder eingestellt worden - hatte sich in der Arbeitslosigkeit bereits eingerichtet und an ein Leben auf niedrigstem Lebensstandard gewöhnt[174].
Auch George Orwell hob 1936, nachdem er zwei Monate lang unter den Bergleuten in Barnsley, Sheffield und Wigan gelebt hatte, hervor, daß sich die Haltung der verelendeten Arbeiter grundlegend verändert habe. In den zwanziger Jahren wurde Arbeitslosigkeit noch als ein Unglück begriffen, "(...) das *dir* als Einzelperson passierte und an dem *du* schuld warst. (...) Solange Bert Jones von gegenüber noch Arbeit hat, muß Alf Smith sich beleidigt und als Versager fühlen." Nun aber: "sah ich alle Arten von Not, aber ich sah wahrscheinlich viel weniger *bewußtes* Elend als noch vor zehn Jahren. Auf jeden Fall haben die Leute begriffen, daß sie nichts für die Arbeitslosigkeit können. Jetzt ist nicht nur Alf

---

172 Stevenson/Cook, Slump, S.215; vgl. Rawnsley, Membership, S.161.

173 Vgl. Stevenson, Society, S.282.

174 Vgl. ebd., S.293.

Smith ohne Arbeit; auch Bert Jones ist ohne Arbeit, und beide schon seit Jahren. Es macht einen Riesenunterschied, wenn etwas für alle gleich ist."[175]
Profitierte Großbritannien also primär von der regionalen Konzentration seines Arbeitslosenproblems? Zweifellos spricht einiges für diese Deutung. Auf der anderen Seite befreit sie die Politik ebenso wie die gesellschaftlichen Interessenorganisationen von jeglicher Verantwortung. Deutschland wäre demnach hilflos der allgegenwärtigen Massenarbeitslosigkeit und ihren Folgen ausgeliefert gewesen. Wie Sean Glynn und John Oxborrow[176] dargelegt haben, kann ein Teil des britischen Arbeitslosenproblems auf unnachgiebige und damit zu hohe Löhne in der Zwischenkriegszeit zurückgeführt werden, deren Senkung möglicherweise die strukturellen Probleme der traditionellen Exportindustrien durch eine Verbesserung ihrer internationalen Wettbewerbsfähigkeit gelindert hätte. Auf der anderen Seite sei aber den politischen Verantwortlichen in den zwanziger Jahren aufgrund des gewerkschaftlichen Widerstandes gegen Lohnkürzungen bis hin zum Generalstreik von 1926 zunehmend deutlich geworden, daß das Land zwischen einem unflexiblen Lohnsystem und politischen Krisen zu wählen hatte. Anders als in der Weimarer Republik entschieden sich die britischen Regierungen für die erstere Möglichkeit und den begleitenden Ausbau der Arbeitslosenunterstützung, der eine Hierarchisierung unter den Erwerbslosen, zumindest bis 1931, weitgehend vermied. Die Gründe der Stabilität des britischen Systems sind daher nur zum Teil in den wirtschaftsgeographischen Gegebenheiten zu suchen. Darüber hinaus unterschied sich auch die Einstellung von Politik und Gesellschaft gegenüber der Arbeiterschaft und den Erwerbslosen gravierend von der in Deutschland, wie im folgenden am Beispiel der wirtschaftlichen Strukturen und der sozio-ökonomischen Maßnahmen zur Bekämpfung der Depression gezeigt werden wird.

---

175 Orwell, Wigan Pier, S.84 f. (Hervorh.i.Orig.).

176 Vgl. dies., Interwar Britain, S.158.

II. Ökonomische Entwicklung und staatliche Wirtschafts-, Finanz- und Sozialpolitik

"Vor allem muss die Regierung ihre Selbstständigkeit gegenüber den Einflüssen der Gewerkschaften wiedergewinnen. ... Ein weiteres Nachgeben der Regierung den Gewerkschaften gegenüber und eine Nachahmung der unheilvollen englischen Sozialpolitik ... wäre für die deutsche Industrie ein gefährliches Beginnen und würde auch Deutschland zum industriellen Stillstand, aber nicht zum sozialen Frieden führen."[1]

1. Wirtschaftliche Strukturprobleme und konjunkturelle Entwicklung

Interne strukturelle Probleme der einheimischen Wirtschaft und externe Störungen auf den internationalen Handels- und Kapitalmärkten trafen in Deutschland und Großbritannien in der Weltwirtschaftskrise zusammen. Wie wir bereits gesehen haben, werden die einzelnen Faktoren im Hinblick auf ihre Wirkungsmächtigkeit für den Beginn und Verlauf der Krise in der Forschung sehr unterschiedlich gewichtet[2]. Ein Preisverfall bei Nahrungsmitteln und anderen Primärgütern, ein drastischer Rückgang der industriellen Produktion aufgrund von Überkapazitäten und unzureichender Nachfrage auf den Exportmärkten sowie eine dadurch sinkende Nachfrage nach Arbeitskräften bzw. deren Freisetzung waren Symptome, die nach 1929 weltweit auftraten. Beeinträchtigungen der Angebotsseite, wie sie etwa Knut Borchardt für Deutschland im Hinblick auf die Entwicklung der Reallöhne und Sozialabgaben geltend macht, variierten dagegen von Land zu Land. Hohe Produktionskosten verminderten somit zwar zweifellos die Wettbewerbsfähigkeit, sie scheinen aber in keinem direkten Zusammenhang mit dem Ausbruch der Rezession zu stehen. In der deutschen Industrie stiegen die Kosten pro Arbeitseinheit zwischen 1925 und 1930 um 2,6% pro Jahr an. In den

---

1 BAP/62.03/2179/Bl.135: "Bericht - Verein Deutscher Eisen- und Stahlindustrieller – Hauptmitgliederversammlung - Ende Dezember 1917".

2 Vgl. Einleitung, 3., S.30 ff., sowie die Diskussion der verschiedenen Erklärungsansätze bei Dieter Lindenlaub, Die Weltwirtschaftskrise in Deutschland: Die gesamtwirtschaftliche, die einzelwirtschaftliche und die internationale Perspektive, in: Hansjoachim Henning, Dieter Lindenlaub und Eckhard Wandel (Hg.), Wirtschafts- und sozialgeschichtliche Forschungen und Probleme. Fschr. f. Karl Erich Born, St. Katharinen 1987, S.375-441. Eine ausgezeichnete, knappe Zusammenfassung der weltwirtschaftlichen Probleme in der Zwischenkriegszeit bietet Dietmar Petzina, Internationale Aspekte der Wirtschaftspolitik in den dreißiger Jahren, in: VzW 1984, H.1, S.38-46.

USA dagegen, wo sich die Rezession stärker auswirkte, fielen sie um 2%[3]. Diese Entwicklung macht die keynesianische Argumentation plausibler und legt es nahe, den generellen Rückgang der aggregierten Nachfrage (private und/oder öffentliche Hand) für den Beginn des zyklischen Konjunkturabschwungs verantwortlich zu machen. Hingegen sind die jeweilige Schwere des Abschwungs und der unterschiedliche Krisenverlauf in den einzelnen Industrieländern wohl auf die hinzukommenden, spezifischen strukturellen Probleme der betreffenden Nationalökonomien und die jeweiligen wirtschaftspolitischen Maßnahmen der Regierungen zurückzuführen.

Im Vergleich zu 1913 sank Deutschlands Anteil an der Weltindustrieproduktion unter Berücksichtigung der Gebietsveränderungen im Durchschnitt der Jahre 1926 bis 1929 von 14,3% auf 11,6%, der Anteil des Vereinigten Königreichs kontrahierte sogar von 14,1% auf 9,4%[4]. Weltweit erlebte die Industrieproduktion in der Zwischenkriegszeit einen Strukturwandel, von dem Großbritannien insgesamt härter betroffen war als Deutschland. Während des Ersten Weltkriegs hatten sich in zahlreichen Übersee-Ländern eigene Industrien entwickelt, die nach Kriegsende die Nachfrage nach europäischen Exporten, vor allem im Bereich der Verbrauchsgüter- und entwicklungsgeschichtlich alten Industrien[5], nachhaltig verringerten. Großbritannien war dieser Verschiebung gegenüber empfindlicher als Deutschland, dessen Wirtschaft weniger stark vom Wohlergehen der alten Stapelindustrien abhängig war[6], und wo der Verbrauchsgütersektor nicht die

---

3 Vgl. Munting u. Holderness, Crisis, Recovery and War, S.131.

4 Vgl. Fischer, Die Weimarer Republik, S.27 f.

5 Zu den Definitions- und Differenzierungsproblemen von "neuen" und "alten" Industrien vgl. Aldcroft, Inter-War Economy, S.120-26; Harold James, Deutschland in der Weltwirtschaftskrise, 1924-1936, Stuttgart 1988 (im Orig.: The German Slump, 1986), S.120-23; Pollard, Development, S.54.

6 1907 stellten die Bereiche Kohle, Textilien, Eisen und Stahl und Machinenbau ca. 50% der Netto-Industrieproduktion, ein Viertel der Beschäftigten und 70% der Exporte, und verdeutlichen damit das Ausmaß dieses "overcommitment" der britischen Wirtschaft an bestimmte Basisindustrien, das sich in der Zwischenkriegszeit als Dauerkrise und strukturelle Langzeitarbeitslosigkeit in denjenigen Regionen niederschlug, in denen sich die genannten Industrien konzentrierten. Dagegen stellten die Wachstumsindustrien (elektrotechnische und Chemieindustrie, Kunstseide, Straßenfahrzeuge und wissenschaftliche Instrumente) nur 6,5% der Netto-Industrieproduktion, 5,2% der Beschäftigten und 7,4% der Exporte (vgl. May, Economic and Social History, S.280). Zwischen 1925 und 1929 betrug der Anteil des außenwirtschaftlich erzielten Einkommens (durch Export von Waren, Dienstleistungen und Kapital) am Bruttosozialprodukt in Großbritannien durchschnittlich 31,8%, im Deutschen Reich dagegen nur 16,5% (vgl. Lindenlaub, Weltwirtschaftskrise, Tab.1, Sp.2.6, S.416, Tab.2, Sp.1.4, S.421). Als die britischen Exporte 1929 zwar ihr höchstes Niveau dieses Zeitabschnitts erreichten, ihr Volumen aber immer noch

Bedeutung erlangt hatte, die er in England als Führungssektor der Industrialisierung einnahm.[7] Die britische Baumwolltextilindustrie, die vor dem Ersten Weltkrieg den Weltmarkt beherrscht hatte, erlebte einen spektakulären Kollaps, als ihre Produktion zwischen 1912 und 1938 um die Hälfte zurückging. Im Bergbau führte die Schrumpfung der Exportmärkte, die vor dem Ersten Weltkrieg ein Drittel der britischen Kohleproduktion aufgenommen hatten, in den Jahren 1932 und 1933 zu einem Tiefstand auf 73% der Produktion des Jahres 1913. Am stärksten betroffen aber war die britische Schiffsbauindustrie, deren Produktion 1933 nur noch 7% des Vorkriegsstandes erreichte[8]. Großbritanniens strukturelle Wirtschaftsprobleme in der Zwischenkriegszeit waren also vor allem durch den langfristigen, auch nach der Erholung von 1933/34 andauernden Niedergang seiner exportorientierten Stapelindustrien gekennzeichnet. Die deutsche Industrie hingegen war dank ihrer ausgeglicheneren Regionalstruktur dem Strukturwandel der Zwischenkriegszeit weit besser gewachsen als die britische. Entsprechend den im Vergleich der Arbeitslosenzahlen bereits hervorgetretenen Entwicklungstendenzen verlief, im Vergleich der alten Industrien beider Länder, auch die Produktionsentwicklung im Kohlebergbau, in der Textil-, Schiffsbau- und Eisen- und Stahlindustrie bis zum Ausbruch der Weltwirtschaftskrise in der Weimarer Republik günstiger als im Vereinigten Königreich und zeigt, "(...) daß das 'industrielle System' Deutschlands nach den Ersten Weltkrieg kaum größere Anpassungsschwierigkeiten hatte und sie großenteils sogar besser meisterte als zumindest Großbritannien"[9].

Umso erklärungsbedürftiger ist das große Ausmaß der generellen industriellen Stagnation in Deutschland in der Weltwirtschaftskrise. Das deutsche BSP fiel zwischen 1929 und 1932 um 16%, das britische hingegen nur um 5%[10]. Die industrielle Produktion in Deutschland schrumpfte zwischen 1929 und 1932 um rd. 40%. In Großbritannien betrug der Rückgang nur rd. 18%, allerdings von

---

um 19% unter dem von 1913 lag (vgl. Garside, British Unemployment, S.141), traf diese Entwicklung besonders die exportorientierten Stapelindustrien.

7 Vgl. Dietmar Petzina u. Werner Abelshauser, Zum Problem der relativen Stagnation der deutschen Wirtschaft in den zwanziger Jahren, in: Mommsen u.a. (Hg.), Industrielles System, S.57-76, hier S.68.

8 Vgl. May, Economic and Social History, S.329-31. Zur Entwicklung der deutschen Werftindustrie 1919-45 vgl. Götz Albert, Vom Blauen Band zur Grundberührung: Die deutsche Schiffbauindustrie von 1850 bis 1990, in: VSWG 83 (1996), S.155-79, hier S.162-66.

9 Vgl. Fischer, Die Weimarer Republik, S.28-33, Zitat S.33.

10 Vgl. Pollard, German Trade Union Policy, S.29.

einem niedrigeren Niveau ausgehend[11]. Im milden britischen Krisenverlauf schlug sich das Wachstum der "neuen" Industrien (Chemieindustrie, elektrizitätserzeugende und elektrotechnische Industrie, Automobilindustrie, Kunstseide), des Dienstleistungssektors und der Bauwirtschaft nieder, wenngleich nicht alle Beschäftigtengruppen und Regionen davon in gleichem Maße profitierten. Die wachstumsstarken Industrien siedelten sich vorwiegend in Mittel- und Südengland an, wo ihnen, neben der besseren Infrastruktur in und um London, auch die wirtschaftlich begründete Binnenwanderung zugute kam. Allein die Region "London and the Home Counties" erfuhr zwischen 1931 und 1936 einen durchschnittlichen jährlichen Bevölkerungs- und Kaufkraftzuwachs von 71.623 Menschen, der Süd-Osten und Süd-Westen von zusammen 29.779 Menschen, während der Nord-Osten 24.180 und Wales 22.092 Einwohner im Jahr verlor. Dagegen entsprach es der ausgeglicheneren Industriestruktur des Deutsches Reiches, daß dort die Fernwanderungsbewegung vom agrarischen Osten in den industriellen Westen bis 1925 weitgehend zum Stillstand kam und auch die Land-Stadt-Wanderung nach 1925 annähernd stagnierte[12].
Zu den zwischen 1920 und 1938 am stärksten expandierenden acht Industriezweigen in Großbritannien gehörten drei neue Industrien (Automobilindustrie, elektrizitätserzeugende und elektrotechnische Industrie) sowie die Bauindustrie, die Holz- und Möbelindustrie, die Nichteisenmetallverarbeitende Industrie, die Bauzulieferindustrie und die Nahrungsmittelindustrie[13]. An der Spitze lagen die Automobilindustrie und die Bauindustrie, die eine Schlüsselposition im Erholungsprozeß der britischen Wirtschaft einnahmen. Sie konnten nicht nur selbst die höchsten Produktions-Wachstumsraten aller Industriezweige vorweisen, sondern stimulierten auch die Nachfrage nach Produktionsgütern wie Fensterglas, Eisen, Stahl, Aluminium, Kupfer, Messing, Leder, Holz, Farben, Lampen, Batterien oder Energie (Strom, Wasser, Gas). Der beschäftigungsintensive Dienstleistungssektor wies zwar, mit Ausnahme des motorisierten Transportwesens, ein unterdurchschnittliches Produktionswachstum und negative Produktivitätsraten auf. Jedoch wirkte er in einer Zeit industrieller Massenarbeitslosigkeit als stabilisierendes Element und zeichnete bereits 1938 für fast die Hälfte (48,3%) aller Arbeitnehmer (1920: 41,1%) verantwortlich[14].

---

11 Vgl. ebd., Tab.2.3., S.29.

12 Vgl. Aldcroft, Inter-War Economy, Tab.18, S.100; Wolfgang Köllmann, Bevölkerungsentwicklung in der Weimarer Republik, in: Mommsen u.a. (Hg.), Industrielles System, S.76-84, hier S.83.

13 Vgl. Aldcroft, Inter-War Economy, Tab.21, S.121.

14 Vgl. ebd., Tab.20, S.118 und Tab.27, S.209. Im Deutschen Reich umfaßte der tertiäre Sektor 1925 27,4% der Erwerbspersonen, 1939 waren es 31,9%; vgl. Petzina u.a., Sozialgeschichtliches Arbeitsbuch, Bd.3, Tab.9.b), S.55. Johannes Paulmann weist auf zwei,

Bei den britischen Basisindustrien hingegen sorgten neben einer unzureichenden Nachfrage auf den Weltmärkten, verschärft durch den zunehmenden Protektionismus seiner Konkurrenten, auch hausgemachte Probleme, wie veraltete Techniken, Produktions- und Vermarktungsmethoden[15], ineffiziente Unternehmensstrukturen und die Überbewertung der Währung auf der Basis des Goldstandards für strukturelle Absatzschwächen schon vor dem Ausbruch der Weltwirtschaftskrise. Umgekehrt trugen in Deutschland gerade die Kartellierung und der fortgeschrittene Organisationsgrad der Industrie in horizontalen und vertikalen Unternehmenszusammenschlüssen zu Überkapazitäten und unnachgiebigen Preise in einigen Wirtschaftsbereichen bei, welche die Wettbewerbsfähigkeit beeinträchtigten.
Durch Kartellbildung gebundene Preise bestanden insbesondere im Bereich der Grund- und Rohstoffindustrie, darunter auch zahlreiche Zulieferindustrien der Bauwirtschaft und der Automobilindustrie (z.B. Roheisen, Walzwerkerzeugnisse, Aluminium, Zellstoff, Mauersteine, Dachziegel, Kalk, Zement, Röhren, Fensterglas und Dachpappe)[16], die, wie wir gesehen haben, in Großbritannien Zugpferde der wirtschaftlichen Erholung waren. Dieses strukturelle Defizit wurde durch die Kreditvergabepraxis der Banken verstärkt, die zur Kapitalanlage in älteren und statischen, noch aus der Vorkriegszeit vertrauten Industrien, wie die Nahrungsmittel- und Textilindustrie, neigten. Auf die innovativen, "dynamischen" Industrien, wie die chemische und elektrotechnische Industrie, der Maschinenbau und die Automobilindustrie, entfielen hingegen nur geringe Beträge. Die Entwicklung der deutschen Industrie wurde dadurch in konservative Bahnen gelenkt

---

bis in die Zeit nach dem Zweiten Weltkrieg wirksame Besonderheiten des britischen Arbeitsmarkts im europäischen Vergleich, darunter auch Deutschland, hin: Zum einen auf den schon 1910 extrem niedrigen Anteil der im primären Sektor Beschäftigten und zum zweiten auf die in Großbritannien sehr früh einsetzende Deindustrialisierung und Entwicklung zur postindustriellen Gesellschaft; vgl. ders., Arbeitslosigkeit und sonst gar nichts? Zur Entwicklung des britischen Arbeitsmarktes in der ersten Hälfte des 20. Jahrhunderts, 1911-1961, in: VSWG 79 (1992), S.1-34, hier S.7 f.

15 1929 wurden bspw. 91% der deutschen Kohle maschinell gehauen, in Großbritannien jedoch nur 28%; vgl. Munting u. Holderness, Crisis, Recovery and War, S.82.

16 Vgl. James, Deutschland in der Weltwirtschaftskrise, S.161; vgl. auch ADGB, AfA-Bund, ADB (Hg.), Wirtschaftslage, Kapitalbildung, Finanzen. Die Entwicklung in Deutschland von 1925 bis 1930, Berlin 1930, S.17f.. Der ADGB weist hier darauf hin, daß der englische Großhandelsindex von 160,9 (1925) stetig auf 132,8 (1929) gesunken, das deutsche Preisniveau im gleichen Zeitraum hingegen ziemlich unverändert geblieben ist. Er führt dies auf eine Aufwärtsbewegung der geregelten Preise für industrielle Rohstoffe und Halbwaren zurück, die - im Gegensatz zum Fall der freien Preise - gerade in der Depressionszeit von 1928/29 einsetzte.

und der technische Wandel verlangsamt[17]. Die sektorale Fehlverteilung von Investitionen führte gerade in denjenigen Branchen zu Überproduktion, die eher mit starren Preisabsprachen und Freisetzung von Arbeitskräften als mit Anpassung an die Marktverhältnisse auf die Krise reagierten. Das traf vor allem auf die alten, namentlich auf die Schwerindustrien zu, allzu oft unterstützt durch eine gezielte Förderung der Ruhrindustrie durch die Reichsregierungen. Abgesehen von der Landwirtschaft nahm der Montanbereich von der Größenordnung der staatlichen Subventionen her die oberste Position ein[18]. Beiden Sektoren kam dabei ein tradierter politischer Einfluß zugute, der ihre wirtschaftliche Bedeutung inzwischen weit überstieg und in Großbritannien keine vergleichbare Parallele hat. Die deutsche Gesellschaft bezahlte dieses Erbe der soziopolitischen Strukturen des Wilhelminischen Reiches u.a. mit Schutzzöllen, welche die Lebensmittelpreise erhöhten und den Lohndruck auf die Industrie verschärften, einer Umverteilung des Nettosozialprodukts von durchschnittlich 2,4% in den Jahren 1930-32 zugunsten des Agrarsektors und einer sozial ungerechten Einengung der finanzpolitischen Handlungsspielräume Regierung. Franz Spliedt, Mitglied des ADGB-Bundesvorstands, wies daher im Mai 1929 angesichts der Krise des Arbeitslosenunterstützungssystems auf die bestehenden Mißstände hin: "Sehen wir uns den laufenden Etat an. Wir haben doch, bis in den letzten Etat hinein, um nur einige Ziffern zu nennen, für die Umstellung der Munitionsfabriken 1924 bis 1928 59 Millionen Mark aufgebracht, für die Finanzierung und Durchhaltung der Schichau-Werft zahlen das Reich und Preussen zusammen 46 Millionen Mark. Die Phöbus-Geschichte kostet uns glatt 26 Millionen Mark; ich erinnere auch an die ausserordentlich grossen Sonderzuweisungen an einzelne Industrieunternehmen, Rheinmetall, Mannesmann, Vulkanwerke, Oberschlesische Hüttenwerke usw., Summen von 5, 6, 9, 10, 19 Millionen Mark usw., recht stattliche Zahlen. Der Werftindustrie wurden im Jahre 1925 50 Millionen Mark Kredite gewährt. Sie sind zum grossen Teil noch nicht zurückgeflossen. Die Zinsverbilligung kostet das

---

17 Vgl. James, Deutschland in der Weltwirtschaftskrise, S.144-51; ders., Did the Reichsbank Draw the Right Conclusions from the Great Inflation?, in: Gerald D. Feldman (Hg.), Die Nachwirkungen der Inflation auf die deutsche Geschichte 1924-1933, München 1985, S.211-31, hier S.226-29 (zu den Auswirkungen der Reichsbankkreditrestriktion auf die Kreditvergabepraxis der Banken).

18 Vgl. Winkler, Schein, S.32-38. Auch die massive Kapitalaufnahme der deutschen Industrie in den Vereinigten Staaten während der Stabilisierungsphase der Weimarer Republik verstärkte diese strukturelle Fehlentwicklung. Die Konzerne der deutschen Eisen- und Stahlindustrie erhielten mit ca. 50% den Großteil der zwischen 1924 und 1930 aufgelegten amerikanischen Anleihen. Diese wirkten stark konzentrationsfördernd, da der amerikanische Kapitalmarkt nur Großkonzernen die Möglichkeit bot, Anleihen zu plazieren.; vgl. Clemens Verenkotte, Das brüchige Bündnis. Amerikanische Anleihen und deutsche Industrie 1924-1934, Phil.Diss., Freiburg i. Br. 1991, S.177 ff.

Reich jährlich etwa 2,5 Millionen Mark. Durch Darlehen an die Schiffsbeleihungsbanken in Höhe von 6 Millionen Mark und einer Zinsverbilligung bis 1937 wurde die Binnenschiffahrt subventioniert. Der Siegerländer Erzbergbau erhielt 1926/27 4,7 Millionen Mark einschliesslich der preussischen Beihilfe. Augenblicklich sind 1,5 Millionen Mark vorgesehen. Die Fischerei erhält zinsverbilligte Kredite, insgesamt bisher etwa 10 Millionen Mark. - Ich erinnere weiter an die ausserordentlich grossen Zuwendungen an unsere deutsche Landwirtschaft."[19]

Verantwortlich für diese Handlungsweise waren wahltaktische Überlegungen und politische Bindungen, von denen sich die politisch Verantwortlichen leiten ließen[20]. Es ist deshalb auch zu Recht hervorgehoben worden, daß nicht wirtschaftliche Handlungszwänge, sondern gesellschaftliche Machtkonstellationen Richtung und Spielraum der Brüningschen Wirtschaftspolitik vorgaben: "Solange die Politik den unternehmerischen Wünschen nach Verlagerung der Krisenlasten auf die Arbeitnehmerschaft entsprach, erfreute sie sich der Unterstützung der Industrie. Als sich jedoch zeigte, daß mit diesen wirtschaftspolitischen Rezepten die Krise nicht lösbar war, verlor Brüning die Unterstützung von Industrie und Landwirtschaft, obgleich gerade diese Gruppen ungeachtet aller Sanierungsprobleme beträchtliche Hilfen hatten verbuchen können."[21]

Rationalisierung, Unternehmenskonzentration oder staatsinterventionistisches Eingreifen zur Regulierung des Marktes müssen im Hinblick auf strukturelle Beeinträchtigungen der wirtschaftlichen Entwicklung nach Branchen differenziert betrachtet werden. Nur dort, wo die Nachfrage den Absatz auch in der Krise sicherte, wirkte sich die Rationalisierung positiv auf den Arbeitsmarkt aus[22]. Wo diese Voraussetzung nicht gegeben war, wie in großen Bereichen der alten Exportindustrien, erzeugte sie Überkapazitäten und die dauerhafte Freisetzung von Arbeitskräften. Auch in Großbritannien bemühten sich die Stapelindustrien in den dreißiger Jahren auf freiwilliger Basis oder mit Hilfe direkter staatlicher Förderungsmaßnahmen um Reorganisation und Effizienzsteigerung[23]. Die

---

19 ADGB (Hg.), Der Kampf um die Arbeitslosenversicherung, Berlin 1929, S.8.

20 Vgl. James, Deutschland in der Weltwirtschaftskrise, S.242, 257, 274.

21 Dietmar Petzina, Elemente der Wirtschaftspolitik in der Spätphase der Weimarer Republik, in: VfZ 21 (1973), S.127-33, hier S.132.

22 So für Deutschland Winkler, Weg, S.92. Wie die Kurzarbeit bilden diese Maßnahmen somit ein Mittel zur Linderung konjunkturell bedingter Erwerbslosigkeit, indem sie kurzfristige Wettbewerbsschwächen verbessern, nicht aber zur Beseitigung struktureller Langzeitarbeitslosigkeit.

23 Vgl. Garside, British Unemployment, S.223-35; May, Economic and Social History, S.331 f.; Pollard, Development, S.67-74; Stevenson/Cook, The Slump, S.12 f.

staatlich verordnete Zwangskartellierung der Kohleindustrie durch die Coal Mines Act von 1930, die im gleichen Jahr gegründete National Shipbuilders' Security Ltd., mit der die Schiffsbauindustrie eine rigorose Politik der Selbstliquidierung betrieb, sowie die British Shipping (Assistance) Act von 1935, der 1932 durch die Regierung eingeführte Schutzzoll für die Eisen- und Stahlindustrie und die als Gegenleistung 1934 erfolgte Kartellbildung in der British Iron and Steel Federation, schließlich auch die Cotton Spinning Act von 1936 und die oktroyierte Kartellierung durch die Cotton Industry (Reorganization) Act von 1939 wären in diesem Zusammenhang zu nennen. Die anhaltend verringerte Nachfrage auf den Weltmärkten konnte dadurch jedoch weder ausgeglichen noch eine tiefgreifende Erholung erzielt werden. Eine Ausnahme bildete die in wesentlichem Umfang auch für den neuen Bedarf an dauerhaften Konsumgütern, wie z.B. den Automobilbau, produzierende Eisen- und Stahlindustrie.
In beiden Ländern bildeten also industrielle Rationalisierung und Konzentration eine der auffälligsten Entwicklungen der zwanziger und dreißiger Jahre, wie z.B. auch im Bereich der neuen Industrien die Bildung der Chemieriesen "I.G. Farben" 1925 und "Imperial Chemical Industries Ltd. (ICI)" 1926 zeigt. Anders als in Deutschland erhielt sie in Großbritannien ihren Antrieb allerdings vielfach durch die Entstehung von Massenkonsumgütermärkten. Eine steigende Binnennachfrage nach Konsumgütern und Dienstleistungen, welche die unterschiedlichsten Bereiche, darunter Unterhaltung und Sport, Kommunikation, Haushalt, öffentliche Verwaltung, Handel, Banken und Versicherungen, umfaßten, kompensierte teilweise die schrumpfende Nachfrage nach industriellen Fertigwaren und Produktionsgütern auf den Weltmärkten. Rasch expandierende Einzelhandelsketten, wie Marks and Spencer oder Woolworth, und zahlreiche Großkonzerne, wie Nestlé in der Lebensmittel verarbeitenden Industrie, Unilever in der Seifenindustrie, Electrical and Musical Industries (EMI), Courtauld in der Kunstseidenindustrie, Austin, Morris und Ford in der Automobilindustrie und Dunlop in der Reifenherstellung, nutzten die wirtschaftlichen Vorteile von Größe und Konzentration sowie neuen Produktions- und Vermarktungsmethoden zur Herstellung billiger Massenprodukte[24]. Auch in Deutschland wiesen die Gruppe Chemie (hier vor allem Kautschuk, Stickstoff, Kunstfasern und die Erdölraffinerien) und die Gruppe Gas, Wasser, Elektrizität überdurchschnittliche Wachstumsraten in der Produktionsentwicklung auf. Anders als im Vereinigten Königreich verzeichneten jedoch das Baugewerbe, die Gruppe der Steine und Erden (beispielsweise Zementindustrie) und die Holzverarbeitung nur durchschnittliche, die Nahrungs- und Genußmittelindustrie unterdurchschnittliche Zuwachsraten[25].

---

24 Vgl. Stevenson/Cook, Slump, S.14 f.

25 Vgl. Walter G. Hoffmann, Das Wachstum der deutschen Wirtschaft seit der Mitte des 19. Jahrhunderts, Berlin usw. 1965, S.62-64, und James, Deutschland in der Weltwirtschaftskrise, Tab.VIII, S.122. Wie in Großbritannien stagnierten daneben auch in Deutschland

Im Gegensatz zu Großbritannien wurde der Aufstieg der neuen Industrien und die wirtschaftliche Erholung in den dreißiger Jahren in Deutschland weniger stark vom privaten Verbrauch getragen. Diese Entwicklung deutete sich schon vor der Weltwirtschaftskrise an, als das deutsche Exportvolumen auch gegen Ende der zwanziger Jahre noch weiter zunahm, während sich auf dem Binnenmarkt bereits Anzeichen einer Rezession bemerkbar machten[26]. Anstatt aber der strukturellen Binnenmarktschwäche durch öffentliche Nachfrage entgegenzuwirken, unterstützte die Reichsregierung in der Krise aus reparationspolitischen Gründen die unternehmerische Ideologie vom "Exportventil" als Schlüssel zur wirtschaftlichen Stabilisierung auch dann noch, als internationale protektionistische Maßnahmen und die Abwertung des britischen Pfundes im September 1931 die aggressive Exportstrategie der deutschen Industrie längst zum Scheitern verurteilt hatten[27]. Die von der VDA vertretene Auffassung: "Wir sind ein armes Land geworden und müssen ein billiges Land werden. Nur so können wir uns langsam wieder emporkämpfen."[28], wurde auch von der Regierung voll geteilt. Anstatt phantasievoll nach innovativen Investitionsmöglichkeiten und neuen Märkten zu suchen, wurde die Anpassung der Produktionskosten an den Weltmarkt auf niedrigem Niveau zur vorherrschenden Krisenlösungsstrategie.
Deutschland ist das einzige von sechs in einer neueren Publikation[29] untersuchten Ländern, in dem noch während der Krise die Reallöhne sanken. Im Durchschnitt des Jahres 1932 lag das Reallohnniveau unter dem des Jahres 1928, also unter Vorkrisenniveau. Dadurch habe sich, nach Ansicht des Autors, ab 1932 erstmals eine Schere zwischen Arbeitsproduktivität und Reallöhnen zugunsten der Arbeitsproduktivität geöffnet, die eine notwendige Voraussetzung für ein rasches Wachstum beschäftigungswirksamer Investitionen gewesen sei[30]. Durch einen Vergleich der Verwendung des Bruttosozialprodukts in den von ihm behandelteten Ländern hat Dieter Lindenlaub festgestellt, daß in einigen Staaten (England, Schweden, Japan, eingeschränkt auch Frankreich) der gesamtwirtschaftliche

---

die alten Verbrauchsgüterindustrien, d.h. die Textil-, Leder- und Bekleidungsindustrie; vgl. auch ADGB u.a. (Hg.), Wirtschaftslage, S.12-14.

26 Vgl. James, Deutschland in der Weltwirtschaftskrise, S.128.

27 Zur Theorie vom "Exportventil" vgl. James, Deutschland in der Weltwirtschaftskrise, S.126-30.

28 BAK, Nl. 13/458: Eingabe der VDA an den Reichskanzler betr. Grundsätze zur gegenwärtigen Lohn- und Sozialpolitik vom 16.9.1931, S.25, als Anlage in VDA-Rundschreiben Nr. 137 vom 26.9.1931.

29 Vgl. Lindenlaub, Weltwirtschaftskrise (Anm.2).

30 Vgl. ebd., S.397.

private Verbrauch in der Krise nicht oder kaum sank, sondern stabil blieb oder sogar stieg. Im Unterschied zu Deutschland und den USA, wo der private Verbrauch in der Krise zurückging und die privaten Anlageinvestitionen sanken, verlief dort die Beschäftigungskrise verhältnismäßig mild. Großbritannien hatte also dem Nachfragerückgang auf den Welthandelsmärkten auf dem Binnenmarkt etwas entgegen zu setzen, während Deutschland dem konjunkturellen Einbruch stärker ausgeliefert war. Andererseits ist nach Lindenlaub Vollbeschäftigung in den dreißiger Jahren nur in denjenigen Ländern erreicht worden, in denen die Summe aus Investitionen, Rüstungsausgaben und Export einen sehr hohen Anteil am Sozialprodukt hatte bzw. diesen durch hohe Zuwachsraten erreichte. Tatsächlich waren Investitionen und Rüstungsausgaben nach 1932 die Beschäftigungsmotoren in Deutschland, während der Export unter dem Einfluß der nationalsozialistischen Wirtschaftspolitik keine treibende Kraft mehr entfaltete. Der gebremste Aufschwung nach 1932 in Großbritannien sei hingegen gekennzeichnet durch einen weiterhin leicht steigenden Verbrauch, eine geringfügige Erholung des Außenbeitrags und eine insgesamt unzureichende Investitionstätigkeit. Der Preis für die Milde der Beschäftigungskrise, für den damit einhergehenden stabilen privaten Verbrauch in der Krise und/oder für eine Forcierung des privaten Verbrauchs im Aufschwung ist, nach Ansicht Lindenlaubs, daher offensichtlich der Verzicht auf nachfolgende Vollbeschäftigung, wie es in England der Fall gewesen sei[31].

Lindenlaub schließt sich damit der Borchardtschen Position an, die den positiven Zusammenhang zwischen niedrigen Arbeitskosten, hohen Investitionen und hoher Beschäftigung betont bzw. die Verknüpfung von zu hohen Arbeitskosten und entsprechend ungenügender Investitionstätigkeit in der Stabilisierungsphase der Weimarer Republik für den schweren Verlauf der Wirtschaftskrise verantwortlich macht. Andere Faktoren, welche die Investitionsbereitschaft ebenso beeinflussen, werden hingegen übersehen. Dazu gehören etwa die Lage auf dem Kapitalmarkt, vorhandene ungenutzte Produktionskapazitäten und ein bereits erreichter hoher Rationalisierungsgrad sowie Gewinnerwartungen und Vertrauen in die wirtschaftspolitischen Fähigkeiten der Regierung, das in Bezug auf das nationalsozialistische Regime wohl größer war als zu seinen Weimarer Vorgängern. Darüber hinaus wird zwischen den konjunkturellen und strukturellen Ursachen der wirtschaftlichen Probleme nicht unterschieden[32]. Der durch (miteinander in Zu-

---

31 Vgl. ebd., S.391.

32 Auch Richard Tilly hat auf die selektive Vorgehensweise der Borchardtschen Analyse hingewiesen, die sich trotz mehrerer, gleichgewichtig relevanter Strukturprobleme der Weimarer Republik ausschließlich auf den Verteilungskonflikt zwischen Kapital und Arbeit konzentriert; vgl. ders., Bemerkungen zur Kontroverse über die Wirtschaftskrise der Weimarer Republik, in: Henning u.a. (Hg.), Wirtschafts- und sozialgeschichtliche Forschungen, S.347-73, hier S.348.

sammenhang stehende) Investitionen und Rüstungsausgaben getragene Aufschwung in Deutschland nach 1932 läßt zum Beispiel auf eine schwerpunktmäßige Ausrichtung der Nachfrage auf die alten Schwerindustrien schließen, die ansonsten weiterhin den Problemen des Strukturwandels ausgesetzt gewesen wären. In Großbritannien begann die Aufrüstung später und in geringerem Umfang, so daß hier die strukturelle Arbeitslosigkeit trotz Senkung der Produktionskosten andauerte. Die nicht erreichte Vollbeschäftigung im Vereinigten Königreich ist daher nicht auf eine Forcierung des privaten Verbrauchs zu Lasten der privaten Investitionen, sondern auf eine ungenügende Stimulierung der strukturschwachen Industrien, etwa durch eine gezielt intervenierende regionale Strukturpolitik der Regierung, zurückzuführen[33].
Harold James hat in Anlehnung an Bochardt die Auffassung vertreten, daß die Depression in Deutschland - anders als in Großbritannien - nicht als Folge einer Rivalität zwischen aufstrebenden und niedergehenden Industrien interpretiert werden kann[34], sondern daß ihre Gründe vielmehr in einer zu niedrigen Investitionsquote zwischen 1925 und 1929 lagen, die weit hinter jener der Wachstumsperiode zwischen 1896 und 1913 zurückblieb und den kommenden Konjunkturabschwung vorbereitete[35].
Die folgende Tabelle 8 zeigt die Entwicklung der Brutto-Anlageinvestitionen in beiden Ländern zwischen 1925 und 1932. Sie stiegen in Deutschland zwischen 1925 und 1928 insgesamt um rd. 30% (1925=100) an, während sie in Großbritannien im gleichen Zeitraum stagnierten. Theodore Balderston hat darüber hinaus vorgebracht, daß die Aufmerksamkeit, die im allgemeinen den **industriellen** Investitionen gewidmet wird, fehl am Platz ist. Auch in diesem Sektor lag das Wachstum der britischen Investitionsquote bis zum Beginn der Rezession 1929 unterhalb des deutschen. In der Wirtschaftskrise selbst sank die Investitionsrate der

---

33 Tatsächlich übertrafen die wirtschaftlichen Wachstumsraten der späten dreißiger Jahre alles bisher Dagewesene in der britischen Geschichte. Zwischen 1931 und 1937 entstanden über 2,65 Millionen neue Arbeitsplätze; vgl. Sidney Pollard, Wege aus der Arbeitslosigkeit - Großbritannien und Schweden, in: VzW 1984, H.1, S.48-61, hier. S.51.

34 Das Wachstumspotential und die Triebkraft der neuen Industrien für Großbritanniens wirtschaftliche Erholung in den dreißiger Jahren wird unter Wirtschaftshistorikern kontrovers diskutiert; die Bedeutung der neuen Industrien heben hervor: Aldcroft, Inter-War Economy; ders., British Economy, Bd. 1; Harry W. Richardson, Economic Recovery in Britain, 1932-9, London 1967. Dagegen das Ausmaß des Strukturwandels relativierend: B.W.E Alford, New Industries for Old? British Industry Between the Wars, in: Roderick Floud u. Donald McCloskey (Hg.), The Economic History of Britain Since 1700, Bd. 2: 1860 to the 1970s, Cambridge 1981, S.308-31.

35 Vgl. James, Deutschland in der Weltwirtschaftskrise, S.118 f.; diese These wurde u.a. von Gottfried Plumpe, Wirtschaftspolitik in der Weltwirtschaftskrise. Realität und Alternativen, in: GG 11 (1985), S.326-57, insb. S.333-35, zurückgewiesen.

britischen Industrie allerdings weit weniger stark als die der deutschen. Was Deutschland jedoch entscheidend vom Vereinigten Königreich unterschied, war der starke, prozyklische Rückgang der **staatlichen** Investitionen zwischen 1929 und 1932[36]. In Großbritannien wurden die öffentlichen Investitionen dagegen bis 1931 kontinuierlich erhöht. Erst nach dem Rücktritt der zweiten Labour-Regierung im Spätsommer 1931 nahm die ihr folgende Nationale Regierung hier, ungünstigerweise auf dem Tiefpunkt der Krise, Kürzungen vor, wenn auch nicht in demselben Umfang, wie es in Deutschland der Fall war.

Tab.8: Entwicklung der Bruttoanlageinvestitionen im Deutschen Reich und im Vereinigten Königreich, 1925-1932 (1925 = 100)

	Deutsches Reich			Vereinigtes Königreich		
	Brutto-Investitionen insgesamt	**Anteil des öffentlichen Sektors**	**Anteil der Industrie**	**Brutto-Investitionen insgesamt**	**Anteil des öffentlichen Sektors**	**Anteil der Industrie**
1925	100	100	100	100	100	100
1926	104	123	81	95	96	82
1927	126	145	103	101	96	80
1928	134	143	120	100	94	82
1929	124	144	92	105	108	91
1930	101	113	72	104	128	80
1931	62	78	40	97	136	62
1932	41	59	20	83	98	57

Quelle:
T. Balderston, The Beginning of the Depression in Germany, 1927-30: Investment and the Capital Market, in: Ec.HR 36 (1983), S.395-415. Tab.3, S.401.

Bei einem Vergleich der öffentlichen Ausgaben in beiden Ländern ergibt sich das gleiche Bild (vgl. Tab.9). Nach einem geringfügigen Anstieg während der Zeit der Großen Koalition wurden die öffentlichen Gesamtausgaben der Weimarer Republik rigoros eingeschränkt und fielen zwischen 1930 und 1932 um 27,9%. Im Reichshaushalt wurde bei einer Kürzung von insgesamt 34,2% noch stärker gespart. Ab 1933 stiegen die öffentlichen Ausgaben infolge der expansiven nationalsozialistischen Wirtschaftspolitik dann wieder an. Dieser Anstieg ging mit einem schnellen Rückgang der Arbeitslosenzahlen einher - ein Indiz für die auf der Nachfrageseite liegenden Ursachen der Depression. Die britischen Ausgaben stiegen unter der zweiten Labour-Regierung von 1929 bis 1931, also in der ersten

---

36 Vgl. T. Balderston, The Beginning of the Depression in Germany, 1927-1930: Investment and the Capital Market, in: EcHR 36 (1983), S.395-415, hier S.402; vgl. auch ders., Links between Inflation and Depression: German Capital and Labour Markets, 1924-1931, in: Feldman (Hg.), Nachwirkungen der Inflation, S.157-85, hier S.165. Kritisch zu Balderstons These vgl. Lindenlaub, Weltwirtschaftskrise, S.384 f., Anm.19.

Phase des Konjunkturabschwungs, leicht an, um dann bis einschließlich 1934 prozyklisch abzusinken, allerdings nur um 9,6% (Zentralregierung 11,2%).

Tab.9: Öffentliche Ausgaben im Vereinigten Königreich und im Deutschen Reich, 1925-1939[1]

	Vereinigtes Königreich				Deutsches Reich			
	Öffentl. Sektor ges.		Nur Zentralreg.		Öffentl. Sektor ges.		Nur Zentralreg.	
	£ Mio.	1928=100	£ Mio.	1928=100	Mio. RM	1928=100	Mio. RM	1928=100
1925	1.071,9	97,9	701,3	100,8	15.743	67,8	7.143	60,9
1926	1.106,3	101,1	702,6	101,0	17.923	77,2	8.236	70,3
1927	1.105,8	101,0	692,2	99,5	20.144	86,8	9.420	80,4
1928	1.094,7	100,0	695,4	100,0	23.209	100,0	11.721	100,0
1929	1.107,2	101,1	702,0	100,9	24.237	104,4	12.486	106,5
1930	1.144,8	104,6	725,2	104,3	24.509	105,6	13.196	112,6
1931	1.173,5	107,2	744,6	107,1	21.364	92,1	11.309	96,5
1932	1.138,0	104,0	736,1	105,9	17.684	76,2	8.678	74,0
1933	1.066,0	97,4	676,3	97,3	18.376	79,2	9.436	80,5
1934	1.060,9	96,9	661,6	95,1	21.616	93,1	12.866	109,8
1935	1.117,4	102,1	689,6	99,2	21.955	94,6	13.955	119,1
1936	1.186,8	108,4	725,9	104,4	23.649	101,9	15.838	135,5
1937	1.303,5	119,1	805,4	115,8	26.934	116,0	19.346	165,1
1938	1.587,0	145,0	1.055,8	151,8	37.159	160,1	29.309	250,1
1939	1.960,0	179,0	1.408,9	202,6	-	-	-	-

Anmerkung:

(1) Die Angaben beinhalten die Ausgaben des gesamten öffentlichen Sektors, d. h. für Deutschland einschließlich der Sozialversicherungsanstalten.

Quelle:

Peter Flora u.a., State, Economy, and Society in Western Europe 1815-1975. A Data Handbook in two Volumes, Bd. 1: The Growth of Mass Democracies and Welfare States, Frankfurt a.M. usw. 1983, S. 383 f. u. 440 f.

Betrachten wir einmal den für die Erholung der britischen Wirtschaft so maßgeblichen Schlüsselsektor Wohnungsbau genauer (vgl. Tab.10), blieben in Großbritannien die diesbezüglichen öffentlichen Investitionen bei sinkenden Privatinvestitionen zwischen 1929 und 1931 zunächst stabil und gingen dann kontinuierlich bis 1934 zurück. 1934 betrug der Rückgang gegenüber 1931 £ 7 Millionen oder 20%. Darüber hinaus verringerte sich auch ihr Anteil an allen gesamtwirtschaftlichen und wohnungswirtschaftlichen Investitionen.

Tab. 10: Bruttoanlageinvestitionen des privaten, öffentlichen und halb-öffentlichen Sektors zu konstanten Preisen (1930) in Großbritannien, 1920-1938

	Öffentliche u. halb-öffentliche Investitionen (£ Mio.)		Private Investitionen (£ Mio.)		Alle Investitionen (£ Mio.)		Öffentliche in % aller Investitionen			Wohnungswirtschaftliche in % aller Invest.
	Ges.	Wohnungsbau	Ges.	Wohnungsbau	Ges.	Wohnungsbau	Ant.(1) an(5)	Ant.(2) an (6)	Ant.(2) an(5)	Ant. (6) an (5)
	(1)	(2)	(3)	(4)	(5)	(6)				
1920	77	19	190	17	267	36	28,8	52,8	7,1	13,5
1921	124	49	182	25	306	74	40,5	66,2	16,0	24,2
1922	115	37	167	29	282	66	40,8	56,1	13,1	23,4
1923	107	13	182	47	289	60	37,0	21,7	4,5	20,8
1924	125	18	212	67	337	85	37,1	21,2	5,3	25,2
1925	149	32	236	75	385	107	38,7	29,9	8,3	27,8
1926	165	49	208	85	373	134	44,2	36,7	13,1	35,9
1927	185	56	230	91	415	147	44,6	38,1	13,5	35,4
1928	165	41	246	74	411	115	40,2	35,7	10,0	28,0
1929	167	35	266	95	433	130	38,6	26,9	8,1	30,0
1930	184	33	251	89	435	122	42,3	27,1	7,6	28,1
1931	198	35	229	92	427	127	46,4	27,6	8,2	29,7
1932	170	31	202	97	372	128	45,7	24,2	8,3	34,4
1933	145	29	239	139	384	168	37,8	17,3	7,6	43,8
1934	152	28	315	160	467	188	32,6	14,9	6,0	40,3
1935	175	31	311	148	486	179	36,0	17,3	6,4	36,8
1936	202	38	328	140	530	178	38,1	21,4	7,2	33,6
1937	220	46	328	121	548	167	40,1	27,6	8,4	30,5
1938	241	52	315	113	556	165	43,4	31,5	9,4	29,7
1920-1938	**3.066**	**672**	**4.637**	**1.704**	**7.703**	**2.376**	**39,8**	**28,3**	**8,7**	**30,9**

Quelle:
Derek H. Aldcroft, The Inter-War Economy: Britain, 1919-1939, London 1970, Tab.36, S.310.

Die Sparmaßnahmen der Nationalen Regierung ab Ende 1931 wurden jedoch u.a. durch eine Politik des "billigen Geldes" (Pfundabwertung 1931, Zinssenkungen, etc.) wieder ausgeglichen, so daß die private Investitionstätigkeit ab 1932 den Rückgang des öffentlichen Wohnungsbaus mehr als auffangen konnte. Die privaten Investitionen im Wohnungsbau stiegen 1934 im Vergleich zu 1931 um £ 68 Millionen oder 42,5% an, so daß die Gesamtinvestitionen im Wohnungsbau trotz des Rückgangs der öffentlichen Mittel um 32,4% zunahmen. Gleichzeitig erhöhte sich auch der Anteil der wohnungswirtschaftlichen an allen gesamtwirtschaftlichen Investitionen und erreichte 1933 seinen höchsten Zwischenkriegsstand. Der sogenannte "housing boom", der Großbritannien aus der Rezession herausführte, war daher nicht auf ein großangelegtes staatliches Arbeitsbeschaffungsprogramm im Wohnungsbaubereich[37], sondern auf private Nachfrage zurückzuführen.
In Großbritannien wurden 28,3% aller zwischen 1920 und 1938 erfolgten Wohnungsbauinvestitionen (1920-1938) aus öffentlichen Mitteln getätigt. Im Deutschen Reich dagegen betrug der Anteil der öffentlichen an den gesamten Bauinvestitionen zwischen 1925 und 1934 42,9% (vgl. Tab.11)[38]. Die direkte und indirekte Bautätigkeit der öffentlichen Hand hatte somit in der Stabilisierungskrise 1925/26 zweifellos eine belebende, antizyklische Wirkung auf die Konjunktur, zumal von der Bautätigkeit, aufgrund der überdurchschnittlich hohen Lohnkosten, ein besonders starker Einkommenseffekt und damit eine gesteigerte Konsumgüternachfrage auf dem Binnenmarkt ausging[39].

---

37 Dies nimmt z.B. Schneider, Arbeitsbeschaffungsprogramm, S.217, fälschlicherweise an.

38 Vgl. zum folgenden auch Michael Ruck, Die öffentliche Wohnungsbaufinanzierung in der Weimarer Republik. Zielsetzungen, Ergebnisse, Probleme, in: Axel Schildt u. Arnold Sywottek (Hg.), Massenwohnung und Eigenheim. Wohnungsbau und Wohnen in der Großstadt seit dem Ersten Weltkrieg, Frankfurt/M. usw. 1988, S.150-200.

39 So argumentierten auch die zeitgenössischen Befürworter einer aktiven staatlichen Konjunktur- und Beschäftigungspolitik; vgl. Michael Ruck, Der Wohnungsbau – Schnittpunkt von Sozial- und Wirtschaftspolitik. Probleme der öffentlichen Wohnungspolitik in der Hauszinssteuerära (1924/25-1930/31), in: Abelshauser (Hg.), Weimarer Republik als Wohlfahrtsstaat, S.91-123, hier S.120.

Tab.11: Wohnungswirtschaftliche Bruttoanlageinvestitionen des privaten und öffentlichen Sektors in Deutschland, 1925-1934

					wohnungswirtschaftl. Investitionen (nach Fey), davon:		
	alle gesamtwirtschaftl. Investitionen (in Mio. RM) (nach Keese)	alle wohnungswirtschaftl. Investitionen (in Mio. RM) (nach Keese)	alle wohnungswirtschaftl. in % aller gesamtwirtschaftl. Investitionen (nach Keese)	alle wohnungswirtschaftl. Investitionen. (in Mio. RM) (nach Fey)	öffentliche Investitionen (in Mio. RM)	private Investitionen[1] (in Mio. RM)	öffentliche in % aller wohnungswirtschaftl. Investitionen
1925	10.310	1.710	16,6	1.700	935	765	55,0
1926	10.680	1.940	18,2	1.900	1.110	790	58,4
1927	12.970	2.620	20,2	2.600	1.340	1.260	51,5
1928	13.680	2.830	20,7	2.800	1.340	1.460	47,9
1929	12.790	2.880	22,5	2.900	1.230	1.670	42,4
1930	10.370	2.440	23,5	2.400	1.010	1.390	42,1
1931	6.440	1.190	18,5	1.200	445	755	37,1
1932	4.230	760	18,0	800	150	650	18,8
1933	5.060	880	17,4	900	185	715	20,6
1934	8.180	1.350	16,5	1.500	275	1.225	18,3
1925-1934	**94.710**	**18.600**	**19,6**	**18.700**	**8.020**	**10.680**	**42,9**

Anmerkung:

(1) Enthalten die bereitgestellten Mittel der organisierten Kreditgeber (private Hypothekenbanken, öffentlich-rechtliche Kreditanstalten, Sparkassen, Versicherungen, Bausparkassen) und sonstige, nicht näher erfaßbare Mittel, darunter insbesondere Eigenkapital und Ersparnisse der Bauherrn, Privathypotheken, Verwandschafts- und Gefälligkeitsdarlehen u.ä.

Quellen:

Dietmar Keese, Die volkswirtschaftlichen Gesamtgrößen für das Deutsche Reich in den Jahren 1925-1936, in: Werner Conze u. Hans Raupach (Hg.), Die Staats- und Wirtschaftskrise des Deutschen Reichs 1929/33, Stuttgart 1967, S.35-81, hier S.53; Walter Fey, Leistungen und Aufgaben im Deutschen Wohnungs- und Siedlungsbau (Sonderhefte des Instituts für Konkunkturforschung, 42), Berlin 1936, S.14.

Angesichts des hohen öffentlichen Finanzierungsanteils mußte sich dann jedoch die drastische, durch die Notverordnungen von Dezember 1930 bis Dezember 1931 erfolgte Kürzung der für den Wohnungsbau zur Verfügung stehenden Hauszinssteuermittel umso stärker auswirken. Betrachtet man daher die Entwicklung der Bauinvestitionen in der Weltwirtschaftskrise, ergibt sich für Deutschland ein ganz anderes Bild als für Großbritannien. In Deutschland gingen die öffentlichen Investitionen ab 1928 bis 1932 prozyklisch und überaus drastisch zurück und verringerten sich im Vergleich der beiden Eckwerte um 1.190 Millionen RM oder 88,8%. Danach stiegen sie wieder bis auf einen um 45,5% höheren Stand 1934, erreichten jedoch auch in diesem Jahr nur rd. 20% des Vorkrisenstandes. Ihr Anteil an allen wohnungswirtschaftlichen Investitionen verringerte sich schon seit 1926 bis 1934 ebenfalls kontinuierlich. Der Investitionsaufwand im Wohnungsbau sank 1932 auf rd. 800 Millionen RM, wovon nur ein Fünftel auf öffentliche Mittel entfiel. Von den privaten Mitteln stellten die organisierten Kreditgeber nicht einmal ganz ein Drittel bereit. Mehr als zwei Drittel entfielen auf Eigenkapital u.ä., darunter in erheblichem Umfang Spargelder, die aus Währungsbefürchtungen zur Zeit der Kreditkrise von den Banken und Sparkassen abgezogen und gehortet worden waren[40]. Auch in den Aufschwungjahren nach 1932 spielte der öffentliche Wohnungsbau in Deutschland keine Rolle mehr. Gleichzeitig wurde der Rückgang der öffentlichen Investitionstätigkeit nur in begrenztem Maße durch private Anlageinvestitionen im Wohnungsbau ausgeglichen. Zwar stiegen die privaten Investitionen, nach einem kontinuierlichen, aber im Vergleich zum öffentlichen Sektor weit weniger starken Rückgang seit dem Beginn der Krise, ab 1932 wieder an und erreichten 1934 73,4% ihres Standes von 1929. Ihr prozentualer Anteil an den wohnungswirtschaftlichen Gesamtinvestitionen erhöhte sich von 57,6% 1929 auf 81,7% 1934. Dennoch konnten sie den, durch den Wegfall der öffentlichen Mittel bedingten, Rückgang der Gesamtinvestitionen in diesem Zeitraum nicht ausgleichen. Noch 1934 (1350 Millionen RM) erreichten die Gesamtinvestitionen im Wohnungsbau nur 46,9% ihres Standes von 1929, während sich ihr Anteil an allen gesamtwirtschaftlichen Investitionen von 22,5% 1929 auf 16,5% verringerte. Dieser Anteil lag in Großbritannien zwischen 1925 und 1934 durchweg weit über dem deutschen, während der Anteil der öffentlichen an den wohnungswirtschaftlichen Gesamtinvestitionen mit Ausnahme des Jahres 1932 sich durchgehend unter dem deutschen bewegte. Hohe und, wie wir bereits gesehen haben, durch Kartellabsprachen unnachgiebige Baustoffpreise waren bis zum Ausbruch der Krise ein Grund für die mangelnde private Investitionstätigkeit in Deutschland[41], danach verhinderten, trotz eines ständigen Rückgangs der Bau-

---

[40] Vgl. Walter Fey, Leistungen und Aufgaben im Deutschen Wohnungs- und Siedlungsbau, (Sonderhefte des Instituts für Konjunkturforschung, 42), Berlin 1936, S.23.

[41] Vgl. auch Ruck, Wohnungsbau, S.110.

kosten seit Ende 1929[42], der Verfall der Kaufkraft und ein unergiebiger (organisierter) Kapitalmarkt einen deutschen "housing boom" bis in die Zeit der nationalsozialistischen Machtübernahme hinein[43].
Somit erweist sich bei einer langfristigen Erklärung der Krisenursachen die Hervorhebung einer ungenügenden Investitionsquote als Ursache der Massenarbeitslosigkeit zumindest im Vergleich Deutschland/Großbritannien als unzuverlässiges Beurteilungskriterium, sofern es sich dabei um zu niedrige industrielle Investitionen infolge hoher Arbeitskosten handelt. Privater Verbrauch und private Investitionstätigkeit stellten hingegen in Großbritannien ein entscheidendes beschäftigungswirksames Element dar, während in Deutschland nach 1933 die öffentliche Nachfrage nach Rüstungsgütern den Ausschlag gab. Aber bei den für den "gebremsten Aufschwung" bzw. die Dauerkrise verantwortlichen britischen Basisindustrien hätten noch so hohe Investitionen nichts an deren Absatz- bzw. Nachfrageproblemen geändert. An ihren Hauptstandorten wurde selbst durch die Wiederaufrüstung nur eine Teillösung des Arbeitslosenproblems erreicht. Erst die Verringerung des Arbeitskräftepotentials durch die Wehrpflicht, die veränderte Nachfrage nach Arbeit und Industriegütern und die staatliche Kontrolle des Arbeitsmarkts während des Zweiten Weltkriegs sorgten in diesen Gebieten wieder für Vollbeschäftigung[44]. Im Deutschen Reich nutzte das nationalsozialistische Regime die unausgeschöpften Wachstumspotentiale der Weimarer Zeit durch die Expansion der staatlichen Nachfrage auf dem Gebiet der Grundstoff-, Produktions- und Investitionsgüterindustrien. Anders als in Großbritannien fand die Erholung nicht über einen Binnenaufschwung statt, sondern über eine "Militärkonjunktur",

---

42 Vgl. Fey, Wohnungs- und Siedlungsbau, S.23 u. 31.

43 Die Entwicklung unter dem NS-Regime kann hier nicht aufgearbeitet werden. Trotz umfangreicher staatlicher Unterstützungsmaßnahmen zur Förderung der privaten Bautätigkeit entwickelte sich der Haus- und Wohnungsmarkt nur schleppend. Dabei trat fast ausschließlich der private Bauherr hervor, der sich selbst ein Eigenheim baute, um darin zu wohnen. In Großbritannien dagegen waren die dreißiger Jahre eine Blütezeit des spekulativen Bauens. Die Mehrheit aller Häuser wurden durch private Unternehmen für den sofortigen Weiterverkauf gebaut, wobei niedrige Materialkosten und Zinssätze einen Massennachfragemarkt ermöglichten. Ein typisches "semi-detached house", eine Doppelhaushälfte also, konnte man schon für einen Preis in Höhe des doppelten Jahresgehalts eines durchschnittlichen Angestellten erwerben. Eines ist jedoch in beiden Ländern zu beobachten: das Zurücktreten der Großstädte gegenüber den Mittel- und Kleinstädten und die Entstehung von Vororten - ein typisches Charakteristikum der Entwicklung des Großraums London in dieser Zeit, in Deutschland vorstädtische Kleinsiedlung genannt. Vgl. Fey, Wohnungs- und Siedlungsbau, S.24-37; James, Deutschland in der Weltwirtschaftskrise, S.392; May, Economic and Social History, S.361; Stevenson, British Society, S.223.

44 So Paulmann, Arbeitslosigkeit in Großbritannien, S.110.

d.h. durch staatliche Rüstungsausgaben bei gleichzeitigem Rückstau der privaten Nachfrage[45]. Dies lenkt den Blick von den strukturellen Problemen der deutschen und britischen Wirtschaft auf die staatliche Wirtschafts- und Finanzpolitik in beiden Ländern.

2. Staatliche Reaktionen auf die Weltwirtschaftskrise in der Weimarer Republik: Von der Großen Koalition zur nationalsozialistischen Machtübernahme

Das industrielle Wachstum in Deutschland zwischen 1924 und 1929 wurde vorwiegend durch ausländische, insbesondere amerikanische, Kredite finanziert, nachdem die Inflation die inländischen Kapitalressourcen zerstört hatte. Zwischen 1924 und 1929 erreichten die Kapitalimporte aus dem Ausland eine Höhe von 17.5 Milliarden RM und waren somit mehr als doppelt so hoch wie die im gleichen Zeitraum gezahlten Reparationen in Höhe von 8,6 Milliarden RM. Sie glichen damit das bis 1930 vorhandene Handelsdefizit und die durch den Reparationstransfer bestehende Belastung der deutschen Zahlungsbilanz aus und ermöglichten die pünktliche Zahlung der Reparationen[46]. Sehr bedenklich war zwar der Versuch, die deutsche Außenverschuldung mit Hilfe von nur kurzfristig erhaltenen Krediten aus dem Ausland zu tilgen. Jedoch wies auch für Großbritannien der am 14. Juli 1931 erschienene Abschlußbericht des von der Regierung ernannten Committee on Finance and Industry, der sogenannte "Macmillan Report", auf eine prekäre Abhängigkeit Londons von kurzfristigen Auslandskrediten hin[47]. Zusätzlich führte der Konjunkturrückgang, aufgrund dessen die "invisible earnings" aus Güterverschiffung, Auslandsinvestitionen, etc., drastisch abnahmen, zu einer defizitären britischen Zahlungsbilanz ab 1931[48], welche die Gefahr der Illiquidität weiter verschärfte.

Die Rückzahlung der Kriegsschulden beanspruchte in Deutschland zwischen 1925 und 1932 durchschnittlich 3,15% des BSP und 31,4% der Gesamtausgaben der

---

45 Vgl. Werner Abelshauser u. Dietmar Petzina, Krise und Rekonstruktion. Zur Interpretation der gesamtwirtschaftlichen Entwicklung im 20. Jahrhundert, in: dies. (Hg.), Deutsche Wirtschaftsgeschichte im Industriezeitalter: Konjunktur, Krise, Wachstum, Königstein/Ts. usw. 1981, S.47-93, hier S.68-71.

46 Vgl. Munting u. Holderness, Crisis, Recovery and War, S.21; vgl. auch Jahrbuch 1928 des Allgemeinen Deutschen Gewerkschaftsbundes, Berlin 1929, S.41 f.; ausführlich: Verenkotte, Das brüchige Bündnis.

47 Vgl. PP 1930-31, Cmd. 3897: Committee on Finance and Industry, Report, London 1931, S. 112.

48 Vgl. Pollard, Development, S.118; Cook/Stevenson, Longman Handbook, S.199 f.

Reichsregierung. In Großbritannien waren es 11,9% des BSP und 42,26% der Gesamtausgaben. Dem stand im gleichen Zeitraum in Deutschland ein durchschnittlicher Anteil der Sozialausgaben der Reichsregierung am BSP von 3,65% bzw. 39,88% ihrer Gesamtausgaben gegenüber. In Großbritannien beliefen sich die entsprechenden Ausgaben der Zentralregierung auf 5,2% des BSP bzw. 32,43% der Gesamtausgaben[49]. Die Kriegslasten nahmen also einen höheren Anteil des britischen Staatsbudgets ein als die Sozialausgaben. Ihr Anteil überstieg auch den entsprechenden Anteil der Reparationszahlungen im deutschen Haushalt, ohne daß dies zur Begründung einer ähnlich harten Deflationspolitik herangezogen wurde wie unter Brüning. Schwerer als die ökonomische Belastung wogen daher zweifellos psychologische Beweggründe, wie die verweigerte Anerkennung der deutschen Kriegsschuld, verletzter Nationalstolz oder mangelndes Unrechtsbewußtsein, bei dem deutschen Wunsch nach einer endgültigen Beseitigung der Reparationsfrage, die sich der Reichskanzler als oberstes Ziel seiner Politik gesetzt hatte. Der Anteil der Sozialleistungen an den Ausgaben des gesamten öffentlichen Sektors (Bund, Länder, Gemeinden und Sozialversicherungsanstalten) stieg im Deutschen Reich von 33,6% (1925) über 42,0% (1929) auf 50,9% (1932) und von 36,3% (1925) über 39,6% (1929) auf 44,9% (1932) in Großbritannien, wo sie ihren höchsten Stand erst 1934 mit 47,0% erreichten[50]. Insgesamt betrug der Anteil der öffentlichen Ausgaben am BSP zwischen 1925 und 1932 durchschnittlich 26,92% in Deutschland und 24,97% in Großbritannien[51].

Die Staatsquote am BSP lag also in beiden Ländern nicht allzu weit voneinander entfernt und die Belastung des Staatshaushalts durch Kriegsschulden war vergleichbar hoch, so daß die wirtschafts- und finanzpolitischen Handlungsspielräume der Zentralregierung in beiden Ländern in hohem Maße eingeschränkt waren. Jedoch riefen die wachsenden Steuern und Sozialabgaben zur Finanzierung der öffentlichen Ausgaben in der Weimarer Republik beträchtliche Unzufriedenheit unter den besser Verdienenden hervor, während sich die staatliche Fiskalpolitik in Großbritannien einer größeren gesellschaftlichen Akzeptanz

---

49 Vgl. Peter Flora u.a., State, Economy, and Society in Western Europe 1815-1975. A Data Handbook in two Volumes, Bd.1: The Growth of Mass Democracies and Welfare States, Frankfurt/M. usw. 1983, S.389 u.444. Die dort aufgeführte Ausgabenkategorie "Residual", auf die hier Bezug genommen wird, umfaßt "war-related expenditures such as war indemnities", ist aber hinsichtlich ihrer anderen Bestandteile nicht weiter aufgeschlüsselt. Der ADGB bezifferte den Anteil der Kriegslasten am staatlichen Finanzbedarf (Reich, Länder und Kommunen) bspw. 1926/27 mit 19,1%, wies aber auch darauf hin, daß Deutschlands Staatsschuld im Vergleich zu England, Frankreich und den USA verhältnismäßig gering sei (vgl. ders. u.a. (Hg.), Wirtschaftslage, S.39 u. 47).

50 Vgl. Flora u.a., State, Economy, and Society, S.390 u. 442.

51 Vgl. ebd., S.383 u. 440.

erfreute[52]. Die in der Weimarer Republik schon in den zwanziger Jahren geführten, zahlreichen Kontroversen über den Umfang der öffentlichen Ausgaben und deren Finanzierung erzeugten ein Klima der innenpolitischen Instabilität. Die 1928/29 einsetzende Depression und die damit verbundenen, zunehmenden Budgetprobleme infolge sinkender Steuereinnahmen und steigender Sozialausgaben verstärkten noch diese Entwicklung[53], denn nun ging es um die Entscheidung, zu Lasten welcher gesellschaftlicher Gruppen die drohende Finanzkrise des Reiches gelöst werden sollte.

In der Regierungserklärung, die Reichskanzler Hermann Müller am 3. Juli 1928 im Namen seines Kabinetts abgab, hatte die Arbeitslosenproblematik keine zentrale Bedeutung. Zwar wurden Erleichterungen in der Arbeitslosenversicherung und Krisenunterstützung sowie die Förderung der Arbeitsbeschaffung als politische Ziele benannt. Außenpolitische Fragen, wie die endgültige Regelung der Reparationsfrage und die Befreiung der noch besetzten Gebiete am Rhein und des Saarlandes, und innenpolitische Probleme, wie die "Preußenfrage", der Bau des Panzerkreuzers A, die Ratifizierung des Washingtoner Abkommens über den Achtstundentag oder die Erklärung des 11. Augusts als Verfassungstag zum Nationalfeiertag, spielten jedoch eine weitaus wichtigere Rolle im Vorfeld der Regierungsbildung und in der Regierungserklärung selbst[54]. Die Arbeitslosenpolitik der im April 1929 zur Großen Koalition erweiterten Regierung Müller schließlich stand überwiegend im Zeichen einer Lösung der prekären finanziellen Lage des Reiches. Basis der staatlichen Finanzpolitik war das Axiom von der Notwendigkeit des Haushaltsausgleich. Darin unterschied sich diese Regierung mit sozialdemokratischer Beteiligung weder von ihrer bürgerlichen Vorgängerin noch von der nachfolgenden Regierung Brüning[55]. Auf dem Feld der Arbeitslosenpolitik konzentrierte sie sich ganz auf den sozialpolitischen Bereich - auf Arbeitslosen- und Kurzarbeiterunterstützung, Notstandsarbeiten, Arbeitsstreckung und Arbeitsvermittlung. Eine Verknüpfung von Wirtschafts- und Sozialpolitik im

---

52 Zwar lag in Deutschland der Anteil der Steuern und Sozialabgaben am Volkseinkommen zwischen 1925 und 1929 wirklich um durchschnittlich 2,6% über dem in Großbritannien. Die tatsächlich vereinnahmte Steuersumme war jedoch aufgrund der in großem Ausmaß praktizierten Steuerhinterziehung, die sich zumeist als Kapitalflucht ins Ausland vollzog, sehr viel geringer als es die Höhe der Steuersätze vermuten ließ; vgl. James, Deutschland in der Weltwirtschaftskrise, S.137 f.

53 Vgl. James, Deutschland in der Weltwirtschaftskrise, S.65.

54 Vgl. ADGB-Jahrbuch 1928, S.36 f.; Winkler, Schein, S.533-40.

55 Zur Übereinstimmung zwischen Brüning und dem sozialdemokratischen Finanzexperten Rudolf Hilferding (1928/29 Finanzminister der Großen Koalition) in wirtschaftspolitischen Fragen vgl. Gates, Von der Sozialpolitik, S.212.

Sinne einer aktiven, anti-zyklischen, defizitär finanzierten Konjunktur- und Beschäftigungspolitik fand unter den gegebenen finanzpolitischen Prämissen der Regierung nicht statt[56]. Stattdessen hoffte sie auf positive Beschäftigungswirkungen durch indirekte wirtschaftspolitische Stützungsmaßnahmen, wie etwa die bereits genannte Subventionierung einzelner Industriebranchen oder die, gegen die Stimmen der Sozialdemokratie beschlossene, Erhöhung der Agrarzölle im Sommer 1929.
Im Hinblick auf die restriktive Lohnpolitik im öffentlichen Dienst, bei Reichsbahn und Reichspost, die parlamentarische Blockade des von Reichsarbeitsminister Wissell eingebrachten Gesetzentwurfes zur Ratifizierung des Washingtoner Abkommens über den Achtstundentag, die Ausgrenzung der Gewerkschaften bei den Reparationsverhandlungen sowie die Vernachlässigung gewerkschaftlicher Vorstellungen beim Entwurf des Arbeitsschutzgesetzes und im Regierungsentwurf zur Wohnungspolitik[57] muß man feststellen, daß sich die sozialdemokratische Regierungsbeteiligung nur in sehr begrenztem Maße günstig für die Gesamtheit der Arbeitnehmer (mit oder ohne Arbeitsplatz) auswirkte. Letztlich mußte sich auch der dem Gewerkschaftsflügel der SPD entstammende Minister Wissell den vorgeblichen finanziellen Zwängen durch sozialpolitische Sparmaßnahmen fügen. So beklagte sich der Arbeitsminister im August 1929, daß er durch die Verkürzung des Haushaltsansatzes für "wertschaffende Arbeitslosenfürsorge" zur Einstellung wichtiger und notwendiger Arbeiten, darunter Straßenbauten, Eindämmungsarbeiten und Talsperren, gezwungen worden sei. Darüber hinaus habe er auf dem Gebiet der Lohnpolitik rigoros bremsen müssen: "Die Klagen kommen infolgedessen von seiten der Gewerkschaften, dass, seitdem wir einen sozialdemokratischen Arbeitsminister an der Spitze haben, eine wesentlich ungünstigere Situation für sie eingetreten sei als sie unter Brauns bestanden habe."[58]

---

56 Vgl. mit dieser Einschätzung auch Schneider, Arbeitsbeschaffungsprogramm, S.168 f., und die Richtlinien der SPD-Reichstagsfraktion vom 23.6.1930 (in: Jahrbuch der Deutschen Sozialdemokratie für das Jahr 1930, Berlin usw. 1976 (Nachdruck), S.10-12) zur Lösung der wirtschaftlichen und finanziellen Probleme, in denen sie u.a. ausführte: "Nur bei einem ausgeglichenen Haushalt kann die Pflicht der Allgemeinheit zur Fürsorge für die unverschuldet notleidenen Volksschichten erfüllt werden."

57 Vgl. Dieter Schiffmann, Die Freien Gewerkschaften und das Scheitern der Regierung Müller 1930, in: Erich Matthias u. Klaus Schönhoven (Hg.), Solidarität und Menschenwürde. Etappen der deutschen Gewerkschaftsgeschichte von den Anfängen bis zur Gegenwart, Bonn 1984, S.187-207, hier S.200 f.; Henryk Skrzypczak, Gewerkschaften und Parteien. Das Beispiel Freie Gewerkschaften und Sozialdemokratie 1890-1933, in: GMH 33 (1982), S.465-77, hier S.472 f.

58 AdsD, Nl. Hermann Müller, II/Nr.177: Ms. gez. Wissell, 29.8.1929; vgl. auch ebd., II/Nr.175: Wissell an den Staatssekretär in der Reichskanzlei (Pünder), 24.8.1929 (auch in BAK, Nl. 5/128).

Auch die Lohn- und Arbeitszeitpolitik der Regierung muß in Zusammenhang mit oder sogar als Teil der staatlichen Arbeitsmarktpolitik gesehen werden, denn hier trafen die unterschiedlichen Vorstellungen der beiden großen gesellschaftlichen Interessengruppen - Kapital und Arbeit - zur Bekämpfung der Arbeitslosigkeit aufeinander. Für die Arbeitgeberverbände stellten hohe Löhne und Lohnnebenkosten ein entscheidendes Hemmnis der Kapitalbildung und damit der wirtschaftlichen Erholung dar. Umgekehrt sahen die Gewerkschaften in der Erhaltung oder Steigerung von Löhnen und Arbeitslosenunterstützung und der Streckung der vorhandenen Arbeit durch Arbeitszeitverkürzung gerade eine zwingende Voraussetzung der Förderung der Massenkaufkraft und des konjunkturellen Wiederaufschwungs. Den Weimarer Regierungen oblag es in diesem Streit, mit dem Instrument der staatlichen Lohnführung durch Verbindlichkeitserklärung strittiger Tarife zwischen wirtschaftlichen und sozialen Interessen zu vermitteln. Entgegen der zeitgenössischen Unternehmerposition und der bereits erwähnten Interpretation Borchardts, nach der die staatliche Zwangsschlichtung die Tariflöhne in wirtschaftlich schädliche Höhen getrieben habe, kamen die politisch Verantwortlichen dieser Maxime, sowohl wirtschaftliche als auch soziale Interessen gleichwertig zu erachten und zu schützen, zwischen Inflation und Weltwirtschaftskrise durchaus korrekt nach. Wie Johannes Bähr gezeigt hat, kann die These von der Lokomotiv-Funktion der staatlichen Schlichtung für die Lohnentwicklung nicht aufrecht erhalten werden, denn gerade in denjenigen Branchen (Baugewerbe, Holzindustrie), in denen die staatliche Schlichtung zwischen 1924 und 1929 relativ selten intervenierte, nahmen die Löhne am stärksten zu. Dagegen mußten gerade die Branchen mit starker staatlicher Schlichtungstätigkeit (Bergbau, Metall-, Textilindustrie) unterdurchschnittliche Lohnerhöhungen und überdurchschnittliche Arbeitszeitverlängerungen hinnehmen[59]. Auch die staatliche Schlichtung der Großen Koalition trug dem Grundsatz eines für beide Seiten tragbaren Lohns Rechnung. Von einer einseitig die Arbeitnehmerseite bevorzugenden Lohn- und Arbeitszeitpolitik der sozialdemokratisch geführten Regierung kann daher keine Rede sein.

Im Vordergrund ihrer Wirtschafts- und Finanzpolitik stand vielmehr die Sanierung des von der vorhergehenden Bürgerblockregierung bereits mit einem Defizit übernommenen Reichshaushalts. Eng damit verknüpft war die Neuregelung der Reparationszahlungen durch den Young-Plan, dem das Zentrum nur nach einer vorhergehenden Einigung des Kabinetts über den Etatausgleich zustimmen wollte, und die Reform der unter wachsendem finanziellen Zuschußbedarf leidenden Arbeitslosenversicherung. Steigende Arbeitslosenzahlen und das sich dadurch konti-

---

59 Vgl. Johannes W. Bähr, Sozialer Staat und industrieller Konflikt. Das Schlichtungswesen zwischen Inflation und Weltwirtschaftskrise, in: Abelshauser (Hg.), Weimarer Republik als Wohlfahrtsstaat, S.185-203, hier insb. S.194-98; ausführlicher zum Thema ders., Staatliche Schlichtung in der Weimarer Republik.

nuierlich vergrößernde Defizit im Haushalt der Reichsanstalt für Arbeitsvermittlung und Arbeitslosenversicherung, welches das Reich durch seine gesetzlich festgelegte Darlehenspflicht zu decken hatte, machten die finanzielle Konsolidierung der Versicherungskasse zu einer notwendigen Voraussetzung der Sanierung der Reichsfinanzen. Auch in dieser Frage trafen die unterschiedlichen Vorstellungen von Gewerkschaften und Arbeitgebern zur Verteilung der Krisenlasten und zur Bekämpfung der Arbeitslosigkeit hart aufeinander. Während die ersteren u.a. für Beitragserhöhungen plädierten, traten die letzteren für einen rigorosen Leistungsabbau ein. Verschärfend hinzu kamen die vergeblichen Erwartungen auf die - durch steigende Sozialausgaben sogleich wieder aufgesogenen - Erleichterungen durch den Young-Plan, von denen die Reichspolitik, nach Aussage der sozialdemokratischen Fraktion, während des ganzen Jahres 1929 beeinflußt wurde: "Die bürgerlichen Kreise waren geradezu hypnotisiert von der Reduzierung der jährlichen Reparationszahlungen, sie spannen sich in die fixe Idee ein, sie in voller Höhe zur Senkung der Besitzsteuern verwenden zu können. Deshalb waren sie blind und taub gegen die Notwendigkeit, die vom Bürgerblock heruntergewirtschafteten Reichsfinanzen durch neue Steuern zu sanieren. Deshalb wollten sie die infolge der Riesenarbeitslosigkeit des strengen Winters 1928/29 stark gesteigerten Reichszuschüsse zur Erwerbslosenunterstützung durch Verschlechterung des Arbeitslosenversicherungsgesetzes reduzieren."[60]
Über ihre parteipolitischen Vertreter - die SPD und die Deutsche Volkspartei (DVP) - wurde der Streit der wirtschaftlichen Interessenverbände auch auf die politische Ebene und direkt in das Kabinett getragen. Dort führte er bekanntlich zum Zerfall der Großen Koalition am 27. März 1930, nachdem durch die Annahme des Young-Plans im Reichstag am 12. März 1930 die Klammer weggefallen war, die das Interesse der gegensätzlichen Flügel der Koalition an einer Zusammenarbeit aufrechterhalten und die Einbeziehung der SPD notwendig gemacht hatte[61].

Noch merklich geringer als zu Zeiten der Großen Koalition wurde der politische Wille zur gesellschaftlichen Gleichverteilung der Krisenlasten mit dem Antritt der Regierung Brüning am 30. März 1930. Darüber hinaus stand die Überwindung der Arbeitslosigkeit keineswegs an erster Stelle ihrer Prioritätenliste. Das Kabinett

---

60 SPD-Jahrbuch 1929, S.1.

61 Mit dieser Interpretation der Young-Plan-Verhandlungen als Klammer und Minimalkonsens der Koalition vgl. AdsD, Nl. Wilhelm Keil, II/2/26: Paul Hertz an Keil, 15.9.1948; BAK, Nl. Paul Moldenhauer/3: Politische Erinnerungen 1925-1933: Ministerzeit 1929-1930, Bl.97. Vgl. auch Bernd Weisbrod, Die Krise der Arbeitslosenversicherung und der Bruch der Großen Koalition (1928-1930), in: W. J. Mommsen (Hg.), Entstehung des Wohlfahrtsstaates, S.196-212.

diskutierte diese Thematik nicht überdurchschnittlich häufig und sogar seltener als unter Papen[62]. Stattdessen befanden sich weiterhin die Sanierung der inneren Reichsfinanzen, d.h. Haushaltsausgleich und Schuldentilgung, und seit den Reichstagswahlen im September 1931 vor allem die Revision des Young-Plans bis hin zur völligen Beseitigung der Reparationen im Mittelpunkt der staatlichen Wirtschafts- und Finanzpolitik[63]. Dazu wurde eine durch zwangsweise Senkungen von Löhnen, Gehältern, Preisen und Mieten gekennzeichnete Deflationspolitik durch eine "Parallelpolitik" zum Ausgleich der öffentlichen Haushalte ergänzt. Diese sah auf der einen Seite Maßnahmen zur Erhöhung der Einnahmen, wie die Anhebung von Steuern, Zöllen und Beiträgen, vor. Auf der anderen Seite der Parallelpolitik stand die Kürzung der Ausgaben durch die Senkung der öffentlichen Personalkosten und der Sozialleistungen. Unter Brüning setzte ein beispielloser Abbau der Arbeitslosenunterstützung ein, der unter Papen mit der Suspendierung des Versicherungscharakters (ein Rechtsanspruch auf Unterstützungsleistungen bestand seit der Notverordnung vom 14. Juni 1932 nur noch für sechs Wochen) und der Aushöhlung der Selbstverwaltung durch die Reichsanstalt endete[64]. Beide politischen Teilbereiche der Brüningschen Wirtschafts- und Finanzpolitik, die sich in zahlreichen Gesetzen, "Notverordnungen" und Rechtsverordnungen niederschlugen[65], wirkten kontraktiv und prozyklisch auf den innerdeutschen Verbrauch und die innerdeutsche Investitionstätigkeit. Damit einher gingen die bereits erwähnten massiven Stützungsmaßnahmen zugunsten von Landwirtschaft und Exportindustrie, die scheinbar auf eine Modifizierung des wirtschaftspolitischen Kurses hindeuteten, jedoch weder für die Regierung Müller noch für die nachfolgenden Präsidialkabinette einen Widerspruch zur praktizierten restriktiven Haushaltspolitik darstellten. Die Förderung des Industrieexports als Maßnahme der "indirekten Arbeitsbeschaffung"[66] bildete einen die Deflations-

---

62 Das Kabinett Schleicher diskutierte dagegen wider Erwarten selten über die Arbeitslosenfrage; vgl. Michael Wolffsohn, Arbeitsbeschaffung als Wohlfahrtspolitik? Die Endphase der Weimarer Republik, in: W. J. Mommsen (Hg.), Entstehung des Wohlfahrtsstaates, S.213-51, hier Schaubild 1, S.217, u. S.219.

63 Vgl. zum folgenden Horst Sanmann, Daten und Alternativen der deutschen Wirtschafts- und Finanzpolitik in der Ära Brüning, in: Hamburger Jahrbuch für Wirtschafts- und Gesellschaftspolitik 10 (1965), S.109-40.

64 Vgl. Preller, Sozialpolitik, S.430-51.

65 Vgl. die bei Sanmann, Daten und Alternativen, Anm.17, S.113 f., genannten Maßnahmen.

66 Direkte Arbeitsbeschaffung strebt die Wieder-, Mehr- oder Neueinstellung von Arbeitslosen über öffentliche Aufträge an, die indirekte Arbeitsbeschaffung verfolgt dieses Ziel über die Anregung der unternehmerischen Initiative, z.B. durch Steuerer-

politik flankierenden Schwerpunkt der Brüningschen Wirtschaftspolitik, der sich allerdings angesichts eines schrumpfenden Welthandelsniveaus, internationaler protektionistischer Maßnahmen und der Abkehr der britischen und in ihrem Gefolge zahlreicher anderer Währungen von Goldstandard schnell als Illusion erwies. Von einer gezielten Industrieförderungspolitik zur Lenkung und Erleichterung des Strukturwandels kann jedoch nicht gesprochen werden, denn die staatliche Subventionspolitik richtete sich ja überwiegend gerade nicht auf die Restrukturierung des Binnenmarktes oder einzelner Regionen, z.B. durch Ansiedlung neuer zukunftsträchtiger Unternehmen. Unter den wenigen, im Vergleich zur Landwirtschaft unerheblichen, direkten Industriesubventionen sind Sonderkreditaktionen zugunsten des Röchling- und Stumm-Konzerns, der oberschlesischen Hüttenindustrie und der Rhein-Metall- und Mannesmannwerke, also ausschließlich Unternehmen der "alten", weniger dynamischen und exportorientierten Schwerindustrie, zu nennen[67].

In der Lohnpolitik erfolgte unter Brüning eine Politisierung der Lohnfestsetzung nach den Kriterien der Deflationspolitik, die überwiegend den Unternehmern zugute kam: Lohnkürzungen erfolgten als vorbereitende Maßnahme, die Durchführung von Preissenkungen wurde hingegen zunächst den Arbeitgebern auf freiwilliger Basis überlassen. Die Schlichtungsbehörden erhielten durch die per Notverordnungen erfolgte Kürzung der Löhne und Gehälter im öffentlichen Dienst eine Richtschnur zur Senkung der Tariflöhne. In Branchen mit schwachen Gewerkschaften unterließen sie zunehmend den Ausspruch von Verbindlichkeitserklärungen, während Branchen mit starken Gewerkschaften, in denen Arbeitskämpfe und ein günstigerer Lohnabschluß zu befürchten waren, durch Verbindlichkeitserklärung der Zwangstarif auferlegt wurde. Durch die Notverordnung vom 8. Dezember 1931 erfolgte dann, nachdem die Preise der Lohnsenkung nur zögernd gefolgt waren, der direkte staatliche Eingriff in laufende Tarifverträge zugunsten einer erneuten Senkung der Tariflöhne, diesmal allerdings verbunden mit einer staatlich erzwungenen Senkung der Preise[68]. Obschon in der Arbeitszeitpolitik eine Übereinstimmung zwischen der Regierung und der Forderung des ADGB nach gesetzlicher Einführung der 40-Stundenwoche bestand, wollte man sie gleichwohl nicht gegen den Widerstand der Unternehmer durchsetzen. Die Notverordnung vom 5. Juni 1931 ermächtigte zwar die Regierung zur Herabsetzung der Arbeitszeit auf 40 Stunden in einzelnen Gewerben oder Berufs-

---

leichterungen und materielle Investitionshilfen (zur Definition vgl. Wolffsohn, Arbeitsbeschaffung als Wohlfahrtspolitik, S.213 f.).

67 Vgl. Petzina, Elemente der Wirtschaftspolitik, S.130-32.

68 Vgl. Das Jahr der Notverordnungen, in: GZ 42 (1932), S.1-5, hier S.3 f.; Preller, Sozialpolitik, S.396 f.

gruppen, dies allerdings ohne Lohnausgleich. Denn gleichzeitig wurde den Arbeitgebern per Durchführungsverordnung vom September 1931 eine entsprechende Herabsetzung der Vergütung erlaubt und damit die Maßnahme ihrer nachfragestärkenden, konjunkturankurbelnden Wirkung beraubt. Sie strebte in erster Linie freiwillige Vereinbarungen und keine erzwungene Arbeitszeitverkürzung an, mit dem Ergebnis, daß das Reichsarbeitsministerium nur in wenigen Bereichen, nämlich im Braugewerbe und in Teilen der Kalksandsteinindustrie und der Zementindustrie, Erfolge erzielen konnte[69].

Aus dem Blickwinkel der Bekämpfung von Arbeitslosigkeit und Wirtschaftskrise schloß sich die Regierung Brüning also vorwiegend der unternehmerischen Analyse der Krisenursachen an, da diese, im Gegensatz zur gewerkschaftlichen Haltung, weder der vorherrschenden orthodoxen Wirtschaftstheorie einer ausgeglichenen Haushaltsführung noch ihrer obersten politischen Zielsetzung einer Revision der Reparationsfrage widersprach. Dies beinhaltete die aus Arbeitgebersicht unbedingt erforderliche Kürzung der Staatsausgaben, die nach geltender Auffassung dem Wirtschaftskreislauf notwendiges Investitionskapital zugunsten unproduktiver Sozialleistungen entzogen. Hinzu traten Senkungen der Löhne und Gehälter zur weiteren Reduzierung der industriellen "Selbstkosten", die Sanierung der Reichsfinanzen vorwiegend über Massensteuern, also zu Lasten der breiten Bevölkerung, und die Subventionierung der Privatwirtschaft als Maßnahme der indirekten Arbeitsbeschaffung. Gleichzeitig verordnete Preissenkungen waren demgegenüber, bei tiefergehenden Einkommenseinschnitten der Arbeitnehmer und Sozialleistungsempfänger, eine, trotz heftiger Proteste der Arbeitgeber, relativ kleine Kröte, die diese zu schlucken hatten[70]. Wie schon Dietmar Petzina festgestellt hat, war Brüning spätestens 1931 "(...) zum Gefangenen eines vor allem außenpolitisch bestimmten Wirtschaftskonzepts geworden, das eine

---

69 Vgl. ebd., S.474 f.

70 Zum Mißverhältnis zwischen Lohn- und Preissenkungen vgl. Preller, Sozialpolitik, S.410. Auch Gerhard Schulz ist der Auffassung, daß die Regierung Brüning mit ihrer Deflationspolitik weitgehend den Erwartungen der großen Spitzenverbände von Industrie und Arbeitgebern entsprochen habe. Zwar hätten sich einige ihrer Vertreter einen noch schärferen Sozialabbau und eine geringere Senkung der Preise gewünscht, jedoch hätten sich Regierungskurs und Forderungen der Großindustrie weitgehend einander angenähert. Erst aufgrund der, auch nach der Bankenkrise vom Sommer 1931 nicht modifizierten, restriktiven Währungs- und Kreditpolitik der Reichsbank hätte der Reichskanzler dann die Zustimmung der auf Kredite angewiesenen großindustriellen Unternehmen verloren (vgl. ders., Reparationen und Krisenprobleme nach dem Wahlsieg der NSDAP 1930. Betrachtungen zur Regierung Brüning, in: VSWG 67 (1980), S.200-22, hier S.217.

demokratisch legitimierte [d.h. die Auffassungen beider Seiten der Industrie berücksichtigende; C.K.] wohlfahrtsinterventionistische Alternative ausschloß."[71] Darin unterschied sich Brünings Arbeitslosenpolitik von derjenigen der Großen Koalition, so unzulänglich diese auch gewesen sein mochte. Selbst die sozialpolitischen Maßnahmen der Regierung Brüning bezweckten nicht mehr die Stärkung der Massenkaufkraft als Mittel der indirekten Arbeitsbeschaffung aus Arbeitnehmersicht, sondern waren "überlebenspolitisch" bedingt, d.h. dem politischen Machterhalt gewidmet[72]. Arbeitsminister Stegerwald schlug daher eine Verlängerung der Schulpflicht von acht auf neun Jahre vor, um zu einer "Beruhigung der Arbeitermassen" beizutragen[73]. Ebenso sollte die Einführung des Freiwilligen Arbeitsdienstes mit der Notverordnung vom 5. Juni 1931 der sozialen Disziplinierung der besonders von Erwerbslosigkeit betroffenen Jugendlichen dienen. Sie erging als Konzession gegenüber der immer stärker werdenden Forderung rechtsgerichteter Kreise nach Einführung der Arbeitsdienstpflicht[74]. Auch die von der Regierung verfolgten Projekte zur langfristigen Ansiedlung der Erwerbslosen in Stadtrandsiedlungen (Kleingärten) und bäuerlichen Siedlungen auf dem Land dienten weder der direkten noch indirekten Arbeitsbeschaffung, obwohl sie von der Regierung selbst als Schwerpunkt ihrer diesbezüglichen Maßnahmen gesehen wurden. Auf der Basis einer agrarromantischen und industriefeindlichen Krisenbetrachtung strebten sie jedoch nicht nach Konjunkturankurbelung und Reintegration in den Arbeitsmarkt, sondern nach einer dauerhaften, arbeitsintensiven Unterbringung und damit Ruhigstellung der Erwerbslosen durch landwirtschaftliche Selbstversorgung[75]. Das am 19./20. Mai 1932, kurz vor ihrem

---

71 Petzina, Elemente der Wirtschaftspolitik, S.132.

72 Wolffsohn (Arbeitsbeschaffung als Wohlfahrtspolitik, S.222-26, 229) beschreibt die Brüningsche Arbeitslosenpolitik ebenfalls als "Überlebenspolitik", unterstreicht aber gleichzeitig ihren "Mittel- und Mittlerkurs" zwischen Arbeitgeber- und Arbeitnehmerinteressen. Dabei verkennt er, daß die Regierung Brüning sozialpolitische Maßnahmen zugunsten der Abmilderung einer arbeitgeberorienten Wirtschafts- und Finanzpolitik nur instrumentalisierte, während der Arbeitsminister der Großen Koalition, Rudolf Wissell, seiner Wirtschafts- und Sozialpolitik tatsächlich arbeitnehmerorientierte Kriterien, nämlich die gewerkschaftliche Kaufkrafttheorie, zugrunde legte.

73 Vgl. Wolffsohn, Arbeitsbeschaffung als Wohlfahrtspolitik, S.224.

74 Vgl. Henning Köhler, Sozialpolitik von Brüning bis Schleicher, in: VfZ 21 (1973), S.146-50, hier S.147.

75 Vgl. Henning Köhler, Arbeitsbeschaffung, Siedlung und Reparationen in der Schlußphase der Regierung Brüning, in: VfZ 17(1969), S.276-307, hier S.287-95; ders., Sozialpolitik, S.148 f.. Die, den Interessen der ostelbischen Großagrarier widersprechenden, Ostsiedlungspläne boten später den Anlaß für den Sturz der Regierung Brüning am 30. Mai 1932.

Sturz, beschlossene Programm der Regierung zur direkten Arbeitsbeschaffung mit einem äußerst geringen, kreditfinanzierten Finanzvolumen von 135 Millionen RM war schließlich ebenfalls weniger auf die Entwicklung einer neuen wirtschaftspolitischen Konzeption zurückzuführen. Ausschlaggebend war vielmehr der Druck rechtsradikaler Wahlerfolge, die generell zunehmende öffentliche Zustimmung zu Projekten der Arbeitsbeschaffung und die zu diesem Zeitpunkt verstärkte gewerkschaftliche Agitation für direkte Arbeitsbeschaffung, auf die später noch zurückzukommen sein wird[76].

Die Regierung von Papen setzte die arbeitgeberfreundliche Politik des Lohn- und Sozialabbaus mit der - überwiegend von Brüning übernommenen – Notverordnung vom 14. Juni 1932 fort. Sie hielt aber den noch vom Kabinett Brüning erarbeiteten Arbeitsbeschaffungsplan in Höhe von 135 Millionen RM aufrecht, von dem man jedoch, in Anbetracht seiner geringen Größenordnung, kaum eine Wirtschaftsbelebung erwarten konnte. Das gilt auch für die im Reichshaushalt 1932/33 außerdem bereitgestellten Mittel für landwirtschaftliche und vorstädtische Siedlung sowie den Freiwilligen Arbeitsdienst. Mit Rücksicht auf ihre großagrarische Klientel schränkte die Regierung Papen das Ausmaß der Siedlungspläne ihrer Vorgängerin beträchtlich ein, von 114 Millionen im Etat 1931/32 auf 75 Millionen RM 1932/33, während die Aufwendungen für den Freiwilligen Arbeitsdienst von 7 Millionen auf 33 Millionen RM erhöht wurden[77]. Der Freiwillige Arbeitsdienst erfuhr unter Papen einen Bedeutungszuwachs, der sich auch in der Einrichtung eines dafür zuständigen Reichskommissariats im Juli 1932 niederschlug und auf die Affinitäten zwischen der amtierenden Regierung und den nationalsozialistischen Arbeitsdienstvorstellungen mit dem Ziel einer Erziehung der Jugendlichen nach dem Führer/Gefolgschaftsprinzip hinwies.
Mit dem sogenannten "Papen-Plan"[78], der Ende August 1932 im Kabinett beraten wurde und sich in den Notverordnungen vom 4./5. September 1932 niederschlug, begann dann eine expansive Arbeitsbeschaffungspolitik im großen Stil. In ihrer Ausrichtung auf indirekte Stützungsmaßnahmen für die Industrie stellte sie eine weitere Steigerung des unternehmerorientierten Kurses in der deutschen Wirt-

[76] Vgl. Schneider, Arbeitsbeschaffungsprogramm, S.184 f.

[77] Vgl. Marcon, Arbeitsbeschaffungspolitik, S.160-71; teilweise andere, die Mittel für Siedlung und Freiwilligen Arbeitsdienst betreffende, Zahlenangaben bei Schneider, Arbeitsbeschaffungsprogramm, S.193.

[78] Zum Papen-Plan vgl. Die Notverordnung zur Belebung der Wirtschaft, in: GZ 42 (1932), S.581-83; Die Gewerkschaften und die Notverordnung, ebd., S.595-99; Marcon, Arbeitsbeschaffungspolitik, S.176-225; Dieter Petzina, Hauptprobleme der deutschen Wirtschaftspolitik 1932/33, in: VfZ 15 (1967), S.18-55, hier S.21-25; Schneider, Arbeitsbeschaffungsprogramm, S.194 f.

schafts- und Finanzpolitik dar. Die Notverordnungen sahen die Aufstockung der vom Staat bereits vorgesehenen Mittel für direkte Arbeitsbeschaffung um rund 170 Millionen RM vor, die Einräumung eines Kredits im Gesamtvolumen von 1,5 Milliarden RM an die Privatwirtschaft durch die Vergabe von Steuergutscheinen sowie - ebenfalls in Form von Steuergutscheinen - die Zahlung von Mehrbeschäftigungsprämien für jeden zusätzlich eingestellten Erwerbslosen in Höhe von insgesamt 700 Millionen RM. Gleichzeitig eröffnete die Regierung aufgrund der ihr mit der Notverordnung vom 4. September verliehenen Generalvollmacht zur Änderung der bestehenden Sozialgesetzgebung den Arbeitgebern die Möglichkeit, bei Neueinstellungen von Arbeitskräften (und in betrieblicher Notlage auch ohne diese Vorbedingung) die Tariflohnsätze für die 31. bis 40. Wochenarbeitsstunde um bis zu 50% zu senken. Bis zur 30. und ab der 41. Stunde blieben die geltenden Tariflöhne unabdingbar. Die Regierung wollte damit nicht nur einen Anreiz zur Vermehrung von Arbeitsplätzen, sondern auch zur Verkürzung der Arbeitszeit geben und auf diese Weise den Zwang der gesetzlichen Arbeitszeitverkürzung vermeiden. Gleichzeitig bedeutete diese Maßnahme aber die völlige Aushöhlung des geltenden kollektiven Arbeitsrechts durch die Unterwanderung des Unabdingbarkeitsprinzips von Tarifverträgen.
Im Mittelpunkt des Papen-Plans stand also die indirekte Arbeitsbeschaffung mit dem Ziel, über Kostensenkungen in den Unternehmen die Privatindustrie zur Produktionsausweitung oder Investitionssteigerung anzuregen. Diese Politik konnte nicht greifen, da die Krise nicht auf fehlende bzw. überbelastete Produktionskapazitäten zurückzuführen war, sondern auf Überproduktion durch fehlende Absatzmärkte im In- und Ausland. Die vom Vorstand des ADGB unmittelbar nach der Veröffentlichung der Notverordnungen vom 4. und 5. September 1932 eingeleitete Erhebung über die Neueinstellungen aufgrund dieser Notverordnungen (Stand 22.11.1932) zeigte daher auch deren ökonomische Wirkungslosigkeit. Danach nahmen unter Zehntausenden von Betrieben im Deutschen Reich nur 943 Betriebe Neueinstellungen aufgrund der Notverordnungen vor und vermehrten ihre Belegschaft, die vorher 191.669 Arbeitskräfte gezählt hatte, um weitere 42.218 Arbeitskräfte[79]. Dabei zogen sie die Einstellung billiger weiblicher und jugendlicher Arbeitskräfte einer gleichmäßigen Erweiterung ihrer Belegschaft vor. Auch das neugeschaffene System des Tarifbruchs versagte, denn für 108.869 Beschäftigte in 399 dieser 943 Betriebe konnte die von den Arbeitgebern beabsichtigte Lohnkürzung durch Verhandlungen oder Streik abgewehrt werden, während in 544 Betrieben mit 125.018 Beschäftigten eine Lohnkürzung stattfand. Für 55,5% der Arbeitskräfte in den Betrieben, die von der Notverordnung Gebrauch machten, blieb die Arbeitszeit unverändert, für 24,8% wurde sie

---

[79] Arbeitsminister Schäffer bezifferte die Zahl der Neueinstellungen am 17.11.1932 mit 75.000; vgl. Petzina, Hauptprobleme, S.24, Anm. 19.

verlängert und nur für 19,7% verkürzt - d.h., die Arbeitszeit wurde in größerem Umfang verlängert als verkürzt[80].

Erst Reichskanzler Kurt von Schleicher ging zur direkten Arbeitsbeschaffung und damit zu einer aktiven staatlichen Konjunkturpolitik über. Unter seiner am 2. Dezember 1932 ernannten Regierung wurde ein Reichskommissariat für Arbeitsbeschaffung unter der Leitung Günther Gerekes, Präsident des Deutschen Landgemeindetags, eingerichtet und mit den Verordnungen vom 6., 26. und 28. Januar 1933 ein kreditfinanziertes Sofortprogramm zur Arbeitsbeschaffung im Umfang von 500 Millionen RM verabschiedet[81]. Dieser "Gereke-Plan" beabsichtigte die Vergabe öffentlicher Aufträge zur Wiederbeschäftigung vornehmlich von Langzeiterwerbslosen. Im Gegensatz zum Papen-Plan kam er auch den gewerkschaftlichen Vorstellungen entgegen, indem er die Einstellung von Arbeitslosen zu geltenden Tarifsätzen und bei einer 40 Stunden möglichst nicht überschreitenden Wochenarbeitszeit vorsah. Zur Finanzierung des Programms wurde ein neuer Modus gefunden, der den Nationalsozialisten später als Modell diente. Sie erfolgte durch bei der Reichsbank diskontfähige öffentliche Wechsel ("Mefo-Wechsel") unter Zwischenschaltung staatlicher Kreditanstalten (Deutsche Gesellschaft für öffentliche Arbeit, Rentenbank-Kreditanstalt). Statt des Reichshaushalts wurde somit zuerst die Reichsbank belastet und, ohne daß dies öffentlich ausgesprochen wurde, Geldschöpfung betrieben. Doch nicht nur durch direkte Arbeitsbeschaffungsmaßnahmen versuchte das Präsidialkabinett Schleicher die Zustimmung der Arbeiterschaft zu erlangen: Die sozialpolitische Generalermächtigung der Regierung und der die Tariflohnunterschreitung betreffende Teil der Notverordnung vom 5. September 1932 wurden wieder aufgehoben. Des weiteren ersetzte Friedrich Syrup, Präsident der Reichsanstalt für Arbeitsvermittlung und Arbeitslosenversicherung, den ehemaligen Krupp-Direktor und Arbeitsminister der Regierung Papen, Hugo Schäffer, in diesem Amt.
Schleicher versprach sich von seiner Arbeitsbeschaffungspolitik eine tragfähige Grundlage, auf der sich die breiten gesellschaftlichen Strömungen (wobei die NSDAP gemäß ihrem eigenen Selbstverständnis nicht als Partei, sondern als "nationale Bewegung" eingeordnet wurde) im Rahmen einer "Querfront" von Gregor Strasser, dem Reichsorganisationsleiter der NSDAP, über Wehrverbände und Standesorganisationen bis zum ADGB treffen und der Regierung eine politische

---

80 Vgl. "Der Weg zur Überwindung der Arbeitslosigkeit", in: GZ 42 (1932), S.769-74.

81 Zu den beschäftigungspolitischen Maßnahmen der Regierung Schleicher vgl. Marcon, Arbeitsbeschaffungspolitik, S.237-43, 253-86; Petzina, Hauptprobleme, S.26-29; Axel Schildt, Das Kabinett Kurt von Schleicher, in: Die Weimarer Republik, Bd.3: Das Ende der Demokratie, 1929-1933, hrsg. von der Bayrischen Landeszentrale für politische Bildungsarbeit, München 1995, S.391-444, hier S.400-03.

Massenbasis verschaffen sollten. Schleicher ging es nicht etwa um eine Rekonsolidierung der parlamentarischen Demokratie in Deutschland, von der sich die konservativen Machteliten, insbesondere auch die Reichswehrführung, seit 1930 immer weiter entfernt hatten. Vielmehr sollten die Gewerkschaften und die, der SPD nahestehende, paramilitärische Kampforganisation, das Reichsbanner Schwarz-Rot-Gold, aus dem Einflußbereich der Sozialdemokratie völlig gelöst und diese soweit marginalisiert werden, daß sie die Aktivitäten der präsidialautoritären Regierung nicht mehr behindern konnte. Obwohl der Annäherungsprozeß zwischen der Reichswehrführung und dem ADGB Ende 1932 schon weit vorangeschritten war, scheiterte Schleicher schließlich aufgrund des geringen Rückhalts Strassers in der NSDAP und dessen Rücktritt am 8. Dezember 1932 von seinem Parteiamt einerseits und des entschiedenen Widerstands der SPD gegen alle Annäherungsversuche der Arbeiterbewegung an den "Reaktionär Schleicher" andererseits[82].
Die Vertreter des ADGB hatten die Bemühungen, Gewerkschaften und NSDAP auf eine Linie zu bringen und somit einen Keil zwischen SPD und ADGB zu treiben, im August 1932 als "törichtes und hoffnungsloses Unterfangen" bezeichnet. Gleichzeitig aber hatten sie sich zu "jeder gemeinsamen Arbeit an sachlichen Aufgaben" bereiterklärt[83]. Nachdem die Regierung Schleicher am 28. Januar 1933 zurückgetreten war, setzte die ADGB-Führung auch in der folgenden Zeit ihre Taktik vorsichtigen Lavierens zwischen Organisationserhalt durch eine Öffnung zum rechten politischen Lager und Beibehaltung der sozialdemokratischen Bindungen fort. Auf einen Generalstreik zur Verhinderung der nationalsozialistischen Machtübernahme wurde verzichtet, die gewerkschaftlichen Handlungsspielräume dafür waren allerdings zu diesem Zeitpunkt bereits kaum noch vorhanden. Wie sich das langjährige Bundesvorstandsmitglied des ADGB, Hermann Schlimme, in einer Aufzeichnung nachträglich erinnerte, traten die Vertreter aller gewerkschaftlichen Spitzenverbände am 30. Januar 1933 noch vor der an diesem Tag anstehenden Berufung Hitlers zum Reichskanzler zu Bera-

---

82 Vgl. Bracher, Auflösung der Weimarer Republik, S.596-99, 611 f.; Schildt, Kabinett Kurt von Schleicher, S.410 f.; ders., Militärische Ratio und Integration der Gewerkschaften. Zur Querfrontkonzeption der Reichswehrführung am Ende der Weimarer Republik, in: Richard Saage (Hg.), Solidargemeinschaft und Klassenkampf. Politische Konzeptionen der Sozialdemokratie zwischen den Weltkriegen, Frankfurt/M. 1986, S.346-64.

83 Vgl. AdsD, Bestand ADGB, Mappe 2, Aktennotiz L. Erdmann, 29.8.1932: Besprechung von ADGB-Mitarbeitern (Eggert, Schlimme und Erdmann) mit dem, Generaldirektor der Verkehrsgesellschaft A.G., Dr. Lübbert, und seinem Mitarbeiter, Dr. Eckstein, am 24.8.1932 im Bundesbüro (vgl. auch Winkler, Weg, S.717 f.). Lübbert stand dem Stahlhelm nahe und hatte persönliche Beziehungen zu Hitler, Gregor Strasser und von Schleicher.

tungen zusammen: "In diesen Besprechungen waren die Vertreter des Deutschen Beamten-Bundes mit seinen etwa 2 Millionen Mitgliedern nicht geneigt, auch nur eine Erklärung zu unterschreiben, worin Hindenburg aufgefordert wurde, die Weimarer Verfassung, die er beschworen hatte, zu verteidigen gegen die Auffassung der Nazis. Schließlich wurde die Unterschrift geleistet durch die Vertreter Lenz (der zweite Name ist mir entfallen), die dafür in wenigen Tagen aus ihrer hauptamtlichen Stellung des Bundes entlassen wurden. Die Vertreter der Christlichen Gewerkschaften erklärten, daß ihre größte Organisation, der Deutschnationale Handlungsgehilfen-Verband, es abgelehnt habe, an unseren Besprechungen teilzunehmen und die Vertreter des Gewerkschaftsringes gaben zu, daß die Mehrzahl der im G.d.A. vorhandenen ca. 500.000 Mitglieder geistig im Lager der Nazis ständen. Nachdem alle Möglichkeiten aktiveren Vorgehens verloren waren, kam man angesichts der antidemokratischen Einstellung der Mehrzahl der deutschen Wähler nur zu dem Entschluß, in einer Erklärung an Hitler die Aufrechterhaltung der Demokratie zu fordern."[84]
Auch die Einheitsfrontangebote der KPD wurden abgelehnt - verständlich nach der jahrelangen Diffamierung als Sozialfaschisten durch die Kommunisten, die sich zudem nicht scheuten, auch nach der Ernennung Hitlers zum Reichskanzler sozialdemokratische Versammlungen zu sprengen. So vergab man die letzten Möglichkeiten zum Widerstand[85]. Zwischen Januar und März 1933 löste sich der ADGB zunehmend von der SPD und vollzog die Anpassung an den neuen Staat. Am 9. April 1933 kapitulierte er endgültig, indem er sich bereit erklärte, "(...) an dem von der Regierung geplanten berufsständischen Aufbau der deutschen Wirtschaft mitzuarbeiten"[86].

Als dann der 1. Mai 1933 kam, standen die Gewerkschaften ein letztes Mal vor der Frage, ob sie den Kampf gegen die nationalsozialistisch geführte Regierung auf-

---

84 ZPA, Nl. Walter Maschke 152/2: Aufzeichnung Hermann Schlimme. Material über die Vorgänge, die zur Machtergreifung Hitlers im Januar 1933 führten, S.4 f.

85 Zu den Ursachen für die Kapitulation der deutschen Gewerkschaftsbewegung gegenüber dem Nationalsozialismus (z.B. unpolitisches Selbstverständnis der Gewerkschaften als rein materielle Interessenvertretung, bürokratische Erstarrung der Führungskader und Kontaktverlust zur Basis, Legalismus, theoretischer Dogmatismus und Immobilität, mangelnde Geschlossenheit durch das Fehlen des Einheitsgewerkschaftsprinzips) vgl. Martin, Gewerkschaften und nationalsozialistische Machtübernahme. Helga Grebing macht dagegen den gleichen Erfahrungshorizont, Milieu-Gebundenheit und Lagermentalität zugunsten der Gewerkschaften geltend; vgl. dies., Gewerkschaftliches Verhalten in der politischen Krise der Jahre 1930-1933, in: Gewerkschafts-Zeitung, 43.Jg, Berlin 1933 (Nachdruck): Berlin usw. 1983, Anhang S.7-46, hier S.45.

86 Zit. n. Martin, Gewerkschaften und nationalsozialistische Machtübernahme, S.619.

nehmen sollten. Wie Schlimme sich erinnerte, zerstörte die Furcht der noch in Arbeit Stehenden vor der Entlassung und dem Arbeitsloswerden den letzten Rest von Solidaritätsgefühl und Kameradschaftsgeist: "Diese Erkenntnis der völligen Zerrissenheit - auch in der Arbeiterschaft - verhinderte einen allgemeinen Aufruf zur selbstständigen Maifeier."[87]
Am 2. Mai 1933 wurden die Gewerkschaftshäuser besetzt.

Die Nationalsozialisten begannen nach ihrem Amtsantritt sofort mit einer expansiven Arbeitsbeschaffungspolitik, die allerdings von Anfang an mit wehrwirtschaftlichen Zielsetzungen verbunden war. Selbst zivile Projekte, wie der Autobahnbau, sollten letztendlich der Kriegführung dienen. Vorbedingung für ein reibungsloses Gelingen dieser Politik war die Ausschaltung der Gewerkschaften und die Disziplinierung der Arbeiterschaft sowie größtmögliche politische Handlungsspielräume, ohne Rücksicht auf demokratisch-parlamentarische Mehrheitsverhältnisse nehmen zu müssen. Trotz einer, zu Weimarer Zeiten noch abgelehnten, Beschneidung unternehmerischer Entscheidungsbefugnisse und der Einbuße gewisser politischer Einflußmöglichkeiten sowie weitreichender ökonomischer Steuerungsmaßnahmen des Staates konnte dieser sich daher nun auf die Unterstützung der Privatwirtschaft verlassen[88]. Mit dem "Gesetz zur Verhinderung der Arbeitslosigkeit" vom 1. Juni 1933 begann die sogenannte "Arbeitsschlacht", indem durch das "1. Reinhardt-Programm" eine Milliarde RM vorrangig für direkte Arbeitsbeschaffung zur Verfügung gestellt wurde. Weitere Maßnahmen schlossen sich an. Am 1. Juli 1933 erfolgte die Aufstockung des von der Regierung Schleicher beschlossenen Sofortprogramms von 500 auf 600 Millionen RM und am 21. September 1933 die Bewilligung von 500 Millionen RM ("2. Reinhardt-Programm") für Wohnungsreparaturen und -umbauten[89]. Bereits im Laufe des Jahres 1933 zeigten sich erste Anzeichen einer Konjunkturbelebung, die

---

87 Aufzeichnung Hermann Schlimme (s. Anm.84), S.5.

88 Christoph Buchheim hinterfragt neuerdings zu Recht die gängige Erfolgsgeschichte der nationalsozialistischen Wirtschaftspolitik und gelangt dabei hinsichtlich der unternehmerischen Haltung zu anderen Ergebnissen. Nach seiner Auffassung hat eine ausgeprägte Skepsis der Privatindustrie gegenüber der Hitlerschen "Staatskonjunktur", bei der der Staat als hauptsächlicher und intensiv intervenierender Nachfrager auftrat, zu einer überdurchschnittlichen Investitionszurückhaltung trotz hervorragender Rentabilitätsaussichten geführt. Dadurch seien in den 1930er Jahren Wachstumschancen verschenkt worden, die sich dann später für Westdeutschland seit den 1950er Jahren ergeben hätten; vgl. ders., Zur Natur des Wirtschaftsaufschwungs in der NS-Zeit, in: ders. u.a. (Hg.), Zerrissene Zwischenkriegszeit, S.97-119.

89 Vgl. Volkmann, NS-Wirtschaft, S.248-92, hier insb. 270 f., 276-92; Marcon, Arbeitsbeschaffungspolitik, S.395-98.

Arbeitslosenzahlen sanken bis zum Dezember 1933 auf vier Millionen Erwerbslose. Der Aufschwung des Jahres 1933 war, insbesondere wenn man die zeitliche Verzögerung zwischen Bewilligung und Wirksamwerden der Arbeitsbeschaffungsmittel bedenkt, auch auf die Arbeitsbeschaffungsprogramme der Regierungen Papen und Schleicher zurückzuführen. Zweifellos wurde daher durch die Ablehnung einer aktiven Konjunkturpolitik seitens der Regierung Brüning eine Chance zur rechtzeitigen Erholung der Wirtschaft und zur Linderung der Arbeitslosigkeit vertan. Dies gilt umso mehr, wenn man die oben beschriebene Binnenmarktschwäche als maßgebende Ursache der strukturellen Arbeitslosigkeit in Deutschland einbezieht. Dennoch soll die staatliche Arbeitslosenpolitik in der Endphase der Weimarer Republik hier nicht vorwiegend an den Kriterien einer keynesianischen Konjunkturpolitik gemessen werden, sondern den Handelnden zugestanden werden, daß sie für diesen Lernprozeß Zeit benötigten. Insofern wird man der von Horst Sanmann vorgelegten Beurteilung zustimmen müssen, daß die Brüningsche Wirtschafts- und Finanzpolitik nicht einer bewußten Wahl zwischen den vorhandenen Alternativen, sondern bestem Wissen und Gewissen, auf der Basis der bestehenden und mehrheitlich unterstützten wirtschaftspolitischen Kenntnisse, entsprungen sei[90] - wenn auch mit Abstrichen angesichts der Vielzahl der Brüning und seinem Kabinett unterbreiteten Vorschläge für eine alternative Konjunkturpolitik. Zumindest eine weitere Möglichkeit, nämlich die Verbesserung der deutschen Exportfähigkeit über die Abwertung der Währung, wurde unter Hinweis auf bestehende Inflationsängste bewußt ausgeschlagen, obwohl sowohl die britische Regierung dem Reichskanzler als auch die Bank für internationalen Zahlungsausgleich der Reichsbank empfohlen hatten, dem Beispiel Englands zu folgen[91]. Die besondere Härte, mit der Brüning seinen wirtschafts- und finanzpolitischen Zielen auf Kosten von Millionen notleidender Menschen nachging, läßt

---

90 Vgl. ders., Daten und Alternativen, S.126 f.

91 Vgl. Gates, Von der Sozialpolitik, S.211; Knut Borchardt bezweifelt sowohl die Ernsthaftigkeit dieser Vorschläge als auch die Möglichkeit einer deutschen Abkehr von der Goldparität. Zu Recht weist er u.a. auf die von Deutschland 1931 eingenommene Position als weltweit größter Exporteur hin (vgl. ders., Could and Should Germany Have Followed Great Britain in Leaving the Gold Standard?, in: Journal of European Economic History 13 (1884), S.471-98, hier insb. S.477-79, 494). Das Verlassen des Goldstandards aus handelspolitischen Erwägungen war daher unbegründet und hätte wohl keine Verbesserung der Wirtschaftslage erbracht. Es hätte aber der Brüningschen Argumentation zur Untermauerung seiner Deflationspolitik teilweise den Boden entzogen. Zur Inflationsangst und ihren wirtschafts- und finanzpolitischen Folgen vgl. auch ders., Das Gewicht der Inflationsangst in den wirtschaftspolitischen Entscheidungsprozessen während der Weltwirtschaftskrise, in: Feldman (Hg.), Nachwirkungen der Inflation, S.233-60, und Gerhard Schulz, Inflationstrauma, Finanzpolitik und Krisenbekämpfung in den Jahren der Wirtschaftskrise, 1930-1933, ebd., S.261-96.

sich allerdings weder mit ökonomischen Zwangslagen (Kriegslasten, Höhe der Löhne und Gehälter, industrielle Investitionsrate), denen in Großbritannien vergleichbare Daten gegenüberstanden, noch mit herrschenden Wirtschaftsdoktrinen oder Inflationsängsten angemessen begründen. Vielmehr hat Brüning in seinen Memoiren selbst wiederholt deutlich gemacht, daß er die wirtschaftliche Krise bewußt nutzen wollte, um der Durchsetzung seiner wichtigsten außen- und innenpolitischen Ziele - die vollständige Streichung der Reparationen, die Revision des Versailler Vertrags und schließlich die Wiedereinführung der Monarchie - den Boden zu bereiten. Dafür sei er bereit gewesen, „bis zum Äußersten zu gehen", denn mit dem parlamentarischen System der Weimarer Republik habe er sich vorgenommen, „unter allen Umständen aufzuräumen"[92]. Vor dem Hintergrund dieses Primats der Politik verschärfte er wohlüberlegt das Krisenbewußtsein der Bevölkerung durch unpopuläre wirtschafts-, sozial- und finanzpolitische Maßnahmen und trug dadurch zur Radikalisierung der Wählerschaft sowie zur Stärkung der NSDAP wesentlich bei.

Waren die antiparlamentarischen Ressentiments des deutschen Reichskanzlers der britischen Regierung auch fremd, so herrschten in finanzpolitischer Hinsicht in Großbritannien doch ähnliche Standpunkte vor. "The microbe of inflation is always in the atmosphere", schrieb bspw. der Schatzkanzler sowohl der ersten (1924) als auch der zweiten Labour-Regierung (1929-31), Philip Snowden, im Jahre 1927 an den General Council des TUC. Daraus folgte für ihn, daß eine Ausweitung des Geldumlaufs "(...) must respond to a genuine demand arising out of real purchasing power and not be used to create a demand."[93] Und im August 1930 äußerte er sich gegenüber dem sowjetischen Botschafter, Sokolnikov: "I sometimes despair about the working class. Next week I have to meet the General Council of the T.U.C. They want more wages, shorter hours, greater expenditure on social services, here and now, when we, as a community, ought to be saving in order to bring our old-fashioned plant up to date."[94]

Der folgende Abschnitt wird näher beleuchten, wie die britische Politik auf die Massenarbeitslosigkeit reagierte.

---

92 Vgl. z.B. Brüning, Memoiren, S.146 f., 176 (Zitat), 192-95 (Zitat), 203, 221 ff., 274 f., 512.

93 Zit. n. Skidelsky, Politicians and the Slump, S.43.

94 Zit. n. Norman u. Jeanne MacKenzie (Hg.), The Diary of Beatrice Webb, Bd.4: 1924-1943, "The Wheel of Life", Cambridge/Massachusetts 1985, S.224 f.

3. Staatliche Reaktionen auf die Weltwirtschaftskrise in Großbritannien: Die zweite Labour-Regierung und die Nationalen Regierungen

Nach einer kurzen expansionistischen Boom-Phase kehrte die britische Regierung im Frühjahr 1920 zu einer orthodoxen Finanzpolitik zurück. Sie erhöhte den Leitzins und leitete Einsparungen bei den öffentlichen Ausgaben ein. Angestrebt wurde die Wiederherstellung eines ausgeglichenen Staatsbudgets, die Stabilisierung der Währung und langfristig die frühestmögliche Rückkehr des Pfundes zum Goldstandard zur alten Vorkriegsparität. 1925 schloß sich Großbritannien dem Goldstandardsystem wieder an, obwohl zahlreiche Fachleute, unter ihnen John Maynard Keynes, vor den Folgen dieser Entscheidung gewarnt hatten[95]. Hohe Zinssätze, welche die Konvertibilität des Pfundes mit dem Dollar gewährleisteten, zogen kurzfristige Kapitalanlagen ausländischer Investoren in die Londoner City, die später maßgeblich zur Finanz- und Staatskrise von 1931 beitragen sollten. Gleichzeitig erhöhten sie die Last der Schuldentilgung des Ersten Weltkriegs und der Steuern, deren Einnahme zur Finanzierung des Tilgungsfonds benötigt wurde. Auf der anderen Seite beeinträchtigte ein infolge der Überbewertung der Währung hohes Preisniveau, das durch den Fall der Welthandelspreise nach 1925 und die Rückkehr verschiedener anderer Länder, wie Frankreich, Belgien oder Deutschland, zu einer niedrigeren Goldparität verschärft wurde, die Wettbewerbsfähigkeit britischer Exporte auf dem Weltmarkt. Die Rückkehr zum Gold erfolgte somit primär im Interesse der Finanzwelt, die von der Neubelebung des Londoner Kapitalmarktes profitierte.

Auch die in der Weltwirtschaftskrise regierende Labour Party, vor allem ihr Schatzkanzler Snowden, unterschied sich in der Befürwortung einer deflationären Finanzpolitik, gekennzeichnet durch ein ausgeglichenes Staatsbudget, eine pünktliche und schnelle Schuldentilgung und eine stabile Währung zur Förderung des freien Welthandels, nicht von ihren konservativen und liberalen Vorgängern[96]. Spezifisch britische Überlegungen und Voraussetzungen, wie insbesondere die

---

95 Vgl. z.B. J. M. Keynes, The Economic Consequences of Mr. Churchill, London 1925, Nachdr. in: Seeds of Conflict. Series 10. Economic Depression and Political Expansion. Europe and Japan between the Wars: Western Europe, Nendeln, Liechtenstein 1982.

96 Vgl. K. J. Hancock, The Reduction of Unemployment as a Problem of Public Policy, 1920-1929, in: Sidney Pollard (Hg.), The Gold Standard and Employment Policies Between the Wars, London 1970, S.99-121 (zuerst ersch. in: EcHR 15 (1962)). Am ehesten war noch die Konservative Partei zur Abkehr vom allgemeinen Freihandelskonsens bereit. Premierminister Baldwin erhielt jedoch keine Zustimmung der Bevölkerung, als er die Einführung des Protektionismus zur Hauptstreitfrage der Parlamentswahlen von 1923 erhob. Auf die erste Labour-Regierung von 1924 folgte erneut eine konservative Regierung unter Baldwin, der nun aber den überzeugten Freihändler Churchill zum Schatzkanzler ernannte (vgl. Garside, British Unemployment, S.154-56).

Situation Großbritanniens als traditionelle Handelsnation und Ursprungsland eines großen Kolonialreiches, beeinflußten die Befürworter einer orthodoxen Wirtschafts- und Finanzpolitik und ließen auch im Hinblick auf die Bekämpfung der Arbeitslosigkeit in der Zwischenkriegszeit nur sehr behutsame und schrittweise Abweichungen von den gewohnten Maßnahmen zu. Für Snowden, einem überzeugten Verfechter des "Treasury view"[97] und "an extreme case of ministerial identification with his department's opinions"[98], kamen daher Schutzzölle zur Unterstützung des Binnenmarktes ebenso wenig in Frage wie die Abwertung des Pfundes oder die Manipulation der Zinssätze als wirtschaftspolitisches Steuerungsinstrument. Gleichzeitig versuchte er, die Durchführung kreditfinanzierter Beschäftigungsprogramme mit der Begründung zu unterbinden, daß zusätzliche Staatsausgaben der Privatindustrie notwendiges Kapital entzögen und zu einem Anstieg der Zinsen und damit zur Inflation führten. Der Schwerpunkt der von der zweiten Labour-Regierung eingeleiteten Maßnahmen zur Bekämpfung der Arbeitslosigkeit richtete sich daher auf die Förderung der exportorientierten Basisindustrien bzw. auf strukturpolitische Maßnahmen in den „depressed areas“, wo sich ja auch die Hochburgen der britischen Arbeiterbewegung befanden.
Vor dem Hintergrund kontinuierlich hoher Erwerbslosenzahlen schon vor dem spürbaren Einbruch der Weltwirtschaftskrise standen, anders als in Deutschland, bereits die Parlamentswahlen des Jahres 1929 ganz im Zeichen der Arbeitslosenproblematik. Herzstück der liberalen Wahlkampagne war die Broschüre "We can conquer unemployment"[99], die eine Reihe von Vorschlägen für kreditfinanzierte

---

97 Vgl. Einleitung, 3., S.36, Anm.103.

98 Skidelsky, Politicians and the Slump, S.393. Mindestens ebenso maßgeblich wie der administrative Einfluß wirkten sich Snowdens Überzeugungen als Sozialist auf seine Handlungsweise aus. So lehnte er Schutzzölle ab, da sie seiner Meinung nach die Lebenshaltungskosten der Armen erhöhten, den Kapitalisten Profite bescherten und ineffizient waren. Er befürwortete eine sparsame staatliche Ausgabenpolitik und eine schnelle Schuldentilgung, da er glaubte, daß Steuern die Einkommen der Armen schmälern und Zinszahlungen eine Einkommensumverteilung von den Arbeitern auf die Rentiers bewirkten (vgl. Elizabeth Durbin, New Jerusalems. The Labour Party and the Economics of Democratic Socialism, London usw. 1985, S.57).

99 Vgl. Liberal Party, We Can Conquer Unemployment. Mr. Lloyd George's Pledge, London 1929. Die Liberale Partei ernannte 1925 eine "Liberal Industrial Enquiry", deren Mitglieder sich aus Politikern und Wirtschaftswissenschaftlern, darunter John Maynard Keynes, zusammensetzten. Auf den Ergebnissen dieser Untersuchungskommission, die 1928 als "Yellow Book" unter dem Titel "Britain's Industrial Future" veröffentlicht wurden, basierte die o.g. Wahlkampfbroschüre; vgl. Booth u. Pack, Employment, Capital and Economic Policy, S.35-54; Skidelsky, Politicians and the Slump, S.51-56. Als programmatische Antwort vgl. Labour Party, How to Conquer Unemployment. Labour's Reply to Lloyd George, London 1929.

Beschäftigungsprogramme im Umfang von insgesamt £ 250 Millionen enthielt. Erstmals setzte sich damit eine britische Partei offensiv für eine expansive, defizitäre Finanzpolitik ein. Die Labour Party forderte hingegen in ihrem Wahlmanifest "Labour's Appeal to the Nation" eine nach drei Gesichtspunkten unterteilte Arbeitslosenpolitik, deren erstes und wichtigstes Aufgabengebiet die Stimulierung des Exporthandels und die Wiederbelebung der stagnierenden Basisindustrien anstrebte. Dieses Ziel sollte durch staatliche Bürgschaften für Export- und Investitionskredite an die Exportindustrien, aber auch durch Arbeitsbeschaffungsprogramme, wie Wohnungsbau und Slumbereinigung, Landentwässerung, Elektrifizierung, Straßen- und Brückenbau erreicht werden. Im Gegensatz zum liberalen "sound, safe, practical programme for every elector" wurden im langfristig angelegten "Labour Programme of peaceful but determined National Development and Reconstruction leading towards the Socialist and Cooperative Commonwealth" weder die Summe noch der Modus zur Finanzierung dieser Maßnahmen genannt. Jedoch stimmten beide Parteien in der Befürwortung der Freihandelspolitik überein, während das konservative Manifest sich für Protektionismus und eine Politik der "Imperial Preference" aussprach[100]. Das zweite Arbeitsfeld wurde mit dem Stichwort 'Unterstützung' gekennzeichnet und stellte eine Änderung der Arbeitslosenversicherungsgesetze zur Einführung höherer Leistungen und leichterer Qualifikationsbedingungen in Aussicht. Der dritte Teil versprach unter der Überschrift "The Young and the Old" die Entlastung des Arbeitsmarktes durch die Verlängerung der Schulpflicht und die Einführung von Vorruhestandsrenten. In beiden Fällen gelangte die Labour-Regierung später zu keinem positiven Ergebnis. Die Education Bill, die das schulpflichtige Alter von 14 auf 15 Jahre erhöht hätte, scheiterte im Februar 1931 am House of Lords, während die von einem, mit Ministern und Verwaltungsbeamten besetzten, Ausschuß erarbeiteten Vorschläge für die Ausgestaltung eines Vorruhestands-Rentensystems vom Kabinett selbst abgelehnt wurden. Auch in der Arbeitszeitpolitik, einem weiteren Mittel zur symptomorientierten Bekämpfung der Arbeitslosigkeit durch Umverteilung der vorhandenen Beschäftigungsmöglichkeiten, gab es keine Fortschritte. Anfang 1930 brachte die Arbeitsministerin Margaret Bondfield zur Ratifizierung des Washingtoner Abkommens eine Hours of Employment Bill ein, deren Beratung im Parlament zunächst durch langwierige Verhandlungen mit der Eisenbahnergewerkschaft verzögert wurde. Eine revidierte Fassung fiel dann 1931 dem übervollen Zeitplan des House of Commons und dem Sturz der Regierung zum Opfer, so daß der TUC das Scheitern seiner diesbezüglichen Forderungen der

---

100 Die drei Manifeste sind abgedruckt in F. W. S. Craig (Hg.), British General Election Manifestos, 1900-1974, London 1975, S.70-88; zur Wahlpropaganda der Labour Party vgl. auch dies., An Anti-Profiteering Programme; dies., Hitting the Unemployed. The Tory Record, London 1929; dies., A Labour Government and Unemployment, London 1929.

Obstruktion einer seiner Einzelgewerkschaften zuzuschreiben hatte. Die Nationale Regierung schließlich hatte an einer Ratifizierung des Arbeitszeitabkommens kein Interesse mehr.
Im Bereich der Lohnpolitik hatten britische Regierungen in der Weltwirtschaftskrise keine der deutschen Zwangsschlichtung vergleichbaren Eingriffsmöglichkeiten, sondern konnten nur nach freiwilliger Anrufung durch die Konfliktparteien vermittelnd tätig werden. Zwischen 1929 und 1931 fanden vier große Streiks, drei in der Textilindustrie und einer im Kohlebergbau, statt, die zusammen für 81% der verlorenen Arbeitstage verantwortlich waren. Zweimal sprach sich der staatlich ernannte Schlichter für moderate, unterhalb der Arbeitgeberforderungen liegende Lohnkürzungen in der Baumwoll- und Wolltextilindustrie aus, desgleichen tat das gegen den Willen der Arbeitgeber von der Regierung eingesetzte National Industrial Board im Kohlebergbau[101]. Insgesamt fielen die Löhne nach dem Index des Arbeitsministeriums zwischen Juni 1929 und Juni 1931 um knapp 2%, der Index der Lebenshaltungskosten hingegen um über 9%, so daß es vielen Beschäftigten kurz vor dem Fall der Regierung und nach zwei Jahren der wirtschaftlichen Depression besser erging als zu Beginn der Krise. Die Regierung war daran interessiert, daß die Löhne trotz der ökonomisch schwierigen Zeiten zumindest nicht unter ein bestimmtes Mindestniveau sanken. Das zeigte auch der Entwurf zur Einbeziehung des Lebensmittel- und Gaststättengewerbes in die Trade Boards Act von 1909, den Arbeitsministerin Margaret Bondfield im August 1930 vorlegte. Die geplante Ausweitung des Gesetzes scheiterte jedoch am Widerstand der Arbeitgeber, die die Durchführung der Verordnung auf gerichtlichem Weg bis zum Sturz der Regierung verzögerten[102].
Wie schon das Wahlmanifest, so bestätigte auch die Regierungserklärung der Labour Party und die anschließende Debatte vom 2. und 3. Juli 1929, daß der Schwerpunkt ihrer Arbeitslosenpolitik nicht auf umfassenden, von der Zentralregierung initiierten Arbeitsbeschaffungsprogrammen zur schnellstmöglichen Wiederbeschäftigung der Erwerbslosen liegen würde, sondern auf langfristig wirksamen, strukturpolitischen Maßnahmen, die dazu dienen sollten, die Effizienz der heimischen Industrie und Landwirtschaft zu stärken, die Wettbewerbsfähigkeit und Erholung vor allem der alten Exportindustrien zu fördern, neue Absatzmärkte

---

101 Der dritte Textilstreik entzündete sich nicht an der Lohnfrage, sondern an der Einführung von Rationalisierungsmaßnahmen.

102 Zur Education Bill und zur Lohn- und Arbeitszeitpolitik vgl. Clegg, British Trade Unions, Bd.2, S.480-82, 486-97; zur Schulpflichtverlängerung vgl. auch W. R. Garside, Unemployment and the School-Leaving Age in Inter-War Britain, in: IRSH 26 (1981), S.159-70; zum "Retirement Pensions Committee" vgl. Skidelsky, Politicians and the Slump, S.95-101.

zu erschließen und somit Langzeitarbeitsplätze zu schaffen[103]. Mit diesem Ziel verabschiedete die Labour-Regierung in ihrer zweijährigen Amtszeit die Housing Act von 1930, die erstmals in großem Umfang kommunale Slumbereinigungs-Programme durch zentralstaatliche Subventionen förderte, während gleichzeitig die Bauindustrie und ihre Zulieferer von dieser Maßnahme profitierten[104]. Die Agricultural Marketing Act von 1931 stellte einen Versuch staatlicher Marktregulierung in der Landwirtschaft dar, der jedoch nicht wie in Deutschland mit der Erhebung von Schutzzöllen einherging. Vielmehr bildete nach Ansicht der Regierung, die sich damit keine Freunde unter den Agrarproduzenten machte, die Aufrechterhaltung des Freihandels mit seinen Marktmechanismen eine notwendige Bedingung für die angestrebte Effizienzsteigerung in den landwirtschaftlichen Betrieben und den Schutz der Konsumenten gegen monopolistische Preise[105]. Zur Reorganisation der Kohleindustrie trat im August 1930 nach zwölf Entwürfen die Coal Mines Act in Kraft[106]. Für zwei weitere "depressed industries" richtete die Labour Party, entsprechend ihrer Regierungserklärung, Ende Juli 1929 Untersuchungsausschüsse ein, die im Juli (Baumwolle) bzw. August (Eisen und Stahl) 1930 jeweils einen Abschlußbericht vorlegten. Beide Berichte hoben die dringende Notwendigkeit von Firmenzusammenschlüssen, finanzieller Reorganisation der Unternehmen und Modernisierung des Maschinenparks hervor, führten jedoch zu keiner legislativen oder anders gearteten Tätigkeit der Regierung[107].

---

103 Zur Regierungserklärung ("King's Speech") vgl. Skidelsky, Politicians and the Slump, S.79-81.

104 Zur Wohnungsbaupolitik in der Zwischenkriegszeit vgl. A. E. Holmans, Housing Policy in Britain. A History, London usw. 1987, S.54-90; May, Economic and Social History, S.358-61; Pollard, Development, S.162-67; Stevenson, British Society, S.221-30, hier insb. 222.

105 Vgl. Skidelsky, Politicians and the Slump, S.259-62.

106 Vgl. Skidelsky, Politicians and the Slump, S.109-13, 131-34; Clegg, British Trade Unions, Bd.2, S.483 f.

107 Beide Berichte sind enthalten in: PRO, Cab. 58/10, und betonen für die jeweils betroffene Industrie, daß diese aufgrund ihrer Eigentumsstrukturen, Ausstattung, Produktionsmethoden und -kosten gegenüber der internationalen Konkurrenz derzeit nicht wettbewerbsfähig sei. Vgl. auch PP 1929-30, Cmd. 361: Economic Advisory Council, Committee on the Cotton Industry. Report, London 1930; Skidelsky, Politicians and the Slump, S.151-53; Clegg, British Trade Unions, Bd.2, S.485 f.. Teile des Berichts über die Eisen- und Stahlindustrie wurden in Deutschland veröffentlicht, für Großbritannien betrachtete ihn die Labour-Regierung als "(...) too damaging a document to publish in this country" (BLPES, Lansbury Collection, III/Bd.25/n.1-17: George Lansbury, The Cabinet Crisis of 1931, S.5).

James H. Thomas, der Generalsekretär der National Union of Railwaymen (NUR), war zum Lord Privy Seal ernannt und, da dies ein Amt ohne eigenen Aufgabenbereich war, mit der besonderen Verantwortung für die Bekämpfung der Arbeitslosigkeit betraut worden. Man könnte ihn als Arbeitsbeschaffungsminister bezeichnen, da die Zuständigkeit für die Arbeitslosenunterstützung beim Arbeitsministerium lag. Zu seiner Unterstützung erhielt er drei Assistenten, George Lansbury als First Commissioner of Works, Thomas Johnston als Under-Secretary for Scotland und Sir Oswald Mosley als Chancellor of the Duchy of Lancaster. Auch Thomas betrachtete langfristige, strukturpolitische Maßnahmen als Schwerpunkt seiner Aufgabe. Nach Gesprächen zwischen ihm und Montague Norman, dem Präsidenten der Bank von England, erfolgte im April 1930 die Gründung der Bankers' Industrial Development Company, die von den größten Banken und Finanzhäusern des Landes unterstützt wurde. Die neue Gesellschaft sollte Programme zur Rationalisierung der Basisindustrien im Hinblick auf ihre Finanzierung und Profitabilität überprüfen und gegenüber den Investoren Verlustgarantien abgeben. Da somit bei der Realisierung eines jeden Programms auch die Gelder der Trägerbanken der Gesellschaft involviert waren, unterzog man es einer sehr strengen Prüfung, so daß nach fast einem Jahr nur ein Programm gebilligt worden war[108].

Eine Reise nach Kanada, die Thomas im August/September 1929 unternahm, sollte ebenfalls der Unterstützung der Exportindustrien dienen. Sein anderes Ziel, über Einwanderungsmöglichkeiten britischer Arbeitsloser nach Kanada zu verhandeln, hatte er angesichts des Widerstands der kanadischen Gewerkschaftsführer schnell wieder aufgegeben, nachdem eine Vereinbarung über die Einwanderung von 3000 Landarbeitern im folgenden Frühjahr erreicht worden war. Das stellte allerdings auch den einzig greifbaren Erfolg seiner Reise dar[109]. Seine Gespräche mit Vertretern der kanadischen Industrie und Finanzwelt, die die Erhöhung der kanadischen Einfuhr von britischer Kohle, Stahl und Autos anstrebten, führten zu

---

108 Vgl. Skidelsky, Politicians and the Slump, S.152 f.; Clegg, British Trade Unions, Bd.2, S.486.

109 Im Laufe des Jahres 1930 stellte sich dann heraus, daß auch dieser Erfolg sehr begrenzt war, da sich Kanada nicht mehr in der Lage sah, die zugesagte Anzahl an Umsiedlern zu akzeptieren. Insgesamt seien 1930 von 4.531 Personen, die sich beim Arbeitsministerium um einen Siedlungs- oder Arbeitsplatz in Übersee beworben hätten, 1.623 Personen (darunter 928 aufgrund der obigen Absprache mit Kanada) untergebracht worden. Hinzu käme ein Mädchen, das sich unter dem "New Zealand Sheep-owners' Scheme" erfolgreich um eine freie Schiffspassage nach Neuseeland beworben hatte (vgl. PP 1930-31, Cmd. 3859: Report of the Ministry of Labour for the Year 1930, London 1931, S.26, 30 f.).

keinem konkreten Ergebnis außer dem, "(...) to gain direct experience of the working of our export trades as seen through the eyes of a friendly customer."[110] Zur Realisierung seiner direkten Arbeitsbeschaffungspläne brachte Thomas bereits am 15. Juli 1929 zwei Gesetzesentwürfe ein, die noch vor der Sommerpause beschlossen wurden. Die Development (Loan Guarantees and Grants) Act ermächtigte die Regierung in ihrem ersten Teil zur Mitfinanzierung von Anleihen, die von gemeinnützig produzierenden Unternehmen für Beschäftigungsprogramme aufgenommen wurden. Dies erleichterte es etwa Eisenbahn- oder Elektrizitätsgesellschaften, Maßnahmen zum Ausbau des Schienennetzes oder der Stromversorgung durchzuführen. Thomas erhoffte sich von diesen Programmen vor allem einen Anstieg der Beschäftigung in den Basisindustrien, wie Eisen und Stahl und Maschinenbau. Zusätzlich wurde 1930 die Public Works Facilities Act mit dem Ziel verabschiedet, das Genehmigungsverfahren im Vorfeld der Durchführung von Arbeitsbeschaffungsprojekten zu beschleunigen.

Teil II der Development Act stellte die Arbeit des schon 1920 durch das Schatzamt eingerichteten Unemployment Grants Committee zur Unterstützung kommunaler Notstandsarbeiten erstmals auf eine gesetzliche Basis und ordnete es dem Zuständigkeitsbereich des Arbeitsministeriums zu. Auf der Grundlage verschiedener Bewilligungskriterien gewährte es den Lokalverwaltungen Zuschüsse entweder zu den Zinsen und Tilgungszahlungen für Anleihen oder zu den Lohnkosten. Die zweite Labour-Regierung liberalisierte die Bewilligungskriterien für die Kommunen und weitete damit die öffentlich geförderten, inländischen Arbeitsbeschaffungsprojekte erheblich aus[111]. Gleichzeitig setzte sie die von ihrer konservativen Vorgängerin begonnene Transferierungspolitik von Langzeitarbeitslosen aus den "depressed areas" in properierende Landesteile fort. Sie erweiterte den regionalen Einzugsbereich der bestehenden "Transfer Instructional

---

110 James H. Thomas, My Employment Policy, in: Labour Magazine Bd.8, Nr.8, 1929, S.340 [in: TUC-Archives, Series III: Periodicals and Serials 1918-1977, Reel 9, Brighton 1981]; zur Kanada-Reise vgl. ebd., S.340 f.; Skidelsky, Politicians and the Slump, S.101-04.

111 Vgl. Paulmann, Staat und Arbeitsmarkt, S.44 f., der diese Vorgehensweise als indirekte Förderung bezeichnet, weil die Kosten zwischen der Zentralregierung und den kommunalen Trägern geteilt wurden (a.a.O., S.43). Im Gegensatz zu Deutschland konnten die Maßnahmen dadurch ohne Kreditaufnahme der Zentralregierung finanziert werden. Jedoch handelt es sich im Sinne unserer Definition (s.o., S.124, Anm.66), trotz unterschiedlicher Verfahrens- und Finanzierungsmodi in beiden Ländern, jeweils um direkte öffentliche Arbeitsbeschaffung. Darüber hinaus ergab sich doch ein beträchtlicher Umverteilungseffekt von der zentralen auf die lokale Ebene, denn 1930-31 stammten immerhin 46% des gesamten Einkommens der Kommunalverwaltungen in England und Wales aus Zuschüssen der Zentralregierung (vgl. Peter G. Richards, The Recent History of Local Fiscal Reform, in: S. J. Bailey u. R. Paddison (Hg.), The Reform of Local Government Finance in Britain, London/New York 1988, S.25-41, hier Tab. 2.1, S.32).

Centres" für Erwachsene, wie auch den des 1928 eingerichteten "Juvenile Labour Transference Scheme" für jugendliche Arbeitslose zwischen 14 und 18 Jahren, deren Umzug zu einem Arbeitsplatz u.a. durch die Übernahme der Reisekosten staatlich subventioniert wurde. Dem gleichen Zweck diente das ebenfalls schon 1928 eingerichtete "Household Removal Scheme", bei dem die Logiskosten der transferierten Männer und die Nachzugskosten ihrer Angehörigen staatlich bezuschußt wurden. Hier weitete die Labour-Regierung den teilnahmeberechtigten Personenkreis aus und erhöhte die finanziellen Hilfen. Außerdem vergrößerte sie den teilnahmeberechtigten Personenkreis für die berufliche Weiterqualifizierung in "Government Training Centres". Während allerdings der Besuch dieser Einrichtungen den Arbeitslosen freigestellt war, konnte eine Teilnahmeverweigerung an den Kursen der "Transfer Instructional Centres", in denen Langzeiterwerbslose wieder an regelmäßige Arbeit gewöhnt werden sollten, mit dem Entzug der Arbeitslosenhilfe geahndet werden. Nach Rücksprache mit dem TUC dehnte die Regierung die Anwendung dieser zuvor nur für Jugendliche geltenden Bestimmung ab März 1930 auch auf Erwachsene aus. Unter der Nationalen Regierung wurde der Besuch der "Instructional Centres" dann ab 1932 wieder völlig freiwillig[112].

Begleitend zur Unterstützung der inländischen Wirtschaftsentwicklung erfolgte 1929 die Verabschiedung der Colonial Development Act, die der Förderung von Arbeitsbeschaffungsprogrammen in den britischen Überseeländern diente. Thomas erhoffte sich von dem Gesetz, daß es "(...) would not only provide work at home through orders for material and equipment, but would open up new markets for our goods in places where we not only have a natural preference, but are first in the field."[113]

---

112 Zu diesen und später folgenden Ausführungen zur Transferierungs- und Schulungspolitik in der Zwischenkriegszeit vgl. Garside, British Unemployment, S.95 f., 101 f., 245-50, 265-71; Paulmann, Staat und Arbeitsmarkt, S.68-133; ders., Arbeitslosigkeit in Großbritannien, S.122-37.

113 Thomas, My Employment Policy, S.340. Beabsichtigt war also nicht eine Unterstützung der wirtschaftlichen Selbstständigkeit der Kolonien, sondern die indirekte Förderung des Exporthandels und der heimischen Industrie im Vereinigten Königreich. Zur Entwicklung dieser wirtschaftspolitischen Strategie in der Zwischenkriegszeit vgl. Garside, British Unemployment, S.188-200.

Tab.12: Der Umfang der Arbeitsbeschaffung durch die zweite Labour-Regierung, 1929-1931

	Bewilligte Programme	**Begonnene Programme**	**direkt Beschäftigte in laufenden Programmen**
Stand März 1931	**£ 173 Mio.** = 3,53 Mrd. RM	**£ 101 Mio.** = 2,06 Mrd. RM	**113.000**
Stand Juni 1931			**114.401**
Juni 1929 - August 1931;	**£ 191,9 Mio.** = 3,92 Mrd. RM (Kurs vor Abwertung) = 2,84 Mrd. RM (Kurs nach Abwertung)		
davon:			
Development (Public Utility) Advisory Committee Schemes (Development [Loan Guarantees and Grants] Act, Part I)	£ 39,7 Mio.		
Unemployment Grants Committee Schemes (Development [Loan Guarantees and Grants] Act, Part II)	£ 76,2 Mio.		
Road Schemes	£ 62,6 Mio.		
Colonial Development Schemes	£ 9,4 Mio.		
Verschiedenes	£ 4,0 Mio.		

Anmerkung:
Die Umrechnung erfolgte nach den Angaben in: Deutsche Bank, Filiale Hamburg (Hg.), Devisenkurse 1924-1933. Monatsdurchschnittskurse für London, New York, Amsterdam, Stockholm, Zürich, Paris. Errechnet nach den Notierungen an der Berliner Börse, Hamburg o.J. (August 1929 - August 1931: £ 1 = durchschnittlich 20,4 RM; Abwertung am 21.9.1931; Oktober 1931 - März 1933: £ 1 = durchschnittlich 14,8 RM.

Quellen:
Robert Skidelsky, Politicians and the Slump. The Labour Government of 1929-1931, London 1967, S.304 (für Stand März 1931); PRO, Lab.2/1372/1 (Preservation A23/E.T.1996/1930): Using Benefit Payments for Productive Work, 2.3.1933.

Neben den durch das Unemployment Grants Committee geförderten Projekten bildete der Straßenbau die wichtigste direkte Arbeitsbeschaffungsmaßnahme des Labour-Kabinetts. Sie fiel in den Verwaltungsbereich des Transportministeriums und wurde aus dem "Road Fund" finanziert, dessen Einnahmen aus der Besteuerung des Kraftfahrzeugverkehrs herrührten. Am 1. Juli 1929 bewilligte der Schatzkanzler ein Fünfjahres-Programm zum Bau neuer Straßen, Brücken, Kanäle sowie zur Verbesserung alter Anlagen mit einem Finanzvolumen von £ 37,5 Millionen (rd. 750 Millionen RM), das bis zum Juni 1930 um weitere £ 11,5 Millionen (rd. 230 Millionen RM) aufgestockt wurde[114]. In ihrer gesamten Amtszeit vom Juni 1929 bis zum August 1931 verabschiedete die zweite Labour-Regierung Arbeitsbeschaffungsprogramme im Wert von £ 191,9 Millionen (3,92 Milliarden RM) (vgl. Tab.12). Die Zahl der direkt in laufenden Programmen Beschäftigten betrug auf ihrem Höchststand im Juni 1931 114.401. Das war angesichts der bestehenden Erwerbslosenquote und selbst unter Einbeziehung eines Multiplikatoreffektes auf die indirekte Beschäftigung eine verschwindend geringe Zahl, in der auch die zeitliche Verzögerung zwischen der Bewilligung und der Durchführung von Projekten zum Ausdruck kommt. So kann man der Arbeitsbeschaffungspolitik der zweiten Labour-Regierung einerseits wohl kaum einen tiefgreifenden Einfluß auf den vergleichsweise milderen Verlauf der Wirtschaftskrise in Großbritannien einschließlich der Entwicklung der Erwerbslosenquote zuschreiben[115]. Andererseits wurden diese Maßnahmen aber weit früher als in Deutschland initiiert und konnten daher auf dem Höhepunkt der Krise 1932 ihre Wirkung entfalten. In der Weimarer Republik betrug der Umfang der von den Regierungen Brüning bis Schleicher beschlossenen Beschäftigungsprogramme nur rund 1,22 Milliarden RM, also etwa ein Drittel des britischen Wertes. Davon waren bis Ende Februar 1933, einschließlich der Zuschüsse der Reichsanstalt, nachweisbar 247,5 Millionen RM bewilligt und 64 Millionen RM bereits ausgezahlt worden (vgl. Tab.13)[116].

---

114 Vgl. Skidelsky, Politicians and the Slump, S.105 f., 194 f.

115 Vgl. auch Labour Party, Two Years of Labour Rule, London, Okt. 1931, für einen knappen Überblick über die gesamten Aktivitäten und gesetzgeberischen Maßnahmen der Regierung aus parteioffizieller Sicht.

116 Vgl. auch "Der Stand der Arbeitsbeschaffung", in: GZ 10 (1933), S.147 f. [Stand März 1933]; GZ 14 (1933), S.214 [Stand April 1933]; Schneider, Arbeitsbeschaffungsprogramm, S.198 [Stand Dezember 1932].

Tab.13: Der Umfang der Arbeitsbeschaffung in Deutschland (Stand März 1933)

	vorgesehene Darlehens-mittel	bewilligte Darlehens-mittel	ausgezahlte Darlehens-mittel
Arbeitsbeschaffungsprogramm 1932 (1. Abschnitt [Brüning] u. 2. Abschnitt [v.Papen])	**322 Mio. RM**		
davon:			
Öffa-Mittel[1] (für Wasser- u. Landstraßen, Tiefbauten u. Sondermaßnahmen)	204 Mio. RM	169 Mio. RM	52 Mio. RM
Rentenbank- u. Debokulag-Mittel[1] (für Meliorationen)	51 Mio. RM	32,5 Mio.RM	12 Mio. RM
Sonstige Mittel (für Eigenheimbau, Siedlung, Abwracken veralteten Schiffsraums, usw.)	67 Mio. RM	Nachweis der damit finanzierten Arbeitsgelegenheiten nicht möglich	
Mittel für Wohnungsinstandsetzungen	**55 Mio. RM**		
Reichsbahn	**280 Mio. RM**		
Reichspost	**60 Mio. RM**		
Arbeitsbeschaffungsprogramm 1933 (Gereke-Sofortprogramm; erst im Anlaufen)	**500 Mio. RM**	-	-
Gesamt	**1217 Mio. RM**	**201,5 Mio.RM**	**64 Mio. RM**
plus Zuschüsse der Reichsanstalt für Arbeitsvermittlung und Arbeitslosenversicherung (Grundförderung oder Zuschüsse aus dem FAD)[1]		46 Mio. RM	
Gesamt		**247,5 Mio.RM**	

Anmerkung:

(1) Die mit Öffa-, Rentenbank- und Debokulag-Mitteln geförderten Arbeiten (= rd. 80%) des Arbeitsbeschaffungsprogramms 1932 wurden fast ausschließlich entweder als Arbeitsdienst- oder als kommunale Notstandsmaßnahme (= „werteschaffende Arbeitslosenfürsorge“) durchgeführt. Zusätzlich zu den Reichsmitteln gewährte der Präsident der Reichsanstalt daher entweder einen Zuschuß (Grundförderung) aus ersparten Mitteln, die durch die Beschäftigung bisher Unterstützter frei wurden. Oder er bewilligte - in seiner gleichzeitigen Funktion als Reichskommissar für den FAD – Zuschüsse aus den für den FAD zur Verfügung stehenden Mitteln, die er ebenfalls verwaltete; vgl. Franz Spliedt u. Bruno Broecker, Die Versorgung der Arbeitslosen nach dem neuesten Stande der Gesetzgebung, Berlin 1932, S.54 u. 56. [Abkürz.: Öffa: Deutsche Gesellschaft für öffentliche Arbeiten; Rentenbank: Deutsche Rentenbank-

Kreditanstalt; Debokulag: Deutsche Bodenkultur A.G.; FAD: Freiwilliger Arbeitsdienst]

Quelle:
BAP, 39.03/216: Vermerk betr. Stand a) des Arbeitsbeschaffungsprogramms 1932, b) des Sofortprogramms 1933, 20.2.1933, gez. Gisevius; Vermerk betr. Beschäftigungsmöglichkeiten im Jahre 1933 aus dem Arbeitsbeschaffungsprogramm der Reichsregierung, 4.3.1933.

Folgt man einer Aufstellung des Reichsarbeitsministeriums mit Stand vom April 1933, die zur Berechnung der Beschäftigungswirkung 300 Arbeitstage im Jahr und durchschnittlich 14 RM je Tagewerk zugrunde legt, dann hätten mit den bis dahin bewilligten Mitteln 58.929 Arbeiter, also knapp die Hälfte des britischen Spitzenwerts vom Juni 1931, für ein Jahr direkt wiederbeschäftigt werden können[117]. Selbst bei Einbeziehung der nationalsozialistischen "Arbeitsschlacht" von 1933 erreichten die in Deutschland vorgesehen Maßnahmen nicht das Ausmaß der von der Labour-Regierung zu einem weit früheren Zeitpunkt genehmigten Pläne. Bis Ende November 1933 waren von vorgesehenen 2,346 Milliarden RM für Arbeitsbeschaffung rd. 1,921 Milliarden RM bewilligt und rd. 514 Millionen RM ausgezahlt worden[118].
Für die meisten Großbritannien-Historiker sicherlich überraschend, sprechen die Ausgaben des Labour-Kabinetts für Arbeitsbeschaffung somit im deutsch-britischen Vergleich für eine, wenn auch unbeabsichtigte, expansive Finanzpolitik in den Anfangsjahren der Wirtschaftskrise. Während die Regierung einerseits an einer orthodoxen, ausgeglichenen Haushaltspolitik im Interesse des britischen Währungs- und Finanzsystems festhielt, unternahm sie gleichzeitig keine ernsthaften Anstrengungen, bei zurückgehenden öffentlichen Einnahmen in der beginnenden Rezession ihre Ausgaben zu reduzieren. Im Gegenteil erweiterte sie das Arbeitslosenunterstützungssystem in beträchtlichem Umfang und erhöhte die Steuern nur marginal. Dennoch wurden in der Forschung die stark deflationären Folgen hervorgehoben, die sich aus dem restriktiven haushaltspolitischen Ansatz des Schatzamtes ergaben. So seien die Mehrinvestitionen von 1929-1931 aus den laufenden Einnahmen gedeckt worden, anleihefinanzierte Ausgaben durch gleichzeitige Schuldenrückzahlungen wirkungslos verpufft und die Ausgaben in den Gebieten am niedrigsten gewesen, die am schwersten von Arbeitslosigkeit

117 Vgl. BAP, 39.03/90: Vermerk betr. voraussichtliche Auswirkungen der zur Zeit im Gange befindlichen Arbeitsbeschaffungsmaßnahmen auf dem Arbeitsmarkt, 7.4.33, gez. Dr. Stephan (Min.Rat RAM).

118 Vgl. BAP, 39.03/76: Stand der Arbeitsbeschaffungsprogramme am 30.11.1933; Anlage zu I. der Tagesordnung der Besprechung vom 7.12.1993 (ohne Berücksichtigung der Grundförderung und der auch in Tab.13 im Hinblick auf ihre Verwendung nicht nachweisbaren Finanzierungsmittel).

betroffen waren[119]. Derartige Aufrechnungen lassen jedoch die psychologische Wirkung staatlicher Wirtschafts- und Sozialpolitik außer Acht. Während auf der einen Seite die vertrauensfördernde Wirkung der Sparmaßnahmen der Nationalen Regierung nach der Finanzkrise von 1931 auf die Privatwirtschaft betont wurde[120], darf auf der anderen Seite die Politik der Labour-Regierung unter dem Aspekt des sozialen Friedens und der politischen Stabilität nicht unterschätzt werden. Auch die in der Lohn- und Arbeitszeitpolitik, obgleich erfolglos, eingeleiteten Maßnahmen lassen nicht die Absicht einer rigiden Deflationspolitik erkennen. Das Ausmaß der sozialen Härte und der deflatorischen Wirkung der Wirtschafts- und Sozialpolitik unter Brüning und Papen wurde weder durch die Labour-Regierung noch durch ihre konservativ dominierten Nachfolgerinnen in den dreißiger Jahren erreicht.

Analog zu den Forschungskontroversen über die deutsche Arbeiterbewegung wurde auch der zweiten Labour-Regierung vorgeworfen, sie habe die Möglichkeit einer alternativen, antizyklischen Konjunkturpolitik absichtlich ignoriert, obwohl die notwendige politische Unterstützung, die theoretischen Voraussetzungen wie auch internationale Beispiele dafür vorhanden gewesen seien[121]. Die Labour-Regierung hielt an einer traditionellen Wirtschafts- und Finanzpolitik fest, obwohl es neben den liberalen Vorschlägen auch innerparteiliche Befürworter alternativer Maßnahmen gab. Die Independent Labour Party (ILP) hatte bereits in den Jahren 1925 ("Revolution by Reason") und 1926 ("The Living Wage") zwei Programme vorgelegt, in denen die Ausweitung der Geldmenge über die Druckerpresse und die Abkehr vom Goldstandard gefordert wurden[122]. In der Zwischenkriegszeit entwickelte sie sich als korporatives Mitglied der Labour Party mehr und mehr nach links und trat 1932 schließlich aus der Partei aus. Sir Oswald Mosley, Mitautor von "Revolution by Reason" und unter der zweiten Labour-Regierung mit der Aufgabe betraut, Thomas bei seinen Bemühungen zur Bekämpfung der Arbeitslosigkeit zuzuarbeiten, legte im Januar 1930 ein Memorandum vor, das schließlich zu seinem Rücktritt als Minister führte. Darin schlug er u.a. die Durchführung kreditfinanzierter Arbeitsbeschaffungsmaßnahmen im Volumen von £ 200 Millionen vor. Nachdem das Kabinett, nicht zuletzt aufgrund der Empfehlungen des Schatzamtes, das Memorandum im Mai verworfen hatte, brachte Mosley in der Fraktion (Parliamentary Labour Party) einen Mißtrauensantrag gegen die bisherige Arbeitslosenpolitik der Regierung ein, der ebenfalls abgelehnt wurde. Auch der Labour-Parteitag des gleichen Jahres

119 Vgl. Garside, British Unemployment, S.345-47.

120 Vgl. Paulmann, Arbeitslosigkeit in Großbritannien, S.72.

121 Vgl. Skidelsky, Politicians and the Slump, S.387-95.

122 Vgl. ebd., S.47-50.

entschied knapp mit 1.251.000 zu 1.046.000 Stimmen gegen das Memorandum, wobei der Stimmenblock der Gewerkschaften den Ausschlag gab. Nicht inhaltliche Differenzen, sondern Mosleys Vorgehensweise wirkten sich dabei wohl maßgeblich auf das gewerkschaftliche Verhalten aus. Mit seinem Mißtrauensantrag hatte er gegen die Organisationsdisziplin innerhalb der Arbeiterbewegung verstoßen - ein Prinzip, das entscheidend von den Gewerkschaften geprägt worden war: "Collective solidarity in the parliamentary party was buttressed by the phalanx of elderly trade union officials for whom safe parliamentary seats in industrial areas were equivalent to union pensions for a lifetime of hard service. It was this solid group which held the fort against the 'unreliable' intellectuals, just as the union bloc votes did at party conference. The most that the Labour Party would tolerate - and it tolerated a great deal of it - was 'loyal grousing', preferably directed at the leadership's failure to achieve socialism faster. But as soon as the grousing threatened to become disloyal the ranks would close, the big guns would be aimed at the rebels, and loyalty would be insisted on, on threat of expulsion."[123]
Den Vorwürfen wurde entgegnet, daß sich die liberalen Forderungen, mit Ausnahme des ohnehin theoretisch noch wenig fundierten Arguments der Defizitfinanzierung, kaum von denen unterschieden, welche die britische Arbeiterbewegung seit dem Ende des Ersten Weltkriegs bereits in zahlreichen Publikationen formuliert hatte. Die finanzpolitische Vorreiterrolle der Liberal Party im Wahlkampf des Jahres 1929 erkläre sich daher mit ihrer günstigen Ausgangssituation, progressive Forderungen aufstellen zu können, ohne nach aller Wahrscheinlichkeit die politische Verantwortung für deren Implementation tragen zu müssen[124]. Auch die Chancen der zweiten Labour-Regierung zur Durchsetzung einer unorthodoxen Reflationspolitik, die ein beträchtliches Maß an staatlichen Eingriffen in die Wirtschaft erfordert hätte, wurden angesichts der bestehenden Machtstrukturen und der innovations- und interventionsfeindlichen Einstellungen der Bürokratie, der Bank von England, der Banken und großen Finanzinstitute und einer Mehrheit der Industriellen als äußerst gering eingestuft[125]. Vor allem der, mit der Durchführung eines umfangreichen Arbeitsbeschaffungsprogramms verbundene, zentralstaatliche Machtzuwachs - nicht zuletzt auch gegenüber den Kommunalregierungen - erzeugte in der liberalen politischen Kultur Großbritanniens Besorgnis: "However, what worried contemporary politicians (not

---

123 Skidelsky, Mosley, S.223; vgl. die ausführliche Darstellung der Ereignisse um das Mosley-Memorandum und die Diskussion des Papiers in: ebd., S.191-245; ders., Politicians and the Slump, S.167-89; zur Parteitagsdebatte und -entscheidung vgl. Labour Party, Report of the 30th Annual Conference, London 1930, S.179-204 (im folgenden: Labour Party-Report 19..).

124 Vgl. MacKay, Forsyth u. Kelly, Discussion of Public Works Programmes, S.16.

125 Vgl. McKibbin, Economic Policy, S.122 f.

least within the Labour Party) about the development programmes of Lloyd George and Mosley was their implicit assumption of a powerful central executive, their rejection of the inherent efficacy of market forces in favour of some form of 'managed capitalism', and a suggested timetable of action which smacked of bureaucratic dictatorship."[126]
Auch die Gewerkschaften waren zu diesem Zeitpunkt noch nicht soweit, der Labour Party neue wirtschaftspolitische Wege aufzuzeigen, obwohl der TUC beim Ausbruch der Weltwirtschaftskrise in der Entwicklung einer alternativen Geld- und Konjunkturpolitik bereits weit vorangeschritten war (vgl. Kap.VI). Diese relativ neuen Erkenntnisse wurden zwar als zusätzliche Handlungsmöglichkeiten wahrgenommen, es gelang ihnen in der Zwischenkriegszeit jedoch noch nicht, alte, tief verankerte Auffassungen zu verdrängen. Der, seit dem Amtsantritt der Regierung offensichtlich etwas desillusionierte, TUC-Kongreß von 1930 stellte daher in einer mehrheitlich verabschiedeten Resolution fest, "(...) that the present Government has not a majority over the combined opposition parties, and is consequently prevented from operating effective Socialistic measures for the only solution of unemployment. Congress therefore strongly urges every member of affiliated Trade Unions to vote Labour at the next General Election, and thus directly assist in placing a Government in power, who, by virtue of the fact of representing a majority of the electorate, will be able, to promote definite Socialistic remedies for the solution of the unemployment problem (...)."[127]
Trotz der vielfach beschworenen "socialistic remedies" wurde der britischen Arbeiterbewegung - anders als der deutschen - keine ideologische Immobilität vorgeworfen, und es läßt sich fragen, ob man dieses Argument daher nicht auch für die deutsche Seite revidieren sollte. Die neuen wirtschaftstheoretischen Ideen waren noch zu wenig ausgearbeitet und in ihrer Wirksamkeit überprüft, als daß sie die Konkurrenz zu lange tradierten Überzeugungen erfolgreich hätten bestehen können. Von ideologischer Verbohrtheit oder absichtlicher Ablehnung alternativer Handlungsmöglichkeiten wider besseres Wissen kann deshalb keine Rede sein, wie auch die Reaktionen der mit der Arbeitslosenproblematik befaßten Minister der zweiten Labour-Regierung angesichts der Erfolglosigkeit ihrer Bemühungen deutlich zeigen. Thomas suchte die Lösung der Probleme zunehmend im Alkohol und war bereits Endes des Jahres 1929 in einem solchen Zustand der Panik, daß

---

126 Garside, British Unemployment, S.363; vgl. auch ders., Failure of the "Radical Alternative". Diese Auffassung bringt deutlich zum Ausdruck: N. F. Warren Fisher an Premierminister Baldwin, Treasury Chambers, 2.4.1929; Begleitschreiben zu C.P.104 (29) (Interdepartmental Committee on Unemployment, Report on "We can Conquer Unemployment" and Melchett-Tillett Report), in: PRO, Cab.24/203.

127 Vgl. TUC-Report 1930, S.287-91, Zitat S.287 f.

Premierminister MacDonald selbstmörderische Absichten befürchtete[128]. Auch sein Kollege George Lansbury bekannte in einem Brief an Mosley im September 1929: "I am really in despair about the whole business of unemployment. We all seemed to be working in such an uncoordinated manner, and although the Privy Seal is looked upon as the coordinating authority, I really do not see it operating. The one authority which does work is the Treasury, and whenever I hear Snowden - while I hate his conclusions, his logic seems unanswerable."[129]
Dies waren also die Maßgaben, nach denen sich die Politik des Labour-Kabinetts schließlich ausrichtete: Zum einen Unsicherheit und unzureichende wirtschaftstheoretische Kenntnisse der politischen Führung; zum zweiten eine daraus resultierende Abhängigkeit von ihren Beamten, deren orthodoxe Auffassungen durch die tradierten Strukturen der politischen Kultur Großbritanniens noch an Überzeugungskraft gewannen; zum dritten eine unzureichende politische und gesellschaftliche Massenbasis der von einigen Einzelpersonen vorgebrachten alternativen Vorschläge, da auch die Gewerkschaften nicht bereit waren, dafür die bisherige politische Führung zu opfern und selbst die innerparteiliche Leitung zu übernehmen. Trotz aller Kritik muß aber doch die Vielzahl der Anstrengungen anerkannt werden, welche die Labour Party in relativ kurzer Zeit zur Erfüllung ihrer Wahlversprechen im Bereich der Arbeitslosenpolitik unternahm. Der britische Historiker Hugh Clegg hat darüber hinaus zu Recht angemerkt, daß die meisten Darstellungen der zweiten Labour-Regierung nach dem Zweiten Weltkrieg in einer Phase der durch keynesianische Wirtschaftspolitik erreichten Vollbeschäftigung geschrieben worden seien. Aus der Kenntnis erfolgreicher Mittel gegen die Arbeitslosigkeit heraus habe man nachträglich die Regierung dafür verdammt, diese Gegenmittel nicht, wie wenig später Roosevelt in den USA, entdeckt zu haben, und die Gewerkschaften entsprechend dafür verurteilt, daß sie die Regierung nicht stärker unter Druck setzten: "However, writing in the nineteen-eighties, when it is only too evident that there is no reliable remedy for unemployment, a more cautious attitude is in order. The evidence of the New Deal is inconclusive. Roosevelt came to power just as economic recovery began throughout the world. He could hardly avoid showing results, but they were not better, probably a little worse, than the achievements of the far less bold and innovative government then in power in Britain."[130]
Die in der Krise rapide steigenden Sozialausgaben erzeugten in der Öffentlichkeit zunehmend Zweifel an der zukünftigen Stabilität des gesamten britischen Finanzsystems. Vor diesem Hintergrund ernannte die zweite Labour-Regierung auf

---

[128] Vgl. Skidelsky, Mosley, S.191.

[129] BLPES, Lansbury Collection, III/Bd.19-20/d.177: Lansbury an Mosley, 25.9.1929.

[130] Clegg, British Trade Unions, Bd.2, S.503.

Druck der Liberalen am 17. März 1931 das Committee on National Expenditure[131]. Unter dem Vorsitz von Sir George May sollte es Vorschläge zur Kürzung der Staatsausgaben erarbeiten. Der Abschlußbericht des May Committee vom Juli 1931 sowie der bereits erwähnte, im gleichen Monat veröffentlichte Bericht des Macmillan Committee trugen zur Vertrauenkrise der in- und ausländischen Investoren in das britische Pfund bei, die sich unter dem Einfluß der kontinentalen Finanzkrise im Sommer 1931 entwickelt hatte. Der May-Report sagte ein Budgetdefizit von £ 120 Millionen für das Haushaltsjahr 1931/32 voraus. Er empfahl Steuererhöhungen im Umfang von £ 23,5 Millionen sowie eine Kürzung der Staatsausgaben um £ 96,5 Millionen. Davon sollten £ 66,5 Millionen durch Einsparungen bei der Arbeitslosenversicherung gedeckt werden. Als der Druck auf das Pfund anhielt und das Schatzamt im August 1931 bei Pariser und New Yorker Bankiers um eine erneute Anleihe in Höhe von £ 80 Millionen nachsuchte (im Juli 1931 hatten die Zentralbanken Frankreichs und der USA bereits einen Kredit von insgesamt £ 50 Millionen gewährt), machten diese ihre Zusage von einer Umsetzung der Empfehlungen des May Committee, insbesondere hinsichtlich der Sparmaßnahmen bei der Arbeitslosenunterstützung, abhängig. Am 24. August 1931 trat daraufhin die Labour-Regierung zurück, "having refused to allow either circumstance or party pressure to force it to accept a policy essentially at variance with its basic political and humanitarian instincts"[132].

Noch am gleichen Tag erfolgte die Bildung der ersten Nationalen Regierung unter Ramsay MacDonald. Diese stellte zunächst ein nicht durch Wahlen legitimiertes Notstandskabinett dar, das jedoch zwei Monate später durch die Parlamentswahlen vom Oktober 1931 in überwältigendem Umfang bestätigt wurde. Die Liberalen, die Konservative Partei und einige wenige Dissidenten der Labour Party (National Labour) unter Führung MacDonalds, die anschließend aus der Partei ausgeschlossen wurden, unterstützten die Regierung. Der Sturz der Labour-Regierung bewirkte umgehend einen nachlassenden Druck auf die Währung und den Erhalt der ausländischen Anleihe. Dennoch war das neue Kabinett im September 1931 gezwungen, die Abkehr vom Goldstandard vorzunehmen. Es entschied sich damit zu einem Schritt, der für alle seine Vorgänger seit 1925 vor dem Hintergrund einer "paranoiden Inflationsangst" und dem Bestreben, die

---

131 Vgl. PP 1930-31, Cmd. 3920: Committee on National Expenditure, Report, London 1931.

132 Garside, British Unemployment, S.64; zur Staatskrise von 1931 vgl. auch Lansbury, Cabinet Crisis of 1931 (s.o., S.139, Anm. 107); BLPES, Passfield Papers, IV/26: Sidney Webb, Memoranda and papers relating to the political crisis of August, 1931, and the General Election October, 1931, August to 16.November 1931; Garside, a.a.O., S.58-65; Skidelsky, Politicians and the Slump, S.334-83; ausführlichst: Bassett, Nineteen Thirty-One; Berkeley, Myth.

Stellung der Nation im Welthandel und auf dem internationalen Kapitalmarkt nicht zu gefährden, undenkbar gewesen war[133].
Bis zum März 1932 fiel das Pfund um rund 30% auf $ 3,40[134]. Die Abwertung der Währung ging mit der Bereitstellung "billigen Geldes", also günstiger Kreditbedingungen, durch die stufenweise Senkung des Diskontsatzes von 6% im September 1931 auf 2% im Juni 1932 einher. Im gleichen Jahr leitete die Einrichtung eines Währungsausgleichsfonds ("exchange equalisation account") zur Gegensteuerung bei Wechselkursfluktuationen eine neue Politik der "managed currency" und die Abkehr von einem sich selbst regulierendem Währungssystem auf Goldbasis ein. Durch die Konvertierung eines Teils der Kriegsanleihen in Höhe von £ 2 Milliarden (ca. ein Viertel der nationalen Gesamtschuld) von einer 5 auf eine 3 1/2 %ige Verzinsung revidierte die Nationale Regierung partiell die bisherige finanzpolitische Linie ihrer Vorgänger und belastete zumindest mit einem Teil ihrer Sparmaßnahmen die Rentiers[135]. Bald nach der Abkehr vom Goldstandard wurde auch der Freihandel aufgegeben und damit eine weitere „heilige Kuh" der britischen Wirtschaftspolitik geschlachtet. Die Import Duties Act vom Februar 1932 leitete in Großbritannien die Schutzzollära ein. Auf der Reichswirtschaftskonferenz von Ottawa im Juli/August 1932 vereinbarten die Teilnehmer darüber hinaus ein Präferenzsystem, das im Handelsverkehr zwischen Großbritannien und den Ländern des Commonwealth Vorzugszölle vorsah[136].
Ende des Jahres 1932 zeigten sich erste Zeichen der konjunkturellen Erholung. Der höchste Stand der Arbeitslosigkeit wurde überschritten. Die Erholung basierte, wie bereits dargelegt, nicht auf keynesianischem "deficit spending" der öffentlichen Hand, sondern vor allem auf der privaten Nachfrage und Investitionstätigkeit. Die Schaffung zusätzlicher Investitionsanreize für die private Nachfrage realisierte jedoch einen Teilaspekt keynesianischer Wirtschaftstheorie: Durch Abwertung und Senkung der Leitzinsen wurden Geldschöpfung und Kreditausweitung erreicht - Maßnahmen, von denen insbesondere das Baugewerbe und

---

133 Vgl. Sean Glynn, Real Policy Options, in: ders. u. Booth (Hg.), Full Employment, S.154-74, hier S.159.

134 Vgl. Garside, British Unemployment, S.134.

135 Vgl. May, Economic and Social History, S.356.

136 Zwar gab es in Großbritannien auch schon vor 1932 Zollbestimmungen. 1930 waren insgesamt 17% aller Importe durch Zölle, darunter aber nicht mehr als 2-3% durch Schutzzölle, betroffen, d.h 83% der Importe waren nicht zollpflichtig. Nach der Import Duties Act und der Ottawa-Konferenz von 1932 blieben nur noch rd. 25% aller Importe vollständig zollfrei; vgl. Pollard, Development, S.120 f.

seine Zulieferindustrien profitierten, während sich, davon unbeeinflußt, die Lage des Exporthandels kaum verbesserte[137].
Die Haushaltspolitik behielt den bisherigen deflationären, aber im Vergleich zur deutschen Entwicklung sozial ausgewogeneren Charakter bei. Die Regierung senkte 1931 im öffentlichen Dienst die Bezüge für Minister, Abgeordnete, Richter und Mitglieder der Streitkräfte um 10%, für Lehrer um 15% und für Angehörige der Polizei um 5%. Die Development (Loan Guarantees and Grants) Act von 1929 wurde nicht mehr verlängert und das Unemployment Grants Committee stellte 1932 seine Tätigkeit nach einer Übergangsphase vollständig ein. Andere Ausgaben für Beschäftigungsprogramme im Bereich des Straßenbaus, der Forstwirtschaft, Landentwässerung und Landgewinnung fielen den Sparmaßnahmen der Nationalen Regierung ebenfalls zum Opfer und wurden teils reduziert, teils ersatzlos gestrichen. Der im September 1931 von Snowden vorgelegte, nunmehr ausgeglichene Nachtragshaushalt sah zwar eine Reduzierung der für die Schuldentilgung vorgesehenen Finanzmittel vor, gleichzeitig aber eine Erhöhung der direkten Steuern, insbesondere der Einkommenssteuer, und, in geringerem Maße, der indirekten Verbrauchssteuern, vor allem auf Bier, Tabak und Benzin[138]. So läßt sich die konjunkturelle Erholung der britischen Wirtschaft ab 1934 nur in geringem Maße auf die wirtschafts- und finanzpolitischen Maßnahmen der Nationalen Regierung zurückführen. Sidney Pollard vertritt die Ansicht, daß die positiven Wirkungen der expansiven Geldpolitik durch eine deflationäre Fiskalpolitik konterkariert wurden. Ein wichtiger aktiver Beitrag der Regierung zum Wirtschaftsaufschwung sei hingegen die Einführung der Schutzzölle gewesen, die zu einer Reduzierung der Importe beigetragen und damit die Nachfrage auf die Konsumgüterindustrien des Binnenmarktes gelenkt hätten[139].
Den im Arbeitslosenunterstützungssystem vorgenommenen Kürzungen von über £ 12 Millionen jährlich standen allerdings weiterhin hohe Sozialausgaben gegenüber, die die inländische Kaufkraft stärkten. Sie betrugen für Versicherungsleistungen und Übergangsunterstützung rund £ 125 Millionen im Jahr 1931, £ 116 Millionen 1932, £ 107 Millionen 1933 und £ 96 Millionen 1934, so daß die deflationäre Wirkung der Sparmaßnahmen teilweise ausgeglichen wurde[140]. Hinzu kamen die Nachwirkungen der von der zweiten Labour-Regierung bewilligten Arbeitsbeschaffungsprogramme. Aufgrund des "time-lag" zwischen

---

137 Vgl. Aldcroft, Inter-War Economy, S.282-85, 341-44.

138 Vgl. Mowat, Britain between the Wars, S.402; Paulmann, Arbeitslosigkeit in Großbritannien, S.69; Taylor, English History, S.295-97.

139 Vgl. Pollard, Development, S.151.

140 Vgl. PP 1934-35, Cmd. 4861: Ministry of Labour, Report for the Year 1934, London 1935, S.71; Miller, Unemployment Policy, 458 f.

der Entscheidung zur Beendigung der Programme, wie sie von der Nationalen Regierung getroffen wurde, und der tatsächlichen Arbeitseinstellung bekam die britische Bevölkerung im entscheidenden Krisenjahr 1932 nicht die volle Auswirkung der Deflationspolitik zu spüren. Der Anteil der öffentlichen an allen Investitionen betrug 1932 45,7% und war damit höher als 1929 mit 38,6% und 1930 mit 42,3%. Der Tiefpunkt der öffentlichen Investitionstätigkeit wurde erst 1934 erreicht, als der "housing boom" bereits in vollem Gange war[141]. Eine im Vergleich zu Deutschland großzügige Arbeitslosenunterstützung, relativ geringe nominelle Lohnkürzungen und die Entwicklung der "terms of trade" in den dreißiger Jahren, die sich in realen Einkommensgewinnen niederschlugen, erzeugten ein unausgeschöpftes Kaufkraftpotential. Dieses führte, unterstützt durch Zinssenkungen und gelenkt durch protektionistische Maßnahmen, schließlich den Binnenmarktaufschwung herbei[142].
Ihre Ablehnung staatlicher Investitionsprogramme zur Bekämpfung der Arbeitslosigkeit, wie sie in den Sparmaßnahmen von 1931 zum Ausdruck kam, behielt die Nationale Regierung bis zum Ende der Zwischenkriegszeit in Grundzügen bei. Als Beitrag zur wirtschaftlichen Erholung setzte sie stattdessen auf die "natürlichen" Selbstheilungskräfte der Wirtschaft, d.h. auf die Schaffung günstiger Investitionsbedingungen für die Privatwirtschaft und - wie schon die Labour-Regierung - auf die Förderung von Reorganisationsbestrebungen in den stagnierenden Industriebranchen[143]. Die in der Krise von 1931 zur Begründung ihrer ablehnenden Haltung im Vordergrund stehenden fiskalpolitischen Argumente traten allerdings ab 1933 zunehmend zugunsten strukturpolitischer Einwände zurück. In einer vorsichtigen Abkehr vom Sparzwang revidierte die Regierung mit den Haushalten von 1934 und 1935 die 1931 vorgenommenen Kürzungen in der Arbeitslosenunterstützung und der Gehälter des öffentlichen Dienstes sowie die Erhöhung der Einkommenssteuer. Sie übernahm Finanzierungsgarantien für den Ausbau des Eisenbahn- und des Londoner Untergrundbahnnetzes und setzte mit der Housing Act von 1933 die, durch die Finanzkrise zunächst in ihrer Durchführung unterbrochene, Politik der Labour-Regierung zur Unterstützung kommunaler Slumbereinigungs-Programme fort. Insgesamt stiegen die zentralstaatlichen Investitionen ab 1933 wieder kontinuierlich an[144]. Die veränderte Haltung der Regierung läßt sich mit Budget-

---

141 Vgl. Tab.10, S.112; Miller, Unemployment Policy, S.458.

142 Zum gleichen Schluß gelangt Pollard, Wege aus der Arbeitslosigkeit.

143 Vgl. Richard Roberts, The Administrative Origins of Industrial Diplomacy: an Aspect of Government-Industry Relations, 1929-1935, in: John Turner (Hg.), Businessmen and Politics. Studies of Business Activity in British Politics, 1900-1945, London usw. 1984, S.93-104.

144 Vgl. Tab.10, S.112; Cook u. Stevenson, Longman Handbook, S.128; Mowat, Britain between the Wars, S.456 f.; Paulmann, Staat und Arbeitslosigkeit, S.100, 106-08.

Überschüssen 1934 und 1935, Kritik unzufriedener Hinterbänkler aus den eigenen Reihen, den Kommunal- und Nachwahlerfolgen der Labour Party[145] und den bevorstehenden Parlamentswahlen im November 1935 erklären, nicht aber mit einer veränderten fiskalpolitischen Linie. Auch in der Rezession von 1937/38 lehnte die Regierung zivile staatliche Investitionsprogramme ab, da die Aufrüstung, die hauptsächlich durch Aufträge an die Privatwirtschaft durchgeführt wurde, zusätzliche allgemeine Nachfragesteigerungen überflüssig mache. Angesichts einer fast gänzlich abgebauten konjunkturellen Arbeitslosigkeit, steigender Preise, voll ausgelasteter Produktionskapazitäten für Rüstungsgüter und zunehmender Zahlungsbilanzdefizite durch Rüstungsimporte zeichneten sich gesamtwirtschaftlich bereits inflationäre Tendenzen ab. Auf der anderen Seite wurde der regionale Charakter der anhaltenden, strukturellen Arbeitslosigkeit immer deutlicher. Da die Regierung direkte staatliche Interventionen im Bereich der Rüstungspolitik bis 1938/39 weitgehend vermeiden wollte und stattdessen auf die freiwillige Kooperation der Arbeitsmarktparteien setzte[146], verblieb ihr in den dreißiger Jahren nur die indirekte Steuerung durch Nutzung der brachliegenden Kapazitäten der "depressed areas", um dort Arbeitslosenpolitik und Aufrüstung unter Vermeidung inflatorischer Gefahren zu verbinden[147]. Anders als beim "housing boom", der vor allem das Baugewerbe, dessen Zulieferer sowie die neueren Industrien stimuliert hatte, waren die Eisen- und Stahl-, Kohle- und Maschinenbauindustrien die Hauptnutznießer der erhöhten Verteidigungsausgaben. Damit profitierten auch die "depressed areas" als Hauptstandorte von der Wiederaufrüstung. Langfristig wurde dadurch jedoch die schwerindustrielle Struktur dieser Regionen verstärkt, während die Forderungen nach einer Diversifikation der britischen Industriestruktur weiterhin unerfüllt blieb[148].

---

145 S.o., Kap.I.3, S.91; die folgende Darstellung zur Rüstungspolitik der Nationalen Regierung basiert auf Paulmann, Staat und Arbeitsmarkt, S.103-10.

146 Vgl. George Peden, Arms, Government and Businessmen, 1935-1945, in: Turner (Hg.), Businessmen and Politics, S.130-45. Am 23.3.1938 fand auf Wunsch des Premierministers Chamberlain erstmals ein Gespräch zwischen ihm und Walter Citrine, dem TUC-Generalsekretär, statt, in dem die Beschleunigung der Rüstungsanstrengungen erörtert wurde; vgl. General Council Minutes, 23.3.1938.

147 Die britische Aufrüstung blieb bis 1938 von der Überzeugung der Regierung geprägt, daß von finanziellen und ökonomischen Risiken, die durch erhöhte öffentliche Ausgaben verursacht werden könnten, eine größere Gefahr für das Land ausginge als von unzureichenden militärischen Verteidigungskapazitäten. Noch im letzten Friedensjahr beanspruchten die Verteidigungsausgaben weniger als 7% des Volkseinkommens, während sie in Deutschland im gleichen Jahr über 23% des BSP ausmachten; vgl. Mark Thomas, Rearmament and Economic Recovery in the late 1930s, in: EcHR 36 (1983), S.552-79, hier S.553 f.

148 Vgl. Thomas, Rearmament, S.565-70; Paulmann, Staat und Arbeitsmarkt, S.160-62.

Wie schon die zweite Labour-Regierung, versuchte auch die Nationale Regierung durch mobilitätsfördernde Maßnahmen der strukturellen Arbeitslosigkeit Herr zu werden[149]. Staatlichen Emigrationshilfen maß sie jedoch kaum noch Bedeutung bei, denn, wie schon die magere Ausbeute des Labour-Botschafters in Sachen Arbeitsbeschaffung, Jimmy Thomas, gezeigt hatte, scheiterte die Auswanderung zunehmend an der nachlassenden Aufnahmebereitschaft der Einwanderungsländer. Aber auch verbesserte Lebensbedingungen im Vereinigten Königreich, wie z.B. ein großzügiges Unterstützungssystem für Arbeitslose, verminderten die Motivation zur Emigration[150].
Unter dem öffentlichen Druck, etwas für die Arbeitslosen zu tun, unterstützte die Regierung ab 1934 in Zusammenarbeit mit privaten Wohlfahrtsverbänden und Kommunalbehörden u.a. den Erwerb von Kleinbauernstellen und die Ansiedlung arbeitsloser Industriearbeiter als landwirtschaftliche Pächter durch begrenzte öffentliche Fördermittel[151]. Hinter der Idee der ländlichen Siedlung stand auch in Großbritannien eine längere Tradition. Die Labour-Regierung hatte zu diesem Zweck 1931 die Agricultural Land (Utilisation) Act verabschiedet, deren Inkrafttreten jedoch durch die Sparmaßnahmen ihrer Nachfolgerin verhindert wurde. Anders als die deutschen Präsidialkabinette gab sich die Nationale Regierung keinerlei agrarromantischen Vorstellungen hin. Agrarpolitik barg in Großbritannien weder den politischen Zündstoff noch die ideologisch-rassistischen Komponenten, die sie in Deutschland in der Zeit der Weimarer Republik und des nationalsozialistischen Regimes besaß. Als die wirtschaftliche und politische Entwicklung die aus arbeitsmarktpolitischen Erwägungen staatlich geförderte britische Siedlungsbewegung überflüssig machte, wurde sie ohne Bedauern 1939 auf dem geringen Stand von 1.100 niedergelassenen Familien eingefroren.

---

149 Zur Mobilitätsförderung der Nationalen Regierung vgl. die in Anm.112 genannte Literatur. Eine ausführliche Darstellung dieser und vielfältiger anderer, kleinerer Maßnahmen der staatlichen Arbeitslosenpolitik in Großbritannien, die hier nicht alle aufgeführt werden können, findet sich in den jährlichen Berichten des Arbeitsministeriums. Bspw. wird für das Jahr 1936 berichtet, es habe sich in dessen Verlauf "a new field of activity" ergeben, nämlich die Vermittlung arbeitsloser britischer Fischereiarbeiter auf Walfabrikschiffe in der Antarktis; vgl. PP 1936-37, Cmd. 5431: Ministry of Labour, Report for the Year 1936, London 1937, S.18.

150 Als Überblick zur staatlichen Emigrationsförderung in Großbritannien vgl. Johannes Paulmann, Auswanderung und Emigrationsförderung in der Zwischenkriegszeit. Zur sozialpolitischen Dimension des britischen Empire, in: Jürgen Kocka, Hans-Jürgen Puhle und Klaus Tenfelde (Hg.), Von der Arbeiterbewegung zum modernen Sozialstaat. Festschr. f. Gerhard A. Ritter zum 65. Geburtstag, München usw. 1994, S.683-702.

151 Vgl. Johannes Paulmann, "Ein Experiment der Sozialökonomie": Agrarische Siedlungspolitik in England und Wales vom Ende des 19. Jahrhunderts bis zum Beginn des Zweiten Weltkrieges, in: GG 21 (1995), S.506-32.

Im Gegensatz zu den Beschäftigungsprogrammen der zweiten Labour-Regierung kürzte die Nationale Regierung die von ihrer Vorgängerin vorgesehenen Mittel zur Schulung und Umsiedlung Erwerbsloser aus den Notstandsgebieten in prosperierende Landesteile im Zuge der allgemeinen Sparmaßnahmen nicht, sondern intensivierte sogar ihre diesbezüglichen Bemühungen. Sie verstärkte die behördliche Koordination bei der Stellenvermittlung, erhöhte die finanziellen Hilfen an die Umgesiedelten und ihre Familien und erleichterte noch einmal die Bewilligungskriterien des "Household Removal Scheme". Ausgedehnt wurde auch die Tätigkeit der "Government Training Centres" und der "Transfer Instructional Centres", die nun in "Instructional Centres" umbenannt wurden. Diese erhielten mehr und mehr den Charakter reiner Beschäftigungszentren. In ihrer rein sozialpolitischen Ausrichtung erinnerten sie, ebenso wie die im April 1932 durch die Regierung eingerichteten "Physical Training Centres" zur körperlichen Ertüchtigung der Langzeiterwerbslosen, an die deutschen Lager für den Freiwilligen Arbeitsdienst, allerdings ohne deren paramilitärische Ausrichtung. Ähnliche Aufgaben erfüllten auch die gleich nach Kriegsende eingerichteten "Juvenile Unemployment Centres", in denen die Jugendlichen mit nicht-berufsorientierten Tätigkeiten beschäftigt wurden, und die "Occupational Centres", die im wesentlichen auf der lokalen Initiative privater Wohlfahrtsverbände beruhten. Die Nationale Regierung unterstützte diese und andere private Wohlfahrtsinitiativen, indem sie 1932 den National Council of Social Services als Dachorganisation der Privatwohlfahrt für Arbeitslose anerkannte und ihm finanzielle Zuschüsse für seine Koordinierungstätigkeit der sozialen Dienste für Arbeitslose überwies.
Die seit Ende der zwanziger Jahre in Großbritannien betriebene staatliche Mobilitätsförderung hatte nur begrenzten Erfolg. Betrachtet man die allgemeine Migrationsbewegung innerhalb Großbritanniens in dieser Zeit, dann vollzog sich der größere Teil der Abwanderung aus den "special areas" ohne staatliche Hilfe und aus eigener Initiative. Etwa ein Drittel der zwischen 1929 und 1937 transferierten Männer und Frauen kehrten zudem wieder in die Depressionsgebiete zurück[152]. Langfristig stieß die Umsiedlungspolitik auf Kritik, denn sie schuf keine neuen Arbeitsplätze und trug damit nicht zu einer Verbesserung der strukturellen Probleme in den "depressed areas" bei. Im Gegenteil zeigten sich zunehmend ihre nachteiligen Folgen für diese Regionen durch eine Verschlechterung der Qualifikation des zurückbleibenden Arbeitskräftepotentials. Lernfähige und flexible Menschen, Angelernte, Facharbeiter und alleinstehende junge Männer zogen am ehesten dauerhaft weg, während ungelernte, ältere und verheiratete Menschen zurückblieben. Da auch die Abkehr vom Goldstandard keine Erholung der alten stagnierenden Exportindustrien bewirkt hatte, schienen sich die Depressionsgebiete auf einen bleibenden Überschuß an nicht mehr vermittelbaren Arbeits-

---

152 Vgl. Paulmann, Staat und Arbeitsmarkt, Tab.12, S.124 u. 130.

kräften einrichten zu müssen. Hungermärsche der Betroffenen nach London, eine Artikelserie in der "Times" im März 1934 über die Lebensbedingungen der arbeitslosen Bergarbeiter und ihrer Familien in Durham und das Erscheinen sozialwissenschaftlicher oder halbdokumentarischer Studien sowie der "dole literature" in bisher nicht gekanntem Ausmaß[153] machten in den dreißiger Jahren auf die ethischen Probleme des regionalen Niedergangs aufmerksam und erzeugten ein gesamtgesellschaftliches Klima der Solidarität mit den Arbeitslosen in "Outer Britain". Die öffentliche Meinung und die Befürchtungen der eigenen Hinterbänkler um ihre Wahlkreise setzten die Regierung unter starken politischen Druck, von ihrer defensiv-palliativen, anti-interventionistischen Politik abzugehen und statt der Abwanderung von Arbeitskräften durch eine aktive Regionalpolitik die Ansiedlung neuer Industrien in den Depressionsgebieten zu fördern[154]. Die 1934 verabschiedete Special Areas (Development and Improvement) Act war das enttäuschende Ergebnis. Sie führte zur Ernennung zweier "Commissioners for the Special Areas", einen für England und Wales (Sir Malcolm Stewart) und einen für Schottland (Sir Arthur Rose), die mit der Initiierung und Unterstützung von Hilfsmaßnahmen zur Förderung der wirtschaftlichen und sozialen Entwicklung der "besonderen" Gebiete beauftragt wurden. Entgegen den in das Gesetz gelegten Erwartungen, stellte die Regierung den Commissioners nur sehr begrenzte Geldmittel (zunächst £ 2 Millionen) zur Verfügung und untersagte ihnen darüber hinaus, Gewinn erwirtschaftende Unternehmen mit staatlichen Subventionen zu unterstützen. Stattdessen sollten sie ländliche Siedlungsprojekte, kleinere lokale Arbeitsbeschaffungsprogramme und sozialpolitische Maßnahmen zur Verbesserung der Lebensqualität, etwa im Bereich des Gesundheitswesens, finanzieren. Zu einer staatlich gelenkten Industrieansiedlungspolitik konnte sich die Regierung nicht durchringen, denn "(...) if the coal trade cannot give employment locally, and other industries with a comparable range of employment can find no reason why

---

153 Vgl. Stevenson u. Cook, Slump, S.28 f., 74-93; H. L. Beales u. R. S. Lambert (Hg.), Memoirs of the Unemployed, Wakefield 1972 (Nachdr.; 1.Aufl. 1934)); Wal Hannington, Unemployed Struggles 1919-1936. My Life and Struggles Amongst the Unemployed, London 1936; ders., The Problem of the Distressed Areas, London 1937; George Orwell, Der Weg nach Wigan Pier, Zürich 1982 (engl. Orig.ausg.: The Road to Wigan Pier, London 1937); J. B. Priestley, English Journey, Chicago 1984(2) (Nachdr.; 1. Aufl. 1934). Sehr populär war Walter Greenwood, Love on the Dole, Harmondsworth usw. 1987 (Nachdr.; 1. Aufl. 1933). Der Roman wurde 1941 mit Deborah Kerr in der Hauptrolle verfilmt und ist als Videofilm noch heute im britischen Handel erhältlich.

154 Zur regionalen Strukturpolitik vgl. im folgenden Garside, British Unemployment, S.251-65, 71-74; Paulmann, Staat und Arbeitsmarkt, S.133-66; ders., Arbeitslosigkeit in Großbritannien, S.137-48.

they should settle themselves round derelict pit shafts, the people who wish to work must go where the work is."[155]
Erst die herannahende Unterhauswahl von 1935 veranlaßte die Regierung zu einer Aufweichung der gesetzlichen Vorschrift, nach der die Subventionierung privatwirtschaftlich geführter Betriebe untersagt war. Die veränderte politische Linie wurde in der Zulassung von Trading Estate Companies zur Erschließung von Industriegebieten in den Sonderregionen erkennbar, in der Gründung der Special Areas Reconstruction Association (SARA), die im April 1936 in Absprache mit dem Schatzamt durch die Bank von England erfolgte, und in der Einsetzung des "Treasury Fund" 1934, der die Kapitalbeschaffung größerer Unternehmen zur Niederlassung in strukturschwachen Gebieten, auch außerhalb der "special areas", durch Kredite unterstützen sollte. Der Einfluß aller drei Einrichtungen sowie auch der Special Areas (Amendment) Act von 1937 auf die Ansiedlung und Diversifizierung der Industrie in den Notstandsgebieten war gering, zumal sie auch erst zwei Jahre vor Ausbruch des Zweiten Weltkriegs mit ihrer Förderung begannen[156]. Insgesamt betrug die Anzahl der durch Kredite an Industrieunternehmen und Firmengründungen in Industriegebieten geschaffenen Arbeitsplätze zwischen 20.000 und 25.000 Stellen. Sofern neue Produktionsgüter-, Leicht- oder Dienstleistungsindustrien angesiedelt wurden, tendierten sie, mit Ausnahme des Automobilsektors, eher zur Anstellung ungelernter, billiger Jugendlicher, Landarbeiter und Frauen als zur Absorbierung der freigesetzten, gewerkschaftlich stark organisierten Facharbeiter aus den Stapelindustrien: "Thus, even the limited policy of 'taking work to the workers' did not necessarily take it to the unemployed."[157]
Die "evolution of pragmatic intervention" durch die Nationale Regierung in der zweiten Hälfte der dreißiger Jahren dürfe daher, so signifikant sie auch im Vergleich zu der bis dahin verfolgten Politik war, im Hinblick auf ihre Verankerung in Kabinett und Verwaltung nicht überschätzt werden. Wie der britische Historiker William Garside betont hat, sollte sie vielmehr als Reaktion auf den wachsenden öffentlichen Druck innerhalb und außerhalb der "depressed areas" verstanden werden[158]. Dennoch läßt sich nicht leugnen, daß sich, verstärkt durch den Ersten Weltkrieg, zumindest im Bereich der Arbeitslosenpolitik auch in Großbritannien ein qualitativer Wandel der Politik hin zu einem stärkerem Eingreifen des Staates in Wirtschaft und Gesellschaft unwiderruflich vollzogen hatte. Ähnlich wie in Deutschland, wo die Anfänge des modernen Interventionsstaates

---

155 Sir Horace Wilson, Chief Industrial Adviser der Regierung; zit. n. Garside, British Unemployment, S.257.

156 Vgl. ebd., S.260 f.

157 Ebd., S.271.

158 Vgl. ebd., S.272-74.

schon Ende der 1870er Jahre mit der Wende zur Schutzzollpolitik und dem Aufbau eines staatlichen Sozialversicherungssystems markiert werden[159], kann man auch in Großbritannien in der Zwischenkriegszeit nicht mehr von einer traditionellen "laissez faire" - Politik sprechen[160]. Vielmehr versuchte der Staat in vielfältiger Weise, zumeist mit dem Ziel der Wettbewerbsreduzierung, Einfluß auf das Wirtschaftsleben zu nehmen. So erzwang er 1921 bei den Eisenbahngesellschaften und 1924 in der zivilen Luftfahrt eine stärkere Konzentration durch Zusammenschlüsse oder monopolisierte bestimmte Wirtschaftsaktivitäten durch Gründung halb privat, halb öffentlich kontrollierter Körperschaften, wie z.B. durch das Central Electricity Board (1926), die British Broadcasting Corporation (1926), das London Passenger Transport Board (1933) oder die British Overseas Airways Corporation (1939). Im Bergbau (1930), in der Baumwolltextilindustrie (1936 und 1939) und in der Landwirtschaft (1931) wurde durch Zwangskartellierung und andere Wettbewerbsbeschränkungen eingegriffen und in der Eisen- und Stahlindustrie die staatliche Unterstützung durch Schutzzölle von Reorganisationsmaßnahmen abhängig gemacht. Daneben erfolgte die Einsetzung von Sonderkommissionen oder andere Gremien zur Reorganisation der Weizen- (1932), Hering- (1935), Zucker- (1936), Vieh- (1937) und Weißfischindustrie (1938). Ungeachtet der Tatsache, daß die meisten dieser Maßnahmen aus heutiger Sicht ungenügend oder ineffektiv waren, habe es, so Derek Aldcroft, zahlreiche Interventionen auf der makro- und mikro-ökonomischen Ebene gegeben. Es sei daher auch in Großbritannien "perfectly legitimate to refer to economic management", so daß eine der einleitend formulierten Voraussetzungen für korporatistische Strukturen in beiden Ländern erfüllt wäre[161]. Ob damit auch die Herausbildung eines "triangular pattern of cooperation"[162] zwischen Regierung und den nationalen Spitzenverbänden der Gewerkschaften und Arbeitgeber einherging, bleibt im folgenden zu untersuchen.

Zusammenfassend ist fest zu halten, daß die Tendenz zu industrieller Konzentration, Kartellierung und Monopolbildung eines der herausragenden Merkmale

---

159 Vgl. Ullmann, Interessenverbände, S.71.

160 Vgl. M. W. Kirby, Industrial Policy, in: Glynn u. Booth (Hg), Full Employment, S.125-39, hier S.138; kritisch: Rodney Lowe, The Erosion of State Intervention in Britain, 1917-1924, in: EcHR 31 (1978), S.270-86.

161 Vgl. Aldcroft, Inter-War Economy, S.139, 295-349, hier insb. S.345-49, Zitat S.298; Einleitung, 2., S.10f.

162 Middlemas, Industrial Society, S.20.

der wirtschaftlichen Entwicklung beider Länder in der Zwischenkriegszeit war[163]. In Großbritannien erhielt sie ihren Antrieb häufig durch den Massenkonsum und trieb den Aufstieg der neuen Konsumgüter- und Dienstleistungsindustrien voran. Die durch stabile Reallöhne und relativ hohe Sozialleistungen starke, den weltweiten Nachfragerückgang teilweise ausgleichende Binnenkaufkraft erklärt das geringe Ausmaß der konjunkturellen Arbeitslosigkeit in Großbritannien. Dagegen war die deutsche Bevölkerung, infolge einer bereits vorhandenen sektoralen Fehlentwicklung im Konsumgüter- und Dienstleistungsbereich und einer rücksichtslosen Deflationspolitik des Lohn-, Preis- und Sozialabbaus in der Krise, dem konjunkturellen Schrumpfungsprozeß voll ausgesetzt. Sofern der industrielle Konzentrationsprozeß nicht autonom verlief, richteten sich die staatlichen Interventionen in Großbritannien vorwiegend auf die strukturschwachen Industrien mit Überkapazitäten, wie Baumwolle, Kohle oder Eisen und Stahl sowie auf die Landwirtschaft. In den Bemühungen des britischen Staates wurde das Bestreben deutlich, Unterstützungszahlungen mit Reorganisationsmaßnahmen zu kombinieren, um damit den notwendigen Modernisierungsprozeß in den alten Industrien zu forcieren, ihre Wettbewerbsfähigkeit zu verbessern und langfristig neue Arbeitsplätze zu schaffen. Staatliche Subventionen gingen in Großbritannien vor allem an Landwirtschaft und Baugewerbe sowie die Kohleindustrie, den Schiffsbau und die zivile Luftfahrt[164], während in Deutschland insbesondere die Landwirtschaft und die Schwerindustrie profitierten. Hier spielte die staatliche Förderung von Konzentrations- und Reorganisationsbestrebungen allerdings aufgrund eines bereits erreichten, hohen industriellen Organisationsgrades und einer von Entschuldungsmaßnahmen und Schutzzöllen beherrschten agrarpolitischen Debatte keine Rolle in der öffentlichen Diskussion. Die Subventionen waren daher vorwiegend auf den starken politischen Einfluß der wirtschaftlichen Interessenvertreter zurückzuführen und verstärkten noch die Probleme der Überproduktion und des Strukturwandels der weltweiten Nachfrage. Eine entschlossene staatliche Strukturpolitik, etwa die Verwendung der Gelder für ein umfangreiches Arbeitsbeschaffungsprogramm, das durch seine Ausrichtung gezielt - wie später die Aufrüstung – unausgelastete Produktionskapazitäten in den alten Basisindustrien genutzt hätte, wäre hier sinnvoller gewesen. Das schwere Ausmaß der Weltwirtschaftskrise in Deutschland erklärt sich daher durch das Zusammentreffen struktureller Probleme sowohl auf dem Binnenmarkt als auch auf dem Weltmarkt, die den konjunkturell bedingten Nachfragerückgang massiv verstärkten und ihrerseits durch die staatliche Deflationspolitik verschärft wurden.

---

163 Glynn u. Oxborrow sind sogar der Auffassung, daß in Großbritannien am Ende der Zwischenkriegsperiode "(...) free competition in industry was possibly the exception rather than the rule." (dies., Interwar Britain, S.112).

164 Vgl. Aldcroft, Inter-War Economy, S.345 f.

Anders als in Großbritannien wurden hier in der Rezession im Zuge der öffentlichen Ausgabenbegrenzung auch die Unterstützungsmaßnahmen für die aus konjunkturellen Gründen darniederliegenden Branchen, z.B. das Baugewerbe, rigoros eingestellt. Das Ausmaß des prozyklischen Rückgangs der staatlichen Investitionen in der Krise war ein entscheidender Unterschied zwischen dem Vereinigten Königreich und der Weimarer Republik, obwohl, wie die Gegenüberstellung der Haushaltsbelastung durch Kriegsschulden und Sozialausgaben, des Anteils der öffentlichen Ausgaben am Volkseinkommen, der Abhängigkeit von kurzfristigen Auslandskrediten und der vorhandenen Inflationsängste gezeigt hat, die Regierungen beider Länder unter vergleichbar eingeschränkten finanz-, wirtschafts- und sozialpolitischen Handlungsspielräumen agierten. Das galt umso mehr, als in beiden Ländern das Credo einer orthodoxen Finanzpolitik gleichermaßen unangefochten die Maßnahmen in den beiden letztgenannten Bereichen regierte. Jedoch wurde in Deutschland das Ziel des Budgetausgleichs und der Haushaltssanierung, beginnend schon mit der Großen Koalition und unter den Präsidialkabinetten dann mit zunehmender Intensität, auf dem Rücken der breiten Bevölkerungsschichten angestrebt, wobei nicht die Bekämpfung der Arbeitslosigkeit, sondern die Regelung der Reparationsfrage und die Revision des Versailler Vertrags im Vordergrund standen. Dagegen genoß in Großbritannien die Arbeitslosenpolitik höchste Priorität und beherrschte thematisch bereits den Wahlkampf des Jahres 1929. Sowohl hinsichtlich ihrer Arbeitsbeschaffungsmaßnahmen, die zwar aus britischer Sicht ungenügend, im deutsch-britischen Vergleich aber umfangreich waren, als auch insbesondere im Bereich der Arbeitslosenunterstützung setzte sich daher die zweite Labour-Regierung teilweise über ihre finanzpolitischen Maßgaben hinweg. Auch wenn ihre beschäftigungspolitischen Maßnahmen aus den verschiedenen genannten Gründen den Kriterien einer expansiven "keynesianischen" Konjunkturpolitik aus heutiger Sicht nicht genügten, so kam darin doch eine, in dieser Form in der Weimarer Republik nicht vorhandene, Auffassung von gesamtgesellschaftlicher Verantwortung und Solidarität mit den Erwerbslosen zum Ausdruck. Diese Haltung setzte sich 1934 in der partiellen Rücknahme der 1931 vorgenommenen Haushaltskürzungen, dem öffentlichen Druck auf die Nationale Regierung und den Anfängen einer regionalen Strukturpolitik in der zweiten Hälfte der dreißiger Jahre fort. Im Kontrast dazu wird auf deutscher Seite seit Brünings Regierungsantritt eine sich steigernde Orientierung der Wirtschaftspolitik an den Interessen der Arbeitgeber deutlich, dem eine Ausrichtung der sozialpolitischen Maßnahmen, z.B. im Bereich der ländlichen Siedlung oder des Freiwilligen Arbeitsdienstes, an antidemokratischen Einstellungen entsprach. Selbst Schleichers gescheiterter Versuch des gesellschaftlichen Interessenausgleichs durch direkte Arbeitsbeschaffung und eine Querfront sollte letztlich für die Interessen antiparlamentarischer Machteliten instrumentalisiert werden.

Auch die Wirtschaftspolitik der Nationalen Regierung in Großbritannien wurde in der Forschung sehr kritisch beurteilt. Zwar seien in den dreißiger Jahren unter ihrer Ägide die ersten Ansätze einer regionalen Strukturpolitik entstanden. Jedoch seien dabei die Probleme der Beschäftigten, Industriestandortwahl und Diversifikation mehr und mehr in den Vordergrund getreten, während die Arbeitslosen, deren Interessen zumindest noch die Transferierungspolitik bestimmt hatten, mit Unterstützungsleistungen abgespeist worden seien. Darüber hinaus wurde die Politik der Nationalen Regierung zur Bekämpfung der Massenarbeitslosigkeit in der Forschung häufig als Stückwerk, konzeptionslos und als zwar flexibel, aber ad hoc auf äußeren Druck und Krisen reagierend kritisiert, hinter der keine langfristige wirtschaftspolitische Strategie stand[165]. Eine der wenigen Ausnahmen bildet Frederic Miller, der die Arbeitslosenpolitik der Nationalen Regierung als erfolgreich beurteilt hat. Vor dem Hintergrund des New Deal, der die Rezession in den Vereinigten Staaten nicht beseitigt, und der nationalsozialistischen Arbeitsbeschaffungspolitik, die den Auftakt zur Errichtung der Kriegswirtschaft gab, habe sie ihr zentrales Ziel erreicht, die Auswirkungen der Massenerwerbslosigkeit im Hinblick auf fundamentale Veränderungen der wirtschaftlichen und sozialen Verhältnisse in Großbritannien weitmöglichst einzugrenzen: "The cabinet relied on 'natural forces' and the restoration of investor confidence not because anyone thought that was the quickest way to reduce unemployment, but because ministers believed that it was the approach which provided the best balance between recovery and stability, with the former having no priority over the latter. Aided by the weakness of the left and the modest flexibility of the unemployment benefit system, the National government was eminently satisfied with a policy of containment."[166]

Aus der Sicht der Arbeitslosen war eine solche Betrachtungsweise zweifellos zynisch. Darüber hinaus trugen die politischen Versäumnisse der dreißiger Jahre, in denen aus falscher Rücksichtnahme auf die unternehmerische Freiheit auf energische staatliche Umstrukturierungsmaßnahmen verzichtet wurde, zu der unzureichenden Wettbewerbsfähigkeit britischer Produkte nach dem Zweiten Weltkrieg bei, unter der seit den fünfziger Jahren gerade auch wieder der Kohlebergbau, die Eisen- und Stahlindustrie, der Schiffsbau und die Textilindustrie litten[167]. Vor dem Hintergrund der politischen Entwicklung in Deutschland ab 1933 bleibt die Bewahrung des politischen und gesellschaftlichen Status quo in der

---

165 Zur diesbezüglichen Forschungsdebatte vgl. die in der Einleitung, 3., S.35 f., Anm. 99-104, genannten Titel, sowie Garside, British Unemployment, S.272; Paulmann, Staat und Arbeitsmarkt, S.155 f., 165 f.

166 Vgl. Miller, Unemployment Policy, S.474-76, Zitat S.476.

167 Vgl. Pollard, Development, S.280-97; im Gegensatz zur Zwischenkriegsperiode gehörte in der Nachkriegszeit auch die Automobilindustrie zu den niedergehenden Branchen.

Depression jedoch ein wichtiges Verdienst der Nationalen Regierung, zu dem bereits die zweite Labour-Regierung durch ihre Politik entscheidend beigetragen hatte. Aus der Art des zu verteidigenden Gutes, also des demokratisch-parlamentarischen Systems, ergab sich zwangsläufig, daß das diesbezügliche politische Handeln durch eine gesellschaftliche Mehrheit legitimiert sein mußte. Wirtschaftspolitische Untätigkeit oder Zurückhaltung wurde daher in Großbritannien mit sozialpolitischen Zugeständnissen kombiniert und abgefedert. In der Weimarer Republik, deren Politiker in der Endphase immer weniger zu ihrer Verteidigung bereit waren und zunehmend stärker Einzelprobleme, wie die Haushaltssanierung und die Lösung der Reparationsfrage, dem Erhalt demokratischer Strukturen voranstellten, nahm die Geschichte einen anderen Verlauf. Das Ausmaß, in dem führende gesellschaftliche Eliten, Politiker und Beamten der Weimarer Republik seit dem Übergang zur Präsidialregierung unter Brüning begannen, die Lasten der Krise auf den Rücken der lohn- und gehaltsabhängigen Bevölkerungsschichten abzuwälzen, läßt auf einen fehlenden gesellschaftlichen Grundkonsens schließen, der allen sozialen Interessengruppen gleichermaßen eine Daseinsberechtigung und denselben politischen Stellenwert einräumte. So setzte Brüning sich, wie auch Werner Jochmann[168] argumentiert hat, mit "asketischer Strenge" über die Leiden von Millionen und den Ruin der Wirtschaft hinweg und erwähnte später in seinen Memoiren nicht einmal das Problem der Massenarbeitslosigkeit. Er erklärte es zu einer Eigenheit der deutschen Bevölkerung, "kurz vor der Erreichung des Zieles den Mut zu verlieren und zusammenzuklappen" und ließ dabei jegliches Bewußtsein für den Legitimationsbedarf politischer Handlungen vermissen. Durchaus beabsichtigt, wie seine Memoiren zeigen, schadete er damit der Demokratie mehr als durch seine Deflationspolitik, die unter ähnlichen wirtschaftstheoretischen Prämissen doch auch in Großbritannien verfolgt, hier aber durch den besagten sozialen Grundkonsens korrigiert wurde. Die deutschen Zeitgenossen nahmen dies als größere gesellschaftliche Homogenität wahr, allerdings ohne deren Ursachen zu erkennen und die entsprechenden Rückschlüsse für eine notwendige Umbesinnung in der deutschen Politik zu ziehen. So urteilte z.B. ein deutscher Beobachter der britischen Finanzkrise von 1931, Geheimrat Norden aus dem Reichsfinanzministerium, über die innenpolitische Lage, daß England voraussichtlich bald wieder zum Goldstandard zurückkehren werde, weil es kapitalkräftiger sei als

---

168 Vgl. ders., Brünings Deflationspolitik und der Untergang der Weimarer Republik, in: Stegmann u.a. (Hg.), Industrielle Gesellschaft, S.97-112, hier insbesondere S.102, 106-11. Zu den antidemokratischen Einstellungen Brünings vgl. Stephen A. Schuker, Ambivalent Exile: Heinrich Brüning and America's Good War, in: Buchheim u.a. (Hg.), Zerrissene Zwischenkriegszeit, S.329-56.

Deutschland und "(...) weil in der Bevölkerung bei Lebensfragen eine ganz andere Einigkeit als bei uns herrscht."[169]
Im Vergleich zum ADGB verfügte der TUC daher über größere wirtschaftspolitische Handlungsspielräume, da ein solcher pluralistischer sozialer Grundkonsens nicht nur eine höhere Akzeptanz gewerkschaftlicher Interessenpolitik und eine geringere Gefahr der politischen Ausgrenzung, sondern auch eine stärkere Einbeziehung gewerkschaftlicher Forderungen im Bereich staatlicher Arbeitslosenpolitik versprach. Inwieweit dies zutraf und welchen Gebrauch die deutschen und britischen Gewerkschaften von ihren Möglichkeiten machten, wird im folgenden erörtert werden.

---

[169] BAK, Nl. 5 (Pünder)/144/Bl.23-28: "Erste Gedanken darüber, ob Deutschland dem Beispiel Englands hinsichtlich seiner Währung folgen soll", 23.9.31, S.1-6, hier S.6.

III. Organisatorische Handlungsspielräume des ADGB und des TUC in der Weltwirtschaftskrise

"Labour ... should recognize our importance as the creators, the financiers and the backbone of the political movement. ... Who must control the Labour Party? ... The Trade Unions must be in control."[1]

1. Die Mitgliederentwicklung

Sowohl die deutsche als auch die britische Gewerkschaftsbewegung ging gestärkt an Einfluß, Ansehen und Mitgliederzahlen aus dem Ersten Weltkrieg hervor. Ermöglicht hatte das vor allem die enge Zusammenarbeit zwischen Gewerkschaften, Staat und Arbeitgeberverbänden im Rahmen der Kriegswirtschaft. Dieser "Kriegskorporatismus"[2] hatte zwar einerseits die Unterordnung von Arbeitnehmerinteressen unter politische Ziele vorausgesetzt. Auf der anderen Seite brachte er den Gewerkschaften in beiden Ländern erstmals die offizielle staatliche Anerkennung als Repräsentanten der Arbeiterschaft und die formale Gleichstellung mit den Arbeitgebern[3].

Der Mitgliederstand im TUC erreichte 1920 einen Höhepunkt von 6,5 Millionen und blieb damit sowohl in absoluten Zahlen (was bei der niedrigeren britischen Bevölkerungszahl nicht verwunderlich war), aber auch hinsichtlich des erreichten Organisationsgrades von 35,2% beträchtlich hinter dem ADGB mit 7,9 Millionen bzw. 49,2% im gleichen Jahr zurück (vgl., auch zu den folgenden Daten, Tab.14 u. 15). In beiden Fällen spiegelte die gewerkschaftliche Mitgliederentwicklung dann die wirtschaftliche Abfolge von Depression und Prosperität wider oder reagierte auf legislative Maßnahmen, die auf den Bereich der Arbeitsbeziehungen einwirkten. So fielen ab 1921, bedingt durch die ökonomische Krise, die Mitgliedszahlen des TUC, um erst 1925/26 vorübergehend wieder anzusteigen, während im ADGB der Rückgang 1923 mit der Inflationskrise einsetzte und erst ab 1927 wieder gestoppt werden konnte. Der TUC mußte in diesem Jahr den Erlaß der Trade Disputes and Trade Unions Act hinnehmen, so daß der Mitgliederstand erneut zurückging.

---

1 So der Präsident der Amalgamated Engineering Union (AEU), 1932; zit. nach Currie, Industrial Politics, S.140 f.

2 Zum Begriff vgl. Kaiser, Staatshandeln ohne Staatsverständnis, S.62 f., 168-83.

3 Vgl. Heinrich Potthoff, Gewerkschaften in Weltkrieg und Revolution: Kontinuität und Wandel, in: Matthias u. Schönhoven (Hg.), Solidarität und Menschenwürde, S.107-31, mit weiterführenden Literaturhinweisen; Clegg, British Trade Unions, Bd.2, S.118-311.

Das Gesetz, mit dem die Regierung auf die gewerkschaftliche Niederlage im Generalstreik von 1926 reagierte, beinhaltete u.a. das indirekte Verbot für "Civil Service" - Gewerkschaften, korporatives Mitglied des TUC oder der Labour Party zu sein (sie durften sich nur noch mit solchen Organisationen zusammenschließen, deren Mitglieder sich ausschließlich aus dem Staatsdienst rekrutierten) sowie die Einführung des "contracting in" - Systems. Aufgrund der neuen gesetzlichen Regelung mußte fortan jedes Gewerkschaftsmitglied ausdrücklich der partiellen Verwendung seines Beitrags für den politischen Fonds zur Unterstützung der Labour Party zustimmen, während es zuvor die ansonsten automatisch erfolgende politische Abgabe ausdrücklich verweigern mußte ("contracting out" – System). Die natürliche Trägheit oder Gleichgültigkeit der Gewerkschaftsmitglieder wirkte sich also nun zum Nachteil der Labour Party aus, während sie ihr vorher zugute gekommen war. Tabelle 14 zeigt deutlich die Auswirkungen der Gesetzgebung. Durch den Verlust der Beamten - Gewerkschaften reduzierte sich die Mitgliedschaft des TUC von 1927 auf 1928 um 289.000 (6,9%), während die Labour Party, bei der die Einführung des "contracting in" noch hinzukam, eine empfindliche finanzielle Einbuße erlebte und 1.214.000 oder 37,5% ihrer affilierten Gewerkschaftsmitglieder verlor[4]. Neben dem gesetzlich erzwungenen Austritt der Staatsbediensteten erklärt sich ein Teil des TUC – Mitgliederrückgangs jedoch auch durch die Mitgliederverluste der Bergarbeitergewerkschaften. Zu nennen wäre hier insbesondere die Miners' Federation of Great Britain (MFGB) als größte Einzelgewerkschaft des Dachverbandes, die im Gegensatz zur TUC-Führung und den anderen Einzelgewerkschaften den Generalstreik nicht abbrach, sondern ihn unter großen Opfern bis um bitteren Ende fortsetzte. Zwischen 1925

---

4 In der Forschung wird die Trade Disputes Act zumeist als ein unnötiger, unkluger Racheakt der konservativen Regierung interpretiert, der die Unterstützung der Arbeiterschaft für die Labour Party nur noch verstärkte und 1946 von der Labour-Regierung revidiert wurde - "simply, brusquely, triumphantly" (Mowat, Britain between the Wars, S.337; vgl. auch Henry Pelling, A History of British Trade Unionism, London 1972(2), S.189; Taylor, English History, S.250 f.). Auch der finanzielle Schaden für die Partei und die Aufregung der Gewerkschaften hielt sich - bei all ihren massiven öffentlichen Protesten und Forderungen zur Rücknahme des Gesetzes - intern vermutlich doch in Grenzen. So berichtete z.B. der Chief Conciliation Officer für das Gebiet Midlands am 1. März 1928 an das Arbeitsministerium: "Union officials take the view that the present position need not be taken too seriously as it is expected that it will improve and also when the stock-taking is done in a few months time the leaders will be able to formulate a policy which will overcome the difficulties which the Trades Disputes and Trades Union Act has put in their way and there are various suggestions for raising money apart from the political levy" (PRO, Lab 2/1250/1).

und 1928 verloren die Bergarbeiterverbände 32,9%[5] ihrer Mitglieder, während der allgemeine Rückgang im TUC im Vergleich beider Jahre nur 10,9% betrug.
1930 erlebte der TUC dann einen kurzfristigen Anstieg der Mitgliedszahlen, der wohl u.a. auch auf den Wahlerfolg der Labour Party 1929 zurückzuführen war. Ohne den Einfluß der beginnenden Wirtschaftskrise hätte sich nach dem Rückschlag der Trade Disputes Act nun möglicherweise eine erneute organisatorische Expansionsphase angeschlossen. Ähnliches läßt sich auch für den ADGB beobachten, dessen Mitgliedszahlen zwischen 1927 und 1929 wieder kontinuierlich anstiegen. Dann jedoch verlor er zwischen 1929 und 1932 1.115.480 oder 22,7% seiner Mitglieder (ADGB und AfA-Bund insgesamt: 1.363.410 oder 25,7%) infolge der weltweiten Depression. Den TUC verließen ab 1930 bis zu seinem tiefsten Stand 1934 hingegen lediglich 449.000 Mitglieder oder 12,0%. Mit der wirtschaftlichen Erholung setzte im britischen Dachverband ein erneuter Zuwachs an Mitgliedern ein, deren Zahl 1939 4,7 Millionen oder 71,8% des Standes von 1920 erreichte. Insgesamt kann man beim TUC also nur von einer geringen krisenbedingten Schwächung sprechen, während der ADGB eine schmerzhafte Einschränkung seiner Handlungsspielräume hinnehmen mußte. Nach langen Jahren der Massenarbeitslosigkeit und dem Zwangsausschluß der Civil Service - Gewerkschaften ging der TUC allerdings auch mit einem bereits niedrigeren Mitgliederstand in den Wirbelsturm der "Großen Depression" hinein als der ADGB. Nachdem sich die konjunkturelle Wetterlage wieder beruhigt hatte, waren 1934 lediglich 50,7% der Mitglieder aus der organisatorischen Blütezeit von 1920 in seinen Reihen verblieben, beim ADGB waren es 1932 gar nur noch 48,0%. Ein Vergleich der Mitgliederentwicklung kann sich für Deutschland jedoch nicht allein auf den ADGB beschränken, der im Gegensatz zum TUC ausschließlich innerhalb der leichter zu rekrutierenden und organisatorisch zu bindenden gewerkschaftlichen Stammklientel - der Arbeiterschaft - organisierte. Nimmt man also den AfA-Bund hinzu, so waren die freien Gewerkschaften sogar auf 46,3% ihres Standes von 1920 zusammengeschmolzen[6].

---

5 Vgl. Chris J. Wrigley, The Trade Unions between the Wars, in: ders. (Hg.), British Industrial Relations, Bd.2, S.71-128, hier S.99. Ob für den Mitgliederverlust eher die militante Politik der Gewerkschaftsführung oder die hohe Arbeitslosenquote im Bergbau verantwortlich war, kann hier nicht diskutiert werden.

6 Nach den Jahresendzahlen bei Petzina u.a., Sozialgeschichtliches Arbeitsbuch, Bd.3, Tab.22 b), S.112, verzeichnete der AfA-Bund in der Weltwirtschaftskrise erstmals von 1930 auf 1931 einen im Vergleich zum ADGB niedrigen Mitgliederverlust von 5,4%. Nach den Jahresdurchschnittszahlen bei Potthoff, Freie Gewerkschaften, Anhang B, Tab.1 a), S.348 f., verbuchte der AfA-Bund zwar von 1930 auf 1931 einen Zuwachs von 19,7%, insgesamt zwischen 1929 und 1931 jedoch ebenfalls einen Rückgang um 2,4%; vgl. dazu auch Huber-Koller, Gewerkschaften und Arbeitslose, Bd.2, S.564, Anm.204.

Tab.14: Mitgliederentwicklung, Organisationsgrad und Parteimitgliedschaft im TUC, 1918-1939

	(1) Erwerbsbe-völkerung (1000)	(2) Gewerkschaft s-mitglieder gesamt (1000)	(3) TUC (1000)	(4) TUC (1920 = 100)	(5) TUC von allen Gewerkschafts-mitgliedern (%)	(6) TUC-Organisations-grad (%)	(7) TUC-Frauenanteil (%)	(8) Labour Party-Mitglieder im TUC (1000)	(9) Labour Party-Mitglieder im TUC (%)
1918	18.312	6.533	4.532	69,7	69,4	24,8		2.960	65,3
1919	18.391	7.926	5.284	81,2	66,7	28,7		3.464	65,6
1920	18.469	8.348	6.505	100,0	77,9	35,2		4.318	66,4
1921	18.548	6.633	6.418	98,7	96,8	34,6	10,5	3.974	61,9
1922	17.804	5.625	5.129	78,9	91,2	29,3	9,0	3.279	63,9
1923	17.965	5.429	4.369	67,2	80,5	24,3		3.120	71,4
1924	18.125	5.544	4.328	66,5	78,1	23,9	7,4	3.158	73,0
1925	18.286	5.506	4.351	66,9	79,0	23,8	6,9	3.338	76,7
1926	18.446	5.219	4.366	67,1	83,7	23,7	10,3	3.352	76,8
1927	18.609	4.919	4.164	64,0	84,7	22,4	9,2	3.239	77,8
1928	18.771	4.806	3.875	59,6	80,6	20,6	10,4	2.025	52,3
1929	18.934	4.858	3.673	56,5	80,6	19,4	12,7	2.044	55,7
1930	19.096	4.842	3.744	57,6	77,3	19,6	12,6	2.011	53,7
1931	19.259	4.624	3.719	57,2	80,4	19,3	12,4	2.024	54,4
1932	19.340	4.444	3.613	55,5	81,3	18,7	12,3	1.960	54,3
1933	19.442	4.392	3.368	51,8	76,7	17,3	12,3	1.899	56,4
1934	19.503	4.590	3.295	50,7	71,8	16,9	11,9	1.858	56,4
1935	19.585	4.867	3.389	52,1	69,6	17,3	12,1	1.913	56,5
1936	19.666	5.295	3.615	55,6	68,3	18,4	11,6	1.969	54,5
1937	19.748	5.842	4.009	61,6	68,6	20,3	11,3	2.037	50,8
1938	19.829	6.053	4.461	68,6	73,7	22,5	11,9	2.158	48,4
1939	19.911	6.298	4.669	71,8	74,1	23,5	11,8	2.214	47,4

Legende und Quellen:

Spalte (1): Robert Price u. George Sayers Bain, The Labour Force, in: A. H. Halsey (Hg.), British Social Trends Since 1900. A Guide to the Changing Social Structure of Britain, Basingstoke 1988(2), Tab.4.11, S.186-88: Gesamte Erwerbsbevölkerung des Vereinigten Königreichs einschließlich der Arbeitslosen, ohne Arbeitgeber, Selbstständige und Mitglieder der Streitkräfte; errechnet auf der Basis von Volkszählungen.

Spalte (2): Price u. Bain, Labour Force, Tab.4.11 (basierend auf dem Vereinigten Königreich); ebenso Chris Cook u. John Stevenson (Hg.), The Longman Handbook of Modern British History 1714-1987, London usw. 1989(2), S.172 f.; Henry Pelling, A History of British Trade Unionism, London 1972(2), S.268-70; G. S. Bain u. R. Price, Profiles of Union Growth. A Comparative Statistical Portrait of Eight Countries, Oxford 1980, Tab.2.1, S.37 f.; David Butler u. Gareth Butler, British Political Facts, London 1986(6), S.372 (dort um ein Jahr verschobene Angaben: 1919 = 1918 bei Price u. Bain etc.). Andere Zahlen (basierend auf Großbritannien) bei Hugh A. Clegg, A History of British Trade Unions Since 1889, Bd.2: 1911-1933, Oxford 1985, Tab.8, S.570, u. Bd.3: 1934-1951, Oxford 1994, Tab.1, S.430; Bain u. Price, Profiles of Union Growth, Tab.2.2, S.39 f.; als Grundlage für den TUC-Anteil ungeeignet, da dessen Mitgliedszahlen auf dem Vereinigten Königreich basieren.

Spalte (3): TUC, Report of Proceedings at the [60th-71st] Annual Trades Union Congress, London [1928-1939]; Clegg, a.a.O.; Butler u. Butler, a.a.O.; um ein Jahr verschobene Angaben bei: Cook u. Stevenson, a.a.O.; Pelling, a.a.O.; Price u. Bain, Labour Force, Tab.4.12, S.190-92 (1918 = 1919 bei Clegg etc.).

Spalte (6): Errechnet aus dem Anteil der TUC-Mitglieder an der Erwerbsbevölkerung (potentielle Mitglieder). Letztere schließt neben Arbeitern und Angestellten auch diejenigen Berufsgruppen ein, die in Deutschland Beamtenstatus hätten.

Spalte (7): TUC-Reports 1920-1939; der Jahresbericht von 1923 konnte nicht eingesehen werden. Bis einschließlich 1920 wurden die weiblichen Mitglieder nicht gesondert aufgeführt. Auch danach beruht der hier errechnete Frauenanteil auf höchst unsicherer Zahlenbasis, da es der TUC mit der Richtigkeit seiner statistischen Angaben nicht so genau nahm. Einige Verbände wechseln so mit den Jahren zwischen einer rein männlichen und einer rein weiblichen Mitgliedschaft hin und her. Am gravierendsten wirkt sich dies bei der Amalgamated Weavers' Association aus, die 1926 ihre weiblichen Mitglieder erstmals getrennt auswies. Der TUC-Frauenanteil erhöhte sich dadurch drastisch um 122.449 Personen (= 27,2% aller weiblichen TUC-Mitglieder in diesem Jahr) und läßt darauf schließen, daß er vor 1926 beträchtlich höher war als in der Tabelle angegeben.

Spalte (8): Clegg, a.a.O.; ebenso Price u. Bain, Labour Force, Tab.4.12; Butler u. Butler, Political Facts, S.151; Henry Pelling, A Short History of the Labour Party, London 1986(8), App.A, S.193-95.

Noch gravierender war der Mitgliederschwund beim Allgemeinen Deutschen Beamtenbund (ADB), der ebenfalls zum Organisationsverbund der freien Gewerkschaften gehörte. Seit seiner Gründung am 18. Juni 1922 war er von 420.000 auf ca. 170.000 in den Jahren 1928-1932 oder 40,5% des Anfangsbestands geschrumpft. Langfristig und im Hinblick auf die gesamte abhängig beschäftigte Erwerbsbevölkerung gesehen erweist sich daher die Mitgliederentwicklung und Integrationskraft des TUC als wesentlich stabiler als die der freien Gewerkschaften, die vor allem mit dem Standesbewußtsein und Statusdenken der deutschen Angestellten und Beamten zu kämpfen hatten. Weder dem AfA-Bund noch dem ADB gelang es in der Weimarer Republik, sich innerhalb der sie jeweils betreffenden Berufsgruppen einen wirklichen Rückhalt zu verschaffen[7].

Diese Überlegungen stehen auch hinter der hier vorgenommenen Berechnung des Organisationsgrades. Ein Vergleich der Organisationsquoten von ADGB und TUC vermittelt auf den ersten Blick den Eindruck, als habe der erstere mit fast 50% in der Hoch-Zeit von 1920-22 und immer noch 23,5% auf dem Tiefpunkt 1932 über eine weit größere organisatorische Stärke verfügt als der letztere mit 35,2% 1920 und nur 16,9% 1934. Dieses Ergebnis wird jedoch stark relativiert, da die der Forschungsliteratur zu entnehmenden Statistiken bei der Ermittlung des ADGB-Organisationsgrades lediglich die Zahl der potentiell rekrutierbaren Arbeiter[8] zugrunde legen. Beim TUC basiert die entsprechende Angabe hingegen auf allen abhängigen Erwerbspersonen - Arbeiter, Angestellte und Beamte -, obwohl dieser seit 1927 die letztgenannten Berufsgruppen nicht einmal mehr organisieren durfte. Mangels geeigneter Zahlen für den ADB wurde hier nun zumindest versucht, dem TUC-Organisationsgrad die entsprechenden Angaben für den ADGB und AfA-Bund als Organisationsverbund gegenüberzustellen. Aufgrund verschiedener statistischer Probleme, die in der Legende von Tabelle 15 erläutert werden, können die deutschen Daten lediglich eine Schätzung darstellen. Dennoch ergibt der Vergleich nun ein - gesamtgesellschaftlich gesehen - realistischeres Bild mit beispielsweise 22-23% für beide Dachverbände im Durchschnitt der stabilen Mittelphase 1925-29 beider Länder bzw. 18,7% für den TUC und 19,4% für die freien Gewerkschaften im Krisenjahr 1932.

---

7 Zum AfA-Bund und ADB vgl. Potthoff, Freie Gewerkschaften, S.26-30; Braunthal, S.124-26. Beim britischen Dachverband ist zudem zu berücksichtigen, daß die ihm angeschlossenen Verbände aus Kostengründen meist weniger Mitglieder angaben als sie tatsächlich besaßen (s.u., S.177 f., Anm.18-21), so daß die TUC-Mitgliederstatistik vermutlich beträchtlich nach oben korrigiert werden müßte.

8 Obwohl in den Jahresdurchschnittszahlen der Mitglieder in der Einzelgewerkschaften des ADGB Beamtenmitglieder enthalten waren (1931 waren es bspw. insgesamt 91.720), für die von den Verbänden Beiträge an den ADB entrichtet wurden; vgl. ADGB-Jahrbuch 1931, Anm. zu Tab.22, S.302 f.

Tab.15: Mitgliederentwicklung und Organisationsgrad in den Freien Gewerkschaften, 1918-1932

	(1) Arbeiter u. Angestellte in gewerkschaftlichen Dachorganisationen gesamt	(2) ADGB u. AfA-Bund	(3) ADGB	(4) ADGB (1920 = 100)	(5) ADGB u. AfA-Bund von allen organisierten Arbeitern u. Angest. (%)	(6) ADGB u. AfA-Bund - Organisationsgrad (%)	(7) ADGB-Organisations-grad (%)	(8) ADGB-Frauenanteil (%)
1918	-	-	1.664.991	21,1	-	-	10,4	25,4
1919	7.942.715	6.058.748	5.479.073	69,4	76,3	29,9	34,2	21,8
1920	10.669.258	8.490.478	7.890.102	100,0	79,6	41,9	49,2	21,7
1921	10.214.256	8.125.522	7.567.978	95,9	79,6	40,1	47,2	20,1
1922	10.616.110	8.451.468	7.895.065	100,1	79,6	41,7	49,3	21,3
1923	9.575.038	7.646.044	7.138.416	90,5	79,9	37,7	44,6	21,4
1924	6.452.962	4.999.993	4.618.353	58,5	77,5	24,7	28,8	20,0
1925	5.945.976	4.502.991	4.156.451	52,7	75,7	22,2	25,9	18,1
1926	5.722.169	4.310.062	3.977.309	50,4	75,3	21,3	24,8	16,6
1927	6.013.077	4.482.779	4.150.160	52,6	74,6	22,1	25,9	15,7
1928	6.655.873	5.015.084	4.653.586	59,0	75,4	24,8	29,0	15,3
1929	7.037.367	5.296.357	4.906.228	62,2	75,3	26,1	30,6	14,7
1930	6.991.844	5.220.018	4.821.832	61,1	74,7	25,8	29,8	14,2
1931	6.466.027	4.798.548	4.417.852	56,0	74,2	23,7	27,3	14,0
1932	5.482.947	3.932.947	3.790.748	48,0	71,7	19,4	23,5	-

Legende und Quellen:

Spalte (1): Gerhard Beier, Das Problem der Arbeiteraristokratie im 19. und 20. Jahrhundert. Zur Sozialgeschichte einer umstrittenen Kategorie, in: ders., Geschichte und Gewerkschaft. Politisch-historische Beiträge zur Geschichte sozialer Bewegungen, Köln 1981, S. 118-180,Tab.VIII, S.169: Organisierte Arbeiter und Angestellte in den Freien Gewerkschaften (ADGB und AfA-Bund), den Christlichen Gewerkschaften und den Hirsch-Dunckerschen Gewerkschaften. Nicht enthalten sind - im Gegensatz zu den britischen Zahlen [Tab.14, Sp.(2)] - die organisierten Beamten, sowie die Arbeiter und Angestellten in den kleineren und Splitterorganisationen (z.B. syndikalistische, kommunistische oder wirtschaftsfriedliche, „gelbe“ Gewerkschaftsverbände). Die letztgenannten Verbandsgruppen organisierten zwischen 1928 und 1931 insgesamt durchschnittlich ca. 6,6% der Arbeiter und Angestellten (errechnet nach Beier, a.a.O., Tab.VII, S.168 [Differenz zwischen dem jeweiligen Gesamtanteil der drei großen Dachverbände und 100%]).

Spalte (2): Heinrich Potthoff, Freie Gewerkschaften 1918-1933. Der Allgemeine Deutsche Gewerkschaftsbund in der Weimarer Republik, Düsseldorf 1987, Anh.B, Tab.1.a, S.348 f. (bei der Zahlenangabe für 1919 versehentliche Ziffernverdrehung); Beier, a.a.O., Tab.VIII. Beiers Angabe für 1932 beruht teilweise auf Schätzungen und ist nach Potthoff um ca. 100.000 Mitglieder zu hoch.

Spalte (3): Potthoff, a.a.O.: Jahresdurchschnittszahlen, die (nach Überprüfung der Jahrgänge 1928-1931) mit den ADGB-Jahrbüchern übereinstimmen. Dietmar Petzina, Werner Abelshauser u. Anselm Faust, Sozialgeschichtliches Arbeitsbuch, Bd.3: Materialien zur Statistik des Deutschen Reiches 1914-1945, München 1978, S.111-13, nennen in ihren Mitgliederstatistiken hingegen die höchst unzuverlässigen, in den ADGB-Jahrbüchern teilweise differierenden Jahresendzahlen (vgl. z.B. die Jahresendzahl am 31.12.1929 im Jahrbuch 1929, S.245, und im Jahrbuch 1930, S.245).

Spalte (5): Der errechnete freigewerkschaftliche Anteil ist aufgrund der in Sp.(1) nicht enthaltenen Arbeiter- und Angestelltengruppen tendenziell zu hoch.

Spalte (6): Petzina u.a., Sozialgeschichtliches Arbeitsbuch, Bd.3, Tab.9c, S.55, und Erläuterungen, S.59 f.: Erwerbspersonen (Beschäftigte und Arbeitslose) nach der Stellung im Beruf. Angestellte und Beamte werden erst seit der Berufszählung von 1933getrennt ausgewiesen. Dem gesamten Berechnungszeitraum 1919-1932 wurde daher die Summe der 1933 ermittelten Arbeiter und Angestellten (rd. 20.261.000) als potentielle Mitglieder der Freien Gewerkschaften zugrunde gelegt. Da sich die Zahl der Arbeiter, Angestellten und Beamten seit der vorhergehenden Berufszählung von 1925 geringfügig erhöht hat, ist der errechnete Organisationsgrad tendenziell etwas zu niedrig.

Spalte (7): Petzina u.a., a.a.O.. Errechnet für den Zeitraum 1918-1929 aufgrund der 1925 ausgewiesenen Arbeiterzahl (rd. 16.024.000), für den Zeitraum 1930-1932 aufgrund der 1933 ausgewiesenen Arbeiterzahl (rd. 16.158.000). Vgl. auch Potthoff, a.a.O., der von einer niedrigeren Gesamtarbeiterzahl ausgeht und infolgedessen zu einem höheren Organisationsgrad des ADGB gelangt. Ursache dafür ist vermutlich eine bei Petzina u.a., a.a.O., vorgenommene Umgruppierung einiger, von der amtlichen Statistik als selbstständig geführter, faktisch aber abhängig Beschäftigter (leitende Beamte, höhere Angestellte, Heimarbeiter, Hausgewerbetreibende).

Spalte (8): Errechnet nach Potthoff, a.a.O..

Als soziale Gruppe für sich gesehen war die deutsche Arbeiterschaft jedoch ohne Zweifel nicht nur gewerkschaftlich stärker organisiert als die britische. Sie schloß sich auch in ihrer überwiegenden Mehrheit dem ADGB an, der daher bei offiziellen Kontakten mit staatlichen Institutionen stets als Koordinator und gemeinsamer Ansprechpartner für die drei anerkannten Spitzenorganisationen - freie Gewerkschaften, Deutscher Gewerkschaftsbund (der Dachverband der christlichen Gewerkschaften) und Gewerkschaftsring deutscher Arbeiter- und Angestelltenverbände (Hirsch-Dunckersche Gewerkvereine) - fungierte[9]. Der Einfluß der sozialistischen Gewerkschaften auf die Regierung wurde allerdings primär aufgrund einer schwachen Flanke im Angestellten- und Beamtenbereich, in begrenztem Maße aber auch aufgrund der Existenz der genannten Richtungsgewerkschaften und zahlreicher anderer Konkurrenzorganisationen, wie die syndikalistischen, kommunistischen und in den letzten Jahren der Republik auch nationalsozialistischen Vereinigungen, sowie infolge innerverbandlicher Fraktionsbildungen entscheidend geschmälert[10]. Dies zeigt letztendlich auch der Anteil des TUC an allen britischen Gewerkschaftsmitgliedern, der zwischen 1918 und 1939 durchschnittlich 77,8% mit Spitzenwerten von über 80 und 90% in einigen Jahren betrug, obwohl es hier zwar keine Richtungsgewerkschaften, dennoch aber konkurrierende Oppositionsbewegungen gab. ADGB und AfA-Bund gemeinsam konnten dagegen zwischen 1919 und 1932 schätzungsweise nur die tendenziell überhöhte Zahl von durchschnittlich 75,9% aller organisierten Arbeiter und Angestellten an sich binden.

Vergleicht man jedoch die Organisationsentwicklung in den ADGB- und TUC-Verbänden im einzelnen, dann waren in beiden Fällen nicht ideologische Richtungsentscheidungen, sondern eine aus konjunkturellen oder strukturellen Gründen veränderte Nachfrage nach Arbeitskräften der maßgebliche Faktor für Mitgliederverluste oder -zuwächse. Eine Ausnahme bildeten möglicherweise die deutschen Landarbeiter, deren Massenaustritte aus den Gewerkschaften nach der kurzen revolutionären Aufbruchphase von 1918/19 fast ausschließlich die sozialistischen freien Gewerkschaftsverbände betrafen. Schon 1931 waren dem Landarbeiter-Verband nicht einmal mehr ganz ein Fünftel seiner Mitglieder von 1920 geblieben, der damit die höchste Fluktuationsrate aller ADGB-Verbände in der Zwischenkriegszeit aufwies[11]. Vor dem britischen Hintergrund erscheint es aber zumindest fraglich, ob diese Entwicklung tatsächlich auf ideologische Vorbehalte bzw. man-

---

9 Zum Kräfteverhältnis zwischen dem ADGB und seinen Konkurrenzorganisationen vgl. Braunthal, ADGB, S.126-31; Potthoff, Freie Gewerkschaften, S.42-45, 72-79.

10 Zur Auseinandersetzung des ADGB und des TUC mit extremistischen Parteien und radikalen Bewegungen inner- und außerhalb des Dachverbandes vgl. Kap.V.

11 Vgl. Potthoff, Freie Gewerkschaften, S.51, Anhang, Tab.1 c, S.352 f.

gelndes Klassenbewußtsein unter den deutschen Landarbeitern zurückzuführen war, oder ob nicht vielmehr die kleinräumigen, oft familiären Strukturen der Beschäftigungsverhältnisse, die Krise und der zunehmende Bedeutungsverlust des Agrarsektors in der Zwischenkriegszeit dafür verantwortlich waren. Insgesamt verminderte sich der gewerkschaftliche Organisationsgrad unter den landwirtschaftlichen Arbeitern in Deutschland von 30,9% 1920 auf 8,1% 1931 (davon freie Gewerkschaften 22,0% 1920 bzw. 5,5% 1931), in Großbritannien von 23,5% 1921 auf 4,6% 1931, d.h. der freigewerkschaftliche Organisationsgrad sank in geringerem Ausmaß als der gesamte Organisationsgrad einschließlich der wirtschaftsfriedlichen "gelben" Gewerkschaften und auch weniger stark als in der allgemein als unorthodoxer geltenden britischen Gewerkschaftsbewegung[12].

Die überwiegende Mehrheit der Einzelgewerkschaften im TUC und im ADGB waren branchen-, aber nicht berufsgruppenübergreifend organisierende "craft unions" bzw. Berufsverbände hochqualifizierter, handwerklich geprägter Facharbeiter. Darüber hinaus war im ADGB die Entwicklung von Industrieverbänden bereits weiter vorangeschritten. Das drückte sich vor allem in der geringen Anzahl von 30 Mitgliedsverbänden ab Juli 1931 aus, während der TUC im gleichen Jahr 210 Mitgliedsgewerkschaften zählte[13]. Bei den Weimarer Industrieverbänden handelte es sich allerdings noch nicht um Industriegewerkschaften im heutigen Sinn, die berufs- (aber nicht branchen-) übergreifend alle Beschäftigten eines Industriezweigs organisieren, sondern vielmehr um Dachorganisationen verwandter Berufe. In Deutschland gehörten hierzu die Verbände der Metall-, Bau-, Transport-, Fabrik-, Holz-, Textil- und Bergarbeiter, während in Großbritannien allenfalls die Miners' Federation of Great Britain diesem Typus nahekam[14]. In der britischen Baumwollindustrie hingegen, um nur ein Beispiel aufzugreifen, existierten 1931 45 überwiegend regional begrenzte Berufsverbände, darunter z.B. die Amalgamated Association of Beamers, Twisters and Drawers (Hand and Machine), die Card Room Operatives and Ring Spinners' Association, Wigan and District, oder die Weavers', Winders', Warpers', and Reelers' Association,

---

12 Vgl. Potthoff, Freie Gewerkschaften, Anhang B, Tab.3 a), S.362 f.; George Sayers Bain u. Robert Price, Profiles of Union Growth. A Comparative Statistical Portrait of Eight Countries, Oxford 1980, Tab.2.4, S.43.

13 Die Zahl der Mitgliedsverbände im ADGB schrumpfte von 52 1919 auf 28 1932 und im TUC von 266 1919 auf 217 1939; vgl. Brunner, Bürokratie und Politik, Tab. 14, S.78; Butler u. Butler, Political Facts, S.372.

14 Zur innergewerkschaftlichen Diskussion um das Berufs- versus Industrieverbandsprinzips vgl. Potthoff, Freie Gewerkschaften, S.38-41; Brunner, Bürokratie und Politik, S.78 f.; Clegg, British Trade Unions, Bd.2, S.455 f. u. passim.

Stockport and District[15]. Mit Industrieverbänden nicht zu verwechseln waren dagegen die in der Zwischenkriegszeit stark expandierenden britischen "general unions". Sie stießen branchen- und berufsgruppenübergreifend in organisatorische Lücken vor, die von den "craft unions" nicht abgedeckt wurden. Dabei rekrutierten sie insbesondere an- und ungelernte Arbeiter, die von den Berufsverbänden nicht aufgenommen wurden oder drangen in neue Industriezweige vor. So bildeten zwar die Hafen- und Transportarbeiter den traditionellen Kern der Transport and General Workers' Union. Durch Verschmelzungen mit kleineren Organisationen in den zwanziger Jahren expandierte sie jedoch in die verschiedensten Berufssparten, darunter auch die Bereiche Energie und Chemie, Metall und Landwirtschaft[16].
Sieht man von dem Einfluß der Weltwirtschaftskrise einmal ab, dann gingen auf lange Sicht Rekrutierungsgewinne in dynamischen Wachstumsindustrien (einschließlich des öffentlichen und privaten Dienstleistungssektors) im allgemeinen mit Mitgliederrückgängen in strukturschwachen Branchen einher. In Großbritannien stieg die Mitgliedschaft der Angestelltengewerkschaften ("white collar unions") gegenläufig zur allgemeinen Entwicklung selbst während der Weltwirtschaftskrise kontinuierlich an. Das galt z.B. für die National Union of Distributive and Allied Workers, die National Amalgamated Union of Shop Assistants, Warehousemen and Clerks oder die Railway Clerks' Association of Great Britain and Ireland[17], die alle dem TUC angeschlossen waren. Die Electrical Trades Union vergrößerte ihre Mitgliedschaft seit 1929 um 145% von 28.612 auf 70.065 1939[18], während sich die Mitgliederzahlen der Amalgamated Weavers' Association bei gleichzeitig drastisch schrumpfenden Beschäftigungszahlen in der Baumwoll-

---

15 Die Mehrheit dieser Verbände war zwar überregional zusammengeschlossen, sandte aber z.T. eigene Delegierte zum Kongreß. Z.B. gehörten 28 der 45 Verbände der Amalgamated Weavers' Association an. Die Gruppe "Textiles (other than Cotton)" des TUC umfaßte weitere 18 Berufsverbände; vgl. TUC-Report 1931, S.31-38.

16 Vgl. Clegg, British Trade Unions, Bd.2, S.460 f.

17 Auf lange Sicht erhöhte sich in der Zwischenkriegszeit, nach einem im Vergleich zur Handarbeiterschaft unterdurchschnittlichem Rückschlag 1921/23, wohl auch der **Organisationsgrad** der Angestelltengewerkschaften; gefunden werden konnten dafür nur die folgenden Organisationsquoten: 1911: 11,6%; 1921: 24,2%; 1931: 21,2%; 1951: 31,3%; vgl. Bain u. Price, Profiles of Union Growth, Tab.2.3, S.41 f.; Clegg, British Trade Unions, Bd.2, S.534 f., 543.

18 Vgl. John Lloyd, Light and Liberty. A History of the EETPU, London 1990, App.4, S.674. In den entsprechenden TUC-Reports wird die Mitgliederzahl mit 25.000 1929 bzw. 64.000 1939 angegeben (vgl. dazu oben, S.172, Anm.7).

industrie von 162.601 1930 auf 86.665 1939 halbierten[19]. Die Amalgamated Engineering Union sank zwar bis 1933 auf ihren niedrigsten Zwischenkriegsstand von 190.695, konnte dann aber von ihrer 1926 vorgenommenen Öffnung für niedriger qualifizierte Arbeiter profitieren, auf die gerade die neueren, expandierenden Branchen verstärkt zurückgriffen, und verdoppelte ihre Mitgliedschaft bis 1939 auf 390.873[20]. Der Mitgliedsstand der Miners' Federation of Great Britain ging dagegen von 804.236 (1925) kontinuierlich bis auf 496.799 (1933) zurück und stieg dann nur langsam wieder bis auf 588.321 (1939) an[21].
1933 wurden nur noch drei Plätze in der Liste der zehn am stärksten gewerkschaftlich organisierten britischen Industriezweige von Güter produzierenden Industriezweigen ("Coalmining, Footwear, Cotton") besetzt, während die Dienstleistungsbranchen bereits sieben Plätze ("National Government, Port and Inland Water Transport, Posts and Telecoms, Railways, Local Government and Education, Road Transport, Sea Transport") belegten. Sie hatten die gewerkschaftlich traditionsreichen Branchen "Printing and Publishing", "Construction" und "Metals and Engineering" aus der Liste der "Top Ten" verdrängt, der diese 1920 noch angehörten[22].

Heinrich Potthoff hat auch für Deutschland die Erschließung des öffentlichen Dienstes für die Gewerkschaftsidee als die bleibende Leistung der Weimarer Epoche bezeichnet[23]. Wie die britische Transportarbeitergewerkschaft und die National Union of General and Municipal Workers nahm der Gesamtverband der Arbeitnehmer der öffentlichen Betriebe, des Personen- und Warenverkehrs einen der vorderen Plätze unter den zehn größten Verbänden ihrer jeweiligen Dachverbände (Stand 1931) ein (vgl. Tab.16).

---

19 Vgl. Edwin Hopwood, A History of the Lancashire Cotton Industry and the Amalgamated Weavers' Association, Manchester 1969, S.188 (TUC-Reports: 159.741 1930 bzw. 88.419 1939).

20 Vgl. James B. Jefferys, The Story of the Engineers 1800-1945, o.O. (Lawrence & Wishart) 1945, S.241 (TUC-Reports: 136.048 1933 bzw. 333.619 1939).

21 Vgl. R. Page Arnot, The Miners: Years of Struggle. A History of the Miners' Federation of Great Britain (from 1910 onwards), London 1953, App. i, S.545; ders., The Miners in Crisis and War. A History of the Miners' Federation of Great Britain (from 1930 onwards), London 1961, App. ii, S.434 (TUC-Reports: 500.000 1933 bzw. 584.442 1939). Pelling, British Trade Unionism, S.205, gibt den für 1925 genannten Mitgliederstand fälschlicherweise für 1929 an.

22 Vgl. Clegg, British Trade Unions, Bd.2, Tab.5, S.545, u. S.545-47. Cleggs Zahlen basieren auf Bain u. Price, Profiles of Union Growth, Tab. 2.5 - 2.39, S.44-78.

23 Vgl. ders., Freie Gewerkschaften, S.58.

Tab.16: Die zehn größten Einzelgewerkschaften im ADGB und im TUC nach dem Stand von 1931

ADGB Verbände	Mitglieder	TUC Verbände	Mitglieder
Metallarbeiter	870.548	Miners' Federation	600.000
Gesamtverband der Arbeitnehmer der öffentlichen Betriebe, des Personen- und Warenverkehrs	655.600	Transport and General Workers	384.000
Baugewerksbund	433.019	Railwaymen	320.862
Fabrikarbeiter	413.477	General and Municipal Workers	257.523
Holzarbeiter	285.804	Weavers' Association	159.223
Textilarbeiter	261.763	Engineers	154.000
Eisenbahner	222.480	Distributive and Allied Workers	119.099
Bergarbeiter	176.826	Woodworkers	116.715
Nahrungsmittel- und Getränkearbeiter	167.119	Boot and Shoe Operatives	80.134
Landarbeiter	138.717	Boilermakers and Iron and Steel Shipbuilders	62.646

Quelle:
Jahrbuch 1931 des Allgemeinen Deutschen Gewerkschaftsbundes, Berlin 1932, S.184 (Jahresdurchschnittszahlen); TUC, Report of Proceedings at the 63rd Annual Trades Union Congress, London 1931, S.10-46.

Darin zeigte sich ein allgemeiner Bedeutungszuwachs der Gewerkschaften im öffentlichen **und** privaten Dienstleistungssektor, der den sektoralen Strukturwandel in der Zwischenkriegszeit - in Großbritannien entsprechend stärker als in Deutschland - widerspiegelte. Mit den Eisenbahnern und dem Gesamtverband waren 1931 im ADGB zwei Verbände des Dienstleistungsbereichs unter den zehn größten Organisationen vertreten, im TUC waren es vier ("Transport and General Workers", "Railwaymen", "General and Municipal Workers", "Distributive and Allied Workers"). Ohne den staatlichen Eingriff durch die Trade Disputes Act wären es sogar sechs gewesen, denn zu den zehn mitgliederstärksten britischen Gewerkschaften insgesamt gehörten außerdem die National Union of Teachers mit 153.000 Mitgliedern und die Union of Post Office Workers mit 98.000 Mitgliedern[24]. Das Fehlen der Landarbeiter in dieser Liste auf britischer Seite bringt darüber hinaus die dort schon weiter fortgeschrittene Entwicklung zur

[24] Die Mitgliederzahlen beziehen sich auf den Stand von 1933; vgl. Clegg, British Trade Unions, Bd.3, Tab.2, S.430, der als Quelle für die Mitgliedszahlen der Post Office Workers fälschlicherweise die TUC-Reports angibt (vgl. auch ders., British Trade Unions, Bd.2, Tab.9, S.570, ohne Quellenangabe).

Dienstleistungsgesellschaft zum Ausdruck. Jedoch gehörten in beiden Ländern auch die Gewerkschaften in den alten Hauptindustrien der Industrialisierungsphase - die Bergarbeiter, Textilarbeiter bzw. "Cotton Weavers", die Metallarbeiter bzw. "Engineers" und im TUC zusätzlich die "Boilermakers" (Schiffsbau) - immer noch zu den zehn größten Verbänden[25]. Ein signifikanter Unterschied im Hinblick auf die Einflußmöglichkeiten der Einzelverbände auf die politische Linie und Entscheidungen des Dachverbandes ist dagegen die starke Position des binnenmarktorientierten, stark konjunkturabhängigen Bau- und Baunebengewerbes unter den Verbänden des ADGB, das unter den ersten zehn gleich zweimal durch den Baugewerksbund und den Holzarbeiterverband vertreten war. Gemeinsam mit den Verbänden der Maler und Lackierer, Tapezierer, Steinarbeiter und Zimmerer stellten sie beispielsweise 1931 auf dem ADGB-Bundeskongreß in Frankfurt 70 der 307 Delegierten und 22% der dort vertretenen Mitglieder. Auf britischer Seite gehörten zwar die "Woodworkers" ebenfalls zu den größten Verbänden des TUC. Sie sahen sich jedoch einer Übermacht von Gewerkschaften aus den stagnierenden, exportorientierten Basisindustrien gegenüber. Von den 17 "trade groups", in die der TUC seine Einzelverbände aufteilte, standen auf dem jährlichen Kongreß von 1931 allein die Gruppen "Mining and Quarrying", "Shipbuilding", "Cotton" und "Textiles (other than Cotton)" für 219 der 589 Delegierten und 30,2% der Mitglieder[26].

Die beiden traditionsreichen britischen Exportindustrien, Kohle und Baumwolle, spiegelten deutlich den Einfluß des weltweiten Strukturwandels in der Zwischenkriegszeit, aber auch - durch kontinuierlich überdurchschnittlich hohe Organisationsquoten - den langfristig stabilen gewerkschaftlichen Rückhalt in diesen Bereichen wider. Im Kohlebergbau sank der allgemeine gewerkschaftliche Organisationsgrad von 76,7% 1921 auf 51,3% 1932 und erhöhte sich dann wieder auf 81,1% 1939, die Organisationsquote des Industriezweigs "Cotton, Flax, and Man-Made Fibres" betrug 71,9% 1921, 52,9% 1932 und 54,4% 1939[27]. In der

---

25 Die Eisenbahner als Zugpferde der zweiten Industrialisierungsphase stellen insofern einen Sonderfall dar, als sie sowohl den Gewerkschaften im Dienstleistungssektor als auch den traditionellen Industriegewerkschaften zugeordnet werden könnten.

26 Vgl. Protokoll des 14. Kongresses der Gewerkschaften, 1931, S.5-13; TUC-Report 1931, S.51.

27 Vgl. Bain u. Price, Profiles of Union Growth, Tab.2.6, S.45, Tab.2.12, S.51; vgl. auch Clegg, British Trade Unions, Bd.2, Tab.5, S.545; Bd.3, Tab.2, S.294, mit den Daten für 1920, 1933 und 1938. Für einige Jahre des hier bearbeiteten Zeitraums gab die Miners' Federation für sich allein mehr Mitglieder an, als Bain u. Price an gewerkschaftlichen Organisierten für den ganzen Industriezweig anführen. Die Angaben bei Price u. Price basieren auf den gesammelten Daten des Arbeitsministeriums, das offenbar nur die beschäftigten Gewerkschaftsmitglieder registrierte. Die Karteien der Gewerkschaften selbst enthielten dagegen auch zahlreiche arbeitslose oder in den Ruhestand getretene,

Weltwirtschaftskrise (1929-32) verzeichneten die beiden Branchen, deren Facharbeitergewerkschaften in der Regel auf ein gut ausgebautes System von "friendly benefits" (sozialer Unterstützungsleistungen) zurückgreifen konnten, unter Berücksichtigung ihrer hohen Arbeitslosenquoten einen verhältnismäßig geringen Rückgang der Mitglieder (9,2% bzw. 13,1%) und Organisationsquote (3,8% bzw. 4,0%)[28]. Sehr niedrige Mitgliederverluste von unter 3% erlitten auch die traditionell handwerklichen und von Erwerbslosigkeit weniger betroffenen Branchen Tabak, Schuhbekleidung, Keramik, Papier sowie das Straßentransportgewerbe. Fast alle der insgesamt 35 britischen Industriezweige erlebten zwischen 1929 und 1932 einen Rückgang der gewerkschaftlich organisierten Beschäftigten. Lediglich die Branchen Nahrungsmittel/Getränke, Druck, Wasserversorgung, Handel, Versicherung/Bank- und Finanzwesen, "Local Government", Gesundheitswesen und "National Government" konnten trotz Rezession Mitgliederzuwächse verbuchen. Die stärksten Verluste an Gewerkschaftsmitgliedern mit Rückgängen zwischen rund 20 und 30% von 1929 auf 1932 gab es in den unter hoher Arbeitslosigkeit leidenden Branchen "Other Mining" [nicht Kohle], "Entertainment", "Sea Transport", "Other Textiles" [nicht Baumwolle] und "Metals and Engineering" sowie, trotz stabilerer Beschäftigungszahlen, in der Chemieindustrie. Auch die Bauzulieferindustrie ("Glass, Bricks and Building Materials, Timber and Furniture") verzeichnete in der Krise mit rund 15-19% starke Mitgliederabflüsse, das Baugewerbe selbst verlor nur 10,8%.

Einen extrem hohen Rückgang der Organisationsquote ereilte im gleichen Zeitraum lediglich das von der Schrumpfung des Welthandels besonders betroffene und durch Gelegenheitsarbeit gekennzeichnete Übersee-Transportgewerbe mit 25,8%. Es folgten das Binnengewässer-Transportgewerbe, der Nichtkohle-Bergbau, Nichtbaumwoll-Textilien, Unterhaltung, das Straßen-Transportgewerbe und das Baugewerbe, allerdings nur mit jeweils weniger als 10%. Einen höheren Organisationsgrad als 1929 verzeichneten 1932 jedoch die Branchen Nahrungsmittel und Getränke, Wasserversorgung, Eisenbahnen, Versicherungen und Banken, Kommunal- und Zentralverwaltung sowie das Gesundheitswesen. Sie zeigten wie

---

ehemalige Mitglieder, zumal eine höhere Mitgliederzahl auch eine höhere Stimmenzahl der betreffenden Gewerkschaft bei Abstimmungen auf dem jährlichen TUC-Kongreß bedeutete.

28 Diese und die folgenden (aufgerundeten) Angaben zum prozentualen Rückgang der Mitglieder und Organisationsrate wurden auf der Basis der Angaben bei Bain u. Price, Profiles of Union Growth, S.45-78, errechnet. Sofern dort kein fortlaufender Organisationsgrad angegeben war, wurde dieser auf Basis der potentiellen Mitgliedschaft von 1931 erstellt. Danach betrug zwischen 1929 und 1932 der durchschnittliche prozentuale Rückgang der Gewerkschaftsmitglieder in den 35 zugrundeliegenden Branchen (einschließlich Landwirtschaft, aber mangels ausreichender Zahlenangaben ohne Luftverkehr) 8,0%, der durchschnittliche Rückgang der Organisationsquote betrug 3,3%.

schon bei der Mitgliederentwicklung eine niedrige Erwerbslosenquote und die stabile Binnennachfrage nach Verbrauchsgütern und Dienstleistungen an.
Die organisatorische Entwicklung der TUC-Verbände nach Branchen spiegelt im großen und ganzen die generelle gewerkschaftliche Entwicklung wider.

Tab.17: Organisatorische Entwicklung der TUC-Verbände nach Branchen (Gewinne und Verluste in %)

TUC - Trade Groups	Mitglieder			Organisationsgrad[1]				
	1929-34	1934-39	1929-39	1929	1934	1939	1929-34	1929-39
Mining and Quarrying	- 16,5	+ 14,3	- 4,6	50,4	45,7	58,8	- 4,7	+ 8,4
Railways	- 8,6	+ 28,4	+ 17,5	68,3	69,6	84,5	+ 1,3	+ 16,2
Transport (other than Railways)	+ 43,1	+ 58,8	+ 127,2	45,3	59,2	93,3	+ 13,9	+ 48,0
Shipbuilding	- 26,5	+ 54,8	+ 13,8					
Engineering, Founding and Vehicle Building	- 10,9	+ 98,0	+ 76,5	21,0	18,2	27,7	- 2,8	+ 6,7
Iron and Steel and minor Metal Trades	- 19,9	+ 54,6	+ 23,9					
Building, Woodworking and Furnishing	- 15,0	+ 30,9	+ 11,3	23,8	17,5	19,5	- 6,3	- 4,3
Printing and Paper	+ 12,1	+ 22,6	+ 37,7	31,0	32,1	37,3	+ 1,1	+ 6,3
Cotton	- 24,6	- 15,9	- 36,6	41,2	36,1	34,6	- 5,1	- 6,6
Textiles (other than Cotton)	- 33,8	- 0,8	- 34,3	24,2	16,1	16,5	- 8,1	- 7,7
Clothing	- 15,7	+ 60,0	+ 34,9	17,5	13,8	21,3	- 3,7	+ 3,8
Leather and Boot and Shoe	+ 4,1	+ 16,6	+ 21,4	38,4	38,3	45,7	- 0,1	+ 7,3
Glas, Pottery, Chemicals, Food, Drink, Tobacco, Brushmaking and Distribution	+ 15,4	+ 46,3	+ 68,8	7,1	7,1	9,9	+/- 0	+ 2,8
Agriculture	+/- 0	+ 50,0	+ 50,0	3,6	3,6	5,3	+/- 0	+ 1,7
Public Employees	+ 11,6	+211,6	+ 247,9	8,1	9,1	28,3	+ 1,0	+ 20,2
Non-manual Workers	- 16,3	+ 87,2	+ 56,7	10,3	8,6	16,2	- 1,7	+ 5,9
General Workers	- 39,5	+ 81,0	+ 9,5	26,8	16,2	29,3	- 10,6	+ 2,5
Branchendurchschnitt	**- 8,3**	**+ 52,9**	**+ 42,5**	**27,8**	**26,1**	**35,2**	**- 1,7**	**+ 7,4**

Anmerkung:

(1) Errechnet auf der Basis der potentiellen Gewerkschaftsmitglieder nach Bain u. Price, Profiles of Union Growth. Die Brancheneinteilung bei Bain und Price folgt der britischen Standard Industrial Classification von 1958 (vgl. ebd., S.18). Sie deckt sich nicht mit der vom TUC vorgenommenen Unterscheidung seiner Mitgliedsverbände nach „trade groups". Den 17 TUC - trade groups wurden für die Tabelle folgende Branchen zugeordnet: 1. Mining and Quarrying: Coal Mining, other Mining and Quarrying; 2. Railways: Railways; 3. Transport (other than Railways): Road T., Sea T., Port and Inland Water T., Air T., Fishing; 4. Shipbuilding / 5. Engineering etc. / 6. Iron and Steel etc.: Metals and Engineering, other Manufacturing; 7. Building etc.: Bricks and Building Materials, Timber and Furniture, Construction; 8. Printing and Paper: Paper and Board, Printing and Publishing; 9. Cotton: Cotton, Flax, and Manmade Fibres; 10. Textiles (other than Cotton): other Textiles; 11. Clothing: Clothing; 12. Leather etc.: Leather, Leather Goods, and Fur, Footwear; 13. Glass etc.: Food and Drink, Tobacco, Chemicals and Allied Industries, Pottery, Glass, Distribution; 14. Agriculture: Agriculture, Horticulture, and Forestry; 15. Public Employees: Health Services, National Government; 16. Non-manual Workers: Insurance, Banking, and Finance, Entertainment; 17. General Workers: Gas, Electricity, Water, Post and telecommunications, Local Government and Education. Die errechneten Organisationsquoten sind lediglich allgemeine Annäherungswerte, da sie zwei grobe Fehlerquellen enthalten: a) die Ungenauigkeit der Zuordnung von trade groups und Industriebranchen; b) den Mitgliedszahlen des TUC liegt das Vereinigte Königreich, den potentiellen Gewerkschaftsmitgliedern bei Bain und Price liegt Großbritannien zugrunde.

Quellen:

TUC, Report of Proceedings at the [61st - 71st]Annual Trades Union Congress, London [1929-1939]; G. S. Bain u. Robert Price, Profiles of Union Growth: A Comparative Statistical Portrait of Eight Countries, Oxford 1980, Tab.2.4 - 2.39, S.43-78.

Allerdings kann die Statistik hinsichtlich des Organisationsgrades nicht mehr als sehr allgemeine Annäherungswerte liefern, da der TUC bei der Einteilung seiner Einzelgewerkschaften nach "trade groups" lediglich die Branchenzugehörigkeit der Mehrheit der Mitglieder in den jeweiligen Verbänden berücksichtigte. So beruht beispielsweise der hier errechnete (zu hohe) Organisationsgrad in der Gruppe "Transport (other than Railways)" primär auf den Mitgliedern der Transport and General Workers' Union im Verhältnis zu allen Beschäftigten des Straßen-, Wasser- und Lufttransportgewerbes, obwohl die Mitgliedschaft dieser Organisation zu großen Teilen aus anderen Branchen stammte[29]. Dennoch ver-

29 Vgl. dazu auch oben, S.177, u. unten, S.185f., Anm.34; eine Umverteilung der Mitglieder bei branchenübergreifend organisierenden TUC-Verbänden konnte im Rahmen dieser Arbeit nicht geleistet werden. Für diesbezüglich genauere Zahlen vgl. Bain u. Price, Profiles of Union Growth, S.13-78, die allerdings nicht zwischen TUC- und anderen Gewerkschaftsmitgliedern unterscheiden.

deutlichen auch die TUC-Durchschnittswerte 1929-1939 erneut den langfristigen Trend zur Dienstleistungsgesellschaft in Großbritannien durch enorme Zuwächse bei Mitgliedszahlen und teilweise auch Organisationsgrad in den Bereichen des Transportwesens, der neuen Verbrauchsgüter- und Dienstleistungsindustrien und der Angestellten des öffentlichen Sektors. Die höchsten Mitgliederverluste in der Depression bis zum Tief- und Wendepunkt 1934 wiesen hingegen die großen TUC-Verbände in den strukturschwachen Stapelindustrien des Berg- und Schiffsbaus, der Metall- und Textilindustrie sowie die Gruppe der ungelernten Arbeiter auf. Am schwersten von Konjunkturkrise und gleichzeitigem Strukturwandel betroffen waren die überwiegend Frauen organisierenden Verbände der beiden Textilbranchen, Baumwolle und Wolle bzw. andere Nichtbaumwollstoffe, die als einzige von allen "trade groups" - allerdings bei weiterhin sehr hohen Organisationsquoten - bis zum Kriegsausbruch negative Vorzeichen bei Mitgliedern und Organisationsgrad verkraften mußten. Im Bau-, Holz- und Baunebengewerbe stiegen dagegen nach dem Konjunkturumschwung die Mitgliedszahlen in den TUC-Gewerkschaften wieder an. Jedoch konnten sie mit der enormen Ausweitung der Beschäftigten des gesamten Sektors infolge der wirtschaftlichen Entwicklung, insbesondere des "housing boom", nicht mithalten, so daß der Organisationsgrad auch langfristig rückläufig blieb. Die beiden anderen Gruppen alter, handwerklich orientierter „craft unions“ im TUC - die Verbände der Druck- und Lederindustrie - wiesen demgegenüber sowohl in der Krise als auch langfristig eine stabile Mitgliederentwicklung und überdurchschnittlich hohe Organisationsquoten auf.

In Deutschland konnten die traditionellen Berufsorganisationen, wie die Buchdrucker, Zimmerer, Dachdecker und Steinmetze, bis zur Weltwirtschaftskrise ebenfalls überdurchschnittlich hohe Organisationserfolge verbuchen[30]. Darüber hinaus verbesserten die Verbände des graphischen Gewerbes ihren Organisationsgrad zwischen 1920 und 1931 kontinuierlich - erst 1932 erfolgte ein leichter Einbruch, der sich aber immer noch auf einen weit überdurchschnittlichen Wert belief. Den schon vor dem Krieg gut organisierten Berufsverbänden gelang es wie ihren britischen Kollegen, die nach 1919 neu eingetretenen Mitglieder dauerhaft zu binden, weil sie aufgrund ihrer finanziellen Leistungsfähigkeit in Krisenzeiten über eine starke Anziehungskraft verfügten.

Bei den meisten großen deutschen Industrieverbänden sank die Organisationsquote nach Inflationskrise und Währungsstabilisierung dagegen zunächst drastisch bis auf unterdurchschnittliche Werte ab. Jedoch gelang es sowohl den Bergarbeitern als auch den Metallarbeitern, ihren Organisationsgrad zwischen 1925 und 1931 wieder zu steigern, wenngleich nicht mehr auf die Extremwerte von 1920.

---

30 Vgl. Potthoff, Freie Gewerkschaften, S.53 f.; zu den folgenden Angaben über Mitgliederfluktuation und sektorale Organisationsgrade ebd., Anhang, Tab.1 c) u. d), S.352-57, 3 b)-e), S.364-71.

Die freigewerkschaftliche Organisationsquote im Kohlebergbau befand sich 1931 wieder auf einem weit überdurchschnittlichen Wert, ebenso wie die in der Metallindustrie im engeren Sinn. Legt man jedoch die umfassenderen Kategorien der Reichsstatistik zugrunde, dann lag der freigewerkschaftliche Organisationsgrad im Bereich Bergbau, Salinen und Torfgräberei auf einem unterdurchschnittlichen, der im Bereich der Metallindustrie einschließlich der elektrotechnischen, feinmechanischen und optischen Industrie auf einem zwar überdurchschnittlichen, aber weitaus geringerem Wert als in der traditionellen Metallindustrie[31].

Einen Grenzfall zwischen Industrie- und Berufsverband stellten die Bauindustrie und das Baunebengewerbe dar, deren Organisationsquoten wie in Großbritannien aufgrund kleiner Betriebsgrößen, instabiler, durch Saisonarbeit beeinträchtigter Beschäftigungsstukturen und einer hohen Konjunkturanfälligkeit zwischen 1920 und 1932 stetig zurückgingen. Seine starken Mitgliederverluste in der Weltwirtschaftskrise werden in der Literatur darüber hinaus häufig mit einem hohen Anteil an Ungelernten erklärt[32], deren Organisationsbindung geringer war als die der Facharbeiter. Dies gilt noch stärker für den Fabrikarbeiterverband, der, ursprünglich als Vertretung der Hilfsarbeiter gegründet, seinen Schwerpunkt schon vor dem Ersten Weltkrieg auf die chemische Industrie im weiteren Sinne verlagert hatte[33]. Trotz einer unterdurchschnittlichen Arbeitslosenquote verzeichnete er in der Rezession hohe Mitgliederverluste, die mit der britischen Entwicklung unter den "General Workers" korrespondierten. Diese sind aber wohl nicht ausschließlich auf die soziale Stellung, sondern dort, wo Erwerbslosigkeit auftrat, auch auf die im Verhältnis zu den Facharbeitern überproportionale Betroffenheit der geringer qualifizierten Arbeiter zurückzuführen. Die Entwicklung in den Verbänden, die in größerer Zahl an- und ungelernte Arbeiter organisierten, konnte daher höchst unterschiedlich verlaufen. So verzeichnete einerseits die National Union of General and Municipal Workers[34] von 1929 bis 1933 überdurchschnittlich hohe

---

31 Vgl. Potthoff, Freie Gewerkschaften, S.55.

32 Vgl. z.B. Klaus Schönhoven, Innerorganisatorische Probleme der Gewerkschaften in der Endphase der Weimarer Republik, in: Gewerkschafts-Zeitung, 43. Jg. 1933, Nachdr.: Berlin usw. 1983, Anhang, S.[73]-[104], hier S.[79], [83 f.]. Dagegen weist Potthoff, Freie Gewerkschaften, S.56, auf die, dieser These widersprechende, hohe Mitgliederkonstanz des Fabrikarbeiterverbandes zwischen 1920 und 1932 hin. Auch der Verband der graphischen Hilfsarbeiter wies noch 1932 die hohe Quote von 81,5% des Mitgliederstands von 1920 auf; vgl. ebd., Anhang, Tab.1 d), S.354 f.

33 Vgl. Potthoff, Freie Gewerkschaften, S.39, Anm.3.

34 Die Gewerkschaft stellte über 90% der in der Gruppe "General Workers" aufgeführten Mitglieder, während die Transport and General Workers' Union in der Gruppe "Transport" gezählt wurde. Durch die 1929 erfolgte Verschmelzung der Workers' Union mit der Transport and General Workers' Union stieg daher die Mitgliederstärke dieser Gruppe bis 1930 um über 100.000 Personen an; entsprechend verringerte sich die Stärke

und kontinuierliche Mitgliederverluste (ein Rückgang von 14,7%) und steigerte sich dann bis 1939 nur langsam wieder um 17,3%. Die Mitgliederzahlen der Transport and General Workers' Union andererseits sanken zwischen 1930 und 1934 lediglich um 4,9%. Danach ist bis 1939 ein dramatischer Zuwachs um 71,6% zu beobachten. 1937 überschritt die Gewerkschaft erstmals die Mitgliederstärke der Miners' Federation und wurde mit insgesamt 654.510 Mitgliedern die größte Einzelgewerkschaft der Welt[35].

Unter den Verbänden des ADGB verbuchten nur drei, nämlich die Buchdrucker, die Schornsteinfeger und die Melker (früher Schweizer), 1932 ein geringes Mitgliederplus gegenüber 1929. Mit rund 36-42% am stärksten vom Mitgliederrückgang betroffen waren in diesem Zeitraum die Steinarbeiter, Musiker, Maschinisten und Bekleidungsarbeiter[36]. Überdurchschnittlich hohe Rückgänge zwischen rund 27 und 30% verzeichneten auch die Sattler und Tapezierer, Tabakarbeiter, Textilarbeiter und Bauarbeiter. Deutlich zeigen sich in Deutschland zum einen der im Verhältnis zu den strukturellen Problemen stärkere Einfluß der Konjunkturkrise, die in den von überdurchschnittlicher Arbeitslosigkeit betroffenen Branchen des Bau- und Baunebengewerbes für hohe Mitgliederverluste sorgte, und zum anderen die Konsequenzen der eingeschränkten Binnennachfrage selbst nach billigen Konsumgütern infolge der harten deutschen Deflationspolitik. Anders als in Großbritannien mußten daher auch die Arbeiter der Verbrauchsgüterindustrien, z.B. die Nahrungsmittel- und Getränkearbeiter, deren britische Kollegen in der Weltwirtschaftskrise ein Mitgliederplus verbuchen konnten, starke Einbußen hinnehmen. Daneben machte sich aber auch in Deutschland der langfristige ökonomische Strukturwandel bemerkbar. Vor allem die Maschinisten und Heizer, die in den verschiedensten Industrien für die Bedienung und Wartung der Dampfkessel zuständig waren, litten nicht nur unter der allgemeinen Schrumpfung

---

der Gruppe "General Workers", ohne daß dies auf einen realen Rückgang der ungelernten Arbeiter zurückzuführen war. Die folgenden Prozentangaben beziehen sich auf die entsprechenden Mitgliederzahlen in den Jahresberichten des TUC.

35 Vgl. Pelling, Trade Unionism, S.207 f.; der TUC-Report von 1937 gibt 523.300 Mitglieder an. Ohne die 1933 erfolgte Zerstörung der bis dahin mitgliederstärkeren ADGB-Gewerkschaften hätte sie diesen Platz allerdings wohl nicht erringen können.

36 Schönhoven, Innerorganisatorische Probleme, S.[79], spricht hinsichtlich dieser Verbände von Schrumpfungen um über 40%. Dies konnte jedoch anhand der Angaben bei Potthoff, außer für die Steinarbeiter, nicht nachvollzogen werden. Der durchschnittliche Mitgliederrückgang im ADGB zwischen 1929 und 1932 betrug 21,3%. Die Berechnung des Rückgangs erfolgte nach den Angaben bei Potthoff, Freie Gewerkschaften, Anhang B, Tab.1 c)-d), S.352-57, für alle Verbände (=28), für die sowohl 1929 als auch 1932 Mitgliedszahlen vorlagen. Für die Mitgliedszahl des erst 1930 entstandenen Gesamtverbands der Arbeitnehmer der öffentlichen Betriebe für das Jahr 1929 wurden die Angaben der späteren Mitgliedsverbände addiert.

der Produktion und der Stillegung zahlreicher Anlagen. Sie waren auch von der zunehmenden Nutzung neuer Energien anstelle von Kohle und der Einführung moderner und größerer Krafterzeugungsmaschinen betroffen, zu deren Bedienung immer weniger Personal benötigt wurde.
Für den starken Mitgliederverlust in der Textilindustrie, die in Deutschland nur unterdurchschnittlich von Arbeitslosigkeit betroffen wurde, wird im allgemeinen der hohe Frauenanteil unter den Organisierten verantwortlich gemacht[37]. Der Rückgang der weiblichen Mitglieder des ADGB war in der Weltwirtschaftskrise höher als bei den Männern, obwohl diese stärker unter der Arbeitslosigkeit litten. Er betrug zwischen 1929 und 1931 14,5% bei den Frauen und 9,2% bei den Männern. Analog dazu beliefen sich auch im TUC die Verluste zwischen 1930 und dem tiefsten Stand 1934 auf 16,3% bei den Frauen und 11,4% bei den Männern. Dann allerdings verlief der Anstieg der gewerkschaftlich organisierten Frauen im TUC bis 1939 nahezu parallel zu dem der Männer (ein absoluter Zuwachs von 40,5 bzw. 41,9%), ohne jedoch anteilsmäßig mit dem Eintritt neuer, männlicher Gewerkschaftsmitglieder Schritt halten zu können[38]. Langfristig erwies sich die weibliche Mitgliedschaft bis zur Krise als stabiler und im Aufschwung dynamischer. Zwischen 1926 und 1931 ging die Zahl der männlichen Gewerkschafter im TUC um 16,8% zurück, die der weiblichen erhöhte sich um 2,1%. Auf lange Sicht wuchs sie zwischen 1926 und 1939 um 5,2% bei den Männern und 22,6% bei den Frauen an. Alle drei großen deutschen Gewerkschaftsbünde verzeichneten im Kontrast dazu zwischen 1925 und 1931 noch steigende Mitgliedszahlen bei den Männern (8,3%) und bereits starke Rückgänge bei den Frauen (25,9%)[39]. Während der Frauenanteil im TUC in der Zwischenkriegszeit stagnierte oder allenfalls leicht anstieg, verzeichnete der ADGB - allerdings auf höherem Niveau - eine kontinuierliche und drastische Verringerung des Frauenanteils unter seinen Mitgliedern. Beides weist auf eine ungenügende Berücksichtigung der Belange weiblicher Beschäftiger und eine entsprechend geringe Attraktivität beider Dachverbände für Frauen hin. Auch die

---

[37] Vgl. Schönhoven, Innerorganisatorische Probleme, S.[79], der dieses Argument auch für die Tabakindustrie geltend macht. Zur Entwicklung der weiblichen Gewerkschaftsmitglieder vgl. ebd., S.88-91, mit weiteren Literaturhinweisen zur gewerkschaftlichen Arbeiterinnenbewegung.

[38] Vgl. Schönhoven, Innerorganisatorische Probleme, Tab.7, S.[104[; TUC-Reports 1930-39, Mitgliederlisten. Ein ähnliches Bild zeigt die Entwicklung unter allen Gewerkschaftsmitgliedern im Vereinigten Königreich mit 4,8% Verlusten bei den Männern und 7,2% bei den Frauen 1930-34 und jeweils 37,2% Gewinnen 1934-39; vgl. Bain u. Price, Profiles of Union Growth, Tab. 2.1, S.37 f.

[39] Vgl. TUC-Reports 1926-39, Mitgliederlisten; Potthoff, Freie Gewerkschaften, Anhang B, Tab. 2.b), S.359.

Organisationsbereitschaft der Frauen ließ im Verlaufe der Weimarer Republik ungleich stärker nach als die ihrer männlichen Kollegen. Generell sackte die Quote gewerkschaftlich organisierter Frauen zwischen 1925 und 1933 weit stärker ab als die Zahl und der Prozentsatz der weiblichen Beschäftigten[40]. Einen noch schlechteren Verlauf nahm zunächst die Entwicklung der weiblichen Gewerkschaftsmitglieder im Vereinigten Königreich, deren Zahl und Organisationsquote in diesem Zeitraum um 12,5% bzw. 2,8% zurückging, während sich die Zahl der weiblichen Erwerbspersonen um 7,7% erhöhte. Im Zuwachs weiblicher Mitglieder im TUC in der zweiten Hälfte der dreißiger Jahre wurden dann die dynamischen Veränderungen der britischen Wirtschaftsstruktur mit einem steigenden Anteil weiblicher Beschäftigter im Dienstleistungssektor deutlich sichtbar. Der gewerkschaftliche Organisationsgrad unter den Frauen erhöhte sich zwischen 1934 und 1939 jedoch stärker als der prozentuale Anstieg der weiblichen Erwerbsbevölkerung und zeigte ein langfristig wachsendes gewerkschaftliches Engagement unter den britischen Frauen[41].
Der Vergleich verdeutlicht, daß auch bei den weiblichen Arbeitskräften, wie bei ihren männlichen Kollegen, die Beschäftigungslage und das erkennbare Vorhandensein gewerkschaftlicher Gestaltungsspielräume in den Arbeitsbeziehungen, die bei einem Wirtschaftsaufschwung nun einmal stärker gegeben sind, das ausschlaggebende Kriterium für den Beitritt zu einer Gewerkschaft darstellen. Von einer grundsätzlichen "Organisationsscheu"[42] bei Frauen kann daher keine Rede sein, wie das britische Beispiel zeigt. Gerade die britische Baumwollindustrie mit ihrer hohen Zahl weiblicher Arbeitskräfte und ihren langen und starken gewerkschaftlichen Traditionen (1928 beschäftigte sie ca. 28% aller weiblichen Gewerkschaftsmitglieder) beweist das Gegenteil. Ihre durch den Strukturwandel bedingte starke Schrumpfung war zum einen die wichtigste Ursache für den die Männer übertreffenden Rückgang der weiblichen Gewerkschaftsmitglieder in der Krise und verhinderte zum anderen, daß der Zuwachs der weiblichen Mitglieder nach der Konjunkturwende den der männlichen nicht sogar bei weitem überholte[43].
In vielen Branchen waren handfestere Gründe für die Zurückhaltung der

---

40 Vgl. Potthoff, Freie Gewerkschaften, S.48, u. Anhang B, Tab.2 b), S.359.

41 Vgl. Bain u. Price, Profiles of Union Growth, Tab. 2.1, S.37. Zur Entwicklung der britischen Erwerbsquoten nach Geschlechtern, 1911-81, vgl. Bain u. Price, Labour Force, Tab.4.3, S.168. Als Eckdaten für die Zwischenkriegszeit geben die Autoren lediglich 1921 und 1931 an. Die beschriebenen Tendenzen setzen sich dort jedoch auch nach dem Zweiten Weltkrieg fort. Zur deutschen Erwerbsquote nach Geschlechtern vgl. Petzina u.a., Sozialgeschichtliches Arbeitsbuch, Bd.3, Tab.9 a), S.54.

42 Davon spricht Potthoff, Freie Gewerkschaften, S.48.

43 Vgl. Wrigley, Trade Unions between the Wars, S.108 f.

Arbeiterinnen, sich zu organisieren, verantwortlich. Dazu gehörte etwa die Tatsache, daß Frauen angesichts der von männlichen Interessen dominierten Gewerkschaften, in denen sie nicht einmal ein Fünftel der Mitglieder stellten, häufig die Vorteile des Zusammenschlusses nicht erkennen konnten. Die tarifvertragliche Festschreibung geschlechtsspezifischer Lohnunterschiede trotz gleicher Arbeit und die sowohl vom TUC als auch vom ADGB vertretene ambivalente Haltung insbesondere gegenüber verheirateten Kolleginnen, die als "Doppelverdienerinnen" an ihren Arbeitsplätzen "klebten", während Männer massenhaft arbeitslos waren, trugen zu dieser Einstellung bei[44]. Selten kamen die Frauen in den Genuß einer geringer ausgeprägten Dominanz der Männer, wie eben signifikanterweise im Textilarbeiterverband, der 1931 146.546 weibliche und 115.217 männliche Mitglieder hatte, während die Amalgamated Weavers' Association 127.418 weibliche und nur 31.805 männliche Mitglieder verzeichnete[45]. Des weiteren gab es im TUC immerhin zwei kleine, ausschließlich aus Frauen bestehende Organisationen, nämlich die Women Public Health Officers' Association und die Association of Women Clerks and Secretaries. Nur wenn sich einzelne Gewerkschaften, wie auch die mehrheitlich Frauen organisierenden deutschen Verbände der Buchdrucker und graphischen Hilfsarbeiter, entschiedener für die Belange der weiblichen Arbeitskräfte einsetzten, konnten sie Rekrutierungsgewinne erzielen. Ob dies dem ADGB mit einem etwas höherem Frauenanteil besser gelang als dem TUC läßt sich aufgrund der unterschiedlichen sozialen Ausgangsbasis (Arbeiterinnen, Angestellte, Beamtinnen) beider Dachverbände bei der Rekrutierung ihrer weiblichen Mitglieder vergleichend kaum feststellen. Denn andererseits kamen wohl auch die unterschiedlichen Industriestrukturen beider Länder in der gewerkschaftlichen Politik zum Tragen. Während die Probleme der Textilindustrie im TUC entsprechend ihrer gesamtökonomischen Bedeutung mit denen des Kohlebergbau oder des Schiffbaus an vorderster Stelle rangierten, besaßen die Anliegen dieser weiblich dominierten Branche in der deutschen Volkswirtschaft und daher auch im ADGB eher einen geringeren Stellenwert als die der männlich dominierten Metallindustrie oder des Baugewerbes.
Eine Minderheit im Sozialgefüge der beiden Dachverbände stellten auch die jugendlichen Mitglieder dar. Der Anteil der Jugendlichen an der Gesamtmitgliedschaft des ADGB betrug im Jahresdurchschnitt von 1930 und 1931 4,8% bzw. 4,5%. Besonders hohe Jungmitgliederanteile von über 10% hatten im Dezember 1931 lediglich die Verbände der Buchdrucker, Lithographen und Maler, rein zahlenmäßig organisierte allerdings der Metallarbeiterverband mit großem Ab-

---

44 Vgl. Huber-Koller, Gewerkschaften und Arbeitslose, Bd.2, S.538 f.; Wrigley, Trade Unions between the Wars, S.109.

45 Vgl. TUC-Report 1931, S.10-46; ADGB-Jahrbuch 1931, S.183 f.

stand die meisten Jugendlichen[46]. Die Entwicklung der gewerkschaftlichen Jungmitgliedschaft zeigte nach den Angaben des ADGB in den Jahren vor der Krise absolut und relativ (gegenüber der Gesamtzahl der Gewerkschaftsmitglieder) eine aufsteigende Tendenz, die schon Ende 1930 durch einen leichten Rückgang gegenüber dem Stand vom Ende 1929 abgebrochen wurde. Bis zum Ende 1931 erfolgte dann allerdings ein drastischer zahlenmäßiger Rückgang der Jungmitglieder um ca. 23,6%[47]. Besonders starke Einbußen mußten von 1930 auf 1931 die Steinarbeiter (46,9%), Zimmerer (45,7%) und Kupferschmiede (38,6%), der Baugewerksbund (36,4%) und der Fabrikarbeiterverband (33,5%) hinnehmen. Diese Entwicklung war nach Auffassung des ADGB vor allem auf die verschlechterte Beschäftigungslage der Jugendlichen und nicht auf eine rückläufige Organisationsquote unter den beschäftigten Lehrlingen zurückzuführen. Insbesondere handele es sich dabei um ein "Älteren-Problem in der Gewerkschaftsjugend", das durch die zunehmende Praxis der rücksichtslosen Entlassung der Lehrlinge nach Vollendung der Lehre entstehe. Für den TUC lassen sich in dieser Hinsicht keine Aussagen treffen, da die Zahl der Jugendlichen in den Mitgliederstatistiken nicht gesondert aufgeführt werden. Implizit bestätigt sich dadurch die hinsichtlich der sozialen Lage der Arbeitslosen bereits getroffene Feststellung, daß die britischen erwerbslosen Jugendlichen besser von den bestehenden Organisationen integriert wurden und daher vermutlich kein herausragendes Problem darstellten. Entsprechend fanden sie im TUC als soziale Gruppe auch geringere Beachtung. Ein anderer Grund könnte allerdings auch die größere Sorgfalt des ADGB bei der statistischen Aufbereitung seiner organisatorischen Entwicklung sein.

Sofern sich also überhaupt ein generelles Muster in der gewerkschaftlichen Mitgliederentwicklung in der Weltwirtschaftskrise und den dreißiger Jahren feststellen läßt, kann man wohl zum einen von einem Zuwachs der Mitglieder und Organisationsquote vor allem im Dienstleistungssektor und - in Großbritannien - auch in den Konsumgüterindustrien des täglichen Bedarfs sprechen. In den neuen Leichtindustrien - Chemie, Elektrizität, Teilbereiche der Metallindustrie – erzielten die britischen Gewerkschaften ebenfalls Rekrutierungsgewinne; jedoch reichte der Organisationsgrad in diesen Branchen bei weitem noch nicht an die älteren Industriezweige heran. Gleichzeitig nahm der Rückhalt des TUC in seiner traditionellen Stammklientel der hochqualifizierten Facharbeiter, wie schon die Wahlergebnisse gezeigt hatten, trotz Massenarbeitslosigkeit kaum ab, sondern lediglich

---

46 Vgl. ADGB-Jahrbuch 1931, S.183 u. 301.

47 Dieser Wert beruht auf näheren Angaben durch 19 (1930: 20) Verbände und Schätzungen für 12 (1930: 13) weitere Verbände; vgl. Die Jugendlichen in den Gewerkschaften, in: GZ 43 (1933), S.135-37. Nach den Jahresdurchschnittszahlen im ADGB-Jahrbuch 1931, S.183, betrug der Rückgang nur 14,3%.

die Zahl der Beschäftigten in den alten Industrien. Mit einer einzigen Ausnahme - der Baumwollindustrie - stiegen in allen britischen Industriezweigen mit dem Konjunkturaufschwung ab 1933/34 die Mitgliederzahlen wieder an.
Auch der ADGB meldete für den Dezember 1932, daß der seit mehr als zwei Jahren andauernde Mitgliederrückgang in den meisten Verbänden zum Stillstand gekommen und sogar durch eine leichte Zunahme der Mitgliederzahl abgelöst worden sei[48]. Diese Entwicklung deckte sich mit derjenigen auf dem Arbeitsmarkt und zeigt, daß die gewerkschaftlichen Mitgliederverluste unter den Arbeitern im allgemeinen weniger auf einen Vertrauensschwund in die gewerkschaftlichen Organisationen als auf die Beschäftigungslage zurückzuführen sind. Anders verhält es sich mit dem Legitimationsverlust der SPD. Im Gegensatz zum TUC gelang es dem ADGB nicht, die fortschreitende Radikalisierung der Gewerkschaftsmitglieder und deren politische Abwendung von der sozialdemokratischen Arbeiterbewegung zu verhindern. Hinsichtlich der gewerkschaftlichen Stammklientel muß darüber hinaus einschränkend festgestellt werden, daß unter den im ADGB organisierten Arbeitern zwar die quantitative Dominanz der Handarbeiterschaft aus Industrie und Gewerbe auch in der Weimarer Zeit gewahrt blieb. Jedoch kamen die dort vertretenen Einzelverbände zusammen nur auf Organisationsquoten, die unter dem Durchschnitt aller Branchen ohne Landwirtschaft lagen. Dies läßt sich nicht allein mit der Höhe der jeweiligen sektoralen Arbeitslosenquote erklären (der Bergbau verzeichnete hohe Mitgliederverluste bei einer unterdurchschnittlichen Erwerbslosenrate). Heinrich Potthoff hat daher aus den statistischen Befunden zu Recht gefolgert, daß entgegen allen Erwartungen Industrie und Handwerk in der Weimarer Republik im Ganzen gesehen nicht mehr zu den Organisationshochburgen der freien Gewerkschaften gehörten[49], was auf eine im Vergleich zum TUC insgesamt geringere Verankerung der ADGB-Einzelgewerkschaften in der Industriearbeiterschaft hinweist.
Dieses Ergebnis sollte jedoch durch eine stärkere Berücksichtigung des wirtschaftlichen Strukturwandels etwas modifiziert werden, wie vor allem das Beispiel der Metallindustrie belegt hat. Behindert durch die wirtschaftlichen Strukturen und eine unzureichende Binnenkaufkraft, konnten die ADGB-Verbände insgesamt in geringerem Maße als die TUC-Gewerkschaften in den Wachstumsbranchen Fuß fassen bzw. Mitgliederverluste in stagnierenden Branchen kompensieren. Dem allgemeinen Trend zuwiderlaufende Zuwächse im Konsumgüter- oder Dienstleistungsbereich gab es bei den ADGB-Verbänden in der Weltwirtschaftskrise keine. Im Gegenteil: Die in Großbritannien nur geringfügig oder gar nicht von Mitgliederverlusten betroffenen Verbände der Nahrungsmittel- und Getränke-,

---

48 In erster Linie beträfe das die Verbände der Metall- und Fabrikarbeiter, sowie den Buchdrucker- und Lederarbeiterverband; vgl. GZ 43 (1933), S.36 f.

49 Vgl. Potthoff, Freie Gewerkschaften, S.52.

Tabak- oder Bekleidungsindustrie verzeichneten in Deutschland hohe bis sehr starke Rückgänge. Gerade die expandierenden Industrien beschäftigten zudem in überdurchschnittlichem Maße Angestellte[50], deren Rekrutierung der ADGB aufgrund der bei den deutschen Richtungsgewerkschaften fest etablierten institutionellen Arbeitsteilung dem AfA-Bund überließ. Insofern man also die gewerkschaftliche Mitgliederentwicklung unter diesem Aspekt betrachtet, hatte der ADGB in der Krise deutlich geringere Möglichkeiten als der TUC, die aus den wirtschaftlichen Verhältnissen entstehenden Ängste der Arbeitnehmer, ihre Proteste oder Unzufriedenheit mit dem politischen System organisatorisch aufzufangen. Wie bereits ausgeführt wurde, verfügte der AfA-Bund unter den Angestellten nicht über eine herausragende Stellung. Andererseits stieg aber auch in Deutschland seit 1926 die absolute Zahl der in den Angestelltenverbänden organisierten Beschäftigten bis 1931, der Organisationsgrad bis 1930 kontinuierlich an[51]. Im Gegensatz zum AfA-Bund konnten seine nationalen Konkurrenzverbände zwischen 1929 und 1931 allesamt Mitgliederzuwächse verbuchen[52]. Das läßt darauf schließen, daß neben der wirtschaftlichen Entwicklung "(...) auch die Fähigkeit der Gewerkschaften, die politisch-gesellschaftlichen Zukunftsperspektiven der jeweiligen Anhängerschaft zum Ausdruck zu bringen und normativ integrierend zu wirken, als Bedingungsfaktor der Mitgliederbewegung in der Krise in Rechnung zu stellen ist, und zwar für beide Gruppen, d.h. Beschäftigte wie Erwerbslose."[53] Der im Vergleich zum ADGB politisch radikaler auftretende AfA-Bund verfehlte in dieser Hinsicht ebenso die Bedürfnisse seiner Klientel, die unter dem Druck der Arbeitslosigkeit zur Radikalisierung in das rechte Lager tendierte, wie der politisch gemäßigte ADGB diejenigen seiner nach links neigenden Anhängerschaft[54].

Die freien Gewerkschaften befanden sich in einem organisatorischen Dilemma, das praktisch nicht zu lösen war. Einerseits könnte man ihnen zwar vorwerfen, die Einstellungen ihrer Klientel ungenügend analysiert und berücksichtigt zu haben. Jedoch war die tradierte Trennung von Arbeitern und Angestellten, die sich ja auch im Sozialversicherungssystem niederschlug, in Deutschland zu stark verankert, als daß der ADGB in der ohnehin angespannten Krisensituation eine institutionelle Überwindung dieser Schranken ernsthaft hätte in Angriff nehmen können. Andererseits führte dieses ständische Sonderbewußtsein einer Mehrheit der

---

50 Vgl. Petzina u.a., Sozialgeschichtliches Arbeitsbuch, Bd.3, Tab.9 f), S.58 f.

51 Vgl. Bain u. Price, Profiles of Union Growth, Tab.6.1, S.133.

52 Vgl. Petzina u.a., Sozialgeschichtliches Arbeitsbuch, Bd.3, Tab.22 b), S.112 f.

53 Huber-Koller, Gewerkschaften und Arbeitslose, Bd.2, S.565.

54 Vgl. dazu die Analyse des Wahlverhaltens der Erwerbslosen in Kap.I.3.

Angestellten fast zwangsläufig zur Ausgrenzung derjenigen, die es überwinden wollten und sich im AfA-Bund zusammenschlossen. Das Gefühl der Ausgrenzung wiederum mußte dessen linkssozialistische Ausrichtung eher noch verfestigen. Sowohl der ADGB als auch der AfA-Bund blieben daher in ihrer Position gefangen.

Auf der Arbeiterseite wird diese Beobachtung insbesondere im Bergbau bestätigt, wo die Stagnation der beiden großen Verbände - des sozialdemokratischen "Alten Verbands" und des christlichen Gewerkvereins - schon 1905 einsetzte. Ausschlaggebend dafür waren weniger konjunkturelle Gründe, sondern eine in die vorliberale Zeit zurückreichende Tradition des Anarcho-Syndikalismus im westlichen Ruhrgebiet, der ansonsten, mit Ausnahme Berlins, in Deutschland wenig Anklang fand[55]. In der Novemberrevolution verschärften sich die bestehenden Spannungen zwischen Führung und Basis, als die mehrheitssozialdemokratische Partei- und Gewerkschaftsführung die oppositionellen Kräfte, die sich etwa als Bewegung zur Sozialisierung des Bergbaus formierten, rigoros bekämpfte. Erreicht wurde damit lediglich eine dauerhafte Radikalisierung und Entfremdung der Arbeiter von der offiziellen sozialdemokratischen Arbeiterbewegung und die Etablierung des rheinisch-westfälischen Industriegebiets als Hochburg der extremen Linken während der gesamten Weimarer Zeit. Mehr als ein Viertel der Steinkohlenbergarbeiter verließ in den Monaten nach dem großen Ruhrstreik im April 1919 den "Alten Verband" und trat der syndikalistischen Gewerkschaft bei[56]. Die Entwicklung des "Alten Verbandes" in der Kriegs- und Revolutionsphase bis zum Kapp-Putsch zeige daher, so Hans Biegert, "(...) wohin eine ultrareformistische Politik der Selbstbeschränkung aus vorgeblich nationalen Interessen führte: zum Verlust der Vertrauensbasis bei einem Großteil der Mitglieder, zur relativen Stagnation im Organisationsgrad und in der Mitgliederentwicklung in einer Zeit allgemeinen Organisationswachstum, zur Bildung einer Massenbasis für utopistisch-anarchistische Ideologien, zur unge-

---

55 Vgl. Klaus Tenfelde, Linksradikale Strömungen in der Ruhrbergarbeiterschaft 1905 bis 1919, in: Hans Mommsen u. Ulrich Borsdorf (Hg.), Glück auf, Kameraden! Die Bergarbeiter und ihre Organisationen in Deutschland, Köln 1979, S.199-223, hier insb. S.200, 202, 206, 210, 221; vgl. auch Dirk H. Müller, Syndicalism and Localism in the German Trade Union Movement, in: Mommsen u. Husung (Hg.), Development of Trade Unionism, S.239-49; ders., Der Syndikalismus in der deutschen Gewerkschaftsbewegung vor 1914, in: Matthias u. Schönhoven (Hg.), Solidarität und Menschenwürde, S.57-68.

56 Vgl. Jürgen Tampke, Die Sozialisierungsbewegung im Steinkohlenbergbau an der Ruhr, in: Mommsen u. Borsdorf (Hg.), Glück auf, Kameraden!, S.225-248, hier insb. S.225 u. 247; vgl. auch Hans Mommsen, Soziale Kämpfe im Ruhrbergbau nach der Jahrhundertwende, ebd., S.249-272.

hemmten Interessenpolitik der Unternehmer und zu permanenten sozialen Auseinandersetzungen."[57]
Auch Großbritannien wurde in den Jahren vor dem Ersten Weltkrieg von einer Welle syndikalistisch inspirierter Arbeiterunruhen erfaßt, deren Ausläufer in Form militanter, direkter Aktionen und sozialer Konfrontation bis zum Generalstreik 1926 spürbar waren. Die Charakterisierung der britischen Arbeiterbewegung als 'reformistisch' oder 'fabianistisch' sei daher eine "misleading overgeneralization incapable of distinguishing phases of militancy, that is, 1825-48, 1910-26, 1968-80, from periods of relative labour quiescence such as 1850-80, 1950-68."[58] Zwar führte der Aufschwung syndikalistischer Ideen mit Schwerpunkt in der südwalisischen Bergbauregion auch in der britischen Arbeiterbewegung zur Bildung militanter Basisbewegungen und zu lokalen, von der offiziellen Führung nicht genehmigten Streikaktionen. Zu einer dem deutschen Beispiel vergleichbaren Entfremdung zwischen Führung und Basis kam es jedoch nicht. Dies rührte sicherlich daher, daß in Großbritannien neben der lokalistischen französischen Variante des Syndikalismus sehr stark auch die zentralistische amerikanische Version der Massenorganisierung in "One Big Union" rezipiert wurde und den Zusammenschluß zahlreicher Gewerkschaften zu "general unions" vorantrieb[59]. Nicht nur lokale Aktivisten, sondern auch viele nationale Gewerkschaftsführer, allen voran der von 1924 bis zu seinem Tod 1931 amtierende Generalsekretär der Miners' Federation und Mitglied des TUC-Vorstands Arthur James Cook, sympathisierten daher ebenfalls mit syndikalistischen Ideen, die auf diesem Weg in die offizielle Gewerkschaftspolitik integriert wurden. Als Beispiele dafür sind die Einsetzung von "councils of action" in mehreren britischen Städten und der Generalstreik zu nennen, der im Falle einer Unterstützung Polens gegen die Sowjetunion durch Munitionslieferungen der britischen Regierung seitens des TUC und der Labour Party im Sommer 1920 angedroht wurde; des weiteren die in

---

57 Hans H. Biegert, Gewerkschaftspolitik in der Phase des Kapp-Lüttwitz-Putsches, in: Mommsen u.a. (Hg.), Industrielles System, S.190-205, hier S.199 f.

58 Robert J. Holton, Revolutionary Syndicalism and the British Labour Movement, in: Mommsen und Husung (Hg.), Development of Trade Unionism, S.266-82, hier S.267; vgl. auch - jedoch den begrenzten Einfluß des Syndikalismus unterstreichend - Richard Hyman, Mass Organization and Militancy in Britain: Contrasts and Continuities, ebd., S.250-65; Alan Fox, History and Heritage. The Social Origins of the British Industrial Relations System, London usw. 1985, S.256-60. Die Notstandsgesetzgebung, d.h. der Erlaß der Emergency Powers Act im Jahr 1920 und deren Anwendung im Generalstreik 1926, verdeutlicht allerdings die Einschätzung der Arbeiterunruhen durch die Regierung als politische Bedrohung.

59 Vgl. G. D. H. Cole, A Short History of the British Working-Class Movement 1789-1947, London 1966 (Neuaufl. d. 4. Aufl. v. 1948), S.321-27.

der Reorganisation des TUC ab 1921 zum Tragen kommenden Vorstellungen sowie die Verabschiedung der "Industrial Workers' Charter" durch den TUC-Kongreß von 1924 (vgl. Kap.III.2.); schließlich der "Red Friday" im Juli 1925, als die vereinte Androhung eines Embargos aller Kohletransporte durch die Gewerkschaften der Eisenbahn- und Transportarbeiter eine Regierungsintervention zur Unterstützung der Bergarbeiter erzwang[60].
Zu diesen Problemen kam eine vergleichsweise stärker ausgeprägte gewerkschaftsfeindliche Einstellung in Teilen der deutschen Arbeitgeberschaft hinzu, so daß 1931 in der Eisen und Stahl erzeugenden Industrie nur noch 37,3% der Arbeiter Mitglied einer Gewerkschaft waren - die niedrigste Quote in Industrie und Handwerk überhaupt[61]. Die "die-hards" unter den britischen Arbeitgebern entwickelten demgegenüber, zumindest nach dem Generalstreik ab der zweiten Hälfte der zwanziger Jahre, eine wachsende Bereitschaft zum gleichberechtigten Umgang mit den Gewerkschaften. Noch 1910 waren bspw. weder die in der Shipping Federation organisierten Schiffseigner, die Eisenbahngesellschaften (mit einer Ausnahme), noch die öffentlichen Arbeitgeber im Bereich des Civil Service, der Post oder der Lokalverwaltungen zu Verhandlungen mit den Gewerkschaften auf nationaler Ebene bereit gewesen. Bis 1933 wurde dieses Recht auf nationale Kollektivverhandlungen in allen genannten Bereichen, ausgenommen für die Angestellten in den Kommunalbehörden, anerkannt und umgesetzt[62].
Bei einer Auswertung der Ergebnisse der gewerkschaftlichen Mitgliederentwicklung im Hinblick auf die inhaltliche Ausgestaltung der Arbeitslosenpolitik von ADGB und TUC wird man realistischerweise davon ausgehen können, daß sich diese primär nach den Kräfteverhältnissen zwischen bestimmten Mitgliedergruppen und innerhalb der Einzelverbände ausgerichtet hat. In beiden Fällen dürfte also den Interessen der gewerkschaftlichen Hauptklientel, d.h. der männlichen, erwachsenen Industriearbeiterschaft, Vorrang vor den Belangen der sich in der Minderheit befindlichen Gruppen der weiblichen und jugendlichen Mitglieder eingeräumt worden sein. Darüber hinaus ist zu erwarten, daß sich die programmatischen Forderungen des TUC vor allem auf die Majoritätsinteressen seiner größten Einzelgewerkschaften und damit auf Maßnahmen zur Förderung der strukturschwachen Basisindustrien konzentrieren werden, während im Hinblick auf die Bedürfnisse des binnenmarkt-orientierten Baugewerbes für den ADGB ein größerer Anreiz zur Entwicklung einer konjunkturpolitischen Schwerpunktsetzung gegeben war. Wie noch gezeigt werden wird, decken sich diese

---

60 Vgl. Mowat, Britain between the Wars, S.41 f., 290-94; Pelling, British Trade Unionism, S.164 f., 173 f.; Taylor, English History, S.143 f., 240 f.

61 Vgl. Potthoff, Freie Gewerkschaften, S.55.

62 Vgl. Clegg, British Trade Unions, Bd.2, S.546.

Annahmen mit der tatsächlichen programmatischen Entwicklung der beiden Dachverbände.

2. Die Organisationsstrukturen

Die Zusammenarbeit mit den Arbeitgebern und staatlichen Institutionen im Rahmen der Kriegswirtschaft des Ersten Weltkriegs hatte das innergewerkschaftliche Machtgefüge zugunsten der Führungsspitzen in den Einzelgewerkschaften und des Dachverbands verschoben. In der Zwischenkriegszeit setzte sich diese Entwicklung durch vielfache Konzentrations-, Zentralisierungs- und Bürokratisierungsbewegungen auf verschiedenen Ebenen fort. Die weitere Ausbreitung nationaler Tarifvereinbarungen und der Ausbau des gewerkschaftlichen Mitspracherechts auf inner- und überbetrieblicher Ebene konnte nur auf der Basis zentralisierter Macht der einzelnen Gewerkschaftsführungen und des Dachverbandes realisiert werden.
Auf der Ebene der britischen Einzelgewerkschaften fanden zahlreiche Zusammenschlüsse statt, nachdem die Trade Union Amalgamation Act von 1917 die dafür vorgeschriebenen Voraussetzungen erleichtert hatte[63]. 1920 wurde die Amalgamated Engineering Union gegründet, am 1. Januar 1922 die Transport and General Workers' Union ins Leben gerufen und im Jahr 1924 die National Union of General and Municipal Workers gebildet, um nur die drei größten zu nennen. Gleichzeitig erfolgte eine Zentralisierung der innerverbandlichen Machtverteilung, die sich in der Zunahme von nationalen Tarifverhandlungen niederschlug. Während Anfang des 20. Jahrhunderts Forderungen nach Lohnerhöhungen oder verbesserten Arbeitsbedingungen primär auf regionaler Ebene oder von Betrieb zu Betrieb erkämpft worden waren, stieg mit wachsendem gewerkschaftlichem Organisationsgrad und zunehmender Größe der Einzelgewerkschaften die Anzahl derjenigen Arbeitnehmer, deren Löhne und Arbeitsbedingungen zwischen den nationalen Verhandlungsführern der Einzelgewerkschaften und der Arbeitgeberverbände vereinbart wurden[64]. Die nun erfolgte informelle Anerkennung durch die

---

[63] Vgl. Clegg, British Trade Unions, Bd.2, S.201. Das Gesetz war eine Initiative des Stahlarbeiters und Gewerkschaftsführers John Hodge, der für die Labour Party als Arbeitsminister an der Kriegskoalition beteiligt war. Zur Verschmelzungsbewegung nach Kriegsende vgl. ebd., S.304-08, Pelling, British Trade Unionism, S.168 f.

[64] Die Anzahl der durch Kollektivvereinbarungen abgedeckten Arbeiter stieg von rd. 2,4 Millionen 1910 auf etwa acht Millionen 1933; vgl. Clegg, British Trade Unions, Bd.2, S.548 f. In der Weimarer Republik betrug das Volumen der tarifvertraglich gebunden Beschäftigten knapp 6 Millionen am Jahresende 1919 und ca. 11 bis 13 Millionen in den Jahren zwischen 1924 und 1932, davon 9,2 bis 10 Millionen Arbeiter; vgl Potthoff, Freie Gewerkschaften, S.93 f.

Arbeitgeber erforderte von den britischen Gewerkschaften eine genaue Spezifizierung der innerverbandlichen Verhandlungskompetenzen, die man jetzt mehr und mehr den regionalen Vorständen entzog und beim nationalen Gewerkschaftsvorstand ansiedelte. Notwendig wurden darüber hinaus Maßnahmen, welche die Beachtung der Kollektivvereinbarungen durch die Gewerkschaftsmitglieder auf betrieblicher, lokaler oder regionaler Ebene gewährleisteten und "wilde" Streiks verhinderten. In den zwanziger und dreißiger Jahren erhöhten sich daher auch die Zahl der hauptberuflichen Gewerkschaftsfunktionäre und ihrer angestellten Mitarbeiter sowie der Anteil des gewerkschaftlichen Einkommens, der für Verwaltungskosten ausgegeben wurde. Gleichzeitig verstärkte sich die Tendenz, daß Vollzeit-Funktionäre durch den Vorstand ernannt und nicht mehr wie bisher auf Mitgliederversammlungen gewählt wurden. Das alles vergrößerte die Kapazität des Vorstands, Kontrolle über die Mitglieder auszuüben. In einer Zeit hoher Arbeitslosigkeit nahm nun auch die Gewohnheit zu, die Posten der Büroangestellten mit Verwandten der hauptberuflichen Funktionäre zu besetzen, die diesen dann nach deren Tod im Amt als stellvertretender oder Generalsekretär nachfolgten. In einigen Verbänden entstanden so regelrechte Gewerkschaftsdynastien. In anderen bildeten sich durch den Informationsvorsprung, den die hauptamtlichen Funktionäre gegenüber dem nebenamtlichen Vorstand zumeist besaßen, und durch die persönlichen Beziehungen, die sie aufgrund ihrer langjährigen Tätigkeit häufig mit den Arbeitgebern ihrer Branche aufbauten, Oligarchien älterer Männer. Da die meisten Gewerkschaften kein obligatorisches Höchstalter für den Ruhestand festlegten und die staatliche Altersrente niedrig war, blieb die überwiegende Zahl der Funktionäre bis zu ihrem Tod im Amt. Erst Anfang der dreißiger Jahre führten die meisten großen Gewerkschaften eine Pensionskasse für ausgeschiedene Funktionäre ein[65].

Bei den deutschen Einzelgewerkschaften war der eben beschriebene Prozeß der Konzentration, Zentralisierung und Bürokratisierung bereits vor dem Ersten Weltkrieg weiter vorangeschritten als in Großbritannien. Bis 1914 hatte sich schon mehr als die Hälfte der auf dem ersten Gewerkschaftskongreß in Halberstadt im März 1892 repräsentierten Organisationen aufgelöst oder war mit anderen Verbänden verschmolzen[66]. Mit dem Metallarbeiter- und dem Holzarbeiterverband bestanden bereits die ersten beiden "Industrieverbände". Gleichzeitig erfolgte in den Jahren zwischen dem Fall des Sozialistengesetzes 1890 und dem

---

65 Vgl. Clegg, British Trade Unions, Bd.2, S.449-52.

66 Vgl. Klaus Schönhoven, Localism - Craft Union - Industrial Union: Organizational Patterns in German Trade Unionism, in: Mommsen u. Husung (Hg.), Development of Trade Unionism, S.219-35, hier S.228; auch in: Ders., Expansion und Konzentration. Studien zur Entwicklung der Freien Gewerkschaften im Wilhelminischen Deutschland 1890 bis 1914, Stuttgart 1980, S.332.

Kriegsausbruch ein enormer Ausbau des hauptberuflichen Funktionärsapparates. Bereits auf dem Frankfurter Gewerkschaftskongreß von 1899 wurde per Resolution festgelegt, daß die Entscheidungsbefugnisse über Streiks ausschließlich bei den Vorständen der Zentralverbände und nicht auf lokaler Ebene lagen[67].
Wie in Großbritannien setzte sich auch in der Weimarer Republik der gewerkschaftliche Konzentrationsprozeß durch freiwillige Zusammenschlüsse von Einzelverbänden fort. Die Zahl der Mitgliedsorganisationen des ADGB verringerte sich von 52 (1919) auf 28 (1932). Mit der Gründung des Verbands der Nahrungsmittel- und Getränkearbeiter am 1. April 1928 und des Gesamtverbands der Arbeitnehmer der öffentlichen Betriebe, des Personen- und Warenverkehrs am 1. Januar 1930 entstanden auf diese Art zwei neue Großorganisationen[68]. Auch erweiterten die Einzelgewerkschaften in den frühen zwanziger Jahren der Weimarer Republik ihre Verwaltungsstäbe noch einmal in beachtlichem Maße. Die Folgen der Inflation, die dramatischen Mitgliederverluste und schließlich die Weltwirtschaftskrise zwangen sie jedoch anschließend zu einer drastischen Reduzierung ihrer Mitarbeiterstäbe, so daß der bürokratische Ausbau der ADGB-Mitgliedsverbände im Gegensatz zur Vorkriegsentwicklung in der Weimarer Zeit insgesamt stagnierte. Im Vergleich zum britischen war der Verwaltungsapparat der deutschen Gewerkschaften allerdings immer noch beeindruckend. So kamen 1931 1,5 besoldete Funktionäre auf 1000 deutsche Gewerkschaftsmitglieder[69]. Bei der Amalgamated Engineering Union entfielen hingegen 1933 6000 Mitglieder auf einen amtlichen Gewerkschaftsfunktionär, bei der National Union of Railwaymen waren es 18.000 und in der Iron and Steel Trades Confederation 2600[70].
Traten bei den britischen Verbänden schon oligarchische Tendenzen auf, galt das erst recht für die deutschen Gewerkschaften. Einen Hinweis auf diesen bisher nur für den Dachverband, nicht aber für die Mitgliedsverbände ausführlich untersuchten Prozeß gibt die Zusammensetzung der Verbandsdelegationen auf den im dreijährlichen Turnus tagenden Gewerkschaftskongressen. Unter den Delegierten dieses formal höchsten Entscheidungsgremiums des Bundes dominierten bei weitem die besoldeten Verbandsfunktionäre[71]. Darüber hinaus bestand die Mehr-

---

67 Vgl. Brunner, Bürokratie und Politik, S.34 f.,37 f.

68 Vgl. Potthoff, Freie Gewerkschaften, S.41 u. Anhang B, Tab. 1 c) u. d), S.352-57; Brunner, Bürokratie und Politik, Tab. 14, S.78.

69 Vgl. Brunner, Bürokratie und Politik, S.74-77.

70 Vgl. Clegg, British Trade Unions, Bd.2, S.449.

71 Vgl. Brunner, Bürokratie und Politik, S.200-10, hier insb. S.204. Zur Verselbständigung der Führung bzw. den Partizipationsproblemen der Basis vgl. auch Potthoff, Freie Gewerkschaften, S.58-63.

heit der Angehörigen beider Exekutivorgane des ADGB - Bundesvorstand und Bundesausschuß - aus Vorsitzenden von Einzelgewerkschaften, von denen sich einige während der ganzen Zeit zwischen 1919 und 1933 hielten, andere nur wegen Pensionierung oder Tod ausschieden[72]. Dies weist im Umkehrschluß auf eine hohe personelle Kontinuität in den Einzelverbänden hin.
Auf nationaler Ebene hatten sich die Zentralverbände der sozialistischen Gewerkschaften im November 1890 zu einem Bund, der Generalkommission der Gewerkschaften Deutschlands, zusammengeschlossen. Den Anstoß dazu gab eine Initiative der "Vertrauensmänner der Metallarbeiter Deutschlands". Unter dem Eindruck der schweren Streikniederlage der Hamburger Arbeiter im Mai 1890 hatten sie eine Konferenz der führenden gewerkschaftlichen Funktionsträger zur Beratung von Organisationsreformen angeregt[73]. Damit lösten sie eine Organisationsdebatte aus, hinter der die Erkenntnis stand, daß die zersplitterten und ungefestigten Gewerkschaftsorganisationen den koordinierten Maßnahmen der Unternehmerverbände keinen erfolgreichen Widerstand entgegensetzen konnten. Erster Vorsitzender der Generalkommission wurde Carl Legien, der zunächst sämtliche Verwaltungsaufgaben allein erledigte. Erst 1896 wurde ein zweiter hauptamtlicher Sachbearbeiter eingestellt. Nach einer schwierigen Anfangsphase, in der ihr die Einzelgewerkschaften das ursprünglich zugestandene Recht, Streikunterstützung zu zahlen, wieder entzogen, wurde die Generalkommission ab 1899 von sieben Mitgliedern (1899) auf 13 (1908) personell ausgebaut. Auch der Verwaltungsstab erweiterte sich bis auf 26 hauptamtliche Sekretäre und Hilfskräfte im Mai 1914. Hinzu kamen in diesem Jahr acht, von der Generalkommission besoldete Bezirks- und Arbeitersekretäre[74]. Der zentralistische Organisationsaufbau des Dachverbandes, einschließlich der Beschäftigung fest angestellter Funktionäre, fand viele Bewunderer und wurde von politischen Parteien als Vorbild genutzt[75]. Dennoch handelte es sich bei der Generalkommission Zeit ihres Bestehens um einen lockeren Zusammenschluß ohne feste Statuten, so daß sie auf industrieller Ebene nicht in die Autonomie der Einzelverbände eingreifen konnte. Auf politischem Gebiet entwickelte sich der Bund jedoch bis 1914 zu einer akzeptierten, überverbandlichen Zentralinstanz der Gewerkschaften. Nach anfänglichen Auseinandersetzungen mit der SPD, die den Gewerkschaften das - bei aller ideologischer Verbundenheit gewünschte - Recht auf parteipolitische

---

72 Vgl. Braunthal, Der Allgemeine Deutsche Gewerkschaftsbund, S.111.

73 Zu den Anfängen der gewerkschaftlichen Organisationsdebatte bis hin zur Institutionalisierung der Generalkommission vgl. ausführlich Schönhoven, Expansion und Konzentration, S.264-306.

74 Vgl. Brunner, Bürokratie und Politik, S.45 f.

75 Vgl. Braunthal, Der Allgemeine Deutsche Gewerkschaftsbund, S.24.

Neutralität und Unabhängigkeit bestritt, wurden sie von der Partei mit dem Mannheimer Abkommen von 1906 schließlich doch als gleichberechtigte zweite Säule der Arbeiterbewegung anerkannt[76].
Bereits 22 Jahre früher hatte der Manchester and Salford Trades Council 1868 den ersten Trades Union Congress (TUC) einberufen. Er sollte den verschiedenen bestehenden Gewerkschaftsorganisationen eine Plattform zum Meinungsaustausch und zur anschließenden Verbreitung ihrer Ansichten durch die öffentliche Presse schaffen. Anwesend waren 34 Delegierte, einige von lokalen, andere von nationalen Organisationen. Die meisten aber vertraten die "trades councils", zu denen sich die "craft unions" verschiedener Branchen in einigen Zentren des Landes, wie Glasgow, Aberdeen, Sheffield, Manchester, Liverpool und London, etwa seit Mitte des 19. Jahrhunderts auf dauerhafter, regionaler Basis zusammengeschlossen hatten[77]. Auf dem vierten Kongreß 1872 wurde mit dem Parliamentary Committee ein der Generalkommission vergleichbares, zehnköpfiges Gremium mit einem besoldeten Sekretär gewählt[78]. Zunächst stellte es lediglich einen Ausschuß mit der eng begrenzten Aufgabe dar, Parlamentsabgeordnete für die Forderungen und Interessen der Gewerkschaften zu gewinnen und sie zur Einbringung entsprechender Gesetzesvorlagen ("private members' bills") zu veranlassen. Langfristig etablierte sich der Ausschuß jedoch als Vorstandsgremium, das 1918 aus 17 Mitgliedern, einem Sekretär und einem Büroangestellten bestand. Im gleichen Jahr wurde ein weiterer hauptamtlicher Mitarbeiter ("assistant secretary") ernannt und ein gemeinsames Verwaltungsgebäude mit der Labour Party bezogen[79].
Wie die deutschen Einzelverbände der Generalkommission, gestanden also auch die britischen Gewerkschaften dem Parliamentary Committee lediglich eine Rolle als überverbandliche, gewerkschaftliche "pressure group" im politischen Bereich zu. Anders als seine deutschen Kollegen mußte der Ausschuß jedoch niemals um einen eigenständigen Platz neben der Partei kämpfen. Vielmehr war das 1900

---

76 Mit Anspielung auf das Parliamentary Committee des TUC bezeichnete das Parteivorstandsmitglied Richard Fischer die Bildung der Generalkommission ("eine Art parlamentarisches Komitee der Gewerkschaften", das mit der Parteileitung auf gleichberechtigter Ebene verhandeln wolle) als "Größenwahn"; vgl. Brunner, Bürokratie und Politik, S.44, Zitat ebd.

77 Vgl. Pelling, British Trade Unionism, S.64 f.; Cole, British Working-Class Movement S.186.

78 Zum weiteren Organisationsaufbau vgl. Martin, TUC, S.43-45. Das Parliamentary Committee wurde 1921 durch den General Council ersetzt.

79 Vgl. V. L. Allen, The Re-organization of the Trades Union Congress 1918-1927, in: British Journal of Sociology 11 (1960), S.24-43, hier S.24 f.

gegründete Labour Representation Committee, das sich 1906 in Labour Party umbenannte, ein "Kind" der Gewerkschaften, wie es der erste Parteisekretär, James Ramsay MacDonald, auf dem TUC-Kongreß von 1904 ausdrückte[80]. Weder hinsichtlich des TUC noch hinsichtlich der Generalkommission kann man vor dem Ersten Weltkrieg jedoch von einer Führung der jeweiligen Mitgliedsverbände auf industrieller Ebene sprechen. Beide waren gemeinsame Organe der selbstständigen Verbände ohne größere eigene Autorität. Dies änderte sich nach dem Weltkrieg.
Am 5. Juli 1919 beschloß der zehnte Kongreß der freien Gewerkschaften in Nürnberg die Gründung des Allgemeinen Deutschen Gewerkschaftsbundes (ADGB), der den lockeren Zusammenschluß der Generalkommission durch einen mit festen Statuten ausgestatteten Bund ablöste. Den Vorsitz übernahm zunächst wieder Legien. Nach seinem Tod im Dezember 1920 folgte ihm wiederum ein Holzarbeiter - Theodor Leipart - nach, der bis zur Zerschlagung der Gewerkschaften 1933 dieses Amt ausübte.
An der Spitze der hierarchischen Organisationspyramide des ADGB stand der Bundeskongreß, der sich aus den Delegierten der Mitgliedsverbände zusammensetzte und im dreijährlichen Turnus tagte. In der Zeit der Weltwirtschaftskrise fanden daher nur ein einziger regulärer Kongreß - in Franfurt am Main vom 31. August bis 4. September 1931 - sowie ein außerordentlicher Krisenkongreß am 13. April 1932 in Berlin statt. Die Reden und Diskussionsbeiträge auf den Kongressen befaßten sich stets mit wenigen, vom ADGB-Bundesvorstand und -ausschuß vorgegebenen Schwerpunktthemen. Diese erstrecken sich 1931 auf die Bereiche "Die Umwälzungen in der Wirtschaft und die Vierzigstundenwoche", "Öffentliche und private Wirtschaft" und "Entwicklung und Ausbau des Arbeitsrechts". Grußworte von Vertretern befreundeter Organisationen und Ansprachen prominenter Politiker, wie etwa 1931 die Rede von Reichsarbeitsminister Stegerwald, gehörten ebenfalls zur Tagesordnung der Kongresse. In Frankfurt begrüßte Leipart neben den inländischen Kollegen des AfA-Bundes und des ADB auch den Generalsekretär des IGB, einen Vertreter des Internationalen Arbeitsamtes (IAA) sowie zahlreiche Vertreter ausländischer Gewerkschaftsorganisationen. Darunter befand sich freilich kein britischer Delegierter, während der ADGB seinerseits keinen Vertreter zu den TUC-Kongressen entsandte. Auf die Ansprachen folgte 1931 der Bericht des Bundesvorstandes, dessen Arbeit Leipart in großen Zügen darstellte, ohne dabei, wie er betonte, mehr als einen Ausschnitt wiedergeben zu können. Die anschließende Aussprache des Plenums erschöpfte sich ebenfalls in grundsätzlichen Stellungnahmen einzelner Verbandsvertreter; eine wirkliche Debatte wurde nicht geführt. In der Forschung herrscht deshalb Übereinstimmung, daß der Kongreß im Willensbildungsprozeß des Bundes zunehmend an Bedeutung verlor und sich zu einem Forum entwickelte, auf dem die in Bundesvorstand und -

[80] Vgl. Martin, TUC, S.86; zum Verhältnis von Partei und Gewerkschaften in beiden Ländern vgl. Kap.III.3.a).

ausschuß vorbereiteten, für die ADGB-Politik grundlegenden Entschließungen ohne größere Kontroversen angenommen wurden. Ein Ort demokratischer Diskussion und Kontrolle seien die Kongresse zumindest ab 1925 nur noch bedingt gewesen: "Die völlig unzureichende Repräsentation der Mitglieder auf den Kongressen und die geringe Beachtung jener Probleme, die die Arbeiterschaft und die gewerkschaftliche Basis beschäftigten, trugen mit Sicherheit zu einem Entfremdungsprozeß zwischen Funktionärsschaft und vor allem Gewerkschaftsführung und Mitgliedern bei."[81]

Schon der dreijährliche Turnus verhinderte eine wirksame Kontrolle der Führung durch die Kongresse. Dagegen tagte der TUC jährlich und hatte dabei drei Funktionen zu erfüllen: die Wahl des neuen Vorstands (General Council), die Debatte über den Rechenschaftsbericht des abtretenden Vorstands und die Diskussion von Resolutionen[82]. Politiker sprachen - mit Ausnahme des regelmäßig anwesenden "fraternal delegate" von der Labour Party - auf den TUC-Kongressen nicht[83]. Der Tätigkeitsbericht untergliederte sich nach den einzelnen Aufgabenbereichen des General Council ("section E" war bspw. immer dem Thema Arbeitslosigkeit gewidmet), die der Kongreß nacheinander mit den dazugehörenden Resolutionen abhandelte. In den Resolutionen, die überwiegend von den Einzelgewerkschaften stammten, wurden zumeist Arbeitsaufträge an die Mitgliedsverbände oder den neu zu wählenden Vorstand formuliert. Sofern sie konkrete Forderungen an die Regierung enthielten, wurde ihr Inhalt im Anschluß an den Kongreß bei einer traditionellen Runde des General Council durch die Ministerien den zuständigen Regierungsmitgliedern zur Kenntnis gebracht. Die wichtigsten, politisch richtungsweisenden oder -ändernden Resolutionen brachte jedoch der General Council selbst ein, wie z.B. eine Entschließung auf dem Kongreß von 1931. Diese beauftragte den Vorstand, die Entwicklung zu einer geplanten, staatlich regulierten Wirtschaftsordnung voranzutreiben, und eröffnete damit den programmatischen

---

81 Vgl. Brunner, Bürokratie und Politik, S.62 f., 200-21, Zitat S.210; vgl. auch Braunthal, Der Allgemeine Deutsche Gewerkschaftbund, S.105; Potthoff, Freie Gewerkschaften, S.35.

82 Zum Procedere der jährlichen Kongresse vgl. Walter Citrine, Trades Union Congress in Session, London 1935.

83 Weitere "fraternal delegates" entsandten stets die britische Genossenschaftsbewegung (Co-operative Union), der IGB, die American Federation of Labor aus den USA und der kanadische Trades and Labor Congress. 1929-31 und 1933-34 war auch ein Delegierter der indischen Gewerkschaften anwesend. Die regelmäßige Anwesenheit der letztgenannten Organisationen spiegelt die nach Übersee gerichtete Orientierung des TUC wider, die sich im folgenden auch in der wirtschaftspolitischen Programmatik und den wenigen Kontakten zwischen dem kontinental orientierten ADGB und dem TUC zeigen wird.

Rekonsolidierungsprozeß der britischen Arbeiterbewegung nach dem Sturz der Labour-Regierung[84].

Wie in Deutschland auch dominierte der Vorstand den Kongreß, seine Haltung stimmte mit der Mehrheitslinie der Delegierten fast immer überein. Jedoch hatten die Verbandsvertreter durch den Antrag auf Rücküberweisung eines bestimmten Punktes aus dem Rechenschaftsbericht an den Vorstand ein wirkungsvolles Mittel, diesen zu tadeln. Eine solche "reference back" führte fast immer zu einer Modifikation der Vorstandslinie. Ebenso konnte aber auch der General Council unliebsame, von Einzelverbänden eingebrachte Resolutionen still beerdigen, wenn sie ihm vor einer endgültigen Beschlußfassung im nächsten Jahr zur Überarbeitung rücküberwiesen wurden. Die Diskussionsthemen auf den TUC-Kongressen ergaben sich also ausschließlich aus dem Bericht des General Council und waren daher politisch oft höchst aktuell. So diskutierte der Kongreß von 1931 detailliert die Umstände, die zum Sturz der Labour-Regierung geführt hatten, während ab 1932 mehr und mehr außenpolitische Aspekte, wie drohende Kriegsgefahren und das Problem des Faschismus bzw. Nationalsozialismus, in den Vordergrund traten.

In Deutschland wählte der Bundeskongreß des ADGB ebenfalls dessen höchstes Exekutivorgan: den Bundesvorstand[85]. Er bestand aus sieben hauptamtlichen, besoldeten Mitglieder, dem eigentlichen Führungsstab, und acht unbesoldeten Beisitzern, überwiegend Spitzenfunktionären aus den Einzelgewerkschaften. In der Regel tagte der Vorstand wöchentlich und wies in den zwanziger Jahren kaum personelle Veränderungen auf. 1931 machte jedoch das Ausscheiden gleich mehrerer besoldeter Vorstandsmitglieder umfassende Neuwahlen notwendig[86]. Danach besetzten Leipart und Peter Graßmann (Buchdrucker) das Amt des 1. und 2. Vorsitzenden, denen die laufende Geschäftsführung und die Außenvertretung des ADGB oblagen. Graßmann, selbst sozialdemokratischer Reichstagsabgeordneter, war dabei vor allem für die parlamentarische und parteiliche Ebene zuständig. Wilhelm Eggert (Metallarbeiter) leitete als 3. Vorsitzender die Abteilung Wirtschaftspolitik und Ernst Schulze (Sattler) führte die Bundeskasse. Hermann Schlimme (Holzarbeiter) als 1. Sekretär oblag die Leitung der Abteilung Organisation, Franz Spliedt (Sattler) führte als 2. Sekretär die Abteilung Sozialpolitik und war hier speziell für die Arbeitsmarkt- und Tarifpolitik zuständig. Als letzte personelle Neubesetzung der Weimarer Zeit wurde im Januar

---

84 Vgl. TUC-Report 1931, Resolution No. 8, und die diesbezügliche Debatte, S.406-26.

85 Zum folgenden vgl. Brunner, Bürokratie und Politik, S.59 f., 68-74, 106-09, 125-29; Potthoff, Freie Gewerkschaften, S.31-33.

86 Bei den Neubesetzungen konnte sich der Bundesvorstand, trotz intensiver Bemühungen Leiparts, nicht gegen die Personalvorstellungen des Bundesausschusses durchsetzen; vgl. HBS-Archiv, Nl. L. Erdmann: Aus Aufzeichnungen von L. Erdmann 1933 (sic!), Eintrag vom 4.9.1931, S.11 f.

1933 Wilhelm Leuschner (Holzarbeiter) in den Bundesvorstand berufen, um den ADGB beim Internationalen Arbeitsamt in Genf zu vertreten. Plätze für die besondere Vertretung der weiblichen Mitglieder waren im Bundesvorstand nicht reserviert. Ihre Interessen wurden durch das Arbeiterinnensekretariat unter der Leitung von Gertrud Hanna wahrgenommen[87]. Bis in die zweite Hälfte der zwanziger Jahre wurde die Zusammensetzung der haupt- und ehrenamtlichen Mitglieder des Bundesvorstands durch die Vertreter der traditionellen Berufsverbände, hier vor allem die Holzarbeiter, geprägt. Die großen Industriegewerkschaften waren unterrepräsentiert. Mit den Wahlen auf dem Bundeskongreß von 1928 verbesserte sich dieses Verhältnis durch Veränderungen bei den unbesoldeten Vorstandssitzen, so daß der Vorstand nun über 63% der gesamten ADGB-Mitgliedschaft repräsentierte[88]. Im Vergleich zur Zusammensetzung des General Council, der alle im TUC vertretenen Branchen entsprechend ihrer Mitgliedsstärke repräsentierte, blieb aber dennoch ein Mißverhältnis bestehen.

Insgesamt bestand das Bundesbüro in der Endphase der Weimarer Republik aus 14 Abteilungen, die - außer den bereits genannten - von weiteren Angestellten der Zentrale geführt wurden. Neben den wirtschafts- und sozialpolitischen Abteilungen, die direkt von Bundesvorstands-Mitgliedern geleitet wurden, waren vor allem die Statistische Abteilung (Leitung: Wladimir Woytinsky) und das Jugendsekretariat (Leitung: Walter Maschke) mit dem Problem der Arbeitslosigkeit und seiner Bekämpfung befaßt. Andere Mitarbeiter wurden für spezielle Aufgabenbereiche ohne Zuordnung zu einer besonderen Abteilung eingestellt. Das galt z.B. für Clemens Nörpel, der sich als Experte für Arbeitsrecht u.a. mit der sukzessiven Aushebelung der Weimarer Sozialverfassung während der Wirtschaftskrise zu beschäftigen hatte, und für Dr. Walther Pahl, der seit 1932 als Geschäftsführer der "Reichsarbeitsgemeinschaft Sozialer Dienst" für den Freiwilligen Arbeitsdienst verantwortlich war. Zu nennen ist in unserem Zusammenhang darüber hinaus Lothar Erdmann, der als Schriftleiter des ADGB nur allzu häufig zur ökonomischen Lage Stellung nehmen mußte. Hatte die Bundeskasse 1919 insgesamt 27 hauptamtlich Beschäftigte in der Zentralverwaltung des ADGB besoldet, war diese Zahl bis 1931 auf 44 Personen[89], einschließlich der hauptamtlichen ADGB-Funktionäre in den Bezirken und Ortsausschüssen sogar von 286 auf 410 angewachsen[90].

---

87 Hanna war unter den 23 Angestellten des Bundesbüros 1931 die einzige Frau, alle anderen weiblichen Beschäftigten der Zentrale waren Hilfs- oder Schreibkräfte; vgl. Brunner, Bürokratie und Politik, S.129.

88 Vgl. Brunner, Bürokratie und Politik, S.109 f.

89 Potthoff, Freie Gewerkschaften, S.33, gibt 42 Angestellte an.

90 Vgl. Brunner, Bürokratie und Politik, Tab.9, S.71.

Kontrolliert wurde die Tätigkeit des Bundesvorstands durch den Bundesausschuß[91], der in den Jahren 1919 bis 1933 zwischen drei- und achtmal pro Jahr zusammentrat. 1931 setzte er sich bei insgesamt 31 Verbänden aus 38 Verbandsvertretern zusammen[92]. Entgegen den ursprünglichen Intentionen bei seiner Gründung entwickelte er sich zu einem Forum, in dem die grundlegenden Fragen der gewerkschaftlichen Politik und Strategie debattiert und weitgehend entschieden wurden. Er war somit weit mehr als ein Gremium, das lediglich die Vertretung der Einzelverbandsinteressen im Bund sicherstellte. Von dem satzungsmäßig festgelegten Prinzip der Einstimmigkeit bei bindenden Beschlüssen, das jeder Einzelgewerkschaft ein alles blockierendes Vetorecht einräumte, wurde immer häufiger zugunsten von Mehrheitsentscheidungen abgewichen. Selbst den mächtigen Verbänden der Metall- und Fabrikarbeiter gelang es daher nicht, die von ihnen abgelehnte programmatische Wende des ADGB zu einer expansiven Konjunkturpolitik zu verhindern[93]. So waren es denn letztlich der Bundesvorstand und eine ihn unterstützende Ausschußmehrheit reformistischer, kleinerer Verbände, die die gewerkschaftliche Politik in der Weltwirtschaftskrise bestimmten.

Auch im TUC folgte auf den Krieg eine organisatorische Reformphase, die ihren Antrieb jedoch nicht wie in Deutschland aus dem Bewußtsein einer neuen staatstragenden Rolle der Gewerkschaften, sondern im Gegenteil aus einer militanten, konfrontativen Haltung heraus bezog. Den letzten Impuls zur Reorganisation des Dachverbandes in den zwanziger Jahren gab eine ähnliche Situation, wie sie im Deutschen Reich zur Bildung der Generalkommission geführt hatte. 1915 hatten sich die Miners' Federation, die National Union of Railwaymen und die Transport Workers' Federation zur Triple Industrial Alliance zusammengeschlossen, um sich bei Arbeitskämpfen durch Sympathiestreiks gegenseitig zu unterstützen. Als im September 1919 die National Union of Railwaymen jedoch ihre Mitglieder zum Streik aufrief, ohne ihre Partner in der Triple Alliance vorher auch nur zu konsultieren, trat der freiwillige, nicht bindende Charakter des Zusammenschlusses und dessen Unzulänglichkeiten als industrielles Koordinationsorgan der Gewerkschaften offen zu Tage[94]. Darüber hinaus waren die britischen

---

91 Ausführlicher zum Bundesausschuß vgl. Braunthal, Der Allgemeine Deutsche Gewerkschaftsbund, S.105 f.; Brunner, Bürokratie und Politik, S.60-62; Potthoff, Freie Gewerkschaften, S.34.

92 Jeder Verband entsandte einen Vertreter, den großen Verbänden wurde seit dem Kongreß von 1928 für 300.000, 600.000 und 900.000 Mitglieder jeweils ein zusätzliches Mandat eingeräumt.

93 Vgl. Zollitsch, Einzelgewerkschaften.

94 Die "Triple Alliance" brach endgültig auseinander, als die Bergarbeiter am "Black Friday", dem 15. April 1921, vergeblich an ihre Partner appellierten, sie durch Sym-

Gewerkschaften Anfang der zwanziger Jahre, wie bereits erwähnt, stark von syndikalistischen Ideen beeinflußt. Sie waren davon überzeugt, mit dem Generalstreik ein Mittel der "direkten Aktion" durch die Arbeiter in der Hand zu haben, das wirksamer sein könnte als der parlamentarische Kampf um wirtschaftliche und soziale Reformen. Vor allem die Transportarbeiter drängten nun auf die Ersetzung des Parliamentary Committee durch einen effizienten, für die gesamte Gewerkschaftsbewegung repräsentativen General Council mit größeren Machtbefugnissen als sein Vorgänger. Das Ziel war die stärkere Entwicklung der "industrial side of the Movement as against the 'deputizing' or 'political' conception", wie es Ernest Bevin, einer ihrer führenden Funktionäre, in einem Memorandum formulierte[95].

Nach längeren Vorarbeiten wählten die Delegierten auf dem TUC-Kongreß von 1921 den ersten General Coucil, der mit 32 Mitgliedern beträchtlich größer war als das Parliamentary Committee. Damit das neue Gremium alle Industriebranchen repräsentierte, wurden sämtliche Einzelverbände des TUC in 17 Gruppen eingeteilt, die entsprechend ihrer Gesamtmitgliedschaft zwischen einem und vier Vertreter (insgesamt 30) in den General Council entsandten[96]. Für die besondere Vertretung der Frauen wurden eine "women's group" gebildet und zwei Plätze im General Coucil reserviert. Alle Angehörigen des General Council waren führende Vertreter ihrer jeweiligen Einzelgewerkschaft, die sich einmal im Monat zu einer Vorstandssitzung trafen und diese Tätigkeit nebenamtlich ausübten. Auch der Vorsitzende des General Council hatte keine Dauerposition inne, sondern wurde aus dem Kreis der Vorstandsmitglieder jährlich neu bestimmt. Das Amt hatte den Charakter einer Ehrung für besonders verdiente Mitglieder des TUC-Vorstands, die eigentliche Spitzenfunktion des Verbandes lag beim Generalsekretär.

Um den General Council zu einem effizienten "general staff" umzugestalten, der die Einzelverbände mit Dienstleistungen versorgte, die sie selbst nicht ausfüllen konnten, mußte auch der Verwaltungsapparat erweitert werden. Dazu wurde ein

---

pathiestreiks in ihrem Kampf gegen die Lohnkürzungen zu unterstützen, die mit der Reprivatisierung der im Krieg staatlich kontrollierten Bergwerke am 31. März 1921 einhergingen; vgl. Clegg, British Trade Unions, Bd.2, S.299-302; Pelling, British Trade Unionism, S.165 f.

95 Zit. n. Bullock, Ernest Bevin, S.111; vgl. auch Martin, TUC, S.171, 191 f.; Allen, Re-organization, S.26 f.

96 Die Gruppen "Mining and Quarrying" und "General Labourers" entsandten je vier, "Railways" und "Engineering" je drei, "Cotton", "Transport (other than Railways)" und "Building" je zwei, alle anderen ("Shipbuilding, Printing and Paper, Textiles (other than Cotton), Clothing, Leather, Food, etc., Agriculture, Public Employees, Non-manual Workers, Iron and Steel") je einen Vertreter; vgl. Allen, Re-organization, S.28, auf dessen Beitrag auch die folgenden Ausführungen basieren.

System von Ausschüssen entwickelt, in denen die Mitglieder des General Council jeweils einen bestimmten Aufgabenbereich des TUC bearbeiteten, Protokolle erstellten und diese dem Gesamtvorstand zur Beratung und Billigung bei seiner monatlichen Sitzung zuleiteten. So entstanden drei Arten ständiger Ausschüsse:
1) Zur Bildung der "group committees" wurden die Mitglieder des General Council nach dem Vorbild der Triple Alliance in fünf große Industriegruppen (A bis E; Gruppe A bestand beispielsweise aus "Mining, Railways, Transport") sowie eine Frauengruppe eingeteilt. Ihre Aufgabe war die Sammlung besonderer Fachkenntnisse über die Branchen ihrer jeweiligen Gruppe. Seit Anfang der dreißiger Jahre trafen sich diese Ausschüsse aber kaum mehr, obwohl sie weiterhin jedes Jahr neu besetzt wurden.
2) Die "principal standing committees" wurden zu einem bestimmten Zweck gegründet; sie hatten also keine industrielle, sondern eine funktionale Basis. 1932 gab es davon sieben, 1. das Finance and General Purposes Committee, 2. das International Committee, 3. das Disputes Committee, 4. das Education Committee, 5. das Organisation Committee, 6. das Workmen's Compensation and Factories Committee und 7. das Economic Committee[97].
3) Gemeinsame Ausschüsse wurden mit der Labour Party oder anderen, überwiegend gewerkschaftlichen Körperschaften eingerichtet. Über dem gesamten System ständiger gemeinsamer Ausschüsse des General Council stand der National Joint Council, der aus Vertretern des TUC- und Parteivorstands sowie der Fraktion bestand. Auch das Social Insurance Advisory Committee, das sich aus Vertretern des General Council, der National Association of Trade Union Approved Societies und der Trade Union Unemployment Insurance Association zusammensetzte, gehörte 1932 beispielsweise in diese Gruppe. 1937 wurde u.a. ein Joint Committee of the British Medical Association and the Trades Union Congress on Medical Questions eingerichtet[98]. Immer dann, wenn sich der General Council ein neues Tätigkeitsfeld erschloß oder ein aktuelles politisches oder gesellschaftliches Problem seine Aufmerksamkeit erzwang, wurde ein Ausschuß gegründet, der sich damit befaßte. Zu den ständigen Ausschüssen traten daher auch vom General Council eingerichtete ad hoc committees. Darüber hinaus saßen die Vorstandsmitglieder in zahlreichen Königlichen Kommissionen, ministeriellen Untersuchungsausschüssen oder permanent eingerichteten Regierungskörperschaften, wie dem Unemployment Insurance Statutory Committee.
Für die Betreuung der ständigen Ausschüsse des General Council war jeweils ein hauptamtlicher Funktionär als Sekretär permanent zuständig. Aus dieser Arbeit entwickelten sich im Laufe der Jahre "departments" bzw. Verwaltungsabteilungen unter Leitung der betreffenden Gewerkschaftsbeamten und mit einem wachsenden

---

97 Vgl. TUC-Report 1932, S.78.

98 Vgl. ebd. und TUC-Report 1937, S.84.

Stab von Büroangestellten[99]. Zunächst waren am 1. Januar 1922 im Zuge der Reorganisation drei gemeinsame "departments" - Research, Press and Publicity, International - mit der Labour Party ins Leben gerufen worden. Nach der kurzen Amtszeit der ersten Labour-Regierung 1924, in der es aus Sicht des TUC wegen unzureichender Konsultationen und Zusammenarbeit der Regierung mit den Gewerkschaften zu Spannungen mit der Partei kam, löste er diese gemeinsamen Ausschüsse wieder auf und richtete im April 1926 entsprechende eigene Abteilungen unter direkter Aufsicht des General Council ein. Der TUC setzte damit seine 1919 eingeschlagene Politik der stärkeren eigenständigen Entwicklung der "industriellen Seite" der Arbeiterbewegung fort. Die engen Beziehungen zur Labour Party wurden deshalb nicht abgebrochen, aber die Lektion des Jahres 1924 bestand für den TUC in der Erkenntnis, daß "(...) even with a complete Labour majority in the House and with a Labour government that was stable and secure, there would be a difference in point of view between that Government on the one hand and the Trade Unions on the other."[100]
In den dreißiger Jahren bestanden acht Abteilungen: Finance, Organisation, International, Trade Boards, Education, Publicity, Research and Economic und Social Insurance. Mit der Arbeitslosenpolitik befaßten sich vor allem die beiden letztgenannten. Das 1928 geschaffene Social Insurance Department unter der Leitung von J. L. Smyth arbeitete dem Social Insurance Advisory Committee im Bereich der Sozialpolitik zu; das Research and Economic Department unter der Leitung von Walter Milne-Bailey war zuständig für das 1929 gebildete Economic Committee im Bereich der Wirtschaftspolitik, und das Finance Department bediente das Finance and General Purposes Committee, das als wichtigster Ausschuß des TUC in allen Bereichen ein Wort mitzusprechen hatte.

---

99 Im Jahr 1925 fanden z.B. fast 400 Ausschußsitzungen unter Beteiligung von General Council-Mitgliedern statt. Dies waren fruchtbare Bedingungen für eine administrative Expansion. Sie zeigten die Unverzichtbarkeit eines Verwaltungsstabs, der die vielbeschäftigten, nebenamtlichen Vorstandsmitglieder mit schnellen Hintergrundinformationen versorgte, Protokoll führte, Korrespondenz erledigte und Termine koordinierte; vgl. Martin, TUC, S.198.

100 W. J. Brown (Civil Service Clerical Association) auf dem TUC-Kongreß 1925; zit. n. Clegg, British Trade Unions, Bd.2, S.381 (Zitat auch in Middlemas, Industrial Society, S.187; Martin, TUC, S.174; zur Auflösung der gemeinsamen "departments" vgl. ebd., S.186-91). Die gleiche Einstellung findet sich auch beim ADGB, wenn etwa Leipart auf der Betriebsrätekonferenz des ADGB und des AfA-Bundes in Berlin am 22.1.1933 ausführte: "(...) die Gewerkschaften stehen zu jeder Regierung in Opposition, die Gewerkschaften führen mit jeder Regierung dauernd Krieg, Kleinkrieg. Die Gewerkschaften können und werden sich niemals an eine Regierung binden." Die Rede ist abgedruckt in: GZ 43 (1933), S.52-54.

Unter der Führung des von 1926 bis 1946 amtierenden, hauptamtlichen Generalsekretärs Walter M. Citrine (Electrical Trades Union) und seines Stellvertreters[101] bildeten die "departments" den eigentlichen, dauerhaften Kern der TUC-Administration. Anläßlich zweier Besuche von Vertretern der "trades councils" 1937 und 1938 im Transport House, dem Londoner Hauptquartier des TUC, schilderte Citrine anschaulich den Alltag der Verwaltung: "The General Council had a meeting once a month, at which the Council had before it a series of reports from special committees. Some of these were Standing Committees, who met all the year round about once a month and sometimes more frequently. There were 15 of these Standing Committees. In addition there were a number of special committees appointed for a particular purpose. Those reports came before the General Council, and the members received them a week or ten days in advance, depending upon the date when the committee met. Sometimes they were hard put to it for time. The General Purposes Committee met on the Monday before the Wednesday meeting of the Council, and the Minutes had to be ready. Then on the Tuesday morning, the National Council of Labour met, and the minutes of this meeting have to be done. On the Tuesday afternoon, the International Committee met, and its Minutes and reports had to be ready for the following day."[102]
Damit die Vorstandsmitglieder die einzelnen Dokumente leichter zuordnen konnten, wurde ein Farbsystem verwandt, nach dem sowohl die Berichte der einzelnen Ausschüsse als auch die Durchschläge der gesamten Korrespondenz des dazugehörenden "departments" immer eine bestimmte Farbe hatten: "Take the General Council Minutes, they are on a pink sheet (that is because the Council were afraid of being revolutionary!)." Lag dem Vorstand also das Duplikat eines Briefes auf rosafarbenen Papier vor, so mußte dieses Schreiben in der Abteilung des Generalsekretärs entstanden sein. Die Berichte des Finance and General Purposes Committee waren dagegen grün, die des International Committee gelb[103]. Einmal wöchentlich, am Freitag nachmittag, traf man sich zur "departmental conference", wo man "(...) after finishing with the regular reports, made suggestions and ideas about improvements, which he (Citrine; C. K.) thought promoted a team spirit."[104]

---

101 Bis 1931 A. S. Firth, dann H. Vincent Tewson, der ihm 1946 als Generalsekretär nachfolgte.

102 BLPES, Citrine Papers, III/1/1: Report of address by Sir Walter Citrine to trades council secretaries, 11.3.1938, S.8.

103 Vgl. ebd., S.9; BLPES, Citrine Papers, III/1/1: Address by Sir Walter Citrine during visit of trades councils secretaries, 5.2.1937, S.8 (Zitat).

104 Citrine to trades council secretaries, 1938 (s. Anm.102), S.10.

Der gesamte Mitarbeiterstab der Abteilungen umfaßte im Frühjahr 1938 ungefähr 55 Personen[105] - ein gewaltiger Anstieg gegenüber 1920, als der vollbeschäftigte Stab des TUC noch aus einem Sekretär, zwei weiteren hauptamtlichen Funktionären und zwei Schreibkräften bestanden hatte[106]. Im Vergleich zur Gesamtzahl der hauptamtlich Beschäftigten in der Zentrale, den Bezirken und Ortsausschüssen des ADGB nimmt sich der Umfang des TUC-Verwaltungsapparates jedoch gering aus. Dabei wirkte sich aber primär nicht ein übermäßig hoher Bürokratisierungsgrad auf deutscher Seite aus (die personelle Ausstattung der Zentralen war in etwa vergleichbar), sondern das Fehlen der mittleren und unteren Organisationsebene beim TUC.

In Deutschland hatten sich die Zahlstellen der Einzelverbände teilweise schon vor dem Krieg zu rechtlich selbstständigen Ortskartellen zusammengeschlossen. Im Zuge der Zentralisierungsbestrebungen wurden sie nach der Gründung des ADGB als Ortsausschüsse in lokale Gliederungen des Dachverbandes umgewandelt und in ihren Kompetenzen begrenzt. Im gleichen Zusammenhang eines strafferen Organisationsaufbaus sind auch die ab 1922 eingerichteten Bezirksausschüsse zu sehen, die unter der Leitung hauptamtlicher, vom Bundesvorstand eingesetzter Bezirkssekretäre als Koordinationstelle, aber auch zur schärferen Kontrolle der Ortsausschüsse durch die Zentrale geschaffen wurden. Seit einer 1928 erfolgten Neugliederung existierten 12 Bezirke, die sich mit den Gebieten der jeweiligen Landesarbeitsämter deckten und somit auch die gewachsenen sozialpolitischen Verpflichtungen und das Wissen der Gewerkschaften um ihre Einbindung in den staatlichen Verwaltungsapparat demonstrierten[107]. Die "trades councils", die sich zu einer Hochburg der Sozialisten und "new unionists" entwickelt hatten, waren dagegen auf dem TUC-Kongreß von 1895 von der korporativen Mitgliedschaft im Dachverband ausgeschlossen worden. Erst im Rahmen des organisatorischen Ausbaus und der administrativen Trennung von der Labour Party 1924-26 suchte der TUC dann wieder den Kontakt zu den "trades councils", die seit 1918 gleichzeitig auch als regionale Unterorganisationen der Labour Party fungierten. Durch die Einrichtung eines gemeinsamen, ständigen Ausschusses, des Trades Councils Joint Consultative Committee, wurde die Grundlage einer dauerhaften Zusammenarbeit wiederhergestellt, allerdings ohne daß die "trades councils"

---

105 Vgl. ebd., S.7, Zitat S.10. Clegg gibt die Zahl der Mitarbeiter mit "forty-odd" an; vgl. ders., British Trade Unions, Bd.3, S.97.

106 Vgl. Martin, TUC, S.198.

107 1931 gehörten dem ADGB 1295 Ortsausschüsse an. Vgl. Brunner, Bürokratie und Politik, S.63-68; Potthoff, Freie Gewerkschaften, S.35 f.

dadurch organisatorisch in die TUC-Hierarchie reintegriert wurden[108]. Die örtliche Ebene wurde gänzlich den Unterorganisationen der Einzelgewerkschaften überlassen.

Nimmt man nur die hauptamtlichen Leiter der "departments", den Generalsekretär und seinen Stellvertreter, dann entsprachen diese in etwa dem ADGB-Bundesvorstand, während das eigentliche Vorstandsgremium, der General Council, seinen Gegenpart eher im ADGB-Bundesausschuß hatte. Obwohl sich also im TUC in den zwanziger Jahren ebenfalls die zentralistischen Organisationsstrukturen verstärkten, blieben die innerorganisatorischen Verfahrensweisen demokratischer, der Einfluß der Mitgliedsgewerkschaften größer und die Gefahr oligarchischer Tendenzen geringer als im ADGB[109]. Der aus den Vertretern der Einzelverbände bestehende General Council übte unangefochten von der Administration, die ausschließlich auf die Zuarbeit beschränkt wurde, die Exekutivfunktion aus. Walter Citrine beschrieb dieses Verhältnis mit folgenden Worten: "Supposing a new subject is going to be tackled. For instance, a Bill had recently been introduced into Parliament dealing with the question of the reorganisation of industry, a Private Members' Bill. This is a subject upon which we must have some mind, because the Parliamentary Labour Party will probably ring me up and say, 'What is the view of the Council about this Bill?' Therefore, in the preparation for the work of the particular Committee, we should arrange that a memorandum was prepared for the Committee by the principal of the Department Concerned. On the Industrial Reorganisation (Enabling) Bill, it would be prepared by the Head of the Research & Economic Department. **This memorandum does not profess to tell the Committee what it ought to do. It gives the facts and substantial points in relation to the Bill, and the Committee is free to consider its policy.** Otherwise you would get a discursive and inconclusive discussion."[110]

Wie auch der Vergleich der Bundes- bzw. Jahreskongresse gezeigt hat, waren im TUC die Kontroll- und Mitsprachemöglichkeiten der Basis und Mitgliedsgewerkschaften hinsichtlich der politischen Linie des Dachverbands zumindest formal

---

108 Vgl. Martin, TUC, S.188 u. 190. Im September 1931 waren dem TUC 411 "trades councils" angeschlossen, im Januar 1938 waren es 376; vgl. BLPES, Citrine Papers III/1/1: Trades Councils. No. affiliated to Congress (KMS/359, 1.2.38).

109 Auf dem TUC-Kongreß von 1947 brachte die Amalgamated Engineering Union eine Resolution mit dem Vorschlag ein, daß alle oder ein Teil der General Council-Mitglieder dieses Amt zukünftig hauptamtlich wahrnehmen sollen. Der Antrag wurde auf Empfehlung des General Council abgewiesen, da seine Wirkung darin bestünde, "(...) to make the General Council a professional body with a degree of bureaucratic authority that would lead to the negation of democracy." Vgl. B. C. Roberts, Trade Union Government and Administration in Great Britain, London 1957, S.440 f., Zitat S.441.

110 Address by Sir Walter Citrine, 1937 (s. Anm.103), S.10 (meine Hervorh., C. K.).

wesentlich größer als im ADGB. In der Praxis bestand jedoch auch in der personellen Zusammensetzung des General Council in den dreißiger Jahren eine hohe Kontinuität. Die lange amtierenden Verbandsvertreter identifizierten sich keineswegs ausschließlich mit den sektionalen Interessen ihrer Gewerkschaften, sondern auch mit dem Dachverband, und unterstützten in ihrer Mehrheit den Generalsekretär. Die TUC-Satzung legte für den General Council keinen Abstimmungsmodus fest, so daß einfache Mehrheitsentscheidungen die Regel waren. Wie in Deutschland konnte daher auch die größte Mitgliedsgewerkschaft des TUC, die linksorientierte Miners' Federation, die von Citrine gewünschten, 1928 beginnenden "Mond-Turner-Gespräche" mit den Arbeitgebern nicht unterbinden. Auch bestimmte die administrative Zentrale, obwohl sie mit Ausnahme des Generalsekretärs nach außen kaum in Erscheinung trat, de facto die politische Linie des TUC in ähnlichem Ausmaß wie der Bundesvorstand des ADGB und sein Stab: "Sir Walter then referred to the Cotton Unions, who were generally thought to be responsible for the legislation which resulted from their negotiations. The Cotton Enabling Bill. Sir Walter pointed out that it was Mr. Wray (der Leiter des education department; C.K.) who had done the work, in this office, all of it except the very formal stages."[111]
Allerdings mußte Citrine diplomatischer vorgehen als sein Kollege Leipart, denn die im Vergleich zum Parliamentary Committee beträchtlich erweiterten Kompetenzen des General Council waren nicht unumstritten, wenn sie in tradierte Arbeitsbereiche der Mitgliedsgewerkschaften eingriffen. Die Vorstellungen der Organisationsreformer hinsichtlich der Schaffung eines zentralen Generalstabs zur Koordinierung von Arbeitskämpfen scheiterten somit am ausgeprägten Autonomiebedürfnis der britischen Einzelgewerkschaften: "Where the Unions are actually doing work themselves, we cannot pretend to usurp their functions. If we did we should very speedily find ourselves up against opposition which would defeat the ends we had in view. So that all we can do is to give advice, exercise moral suasion, and always remember that we cannot go too far, or too quickly ahead of our Unions."[112] Citrine empfand diesen Zustand keineswegs als befriedigend, bezeichnete den Sektionalismus als das strukturelle Grundübel der britischen Gewerkschaftsbewegung[113] und beklagte darüber hinaus, daß die Vorstandsarbeit mit einer unzureichenden finanziellen Ausstattung geleistet werden

111 Citrine to trades council secretaries, 1938 (s. Anm.102), S.7.

112 Address by Sir Walter Citrine, 1937 (s. Anm.103), S.3.

113 Vgl. Walter Citrine, Men and Work. An Autobiography, Westport, Connecticut 1976 (Nachdr.; zuerst ersch. London 1964), S.222.

müsse. Nach seiner Kenntnis gebe es weltweit keinen zweiten Gewerkschaftsbund, der auf einer niedrigeren Basis von Mitgliedsbeiträgen finanziert werde[114].
Weder die neue Satzung, die der TUC-Kongreß von 1920 annahm, noch die 1919 verabschiedete Satzung des ADGB stellten die Autonomie der Mitgliedsverbände ernsthaft in Frage[115]. In beiden Fällen wurde dem Vorstand des Dachverbandes lediglich die Rolle eines Koordinators bei Streikbewegungen, eines Vermittlers bei Kompetenzstreitigkeiten zwischen den Verbänden, eines Förderers der gemeinsamen gewerkschaftlichen Sache durch Agitations- und Schulungsarbeit sowie die Pflege internationaler Beziehungen zu den Gewerkschaftsbewegungen anderer Länder zugestanden. Zur Initiierung oder gar Durchsetzung eigener, über die genannten Aufgaben hinausgehender Vorstellungen und Pläne gegen den Willen der Einzelgewerkschaften wurden dem jeweiligen Vorstand formal zunächst keine Machtbefugnisse eingeräumt. Jedoch gelang es beiden Exekutiven im Laufe der zwanziger Jahre, ihre Kompetenzen zu erweitern, wozu vor allem die sachkundige Arbeit ihrer sich zunehmend professionalisierenden Verwaltungsstäbe beitrug. Wenn daher der Entwicklung einer eigenen Bürokratie in der Forschung größere Bedeutung für die Zukunft des TUC zugemessen wurde als der Bildung des General Council[116], so gilt dies noch in stärkerem Maße für die Administration des ADGB.
Selbst auf dem Gebiet der Lohn- und Tarifpolitik bzw. des "collective bargaining" nahmen die regulierenden Eingriffe und Steuerungsmaßnahmen des Dachverbandes in bisher unbekanntem Maße zu. Durch Beschluß des Breslauer

---

114 Vgl. Address by Sir Walter Citrine, 1937 (s. Anm. 103), S.3 f. Vor den durch die Weltwirtschaftskrise bedingten Beitragssenkungen führten die deutschen Mitgliedsverbände 1929 30 Pfennig, die britischen 3 pence pro Mitglied und Jahr an den Dachverband ab. Nach dem durchschnittlichen Pfundkurs von 20,27 RM (April 1928 - Oktober 1931) wäre dies umgerechnet ein Beitrag von 25,34 Pfennig (£1 = 20s.; 1s. = 12d.). Die Gesamteinnahmen des ADGB betrugen in diesem Jahr 2.794.987 RM (Mitgliedseinnahmen, Kapitalzinsen, zweckgebundene Einnahmen), zur Bestreitung der laufenden Bundesausgaben standen der Bundeskasse allerdings nur 1.557.015 RM zur Verfügung (vgl. ADGB-Jahrbuch 1929, S.287-89; vgl. auch Brunner, Bürokratie und Politik, Tab.12 [Beitragszahlungen an den ADGB, 1924-1931], S.73). Die Einnahmen des TUC betrugen 1929 rd. £ 51.764 (internationale, Mitglieds- und Delegiertenbeiträge) oder 1.049.256,2 RM (vgl. TUC-Report 1929, S.45).

115 Vgl. Satzung des ADGB (Fassung von 1919 mit Änderungen und Ergänzungen von 1922, 1925 und 1928), abgedruckt in: Potthoff, Freie Gewerkschaften, Anhang A, S.316-47. Die standing orders des TUC sind in jedem Jahresbericht enthalten. Die folgenden Ausführungen beziehen sich auf die im TUC-Report 1937, App. B., S.459-69, abgedruckte Fassung. Die erste Fassung von 1920 ist abgedruckt in: Roberts, Trades Union Congress, S.383-89.

116 Vgl. Martin, TUC, S.200.

Kongresses 1925 wurden Streikregeln in die Satzung des ADGB (§ 51-55) aufgenommen, die für die Mitgliedsverbände verbindlich waren. Sie sollten das Streikverhalten vereinheitlichen, nicht genehmigte, "wilde" Streiks und zwischengewerkschaftliche Grenzstreitigkeiten bei Arbeitskämpfen verhindern. Im Dezember 1928 ermächtigte der Bundesausschuß den Bundesvorstand darüber hinaus, bei zwischengewerkschaftlichen Streitfällen in Tarifangelegenheiten nach Aussprache mit den beteiligten Verbänden eine verbindliche Entscheidung herbeizuführen[117].
Alles das stellte ein Ausmaß an Reglementierung dar, das weit über das hinaus ging, was britische Gewerkschaftsführer und -mitglieder zu akzeptieren bereit waren. Allerdings ermächtigte auch der TUC-Kongreß von 1924 den General Council, bei drohenden großen Streiks Konsultationen mit den betroffenen Verbänden einzuleiten und sie, sofern diese die Intervention akzeptierten, im Falle eines Streiks mit allen notwendig erscheinenden Mitteln zu unterstützen. Diese Erweiterung der formalen Machtbefugnisse hatte jedoch keine obligatorische Wirkung, wie sie der ADGB-Bundesvorstand zur Verfügung hatte, sondern stellte weiterhin den Gedanken der gegenseitigen Konsultation und beidseitig akzeptierter Entscheidungen in den Vordergrund. Die innerorganisatorische Autorität des TUC wurde jedoch dadurch langfristig stark gefestigt. 1925 wandelte sich seine Rolle bereits von einem Vermittler zu einem aktiven Teilnehmer an den Verhandlungen zur Beilegung der beiden wichtigsten Arbeitskonflikte dieses Jahres - in der Wollindustrie und im Bergbau. Im Vorfeld und während des Generalstreiks zur Unterstützung der Bergarbeiter im Mai 1926 verhandelte er als Repräsentant der gesamten Gewerkschaftsbewegung schließlich sogar allein mit der Regierung. Allerdings demonstrierte gerade der Generalstreik dann wieder die Grenzen der informellen, auf Zustimmung beruhenden Autorität des TUC, denn als der General Council den Streik offiziell abbrach, hielten sich die Bergarbeiter nicht an diese Entscheidung und setzten ihn noch weitere sechs Monate fort[118].
Erst zehn Jahre nach dem ADGB einigte sich schließlich auch der TUC-Kongreß von 1939 auf Richtlinien für die Regelung zwischengewerkschaftlicher

---

117 Vgl. Brunner, Politik und Bürokratie, S.81-83.

118 Vgl. Martin, TUC, S.192-95. Ausführlich zu den Arbeitsbeziehungen 1925 im Vorfeld des Generalstreiks, zu dessen Verlauf und Konsequenzen: Clegg, British Trade Unions, Bd.2, S.383-426. Zum Generalstreik vgl. auch Peter Alter, Der britische Generalstreik von 1926 als politische Wende, in: Theodor Schieder (Hg.), Beiträge zur britischen Geschichte im 20. Jahrhundert (HZ, Beiheft 8 [Neue Folge]), München 1983, S.89-116; Ian MacDougall, Some Aspects of the 1926 General Strike in Scotland, in: ders. (Hg.), Essays in Scottish Labour History. A Tribute to W. H. Marwick, Edinburgh o. J. [1987], S.170-206.

Streitigkeiten durch den General Council, die sogenannten "Bridlington Principles"[119].

Insgesamt spiegelte die Satzung auf seiten des TUC eine deutlich militantere, syndikalistisch geprägte Einstellung wider. Zu den Pflichten des General Council in den dreißiger Jahren gehörte daher an vorderster Stelle die Koordinierung von Streiks. An zweiter Stelle stand die Beobachtung und gegebenenfalls Initiierung gesetzgeberischer Maßnahmen, sofern sie die Arbeitnehmer betrafen, im weiteren aber auch die Einberufung eines außerordentlichen Kongresses, der im Falle eines drohenden Kriegsausbruchs über Abwehrmaßnahmen ("industrial action") entscheiden sollte (Abs.8). Unter den Aufgaben, die dem Bundesvorstand im besonderen oblagen, nannte die ADGB-Satzung (§ 18) dagegen überwiegend verschiedene Bereiche der Agitation, Schulung, Materialsammlung und -aufbereitung. Eine direkte politische Tätigkeit war überhaupt nicht vorgesehen. Sie sollte entsprechend der überkommenen Arbeitsteilung der SPD überlassen bleiben. Die detaillierter, weit mehr Paragraphen und zahlreiche Wiederholungen beinhaltende Satzung des ADGB nahm sich im Vergleich zu ihrem britischen Pendant fast wie die Verfassung einer modernen, rational organisierten und handelnden Verwaltungskörperschaft aus, welche die Einbindung der Gewerkschaften in den Staat in den Vordergrund stellte. Einleitend formulierte sie als allgemeine Ziele des Bundes die soziale und wirtschaftliche Interessenvertretung der Arbeiterklasse und die einheitliche Regelung der Arbeitsverhältnisse durch kollektive Vereinbarungen mit den Unternehmern und den Leitungen sozialisierter Betriebe. Des weiteren postulierte das Statut die völlige Gleichstellung der Arbeiter und Arbeiterinnen "mit den übrigen schaffenden Gliedern des Volkes" sowie die Förderung ihrer "geistigen Fortbildung". Schließlich strebte es die Gewinnung maßgeblichen Einflusses auf die Regelung der Wirtschaftsverhältnisse, auf die Sozialgesetzgebung, die gewerbliche Rechtsprechung sowie die Unfallverhütung ebenso an wie die Umgestaltung der internationalen Kultur-, Wirtschafts- und Handelsbeziehungen. Im Gegensatz dazu hatte der TUC-Kongreß von 1924 eine Liste ganz konkreter, ausschließlich interessenpolitisch motivierter Ziele, die "Industrial Workers' Charter", verabschiedet und in die Satzung integriert. Sie beauftragte den General Council mit der Durchsetzung von Forderungen, die von der Verstaatlichung der wichtigsten Grundstoff- und Dienstleistungsindustrien, über eine gesetzliche Arbeitszeitbegrenzung und Mindestlöhne sowie die Schaffung ausreichender Wohn- und Ausbildungsmöglichkeiten bis zu angemessener staatlicher Unterstützung und Renten für Arbeitslose, Alte, Witwen und Berufsinvaliden reichten. Die Charter spiegelte deutlich das Bestreben des TUC in der ersten Hälfte der zwanziger Jahre wider, sich von der Labour Party etwas zu lösen und stattdessen die gewerkschaftliche Seite der Arbeiterbewegung bzw. ins-

---

119 Vgl. Clegg, Britih Trade Unions, Bd.3, S.98; Martin, TUC, S.261; Pelling, British Trade Unionism, S.210.

besondere den Dachverband auf industrieller wie auf politischer Ebene stärker in den Vordergrund treten zu lassen. Damit beabsichtigte er nicht, als Organisation eine aktive parlamentarische Rolle zu spielen. Diese blieb auch in Großbritannien der Labour Party vorbehalten. Jedoch wirkte hier deutlich die unterschiedliche historische Entwicklung nach, derzufolge in Deutschland die politische Konstituierung der Arbeiterbewegung der gewerkschaftlichen vorausgegangen war, während es sich in der britischen Arbeiterbewegung genau umgekehrt verhalten hatte. Die TUC-Satzung spiegelt daher auch die für die Gewerkschaften ursprünglich vorhandene Notwendigkeit wider, auf das Parlament und die Gesetzgebung selbst Einfluß nehmen zu müssen, ohne dabei auf eine eigene Arbeiterpartei zurückgreifen zu können.

Der TUC-Kongreß von 1927 erweiterte die formalen Machtbefugnisse des General Council, indem er ihn zur 'Koordination in allgemeinen Fragen' bevollmächtigte. Trotz einiger Proteste aus den Mitgliedsverbänden setzte Citrine in der Folgezeit seine Ansicht durch, nach der die vage Formulierung einen umfassenden politischen Führungsauftrag an den Vorstand darstellte, so daß in den dreißiger Jahren das Recht des General Council "to create on its own initiative a policy for the unions" nicht mehr in Zweifel zu ziehen war[120].

Um die Bedeutung und Handlungsspielräume der beiden Dachverbände im Rahmen der jeweiligen Organisationsstrukturen richtig einzuschätzen, ist es somit wichtig, zwischen dem Bereich der Kollektivverhandlungen über Löhne und Arbeitsbedingungen und der allgemeinpolitischen Ebene zu unterscheiden. Die Tarifpolitik war und blieb (bis heute) in beiden Ländern ein Arbeitsfeld der Einzelgewerkschaften, in dem der ADGB wenig und der TUC gar nichts zu bestimmen hatte. Ging es jedoch um aktuelle politische Probleme, um die Formulierung und Durchsetzung politischer Forderungen gegenüber staatlichen Institutionen und der Regierung, wie auf dem Gebiet der Arbeitslosenpolitik, dann verfügten beide Dachorganisationen über eine ausreichende Autorität. Diese war beim ADGB sowohl rechtlich im Rahmen der Weimarer Reichsverfassung als auch durch vergleichsweise stärker zentralisierte, von der Basis abgekoppelte Organisationsstrukturen abgesichert. Die Autorität des TUC beruhte demgegenüber überwiegend auf freiwilliger staatlicher Anerkennung und Zustimmung der Mitgliedsverbände, erwies sich aber möglicherweise in der Krise gerade deshalb als stabiler und aufgrund ihres ausgeprägt interessenpolitisch bestimmten Standpunktes als besser legitimiert. Allerdings wird in der Forschungsliteratur darüber hinaus das Ausmaß betont, in dem der informelle Autoritätszuwachs des TUC auf die persönliche Leistung zweier herausragender Gewerkschaftsführer, Ernest Bevin[121]

---

120 Zit. n. Martin, TUC, S.220, dessen Darstellung auch dieser Gedanke entnommen wurde (vgl. ebd., S. 188, 220 f.).

121 Ernest Bevin (1881-1951): 1911-20 "District" und später "National Organiser", Dock, Wharf, Riverside and General Workers' Union; 1920-21 stellvertr. Generalsekr.; 1922-46

und Walter Citrine[122], zurückzuführen gewesen sei. Aber auch die Meinung vieler Zeitgenossen, die beispielsweise nach dem erzwungenen "Anschluß" Österreichs durch die Nationalsozialisten für den Fall eines ähnlichen Notstands in Großbritannien eine Umbildung der Regierung unter Einschluß Bevins und Citrines befürworteten, rechtfertigte diese Einschätzung[123].
Der Zufall wollte es, daß Citrine im gleichen Jahr (1925[124]) zum Generalsekretär des TUC ernannt wurde, in dem "Napoleon Bevin", wie er im engsten Gewerkschaftskreis genannt wurde[125], erstmals in den General Council gewählt wurde. Beatrice Webb, eine der "grauen Eminenzen" der Labour Party, beschreibt den britischen Generalsekretär in ihrem Tagebuch als "(...) the autocrat of the British trade union movement. His General Council, made up of dull-witted trade union officials, some sodden with drink, whom he at once manipulates and despises, has no policy of its own, and the Trades Union Congress seems equally subservient. (...) If he has his way he will lock up the trade union movement in the status quo and with it, the official Labour Party for the next twenty years or more."[126]
Während Citrine ein ausgezeichneter Organisator, ein scharfer Analytiker und rational denkender Mensch war, zeichnete sich Bevin durch eine ungewöhnliche politische Kreativität und Innovationsfreude aus, verbunden mit starker Emotionalität, einer kräftigen körperlichen Statur und ausgeprägtem Machtbewußtsein. So

---

Generalsekr., Transport and General Workers' Union (TGWU); 1925-40 Mitgl., TUC General Council; 1936-37 Vors.; 1940-51 MP (Labour Party); 1940-45 Arbeitsmin.; 1945-51 Außenmin.; 1951 Lord Privy Seal (vgl. Clegg, British Trade Unions, Bd.2, S.573 bzw. Bd.3, S.432).

122 Sir Walter McLennan Citrine, Baron Citrine of Wembley (1887-1983): 1914-20 Sekr. d. Electrical Trades Union (ETU) im Mersey District; 1917-18 Präs., Federation of Engineering and Shipbuilding Trades, Mersey Distr.; 1918-20 Sekr.; 1920-23 stellvertr. Generalsekr., ETU; 1923-26 stellvertr. Generalsekr., TUC; 1926-46 Generalsekr.; 1946-47 Mitgl., National Coal Board; 1947-57 Vors., Central Electricity Authority; 1928-45 Präs., Internationaler Gewerkschaftsbund (IGB); 1935 Knight; 1946 Baron (vgl. Clegg, British Trade Unions, Bd.2, S.573, bzw. Bd.3, S.433; Dictionary of National Biography, 1981-85, hrsg. von Lord Blake u. C. S. Nicholls, Oxford 1990, S.84 f.; LSE, Citrine Papers).

123 Vgl. Martin, TUC, S.241.

124 Die offizielle Wahl erfolgte zwar erst im September 1926, schon seit 1925 vertrat er jedoch den wegen Krankheit, dann Tod, vorzeitig ausscheidenden Generalsekretär Fred Bramley.

125 Vgl. BLPES, Citrine Papers, I/7/4: "Ernest Bevin" by Francis Williams, General Comments, C/EP/7.11.1952, S.2.

126 MacKenzie (Hg.), Diary, Bd.4, Eintrag vom 25.6.1934, S.333.

erinnerte er oftmals an einen Bulldozer, der - mit der geballten Macht der Transport and General Workers' Union hinter sich - durch den TUC rollte, während ihm Citrine diplomatisch den Weg bahnte oder die aufgeregten Gemüter besänftigte. Persönlich mochten sich die beiden Männer nicht leiden[127], in gewerkschaftlichen Fragen vertraten sie jedoch stets, ohne sich dabei abzusprechen, die gleichen Anschauungen: "The collaboration of the two men, (...) was to provide the movement with the strongest leadership that it has ever had, over a vital period of some fourteen years."[128]

Bevin stand sowohl den Intellektuellen als auch den professionellen Politikern innerhalb der britischen Arbeiterbewegung mißtrauisch gegenüber und unterstellte ihnen Unzuverlässigkeit und rücksichtslosen Individualismus. Nichts schätzte er hingegen so hoch ein wie die gewerkschaftliche Organisationsdisziplin und die strikte Beachtung von Mehrheitsentscheidungen. Um den Unterschied zwischen Gewerkschaftsführern und Intellektuellen zu verdeutlichen, schrieb er im Dezember 1935 an den Parteitheoretiker G. D. H. Cole: "You have no responsibility, you can fly off at a tangent as the wind takes you. We, however, must be consistent and we have a great amount of responsibility. We cannot wake up in the morning and get a brain wave, when father says 'turn' and half a million people turn automatically. That does not work."[129]

Mit dieser Haltung ähnelte Bevin dem ADGB-Bundesvorsitzenden Leipart[130], dessen Interesse ebenfalls primär auf die Stärkung und den Ausbau der gewerkschaft-

---

127 Citrine führte seine Abneigung auf Bevins anmaßende Gewohnheit zurück, sich die Arbeit anderer Menschen selbst zuzuschreiben. Bevins Haltung ihm gegenüber rühre wiederum von einem Streit zwischen Bevin und Milne-Bailey, dem Leiter der TUC-Wirtschaftsabteilung, während des Generalstreiks her, in dessen Folge Bevin gegen die Anwesenheit von Nicht-Vorstandsmitgliedern bei den Treffen des General Council protestiert hatte: "This occured immediately before lunch and during the lunch interval, while I was having food in my office, Firth, who was then Assistant Secretary, Wray and Miss Burr (Minute Secretary) came to me. Wray said, "What are we going to do with that swine Bevin?" And the three of them informed me that they would not take any further part in the Council's proceedings unless and until Bevin apologised." Citrine stellte Bevin daraufhin zur Rede, worauf dieser die Vorstandssitzung verließ, "(...) to the contemptuous grimmaces of Thomas and others." (vgl. "Ernest Bevin" by Francis Williams [s.o., S.217, Anm.125], S.3) Bevin war bei seinen Kollegen offenbar nicht sehr beliebt.

128 Pelling, British Trade Unionism, S.192. Mit gleichem Tenor vgl. Clegg, British Trade Unions, Bd.3, S.113 f.; Martin, TUC, S.219.

129 Zit. n. Bullock, Ernest Bevin, S.532; zur Einstellung Bevins vgl. ebd., S.530-33. Zur Problematik allgemein vgl. Robert Dare, Instinct and Organization: Intellectuals and British Labour after 1931, in: HJ 26 (1983), S.677-97.

130 Theodor Leipart (1867-1947): 1891-93 Vors., Zentralverband der Drechsler Deutschlands; 1893-1908 2. Vors., Deutscher Holzarbeiterverband (DHV); 1908-18

lichen Organisationen gerichtet war. Sie schienen ihm der sicherste Garant für eine Verbesserung der sozialen Lage der Arbeiterschaft zu sein - wichtiger als das parteipolitische Engagement in der SPD. In den Gewerkschaften sah er die einzige Kraft der Weimarer Republik, die den "Sozialismus" - von ihm als "Wirtschaftsdemokratie" verstanden - langfristig verwirklichen könnte. Seinen Aufzeichnungen zufolge entsprangen die Gründung der Arbeiterbank, der ADGB-Verlagsgesellschaft, der Deutschen Wohnungsfürsorge A.G. für Beamte, Angestellte und Arbeiter (Dewog), der Büropa (Büroutensilien- und Papierhandlung) und der ADGB-Bundesschule in Bernau seiner eigenen Initiative. Auch die Vereinbarung vom 15. November 1918 mit den Unternehmern (Stinnes-Legien-Abkommen) habe in der Hauptsache er selbst durchgesetzt[131].
Heinrich Potthoff beschreibt Leipart als den "Typus eines kompromißbereiten Integrationspolitikers, der einen Kurs elastischer Anpassung steuerte" und ein ausgeprägtes "Gespür für neue Zeitströmungen" hatte. Braunthals Charakterisierung - "ohne Charisma", "wenig politisches Talent", "kein nennenswerter Ideologe" - hält er dagegen für völlig verfehlt[132]. Joachim Eichler stellt den Bundesvorsitzenden jedoch ebenfalls als "alles andere als eine schillernde Figur" dar, vielmehr sei er "wortkarg", "überaus zuverlässig und korrekt" und "von großer Arbeitsbereitschaft" gewesen, andererseits aber auch "schroff, diktatorisch und verletzend" in persönlichen Auseinandersetzungen mit seinen Kollegen[133]. Diese Beschreibung deckt sich mit der Einschätzung Lothar Erdmanns, der mit Leipart eng zusammenarbeitete: "Leipart hatte bewunderungswürdige Augenblicke. Aber, er hatte weder das Feuer, noch das Selbstbewußtsein, noch den zähen politischen Instinkt von Carl Legien."[134]

Vors.; 1919-20 württ. Arbeitsmin.; 1921-33 Vors., ADGB-Bundesvorstand; 1921-33 Mitgl., Vorl. Reichswirtschaftsrat; seit 1924 Vors., alternierend mit dem Arbeitgebervertr. C. F. von Siemens; 1922-33 Vorstandsmitgl., Internationaler Gewerkschaftsbund (IGB); 1946-47 Mitgl. d. SED (vgl., auch zum folgenden, Theodor Leipart, Aus meinem Leben, 14seit. Ms., in: ZA FDGB, Nr.167 (Theodor Leipart. Manuskripte) und Nl. 2 (Leipart)/1; Joachim Eichler, Theodor Leipart, in: Helga Grebing, Hans-Otto Hemmer u. Gottfried Christmann (Hg.), Das Holzarbeiterbuch. Die Geschichte der Holzarbeiter und ihrer Gewerkschaften, Köln 1993, S.88-91; Winkler, Weg, S.1000).

131 Vgl. Leipart, Aus meinem Leben (Anm.130), S.11 u.13.

132 Vgl. Potthoff, Freie Gewerkschaften, S.30 f., bzw. Braunthal, Der Allgemeine Deutsche Gewerkschaftsbund, S.110.

133 Vgl. Eichler, Leipart, S.89; ebenso auch Ulrich Borsdorf, Historische Wandlungsprozesse im gewerkschaftlichen Führungspersonal, in: GMH 29 (1978), S.602-16, hier S.606.

134 HBS-Archiv, Nl. L. Erdmann: Aus Aufzeichnungen von L. Erdmann, 1932 u. 1933, Eintrag vom 2.12.33.

Insgesamt bleiben die deutschen Gewerkschaftsführer als Individuen im deutsch-britischen Vergleich eher blaß. Zu Leiparts direktem Stellvertreter Graßmann[135] ebenso wie zum wirtschaftspolitischen Leiter des ADGB Eggert[136] konnten über die biographischen Daten hinaus kaum persönlichere Informationen aufgefunden werden. Graßmann scheint ein ruhiger, zurückhaltender Mensch gewesen zu sein, dessen Führungsqualitäten, zumindest unter den ehrenamtlichen Mitgliedern des Bundesvorstands, umstritten waren[137].
Auch Spliedt[138], der Leiter der sozialpolitischen Abteilung, war ein Arbeiterführer alten Schlags, gefühlsbetont, aufrichtig in seinen Überzeugungen, und auf wirtschafts- und sozialpolitischem Gebiet über ein weites Wissen verfügend. Jedoch hatte er nach Auffassung seines Kollegen Erdmann weder die notwendige Härte noch einen natürlichen Instinkt für Macht: "Deshalb fehlte ihm die Kraft, an der Stelle, wo er stand, das seine zu tun, Macht zu erhalten, geschweige denn, zu erobern. (...) Er war Sachverständiger, Gelehrter und mit Leib und Seele ein Mann der Arbeiterbewegung. Im Dienst ihrer Sache, im Bann der Gedanken, die sie in den letzten Jahrzehnten entwickelte, ohne eingehende Kenntnis des Neuen, was sich aus dem Krieg und durch den Krieg in der jüngsten Generation entwickelte. (...) Das Ende der Gewerkschaften, im Mai eine Drohung, jetzt eine Tatsache, ist auch sein Ende. Er kennt die Welt nicht mehr, weil es nicht seine Welt ist."[139]

---

135 Peter Graßmann (1873-1939): 1903 Einstellung als besoldeter Gauleiter d. Buchdruckerverbands; 1908 Wahl zum 2. Vors.; 1919-33 stellvertr. Vors., ADGB-Bundesvorstand; 1924-33 MdR (SPD); vgl. Brunner, Bürokratie und Politik, S.107, 123.

136 Wilhelm Eggert (1880-1938): 1906 Angestellter d. Ortskrankenkasse d. Schlosser in Berlin; 1908 Angest. d. Bezirksleitung Brandenburg d. Deutschen Metallarbeiterverbandes (DMV); 1909 DMV-Bevollmächtigter in Stuttgart; 1921 Vorstandsmitgl., DMV; 1924-1931 hauptamtl. Mitgl. (Sekr.), ADGB-Bundesvorstand; 1931-33 3. Vors.; 1924-33 Mitgl., Vorl. Reichswirtschaftsrat; vgl. Brunner, Bürokratie und Politik, S.107 u. 124; Winkler, Weg, S.993.

137 Vgl. HBS-Archiv, Nl. L. Erdmann: Aus Aufzeichnungen von L. Erdmann 1933, Eintrag vom 4.9.1931.

138 Franz Spliedt (1877-1963): 1908 Hauptkassierer d. Tapeziererverbands; 1909-20 Vors.; 1921-24 Angest. i. d. Soz.pol. Abtlg. d. ADGB-Bundesvorstands; 1924-33 Leitung; 1931-33 hauptamtl. Mitgl. (Sekr.), ADGB-Bundesvorstand; 1932-33 MdR (SPD); vgl. Brunner, Bürokratie und Politik, S.107, 123 u. 127; Winkler, Weg, S.1006.

139 HBS-Archiv, Nl. L. Erdmann: Aufzeichnungen von L. Erdmann 1932 und 1933, Eintrag vom 2.12.33.

Der promovierte Jurist und enge Mitarbeiter Spliedts in der sozialpolitischen Abteilung, Bruno Broecker[140], der zu den jüngsten Angestellten des Bundesbüros zählte, war dagegen eine "ganz andere Natur". Er war "scharfsinnig" und mit "klarem kalten raschen Verstand" ausgestattet, wachsam in der Debatte und rücksichtslos im Angriff. Daher waren für ihn "(...) - ebenso wie für Nörpel - Minister und Ministerialräte keine Respektpersonen. (...) Er hätte trotz seiner Jugend seit Jahren in den Reichstag gehört - und nicht Hermann Müller-Lichtenberg, der, obwohl klug und wissens wie wenige, doch ein müder allzu historischer Geist war, und auch nicht Spliedt, weil er letztlich zu gefühlsbestimmt, zu schwankend war, auf dem glatten Parkett des Parlaments, in der lähmenden Umwelt der Parteifraktion auf seinem Sinne zu beharren."[141]
Sein nur zwei Jahre älterer Kollege Lothar Erdmann[142] bemerkte darüber hinaus im Hinblick auf das Verhältnis zu Partei und Gewerkschaften, er könne über sie "(...) nie so gering denken wie Broecker (der nebenbei nur in Nebengesprächen auf Flur und Treppe aktiv war, nicht da, wo es darauf ankam), weil ich nicht den Hochmut des Ehrgeizigen habe."[143]
Zu den jüngeren Angestellten im Bundesbüro gehörte auch Clemens Nörpel[144], der nach 1933 durch aktive Mitarbeit im neuen Staat den Anschluß an den Nationalsozialismus vollzog. Erdmann sah dennoch keinen Anlaß, ihn zu verurteilen, denn vielleicht stecke "(...) in dieser Wendung eine mögliche Konsequenz aus der Haltung, die er schon vor der nationalen Revolution einnahm, er war immer schon Antisemit, obwohl er in seiner Zeitschrift ("Arbeitsrechtspraxis"; C.K.) viel mit Juden zusammenarbeitete. Er war auch Nationalist, d.h. in der aussenpolitischen Haltung gehörte er eher zu 'meiner'

---

140 Dr. Bruno Broecker: geb. 1900; 1925-1933 Angest. (Abtg. Arbeitsmarkt, Tarifpolitik) in d. Sozialpolitischen Abtg., ADGB-Bundesvorstand; vgl. Brunner, Bürokratie und Politik, S.127.

141 HBS-Archiv, Nl. L. Erdmann: Aus Aufzeichnungen von L. Erdmann 1932 und 1933, Eintrag vom 2.12.1933.

142 Lothar Erdmann (1888-1939): 1923-33 Angest., ADGB-Bundesvorstand, davon 1923 u. 1926-33 als Schriftleiter; 1.9.1939 Verhaftung; 5.9.1939 Einlieferung in das KZ Sachsenhausen, wo er an den Folgen körperlicher Mißhandlung stirbt; vgl. Brunner, Bürokratie und Politik, S.128 f.; Winkler, Weg, S.993; ZA FDGB, Nl. 16 (Schlimme)/39: Erklärung von Walter Maschke, Febr. 1946 (zum Tod Erdmanns im KZ).

143 HBS-Archiv, Nl. L. Erdmann: Aus Aufzeichnungen von L. Erdmann, Eintrag vom 3.7.1931.

144 Clemens Nörpel (1885-1938): 1922-33 Rechtsexperte, ADGB-Bundesvorstand; vgl. Brunner, Bürokratie und Politik, S.128; Winkler, Weg, S.1003.

Gruppe. Sein Verhältnis zur Sozialdemokratie war sehr kritisch. Politische Bindungen aus alter Zeit spielen daher für ihn gewiss keine Rolle. Das Gesetz der nationalen Arbeit begeisterte ihn schon, als es erschien vor anderthalb Jahren. Er sieht vielleicht Wirkungsmöglichkeiten im Rahmen der neuen Machtkonstellation, die seinen eigenen autoritären Neigungen entsprechen.[145]" Obwohl Nörpel aufgrund seines beruflichen Werdegangs nicht gerade ein typischer Vertreter der "Arbeiterklasse" war, hat er als einziger Mitarbeiter des ADGB-Bundesvorstands ähnlich intellektuellenfeindliche Äußerungen hinterlassen wie sein britischer Kollege Bevin, mit dem er wohl nicht nur in dieser Hinsicht, sondern auch in seiner antisemitischen Einstellung übereinstimmte. So beendete er einen kontroversen und auf seiner Seite in äußerst arrogantem Ton geführten Schriftwechsel mit dem Heidelberger Amtsgerichtsrat Hugo Marx, der ihm einen Beitrag zur Veröffentlichung in der "Arbeitsrechtspraxis" eingesandt hatte, mit dessen Ablehnung und der Schlußbemerkung: "Gewiss nicht die Art, wie ich mit Akademikern verkehre, sondern vielmehr die Art, wie die Akademiker glauben, mit uns zu verkehren, ist nicht zum wenigsten der Grund, dass wir in die Zustände hineingeraten sind, in denen wir uns heute befinden. Vielleicht merken Sie das auch noch, wenn es zu spät ist."[146]

Detlev Brunner[147] hat im Anschluß an Detlev Peukert unter den Spitzenfunktionären des ADGB vier Generationen unterschieden. Aufgrund dieser Differenzierung war der Bundesvorstand (besoldete und unbesoldete Mitglieder) in der Endphase der Republik von Angehörigen der ersten und zweiten Generation der in den 1850/60er bzw. 1870er Jahren Geborenen (z.B. Leipart, Graßmann und Spliedt) dominiert. Lediglich Schlimme[148] (ab September 1931) und Leuschner[149]

---

145 HBS-Archiv, Nl. L. Erdmann: Aus Aufzeichnungen von L. Erdmann, 1932 und 1933, Eintrag vom 31.5.1935.

146 HBS-Archiv, 5/11/221a: Nörpel an Marx, 6.6.1932. Einen Briefwechsel mit ähnlichen Argumenten führte Nörpel mit Otto Kahn-Freund, Amtsgerichtsrat in Berlin und wie Marx Sozialdemokrat, im Februar 1931, weil er die Auffassungen, die der Arbeitsrechtler in seinem Aufsatz "Das Sozialideal im Arbeitsrecht" vertrat, scharf verurteilte; vgl. HBS-Archiv, 5/6/99 ff.; in engl. Übersetzung abgedruckt in: Otto Kahn-Freund, Labour Law and Politics in the Weimar Republic, hrsg. von Roy Lewis u. Jon Clark, Oxford 1981, App.5, S.226-32.

147 Vgl. zum folgenden ders., Bürokratie und Politik, S.104-60, mit einer ausführlichen Analyse des Sozialprofils (Altersstruktur, Herkunft, Bildungs- und Karriereweg, etc.) des Bundesvorstands und seiner Angestellten.

148 Hermann Schlimme (1882-1955): seit 1906 ehrenamtl. Bevollmächtigter d. Deutschen Transportarbeiterverbands in Dessau; 1911-22 angest. Bezirksleiter, Dessau; 1923-33 Leitung d. Org.abtlg. d. ADGB-Bundesvorstands; 1931-33 hauptamtl. Mitgl. (Sekr.); ca. 1933-45 beauftragter Verbindungsmann zw. d. illegalen Leitungen d. deutschen Gewerkschaften u. d. IGB in Amsterdam, später London; ca. 1937-40 Vebüßung e. Zuchthaus-

(ab Januar 1933) vertraten während der Wirtschaftskrise im hauptamtlichen Vorstand die jüngeren Jahrgänge. Im Verwaltungsstab herrschten dagegen die Vertreter der dritten Generation der in den 1880/90er Jahren Geborenen vor, Funktionäre der jüngsten Generation der seit 1900 Geborenen rückten nach. Ab der dritten Generation zeichnete sich dabei ein deutlich höheres Bildungsniveau bis hin zu Studium und Promotion (von den genannten, mit der Arbeitslosenpolitik besonders befaßten Funktionären waren Erdmann, Woytinsky und Pahl Akademiker; Maschke und Nörpel waren in Angestelltenberufen ausgebildet[150]) und eine Entwicklung zur Professionalisierung ab. Die akademische Ausbildung und das "Fronterlebnis" als aktiver Soldat im Ersten Weltkrieg, das die Mehrzahl der Funktionäre aus der dritten Generation im Gegensatz zu den älteren Gewerkschaftsführern miteinander teilten, wirkten sich schließlich in einer größeren Distanz zur Arbeiterbewegung insgesamt und zur SPD im besonderen, einem starken Bedürfnis nach gesellschaftlicher Erneuerung und der Forderung nach einem "nationalen Sozialismus" (Erdmann) aus, welche inhaltlich über das Streben nach gleichberechtigter Einbindung der Gewerkschaften in den Staat hinausging.

Ähnliche Einstellungen finden sich auch in der britischen Kriegsgeneration. Vor allem in der parteiübergreifenden Kritik der jüngeren Parlamentsabgeordneten am "old parliamentary game" kamen sie zum Tragen. Besonders deutlich werden die Übereinstimmungen bei Oswald Mosley, der in einem Artikel in der Daily Mail vom 1. Februar 1932 begeistert seine Erfahrungen während einer Italienreise beschrieb, bei der er auch Mussolini persönlich kennengelernt hatte: " A visit to Mussolini (...) is typical of that new atmosphere. No time is wasted in the polite

---

strafe wg. "Vorbereitungen zum Hochverrat" in Brandenburg u. Amberg; 1945 Mitbegr. d. FDGB; 1946-55 Mitgl., ZK d. SED; vgl. ZA FDGB, Nl. 16 (Schlimme)/39; Brunner, Bürokratie und Politik, S.124; Winkler, Weg, S.1007.

149 Wilhelm Leuschner (1890-1944, hingerichtet): 1926-28 hess. Bezirkssekr., SPD; 1928-32 hess. Innenmin.; 1932-33 stellvertr. Vors., ADGB-Bundesvorstand; vgl. Winkler, Weg, S.1000; Brunner, Bürokratie und Politik, S.113, Anm.102.

150 Wladimir Woytinsky (1885-1960): russ. Nat.ökonom; seit 1922 wiss. Journalist in Deutschland; 1928-33 Leiter d. Statist. Abt., ADGB-Bundesvorstand; 1935 Emigration in d. USA. Walther Pahl (1903-1969): 1927-32 Sekr., Hauptvorst. d. Verbands d. Gemeinde- u. Staatsarb.; 1932-33 Geschäftsführer, "Reichsarbeitsgemeinschaft Sozialer Dienst" beim ADGB-Bundesvorstand, verantwortl. für d. Freiwilligen Arbeitsdienst. Walter Maschke (1891-): 1920 Jugendsekr., Zentralverband d. Angestellten; 1922-33 Jugendsekr., ADGB-Bundesvorstand; vgl. Brunner, Bürokratie und Politik, S.126-28, 135, 139-41; Winkler, Weg, S.1001, 1003, 1011; ZA FDGB, Nl. 28 (Maschke)/24. Eine Lebensbeschreibung Woytinskys findet sich auch in Schneider, Arbeitsbeschaffungsprogramm, S.9-16 ("Introduction", von George Garvy); das bei Winkler für Pahl angegebene Geburtsdatum 1896 ist nach Brunner unkorrekt.

banalities which have so irked the younger generation in Britain when dealing with our elder statesmen. (...) Every moment possible is wrung from time; the mind is hard, concentrated, direct - in a word, 'Modern'."[151]
Anders als in der Labour Party läßt sich allerdings innerhalb des TUC dieser Typus des professionellen Funktionärs ohne emotionale oder soziale Bindungen an die Traditionen der Arbeiterbewegung kaum finden. In seinem Streben nach einer wirtschaftspolitischen Wende scheiterte Mosley gerade an den Gewerkschaftsvertretern in der Partei, die hinsichtlich der offiziellen politischen Linie der Regierung auf Loyalität und Einhaltung der Parteidisziplin drangen.
Eine Untersuchung, die sich mit der Binnenstruktur des General Council und seines Verwaltungsapparats in der Zwischenkriegszeit auseinandersetzt, fehlt bisher[152]. Von den 32 Mitgliedern des General Council von 1930 konnte daher nur für 15 Personen das Geburtsdatum ermittelt werden[153]. Vier gehörten der ersten Generation von Gewerkschaftsführern, acht der zweiten und drei der dritten Generation an, das Durchschnittsalter betrug 57,8 Jahre (1933 bei 16 bekannten Geburtsdaten: 58,6). Der ADGB-Bundesvorstand wies im gleichen Jahr ein durchschnittliches Alter von 57,9 Jahren (1933: 56,7) auf. Wenn daher Erdmann beklagte, daß eine fortschrittliche Wirtschafts- und Sozialpolitik des ADGB verhindert worden sei, weil im Bundesvorstand "Senilität Trumpf" war und die Jüngeren zu sehr im Schatten der "durch ihr Alter 'Berufenen' standen"[154], dann gilt das sicherlich in ähnlichem Maße für den General Council des TUC.

---

[151] Zit. n. Skidelsky, Mosley, S.285; zur Kriegsgeneration am Beispiel Mosleys vgl. ebd., S.66 f., 77-83. Erdmann bezeichnete Bernhard Shaw als den einzigen Sozialisten unter seinen Lehrern und geistigen Führern. Daß Shaw mit Mussolini sympathisierte, war wohl ebenfalls keine ganz zufällige Affinität; vgl. HBS-Archiv, Nl. L. Erdmann: Aus Aufzeichnungen von L. Erdmann 1933, Eintrag vom 22.7.1931; Sidney Pollard, Die Krise des Sozialismus in der Zwischenkriegszeit: Großbritannien, in: GG 17 (1991), S.160-81, hier S.166.

[152] Für die Ebene der Einzelgewerkschaften vgl. hingegen V. L. Allen, Power in Trade Unions. A Study of their Organization in Great Britain, London usw. 1954, dessen Untersuchung auf der Analyse der Satzungen von 127 Mitgliedsgewerkschaften des TUC basiert. Allen ging der Frage nach den gewerkschaftlichen Organisations- und Machtstrukturen noch einmal am Fallbeispiel der Transport and General Workers' Union nach: vgl. ders., Trade Union Leadership. Based on a Study of Arthur Deakin, London usw. 1957. Für die Zeit nach 1945 vgl. B. C. Roberts, Trade Union Government and Administration in Great Britain, London 1957; vgl. auch ders., The Trades Union Congress 1886-1921, London 1958.

[153] Als Quelle vgl. jeweils den biographischen Anhang in Clegg, British Trade Unions, Bd.2, S.572-81, bzw. Bd.3, S.432-36.

[154] HBS-Archiv, Nl. L. Erdmann: Aus Aufzeichnungen von L. Erdmann 1933, Eintrag vom 4.12.31, und Aufzeichnungen 1932 und 1933, Eintrag vom 2.12.1933.

Schwieriger noch als für die Vorstandsmitglieder ist es, an Informationen über die Angehörigen des TUC-Verwaltungsstabs zu gelangen. Neben dem Generalsekretär konnten lediglich für fünf weitere Verwaltungsangestellte biographische Daten ermittelt werden. Von W. J. Bolton, dem Leiter der Abteilung Internationales, weiß man nur, daß er so etwas wie eine Institution war. 1903 eingestellt, blieb er vierzig Jahre in der TUC-Verwaltung. Wie er Citrine während einer gemeinsamen Reise zu einem Treffen des IGB in Berlin 1931 pessimistisch berichtete, habe er vor ihm bereits mit vier Generalsekretären des TUC zusammengearbeitet, von denen drei durch einen Schlag- bzw. Herzanfall an den Folgen der Arbeitsüberlastung gestorben seien und der vierte einen Zusammenbruch erlitten habe. Nach dieser Bemerkung, so Citrine weiter, "(...) Bolton ran a calculating eye over me and suggested that a secretary should always have a holiday immediately before the Annual Congress. I felt thoroughly cheered by this conversation!"[155]
Auch bei Walter Milne-Bailey, dem Leiter der Forschungs- und Wirtschaftsabteilung, ist der genaue Geburtstag unbekannt. Er starb am 12. Dezember 1935 im frühen Alter von 44 Jahren und war "(...) almost irreplaceable. He was one of those obscure people who never show themselves in the limelight, but he was a mine of knowledge."[156]
Ihm folgte der junge George Woodcock[157] als erster akademisch ausgebildeter Angestellter des TUC. Mit 13 Jahren hatte Woodcock die Schule verlassen und wie schon sein Vater als Weber in der Baumwolltextilindustrie gearbeitet, bevor er

---

155 Vgl. Citrine, Men and Work, S.339, Zitat ebd.; Allen, Re-organization, S.25 u. Anm.7. Bolton war der zweite besoldete Vollzeit-Funktionär in der Geschichte des Parliamentary Committee. Der erste war 1902 angestellt und nach einem Jahr wieder entlassen worden.

156 Address by Sir Walter Citrine, 1937 (s. Anm.103), S.13. W. Milne-Bailey (1891 o. 1892-1935): 1920-22 Research Officer, Union of Post Office Workers; 1922-26 Research Assistant, Joint Research and Information Department d. TUC u. d. Labour Party; 1926-35 Leiter, Research and Economic Department d. TUC (vgl. TUC-Report 1936, S.237; Clegg, British Trade Unions, Bd.2, S.577). Milne-Bailey publizierte regelmäßig in der von Lothar Erdmann geleiteten Theoriezeitschrift "Die Arbeit" und hatte von allen Angehörigen des TUC-Verwaltungsstabs vermutlich die häufigsten Kontakte zum ADGB. Erdmann beschreibt seinen "englischen Mitarbeiter" anläßlich eines Aufenthalts Milne-Baileys in Deutschland als "Realist" und "Skeptiker", der kein "Doktrinär" oder "einem -Ismus verschriebener Mensch" sei; vgl. HBS-Archiv, Nl. L. Erdmann: Aus Aufzeichnungen von L. Erdmann 1932 und 1933, Eintrag vom 15.12.1932.

157 George Woodcock (1904-79): 1922-27 Angest., Amalgamated Weavers' Association; 1929-33 Student, Ruskin College, später New College, Oxford; 1936-47 Leiter, Research and Economic Department d. TUC; 1947-60 stellvertr. Generalsekr.; 1950-69 Generalsekr.; 1969-71 Vors., Commission on Industrial Relations; 1967 Privy Councillor; vgl. Clegg, British Trade Unions, Bd.3, S.436; Dictionary of National Biography, 1971-80, hrsg. von Lord Blake u. C. S. Nicholls, Oxford 1986, S.922-24.

mit einem der sechs Stipendien, die der TUC jährlich für das Ruskin College in Oxford vergab, ein Studium aufnahm. Nach langjähriger Funktionärstätigkeit beendete er seine gewerkschaftliche Karriere nach dem Zweiten Weltkrieg als Generalsekretär des TUC.
Sein direkter Vorgänger in diesem Amt war der nur sechs Jahre ältere Vincent Tewson[158], unter Citrine zunächst Leiter der Organisationsabteilung, dann seit 1931 stellvertretender Generalsekretär des TUC. Er ist, Citrine eingeschlossen, der einzige unter den Angestellten des TUC, bei dem eine aktive Kriegsteilnahme nachgewiesen werden kann[159].
Wenn man aus den wenigen vorhandenen Daten überhaupt Schlußfolgerungen ziehen will, dann waren die Angestellten im TUC in den dreißiger Jahren - ebenso wie im ADGB - vermutlich zehn bis zwanzig Jahre jünger als die Mehrheit der Vorstandsmitglieder. Citrine, Milne-Bailey und Tewson gehörten der dritten, Woodcock der vierten Funktionärsgeneration an. Anders als in Deutschland blieb jedoch im TUC das autodidaktische Element sehr stark ausgeprägt. Bevin hatte bereits mit 11 Jahren die Schule verlassen, Citrine mit 12 und Tewson mit 14 Jahren. Woodcock sowie ein ihm unterstellter Mitarbeiter und Student des Ruskin College, nach Citrines Angaben ein ehemaliger Bergarbeiter[160], waren in den dreißiger Jahren vermutlich die einzigen Hochschulabsolventen in der TUC-Administration. Beide waren ursprünglich Arbeiter, die ihren Abschluß erst über den zweiten Bildungsweg erreichten. Dagegen hat Brunner gezeigt, daß sich unter den Angestellten der dritten Generation im ADGB-Bundesbüro allein sechs Akademiker befanden, die alle aus bürgerlichem Hause stammten und vor ihrer Anstellung kaum engere Berührung mit der Gewerkschaftsbewegung hatten[161].
Zusammenfassend lassen sich also unter den Funktionären in beiden Gewerkschaftszentralen hinsichtlich Amtsdauer und -kontinuität starke Übereinstimmungen feststellen, die einen politischen Immobilismus auf beiden Seiten erwarten lassen. Dagegen sind auf britischer Seite die Kriterien der bürgerlichen

---

158 Sir (Harold) Vincent Tewson (1898-1981): ca. 1912-16 Angest. ("office boy"), Amalgamated Society of Dyers (später Dyers', Bleachers' and Textile Workers' Union); 1916 Eintritt in d. Armee; nach Demobilisierung erneut Angest., Dyers' Union; 1926-31 Leiter, Organisation Department d. TUC; 1931-46 stellvertr. Generalsekr.; 1946-60 Generalsekr; vgl. Dictionary of National Biography, 1881-85, hrsg. von Lord Blake u. C. S. Nicholls, Oxford 1990, S.390 f.

159 Auch Bevin erlebte den Ersten Weltkrieg nicht als Soldat, sondern ging von seinem Wohnort Bristol aus seinen sich kontinuierlich erweiternden Aufgaben als Gewerkschaftsfunktionär nach; vgl. Bullock, Ernest Bevin, S.44-88.

160 Vgl. Address by Sir Walter Citrine, 1937 (s. Anm.103), S.13.

161 Vgl. Bunner, Bürokratie und Politik, S.158.

Herkunft, universitären Ausbildung und Kriegserfahrung weniger ausgeprägt oder gar nicht vorhanden, die in Deutschland möglicherweise die wachsende Entfremdung von Führung und Basis, die zunehmende Distanzierung des ADGB von der Sozialdemokratie in der Weltwirtschaftskrise und seine unentschlossene Haltung gegenüber dem aufkommenden Nationalsozialismus erklären. Somit waren wahrscheinlich die "moderneren" Organisationsstrukturen des ADGB, verbunden mit offensichtlichen Führungsschwächen der älteren Gewerkschaftsführer, und nicht Überalterung und dogmatischer Immobilismus für die Hilflosigkeit des gewerkschaftlichen Dachverbandes im Angesicht der langsamen Zerstörung der Weimarer Republik verantwortlich.

3. Die Gewerkschaften im politischen System

a) Ideologische Wurzeln, parteipolitische Bindungen und das Verhältnis zum Staat

Nicht nur Mitgliederentwicklung und Organisationsstrukturen begrenzten die Handlungsspielräume der deutschen und britischen Gewerkschaftsbewegung in der Weltwirtschaftskrise. Ideologische Traditionen beeinflußten darüber hinaus die politischen Entscheidungen beider Verbände, wirkten in ihrem Verhältnis zur SPD und zur Labour Party nach und bestimmten maßgeblich die gewerkschaftliche Stellung im staatlichen Parteien- und Verwaltungsapparat.
In Deutschland bildeten sich die ersten Gewerkvereine in den Jahren des Vormärz und der Revolution von 1848/49[162]. Wie die Chartistenbewegung, die ihre Aktivitäten zur gleichen Zeit in Großbritannien entfaltete, verfolgten sie nicht nur wirtschaftliche, sondern bereits auch politische Ziele. Nach ihrer fast vollständigen Zerstörung in der nachrevolutionären Repressionsphase vollzog sich dann jedoch - im Kontrast zu anderen europäischen Ländern, darunter auch den britischen Inseln – zeitgleich die Herausbildung einer unabhängigen politischen Arbeiterpartei und der erneute Aufschwung und eigentliche Beginn der deutschen Gewerkschaftsbewegung. Die sich entwickelnden Gewerkschaften wurden schnell zu einem wichtigen Rekrutierungsfeld der politischen Arbeiterbewegung, die durch die Gründung des Allgemeinen Deutschen Arbeitervereins unter Führung Ferdinand Lassalles 1863 und der Sozialdemokratischen Arbeiterpartei August Bebels 1869 entstanden war. Von Beginn an befanden sich die jungen Gewerkschaftsorganisationen daher unter dem Einfluß der Theorien von Marx, Engels und Lassalle. Zünftische Traditionen und bestehende liberale Bindungen konnten unter der Ägide der Partei nur in geringem Maße beibehalten, neue oder andere ideologische Strömungen kaum integriert werden. Stattdessen leistete die Anbindung der

---

162 Neben den historischen Überblicksdarstellungen zur Geschichte der deutschen Gewerkschaftsbewegung vgl. zum folgenden insbesondere Hans Mommsen, The Free Trade Unions and Social Democracy in Imperial Germany, in: Mommsen u. Husung (Hg.), Development of Trade Unionism, S.371-89; John Breuilly, Liberalismus oder Sozialdemokratie? Ein Vergleich der britischen und deutschen politischen Arbeiterbewegung zwischen 1850 und 1875, in: Jürgen Kocka (Hg.), Europäische Arbeiterbewegungen im 19. Jahrhundert. Deutschland, Östereich, England und Frankreich im Vergleich, Göttingen 1983, S.129-66; Jochen Langkau, Hans Matthöfer u. Michael Schneider (Hg.), SPD und Gewerkschaften, Bd.1: Zur Geschichte eines Bündnisses (Darstellung und Dokumentation v. M. Schneider), Bonn 1994, S.13-51; Heinrich Potthoff, Freie Gewerkschaften und sozialistische Parteien in Deutschland, in: AfS 26 (1986), S.49-85; Skrzypczak, Gewerkschaften und Parteien; Hans-Josef Steinberg, Die Entwicklung des Verhältnisses von Gewerkschaften und Sozialdemokratie bis zum Ausbruch des Ersten Weltkrieges, in: Vetter (Hg.), Vom Sozialistengesetz, S.121-34.

Berufsorganisationen an die sozialdemokratische Bewegung der Bildung von Richtungsgewerkschaften weiteren Vorschub, deren Hauptursache freilich in der konfessionellen Spaltung Deutschlands und den daraus resultierenden politischen Parteiverhältnissen begründet lag.
Auf dem Gothaer Einigungsparteitag von 1875 zur Sozialistischen Arbeiterpartei Deutschlands, die sich 1891 in Sozialdemokratische Partei Deutschlands (SPD) umbenannte, wurde zwar die in Lassalles Theorien enthaltene antigewerkschaftliche Orientierung fallengelassen, jedoch galten die Gewerkschaften weiterhin lediglich als die "Vorschule" bzw. der Transmissionsriemen der Partei. Insbesondere in der zweiten Hälfte der 1890er Jahre setzte sich in den Gewerkschaften aber langsam ein stärkeres Selbstbewußtsein durch, das bereits in der Gründung der Generalkommission 1890 zum Ausdruck kam. Unter dem Einfluß neuer, nüchtern und pragmatisch denkender Führer, die im Durchschnitt beträchtlich jünger waren als die Parteiführung, wandten sie sich zunehmend gegen die ideologische Prämisse der Sozialdemokratie vom bevorstehenden Zusammenbruch des kapitalistischen Systems und zeigten sich bereit, neben der ökonomischen Interessenvertretung der Arbeiter auch in der Sozialpolitik aktiv tätig zu werden.
Aber erst nach der Massenstreikdebatte, die der Parteiführung die Unmöglichkeit politischer Streiks ohne die Zustimmung der mitgliederreichen Gewerkschaftsverbände deutlich bewußt werden ließ, änderte sich das Verhältnis von Partei und Gewerkschaften durch das Mannheimer Abkommen von 1906 grundlegend. Das Abkommen erkannte die Gleichberechtigung beider Säulen der Arbeiterbewegung an. Bleibendes Erbe der dominanten Stellung der Partei und der frühen Festlegung auf die sozialistische Theorie war jedoch die in der SPD wie bei den Gewerkschaften zu findende Unfähigkeit, inner- und außerverbandliche Oppositionsströmungen integrieren zu können. So führten die institutionalisierte Zusammenarbeit mit den Unternehmern in der Zentralarbeitsgemeinschaft (ZAG) seit November 1918 und die Abblockung der Sozialisierungsbestrebungen im Ruhrbergbau zu einer tiefgreifenden Entfremdung breiter Gruppen der Industriearbeiterschaft von der MSPD und den Gewerkschaften[163], die bis zum Untergang der Republik nicht wieder rückgängig gemacht werden konnte. Die Flügelbildung in den Gewerkschaften vollzog die Spaltung der SPD, später auch der USPD nach und ließ den Kampf gegen kommunistische Unterwanderungs- oder Abspaltungsversuche zu einem gewerkschaftlichen Dauerproblem werden. Eine weitere Hinterlassenschaft ihrer Entstehungsgeschichte war die starke Orientierung der Gewerkschaften auf den politisch-parlamentarischen Weg und einen Staat, der, wenn die Arbeiterbewegung einst eine Mehrheit errungen hätte, das kollektive, über den sektionalen gesellschaftlichen Interessen stehende Allgemeinwohl verkörpern würde[164]. In charakteristischer Weise für die deutsche philosophische

---

163 Vgl. Mommsen, Sozialdemokratie und Freie Gewerkschaften, S.205 f., u. oben, S.193 f.

164 Vgl. Brunner, Bürokratie und Politik, S.256 f.

Tradition griffen die Gewerkschaften die auf Hegel zurückgehende Überhöhung des Staates und dessen Trennung von den gesellschaftlichen Partikularinteressen auf und paßten sie an die sozialistische Konzeption des bürgerlichen Klassenstaates an[165]. Die mit der SPD geteilten Erfahrungen der Repression unter dem Sozialistengesetz, gepaart mit sozialpolitischen Interventionen des wilhelminischen Obrigkeitsstaates zugunsten der Arbeiter, trugen dazu wesentlich bei. Sie äußerten sich in übertriebenem Legalismus (um weiteren Ausnahmegesetzen die Grundlage zu entziehen) sowie dem gewerkschaftlichen Bedürfnis, den Ruf des "vaterlandslosen Gesellen" abzuschütteln und sich als staatstragende Organisationen zu beweisen. Staatsbejahung und ein mangelndes Vertrauen in die freie Auseinandersetzung der wirtschaftlichen und sozialen Interessengruppen gingen in der deutschen Arbeiterbewegung Hand in Hand. In der Weimarer Republik schlugen sie sich in einer hohen Bereitschaft der Gewerkschaften nieder, in Krisensituationen, in denen sie in die Defensive gerieten und alte Ängste hochstiegen, staatliche Eingriffe in die Arbeitsbeziehungen hinzunehmen. Auf der anderen Seite sollte jedoch sowohl der Einfluß des Sozialistengesetzes als auch die Verankerung sozialistischer Theorien in der deutschen Arbeiterbewegung während des Kaiserreichs nicht überschätzt werden: "Die Integration des Mittelstandes in eine Ordnung, in der seine Ziele noch nicht erreicht worden waren, drängte die Arbeiterklasse an die vorderste Front im Kampf um demokratische Rechte und Freiheiten gegen einen aristokratischen und kapitalistischen Staat. Die Sanktionen, denen sie dabei ausgesetzt war, verliehen ihren Ideen und Handlungen einen revolutionären Anstrich, der nicht ganz den unmittelbaren Aufgaben entsprach, die die Geschichte auf die Tagesordnung gesetzt hatte. So kam die Arbeiterbewegung dazu, im wesentlichen liberale, demokratische Ziele mit der Phraseologie der sozialistischen Theorie anzustreben."[166] Als diese Ziele mit der Entstehung der Weimarer Republik weitgehend verwirklicht waren, gab es daher keinen Grund mehr, eine systemfeindliche Einstellung beizubehalten. Der fortbestehende Konflikt zwischen sozialistischer Theorie und reformistischer Praxis bildete allerdings eine Schwäche, die in der deutschen Arbeiterbewegung sicherlich stärker ausgeprägt war als in der britischen.

Seit dem Ersten Weltkrieg präjudizierten die Gewerkschaften mehr und mehr die politischen Entscheidungen der sozialdemokratischen Arbeiterbewegung: zunächst

---

165 Aus seiner kritischen Haltung zum Liberalismus heraus hatte schon Hegel mit der Kategorie der "bürgerlichen Gesellschaft" ein Verbindungsglied zwischen Individuum und Staat eingefügt. Innerhalb der bürgerlichen Gesellschaft war es dann Aufgabe der Korporationen (bzw. Verbände), den zur Verwirklichung der allgemeinen gesellschaftlichen Ziele notwendigen Zusammenhalt zu schaffen; vgl. Abelshauser, Freiheitlicher Korporatismus, S.153 f.

166 Walter Kendall, Gewerkschaften in Europa, Hamburg 1977, S.96.

indem sie noch vor der SPD-Reichstagsfraktion den Entschluß zum Burgfrieden faßten, später mit dem Stinnes-Legien Abkommen, das den politischen Kompromiß mit den Vertretern der überkommenen Machtstrukturen auf wirtschaftlicher Ebene vorwegnahm. Auf ihrem ersten Nachkriegskongreß von 1919 wurde daher folgerichtig das Mannheimer Abkommen aufgehoben und die politische Neutralität der Freien Gewerkschaften postuliert. Der Aufbau eines umfassenden Verwaltungsapparats und die wachsende Einbindung der Gewerkschaften in sozialstaatliche Aufgaben hatten administrative und organisationsorientierte Erwägungen endgültig Vorrang vor den ideologischen Prämissen gewinnen lassen. Wie im TUC ergaben sich daher auch im ADGB Mitte der zwanziger Jahre Bestrebungen, die gewerkschaftliche Seite der Arbeiterbewegung gegenüber der politischen zu stärken. So diskutierte der ADGB-Bundeskongreß von 1925 in Breslau sogar den Vorschlag der Vergewerkschaftung der Partei durch einen korporativen Anschluß an die SPD nach englischem Vorbild[167]. Die SPD besaß für die Freien Gewerkschaften in der Weimarer Republik zwar weiterhin ihre Bedeutung als politisches Artikulationsorgan und Instrument zur Durchsetzung ihrer Forderungen. Diese zielten aber nunmehr eindeutig auf die graduelle Umgestaltung des wirtschaftlichen Systems mit parlamentarischen Mitteln ab, wenngleich die Hoffnung auf eine vollständige Transformation als sozialistisches Endziel, wie auch beim TUC, nicht aufgegeben wurde. Im Verlauf der wirtschaftlichen Krise und der Deformation des politischen Systems verlor die Partei jedoch ihren Wert als politischer Arm der Gewerkschaften. Gleichzeitig gewann die staatliche Exekutive mehr und mehr an Gewicht, bis der Entfremdungsprozeß zwischen SPD und Gewerkschaften schließlich in einer "Bankrotterklärung" des ADGB an die neuen nationalsozialistischen Machthaber kulminierte.

Heinrich Potthoff hat in diesem Kontext darauf hingewiesen, daß die funktionalen Verschiedenheiten Freie Gewerkschaften und Sozialdemokratie auseinandertrieben, während die ideologisch-programmatischen Gemeinsamkeiten nicht mehr ausreichten, um das Auseinanderdriften aufzuhalten[168]. Der TUC hatte als soziale Interessenvertretung größere Handlungsspielräume, weil die Labour Party weit stärker als die SPD eine Gewerkschaftspartei war.

---

[167] Vgl. Potthoff, Freie Gewerkschaften und sozialistische Parteien, S.76; ders., Freie Gewerkschaften, S.228; Siegfried Bahne, Das Verhältnis zwischen SPD und ADGB in der Weimarer Republik, in: Hermann W. von der Dunk u. Horst Lademacher (Hg.), Auf dem Weg zum modernen Parteienstaat. Zur Entstehung, Organisation und Struktur politischer Parteien in Deutschland und den Niederlanden, Melsungen 1986, S.165-71, hier S.166.

[168] Vgl. ders., Freie Gewerkschaften und sozialistische Parteien, S.81 f.

Erste Gewerkschaftsgründungen lassen sich im Vereinigten Königreich bis weit ins 18. Jahrhundert zurückverfolgen. Während der Koalitionskriege mit Frankreich, als die Ideen der Französischen Revolution auch die britische Arbeiterschaft zu erfassen drohten, wurden sie mit den Combination Acts von 1799 und 1800 für illegal erklärt. Wie das spätere deutsche Ausnahmegesetz von 1878 verhinderten auch die Combination Acts, die allerdings gleichermaßen für die Arbeitgeber galten, nicht das kontinuierliche Anwachsen der gewerkschaftlichen Zusammenschlüsse. Auf die Rücknahme des Koalitionsverbots im Jahre 1824 folgten sofort eine heftige Streikwelle und die Gründung zahlreicher neuer Organisationen. Gleichzeitig bekannten sich viele Gewerkschaften, die vorher unter dem gesetzlich erlaubten Deckmantel einer Unterstützungsgesellschaft ("friendly society") existiert hatten, nun öffentlich zu ihrer eigentlichen Funktion. Bereits 1868 schlossen sich einige Gewerkschaften zu einem Dachverband, dem Trades Union Congress (TUC), zusammen, der sich schnell zu einem nützlichen Verbindungsglied zwischen den Verbänden und den parlamentarischen Abgeordneten entwickelte. Zwischen 1860 und 1880 formierte sich die britische Gewerkschaftsbewegung zu einer parlamentarischen "pressure group", die zur Durchsetzung ihrer politischen Forderungen vornehmlich die Unterstützung der Liberalen suchte. 1874 wurden zwei Gewerkschafter, beide Bergarbeiter, als liberale Abgeordnete ins Parlament gewählt - die ersten von zahlreichen weiteren "Lib-Labs", wie sie später getauft wurden. Obwohl also auch die britischen Arbeiter immer wieder mit politischen Fragen in Berührung kamen, gründeten sie, anders als ihre deutschen Kollegen, keine Partei, sondern setzten die Zusammenarbeit mit den Liberalen fort[169]. Gleichzeitig wurde die organisatorische Entwicklung der britischen Gewerkschaften seitdem nie mehr völlig unterbrochen und verlief, trotz einiger gesetzlicher Repressalien, im großen und ganzen ungestört. So konnten die ideologischen Einflüsse, denen sie unterworfen waren, in kontinuierlicher, evolutionärer Weise von einem gesellschaftlichen Entwicklungsstadium in das nächste transportiert, dabei transformiert und zu einer vielschichtigen Weltanschauung verschmolzen werden. Hinsichtlich der im TUC vertretenen ideologischen Strömungen lassen sich aber zumindest drei gleichberechtigte Hauptstränge unterscheiden. Während der eine den liberal-individualistischen Traditionen des britischen Dachverbandes entstammt, enthalten die beiden anderen einen kollektivistischen Ansatz, der durch die Sozialisten und Syndikalisten in die Gewerkschaftsbewegung eingebracht wurde.

---

169 Die Gründe für diese Entwicklung können hier nicht diskutiert werden; vgl. Breuilly, Liberalismus oder Sozialdemokratie?; Ross McKibbin, Why was there no Marxism in Great Britain?, in: EHR 99 (1984), S.297-331; Sidney Pollard, England: Der unrevolutionäre Pionier, in: Kocka (Hg.), Europäische Arbeiterbewegungen, S.21-38; in weiterem Kontext auch Geoff Eley, Liberalismus 1860-1914. Deutschland und Großbritannien im Vergleich, in: Dieter Langewiesche (Hg.), Liberalismus im 19. Jahrhundert. Deutschland im europäischen Vergleich, Göttingen 1988, S.260-76.

Dem liberalen Gedankengut entsprang die Forderung nach möglichst geringen staatlichen Eingriffen in die Wirtschaft sowie auch eine zünftische Traditionen auf industrieller Ebene fortsetzende Betonung der Arbeiterselbsthilfe durch den Zusammenschluß zu berufsspezifischen Unterstützungsvereinen. Kennzeichnend dafür waren ein berufsständisch (nicht marxistisch) geprägtes Selbstwertgefühl als Arbeiter"klasse" und der Sektionalismus vieler Mitgliedsverbände des TUC. Über allgemeine gesetzliche Garantien, wie Versammlungsfreiheit und Streikrecht, hinaus verlangten sie dabei wenig von den Vertretern des politischen Systems. Eine "Aristokratie" handwerklich orientierter, hochqualifizierter Facharbeiter knüpfte mit diesen Vorstellungen in der zweiten Hälfte des 19. Jahrhunderts an vorindustrielle Werte an und entwickelte sie unter den Bedingungen einer liberal-kapitalistischen Wirtschaftsordnung weiter. In der Forschung wurde daher die Auffassung vertreten, daß die britische Gewerkschaftsbewegung neben oder trotz ihrer liberalen Ausrichtung bis heute von einem tiefsitzenden Zunftgeist geprägt sei, der sie von den kontinentalen Gewerkschaften unterscheide[170]. Infolge dieser Traditionen habe sich ein intensives Zusammengehörigkeitsgefühl der Gewerkschaftsmitglieder und eine tiefe Verankerung der Gewerkschaftsführung in der Basis entwickelt. Die im Vergleich mit anderen Ländern überaus starke Identifikation der britischen Arbeiter mit ihrer Gewerkschaft, das tiefe Gemeinschaftsgefühl der gewerkschaftlich Organisierten und ihre Bereitschaft, für ihre besondere Gemeinschaft zu kämpfen, sei ein hervorstechender Zug einer Gesellschaft, "(...) die von ihrer mittelalterlichen Vergangenheit nicht durch eine soziale Revolution getrennt ist, einer Umwelt, die einen Jean Jacques Rousseau nicht hätte hervorbringen können."[171]

Gegen Ende des 19. Jahrhunderts fanden in der Phase des "new unionism" jedoch auch kollektivistische Vorstellungen Eingang in die britische Gewerkschaftsbewegung. Sie enthielten eine Abkehr von der Arbeiterselbsthilfe, die sich vor dem Hintergrund steigender Arbeitslosigkeit in der Phase der "Großen Depression", einer intensiveren Nutzung der Arbeitskraft durch neue Produktionsmethoden und zunehmender sozialer Armut in den Städten als unzureichend

---

170 Vgl. Otto Kahn-Freund, Arbeitsbeziehungen. Erbe und Anpassung. Vorträge, gehalten in der Britischen Akademie am 27. und 30. November und am 4. Dezember 1978, Baden-Baden 1981, S.50. Zu Umformung und Fortbestand zünftischer Traditionen unter kapitalistischen Bedingungen in der Frühphase der deutschen Gewerkschaftsbewegung vgl. Klaus Schönhoven, Die deutschen Gewerkschaften, Frankfurt/M. 1987, S.18-28, 55.

171 Kahn-Freund, Arbeitsbeziehungen, S.43; vgl. auch Fox, History and Heritage, S.63-67. Für eine gegensätzliche Sichtweise vgl. Werner Abelshauser, Neuer Most in alten Schläuchen? Vorindustrielle Traditionen deutscher Wirtschaftsordnung im Vergleich mit England, in: Dietmar Petzina u. Jürgen Reulecke (Hg.), Bevölkerung, Wirtschaft, Gesellschaft seit der Industrialisierung. Festschr. f. Wolfgang Köllmann zum 65. Geburtstag, Dortmund usw. 1990, S.117-32.

erwies. Im Zuge des "new unionism" entstand ein neuer Gewerkschaftstypus, die "general unions" mit einem hohen Anteil ungelernter, niedrig bezahlter Arbeiter, deren Führer meist jünger, militanter und daher auch empfänglicher für sozialistische und syndikalistische Theorien waren als die etablierten Funktionäre der alten "craft unions". Darüber hinaus waren ihre Organisationen von geringerer Kampfkraft und daher der Wirtschaftskrise weniger gewachsen als die Berufsverbände. Im Gegensatz zu den Repräsentanten der "Arbeiteraristokratie" betonten die Sozialisten daher die gemeinsamen Interessen der Arbeiter als Klasse und die Verantwortung der Gesamtgesellschaft für ihre schwächsten Mitglieder. Ihre Vertreter zeichneten für Forderungen nach mehr Staatsinterventionismus verantwortlich, wie die gesetzliche Einführung von Mindestlöhnen oder die Verstaatlichung der gesellschaftlich wichtigsten Rohstoffe, Produktionsmittel und Dienstleistungen und des Grund und Bodens. Bei der politischen Durchsetzung arbeiteten sie mit den sozialistischen Organisationen zusammen, sofern sie nicht selbst Mitglied waren: "The socialists argued that a new order could be constructed by dispossessing the employers through political action, whether revolutionary or parliamentary, in which planned collective control would look after the needs of everyone (...). Meanwhile trade unions might be able to achieve something, but working men and women should not put their hopes and efforts primarily into industrial action."[172]
Kurz vor dem Ersten Weltkrieg gewann ein weiteres theoretisches Modell, der Syndikalismus, einigen Einfluß auf die britische Arbeiterbewegung. Wie die Sozialisten strebte er die Aufhebung der liberal-kapitalistischen Wirtschaftsordnung an - im Gegensatz zu diesen jedoch nicht auf parlamentarischem Weg, sondern durch "direkte Aktionen" der Arbeiter in Form politischer Streiks. Der Staat wurde von den Syndikalisten nicht als grundsätzlich freundlich oder zumindest neutral gesinnt eingeschätzt. Sie setzten ihre Hoffnung wieder stärker auf die eigenen, gewerkschaftlichen Organisationen. Nach dem Krieg wurde der Syndikalismus durch den Gildensozialismus ergänzt, dessen bekanntester Protagonist der Labour Party-Theoretiker G. D. H. Cole war. In einer Kombination syndikalistischer und sozialistischer Vorstellungen propagierten die Gildensozialisten die Bildung nationaler Gilden, die aus den Gewerkschaften entstehen und jeweils alle Beschäftigten einer Industriebranche umfassen sollten. In einem reorganisierten, sozialistischen Staat sollten diese Körperschaften dann die direkte Kontrolle und Leitung der betreffenden Industrien übernehmen[173]. Dagegen

---

172 Clegg, British Trade Unions, Bd.2, S.461 f.

173 Vgl. Cole, British Working-Class Movement, S.325. Nicht nur in ihrer liberalen Ausrichtung auf die Arbeiterselbsthilfe, sondern auch in der starken Affinität zu syndikalistischen bzw. gildensozialistischen Theorien entwickelte die britische Gewerkschaftsbewegung somit ihre zünftischen Traditionen auf ganz unterschiedliche Weise unter den Bedingungen des kapitalistischen Wirtschaftssystems weiter.

verstanden die Sozialisten unter der Verstaatlichung von Industriezweigen lediglich einen Wechsel des Eigentümers, nicht aber des Managements, bzw. den Austausch der bisherigen privaten Unternehmensführung durch staatlich ernannte Fachleute. "Workers' Control" wurde daher zu einem Streitpunkt in den programmatischen Diskussionen der britischen Arbeiterbewegung zwischen 1931/32 und 1937.

Zu den sozialistischen Organisationen, die sich den Gewerkschaften als mögliche Bündnispartner anboten, gehörte die 1883 gegründete Fellowship of the New Life, die 1884 in Fabian Society umbenannt wurde und niemals mehr als wenige hundert bürgerliche Intellektuelle umfaßte. Die "Fabians" strebten eine langsame und graduelle gesellschaftliche Umgestaltung auf der Basis und durch die Nutzung der Erkenntnisse der neu entstandenen Sozialwissenschaften an. Nichtkonstitutionelle, außerparlamentarische Vorgehensweisen lehnten sie ab. Auch die 1883 gebildete, marxistisch orientierte Social Democratic Feferation (SDF) wollte trotz ihres revolutionären Anspruchs die Durchsetzung ihrer Forderungen nach allgemeinem Wahlrecht, Verstaatlichung und besseren Lebens- und Arbeitsbedingungen auf parlamentarischem Wege erreichen. Zur Entsendung von Arbeitervertretern ins Parlament war 1893 auch die reformsozialistische Independent Labour Party (ILP) entstanden, die den Arbeitern am ehesten eine Alternative zur Liberalen Partei bot und sowohl Elemente des Marxismus als auch des christlichen Sozialismus vertrat. Der Führer der ILP - James Keir Hardie, ein junger schottischer Bergarbeiter und typischer Vertreter des "new unionism" - war es auch, der die Gewerkschaften am stärksten zur Gründung einer gemeinsamen Arbeiterpartei drängte, welche die parlamentarische Vertretung von Arbeiterinteressen eher gewährleisten konnte als die kleine ILP[174].

Wie in Deutschland sollte jedoch erst recht in Großbritannien der Rückhalt der Sozialisten und der Einfluß ihrer Theorien in den Gewerkschaften nicht zu hoch angesetzt werden. Zwischen den Auffassungen vieler Gewerkschaftsfunktionäre und den Liberalen gab es, so Henry Pelling, weiterhin starke Übereinstimmungen, darüber hinaus kennzeichneten Pragmatismus und ein tiefes Mißtrauen gegenüber den "Mittelstandssozialisten" die meisten britischen Gewerkschaftsmitglieder. "Out and out dogmatic Marxism of the S.D.F. type was very much a minority creed in Britain; and the moderate Socialism of a rather larger proportion of

---

[174] Vgl. Pelling, British Trade Unionism, S.104 f., 111-115; ders., History of the Labour Party, S.4. Schon 1888 hatte Hardie die Scottish Labour Party gegründet; vgl. Keith Burgess, The Challenge of Labour. Shaping British Society 1850-1930, London 1980, S.70. Zu den ideologischen Komponenten der britischen Arbeiterbewegung vgl. Ian Taylor, Ideology and Policy, in: Cook u. Taylor (Hg.), Labour Party, S.1-31; Checkland, British Public Policy, S.347-52.

unionists did not prevent their unions from adopting highly conservative policies on many issues."[175]

Ein Beispiel für diese zwiespältige Haltung war die Miners` Federation of Great Britain. Einerseits wurde sie 1889 im Zuge des "new unionism" gegründet, andererseits stellte der Verband einen Zusammenschluß von alten, regionalen Bergarbeitergewerkschaften mit starken liberalen Traditionen dar. Die Miners` Federation war daher weder eindeutig dem rechten noch dem linken Gewerkschaftsflügel zuzuordnen, obwohl sie in den dreißiger Jahren überwiegend auf dem letzteren zu finden war. Gehörte auf der einen Seite die Verstaatlichung des Bergbaus zu ihren Forderungen, so sprach sie sich andererseits während der Regierungszeit der Labour Party 1929 bis 1931 strikt gegen jede Abkehr von Freihandel und Goldstandard aus[176]. Auch Ernest Bevin verkörperte mit seinen Positionen die widersprüchlichen ideologischen Wurzeln der britischen Arbeiterbewegung. Auf der einen Seite war er der Meinung, daß die wirtschaftlichen Probleme des Landes am besten von denen geregelt werden sollten, die es direkt anging, also von Arbeitgebern und Gewerkschaften. Auf der anderen Seite war er maßgeblich an der Erarbeitung von Maßnahmen für ein staatlich geplantes und gelenktes Wirtschaftssystem im Rahmen der programmatischen Rekonsolidierung der Labour Party ab 1931/32 beteiligt. Einerseits konnte der Gewerkschaftsführer durchaus militant sein, wie im Jahr 1926, als er die organisatorische Durchführung des Generalstreiks weitgehend in seine Hände nahm, andererseits setzte Bevin sich für intensivere Konsultationen und Zusammenarbeit zwischen Gewerkschaften, Unternehmerverbänden und Staat ein, um das gewerkschaftliche Mitsprache- und Mitbestimmungsrecht auf allen Ebenen auszubauen[177]. In der Forschung wurde diese, die britischen Gewerkschaften kennzeichnende, Verschmelzung unterschiedlicher ideologischer Ansätze recht wage als ein "obscure concept of 'voluntarism'" definiert, das gekennzeichnet sei durch "(...) a relative low profile for the Government in industrial relations, but a relatively interventionist role for the Government in other areas of the economy and society. (...) It acts, therefore, as a facade for masking a range of ideological proclivities and trends within the unions."[178]

---

175 Pelling, British Trade Unionism, S.117.

176 Vgl. bspw. den Diskussionsbeitrag von S. O. Davies (MFGB), in: TUC-Report 1930, S.272-74; vgl. auch Andrew J. Taylor, The Miners and Nationalisation, 1931-36, in: IRSH 28 (1983), S.176-99.

177 Vgl. D. F. MacDonald, The State and the Trade Unions, London 1960, S.115 f.; Durbin, New Jerusalems, S.203.

178 Anthony Fenley, Labour and the Trade Unions, in: Cook u. Taylor (Hg.), Labour Party, S.50-81, hier S.50.

Aus staatlicher Sicht war dieses System nicht ohne Mängel und mußte während der Kriegszeiten 1914-18 und 1939-45 zugunsten korporatistischer Regelungen ausgesetzt werden. In starkem Kontrast zum Etatismus der deutschen Gewerkschaften wirkten sich die liberalen Traditionen der britischen Verbände nämlich häufig dahingehend aus, "nationale" ökonomische Interessen begrenzteren, partikularistischen Interessen unterzuordnen[179]. Auf der anderen Seite verwundert es aber nicht, daß es dem TUC deshalb langfristig besser als dem ADGB gelang, die vielfältigen ideologischen Strömungen und politischen Positionen seiner Basis zu integrieren und zu binden. Die 1920 gegründete Communist Party of Great Britain (CPGB) schaffte es in der Zwischenkriegszeit niemals in größerem Umfang, in die gewerkschaftlichen Bastionen einzudringen und eine wirkliche Massenunterstützung zu erhalten. Im Gegenteil bewarb sie sich noch im Jahr ihrer Gründung um die korporative Mitgliedschaft in der Labour Party, was diese allerdings ablehnte. Auch die 1923/24 gegründete Minority Movement, eine der kommunistischen Satellitenorganisationen zur Unterwanderung der Gewerkschaften, war langfristig ein Mißerfolg und wurde daher 1933 aufgelöst: "(...) there was no tradition of 'dual unionism' as existed in some other countries, and any attempt to found unions in rivalry with those already in existence would be regarded as the greatest of sins."[180]

Die mit dem "new unionism" verbundenen Einflüsse und eine Reihe von Rechtsstreitigkeiten in den 1890er Jahren, die mit einem ungünstigen Urteil für die Gewerkschaften endeten, ließen das Vertrauen des TUC in die Fähigkeiten der Liberalen Partei, gewerkschaftliche Interessen durchzusetzen, schwinden und veranlaßten ihn schließlich, die Gründung einer unabhängigen Arbeiterpartei zu unterstützen[181]. Durch den korporativen Zusammenschluß einiger TUC-Mitgliedsverbände mit den "socialist societies" (ILP, Fabian Society und SDF) entstand somit im Jahre 1900 das Labour Representation Committee, das sich 1906 in Labour Party umbenannte. Aus der Synthese verschiedener ideologischer Strömungen trat eine Klassenpartei mit sozialistischen Zielen hervor, die aber niemals eine Partei des Klassenkampfes war. Folgt man der Argumentation Ross McKibbins, dann wurde die Labour Party von einer ausgesprochen klassenbewußten Gewerkschaftsbewegung gegründet, die gerade aufgrund ihres ausgeprägten Selbstwertgefühls den sozialistischen Intellektuellen sehr mißtrauisch gegenüberstand, so daß die Partei eher auf gewerkschaftlichen Werten basierte als

---

179 Darauf hat u.a. Gordon A. Phillips, Britische Gewerkschaften und der Staat, in: Abelshauser (Hg.), Konflikt und Kooperation, S.31-51, hier S.36, hingewiesen.

180 Pelling, British Communist Party, S.26; vgl. ebd., S.10, 12, 25 u. 72.

181 Vgl. zum folgenden Pelling, Labour Party, Kap. I-III, S.1-51. Zur rechtlichen Entwicklung vgl. unten Kap.IV.1.a).

auf entwickelten ideologischen Prinzipien. Das Fehlen einer sozialistischen Ideologie wurde ausgeglichen durch die Betonung der Organisation und des Dienstes an der Organisation: "The result was paradoxical: one of the most highly class-conscious working-classes in the world produced a Party whose appeal was specifically intended to be classless. Accepting the Labour Party meant accepting not socialism but an intricate network of loyalties. In return, the Labour Party accepted its members as long as they understood its disciplines and conventions. MacDonald was rejected in 1931 not because he lost his principles but because he lost his loyalties. This was a trade-union code of behaviour; so were the political aims of the Labour Party essentially trade-union ones."[182]

b) Organisatorische und parlamentarische Einflußmöglichkeiten auf parteipolitischer Ebene

Aus der unterschiedlichen Entstehungsgeschichte der deutschen und britischen Gewerkschaftsbewegung ergaben sich spezifische Einflußmöglichkeiten beider Organisationen auf die jeweilige Schwesterpartei und ihrer Fraktion im Parlament. Bis 1918 verfügte die junge Labour Party weder über einen national flächendeckenden Parteiapparat in den Wahlkreisen (in den Bergbauregionen wurde den Gewerkschaften die Führung des Wahlkampfs nach eigenem Gutdünken überlassen), noch über ein ausgearbeitetes politisches Programm. Ihr einziges Ziel war die materielle und ideelle Unterstützung eigener Kandidaten bei den Parlamentswahlen. Erst im Juni 1918 wurde mit "Labour and the New Social Order" das erste, von Sidney Webb, dem führenden Vertreter der Fabian Society, entworfene Parteiprogramm angenommen. Wenige Monate zuvor, im Februar 1918, hatte die Partei bereits eine neue, ebenfalls maßgeblich durch Webbs Mitarbeit entstandene Satzung verabschiedet. Diese verankerte mit der berühmt-berüchtigten Klausel IV (Abs.4) die Vergesellschaftung der Produktionsmittel als eines der langfristigen politischen Ziele in der Labour Party und führte die Möglichkeit der individuellen Mitgliedschaft ein. Die weitreichende Macht- und Vorrangstellung, über welche die Gewerkschaften aufgrund des vorherrschenden Prinzips der korporativen Mitgliedschaft verfügten, wurde dadurch jedoch nicht

---

182 Vgl. McKibbin, Evolution of the Labour Party, S.243-47, Zitat S.247; Jay M. Winter, Trade Unions and the Labour Party in Britain, in: Mommsen u. Husung (Hg.), Development of Trade Unionism, S.359-70, diskutiert McKibbins Ergebnisse. G. A. Ritters Einschätzung, in Deutschland sei die Spaltung der politischen Arbeiterbewegung wegen parteiinterner Differenzen in der Haltung zum Ersten Weltkrieg durch die Tradition einer "sehr rigorosen Parteidisziplin" forciert, in Großbritannien dagegen durch ihr Fehlen verhindert worden, entspricht daher m.E. nicht den ideologischen Strukturen in der Labour Party; vgl. ders., Staat, Arbeiterschaft und Arbeiterbewegung in Deutschland, Berlin usw. 1980, S.82.

angetastet. Die "bloc vote" stellte die gewerkschaftliche Mehrheit bei Parteitagsbeschlüssen und Vorstandswahlen - ein gemeinsames Abstimmungsverhalten zumindest der großen Verbände vorausgesetzt - sicher. Aufgrund dieser Regelung erhielten die der Labour Party angeschlossenen nationalen Organisationen eine Stimme für jeweils tausend Mitglieder. So vertraten bspw. auf dem Parteitag von 1931 608 regionale Parteiorganisationen ("Constituency & Central Parties") 297.003 individuelle Mitglieder, 7 "Socialist & Co-operative Societies, etc." stimmten im Namen von 36.847 Mitgliedern ab und 80 Gewerkschaften erhoben die Stimmkarte für 2.024.216 Mitglieder[183]. Die Gewerkschaftsmitglieder waren (und sind) somit auf dreierlei Weise in der Parteiorganisation und über Delegierte auf Parteitagen vertreten: auf nationaler Ebene durch die angeschlossenen Verbände, auf lokaler Ebene durch die Affiliierung ihrer Untergliederungen ("branches") an die lokalen Unterorganisationen der Partei ("Constituency & and Central Labour Parties") und theoretisch auch als individuelle Mitglieder einer lokalen Parteiorganisation oder einer "socialist society". Gewerkschaftsvertreter dominierten auch den Parteivorstand, der sich aus 23 bzw. nach einer Satzungsänderung 1937 aus 25 Personen zusammensetzte. 13 davon waren Repräsentanten der nationalen Mitgliedsorganisationen (12 Gewerkschafter und ein Vertreter der "socialist societies"), fünf (seit 1937 sieben) vertraten die Parteiuntergliederungen bzw. die individuellen Mitglieder und fünf mußten Frauen sein, die von jeder angeschlossenen Organisation nominiert werden konnten. Angehörige des General Council durften jedoch nicht gleichzeitig für den Parteivorstand kandidieren.
Trotz des Mitgliederrückgangs infolge der Trade Disputes and Trade Unions Act lag der Anteil der Parteimitglieder an der TUC-Mitgliedschaft bis 1937 weiterhin bei über 50 % (vgl. Tab.14) und erklärt die starke Verankerung der Labour Party in den traditionellen Gewerkschaftshochburgen bei den allgemeinen Wahlen[184]. Dagegen hat Gerard Braunthal ausgerechnet, daß zwischen 1924 und 1930 nur jedes siebente oder achte Mitglied der freien Gewerkschaften (12 bis 14%) ein SPD-Parteibuch besessen hat[185]. Jedoch stand auch die überwiegende Mehrzahl

183 Die gesamte korporative Mitgliedschaft betrug demnach im Jahre 1931 2.061.063 gegenüber 297.003 individuellen Mitgliedern; vgl. Butler u. Butler, Political Facts, S.151 (Labour Party - Membership Statistics).

184 Umgekehrt war der Anteil der Gewerkschafter an den Parteimitgliedern natürlich aufgrund der korporativen Mitgliedschaft noch beträchtlich höher und lag beispielsweise zwischen 1929 und 1932 bei rd. 86%. Nach Schätzungen gehörten auch etwa zwei Drittel der gesamten SPD-Mitgliedschaft einer Gewerkschaft an; vgl. Braunthal, Der Allgemeine Deutsche Gewerkschaftsbund, S.133 f.

185 Vgl. ebd., S.136. Potthoff, Freie Gewerkschaften und sozialistische Parteien, S.59 f., unterzieht Braunthals Zahlen einer Kritik und setzt den Prozentsatz an SPD-Mitgliedern in den Gewerkschaften - aufgegliedert nach Berufsgruppen - noch wesentlich niedriger an. Danach wiesen die freigewerkschaftlichen Bergarbeiter, in starkem Kontrast zu ihren

der parteilosen Gewerkschafter seiner Ansicht nach der SPD nahe und wählte sie. Dennoch kann man wohl - auch unter Berücksichtigung der neueren Ergebnisse der historischen Wahlforschung - davon ausgehen, daß die Bindung der freigewerkschaftlich organisierten Arbeiterschaft an die SPD weniger stark ausgeprägt war und leichter erodieren konnte als die der TUC-Mitglieder an die Labour Party. Das unterstreicht erneut die Bedeutung der TUC-Verbände für den Erhalt der politischen Stabilität in Großbritannien, denn ein Vertrauenverlust der Gewerkschaftsmitglieder in die politischen Einflußmöglichkeiten ihrer Führer hätte hier im besten Fall zur Unterstützung der Konservativen oder Liberalen, im schlechtesten Fall aber auch zu einer Hinwendung größerer Teile der Arbeiterschaft zu radikalen, politischen Parteien führen können. Der ADGB verfügte in dieser Hinsicht, aufgrund einer anderen entstehungsgeschichtlichen Konstellation, über geringere Handlungsspielräume bzw. innerparteiliche Einflussmöglichkeiten. Die größere Verantwortung bei der Bindung der Arbeiter an die organisierte Arbeiterbewegung kam in Deutschland daher wohl der SPD zu.

Während es die Parteisatzung (Klausel II Abs. 2a) vorschrieb, daß alle angeschlossenen Gewerkschaften entweder Mitgliedsverbände des TUC oder von diesem auf Treu und Glauben als echte Gewerkschaft ("bona fide Trade Union") anerkannt sein mußten, waren umgekehrt nicht alle Mitgliedsverbände des TUC der Labour Party angeschlossen (1931 waren es 80 von 210 Verbänden bzw. 54,4% aller TUC-Mitglieder; vgl. Tab.14). Viele der kleineren TUC-Gewerkschaften konnten oder wollten sich keinen politischen Fonds zur Unterstützung der Partei leisten. Angesichts der geringen Einnahmen aus individuellen Mitgliedsbeiträgen war die Labour Party aber im Gegensatz zur deutschen Sozialdemokratie finanziell weitgehend von den gewerkschaftlichen "affiliation fees" abhängig. Die Mitgliedsbeiträge und finanzielle Unterstützung gewerkschaftlicher Kandidaten im Wahlkampf stellten daher einen weiteren gewichtigen Faktor dar, mit dem die großen Verbände des TUC auf die Politik der Labour Party Einfluß nahmen[186]. Deutlicher als der alte, linksgerichtete Veteran des "new unionism" Ben Tillett (Transport and General Workers' Union) in seinem Grußwort als TUC-Vertreter auf dem Parteitag im Oktober 1929 konnte man dies wohl - kurz nach dem Antritt der zweiten Labour-Regierung - kaum formulieren: "Mr. Chairman and comrades, we are very proud of you because we find nine-tenths of your sinews of war - therefore we

---

britischen Kollegen, mit 10% SPD-Mitgliedern nur eine geringe, der AfA-Bund mit 25% hingegen die stärkste parteipolitische Bindung auf.

186 G. D. H. Cole berichtet für die Zeit nach 1945, daß nahezu alle Gewerkschaften bei den Beitragszahlungen an die Labour Party nicht ihre volle TUC-Mitgliedschaft zugrundelegten. Lediglich die linksgerichteten Bergarbeiter bezahlten 1952 höhere Beiträge an die Partei als an den TUC; vgl. ders., An Introduction to Trade Unionism, London 1953, S.184 f.

ought to be very proud of you. Those who pay the piper want to call the tune. (...) We want reciprocity, and I want to say to the purely professional politician that there are some things - I am not speaking in a carping spirit - there are some things we shall not allow him to do. (...) I know that there is a talk about if you join the Labour Party and pay 1s. a year, there you are, the road to Canaan, hip, hip, hooray! I want to say on behalf of the General Council that you cannot have a decent revolution for a farthing a week! It is quite impossible, and you will not get a decent Labour Party long if you depend upon that [die individuellen Mitgliedsbeiträge; C.K.]."[187]
Auch der ADGB unterstützte die SPD 1930 mit einer Wahlkampfspende in Höhe von 1 Million Mark. Das war jedoch eine Ausnahmezahlung, die sich in diesem Umfang bei den Reichstagswahlen im Juli und November 1932 nicht wiederholte. Die Masse der der SPD zur Verfügung stehenden Verwaltungs- und Wahlkampfmittel stammte aus (individuellen) Mitgliedsbeiträgen und Zuweisungen aus dem Parteivermögen[188].
Insgesamt belief sich die Zahl der gewerkschaftlich gesponserten Abgeordneten während der Labour-Regierung von 1929 bis 1931 auf 115 Parlamentarier, die sich als "trade union group" regelmäßig trafen und untereinander abstimmten. Sie stellten damit erstmals in der Parteigeschichte weniger als die Hälfte, nämlich 40%, der Parliamentary Labour Party, gegenüber 44% oder 126 Abgeordneten aus den regionalen Parteiorganisationen, 13% oder 37 Abgeordnete von der ILP und 3% oder 9 Abgeordneten von den Genossenschaften. Bei den Wahlen von 1923, aus denen die erste Labour-Regierung hervorgegangen war, hatte der Anteil der Gewerkschaftsgruppe noch 53%, 1924 sogar 58% betragen, nach dem Wahldebakel von 1931 wuchs er wieder auf 70% bzw. 50,7% (1935) an[189].
Ob durch diese Zahlen ein Bedeutungszuwachs der Partei, also der individuellen Mitglieder, auf Kosten ihrer föderativen Teile reflektiert wurde, wie Skidelsky annimmt, ist allerdings fraglich. 115 gewählte von insgesamt 139 aufgestellten, gewerkschaftlich unterstützten Kandidaten im Jahr 1929 deuten im Gegenteil auf eine hohe Erfolgsquote der Gewerkschaftskandidaten hin, die sich im allgemeinen auf die Stammwählerschaft in den sicheren Wahlkreisen der Partei verlassen

---

187 Labour Party-Report 1929, S.194. Tillett war 1929-31 Abgeordneter der Labour Party und Mitglied des General Council; vgl. Clegg, British Trade Unions, Bd.2, S.580.

188 Vgl. Braunthal, Der Allgemeine Deutsche Gewerkschaftsbund, S.148; Potthoff, Freie Gewerkschaften, S.232 f.

189 Vgl. F. W. S. Craig (Hg.), British Electoral Facts 1885-1975, London 1976(3), Tab. 7.03, S.85, u. 7.04, S.86. Mit zum Teil anderen Zahlen vgl. (auch zum folgenden) Skidelsky, Politicians and the Slump, S.73 f.; Clegg, British Trade Unions, Bd.2, S.478; Butler u. Butler, Political Facts, S.155 (Trade Union-sponsored M.P.s, 1918-); Cole, Trade Unionism, S.178-87.

konnten. Ihr Anteil an der Parlamentsfraktion in schlechten Wahljahren wie 1924 und 1931, in denen die Attraktivität der Partei insgesamt abnahm, war daher relativ hoch. So stellten die Kandidaten der Miners' Federation nach den Wahlen von 1931 allein über die Hälfte der Parlamentsfraktion (26 von 46 Abgeordneten)[190]. In guten Wahljahren wie 1929 konnten oder wollten die Gewerkschaften hingegen die Zahl ihrer aufgestellten Kandidaten nicht der Fähigkeit der Labour Party anpassen, neue Wahlkreise zu gewinnen. Unterschiedliche Gründe mögen dafür ausschlaggebend gewesen sein, wie z.B. die finanziellen Verluste, die der TUC in Folge der Trade Disputes Act von 1927 hinnehmen mußte, und die zunehmende Autorität und Unabhängigkeit des General Council. Diese äußerte sich seit 1925/26 nicht nur in der organisatorischen Abkoppelung von der Labour Party durch die Auflösung der gemeinsamen "departments", sondern auch in der Bevorzugung außerparlamentarischer Vorgehensweisen zur Erreichung seiner Ziele, sei es durch Streiks oder durch Gespräche mit den Arbeitgebern.

Unter den 115 Mitgliedern der Gewerkschaftsgruppe von 1929 bis 1931 war die Miners' Federation mit 42 Abgeordneten, wie in jedem Parlament seit 1918, bei weitem am stärksten vertreten. Es folgten auf den vorderen Plätzen die Transport and General Workers' Union mit 13, die Eisenbahnarbeiter (National Union of Railwaymen) mit 8, die Eisenbahnangestellten (Railway Clerks' Association) mit 7 sowie die National Union of General and Municipal Workers und die Associated Society of Woodworkers mit jeweils 6 Repräsentanten. Das Ausmaß des gewerkschaftlichen Einflusses war jedoch noch größer als diese Zahlen anzeigen, da viele der regionalen Wahlkreisorganisationen Arbeiter und Angestellte als Kandidaten aufstellten, während die Gewerkschaften umgekehrt nur sehr selten Angehörige anderer Berufsgruppen und sozialer Schichten unterstützten: "Against this solid phalanx of union strength, the opposition Parties mustered about a hundered lawyers and ninety-six company directors."[191]

---

190 In den betreffenen Wahlkreisen erhielten sie mehr Stimmen als alle anderen Parteien zusammen; vgl. Arnot, Miners in Crisis and War, S.78. Der aufgezeigte Trend bestätigt sich auch langfristig. 1945 erreichte der Anteil der Gewerkschaftsabgeordneten einen historischen Tiefpunkt von 30,5%, betrug dann bis 1979 durchschnittlich 37,3% und stieg schließlich nach dem ersten Thatcher-Wahlsieg auf 49,8% bzw. auf 55,0% nach dem zweiten Wahlsieg 1983 an; vgl. Butler u. Butler, British Political Facts, S.155.

191 Skidelsky, Politicians and the Slump, S.74. Demgegenüber sei der Arbeiteranteil in der SPD-Fraktion sehr gering gewesen; vgl. Braunthal, Der Allgemeine Deutsche Gewerkschaftsbund, S.158. Diese Feststellung ist jedoch mit Vorsicht zu behandeln, da die Vergleichsbasis unklar ist. Braunthals Quellen beziehen bei den Abgeordneten der Rubrik "Arbeiter" offenbar nicht die hauptamtlichen Funktionäre und "Berufspolitiker" mit ein, während es für Skidelskys Kategorisierung unwichtig ist, ob der Beruf noch ausgeübt wird oder nicht.

Darüber hinaus setzte sich die Gewerkschaftsgruppe vorrangig aus untergeordneten Funktionären zusammen, die aufgrund ihrer sicheren Wahlkreise quasi den verdienten Altersruhesitz im Parlament erhielten. Mächtige Generalsekretäre, wie z.B. Ernest Bevin, zogen es hingegen vor, die Fäden von außen zu ziehen. Von daher erklärten sich auch der hohe Bergarbeiteranteil, der geringe Bildungsgrad und der hohe Altersdurchschnitt in der Fraktion der Labour Party.

Während es die TUC-Gewerkschaften weitgehend selbst in der Hand hatten, die Zahl ihrer Kandidaten bei Parlamentswahlen zu erweitern, war dies in Deutschland eine schwierige Verhandlungssache zwischen den zuständigen Partei- und Gewerkschaftsgremien. Immerhin schlugen sich gewerkschaftlicher Druck und finanzielle Zuwendungen insoweit nieder, als die SPD von allen im Reichstag vertretenen Parteien diejenige mit dem größten Gewerkschaftsanteil in ihrer Fraktion war. Während der Großen Koalition von 1928 bis 1930 waren 18,4% oder 28 der 152 sozialdemokratischen Fraktionsmitglieder Gewerkschaftsfunktionäre, ein im Vergleich zur Parliamentary Labour Party geringer Anteil. Während die absolute Zahl konstant blieb, erhöhte sich der Anteil an der Fraktion bei insgesamt schlechter werdenden Wahlergebnissen der Partei kontinuierlich bis auf 21,1% im Reichstag vom August/September 1932. Dann allerdings folgten sowohl die Zahl als auch der prozentuale Anteil der Gewerkschaftsabgeordneten dem Rückwärtstrend der SPD-Wahlergebnisse und belief sich 1933 auf 20 von 120 Fraktionsmitgliedern bzw. 16,7%[192]. Diese Entwicklung zeigt, daß spätestens seit Dezember 1932 selbst die sicheren Wahlkreise in den Hochburgen der Sozialdemokratie zu bröckeln begannen und auch von den Gewerkschaften, anders als in Großbritannien, nicht gehalten werden konnten. Nicht nur jenseits des Kanals, sondern auch auf dem Kontinent wurden schließlich die für Gewerkschafter zur Verfügung stehenden Kandidaturen in sicheren Wahlkreisen häufig mit alten, verdienten Funktionären besetzt, die man als Auszeichnung und Dank für geleistete Dienste mit einem Parlamentssitz belohnte. Ob nun in Süd-Wales oder Westfalen - Bergbaukumpel und Metallarbeiter kamen so zu ihrem Altersruhesitz als Hinterbänkler im Parlament[193].

Eine eigene Gewerkschaftsgruppe innerhalb der SPD-Fraktion gab es infolge ideologischer Differenzen unter den Verbandsvertretern, die denen innerhalb der Partei folgten, nicht. Immerhin besaßen aber allein fünf Mitglieder der ADGB-Zentrale - P. Graßmann und H. Müller-Lichtenberg vom hauptamtlichen Vorstand sowie G. Schmidt, A. Janschek und F. Tarnow von den unbesoldeten Vorstandsmitgliedern - während der Großen Koalition ein Reichstagsmandat[194]. Wie vor

---

192 Vgl. Braunthal, Der Allgemeine Deutsche Gewerkschaftsbund, Tab. 5, S.159.

193 Vgl. ebd., S.154, Anm.9, S.158 u. 160 f.

194 Vgl. ebd., S.160 u. 162. 1930 waren fünf, 1933 zwei und 1937 ein Mitglied des General Council gleichzeitig MPs, um nur drei Beispiele aus der jährlich wechselnden Vor-

allem Janschek, der Leiter des Berliner Büros des Bergarbeiterverbandes, und Tarnow, der Vorsitzende des Holzarbeiterverbandes, zeigen, hatten also im Unterschied zum TUC auch einflußreiche, nationale Gewerkschaftsführer Interesse an einem Sitz im Parlament. Durch ihre Doppelfunktion und -belastung als Parlamentarier und amtierende Verbandsfunktionäre war die Position der Gewerkschaftsabgeordneten nach Ansicht Potthoffs allerdings schwächer als es ihrem Anteil an den Fraktionen entsprach. Im eingefahrenen parlamentarischen Betrieb der SPD blieben sie ein Fremdkörper, vor allem wenn es sich um Neulinge oder die "zweite Garnitur" der Gewerkschaftsfunktionäre handelte.

Stärkere Übereinstimmungen als bei der Zusammensetzung der jeweiligen Parlamentsfraktion finden sich bei den personalpolitischen Entscheidungen einer Labour- oder SPD-Regierung, wenn beide Dachverbände zwar Mitspracherechte einforderten, aber eine direkte Mitverantwortung oder Einbindung ablehnten. Das Kabinett der zweiten Labour-Regierung bestand dennoch zu etwa einem Drittel aus Vertretern der Gewerkschaften. Dazu zählte Margaret Bondfield[195], die 1929 als erste Frau in einem britischen Kabinett das Arbeitsministerium übernahm. Sie hatte ihr Berufsleben als Verkäuferin in einem Geschäft für Damenunterbekleidung begonnen und lebte, nach eigenen Aussagen, nur für die Gewerkschaftsbewegung: "This concentration was undisturbed by love affairs. (...) I had no vocation for wifehood or motherhood, but an urge to serve the Union - an urge which developed into 'a sense of oneness with our kind'. I had 'the dear love of comrades' (...)."[196] Da sie ein langjähriges Mitglied des General Council war, erhoffte sich Premierminister MacDonald von ihr, daß sie trotz ihrer heiklen Aufgabe ein gutes Verhältnis zum TUC werde aufrecht erhalten können. Dies gelang ihr jedoch nicht. Stattdessen wurde ihr während ihrer Amtszeit häufig unterstellt, völlig abhängig von ihrem Beamtenstab zu sein[197].

---

standsbesetzung herauszugreifen (vgl. die entsprechenden TUC-Reports dieser Jahre). In Anbetracht der mehr als doppelt so hohen Anzahl an Vorstandsmitgliedern also ein beträchtlich geringerer Anteil als im ADGB.

195 Margaret Grace Bondfield (1873-1953): 1898-1908 stellvertr. Gen.sekr. d. Nat. Amalg. Union of Shop Assistants; 1915-21 stellvertr. Gen.sekr. d. Nat. Federation of Women Workers; 1921-38 Chief Women Officer d. Nat. Union of General Workers, später Nat. Union of General and Municipal Workers; 1917-24 u. 1925-29 Mitgl., Parliam. Com., später General Council d. TUC; 1923-24 u. 1926-31 MP, Labour Party; 1924 Parl. Staatssekr. im Arbeitsmin.; 1929-31 Arbeitsmin.; vgl. Clegg, British Trade Unions, Bd.2, S.573.

196 Margaret Bondfield, A Life's Work, London o.J., S.36 f.

197 Vgl. Ben Pimlott (Hg.), The Political Diary of Hugh Dalton, 1918-40, 1945-60, London 1986, S.79.

Mit Thomas[198] als Lord Privy Seal wurde einem Gewerkschaftsabgeordneten die Erwerbslosenpolitik als Hauptarbeitsgebiet übertragen. "Jimmy" Thomas, eine Spielernatur, war die schillerndste Persönlichkeit des Labour-Kabinetts. Unzuverlässig, labil und korrumpierbar stand er auf gutem Fuß mit der Großindustrie und der Londoner City. Daneben seien noch der Fabrikarbeiter John R. Clynes (Innenminister), der Metallarbeiter Arthur Henderson (Außenminister), der Bergarbeiter William Adamson (Minister für Schottland) und der Textilarbeiter Thomas Shaw (Kriegsminister) genannt, die gemeinsam mit Bondfield und Thomas zu den insgesamt sechs gewerkschaftlich gesponserten Ministern des Kabinetts gehörten[199]. Gemeinsam mit Premierminister MacDonald und Schatzkanzler Snowden, die beide zum ILP-Flügel zählten, bildeten Henderson, Thomas und Clynes die sogenannten "Big Five" der Labour Party.
Im zwölfköpfigen Koalitions-Kabinett Müller II war Rudolf Wissell dagegen der einzige von den freien Gewerkschaften kommende Minister. Paul Moldenhauer, der Reichswirtschafts- und später Finanzminister der Großen Koalition beschrieb ihn folgendermaßen: "(...) ein sehr anständiger Mensch (...), eine anima candida, wie man zu sagen pflegt, aber außerordentlich stur in seiner politischen Haltung. Er kam über seine gewerkschaftlichen Ideen nicht hinaus und konnte die Fragen nicht im größeren Zusammenhang sehen."[200]
Weder in Deutschland noch in Großbritannien wurden die aus den Gewerkschaften stammenden Minister jedoch ausdrücklich von diesen delegiert. Wie die Regierungspraxis zeigte, fühlten sie sich, mit Ausnahme Wissells und Henderson, diesen auch kaum verpflichtet. Ausgerechnet zwei der Gewerkschaftsminister im Kabinett der zweiten Labour-Regierung, Bondfield und Clynes, hatten besonders schlechte Beziehungen zu den Gewerkschaften, und insbesondere die Arbeits-

---

198 James Henry Thomas (1874-1949): 1906-10 Organiser, Amalg. Society of Railway Servants; 1910-13 stellvertr. Gen.sekr., ASRS; 1913-16 stellvertr. Gen.sekr., Nat. Union of Railwaymen; 1916-19 Gen.sekr.; 1919-31 Parl. Sekr.; 1917-24, 1925-29 Mitgl., Parliam. Comm., später General Council d. TUC; 1910-36 MP, Labour Party; 1924, 1935-36 Secr. of State for the Colonies; 1929-30 Lord Privy Seal; 1930-31 Secr. of State for the Dominions and Colonies; 1931-35 Secr. of State for the Dominions; vgl. (partiell voneinander abweichend) Clegg, British Trade Unions, Bd.2, S.580; Michael Stenton u. Stephen Lees (Hg.), Who's Who of British Members of Parliament, Bd.3: 1919-1945, Brighton 1979, S.352.

199 Im zwanzigköpfigen Kabinett der ersten Labour-Regierung von 1924 waren es noch sieben gewesen. Allerdings bekleidete Vernon Hartshorn, ein Bergarbeiter, von Juni 1930 bis März 1931 das Amt des Lord Privy Seal, so daß in diesem Zeitraum der alte Stand wieder erreicht wurde. Das Kabinett der zweiten Labour-Regierung umfaßte einschließlich des Premiers insgesamt 19, ab Juni 1930 20, ab März 1931 21 Minister.

200 BAK, Nl. 19 (Moldenhauer)/3, Bl.7: P. Moldenhauer, Politische Erinnerungen: Ministerzeit 1929-1930 (Ms.).

ministerin geriet aufgrund ihrer notorisch taktlosen Behandlung von TUC-Deputationen ins Kreuzfeuer der Kritik[201]. Auf der anderen Seite stand sie treu zu den Zielen der Arbeiterbewegung, als die Labour Party 1931 in die Opposition ging. Thomas dagegen folgte MacDonald in die Nationale Regierung und wurde deshalb vom Vorstand der Eisenbahnergewerkschaft gezwungen, seine langjährige Position als Generalsekretär und damit auch sämtliche erworbenen gewerkschaftlichen Pensionsansprüche aufzugeben. Der Rücktritt, so schrieb er an das Executive Committee der National Union of Railwaymen, sei "(...) the most painful task in my life, having started as I did as an engine cleaner at the age of 11 years, and never having done anything but work on for the railwaymen, with 35 years' unbroken official connection with our trade union. (...) I state this in order that you will understand how I feel in taking the step of tendering my resignation, but I love the railwaymen and my union too much to attempt to make your task more difficult. Rather than allow a split to develop I do not intend to appeal against your decision, although as you know, I have the right to do so; but this would only cause dissension and difficulties[202].

Wie in der Forschungsliteratur betont wurde[203], war die Zahl der von den Gewerkschaften gehaltenen Mandate in Deutschland für ihren Einfluß in Fraktion und Regierung letztlich nebensächlich. Wichtig war vielmehr das Gewicht der von ihnen vertretenen Organisationen, das einige Abgeordnete, sei es als Mitglieder des Bundesvorstands, sei es als führende Repräsentanten großer Einzelverbände, in die Waagschale werfen konnten. Unter der Oberfläche des parlamentarischen Alltags befand sich daher ein dichtes Netz informeller Kontakte, das die politische Entscheidungsfindung der Fraktion strukturierte und lenkte. Die eigentliche Schaltzentrale dieses Kommunikationssystems lag nicht in der Fraktion, sondern bei den Zentralen von Partei und Gewerkschaften, wobei die guten persönlichen Beziehungen zwischen den beiden Vorsitzenden Leipart und Wels für eine rasche Rückkoppelung sorgten. Allerdings reichte der gewerkschaftliche Einfluß nicht aus, um Entscheidungen gegen den Willen anderer Parteigruppierungen zu erzwingen. So konnte der Rücktritt des Kabinetts Müller im März 1930 nur erfolgen, weil alle drei Spitzenorganisationen - Partei-, Fraktions- und Bundesvorstand - einheitlich hinter der Ablehnung des Brüning-Kompromisses standen. Das war in Großbritannien anders, wo die Gewerkschaftsgruppe 1929 die

---

201 Vgl. Martin, TUC, S.225.

202 Aus dem Rücktrittsschreiben, zit. n. Daily Herald, 1. September 1931, Art.: "Mr. Thomas leaves N.U.R. with tears in his eyes".

203 Im weiteren folge ich der Argumentation bei Potthoff, Freie Gewerkschaften, S.253-58; ders., Freie Gewerkschaften und sozialistische Parteien, S.63 f.; Braunthal, Der Allgemeine Deutsche Gewerkschaftsbund, S.162-64 bekräftigt dagegen den starken Einfluß der gewerkschaftlichen Abgeordneten.

Abänderung einer Gesetzesvorlage zur Arbeitslosenunterstützung und später den Rücktritt der Regierung bewirkte[204]. Die Zentrale des TUC zog dabei die Fäden im Hintergrund, zumal der Sprecher der Gewerkschaftsgruppe Arthur Hayday zugleich langjähriges Mitglied des General Council und ein Spezialist für sozialpolitische Fragen war. Darüber hinaus hatte die britische Arbeiterbewegung ihr informelles Kommunikationssystem sogar fest institutionalisiert. Im Jahre 1921 war der National Joint Council als Konsultations- und Koordinationsgremium gebildet worden, der zunächst aus einer gleichen Anzahl von Vertretern des General Council, des Parteivorstandes und der Fraktion bestand. Nachdem sich der Ausschuß in den zwanziger Jahren nur selten getroffen hatte, nutzte ihn der TUC-Vorstand nach dem Rücktritt der zweiten Labour-Regierung 1931, um seinen Führungsanspruch innerhalb der britischen Arbeiterbewegung geltend zu machen. In diesem Jahr setzte er eine Rekonstruktion des Gremiums durch, in dem der General Council fortan mit seinem Vorsitzenden und sechs weiteren Mitgliedern vertreten war. Der Parteivorstand und die Fraktion wurden durch ihren jeweiligen Vorsitzenden und jeweils zwei weitere Mitglieder repräsentiert. Der Vorsitzende des General Council und der Vorsitzende des Parteivorstands teilten sich alternierend den Vorsitz des National Council of Labour, wie der National Joint Council seit 1934 hieß. Dieser traf sich nach der Umstrukturierung regelmäßig und war in erheblichem Maße am Prozeß der programmatischen Rekonsolidierung der Labour Party in den dreißiger Jahren beteiligt[205].

Zusammenfassend läßt sich also festhalten, daß der TUC infolge der spezifischen, entstehungsgeschichtlich begründeten Organisationsstrukturen der britischen Arbeiterbewegung über wesentlich größere Einflußmöglichkeiten verfügte, und zwar sowohl auf den Parteiapparat als auch auf die Parlamentsfraktion, und selbst hinsichtlich der informellen Kommunikations- und Entscheidungsstrukturen. Das System der "Gewerkschaftspartei" trug im Vergleich zur SPD zu einer tieferen Verankerung der Labour Party unter den Gewerkschaftsmitgliedern bei und stärkte damit die Stabilität des politischen Systems. Wie wir gesehen haben, vergrößerte sich gerade in den Phasen, in denen die Partei aufgrund schlechter Wahlergebnisse geschwächt wurde, in beiden Ländern das Gewicht der Gewerkschaftsabgeordneten in der Fraktion und verdeutlicht somit erneut die Bedeutung der Gewerkschaften in politischen Krisenzeiten. Ein Unterschied bleibt das in Großbritannien weniger ausgeprägte Interesse führender Gewerkschaftsfunktionäre an einem Parlamentssitz. Das bestätigt noch einmal die geringere

---

204 Vgl. Skidelsky, Politicians and the Slump, S.122-31, 367 ff.

205 Vgl. Labour Party-Report 1932, S.67; Clegg, British Trade Unions, S.540; falsche Angaben zur Anzahl der General Council- bzw. Parteivertreter bei Pelling, British Trade Unionism, S.199 f.

Staatsorientierung der britischen Gewerkschaften und ihr größeres Vertrauen in die eigene Kraft.

IV. Die deutschen und britischen Arbeitsbeziehungen

"Mit wachsendem Unmut haben bürgerliche Schichten den Aufstieg von Arbeitern in leitende Staats- und Kommunalstellen gesehen, welche man als Reservate für sich betrachtete. ... Wir lieben im allgemeinen nicht, Vergleiche mit anderen Ländern und Völkern zu ziehen. Aber nach der Seite des politischen Anstandes und der Achtung vor der Handarbeit könnten große Teile des deutschen Bürgertums sehr viel vom englischen und französischen Bürgertum lernen."[1]

Charakteristisch für das voluntaristische Verhältnis zwischen den freien Wirtschaftsverbänden und dem Staat vor dem Ersten Weltkrieg war die weitgehende Beschränkung der interessenpolitischen Druckausübung auf die parlamentarische Ebene durch die Beeinflussung sympathisierender Abgeordneter. Der direkte Zugang zur Exekutive - Regierung und Ministerialbürokratie - war zumindest den Gewerkschaften in dieser Zeit noch weitgehend versperrt. Aber schon in der Vorkriegszeit begann mit dem wachsenden sozialpolitischen Engagement des Staates in beiden Ländern eine zunehmende Verflechtung der Arbeitervertretungen mit öffentlichen Funktionen, die dieses Verhältnis maßgeblich veränderte und in der staatlichen Einbindung der Gewerkschaften im Rahmen der Munitions of War Act von 1915 bzw. des Vaterländischen Hilfsdienstgesetzes von 1916 ihre Fortsetzung fand[2]. Nach dem Krieg finden wir daher in beiden Ländern ein qualitativ neues System der Arbeitsbeziehungen vor, dessen Eigenschaften einleitend unter der Bezeichnung "(Neo-) Korporatismus" zusammengefaßt wurden. Es ist zum einen durch vermehrte staatliche Interventionen, zum zweiten durch eine verstärkte Einbeziehung der wirtschaftlichen Interessenverbände in staatliche Entscheidungen und zum dritten durch Bestrebungen zur Übertragung staatlicher

---

1 BAP/62 DAF 3/2178: Der Deutsche Metallarbeiter. Wochenschrift des Christlichen Metallarbeiterverbandes Deutschlands, Nr.22, 30.5.31, S.1.

2 Zu den Details der kriegsbedingten Zusammenarbeit zwischen Gewerkschaften und Staat in beiden Ländern vgl. für Großbritannien den ausgezeichneten, auch die Entwicklung in den einzelnen Industriebranchen beleuchtenden, Überblick von Chris Wrigley, The First World War and State Intervention in Industrial Relations, 1914-18, in: ders. (Hg.), British Industrial Relations, Bd.2, S.23-70; sowie: Clegg, British Trade Unions, Bd.2, S.118-212; Bernd-Jürgen Wendt, War Socialism - Erscheinungsformen und Bedeutung des Organisierten Kapitalismus in England im Ersten Weltkrieg, in: Winkler (Hg.), Organisierter Kapitalismus, S.117-49; für Deutschland: Rechenschafts-Bericht der Generalkommission der Gewerkschaften Deutschlands vom 1. Juni 1914 bis 31. Mai 1919, Berlin 1919; mit weiterführenden Literaturangaben: Potthoff, Gewerkschaften in Weltkrieg und Revolution.

Aufgaben auf paritätisch besetzte Verwaltungskörperschaften[3] der Arbeitgeberverbände und Gewerkschaften gekennzeichnet. Anders als bei einer reinen Interessenrepräsentation durch "pressure groups" handelt es sich hier um eine wechelseitige Einflußnahme und politische Tauschbeziehung zwischen gesellschaftlichen und staatlichen Organisationen. An deren Ende steht als Resultat eine gemeinsam beschlossene politische Entscheidung, für deren Umsetzung sowohl der Staat (z.B. durch eine Gesetzesinitiative) als auch die Verbände (z.B. durch die Einlösung von Zusagen bei der Tariflohnfestsetzung oder die Übernahme staatlicher Verwaltungsaufgaben) verantwortlich sind. Im folgenden wird es darum gehen, die verschiedenen Aspekte des Dreiecksverhältnisses von Gewerkschaften, Unternehmerverbänden und Staat im Hinblick auf die gewerkschaftlichen Handlungsspielräume in der Weltwirtschaftskrise zu untersuchen. Dabei ist hervorzuheben, daß es sich in der Zwischenkriegszeit um die Formierungsphase dieses noch instabilen Beziehungsgeflechtes handelte, dessen Strategien erst in der Zeit nach dem Zweiten Weltkrieg voll entwickelt wurden und in von Land zu Land unterschiedlicher Art und Weise zur Anwendung gelangten.

1. Gewerkschaften zwischen Gesetzgebung und Rechtsprechung: Staatliche Eingriffe zur Gestaltung der Arbeitsbeziehungen

a) Die Entwicklung bis zum Ersten Weltkrieg

Das vorhergehende Kapitel hat sich bereits mit einigen Aspekten korporatistischer Strukturen befaßt, sofern sie sich aus den organisatorischen Handlungsspielräumen des ADGB und des TUC ergaben. Das betraf insbesondere die Merkmale des "singulären Zwangsverbandes" und des "Repräsentationsmonopols", die auf seiten der freien Gewerkschaften (ADGB, AfA-Bund, ADB) durch das Prinzip der Richtungsgewerkschaften stark geschwächt wurden. Die begrenzte Zahl der Teilnehmer im deutschen System der Arbeitsbeziehungen beruhte daher auf der Basis staatlicher Anerkennung im Rahmen der Weimarer Sozialverfassung. Ihre Aufrechterhaltung mußte, wie im folgenden gezeigt werden wird, durch eine staatliche Arbeitsgesetzgebung abgesichert werden, die sich darüber hinaus nicht auf die freien Gewerkschaften beschränkte, sondern stets die christlichen und Hirsch-Dunckerschen Verbände miteinbezog. Dagegen etablierte der TUC seine wachsende Autorität als zentrales Sprachrohr industrieller Interessen in der Zwischenkriegszeit auf der Grundlage freiwilliger Zugeständnisse seiner Mitgliedsverbände. Konkurrierende Führungsgremien der sozialistischen Arbeiterbewegung, wie die Triple Alliance oder die General Federation of Trade

[3] Diese handeln jedoch keineswegs autonom, sondern in enger Interessenabstimmung mit der staatlichen Exekutive.

Unions, verloren dadurch nach dem Ersten Weltkrieg vollständig an Bedeutung, während gewerkschaftsähnliche Organisationen anderer politischer Richtungen in der britischen Arbeiterbewegung ohnehin nicht Fuß fassen konnten. Im folgenden Kapitel sollen weitere Kriterien des Idealtyps Korporatismus auf ihre Übereinstimmung mit den realen Gegebenheiten hin geprüft werden. Dabei muß sowohl die aktuelle Situation in der Zwischenkriegszeit als auch - im Hinblick auf die Herausbildung der Unterformen "gesellschaftlicher Korporatismus" bzw. "Staatskorporatismus" - die langfristige Entstehungsgeschichte der Arbeitsbeziehungen berücksichtigt werden.

Die Combination Acts von 1799 und 1800 hatten Arbeitern wie Arbeitgebern im Vereinigten Königreich Zusammenschlüsse und Absprachen zur Veränderung der Löhne und Arbeitsbedingungen untersagt, da diese nach liberalem Verständnis in die individuellen Freiheits- und Eigentumsrechte eingriffen. Dennoch erlangten die britischen Arbeiter schon sehr frühzeitig mit der Combination Laws Repeal Act von 1824 und der Combination Act von 1825 ein eingeschränktes Koalitionsrecht[4]. Die Motive der Gesetzesbefürworter waren jedoch nicht in einer Stärkung der jungen Arbeiterorganisationen zu suchen, die weit stärker als die Arbeitgeberseite unter der bestehenden Gesetzgebung gelitten hatten. Im Gegenteil führten sie die herrschende "laissez faire" - Philosophie verstärkt fort, indem sie nun jegliche staatliche Regulierung der Arbeitsbeziehungen, selbst die in Form eines Koalitionsverbots, vermeiden wollten. Implizit wurden damit aber die Vereinigungen der Arbeiter, sofern sie ausschließlich dem Zweck von Lohnverhandlungen dienten, durch das Parlament legitimiert und die Existenz von Tarifverhandlungen anerkannt. Andererseits fielen die von den Gewerkschaften eingesetzten Mittel zur Durchsetzung ihrer Ziele weiterhin unter den Straftatbestand der kriminellen Verschwörung nach dem "common law", weil sie die freie Ausübung von Handel und Gewerbe behinderten ("in restraint to trade"). Das betraf insbesondere Streiks, die vom Gesetzgeber als Einschüchterung, Belästigung oder Behinderung ("intimidation", "molestation", "obstruction") nicht organisierter, arbeitswilliger Kollegen oder der Arbeitgeber interpretiert wurden. Der richterlichen Rechtsprechung blieb somit ein weiter Spielraum, den diese in zahlreichen Urteilen, darunter der berühmte, in die Mythologie der englischen Arbeiterbewegung eingegangene Fall der "Tolpuddle martyrs", weidlich zu Ungunsten der Gewerkschaften ausnutzte.

Erst die Trade Union Act von 1871 beinhaltete die offizielle Legalisierung der Arbeiterorganisationen einschließlich Schutz ihres Eigentums und begründete damit das moderne britische Gewerkschaftsrecht. Auch diese Maßnahme galt nicht

4 Zur rechtlichen Entwicklung vgl. Hugh A. Clegg, The System of Industrial Relations in Great Britain, Oxford 1972; Richard Kidner, Trade Union Law, London 1979; N. Robertson u. K. I. Sams, British Trade Unionism. Select Documents, 2 Bde., Oxford 1972.

nur für die Gewerkschaften, sondern ebenso für die meisten Arbeitgeberverbände, die im Sinne des Gesetzes ebenfalls "trade unions" waren. Mit dem "Registrar of Friendly Societies" führte die Trade Union Act ein amtliches Melderegister ein, in dem sich Gewerkschaften auf freiwilliger Basis registrieren lassen konnten, wenn sie in ihren Organisationsstatuten bestimmte Auflagen, vorwiegend administrativer Natur, erfüllten. Im Gegenzug erhielten sie u.a. die Berechtigung, als Treuhänder in Fragen des Gewerkschaftsvermögens vor Gericht klagen zu dürfen. Gleichzeitig räumte das Gesetz beiden Seiten bestimmte "immunities" bzw. Freiräume ein. So untersagte es den Gerichtshöfen, die Einhaltung von Absprachen zwischen den wirtschaftlichen Verbänden straf- oder zivilrechtlich zu erzwingen. Kollektive Vereinbarungen werden daher bis heute als "gentlemen's agreement" betrachtet, da die Beteiligten "(...) do not intend to make a legally binding contract, and without both parties intending to be legally bound there can be no contract in the legal sense."[5]

Die liberale Doktrin des individuellen, "freien" Arbeitsvertrags, die der richterlichen Intepretation des "common law" seit dem 18. Jahrhundert zugrunde lag, wurde somit im Grundsatz nicht angetastet, da den Gewerkschaften keine positiven Rechte, wie etwa das Streikrecht, zugestanden wurden. Stattdessen beruht das System der britischen Arbeitsbeziehungen auf Ausnahmeregelungen. Diese wurden durch das Parlament eingeräumt, in dem die kollektiven Interessen der Arbeiterschaft insbesondere seit der Ausweitung des Wahlrechts von 1867 nun immer stärker zum Tragen kamen[6]. Sowohl die gescheiterte liberale Reform Bill von 1854 als auch die von den Tories schließlich erfolgreich verabschiedete Reform Act von 1867 waren "a conscious response" der herrschenden Eliten "to pressure from below". Im Gegenzug verzichteten die Repräsentanten der Arbeiterschaft zu diesem Zeitpunkt auf eine unabhängige politische Vertretung und zogen stattdessen als liberale Abgeordnete bzw. Lib-Labs ins Unterhaus ein. Die beachtliche Ausweitung der Gewerkschaftsrechte, welche die Regierung angesichts des "respektablen" Verhaltens der britischen "Arbeiteraristokratie" und trotz starker Widerstände bei den Unternehmern in den siebziger Jahren vornahm, wurde somit von unten erkämpft und nicht von oben zugestanden. Sie war das

---

5 Royal Commission on Trade Unions and Employers' Associations [Donovan], Report 1968, S.126; zit. n. Clegg, System of Industrial Relations, S.348; zur Trade Union Act von 1871 vgl. den Auszug bei Robertson u. Sams, British Trade Unionism, Bd.1, S.62. Dem englischen Verständnis stand Theodor Leiparts 1906 formulierte Auffassung gegenüber, nach der die deutschen Tarifvereinbarungen "Waffenstillstandsverträge" mit den Unternehmern waren; zit. n. Michael Schneider, Kleine Geschichte der Gewerkschaften. Ihre Entwicklung in Deutschland von den Anfängen bis heute, Bonn 1989, S.109.

6 Vgl. Fox, History and Heritage, S.160-64.

Ergebnis eines "(...) complex process of incorporation, which created the unique symbiosis enjoyed by labour in relation to mid-Victorian society as a whole."[7]
Wie mit der Trade Union Act reagierte die Legislative auch bei der gesetzlichen Regelung von Arbeitskämpfen auf eine gewerkschaftsfeindliche Rechtsprechung in den jeweils vorangegangenen Jahren. Mit deren Revision durch die Verabschiedung der Conspiracy and Protection of Property Act 1875 und der Trades Disputes Act 1906 setzte sie ein nun schon bekanntes Muster in der Entwicklung der britischen Arbeitsbeziehungen fort. Das Gesetz von 1875 legte ausdrücklich fest, daß eine Absprache oder ein Zusammenschluß "in contemplation or furtherance of a trade dispute" nur dann als kriminelle Handlung betrachtet werden kann, wenn die Tat - wäre sie von einer Einzelperson begangen worden - nach dem Strafrecht als Verbrechen gilt. Jetzt aber begann die Rechtsprechung, das Zivilrecht auf Arbeitskämpfe anzuwenden. Im "Taff Vale case" von 1901 verurteilte das House of Lords als oberster Gerichtshof eine Gewerkschaft wegen des Aufstellens von Streikposten zu Schadenersatzzahlungen an den Arbeitgeber und wich damit von der bisherigen Auffassung ab, nach der Gewerkschaften als Körperschaft keine Rechtsfähigkeit besaßen. Lediglich einzelne Gewerkschaftsfunktionäre und -mitglieder, nicht aber die Gesamtorganisation und ihr Vermögen, konnten daher bisher für Schäden haftbar gemacht werden. Das Urteil erhöhte die Unterstützung der Gewerkschaften für das neugegründete Labour Representation Committee, das 1906 erstmals mit einer größeren Anzahl von Abgeordneten ins Parlament einzog. Dort konnte es noch im gleichen Jahr mit der Revision der richterlichen Entscheidung im Taff Vale - Fall einen ersten großen Erfolg verbuchen. Die Trade Disputes Act von 1906 gewährte den Arbeiterorganisationen vollständige Immunität vor zivilrechtlicher Verfolgung, indem sie diese von allen Haftpflichten bei Arbeitskämpfen befreite. Erst die Trade Disputes and Trade Unions Act von 1927 nahm politische Streiks ausdrücklich wieder davon aus, erklärte diese für illegal und machte die Anstiftung zu solchen Streiks, wie auch mit wenigen Ausnahmen das Aufstellen von Streikposten, wieder zu einer kriminellen Handlung. Außerdem änderte das Gesetz die seit dem Erlaß der Trade Union Act von 1913[8] geltenden Vorschriften, die den Einzug von Mitgliedsbeiträgen für politische Zwecke regelten. Die Trade Disputes and Trade Unions Act von 1927 blieb die geltende Rechtslage, bis sie von der Labour-Regierung nach dem Zweiten Weltkrieg als eine ihrer ersten Amtshandlungen mit der Trade Disputes and Trade Unions Act von 1946 wieder zurückgenommen wurde.

7 Vgl. Keith Burgess, The Challenge of Labour. Shaping British Society 1850-1930, London 1980, S.34-39, Zitate S.37 u. 39.

8 Auch mit diesem Gesetz hatte das Parlament eine Entscheidung ("Osborne case") des House of Lords von 1910 revidiert, die die Unterhaltung eines politischen Fonds für unvereinbar mit den gewerkschaftlichen Zielen gemäß der Trade Union Act von 1871 erklärt hatte.

Vor dem Hintergrund der britischen Gewerkschaftsgesetzgebung bis zum Ersten Weltkrieg verliert auch die deutsche Rechtsentwicklung dieser Zeit einiges von ihrer obrigkeitsstaatlich-repressiven Singularität, wie sie u.a. von den Funktionären der Arbeiterbewegung für das Kaiserreich überliefert wurde und oftmals ungefiltert in die historischen Darstellungen eingeflossen ist[9]. Nachdem die Gewerbeordnung des Norddeutschen Bundes von 1869 die einzelstaatlichen Koalitions- und Streikverbote aufgehoben hatte, wurde diese Regelung 1871 mit dem § 152 der Gewerbeordnung für das Deutsche Reich übernommen. 45 Jahre nach ihren britischen Kollegen und zu einem Zeitpunkt, als diesen gerade die volle rechtliche Anerkennung eingeräumt wurde, erhielten somit die deutschen gewerblichen Arbeiter erstmals reichsweit die Koalitionsfreiheit. Auch in Deutschland konnten sich Reichsleitung und preußische Regierung allerdings nicht zur Anerkennung eines positiven Rechts durchringen. Vielmehr wurden der Zusammenschluß und Streik zur Durchsetzung besserer Löhne und Arbeitsbedingungen von der Strafverfolgung ausgenommen und galten somit analog zur britischen Regelung als "strafrechtliches Privilegium". Ebenfalls wie in Großbritannien wurden die dazu erforderlichen Aktivitäten jedoch als Organisationszwang verstanden und als "Anwendung körperlichen Zwanges", "Drohung", "Ehrverletzung" oder "Verrufserklärung" unter Strafe gestellt. Zwar unterlagen auch die Unternehmer diesen Bestimmungen; wie auf der anderen Seite des Kanals lag den Gerichten in der Regel jedoch wenig daran, diesen etwas nachzuweisen. So sei mit dem § 153 der Gewerbeordnung "eine dehnbare Handhabe der Klassenjustiz"[10] geschaffen worden.

Wie der Erlaß der britischen Combination Acts von 1824/25 bedeutete die Einräumung der Koalitionsfreiheit auch in Deutschland noch nicht die volle rechtliche Anerkennung der Gewerkschaften durch den Staat. Der Status der Rechtsfähigkeit wurde im Kaiserreich durch das Vereinsrecht geregelt und zwar, was die privatrechtliche Stellung der Vereine anbelangt, durch das Bürgerliche Gesetzbuch von 1900, und, hinsichtlich ihrer öffentlich-rechtlichen Stellung, durch Landesvereinsgesetze, die z.B. in Preußen noch aus dem Reaktionsjahr von 1850

---

9 Vgl. durch seinen populistischen Stil besonders krass Hentschel, Geschichte der deutschen Sozialpolitik. Zum folgenden vgl. ansonsten auch Ritter, Staat, Arbeiterschaft und Arbeiterbewegung; Klaus Saul, Zwischen Repression und Integration. Staat, Gewerkschaften und Arbeitskampf im kaiserlichen Deutschland 1884 bis 1914, in: Klaus Tenfelde u. Heinrich Volkmann (Hg.), Streik. Zur Geschichte des Arbeitskampfes in Deutschland während der Industrialisierung, München 1981, S.209-36; aus zeitgenössischer Sicht und mit vielen, anschaulichen Beispielen: Carl Legien, Das Koalitionsrecht der deutschen Arbeiter in Theorie und Praxis. Denkschrift der Generalkommission der Gewerkschaften Deutschlands, Hamburg 1899; Paul Umbreit, Soziale Arbeiterpolitik und Gewerkschaften, Berlin 1916.

10 Hentschel, Geschichte der deutschen Sozialpolitik, S.33.

stammten. Nach den Bestimmungen des Bürgerlichen Gesetzbuches durften keine Vereine in das Vereinsregister eingetragen werden, die politische oder religiöse Zwecke verfolgten. Da die Gewerkschaften in diese Kategorie eingeordnet wurden, erhielten sie keine privatrechtlichen Kompetenzen und durften weder rechtskräftige Verträge schließen noch Grundbesitz erwerben oder vor Gericht klagen. Letzteres war den britischen Organisationen zwar seit 1871 als Privileg zugestanden worden, gleichzeitig wurden sie jedoch mit der Trade Disputes Act von 1906 auf eigenen Druck hin von allen Haftpflichten befreit. Diese Wertschätzung voluntaristischer Arbeitsbeziehungen wurde bis zum Ersten Weltkrieg auch von den deutschen Freien Gewerkschaften geteilt. Das zeigt nicht nur ihre bis 1914 vertretene Ablehnung einer gesetzlichen Regelung der Tarifverträge[11], sondern auch der Entwurf für ein Berufsvereinsgesetz, der dem Reichstag 1906 zuging und eine Rezeption der britischen Entwicklung auf deutscher Seite vermuten läßt. Die Gesetzesvorlage, die einerseits die volle Rechtsfähigkeit der Gewerkschaften, andererseits aber auch deren umfassende Schadenshaftung mit dem Vereinsvermögen vorsah, stieß bei Sozialdemokraten und Gewerkschaften (aber nicht nur dort) auf heftige Kritik und verlief schließlich im Sande. Die Bedrohung ihrer Kassen wog auch in der deutschen Gewerkschaftsbewegung schwerer als der Verzicht auf die Rechtsfähigkeit, obwohl dadurch, wie in Großbritannien, die Einhaltung der Tarifverträge durch die Arbeitgeber von den rechtsunfähigen Arbeiterorganisationen auch weiterhin nicht eingeklagt werden konnte. Bis heute sind die deutschen Gewerkschaften keine "eingetragenen Vereine" geworden, zumal seit 1919 das Tarifvertragsrecht den Erwerb der Rechtsfähigkeit im Sinn des bürgerlichen Rechts überflüssig machte.

Dagegen schränkte das öffentliche Vereinsrecht der meisten Bundesstaaten die Tätigkeit der Gewerkschaften umso spürbarer ein. Daß sie als politische Vereine galten, öffnete der Diskriminierung und Repression durch Polizei und Verwaltungsbehörden Tür und Tor. 1908 wurde jedoch ein liberaleres Reichsvereinsgesetz verabschiedet, das die Gesetzeslage in den Bundesstaaten vereinheitlichte. Zumindest erlaubte es den Gewerkschaften nun u.a., Frauen und Jugendliche aufzunehmen, und entzog ihre Mitglieder der direkten Überwachung durch die Behörden, denen sie nun kein Mitgliederverzeichnis mehr abliefern mußten. Nicht reformiert wurde jedoch § 153 der Gewerbeordnung, der den Koalitionszwang und das Aufstellen von Streikposten bei Arbeitskämpfen kriminalisierte. Polizei und Rechtsprechung nutzten seine Bestimmungen für eine rigorose Strafverfolgung, die, obwohl sie auch für die Unternehmer galt, sich faktisch nur gegen die

---

11 Vgl. Ursula Hüllbüsch, Koalitionsfreiheit und Zwangstarif. Die Stellungnahme des Allgemeinen Deutschen Gewerkschaftsbundes zu Tarifvertrag und Schlichtungswesen in der Weimarer Republik, in: Ulrich Engelhardt, Volker Sellin u. Horst Stuke (Hg.), Soziale Bewegung und politische Verfassung. Beiträge zur Geschichte der modernen Welt. Festschr. f. Werner Conze, Stuttgart 1976, S.599-652, hier S.602.

gewerblichen Arbeiter richtete. Ob diese in Härte und Ausmaß das britische Vorgehen weit überschritt, kann hier nicht untersucht werden. In der Fachliteratur wird in diesem Zusammenhang hervorgehoben, daß sich auch die deutschen Gewerkschaften trotz alledem keiner einheitlichen Front aus Obrigkeitsstaat und Unternehmerschaft gegenübersahen. Einen Anhaltspunkt für das Ausmaß der Widerstände, die sie zu überwinden hatten, mag der Stand des Tarifvertragswesens in beiden Ländern vor dem Ersten Weltkrieg geben. Im Deutschen Reich unterlagen 1913 1,4 Millionen Arbeiter bzw., wie in der Forschung stets betont wird, **nur** 13% der gewerblichen Arbeiterschaft einer tarifvertraglichen Regelung, überwiegend auf betrieblicher Ebene. Für Großbritannien schätzte das Labour Department des Handelsministeriums im Jahr 1910, daß die Löhne und Arbeitsbedingungen von etwa 2,4 Millionen Arbeitern durch kollektive Absprachen auf industrieweiter und regionaler Basis geregelt wurden[12]. Das war zwar eine beträchtlich höhere Zahl als auf deutscher Seite, anteilsmäßig umfaßte sie jedoch lediglich 17,6% aller "manual workers"[13]. Aussagekräftiger als die quantitativ meßbaren Erfolge war die Einstellung der britischen Öffentlichkeit, wo die Existenz von Kollektivverhandlungen bereits Ende des 19. Jahrhunderts auf eine breite Akzeptanz stieß und deren weitere Ausbreitung und Förderung stark begrüßt wurde[14]. Während die Legalisierung der Arbeitskämpfe überdies in Großbritannien schon 1875 erfolgte, blieb die Geltung des § 153 der Gewerbeordnung im Deutschen Reich bis 1918 bestehen.

Ob sich daraus allerdings eine direkte Kausalverbindung zwischen illiberalen Obrigkeitsstaat und von diesem instrumentalisierter, repressiver Rechtsprechung konstruieren läßt, erscheint fragwürdig. Die Analogie zwischen der richterlichen Auslegung des "common law" in Großbritannien und der Anwendung der Bestimmungen des § 153 läßt darauf schließen, daß sich hinter der deutschen Rechtspraxis ebenfalls in signifikantem Ausmaß liberale Vorstellungen über individuelle Eigentums- und Vertragsrechte versteckten, die mit der Industrialisierung Deutschlands einhergingen. Eindeutig geprägt davon war sicherlich der § 152 der Gewerbeordnung, nach dem Abmachungen zwischen Unternehmern und vereinigten Arbeitern kein rechtskräftiges Vertragsverhältnis begründeten.

---

12 Diese Zahl enthält nicht die Beschäftigten der Kommunalbehörden und die Beschäftigten, für die ein Abkommen auf betrieblicher Basis galt, so daß der gesamte Deckungsumfang der Kollektivabkommen ungefähr 3 Millionen Arbeiter betragen haben muß; vgl. Clegg, British Trade Unions, Bd.2, S.548, bzw. Bd.3, S.413 f.. Für die deutsche Zahl vgl. Hentschel, Geschichte der deutschen Sozialpolitik, S.52.

13 Die Zahl der "manual workers" (13,7 Mio., Stand 1911) bezieht sich allerdings auf alle Wirtschaftssektoren einschl. der Landwirtschaft und nicht nur auf die gewerblichen Arbeiter; vgl. Price u. Bain, Labour Force, Tab.4.1(a), S.163.

14 Vgl. Clegg, British Trade Unions, Bd.3, S.413.

Unternehmern sollte es rechtlich freigestellt bleiben, in **individuellen** Arbeitsverträgen von den kollektiven Vereinbarungen abzuweichen. Daß sich darüber hinaus bei der sozio-ökonomischen und politischen Besitzstandswahrung gegenüber der organisierten Arbeiterschaft eine weitreichende Interessenübereinstimmung zwischen liberal-kapitalistischem Bürgertum und konservativen, alten Eliten und eine Vermischung höchst unterschiedlicher Denktraditionen ergeben hat[15], kann diese Annahme nur unterstreichen und gilt wahrscheinlich ebenso für die britische Gesetzgebung und Rechtsprechung. Während allerdings auf britischer Seite bereits die Koalitionsverbote an der Wende vom 18. zum 19. Jahrhundert dem liberalen Prinzip der Gewerbefreiheit dienten, waren die gleichen Beschränkungen auf deutscher Seite auch noch nach der Reichsgründung von dem Streben der alten Eliten nach Herrschaftssicherung und Unterdrückung gesellschaftlicher Emanzipationsbestrebungen motiviert.
Zu Recht weisen daher insbesondere die Befürworter der Sonderwegsthese, aber auch andere Autoren auf die negativen Folgen der verspäteten **politischen** Modernisierung Deutschlands hin. Ein für die weitere Entwicklung maßgeblicher Unterschied zu Großbritannien bestand in der Tatsache, daß mangels Kompetenzen weder der Reichstag noch die vom Parlament unkontrollierte Exekutive ein ausreichendes legislatives Gegengewicht zu einer gewerkschaftsfeindlichen Rechtsprechung bildeten. Im Kontrast zur britischen Pendelbewegung zwischen Gerichten einerseits und Unterhaus und Regierung andererseits arbeiteten vielmehr Judikative, Legislative und Exekutive in Deutschland bei der Unterdrückung der Arbeiterbewegung nur allzu häufig Hand in Hand. Dies zeigten sowohl das Sozialistengesetz von 1878 als auch die Entwicklung des Vereins- und Versammlungsrechts. Die enge Verbindung, die im öffentlichen Bewußtsein zwischen den politischen Zielen der Sozialdemokratie und der gewerkschaftlichen Betätigung bestand, wirkte sich dabei zum Nachteil der wirtschaftlichen Interessenorganisationen aus. Auch in Großbritannien wurde jedoch rigoros zu repressiven Maßnahmen gegriffen, wenn die Gewerkschaften als politische Bedrohung wahrgenommen wurden. Das war während der teils politisch motivierten Streikunruhen nach dem Ersten Weltkrieg der Fall, als der Erlaß der Emergency Powers Act von 1920 die Regierung u.a. zum Einsatz von Militär ermächtigte, und nach dem Generalstreik von 1926, als der Koalitionszwang bzw. das Aufstellen von Streikposten erneut verboten wurden. Interessant ist jedoch, daß die Gesetzgebung von 1927 weder die Befreiung von straf- noch von zivilrechtlicher Haftung bei Arbeitskämpfen (Conspiracy Act, 1875, bzw. Trade

---

15 Nocken, Corporatism and Pluralism, S.42-45, spricht von einem "mixed system of state corporatism and pluralism" von der Jahrhundertmitte bis zum Ersten Weltkrieg. Charakteristisches Merkmal des ersteren sei die Verkammerung der Interessenvertretung (Handelskammern, etc.), Anzeichen des letzteren die Ausbreitung freier Interessenverbände seit den 1850er Jahren.

Disputes Act, 1906) zurücknahm, wie es die Arbeitgeberorganisationen gefordert hatten. Auch die Einführung obligatorischer Urabstimmungen vor Streiks oder einer Zwangsschlichtung, auf die Neville Chamberlain und die Zentrale der eigenen Partei gedrängt hatten, wurden von der konservativen Regierung Baldwin abgelehnt[16]. Anders als in der Endphase der Weimarer Republik waren im Vereinigten Königreich die pluralistischen Prinzipien der parlamentarischen Demokratie, zu denen auch eine harte Konfliktaustragung gehörte, zu stark akzeptiert, als daß eine Krisensituation zu ihrer dauerhaften Außerkraftsetzung durch Zwangsmaßnahmen und Notverordnungen verleitet hätte. Nach gewohnter voluntaristischer Tradition wurden daher nicht die Gewerkschaften oder ihre Verhandlungsmacht gegenüber den Arbeitgebern eingeschränkt, sondern lediglich die Politisierung der Arbeitsbeziehungen bekämpft.

b) Die Zwischenkriegszeit

Nicht nur in der Unverbindlichkeit von Tarifverträgen, sondern vor allem auch in der Rechtsauffassung gegenüber Arbeitskämpfen äußerte sich die traditionelle Scheu des liberalen britischen Staates vor einer Einmischung in die Arbeitsbeziehungen. Lediglich dort, wo es die Schwäche einer der beiden Konfliktparteien erforderte, wurde durch staatliche Eingriffe eine ausgewogene Funktionsweise des voluntaristischen Systems im öffentlichen Interesse gewährleistet. Das galt sowohl für die zahlreichen Factories Acts[17], deren Erlaß die älteste Form der Staatsintervention in den Arbeitsbeziehungen darstellte, als auch für die Trade Boards Acts von 1909 und 1918, mit denen die Regierung in schwach organisierten Industriebereichen Mindestlöhne festsetzte. Diese sollten durch freiwillige Kollektivverhandlungen abgelöst werden, sobald die Gewerkschaften dort besser Fuß gefaßt hätten. Gefördert durch den ökonomischen und sozialen Druck der Weltwirtschaftskrise, wurden schließlich auch die dreißiger Jahre zu "(...) one of the most productive periods of state intervention in industrial relations, with the Road Traffic Acts of 1930 and 1933, followed by the Road Haulage Wages Act 1938, the Cotton Manufacturing Industry (Temporary Provisions) Act 1934 (...), the Holidays with Pay Act 1938, the establishment of trade boards for

---

16 Vgl. Rodney Lowe, The Government and Industrial Relations, 1919-39, in: Wrigley (Hg.), British Industrial Relations, Bd.2, S.185-210, hier S.195.

17 Das erste diesbezügliche englische Gesetz stammt aus dem Jahr 1802, in Deutschland beginnt die Fabrikgesetzgebung mit der Novelle zur Gewerbeordnung von 1891; vgl. Cook u. Stevenson (Hg.), Longman Handbook, S.121; Schneider, Kleine Geschichte der Gewerkschaften, S.71.

rubber manufacture and reclamation, for furniture, and for baking, and the promise of trade boards for the retail trades."[18]

So waren also die staatlichen Instrumente der Verrechtlichung und Institutionalisierung auch in den voluntaristischen Arbeitsbeziehungen von Bedeutung, ohne daß sie etwas mit den wechselseitigen Austauschprozessen zu tun hatten, die für eine korporatistische Konfliktregulierung charakteristisch sind. Schon 1886 deutete sich allerdings mit der Einrichtung eines Labour Department im Board of Trade eine Haltungsänderung an, die durch ein wachsendes Interesse der britischen Regierungen an den Kollektivorganisationen und an einer aktiven, kontinuierlichen Zusammenarbeit gekennzeichnet war. Ursprünglich auf die Sammlung und Aufbereitung statistischer Daten beschränkt, begann die neue Abteilung bald, ermächtigt durch die Conciliation Act desselben Jahres, ihren Aufgabenbereich mit der Vermittlung und Schlichtung bei Arbeitskonflikten zu erweitern. Aber erst durch die Ausdehnung ihrer Kompetenzen infolge der korporatistischen Regulierung der Kriegswirtschaft und als Gegenleistung an die Gewerkschaften für deren Kooperation erfolgte dann im Dezember 1916 die Aufwertung zu einem eigenständigen Arbeitsministerium[19]. Seine Einrichtung war symptomatisch für die Schrittmacherrolle, die der Staat nach 1914 bei der Entwicklung des Systems der Arbeitsbeziehungen übernahm[20].

Durch die Industrial Courts Act vom November 1919 wurde ein ständiger industrieller Schiedsgerichtshof eingerichtet, der sich aus unabhängigen Personen, einigen Arbeitgeber- und einigen Arbeitervertretern sowie einer oder mehr Frauen zusammensetzte, die vom Arbeitsminister ernannt wurden. Im Falle eines Arbeitskonflikts konnte der Arbeitsminister mit Zustimmung beider Parteien die Angelegenheit zur Beilegung entweder an das Schiedsgericht überweisen oder aber einen Schlichtungsausschuß ernennen, der aus einem unabhängigen Vorsitzenden und einer gleichen Anzahl von Arbeitgeber- und Gewerkschaftsvertretern bestand[21]. Der Industrial Court übernahm teilweise das Personal

---

18 Clegg, British Trade Unions, Bd.3, S.92 f.

19 Eine weitere Konzession war die Einbeziehung von Repräsentanten der Arbeiterbewegung in die Koalitionsregierungen der Kriegszeit. In der im Dezember 1916 gebildeten Regierung unter Lloyd George wurde so - neben Arthur Henderson als Mitglied des engeren, fünfköpfigen Kriegskabinetts und George Barnes als Minister of Pensions - der Präsident der größten Metallarbeiter-Gewerkschaft (Iron and Steel Trades Confederation) John Hodge zum ersten britischen Arbeitsminister ernannt; vgl. Pelling, History of the Labour Party, S.38 f.

20 Die auf den Staat übergehende Initiative betont Walther Müller-Jentsch, Versuch über die Tarifautonomie. Entstehung und Funktionen kollektiver Verhandlungssysteme in Goßbritannien und Deutschland, in: Leviathan 11 (1983), S.118-50, hier S.138.

21 Vgl. Robertson u. Sams, British Trade Unionism, Bd.2, S.479.

und die Regelungen des Committee on Production, das seit 1915 als Gremium zur Zwangsschlichtung gedient hatte, und setzte somit de facto die Praxis der staatlichen Zwangsschlichtung während des Krieges auf freiwilliger Basis fort. Die Entscheidungen des Gerichtshofes zwischen 1919 und 1939 waren zu ca. 42-43% Kompromißlösungen, ungefähr 35% fielen zugunsten der Arbeitgeber aus und etwa 22-23% zugunsten der Gewerkschaften[22]. Signifikanterweise wurden ihm nur aber selten Streitfälle in den gut organisierten, alten Industrien, wie Baumwolle, Bergbau, Eisen und Stahl und Eisenbahnen, mit starken liberalen und syndikalistischen Traditionen vorgetragen[23]. Die Gewerkschaften anderer, eher schwach organisierter Branchen machten verständlicherweise häufiger von der korporatistischen Konfliktregelung unter staatlicher Mithilfe Gebrauch. Dennoch war es gerade die Mitgliederbasis der großen Verbände, deren Aktivitäten der neuen politischen Linie der Regierung mehr Schubkraft verliehen. Diese zielte darauf ab, die im Krieg begonnene, über die reine Konsultation hinausgehende Kooperation zwischen Interessenorganisationen und Staat auch in der Friedenszeit fortzusetzen.

So war im Februar 1919 auf Initiative und als Reaktion der Regierung auf die militante Stimmung innerhalb der Arbeiterschaft eine National Industrial Conference aus Arbeitgeber- und Gewerkschaftsvertretern gebildet worden, die sich mit den Gründen der herrschenden sozialen Unruhen befassen und Empfehlungen für die Bewältigung der industriellen Probleme der Nachkriegszeit erarbeiten sollte. Die Einrichtung dieser über 800 Delegierte umfassenden Körperschaft wurde von Kommentatoren im In- und Ausland als die britische Alternative zum Bolschewismus begrüßt. Zur Förderung der Kooperation zwischen Kapital und Arbeit schlug sie die Gründung eines National Industrial Council vor. Dieser sollte lediglich beratende Funktionen innehaben und im Gegensatz zum 1920 in Deutschland eingerichteten Vorläufigen Reichswirtschaftsrat nicht nach berufsständischen Kriterien, sondern nach den Gesichts-

---

22 Vgl. Wrigley, Trade Unions between the Wars, S.86 f.

23 Nur geringe staatliche Interventionen bei der Lohnbildung erfolgten auch in Deutschland im Buchdruck, im Bau- und im Holzgewerbe, also in den alten Tarifbranchen. Im Baugewerbe konnten Lohnerhöhungen problemlos an die Bauherren weitergegeben werden, während im Holzgewerbe der Vorsitzende des Deutschen Holzarbeiterverbands, Fritz Tarnow, ein starker Befürworter der Tarifautonomie war. Zu den Branchen mit starker staatlicher Schlichtungstätigkeit zählten im Gegensatz zu Großbritannien die Textilindustrie, die Metallindustrie und der Bergbau (vgl. Bähr, Sozialer Staat und industrieller Konflikt, S.194-96, 202). Zumindest in den beiden letztgenannten Branchen lag die Ursache dafür in der unnachgiebigen Haltung der Arbeitgeber, bei denen die Durchsetzung des Tarifgedankens staatlich erzwungen werden mußte.

punkten einer modernen Industriegesellschaft paritätisch besetzt werden[24]. Trotz guter Ansätze wurde die Schaffung eines Industrieparlaments in Großbritannien nicht realisiert. Wie ihren Vorgänger, den National Industrial Council von 1911, degradierte Lloyd George die National Industrial Conference zu einer einflußlosen Gesprächsrunde, kaum daß sich die soziale Lage wieder etwas beruhigt hatte[25]. Obwohl also eine Institutionalisierung des korporatistischen Steuerungsmodells letztendlich politisch nicht durchsetzungsfähig war, hatten doch zumindest schon seine Ansätze ihre von der Regierung ja durchaus beabsichtigte, befriedende Wirkung auf gesellschaftliche Radikalisierungstendenzen bewiesen.
Gleichfalls im Februar 1919 wurde durch die Ernennung der Royal Commission on the Mines ("Sankey Commission") ein nationaler Streik der Bergarbeiter verhindert, die die Verstaatlichung der Kohleindustrie forderten. Die Einsetzung der Untersuchungskommission durch die Regierung schob die Entscheidung über die zukünftigen Eigentumsverhältnisse noch einmal auf: "This enabled the leaders of the miners, who had voted for strike action if state ownership were not conceded, to keep their members in check, albeit with great difficulty."[26] Im Jahr 1925 griff der Staat im öffentlichen Interesse erneut konfliktmildernd im Bergbau ein. Der befürchtete Generalstreik wurde um ein Dreivierteljahr hinausgezögert, als sich die Regierung bereiterklärte, die bestehenden Löhne der Bergarbeiter durch Subventionen für neun Monate aufrechtzuerhalten, bis eine wiederum gebildete Untersuchungskommission über die Probleme des Bergbaus ("Samuel Commission") zu einem Ergebnis gekommen sei[27]. Als sich die Kommission dann zwar langfristig für eine Reorganisation der Kohleindustrie, kurzfristig jedoch für Lohnkürzungen und Arbeitszeitverlängerung aussprach und die Bergleute dies

---

24 Damit ist gemeint, daß der Grundwiderspruch zwischen Kapital und Arbeit allen weiteren Besetzungskriterien zugrunde liegt. Die drei großen Bereiche der Wirtschaft – Landwirtschaft, Industrie und Dienstleistungssektor - werden daher nicht separat repräsentiert.

25 Vgl. Wrigley, Trade Unions between the Wars, S.86; Rodney Lowe, The Failure of Consensus in Britain: The National Industrial Conference, 1919-1921, in: HJ 21 (1978), S.649-75; mit scharfer Kritik an der Korporatismus-These vgl. Wendt, Vom Interventionsstaat.

26 Fox, History and Heritage, S.301.

27 Vgl. Martin, TUC, S.168; insgesamt befaßten sich bis zum Generalstreik vier staatliche Untersuchungsausschüsse (1919, 1924, 1925, 1926) mit den Problemen der Kohleindustrie. Einen ausgezeichneten Überblick des Gesamtzusammenhangs von der Kündigung des geltenden Tarifabkommens durch die Arbeitgeber am 30. Juni 1925, über "Red Friday" am 31. Juli 1925, die Veröffentlichung des "Samuel Report" im März 1926 und den Generalstreik vom 4. bis zum 12. Mai 1926 bis zur endgültigen Streikaufgabe durch die Bergarbeiter im November 1926 gibt Mowat, Britain between the Wars, S.290-335.

ablehnten, begann am 1. Mai 1926 die Aussperrung. Der anschließende Generalstreik war vor allem ein Sympathiestreik und nicht, wie es die Regierung darstellte, ein politisch motivierter Angriff der Gewerkschaften auf das parlamentarische System des Landes[28]. Doch schon 1927 wurde mit den Mond-Turner Konferenzen von der Konfrontation wieder zur Kooperation übergegangen. Auch in diesem Fall war die Regierung aktiv geworden und hatte zu dem Zustandekommen der Unternehmer-Gewerkschaftsgespräche maßgeblich beigetragen (vgl. Kap.VI.1.). Bereits im Jahre 1916 hatte die Einsetzung des Committee on the Relations between Employers and Employed die strategischen Absichten der Regierung nach Kriegsende deutlich werden lassen. Es handelte sich dabei um einen Unterausschuß des mit der Nachkriegsplanung beauftragten Reconstruction Committee, der unter dem Vorsitz des liberalen Abgeordneten J. H. Whitley mit Arbeitgeber- und Gewerkschaftsvertretern, Experten und Ministerialbeamten besetzt wurde. Auf seinen Empfehlungen bauten schließlich sowohl die Trade Boards Act als auch die Industrial Courts Act auf. Ein weiterer Vorschlag des Whitley Committees war die Schaffung eines dreistufigen paritätischen Mitbestimmungssystems aus Works Committees, District Councils und Joint Industrial Councils (JICs) auf Branchenebene, mit dem oben erwähnten National Industrial Council als Krönung dieses auch "Whitleyism" genannten Konzeptes[29]. Über die normalen Kollektivverhandlungen hinaus sollten die Ausschüsse, auf der Betriebsebene beginnend, gemeinsam über die Probleme ihrer Branche beraten und der staatlichen Administration als Ansprechpartner zur Verfügung stehen: "Recognized by government as the official and authoritative bodies for their respective industries, as the newly created Ministry of Labour declared in 1917, JICs were to be consulted as 'the normal channel through which the opinion and experience of an industry will be sought.'"[30] Es ging der Regierung darum, den Basisdruck der Belegschaften, der vor allem im letzten Kriegsjahr 1917/18 durch eine Reihe inoffizieller Streikaktionen unter der Leitung lokaler Shop Stewards spürbar wurde, in kooperative und konstitutionelle Bahnen zu lenken. An diesem Austauschprozeß waren sowohl der Staat aus politischen Gründen als auch die Gewerkschaftsführungen interessiert, die ihre interne Autorität gegenüber den militanten Shop Stewards stabilisieren wollten[31]. Zwischen 1918 und 1920 wurden

---

28 Vgl. Alter, Generalstreik, S.100-04.

29 Vgl. Bernd-Jürgen Wendt, Whitleyism - Versuch einer Institutionalisierung des Sozialkonfliktes in England am Ausgang des Ersten Weltkrieges, in: Stegmann u.a. (Hg.), Industrielle Gesellschaft, S.337-53; ders., Vom Interventionsstaat; Charles, Development of Industrial Relations, S.77-226.

30 Fox, History and Heritage, S.294.

31 Vgl. Kaiser, Staatshandeln, S.172.

daher 74 dieser Joint Industrial Councils gebildet, von denen bis 1939 allerdings nur die 20 größten überlebten[32]. Für viele der schwächeren Gewerkschaften, insbesondere in den Bereichen Elektrizitäts- und Wasserversorgung, Kommunalverwaltung, Papierherstellung, Seide, Stein- und Zementindustrie, wurden jedoch durch die Einrichtung eines "Whitley Council" effektive Tarifverhandlungen überhaupt erst möglich[33]. Hinsichtlich seines eigentlichen Ziels, d.h. der Ergänzung der bestehenden Verhandlungsprozeduren durch Zusammenarbeit, habe, so die Einschätzung Walter Milne-Baileys, das Whitley-System jedoch "(...) mit wenigen Ausnahmen alle enttäuscht, die der Hoffnung waren, daß ein Weg gefunden werden könnte, um die Gewerkschaften in die Führung der Industrie organisch einzuschalten."[34]

Das Scheitern der wirtschaftsdemokratischen Bestrebungen in Gestalt der "Whitley Councils" zeigte somit, daß auch die britischen Arbeitgeber wie ihre deutschen "counterparts" nicht zu einer freiwilligen Abgabe unternehmerischer Kompetenzen an die Gewerkschaften bereit waren. Die Schwächung der Arbeiterorganisationen durch die Wirtschaftskrise von 1921/22 und der dadurch nachlassende soziale Druck von unten verhinderten außerdem, daß die Regierung an einer umfassenden Durchsetzung ihrer ursprünglichen Absichten auf Dauer interessiert blieb. Dennoch führte die Kriegskooperation zwischen Verbänden und Staat in Großbritannien langfristig zu einer nicht reversiblen Änderung ihrer Beziehungen, die man zwar nicht als ausgeprägte korporatistische Strukturen, durchaus aber als "corporate bias"[35] bzw. als tendenzielle Entwicklung eines gesellschaftlichen Korporatismus beschreiben kann.

Die Trade Union Act von 1871 hatte eine Tradition der "abstention of law and state" begründet, die sich zwar hinsichtlich der staatlichen Enthaltsamkeit nicht bis in die moderne Zeit aufrechterhalten ließ, wohl aber in einem insgesamt geringen Verrechtlichungsgrad der britischen Arbeitsbeziehungen zum Ausdruck kam. Anders sah es in Deutschland aus. Hier wurden die individualrechtlichen Grundlagen der Arbeitsbeziehungen schrittweise durch ein "von oben" implemen-

---

32 Vgl. Fox, History and Heritage, S.297.

33 Vgl. Wrigley, Trade Unions between the Wars, S.87.

34 Walter Milne-Bailey, Die englische Gewerkschaftsbewegung und die Wirtschaftsdemokratie, in: DA 5 (1928), H.6, S.371-78 (Teil 1), H.7, S.433-44 (Teil 2), hier S.434.

35 Vgl. Middlemas, Politics in Industrial Society, hier insbesondere Kap. 7, 8, 11-13. Zu den schärfsten Kritikern der Anwendung der Middlemas-These auf die Zwischenkriegszeit gehört Rodney Lowe (vgl. die im Literaturverzeichnis genannten Beiträge des Autors); auf Branchenebene auch Roy A. Church, Ursprünge und Niedergang des "Tripartismus" in der britischen Kohleindustrie 1889 bis 1988, in: Feldman u. Tenfelde (Hg.), Bergbau, S.15-65.

tiertes, kollektives Arbeitsrecht abgelöst. Seit 1915 galten die Gewerkschaften schon nicht mehr als politische Vereine. Im Mai 1918 wurde endlich § 153 aus der Gewerbeordnung gestrichen, und am 12. November desselben Jahres gestand der Rat der Volksbeauftragten nun auch den Beamten, Staatsarbeitern und Landarbeitern die Vereinigungs- und Versammlungsfreiheit zu. Somit fielen erst mit der Revolution die letzten Schranken der Koalitionsfreiheit[36]. Zuvor hatte aber schon das Vaterländische Hilfsdienstgesetz vom 5. Dezember 1916 erstmals eine staatliche Anerkennung der Gewerkschaften als legitime und gegenüber den Arbeitgebern gleichberechtigte Interessenvertretung der Arbeiter zum Ausdruck gebracht, indem es in kriegswichtigen Betrieben mit mehr als 49 Beschäftigten Arbeiterausschüsse und in jedem Wehrbezirk Ausschüsse zur Schlichtung innerbetrieblicher Streitigkeiten über Lohn- und Arbeitsbedingungen vorschrieb. Die neue, staatstragende Rolle der Gewerkschaften, die ihnen durch die kriegsbedingte Zusammenarbeit mit der Regierung und den Unternehmern zugeflossen war, fand dann in der Weimarer Reichsverfassung einen schriftlichen Niederschlag. In Großbritannien hatte in dieser Hinsicht kein Handlungsbedarf bestanden, da die gewerkschaftliche Rechtsposition gesichert war und weder eine Verfassung existierte noch ein politischer Umbruch die Verabschiedung einer solchen erforderlich machte. Artikel 157 der Weimarer Reichsverfassung stellte die Arbeitskraft unter den besonderen Schutz des Reiches und versprach die Schaffung eines einheitlichen Arbeitsrechts. Artikel 159 gewährte nun die uneingeschränkte Koalitionsfreiheit als positives Grundrecht. Artikel 161 garantierte den Gewerkschaften Sitz und Stimme in den Organen der Sozialversicherung. Artikel 163 gab die staatliche Zusage, daß bei Arbeitslosigkeit für den "notwendigen Unterhalt" gesorgt werde. Artikel 165 schließlich räumte den Gewerkschaften umfassende Möglichkeiten ein, über Betriebsräte, Bezirkswirtschaftsräte und einen Reichswirtschaftsrat "(...) gleichberechtigt in Gemeinschaft mit den Unternehmern an der Regelung der Lohn- und Arbeitsbedingungen sowie an der gesamten wirtschaftlichen Entwicklung der produktiven Kräfte mitzuwirken."[37] Gleichzeitig wurden die beiderseitigen Organisationen nun offiziell staatlich anerkannt und ihre Vereinbarungen - anders als in Großbritannien - für rechtsverbindlich erklärt. Wie stark diese Zusagen jedoch von staatlichem Wohlwollen und Schutz abhängig und nicht etwa aufgrund sozialen Drucks "von unten" erkämpft bzw. gesellschaftlich breit legitimiert waren, zeigte sich erst, als sich auf lange Sicht die politischen Kräfteverhältnisse wieder

---

36 Vgl. Hentschel, Geschichte der Sozialpolitik, S.62; Brunner, Bürokratie und Politik, S.52.

37 Zit. n. Horst Hildebrandt (Hg.), Die deutschen Verfassungen des 19. und 20. Jahrhunderts, Paderborn usw. 1985(13), S.69-111: Die Verfassung des Deutschen Reiches (Weimarer Verfassung) vom 11.8.1919, hier § 165, S.109.

änderten. Artikel 157 wurde niemals eingelöst, während Artikel 161 und 163 in der Weltwirtschaftskrise Stück um Stück unterlaufen wurden. Artikel 165 blieb hingegen auf der betrieblichen Ebene stecken. Mit ihrer Forderung nach einer gleichberechtigten Vertretung in den bereits bestehenden Industrie-, Handwerks- und Landwirtschaftskammern, die die Gewerkschaften als Ersatz für die Bezirkswirtschaftsräte forderten, drangen sie auch in der Weimarer Republik nicht durch[38]. Trotzdem hatte die staatlich sanktionierte und initiierte Einrichtung halböffentlicher Zwangskörperschaften als Interessenvertretungsorgane in Deutschland bereits Tradition. Wie Werner Abelshauser dargestellt hat, vollzog sich mit der ordnungspolitischen Wende des Jahres 1879 ein Übergang vom freien Wettbewerb zur korporativen Marktwirtschaft, der sich insbesondere auch in einer "Verkammerung" gesellschaftlich wichtiger Interessengruppen und deren Inkorporierung in den Rahmen staatlicher Wirtschaftspolitik äußerte. Diese erstreckte sich auch auf die sogenannten "freien Verbände", die "(...) die Rückversicherung institutionalisierter Kooperation mit der Obrigkeit (...) und die Möglichkeit des Immediatzugangs zur Exekutive dem freien Wettbewerb der Interessen und der Arbeit mit dem Parlament weitgehend vor[zogen]."[39] So wurde durch die berufsständische Organisation der Kammern und die staatliche Nichtberücksichtigung der Arbeiterinteressen durch die unterlassene Einrichtung entsprechender Arbeiterkammern frühzeitig die Grundlage staatskorporatistischer Strukturen gelegt. Diese beruhten auf einem Ungleichgewicht zwischen den Gewerkschaften einerseits und den sogenannten "Spitzenorganisationen der Wirtschaft"[40] aus Handel, Gewerbe und Landwirtschaft andererseits, das in der Weimarer Republik zum Tragen kam.

---

38 Vgl. Fritz Naphtali, Wirtschaftsdemokratie. Ihr Wesen, Weg und Ziel, hrsg. u. eingel. von Rudolf F. Kuda, Köln usw. 1977(4) (zuerst ersch. 1928), S.143.

39 Vgl. ders., Freiheitlicher Korporatismus, S.150-52, Zitat S.152. Der Verfasser spricht von freiheitlichem Korporatismus im Kaiserreich, obwohl die Gewerkschaften "noch kaum" (ebd., S.159) in die Interessenpolitik einbezogen waren. Zum Schmitterschen Neokorporatismus gehört aber notwendigerweise der tripartistische Charakter, während die Untertypen auf eine gleichmäßige, also gesellschaftlich legitimierte, bzw. ungleichmäßige Kräfteverteilung (Staatskorporatismus) in diesem Interessenvermittlungssystem abheben.

40 Vgl. Nocken, Korporatistische Theorien und Strukturen, S.29. Schon die bis heute übliche, unterschiedliche Wortwahl in der Verbandsforschung weist im deutsch-britischen Vergleich auf die Beharrungskraft tradierter Einstellungen hin. Während in Großbritannien stets von "both sides of industry" die Rede ist, fragt man sich, wieso der ADGB, als ein ausschließlich auf ökonomischer Ebene organisierender Dachverband, keine Spitzenorganisation der Wirtschaft war. Sollte "die Wirtschaft" in Deutschland nur aus Unternehmern bestanden haben?

Auch andere Neuerungen des kollektiven Weimarer Arbeitsrechts enthielten Elemente, die zwar eigentlich die Förderung gleichberechtigter Beziehungen zwischen Staat, Unternehmerverbänden und Gewerkschaften beabsichtigten, aber die Gefahr einer Entwicklung zu staatskorporatischen Strukturen bereits in sich bargen[41]. Die Verordnung über Tarifverträge, Arbeiter- und Angestellten-ausschüsse und Schlichtung von Arbeitsstreitigkeiten des Rats der Volksbeauftragten von 1918 bestimmte "von oben" die Unabdingbarkeit von Tarifverträgen und deren Allgemeinverbindlichkeit auch für unorganisierte Arbeitnehmer. Einerseits entzog sie damit zwar den sogenannten wirtschaftsfriedlichen Werkvereinen jegliche Bedeutung, andererseits aber führte sie ein nicht durch wirkliche Organisationsstärke legitimiertes Repräsentationsmonopol der tariffähigen Gewerkschaften ein[42]. Eine große Anzahl unorganisierter Arbeitnehmer, insbesondere die Mehrheit der Angestellten, kam somit in den Genuß für allgemeinverbindlich erklärter, tarifrechtlicher Vereinbarungen, deren Abschluß sie aber nicht den dahinterstehenden Organisationen, sondern dem sozialpolitischen Willen des Staates zugute hielten[43].

---

41 Otto Kahn-Freund hat diesen Entwicklungsprozeß zutreffend dargestellt; vgl. ders., Der Funktionswandel des Arbeitsrechts, in: Archiv für Sozialwissenschaft und Sozialpolitik 67 (1932) (Nachdr.: Johnson Reprint Corp., New York usw. 1971), S.146-74. Die von Kahn-Freund beschriebene, dem Weimarer Arbeitsrecht ursprünglich zugrundeliegende, kollektivistische Rechtsideologie entspricht unserer Definition von gesellschaftlichem Korporatismus: 1. Der Kollektivismus setzt die Parität der Kollektive an die Stelle der Parität der Individuen; 2. Rechte und Pflichten der Arbeitnehmer werden primär nicht mehr durch ihren Anteil an der politischen Macht oder das Ausmaß der Berücksichtigung ihrer Interessen durch den Staat, sondern durch ihre gesellschaftliche, d.h. organisatorische Stärke bestimmt; 3. Voraussetzung des Kollektivismus ist daher eine gewisse Gleichgewichtslage zwischen Arbeitgeber- und Arbeitnehmerschaft sowie eine grundsätzliche Akzeptanz des Klassenkampfes durch den Staat; 4. Um die Verbände nicht ihres Wesens als freie Klassenrepräsentationen zu berauben, andererseits aber nicht auf jede Form staatlicher Sozialpolitik verzichten zu müssen, beruht das kollektivistische Verhältnis zwischen Staat und Verbänden auf einer Wechselwirkung von gegenseitiger Förderung und gegenseitigem Dienst (vgl. ebd., S.151-55).

42 Als solche galten die Verbände der drei großen Richtungsorganisationen, freie, christliche und Hirsch-Dunckersche Gewerkschaften. Deren Monopolstellung war allerdings nicht eindeutig geregelt, sondern leitete sich aus verschiedenen rechtlichen Bestimmungen, u.a. der Verordnung über den Vorläufigen Reichswirtschaftsrat vom 4. Mai 1920, ab; vgl. BAP, 39.01/35265/6462: Die Arbeitnehmerverbände im Arbeitsrecht, gez. Min.Rat Dr. Steinmann, 7.3.1933.

43 Vgl. Kahn-Freund, Funktionswandel des Arbeitsrechts, S.164 f.; zur Weimarer Arbeitsgesetzgebung vgl. auch ders. Labour Law and Politics; Hentschel, Geschichte der deutschen Sozialpolitik, S.70-95; Weisbrod, Kapital und Arbeit.

Auch die Einrichtung getrennter Arbeiter- und Angestelltenräte im Rahmen des Betriebsrätegesetzes von 1920 verstärkte, ebenso wie die bereits bestehende versicherungsrechtliche Trennung, das berufsständische Denken der Angestellten. Das Gesetz beabsichtigte, darin den Whitley Councils vergleichbar, die Förderung der Arbeitnehmerpartizipationsrechte auf betrieblicher Ebene, um die räterevolutionären Bestrebungen der radikalisierten Arbeiterschaft aufzufangen. Mit Unterstützung der Gewerkschaften, die um ihren Einfluß fürchteten, wurden Aktionsradius und Kompetenzen der Betriebsräte stark begrenzt. Die Betriebsverfassung ordnete der Gesetzgeber nicht nach wirtschaftsdemokratischen, sondern nach sozialreformerischen Gesichtspunkten. Den Betriebsräten oblag demnach vorrangig die Unterstützung der Arbeitgeber in der Erfüllung der "Betriebszwecke". Dieser Aufgabe war sogar, wie die Rechtssprechung des 1926 geschaffenen Reichsarbeitsgerichts in den folgenden Jahren verbindlich zum Ausdruck brachte, die Interessenvertretung der Beschäftigten unterzuordnen. Während also auf der einen Seite die Mitwirkung der Betriebsräte bei der Betriebsführung bedeutungslos blieb, mußten sie auf der anderen Seite unpopuläre Entscheidungen des Arbeitgebers gegenüber der Belegschaft mitvertreten und so zum Verlust der eigenen Glaubwürdigkeit beitragen. Zu Recht kritisierten daher zeitgenössische sozialistische Arbeitsrechtler, wie Ernst Fraenkel und Otto Kahn-Freund, an den Grundsatzentscheidungen des Reichsarbeitsgerichts, daß sie die Aufgaben der Gewerkschaften und Betriebsräte als interessenpolitische Kampforganisationen der Arbeitnehmer gegenüber den übergeordneten Interessen der Betriebsgemeinschaft oder des Staats zu gering bewerteten und zunehmend einer verquasten etatistisch-völkischen Gemeinschafts- und Friedensideologie opferten[44].

Wurde 1920 auf betrieblicher Ebene das tradierte kräftemäßige Übergewicht der Arbeitgeber gegenüber den Arbeitnehmervertretungen arbeitsrechtlich fortgeschrieben, da die "Betriebszwecke" nach Auffassung des Reichsarbeitsministeriums in der Regel "mit dem privatwirtschaftlichen Interesse der Unternehmer, der Gewinnerzielung, zusammenfallen"[45], so trat mit der Verordnung über das Schlichtungswesen von 1923 wieder die Rolle des Staates in den Vordergrund. Sie änderte die Festlegungen der Tarifvertragsverordnung von 1918, die ein freiwilliges Schlichtungsverfahren zur Beilegung von Arbeitskonflikten vorgesehen hatte, und führte die staatliche Zwangsschlichtung ein. Gleichzeitig wurde

---

44 Vgl. Hentschel, Geschichte der deutschen Sozialpolitik, S.89-91. Fraenkel bezeichnete die Zwangsschlichtung im Rückblick als "eine Institution mit latent sozialfaszistischen Tendenzen" (ders., Der Ruhreisenstreit 1928-1929 in historisch-politischer Sicht, in: Ferdinand A. Hermens u. Theodor Schieder (Hg.), Staat, Wirtschaft und Politik in der Weimarer Republik. Festschr. f. Heinrich Brüning, Berlin 1967, S.97-117, hier S.100).

45 Zit. n. Hentschel, Geschichte der deutschen Sozialpolitik, S.81.

mit der Arbeitszeitverordnung vom 21. Dezember 1923 das Prinzip des Achtstundentags zwar mit weitgehenden Ausnahmeregeln durchlöchert, aber zumindest formal weiterhin aufrechterhalten. Beide Maßnahmen richteten sich nicht gegen die durch Ruhrkampf und Inflation stark geschwächten Gewerkschaften, sondern beabsichtigten im Gegenteil den Schutz der dadurch nahezu wehrlosen Arbeitnehmer vor einem rigiden Lohn- und Arbeitszeitdiktat der Arbeitgeber[46]. Angesichts der auf eine Konfrontation abzielenden, unternehmerischen Haltung beendeten ADGB und AfA-Bund ihrerseits die Zusammenarbeit und traten im Januar 1924 aus der ZAG aus. Damit scheiterte jedoch nicht generell der "Probelauf des Korporatismus" bzw. "die arbeitsgemeinschaftlichen Träume an den harten Realitäten der Klassenkonflikte."[47] Vielmehr zerbrachen lediglich die Versuche zur Etablierung eines gesellschaftskorporatistischen Systems der Arbeitsbeziehungen in Deutschland. Ziel des Stinnes-Legien Abkommens und der ZAG war die gemeinsame und autonome Organisation von Demobilisierung und Übergangswirtschaft durch die Interessenvertretungen beider Seiten gewesen[48], deren Entscheidungen durch ein der Reichsregierung aufgezwungenes Demobilmachungsamt politisch umgesetzt wurden. Mit der Wahl zur Nationalversammlung und der Konsolidierung des neuen politischen Systems versandete der gesellschaftskorporatistische Anlauf aber schon 1919/20, als der Staat durch die Einrichtung verschiedener Gemeinwirtschaftskörper, wie den Reichskohlen- oder Reichskalirat und den Vorläufigen Reichswirtschaftsrat, das autonome Regelungssystem der ZAG aushöhlte[49]. Einen gesellschaftlichen Korporatismus hat es in Weimar somit nie gegeben[50]. Stattdessen leitete der Austritt aus der ZAG

---

46 Vgl. Horst-Albert Kukuck, Der Wiederaufschwung der Gewerkschaftsbewegung 1924 bis 1929, in: Matthias u. Schönhoven (Hg.), Solidarität und Menschenwürde, S.153-86, hier S.154.

47 So Detlev J. K. Peukert, Die Weimarer Republik. Krisenjahre der Klassischen Moderne, Frankfurt/M. 1987, S.114.

48 Die darüber hinausgehenden Motive und Zielsetzungen beider Seiten beim Abschluß dieses Zweckbündnisses sind bekannt. Das Stinnes-Legien Abkommen und die Satzung der ZAG vom 12.12.1919 sind abgedruckt in: Gerald D. Feldman u. Irmgard Steinisch, Industrie und Gewerkschaften 1918-1924. Die überforderte Zentralarbeitsgemeinschaft, Stuttgart 1985, S.135-41.

49 Vgl. Gerald D. Feldman, Die Freien Gewerkschaften und die Zentralarbeitsgemeinschaft 1918-1924, in: Heinz Oskar Vetter (Hg.), Vom Sozialistengesetz zur Mitbestimmung. Zum 100. Geburtstag von Hans Böckler, Köln 1975, S.229-52, hier S.243; zur Einrichtung des Demobilmachungsamtes vgl. Rechenschafts-Bericht der Generalkommission, S.88-90.

50 In der Forschungsliteratur wird in dieser Hinsicht überwiegend eine andere Position vertreten, die aber m.E. auf einer ungenauen Rezeption der Schmitterschen Korporatismus-

den Übergang zu staatskorporatistischen Regelungen ein, die zunächst zugunsten der Gewerkschaften eingesetzt und dann gegen sie verwandt wurden. Die Zwangsschlichtung verschärfte nicht nur die Polarisierung zwischen dem Arbeitgeber- und Gewerkschaftslager, indem der Staat den Kontrahenten die Kompromißfindung abnahm. Sie untergrub durch die institutionalisierte Einbindung des Staates in die Regelung der Arbeitskonflikte auch die Stabilität des politischen Systems: "Da ein Schiedsspruch Resultat politischen Kalküls, nicht aber Ergebnis eines harten und beide Seiten erschöpfenden Kräftemessens war, brauchte sich niemand mit seinem Ergebnis anzufreunden. Die Folge war die Politisierung der Tarifkonflikte, die Diskreditierung jedes Kompromisses und der Legitimationsverlust derjenigen staatlichen Instanzen, die als Schlichter automatisch ins Kreuzfeuer der Kritik geraten mußten."[51]

Ganz anders verhielt es sich mit der besser legitimierten institutionalisierten Konfliktregulierung auf gesellschaftlich-korporatistischer Grundlage in Großbritannien. Hier seien zwar die Urteile des Industrial Court für die Konfliktparteien nicht bindend gewesen. Da sie aber dem gemeinsamen Wunsch nach Schlichtung entsprungen seien, habe sich die Frage ihrer Durchsetzung im allgemeinen nicht ergeben[52]. Allerdings traten auch hier, als Folge der Schwächung der britischen Gewerkschaften in der Weltwirtschaftskrise und des dadurch gestörten Kräftegleichgewichts, staatskorporatische Bestrebungen auf, die von der Regierung jedoch zurückgewiesen wurden. So sprach sich der schottische TUC[53] auf seinem Kongreß im April 1930 für die gesetzliche Einführung paritätisch besetzter Schlichtungsausschüsse in allen Arbeitsamtsbezirken Großbritanniens aus,

---

Definition beruht; vgl. z.B. Hans-Peter Ullmann, Wirtschaftsverbände in Deutschland, in: Zeitschrift für Unternehmensgeschichte 35 (1990), S.95-115, hier S.107; Nocken, Corporatism and Pluralism; Abelshauser, Freiheitlicher Korporatismus; ders., First Post-Liberal Nation. Abelshauser bezeichnet Deutschland aufgrund seiner ausgeprägten korporatistischen Traditionen als erste (sic!) moderne, nachliberale Nation Europas, ohne dabei z.B. Schweden auch nur vergleichend heranzuziehen.

51 Peukert, Weimarer Republik, S.116.

52 So Clegg, System of Industrial Relations, S.368.

53 Der STUC ist ein eigenständiger Dachverband, der aber in der Zwischenkriegszeit eng mit dem TUC zusammenarbeitete. Seine Mitgliedschaft setzte sich aus schottischen Gewerkschaften (die zum großen Teil nicht dem TUC angeschlossen waren), britischen Gewerkschaften mit Gliederungen in Schottland sowie den schottischen Trades Councils zusammen, die nur dem STUC angehörten. 1925 waren 3 von 5 Gewerkschaftsmitgliedern in Schottland Mitglieder einer britischen Gewerkschaft; vgl. Michael Keating u. David Bleiman, Labour and Scottish Nationalism, London usw. 1979, S.91-101. Ausführlich vgl. Keith Aitken, The Bairns O' Adam. The Story of the STUC, Edinburgh 1997.

nachdem er sich seit 1927 über mehrere Jahre hinweg mit der Frage staatlicher Zwangsmaßnahmen bei der Durchsetzung von Kollektivvereinbarungen befaßt hatte. Diese Ausschüsse sollten lediglich in schwach organisierten Industriebereichen eingesetzt werden, in denen keine Verhandlungs- oder Schlichtungsmaschinerie existierte. Im Gegensatz zu der bestehenden Regelung nach der Conciliation Act von 1919 sollten sie bei einem Arbeitskonflikt das Erscheinen beider Parteien vor dem Ausschuß erzwingen können. Die Gewerkschaften versprachen sich davon eine Förderung von Kollektivverhandlungen in Branchen, wo sich die Arbeitgeber bisher gemeinsamen Gesprächen verweigerten, und einen Organisierungsanreiz. Nach zwei gemeinsamen Deputationen des schottischen mit dem britischen TUC zum Arbeitsministerium im Februar 1931 und Januar 1932 sowie einer internen Untersuchung des Vorschlags gelangte die Behörde zu der Ansicht, daß die Gewerkschaften zwar unter den vergangenen Krisenjahren stark gelitten hätten. Dennoch sei die Organisierung der Arbeiter ihre eigene Aufgabe, während die Regierung nicht daran denke, "(...) to do this work for the Unions - particularly the unskilled Unions."[54] Im Hinblick auf die mitgliederreichen Verbände in stark organisierten Branchen sah die Regierung das freilich anders. So sei es seit 1919 zur normalen Vorgehensweise bei der Lösung großer, im öffentlichen Interesse liegender Arbeitskonflikte geworden, daß der Arbeitsminister, wenn die Vermittlungsversuche seiner Beamten scheiterten, Gespräche mit beiden Seiten beginne. Richtete auch der Arbeitsminister nichts aus, übernehme in diesen Fällen, zu denen insbesondere auch der Bergbau gehörte, häufig der Premierminister die Gesprächsführung[55]. Ein Vergleich des Ruhreisenstreits und des Generalstreiks zeigt jedoch, daß die für Großbritannien ungewöhnlich starken staatlichen Eingriffe in der Kohleindustrie auch dort zu einer Politisierung der Arbeitskonflikte, einer Verhärtung der Fronten in den Arbeitsbeziehungen und einem bei einer korporatistischen Konfliktregelung als Kehrseite stets präsenten Vertrauensverlust an der Basis führten. Die Bergarbeiter fühlten sich von der Regierung hintergangen, die anfänglich hohe Erwartungen geweckt hatte, dann aber nicht zu deren Erfüllung bereit war, und schließlich auch

---

54 Diese Ansicht äußerte der durch das Ministerium zur Sache befragte Chief Conciliation Officer für Nord-Wales; vgl. PRO, Lab 2/1467/6: Schreiben an F. W. Leggett (Principal Assistant Secretary im Arbeitsministerium) vom 10. Februar 1933. Da die Gewerkschaftsinitiative im Sand verlief, dürfte die Position vom Ministerium übernommen worden sein. Die Diskussion im schottischen TUC wird in dessen Jahresberichten ausführlich wiedergegeben. 1932 wies der General Council des STUC darauf hin, daß das schwedische Schlichtungsgesetz von 1920 interessanterweise gerade in einer Weise geändert worden sei, die den schottischen Vorschlägen genau entspreche; vgl. Scottish Trades Union Congress, 35th Annual Report (im folgenden STUC-Report 19..), Glasgow 1932, S.41 f.

55 Vgl. Clegg, System of Industrial Relations, S.368.

von der TUC-Führung verraten. In den anderen Gewerkschaften führte der plötzliche Abbruch des Streiks durch den General Council ebenfalls zu Unverständnis und Radikalisierungstendenzen bei den Mitgliedern, die sich nach Streikende zunächst in größerer Zahl im Ausstand befanden als zuvor[56].
Auf deutscher Seite machte der Ruhreisenstreit deutlich, in welchem Ausmaß nicht die Wirtschaftsverbände, sondern der Staat bereits zum Hauptträger der Wirtschafts- und Sozialverfassung geworden war. Die Schwäche der Unternehmerdachorganisationen trat offen zutage, als sich ihre schwerindustriellen Mitglieder an der Ruhr nicht von Aussperrung und bewußter Provokation der Staatsgewalt abbringen ließen, obwohl RDI und VDA dieses Vorgehen mißbilligten. Die Repräsentanten der "neuen" Industrien erwiesen sich somit als unfähig, im Unternehmerlager ihre in der Regel gemäßigtere Position gegen die schwerindustriellen Scharfmacher durchzusetzen. Letztere erhielten dadurch einen Einfluß, dem ihre wirtschaftliche Bedeutung zwar nicht entsprach, der aber dennoch maßgeblich zur sozialen und politischen Zerrüttung der Weimarer Republik beitrug[57]. Auch die erneuten Initiativen der aufgeschlossenen Industrievertreter im Sommer 1930, durch Gespräche mit den Gewerkschaften über den zukünftigen wirtschafts-, finanz- und sozialpolitischen Kurs der Regierung doch noch zu einer gesellschaftlich legitimierten korporatistischen Konfliktregelung zu gelangen, wurden aufgrund der unnachgiebigen Obstruktionspolitik dieser Minderheit gegenüber den Arbeiterorganisationen zum Scheitern verurteilt (vgl. Kap.VI.1.). Der ADGB wiederum hatte bis dahin eine ambivalente Haltung zum "Zwangstarif" eingenommen[58]. Diese schwankte zwischen vollständiger Ablehnung einer Beeinträchtigung des gewerkschaftlichen Streikrechts durch den bürgerlich-kapitalistischen Klassenstaat und grenzenlosem Vertrauen auf Interventionen dieses demokratischen Staatswesens, das sie voll anerkannte und als dessen Hauptstütze sie sich zu Recht betrachteten. Der Ruhreisenstreit festigte die

---

56 Vgl. Gerald D. Feldman u. Irmgard Steinisch, Notwendigkeit und Grenzen sozialstaatlicher Intervention. Eine vergleichende Fallstudie des Ruhreisenstreits in Deutschland und des Generalstreiks in England, in: AfS 20 (1980), S.57-117, hier S.69, 78 f., 82, die allerdings aus den Befunden völlig entgegengesetzte Schlußfolgerungen ziehen. Die Autoren machen gerade nicht die Ansätze einer modernen, korporatistischen Konfliktregelung für die Politisierung der Arbeitskonflikte im britischen Bergbau und deren Kulmination im Generalstreik verantwortlich, sondern vielmehr das voluntaristische "englische System, wo der übertriebene Respekt vor der Tarifautonomie (...) fast einem staatlichen Freibrief für zügellosen Wirtschaftsegoismus" gleichgekommen sei (S.114).

57 Vgl. Kukuck, Wiederaufschwung, S.169.

58 Vgl. zum folgenden Fraenkel, Ruhreisenstreit, insb. S.103; Hentschel, Geschichte der deutschen Sozialpolitik, S.91-102; Hüllbüsch, Ruhreisenstreit, insb. S.288 f.; dies., Koalitionsfreiheit und Zwangstarif, insb. S.625-27, 640-44, 648-52.

Position derjenigen Mitarbeiter im ADGB-Bundesvorstand, die, wie insbesondere die Arbeitsrechtspezialisten Bruno Broecker und Clemens Nörpel, der Zwangsschlichtung eine wichtige staatspolitische Funktion zuschrieben, indem sie zum Wohl der Allgemeinheit die Handlungsfreiheit und Auseinandersetzungen der sozialen Gegenspieler beschränkte und kanalisierte. Anstatt auf die eigenen Kräfte zu bauen, legte der ADGB nach den Erfahrungen seiner eigenen Schwäche im Ruhreisenstreit die Verantwortung für die Regelung der Löhne und Arbeitsbedingungen zunehmend in staatliche Hände und mußte dabei in Kauf nehmen, daß die Ergebnisse maßgeblich von der politischen Zusammensetzung der Regierung beeinflußt wurden. Infolgedessen konnte Brüning per Notverordnung die staatliche Machtposition in den deutschen Arbeitsbeziehungen zur Durchsetzung seiner deflationspolitischen Ziele nutzen, ohne daß sich der ADGB ihrer Durchführung aktiv widersetzte oder eine Änderung seiner Tolerierungspolitik erwog. Mit der staatlichen Lohnfestsetzung unter Brüning und - nach Ansicht des ADGB - erst recht mit Aufhebung der Unabdingbarkeit der Tarifverträge durch die Notverordnung von Papens im September 1932 verloren die Gewerkschaften schließlich ihre Arbeitsgrundlage und bekamen Probleme, den Arbeitnehmern ihre Existenzberechtigung nachzuweisen. Auch in diesem Fall verzichtete der ADGB auf ein direktes Kräftemessen bis hin zum Generalstreik, zu dem der TUC ohne Rücksicht auf seine organisatorische Stärke bei einer zwangsweisen Lohnregulierung der britischen Regierung zweifellos aufgerufen hätte[59]. Der ADGB konzentrierte sich stattdessen auf die politische Auseinandersetzung und appellierte an seine Mitglieder, zur Stärkung der demokratischen Kräfte die SPD wählen. So setzten die Notverordnungen einen endgültigen Schlußstrich unter das System autonomer und gleichberechtigter Kollektivverhandlungen zwischen Kapital und Arbeit. Der Weg zum Gesetz zur Ordnung der nationalen Arbeit vom 20. Januar 1934, das die Kollektivorganisationen durch eine nach dem Führer- / Gefolgschaftsprinzip organisierte Betriebsgemeinschaft unter Aufsicht eines staatlichen Treuhänders der Arbeit ersetzte, war nun nicht mehr weit.

Die Arbeitgeber wiederum hatten sich vorher vehement gegen die Eingriffe eines ihnen vermeintlich feindselig gesinnten "Gewerkschaftsstaates" gewehrt. Nachdem schon die Regierung Papen ihre kontinuierlichen Forderungen nach "Auflockerung der Tarifverträge" endlich erfüllt hatte, ordneten sie sich nun der neuen politischen Führung bereitwillig unter. Diese war ihnen mit der weitgehenden Außerkraftsetzung des kollektiven Arbeitsrechts und der Ausschaltung der Arbeitneh-

---

59 Der General Council des STUC formulierte in seinem Rechenschaftsbericht von 1930, daß das Prinzip der Zwangsschlichtung in Großbritannien, selbst wenn die Gewerkschaftsführungen zustimmen würden, in der Praxis nicht durchsetzbar sei: "Men and women, suffering beneath the weight of unjust and avoidable industrial conditions **will** strike or resist a lock-out, and no Schemes to the contrary will make the slightest difference." (STUC-Report 1930, S.35; Hervorh. i. Orig.).

mervertretungen noch weiter entgegengekommen. Die verbliebenen Verbände erlebten eine vollständige Politisierung der Interessenartikulation und -organisation und ihre Einbindung in das Herrschaftssystem als NS-Verbände. Nach Hans-Peter Ullmann werde man diesen Prozeß "(...) noch am ehesten als eine Verformung der Weimarer Strukturen beschreiben können, die auf eine besondere, vom NS-Regime geprägte staatskorporative Form der Interessenvermittlung hinauslief."[60] Ich bin der Auffassung, daß der bereits vorhandene tripartistische Weimarer Staatskorporatismus damit überging in die antidemokratischen, politisch gleichgeschalteten Arbeitsbeziehungen des nationalsozialistischen Regimes, für die er eine geeignete und ausbaufähige Ausgangsbasis gebildet hatte.

2. Zur staatlichen Inkorporierung der Gewerkschaften: Institutionelle Einbindung und informelle Kontakte

Die rechtliche Stellung der britischen Gewerkschaften unterschied sich also gravierend von der gewerkschaftlichen Rechtsposition in der Weimarer Republik und erwecke daher, wie der wirtschaftspolitische Leiter des TUC Milne-Bailey meinte, für den deutschen Betrachter den Anschein einer äußerst unsicheren Rechtslage. Jedoch nur für den, der mit dem englischen Recht und der englischen Rechtslage nicht vertraut sei: "Trotz der gesetzlichen Unsicherheit ihrer Stellung sind die Gewerkschaften stark, in vielen Fällen finanziell gut ausgerüstet und allgemein anerkannt. Sie verfügen über eine gewaltige Macht und werden sowohl von der Regierung wie von dem Unternehmertum zur Beratung herangezogen. Die kollektive Regelung der Arbeitsbedingungen ist die Regel in dem weitaus größten Teil der Wirtschaft und die Tarifverträge werden, obwohl ihnen die gesetzliche Verbindlichkeit fehlt, allgemein beachtet."[61]
In Überstimmung mit dem unterschiedlichen Staatsverständnis der Gewerkschaften in beiden Ländern gingen also auch bei ihrer formalen Anerkennung eine ungesicherte Position mit einem starkem Selbstvertrauen in die eigene Kraft in Großbritannien und eine starke rechtliche Absicherung mit Etatismus in Deutschland einher. Doch auch Milne-Bailey räumte in seinen Ausführungen aus dem Jahr 1928 ein, daß es mit zunehmender Vielgestaltigkeit der Beziehungen zwischen Staat und Wirtschaft notwendig werde, rechtlich geordnetere Wege zur Gestaltung der Arbeitsbeziehungen zu finden. Wichtige Fortschritte bei der Erringung gewerkschaftlicher Rechte seien bereits zu verzeichnen. So waren die Gewerkschaften u.a. zur Teilnahme an der Verwaltung der Kranken- und Arbeits-

---

60 Vgl. Ullmann, Wirtschaftsverbände in Deutschland, S.107-11, Zitat S.111.

61 Milne-Bailey, Gewerkschaftsbewegung und Wirtschaftsdemokratie, S.374.

losenversicherung berechtigt. Sie hatten das Recht, in paritätischer Zusammensetzung mit den Unternehmern an einer Anzahl von Gerichten und Schlichtungsämtern mitzuwirken, wie beispielsweise in den Lohnämtern ("trade boards"), im Industriehauptschiedsgericht ("Industrial Court") und in den Schiedsgerichten ("courts of referees"), die über Ansprüche aus der staatlichen Arbeitslosenversicherung entschieden. Daneben wurden zu allen Kommissionen und Untersuchungsausschüssen der Regierung "(...) stets Vertreter der Arbeiter hinzugezogen, wenn es sich um Fragen handelt, die auch für die Arbeiterbewegung von Belang sind. Da es in England üblich ist, Körperschaften dieser Art einzusetzen, ehe der Entwurf zu einem neuen Gesetz von Bedeutung fertiggestellt ist, so hat die Vertretung in diesen Kommissionen einen erheblichen Wert. (...) Außerdem ist es üblich, daß die Regierungsstellen sich bei dem 'Gewerkschaftskongreß' oder, in entsprechenden Fällen, bei den einzelnen Gewerkschaften Rat holen, wenn ein Gesetz, das die Interessen der Arbeiter berührt, vorbereitet wird. (...) Ferner haben verschiedene Ministerien, z.B. die Ministerien für Wissenschaft und Volksbildung, für Gesundheitswesen besondere Beiräte, in denen die Arbeiter vertreten sind. Es sind ständige Körperschaften, die regelmäßig zusammentreten, um die Abteilung und den Minister zu beraten."[62]
Dabei war der TUC in der direkten Nachkriegszeit zunächst nur sehr begrenzt in Regierungskörperschaften repräsentiert[63]. Bei der Ernennung wurde zudem häufig nicht zwischen den Vertretern des TUC und der Labour Party unterschieden, oder die Regierung wandte sich, wie schon bei der Organisation der Kriegswirtschaft, direkt an die jeweils betroffenen Führer der Einzelgewerkschaften. Nach den internen Organisationsreformen und einer partiellen Lösung von der Partei hatte sich das bis Mitte der zwanziger Jahre aber bereits geändert, als der General Council als autorisierter Repräsentant seiner Mitgliedsgewerkschaften in ihrem bisher größten Arbeitskampf, dem Generalstreik, selbstständig mit der Regierung verhandelte. Wenige Jahre später bezog die zweite Labour-Regierung den TUC neben der bisher gewohnten Mitsprache in sozialpolitischen und industriellen Fragen erstmals auch in die wirtschaftpolitische Entscheidungsfindung ein und berief seine Vertreter in den Economic Advisory Council, das Macmillan Committee, das Colonial Development Committee, das Export Credits Committee und das May Committee. Unter den nationalen Regierungen begleiteten TUC-Vertreter die britische Delegation 1932 zur Reichskonferenz nach Ottawa und 1933 zur Weltwährungs- und Wirtschaftskonferenz in London. 1931 war der TUC in fünf, 1937 schon in elf Regierungskörperschaften vertreten. Hinzu kamen z.B. in diesem Jahr 19 nichtstaatliche Körperschaften, in denen der TUC repräsentiert

---

62 Ebd., S.375 f.

63 Vgl. zum folgenden Martin, TUC, S.200-68. Allgemein vgl. Middlemas, Politics in Industrial Society, S.174-243.

war[64]. Bis 1939 stieg die Zahl der staatlichen Gremien auf 20 an; gleichzeitig nahmen die informellen Kontakte aus Anlaß der drohenden Kriegsgefahr beträchtlich zu.

Neben der institutionalisierten Zusammenarbeit hatte der TUC während der gesamten Zwischenkriegszeit keine Probleme, sich für ad hoc - Konsultationen Zugang zur Exekutive zu verschaffen. Nicht nur in innenpolitischen Fragen, auch in der Außenpolitik respektierte die Regierung das Recht des TUC auf Hinzuziehung und Beratung. Dies geschah unabhängig von ihrer politischen Zusammensetzung, wenngleich die zweite Labour-Regierung infolge der hohen Erwartungen, die der TUC im Hinblick auf eine Zusammenarbeit bei der Realisierung gemeinsamer gesetzgeberischer Ziele an sie stellte, überdurchschnittlich viele Deputationen empfing. Allein im ersten Jahr ihrer Amtszeit listete der General Council zwischen September 1929 und September 1930 27 offizielle Deputationen zu Ministern der Regierung auf, davon sieben zur Arbeitslosenproblematik. Vom September 1930 bis zum entsprechenden Monat 1931 waren es 17, von denen sich vier mit der Arbeitslosenfrage befaßten. Aber auch die Minister der Nationalen Regierung setzten sich zwischen September 1931 und September 1939 jährlich etwa zehn- bis dreizehnmal mit einer Delegation von TUC-Vertretern auseinander, von denen sich entsprechend der wirtschaftlichen Entwicklung zumeist nur noch eine mit der Arbeitslosigkeit befaßte. Erst im letzten Vorkriegsjahr 1938/39 stieg die Zahl der Deputationen dramatisch auf 22 (eine zur Erwerbslosenproblematik) an[65]. In den meisten Fällen handelte es sich dabei um Treffen auf Anfrage des TUC. So etwa bei seiner alljährlichen, obligatorischen Runde durch die zuständigen Ministerien, um ihnen die Beschlüsse des Kongresses zur Kenntnis zu bringen. In Krisensituationen ging der Wunsch zur Konsultation jedoch auch von der Regierung aus. Dies betraf insbesondere die Arbeitslosenfrage, zu welcher der TUC im Jahr 1921 auf Einladung von Premierminister Lloyd George und im Jahr 1929 von Lord Privy Seal Thomas in einem vertraulichen Gespräch um Meinungen und Vorschläge gebeten wurde. Bereits am Vorabend des letztgenannten Treffens hatte der General Council auf Einladung MacDonalds in 10

---

64 Vgl. die den General Council Minutes im Jahresturnus beigefügten Aufstellungen "Outside Bodies on which Members of the General Council Serve".

65 Die Angaben beruhen auf dem jährlichen Index der Sitzungsprotokolle des General Council; vgl. General Council Minutes 1929/30-1938/39. Die Zählung richtet sich daher nach den Amtsperioden des General Council zwischen den jeweils im September stattfindenen Gewerkschaftskongressen. Nach Martin, TUC, S.207, empfingen die Minister der Nationalen Regierungen zwischen 1932 und 1937 jährlich mehr TUC-Deputationen als ihre Vorgänger in jedem anderen Jahr seit Kriegsende zuvor, mit Ausnahme von 1925. Diese Aussage konnte für die Amtszeit der zweiten Labour-Regierung nicht verifiziert werden.

Downing Street festlich diniert[66]. Aber auch zu den Gesprächen zwischen Citrine und Sir Horace Wilson, dem persönlichen Berater des Premierministers, am 21 März 1938, zwischen Citrine und Chamberlain am 22. März und zwischen dem gesamten General Council und dem Premierminister am 23. März über die Lage in Österreich und die Notwendigkeit einer Beschleunigung des Aufrüstungsprogramms ging die Initiative von Chamberlain und der Ministerialbürokratie aus[67].

Von den zwanziger Jahren ausgehend erhöhten sich somit, ungeachtet der Weltwirtschaftskrise, die Anzahl der Konsultationen und der Grad der gewerkschaftlichen Einbeziehung in die politische Entscheidungsfindung in den dreißiger Jahren kontinuierlich. Den begrenzten Machtbefugnissen des TUC im industriellen Bereich, der weiterhin primär den Einzelgewerkschaften gehörte, stand ein beträchtlicher Autoritätszuwachs auf allgemeinpolitischer Ebene gegenüber. Diese Entwicklung spiegelte sich deutlich in der Organisation der Kriegswirtschaft des Zweiten Weltkriegs wider, als die Regierung es in deutlichem Kontrast zum Ersten Weltkrieg vorzog, die einleitenden Verhandlungen zunächst mit dem General Council und nicht mit den Einzelgewerkschaften zu führen. Die Vermittlung zwischen Staat und Einzelverbänden über den TUC blieb von nun an das vorherrschende Muster in den Regierungs-Gewerkschaftsbeziehungen.

Enge Kontakte bestanden darüber hinaus auch zum Civil Service, insbesondere zu den Beamten des Arbeits- und Innenministeriums, aber z.B. auch zu Sir William Beveridge, dem Vorsitzenden des Unemployment Insurance Statutory Committee. Bereits die Verabschiedung der diesem Ausschuß zugrundeliegenden Unemployment Act von 1934 führte zu komplizierten und langwierigen Verhandlungen zwischen den TUC-Funktionären und den Beamten über eine Vielzahl von Verordnungen, die sich aus dem Gesetz ergaben. Der These des britischen Historikers Keith Middlemas, daß sich in dieser Inkorporierung der wirtschaftlichen Interessenverbände, von denen hier nur die Arbeitnehmerseite näher betrachtet werden kann, ein "corporate bias" zeige, der die politische Stabilität Großbritanniens in der Zwischenkriegszeit erklären könne, wurde dennoch entschieden widersprochen[68]. Anstelle einer wirklichen Einbeziehung in die Verwaltungs- und Entscheidungsstrukturen der politischen Exekutive habe das Arbeitsministerium die Verbände im Sinne seiner politischen Zielsetzungen manipuliert. So habe es die Entwicklung der Gewerkschaften als Mittel der Sozial-

---

66 Vgl. MRC, MSS.292/135.4/1 bzw. 135.4/5: Protokolle der Deputationen vom 5.10.1921 bzw. 28.11.1929; zur Einladung des Premiers vgl. General Council Minutes, 25.9.29.

67 Vgl. General Council Minutes, 23.3.1938; R.A.C. Parker, British rearmament 1936-9: Treasury, trade unions and skilled labour, in: English Historical Review 96 (1981), S.306-43, hier S.334 f.

68 Vgl. Lowe, Adjusting to Democracy, S.124-28, 245-47.

disziplinierung gefördert und damit gleichzeitig die strukturell schwächere Seite der Kollektivbeziehungen zwischen Kapital und Arbeit unterstützt, um möglichst wenig Staatsinterventionen in einem prinzipiell voluntaristischen System der Arbeitsbeziehungen zu gewährleisten. Es läßt sich jedoch auch argumentieren, daß diese Zielsetzung, wenn es im nationalen Interesse erforderlich wurde, auf pragmatische Weise hinter einer gesellschaftskorporatistischen Strategie zurücktrat, so daß sich in Großbritannien, ähnlich der im Bereich der Arbeitsgesetzgebung konstatierten Pendelbewegung zwischen Parlament und Rechtsprechung, Voluntarismus und gesellschaftlicher Korporatismus miteinander abwechselten bzw. einander ergänzten. Gerade in Krisenzeiten, wie beispielsweise in Phasen der Massenarbeitslosigkeit oder der äußeren Bedrohung, sorgten also gesellschaftskorporatistische Maßnahmen für eine bessere Vermittlung staatlicher und gesellschaftlicher Interessen, während ein latenter Voluntarismus als ständiges Korrektiv gegen die Transformation gesellschaftlicher in staatskorporatistische Strukturen wirkte.

Wenn Beatrice Webb über den TUC-Generalsekretär Citrine schrieb: "I gather that he is constantly in and out of government offices, colloquing with Ministers and officials."[69], so läßt sich das nicht so ohne weiteres über den ADGB-Vorsitzenden sagen. Leipart lehnte es z.B. ab, "unmittelbaren Einfluß durch Verbindungsmänner in den Ministerien auszuüben", um die gewerkschaftliche Autonomie zu bewahren und personelle Verstrickungen zu vermeiden. Heinrich Potthoff hält darüber hinaus auch Braunthals Behauptung, daß im Durchschnitt dreimal wöchentlich Besprechungen zwischen Gewerkschaftsvertretern und den Beamten des Arbeitsministeriums stattfanden, für eine Legende. Persönliche Unterredungen seien stattdessen nur sporadisch in mehrwöchigen, teils mehrmonatigen Abständen erfolgt[70]. Es muß jedoch unterschieden werden zwischen offiziellen Deputationen aus einem besonderen Anlaß, wie der Erlaß einer Notverordnung, und Konsultationen zwischen Beamten und ADGB-Funktionären über alltägliche Probleme, wie die Verwaltung der Arbeitslosenversicherung, die möglicherweise keinen schriftlichen Niederschlag fanden. Wichtiger als die Anzahl und Häufigkeit der direkten Kontakte war aber wohl, wie auch Potthoff hervorgehoben hat, eine prinzipielle Aufgeschlossenheit der Ministerialbürokratie für gewerkschaftliche Vorstellungen und Anliegen, die sich in der Politik des jeweiligen Ministeriums niederschlagen konnte. Dabei zeigte sich, daß die deutschen Gewerkschaften im Verlauf der Weimarer Republik zunehmend an Rückhalt in der Bürokratie verloren, bis eine Parität der Gewerkschaften im Verhältnis von staatlichen Institutionen zu Unternehmerschaft und Arbeitnehmerorganisationen schließlich kaum noch vorhanden war. Das wurde in der Zeit der Notverordnungen besonders

69 MacKenzie (Hg.), Diary, Bd.4, Eintrag vom 25.6.1934, S.333.

70 Vgl. Potthoff, Freie Gewerkschaften, S.270 f., Zitat n. Potthoff, ebd.

deutlich. Diese waren in der Hauptsache ein Werk der Beamten, deren Auffassung vielfach ohne politische, jedenfalls ohne parlamentarische Kontrolle in die Verordnungen einfloß[71].
Aber auch die ad hoc - Konsultationen mit den Ministern gestalteten sich in der Weimarer Republik seit 1923 zunehmend schwieriger. Da der ADGB im Gegensatz zum TUC seine offiziellen Delegationen zu den Ministerien nirgendwo gesondert indexiert hat, läßt sich zwar in dieser Hinsicht schwer eine endgültige Aussage treffen. Bei Berücksichtigung der verfügbaren Daten über offizielle Besprechungen zur Wirtschaftslage allgemein, zu den Notverordnungen und zu Aspekten der Arbeitslosenpolitik mit den verschiedensten Ministerien und dem Reichspräsidenten scheint Potthoffs Urteil hinsichtlich der Häufigkeit der direkten Kontakte jedoch zutreffend zu sein. Einmal abgesehen von den Spitzengesprächen zwischen Unternehmern und Gewerkschaften im Mai/Juni und Oktober/Dezember 1930, an denen auch die Regierung beteiligt war, waren derartige Besprechungen in den Fachministerien unter Brüning am seltensten, wurden unter Papen intensiver und fanden mit Vertretern des Regierung Schleicher am häufigsten statt[72]. In Anzahl und Turnus entsprachen sie wohl etwa den britischen Kontakten oder lagen möglicherweise sogar darüber. Mit Ausnahme des Reichsarbeitsministeriums, das wie das Ministry of Labour den Gewerkschaften nicht unkritisch, aber verständnisvoller gegenüberstand als andere Ministerien, lief der Trend bei der Führung der anderen Ministerien nach der ausgewogenen Berücksichtigung beider Seiten der Wirtschaft in den Anfangsjahren der Republik jedoch wieder zu einer einseitigen Bevorzugung der Unternehmerverbände. Vor allem bei den verschiedenen Reichswirtschaftsministern, ob sozialdemokratischer oder bürgerlicher Parteizugehörigkeit, rangierten die Repräsentanten "der Wirtschaft" an erster Stelle vor den Vertretern "der Arbeit". Obwohl die Gewerkschaften im präsidialen Notverordnungssystem der Weimarer Endphase weit stärker als bisher anstelle der parlamentarischen Druckausübung auf direkte Kontakte zu Reichskanzler und -präsident angewiesen waren, verweigerte Brüning darüber hinaus den gewerkschaftlichen Spitzenverbänden bis auf wenige Ausnahmen persönliche Aussprachen, während er den Vertretern von Industrie und Landwirtschaft fast immer zur Verfügung stand. Reichskanzler von Papen wehrte offizielle Gespräche mit den Gewerkschaften sogar grundsätzlich ab[73]. So

---

71 Vgl. Pottfoff, Freie Gewerkschaften, S.270-73; zur Verselbständigung und dem Machtzuwachs der Ministerialbürokratie vgl. Preller, Sozialpolitik, S.399, 515, 522 f.

72 Dies würde auch weitgehend mit den Befunden Wolffsohns über die Prioritätensetzung der einzelnen Kabinette in Bezug auf die Arbeitslosenfrage übereinstimmen; vgl. Kap.II.2., S.123, Anm.62.

73 Vgl. Potthoff, Freie Gewerkschaften, S.279 f., mit den entsprechenden Belegstellen. Potthoff nennt als Ausnahme lediglich zwei Gespräche zwischen Brüning und den Gewerkschaften im Juni und Dezember 1931. Jedoch fanden zwei weitere Aussprachen

verwundert es nicht, daß sich Leipart bereits im Herbst 1931 über die zunehmende Ausgrenzung des ADGB bei den verschiedensten innen- und außenpolitischen Fragen beklagte: "Unbeachtet sind unsere Ansprüche geblieben, an den Verhandlungen über den Young-Plan an maßgebender Stelle beteiligt zu werden, zumal zwei Vertreter des Reichsverbandes der deutschen Industrie als deutsche Unterhändler nach Paris entsandt wurden. Nach langen Bemühungen erst gelang es uns, im Organisationskomitee für die Reichsbahn einen Sitz zu erhalten. Noch erfolgloser waren unsere Bemühungen, an der Gestaltung der Wirtschaftpolitik in den letzten Monaten tätig mitzuwirken. Wir haben öffentlich über die Versuche berichtet, auf den Reichspräsidenten und den Reichskanzler einzuwirken. Man hat uns zwar empfangen und unsere Darlegungen höflich angehört und beantwortet, aber man hat sonst nicht daran gedacht, uns zu den zahlreichen Beratungen hinzuzuziehen, zu denen die Vertreter anderer Wirtschaftskreise ständig gebeten worden sind. (...) Ja, es scheint tatsächlich so, als ob die Regierung ohne und gar gegen die Arbeiterschaft zu regieren gedenkt."[74]

Lediglich in den Zeiten einer Labour- oder SPD-geführten Regierung glichen sich die deutschen und britischen Verhältnisse einander an, und es kam zu besonderen Spannungen über das Ausmaß der gewerkschaftlichen Einbeziehung in die politischen Entscheidungen der Regierung. Während ADGB und TUC auf der einen Seite in dieser Hinsicht besonders hohe Anforderungen an eine Arbeiterregierung stellten, bemühten sich offenbar SPD und Labour Party auf der anderen Seite in besonderen Maße, jeden Anschein einer diesbezüglichen Bevorzugung oder eines zu starken Entgegenkommens zu vermeiden, um der Kritik ihrer politischen Gegner die Spitze zu nehmen. Sofern es in der Zeit der Großen Koalition zu derartigen Konflikten kam, wurde der ADGB überwiegend auf den informellem Weg über den Partei- und Fraktionsvorstand der SPD oder andere Koordinationsgremien verwiesen. Reichskanzler Müller stand den Gewerkschaften eher distanziert gegenüber[75]. Dagegen schaltete sich in den beiden Fällen, in denen

---

am 13. und 18. Mai 1932 statt; vgl. Akten der Reichskanzlei, Weimarer Republik. Die Kabinette Brüning I und II, 30.März 1930 bis 10. Oktober 1931, 10. Oktober 1931 bis 1. Juni 1932, bearb. v. Tilman Koops, Bd.1 u. 2: Boppard a.R. 1982, Bd.3: Boppard a.R. 1990, hier Bd.3, Dok.Nr.743, S.2508-10, u. Dok.Nr.754, S.2530-34.

74 Protokoll des 14. Kongresses der Gewerkschaften, 1931, S.74. Vgl. auch Sitzung des Bundesausschusses vom 10.8.1931, in: Weber u.a. (Hg.), Quellen, Bd.4, Dok.53, S.372-86, hier S.374; Bundesausschuß-Sitzung des ADGB, in: GZ 41 (1931), S.517 f., hier S.518.

75 Vgl. Potthoff, Freie Gewerkschaften, S.277 f.; als Beispiele vgl. Weber u.a. (Hg.), Quellen, Bd.3/II, Dok. 211 vom 8.4.1929 (betr. Ergebnis der Koalitionsverhandlungen), S.1251 f.; Dok. 217 vom 26.6.1929 (betr. Young-Plan - Verhandlungen), S.1262 f.; Dok. 245 vom 21.1.1930 (betr. Anleihesperre und Arbeitsbeschaffung), S.1378-82.

die Reibereien zwischen dem General Council und dem zweiten Labour-Kabinett eskalierten[76], jeweils MacDonald persönlich ein, obwohl auch er kein Freund des Gewerkschaftsflügels seiner Partei war. Dem guten Einvernehmen mit den Gewerkschaften wurde in der Sozialdemokratie wie in der Labour Party jedoch große Bedeutung zugemessen, zu Recht, wie der Sturz der Regierung 1930 bzw. 1931 später zeigte. In Großbritannien war die Abhängigkeit der Partei von der gewerkschaftlichen Unterstützung noch stärker ausgeprägt als in Deutschland. Der Wunsch des TUC, ihn interessierende Gesetzesentwürfe noch vor ihrer Einbringung im Parlament einsehen und quasi absegnen zu können, wurde jedoch stets mit dem Verweis auf verfassungsmäßige Probleme abgelehnt[77].
Erinnern wir uns noch einmal an die anfangs zitierten Ausführungen Milne-Baileys zur Rechtsposition und institutionalisierten Einbindung der britischen Gewerkschaften in Staat und Gesellschaft. Daß die deutschen Gewerkschaften im staatskorporatistischen System der Weimarer Wirtschafts- und Sozialverfassung noch stärker in öffentlichen Wirtschafts- und Verwaltungskörperschaften vertreten waren, braucht kaum besonders hervorgehoben zu werden. Zu nennen wären etwa der Reichskohlen- und Reichskalirat, denen die Vertreter der am nächsten interessierten Gewerkschaften, nicht aber die Spitzenorganisationen angehörten. Auch im Verwaltungsrat der Reichspost, im Reichselektrobeirat, im Bezirkswasserstraßen- und im Reichswasserstraßenbeirat, im Landeseisenbahn- und im Reichseisenbahnrat, im Zentralausschuß der Reichsbank, im Kartellgericht, in den Verbraucherbeiräten der Preußischen Elektrizitäts AG und in den Finanzgerichten saßen Gewerkschaftsvertreter in wechselnder, teils gesetzlich, teils durch Verordnung vorgeschriebener Zusammensetzung. Nicht zu vergessen ist auch die paritätische Repräsentation von Arbeitnehmern und Arbeitgebern in der 1927 geschaffenen Reichsanstalt für Arbeitsvermittlung und Arbeitslosenversicherung. Zu dieser durch Gesetz festgelegten Mitarbeit in Beiräten kamen die informelle Hinzuziehung in außenpolitischen Fragen oder Berufungen in den Lohnstatistischen Beirat des Reichswirtschaftsministeriums, in die Indexkommission, in den Beirat für das Handwerk, in den Verwaltungsrat der Zweigstellen des Auswärtigen Amtes für Außenhandel, in den Beirat für den Interministeriellen Ausschuß für Fragen der Exportkreditversicherung und in den Gefrierfleischausschuß des Landwirtschaftsministeriums. Auch in nichtstaatlichen Körperschaften hatten die

[76] a) Im Januar 1930 wegen des Gesetzgebungsprogramms der Regierung bzw. des Zeitplans und der Präferenzordnung bestimmter Gesetzesvorhaben, insbesondere die Rücknahme der Trade Disputes and Trade Unions Act von 1927 betreffend; vgl. BLPES, Citrine Papers, III.1/13. b) Im November 1930 - Januar 1931 wegen der Einsetzung der Royal Commission on Unemployment Insurance; vgl. MRC, MSS. 292/157.83/4a; PRO, PRO 30/69/581; PRO, T 172/1769; Skidelsky, Politicians and the Slump, S.262-70.

[77] Vgl. BLPES, Citrine Papers, III.1/13: TUC General Council, Report of Discussion at the General Council Meeting, 22.1.1930, S.2.

Gewerkschaften ihre Vertreter, wie z.B. im Volkswirtschaftsfunk der Deutschen Welle, im Reichskuratorium für Wirtschaftlichkeit, im Normenausschuß der Deutschen Industrie, im Verwaltungsrat des Konjunkturforschungsinstituts, im Senat der Kaiser-Wilhelm-Gesellschaft zur Förderung der Wissenschaften und in den Vorständen von Museen, Ausstellungen, wissenschaftlichen und sozialpolitischen Gesellschaften[78]. In der Beteiligung der Gewerkschaften an diesen Körperschaften und Gremien sah der ADGB einen wichtigen Schritt hin zu der von ihm angestrebten, vollständigen Demokratisierung der Wirtschaft. Als größten Erfolg auf diesem Weg betrachtete er den per Verordnung vom 4. Mai 1920 eingerichteten Vorläufigen Reichswirtschaftsrat, der die in ihn gesetzten Erwartungen allerdings nicht erfüllte[79]. Der endgültige Reichswirtschaftsrat als wirtschaftliches "Nebenparlament" mit dem Recht der Gesetzesinitiative und als Krönung eines dreistufigen Mitbestimmungssystems auf Betriebs-, Bezirks- und Reichsebene, wie es § 165 der Weimarer Reichsverfassung vorgesehen hatte, wurde nie realisiert. Das Provisorium mit lediglich beratender Funktion blieb daher bis zu seiner Auflösung 1933 bestehen. Durch seinen berufsständischen Aufbau, der neben den Arbeitgeber- und Arbeitnehmervertretern aus Landwirtschaft, Industrie, Handel und Gewerbe auch eine gesonderte Repräsentanz des landwirtschaftlichen Kleinbesitzes, der Verbraucher, Beamtenschaft und der freien Berufe vorsah, wurde von Beginn an das angestrebte Prinzip der Parität nach den Kriterien einer modernen Industriegesellschaft nicht eingehalten[80]. Mit seinen 326 Mitgliedern bildete der Vorläufige Reichswirtschaftsrat darüber hinaus ein schwerfälliges Gremium, dessen Arbeit sich bald vom Plenum in Ausschüsse verlagerte. In der gewerkschaftlichen Arbeitslosenpolitik stellte der Wirtschaftsrat aber insofern einen wichtigen Baustein dar, als er ein Forum für die gedankliche Entwicklung und Diskussion antizyklischer Arbeitsbeschaffungsprogramme bildete. 1926 befaßten sich der Wirtschaftspolitische und der Finanzpolitische Ausschuß mit der wirtschaftspolitischen Seite des von der Reichsregierung im Jahre 1926 aufgestellten Arbeitsbeschaffungsprogramms und befürworteten die

---

78 Vgl. Naphtali, Wirtschaftsdemokratie, S.145-47.

79 Vgl. zum folgenden Der Vorläufige Reichswirtschaftsrat 1927-1932, hrsg. vom Büro des Vorläufigen Reichswirtschaftsrates nach grundlegender Vorarbeit durch Dr. H. Hauschild, Berlin 1933; Walter Euchner u. Maurice Stockhausen, SPD, Gewerkschaften und Reichswirtschaftsrat, in: Saage (Hg.), Solidargemeinschaft und Klassenkampf, S.61-80; Potthoff, Freie Gewerkschaften, S.175-78; Winkler, Revolution, S.236-38; ders., Weg, S.505 f.; Protokolle der Vorstands-Sitzungen 1924-1932 und Material zu den Mitgliederberufungen des ADGB vgl. in: Hiko, NB 423 u.424. Weiteres Material von Arbeitgeberseite vgl. in: BAK, Nl. 13 (Silverberg)/192-195.

80 Ebenso wie der Reichskohlen- und der Reichskalirat wies er dadurch ein Übergewicht der Unternehmerinteressen auf; vgl. Naphtali, Wirtschaftsdemokratie, S.55, 57, 66 f.

dort vorgeschlagene Durchführung "produktiver" Arbeiten, deren Finanzierung grundsätzlich auf dem Anleiheweg erfolgen sollte[81]. In der Weltwirtschaftskrise begann der Zentralausschuß auf Antrag der Arbeitgeberseite am 21. Januar 1932 seine Beratungen über "die Frage der Hebung der Produktion, insbesondere durch Arbeitsbeschaffung". Am 12. März 1932 legte er ein Gutachten vor, das der Reichsregierung zugeleitet wurde. Darin hatten sich Arbeitgeber und Arbeitnehmer erneut auf die Durchführung kreditfinanzierter Arbeitsbeschaffungsmaßnahmen durch die Regierung geeinigt, sofern sie zusätzlicher Art seien und eine wirtschaftliche Rentabilität gewährleisteten. Hinsichtlich des Finanzvolumens der Maßnahmen wurde der Regierung "weitgehender Spielraum" gelassen. Jedoch äußerte sich die „Gewerkschafts-Zeitung“ in ihrer Ausgabe vom 19. März befriedigt dahingehend, daß das Programm in der Richtung der von den Gewerkschaften eingeleiteten Bestrebungen liegen dürfte, wie auch die Initiative des Reichswirtschaftsrats von den Gewerkschaften angeregt worden sei[82]. Dagegen führte Ludwig Kastl in einer Sitzung des Präsidial- und Vorstandsbeirats für allgemeine Wirtschaftspolitik des RDI am 9.3.1932 aus, daß sich die Verhandlungen des Reichswirtschaftsrats "stark auf der Linie des Reichsverbandes" konzentrierten: "Es sei kein Programm großen Stils aufgestellt, sondern nur Erleichterungsmaßnahmen vorgesehen. (...) Im ganzen müsse festgestellt werden, daß das Gewerkschaftsprogramm stark reduziert sei. (...) Lange-Krefeld vertrat die Auffassung, aus politischen Erwägungen dem Arbeitsbeschaffungsprogramm des Reichswirtschaftsrats zuzustimmen. Aber man solle die Gelegenheit benutzen, in diesem Zusammenhang die Zwangsschlichtung zu durchbrechen und unter Tarif zu arbeiten." Der Vorsitzende des Beirats, Paul Silverberg, schloß sich dieser Auffassung an[83]. Dennoch stellte das Gutachten für die Gewerkschaften nicht nur eine willkommene Schützenhilfe für ihren WTB-Plan dar, sondern verdeutlichte auch - in gewissen, primär von Unternehmerseite zu verantwortenden Grenzen - die Chancen und Möglichkeiten einer autonomen Konfliktregelung durch Kapital und Arbeit, wenn ihnen die Gelegenheit zu nichtöffentlichen Verhandlungen ohne Einmischung seitens der Politik geboten wurde.

---

81 Vgl. Der Vorläufige Reichswirtschaftsrat, S.24-26.

82 Vgl. GZ 42 (1932), S.189 f.; Der Vorläufige Reichswirtschaftsrat, S.245. Die beiden Darstellungen unterscheiden sich hinsichtlich des Urhebers der Beratungen über Arbeitsbeschaffung. Die GZ gibt die Gewerkschaften an, das Büro des Vorläufigen Reichswirtschaftsrates nennt die Arbeitgeber. Vgl. auch Vorläufiger Reichswirtschaftsrat, Nr.380, 1920/32, Bericht des Zentralausschusses (21er Ausschuß) über die Hebung der Produktion, insbesondere durch Arbeitsbeschaffung, 12.3.1932 [in: BAP, 39.05/3].

83 Vgl. BAK, Nl. 13 (Silverberg)/249: Protokoll der Sitzung vom 9.3.1932 (Zitat S.13-15).

Ganz anders gestaltete sich hingegen die Zusammenarbeit im Wirtschaftsbeirat, der nur wenige Monate früher im Oktober 1931 durch den Reichspräsidenten einberufen wurde und gemeinsam mit den Vertretern der Regierung ein Wirtschaftsprogramm für die nächsten Monate ausarbeiten sollte[84]. Ebenfalls nicht paritätisch besetzt, diente das berufsständische Gremium jedoch dem Kabinett in Wirklichkeit als Instrument zur Legitimierung seiner nächsten Notverordnung. Weder die Gewerkschaften noch die Unternehmer waren mit den Schlußfolgerungen zufrieden, welche die Regierung schließlich in Form einer zusammenfassenden Erklärung Brünings vom 23. November 1931 aus den Verhandlungen zog. Der ADGB protestierte insbesondere gegen die darin enthaltenen Absichten deflationärer Lohn- und Preissenkungen sowie einer Aushöhlung des kollektiven Arbeitsrechts durch eine Herabsetzung der öffentlichen Tarife, in denen sich das Übergewicht der Unternehmervertreter im Beirat niedergeschlagen habe. Für die Fortentwicklung der gewerkschaftlichen Politik zur Bekämpfung der Erwerbslosigkeit hatte die Mitarbeit im Wirtschaftsbeirat somit keine Bedeutung. Stattdessen vertieften sich durch seine Beratungen die Meinungsunterschiede und Konflikte zwischen Arbeitgebern und Arbeitnehmern, zwischen Industrie und Landwirtschaft.

In der Forschung herrscht weitgehend Konsens darüber, daß auch die wirtschaftspolitischen Ausschüsse, die von der Labour-Regierung in der Weltwirtschaftskrise mit Beteiligung von Arbeitgeber- und Arbeitnehmervertretern eingerichtet wurden, ineffektiv arbeiteten, nicht in den ministeriellen Verwaltungsapparat eingebunden waren, aufgrund unüberwindlicher interner Meinungsunterschiede der Mitglieder zu keinen gemeinsamen Empfehlungen kamen und daher insgesamt wenig zur staatlichen Wirtschafts- und Arbeitsmarktpolitik beitrugen[85]. Ihre Bedeutung für den Lernprozeß der beteiligten TUC-Repräsentanten hinsichtlich wirtschaftlicher Zusammenhänge und der programmatischen Entwicklung der gewerkschaftlichen Arbeitslosenpolitik ist jedoch nicht gering einzuschätzen.

Bereits Ende des Jahres 1929 wuchs in und außerhalb der Labour-Regierung die Unzufriedenheit mit ihrer Politik zur Bekämpfung der Erwerbslosigkeit und zur Belebung der Wirtschaft. Die Arbeitslosenzahlen stiegen unaufhaltsam, der Zusammenbruch der New Yorker Börse im Oktober 1929 verursachte zusätzliche Beunruhigung. Da sich auch die Conference on Industrial Reorganisation and Industrial Relations der Unternehmer und Gewerkschaften in ihrem Bericht zur Arbeitslosigkeit vom März 1929 für einen Untersuchungsausschuß zur Währungs-

---

84 Vgl. zum folgenden Winkler, Weg, S.436-40. Einen Eindruck von der öffentlichen Meinung über den Wirtschaftsbeirat vermittelt die Zeitungsausschnittsammlung in: BAP, 61 Sta 1/2135.

85 Vgl. Bullock, Ernest Bevin, S.436-39; Skidelsky, Politicians and the Slump, S.136; Garside, British Unemployment, S.364 u.385.

und Kreditpolitik ausgesprochen hatte (vgl. Kap.VI.1.), entschloß sich Schatzkanzler Snowden zur Einsetzung des Committee on Finance and Industry am 5. November 1929, das nach seinem Vorsitzenden, Richter Harold P. Macmillan, kurz "Macmillan Committee" genannt wurde. Die weiteren Teilnehmer setzten sich aus einem ehemaligen Beamten des Schatzamtes, zwei Nationalökonomen (darunter Keynes), vier Bankiers, drei Industriellen (der Präsident des Unternehmerdachverbandes Federation of British Industries [FBI], der Präsident der Association of Chambers of Commerce und der Vorsitzende des Beardmore-Konzerns) und drei Vertretern der Arbeiterschaft (der Vorsitzende der Co-operative Insurance Society, ein ehemaliges Mitglied der Kommunistischen Partei und Ernest Bevin als Vertreter des TUC) zusammen. Neben den Experten waren also beide Seiten der Wirtschaft paritätisch vertreten, wenngleich dem TUC ebensowenig ein Alleinvertretungsmonopol zuerkannt wurde wie der FBI. Aufgabe des Ausschusses, der seinen Abschlußbericht im Juni 1931 vorlegte, war es, "(...) to inquire into banking, finance and credit, paying regard to the factors both internal and international which govern their operation, and to make recommendations calculated to enable these agencies to promote the development of trade and commerce and the employment of labour."[86]

Bevin vertrat im Macmillan-Ausschuß die Auffassung, daß die staatliche Geldpolitik von den Bedürfnissen in Industrie und Handel geleitet sein sollte. Die Bank von England und das Schatzamt würden hingegen der Aufrechterhaltung des Pfund-Wechselkurses, dem Prestige Londons als internationales Finanzzentrum und dem Goldstandardsystem zuviel Bedeutung beimessen. Durch die Überbewertung der Währung und die Festlegung zu hoher Leitzinssätze überlasse man es der Industrie, die Folgen in Form fallender Preise, Lohnkürzungen und Arbeitslosigkeit zu tragen[87]. In dieser Meinung wurde er durch die Anhörung von insgesamt 57 Organisationen und Einzelpersonen sowie die für ihn sehr lehrreichen, mehrstündigen Ausführungen Keynes' über die Funktionsweise des "klassischen Finanzsystems", die Ursachen seines Zusammenbruchs und die Form alternativer Vorschläge bestätigt. Der Macmillan-Report forderte daher u.a. auch erstmals in der britischen Geschichte eine Politik der "managed currency" im Inland, der allerdings eine internationale Anhebung der Preise vorangehen müsse[88]. In einem Anhang (Addendum I), der nur von Bevin, Sir Thomas Allen, dem Vertreter der Genossenschaften, Keynes und drei weiteren Ausschußmitgliedern (zwei Bankiers und ein Industrieller) unterzeichnet wurde, wurden

---

86 Committee on Finance and Industry, Report, S.1. Zu den Mitgliedern vgl. ebd., S.VI; Skidelsky, Politicians and the Slump; S.118 (Anm.1); Bullock, Ernest Bevin, S.425.

87 Zu Bevins Mitarbeit im Macmillan Committee vgl. Bullock, Ernest Bevin, S.425-34.

88 Vgl. Committee on Finance and Industry, Report, S.117-200.

darüber hinaus umfangreiche, kreditfinanzierte Arbeitsbeschaffungsprogramme ("Schemes of Capital Development"), die Senkung der Zinssätze, eine internationale Erhöhung der Preise und Importkontrollen gefordert, eine Abwertung des Pfundes dagegen abgelehnt[89].

Bevin ging dies noch nicht weit genug. Nur noch unterstützt von Allen, der inhaltlich allerdings wenig beitrug, setzte er sich in zwei getrennten "reservations" für die Abkehr vom Goldstandard und die Abwertung der britischen Währung ein, die er - im Gegensatz zu Keynes, der zu diesem Zeitpunkt noch nicht soweit war - der Einführung von Schutzzöllen vorzug[90]. Damit formulierte Bevin vier Monate vor der tatsächlichen Abkehr Großbritanniens vom Goldstandardsystem die radikalste Forderung des Berichts und entsprach damit gleichzeitig einer Vorlage, die das Economic Committee des General Council für die Anhörung durch den Macmillan-Ausschuß erarbeitet hatte[91]. Diese befaßte sich in einem ersten Teil ausführlich mit der wirtschaftlichen Entwicklung des Vereinigten Königreichs seit dem Ende des Ersten Weltkriegs aus Arbeitnehmersicht, indem sie insbesondere die Entwicklung der Löhne und Lebenshaltungskosten untersuchte. Im zweiten Teil wurden konkrete Vorschläge für eine zukünftige Geldpolitik entwickelt, wobei zwei Kriterien besonders berücksichtigt wurden: zum einen die Bereitstellung mittelfristiger Finanzierungsmöglichkeiten für die Industrie, etwa durch die Einrichtung eines öffentlich kontrollierten National Investment Trust zur Investitionslenkung; zum zweiten die Notwendigkeit einer Zusammenarbeit zumindest der vier führenden Industrieländer für eine internationale Hebung der Preise. Im Hinblick auf Lohnkürzungen warnte der General Council jedoch "(...) quite definitely that there is no solution along this line, but only a grave worsening of the present situation. Against such a policy we would throw the whole of our resources and power"[92]. In einer Bewertung des Macmillan-Abschlußberichts schloß sich der General Council zudem der Auffassung Bevins an und betrachtete die Ablehnung einer Pfundabwertung durch die Ausschußmehrheit als "ill-advised"[93]. Der TUC war somit Anfang des Jahres 1931 sowohl den Experten als auch der Labour-Regierung weit voraus, die eine solche Maßnahme als Alternative zur bisher verfolgten Finanz- und Währungspolitik strikt ablehnte.

Die beginnende Weltwirtschaftskrise erforderte von den Gewerkschaften vorwärtsweisende wirtschaftspolitische Stellungnahmen und hatte dem General

---

89 Vgl. ebd., S.190-209.

90 Vgl. ebd., S.109 f., 239-41.

91 Vgl. TUC-Report 1931, S.265-86.

92 Ebd., S.286.

93 Vgl. ebd., S.286 f.

Council schnell zu Bewußtsein gebracht, daß bisher - erstaunlich genug – innerhalb der TUC-Administration kein Gremium existierte, das die offiziellen wirtschaftspolitischen Positionen der Gewerkschaftsbewegung erarbeitete, formulierte und vorantrieb. So wurde 1929 ein Economic Committee mit Walter Milne-Bailey als hauptamtlichem Sekretär ernannt, das während der Depression schnell zu einem der wichtigsten Ausschüsse des General Council wurde. Es ging im Kern aus dem Ausschuß (Industrial Committee) hervor, der die Gewerkschaftsseite bei den Mond-Turner-Konferenzen vertreten hatte. Auch diese Gespräche mit den Unternehmern trugen somit in produktiver Weise zur Fortentwicklung des wirtschaftspolitischen Kenntnisstandes des TUC bei.
Zu den ersten Aufgaben des Economic Committee[94] gehörte die Erarbeitung der eben genannten TUC-Vorlage für den Macmillan-Ausschuß sowie der politischen Positionen, die der TUC anläßlich der im September 1930 in London stattfindenden Reichskonferenz (Imperial Conference) einnehmen wollte. Das dafür erstellte Memorandum[95] sprach sich für eine Commonwealth-Wirtschaftsgemeinschaft aus. Es entfachte einen Sturm der Entrüstung innerhalb der Gewerkschaftsbewegung und Aufruhr in der Öffentlichkeit. Der TUC begab sich mit diesen Positionen in gefährliche Nähe zu den ultrakonservativen Pressemagnaten Lord Beaverbrook und Lord Rothermere, die in einem Pressefeldzug ("Empire Free Trade") für eine protektionistische Außenhandelspolitik geworben hatten, während gleichzeitig nur innerhalb des Empires der Freihandel aufrechterhalten bleiben sollte. Der Vorschlag zur Bildung einer Commonwealth-Wirtschaftsgemeinschaft wurde auf dem TUC-Kongreß von 1930 sehr kontrovers diskutiert und von Bevin verteidigt[96]. Sein Redebeitrag wies bereits deutlich auf die neue wirtschaftspolitische Richtung des TUC hin, als er den Kritikern entgegnete: "I have never accepted, as a Socialist, that an inflexible Free Trade attitude is synonymous with Socialism. I look upon the fiscal weapon as a means of defence when circumstances require, but I do not look upon it as the basis of a solution to any problem at all. I do not believe that tariffs can solve our problem of unemployment at the present moment. (...) On the other hand, I cannot reconcile

94 Zum folgenden vgl. Bullock, Ernest Bevin, S.439-46.

95 Vgl. TUC-Report 1930, S.208-17.

96 Vgl. TUC-Report 1930, S.257-87. Den Delegierten lagen drei Alternativen vor: Die Bildung einer Europäischen Wirtschaftsgemeinschaft, eines anglo-amerikanischen Blocks und eines Commonwealth-Blocks. Der General Council favorisierte den letzteren Vorschlag, da er den Vorteil bot, auf bereits bestehende Strukturen zurückgreifen zu können. Der Kongreß billigte die Vorlage mit einer knappen Mehrheit von 1.878.000 zu 1.401.000 Stimmen.

the real operation of Free Trade with the organisation of industry under public ownership."[97]

Die zwar knappe, aber dennoch erfolgte Verabschiedung der Vorlage deutete ein langsames Abweichen der Gewerkschaften von der Freihandelsdoktrin an. Schutzzölle wurden nunmehr, angesichts des weltweiten Zusammenbruchs der Märkte, als ein Mittel zur Bekämpfung der Krise in Erwägung gezogen. Eng mit der Aufgabe des Freihandels verknüpft waren aber auch die Aufgabe des Goldstandardsystems und der Übergang zu einer staatlich gelenkten Geld- und Finanzpolitik. Indem sich diese Forderungen in der gewerkschaftlichen Programmatik langsam Bahn brachen, wurden gleichzeitig auch die Voraussetzungen zur Befürwortung einer antizyklischen Konjunkturpolitik einschließlich kreditfinanzierter Arbeitsbeschaffungsprogramme geschaffen.

Neben den Mond-Turner-Konferenzen und dem Macmillan Committee bildete schließlich auch der Economic Advisory Council (EAC) einen wichtigen Baustein in der wirtschaftspolitischen Meinungsfindung des TUC. Dieser war am 27. Januar 1930 unter dem Vorsitz MacDonalds ernannt worden zur Beratung der Regierung in wirtschaftspolitischen Fragen und: "To make continuous study of developments in trade and industry and in the use of national and imperial resources, of the effect of legislation and fiscal policy at home and abroad, and of all aspects of national, imperial and international economy with a bearing on the prosperity of the country."[98]

Der EAC bestand aus dem Premierminister und vier weiteren Ministern sowie 15 Personen, die nicht nach paritätischen Gesichtspunkten, sondern aufgrund ihres Fachwissens und ihrer besonderen Erfahrungen in Industrie und Wirtschaftswissenschaften ausgewählt wurden. Darunter befanden sich Bevin und Citrine als Gewerkschaftsvertreter, Keynes, der Gildensozialist G.D.H. Cole und R.H. Tawney als professionelle Wirtschaftswissenschaftler sowie verschiedene wirtschaftliche Führungskräfte. Dem EAC wurde ein ständiger Beamtenstab zur Seite gestellt, während andere Ökonomen und Industrielle in Einzelfragen zusätzlich herangezogen werden sollten[99]. Gedacht als ein wirtschaftspolitisches Diskussionsforum für die fähigsten Köpfe des Landes, die in einer Art "brain storming" die ökonomischen Probleme Großbritanniens lösen sollten, gelang es allerdings auch

---

97 TUC-Report 1930, S.259.

98 Zit. n. Susan Howson u. Donald Winch, The Economic Advisory Council 1930-39. A Study in Economic Advice During Depression and Recovery, Cambridge 1977, S.354.

99 Vgl. PRO, Cab. 58/8: Composition of the Council. Note by the Secretary. E.A.C.(G.)11, 12.2.1930.; Survey of the Development of the Functions of the Economic Advisory Council and of its Parent Body, The Committee of Civil Research. Memorandum by Mr. Francis Hemming, Secretary to the Economic Advisory Council. E.A.C.(G.)38, 25.7.1937.

diesem Expertenausschuß nicht, eine maßgebliche Änderung in der Wirtschaftspolitik der Regierung herbeizuführen. Die Kluft zwischen den wirtschaftspolitischen Ansichten der Mitglieder war zu groß, als daß man zu einer gemeinsamen Vorgehensweise hätte gelangen können. So wies Bevin z.B. beim letzten Treffen des EAC im April 1931 erneut darauf hin, daß er nicht an eine Lösung des Arbeitslosenproblems glaube, solange Großbritannien beim Goldstandard bleibe[100]. Immerhin kamen die beiden TUC-Vertreter durch ihre Mitarbeit in den verschiedenen Unterausschüssen dieses Gremiums mit den unterschiedlichsten Aspekten der Wirtschafts- und Arbeitslosenpolitik in Berührung. Dabei stand vor allem die Analyse und statistische Aufbereitung der ökonomischen Entwicklung im Vordergrund, wie im Committee on Economic Information, im Committee on Economic Outlook, das sich u.a. auch mit dem Nutzen zusätzlicher, staatlicher Beschäftigungsprogramme befaßte, und im Committee on Unemployment Statistics. Im letztgenannten Unterausschuß legte Bevin ein Memorandum vor, dessen Vorschläge Eingang in die monatlich veröffentlichten Statistiken der Ministry of Labour Gazette fanden. Ein weiteres seiner Memoranden für den EAC befaßte sich als Reaktion auf die Abschlußberichte der staatlichen Untersuchungsausschüsse zur Lage der Eisen- und Stahlindustrie und der Baumwollindustrie (vgl. Kap.II.3.) mit den Auswirkungen von Rationalisierungsmaßnahmen auf den Umfang der Arbeitslosigkeit[101].
Korporatistische Konzepte zur gesellschaftlichen und politischen Konfliktregelung stießen in Großbritannien in den dreißiger Jahren auf breite Resonanz. Vorschläge zur institutionalisierten Einbeziehung der wirtschaftlichen Interessenverbände in die politische Entscheidungsfindung wurden von den unterschiedlichsten Gruppierungen entwickelt, die von den Faschisten, über gemäßigte Konservative, wie Harold Macmillan, und den TUC bis zu Harold Laski auf der Linken reichten[102]. Vor dem Hintergrund dieser Vorschläge stellte die Regierung im Winter 1933/34 eine ausführliche Untersuchung über die möglichen Vorteile der

---

100 Vgl. Bullock, Ernest Bevin, S.436-39. Nach den Angaben bei Howson u. Winch, Economic Advisory Council, S.354, war es das vorletzte Treffen des EAC. Das letzte Treffen fand im Februar 1932 statt. Dabei handelte es sich lediglich um das vollständige Plenum des EAC. Im Juli 1931 nahm MacDonald eine Reorganisation vor und richtete zwei ständige Unterausschüsse - das "Committee on Economic Information" und das "Committee on Scientific Research" - ein, die die Arbeit des EAC auch in den folgenden Jahren fortsetzten.

101 Vgl. PRO, Cab. 58/8, 58/10 u. 58/11; Lab 2/1377/ET 5286; Lab 2/2176/Stats 313; T 175/39. Das "Memorandum on Unemployment Statistics" vgl. in: MRC, MSS.292/135.1.

102 Vgl. L. P. Carpenter, Corporatism in Britain, 1930-45, in: JCH 11 (1976), S.3-25, u. Resümee, S.391.

Einrichtung eines National Industrial Council an[103]. Unter Berücksichtigung auch der ausländischen Erfahrungen mit nationalen Wirtschaftsräten, darunter dem deutschen Vorläufigen Reichswirtschaftsrat, kam die Regierung schließlich zu einem ablehnenden Ergebnis. Untersucht wurde dabei die Nützlichkeit einer solchen Körperschaft für die Konfliktlösung in vier Problemfeldern: bei Lohnverhandlungen und Arbeitskonflikten, bei der Frage der Arbeitszeitverkürzung, bei der Reorganisation strukturschwacher Industrien und in der Arbeitslosenpolitik. Unter Bezugnahme auf den letzten Punkt vertrat das Arbeitsministerium die Auffassung, daß die Schaffung einer neuen Körperschaft, wie etwa eines nationalen Wirtschaftsrates, nicht notwendig sei. Hätte das Gremium lediglich beratende Funktion, wäre es nur ein Duplikat des bereits bestehenden Economic Advisory Council; erhielte die Kommission jedoch auch Exekutivfunktionen, würde sie mit den Befugnissen des geplanten neuen Unemployment Assistance Board und den Kompetenzen des Arbeitsministeriums unter Teil 1 der Unemployment Bill in Konflikt geraten. Insgesamt kam die Untersuchung zu dem Ergebnis, daß es wenige Aufgabenbereiche gebe, welche die Existenz eines Industrial Council rechtfertigen würden. Wichtige Gesetzesanträge seien der Diskussion im Parlament vorbehalten. Darüber hinaus scheine das Dilemma darin zu bestehen, daß eine solche Körperschaft entweder in die Zuständigkeiten der Ministerien und der Regierung als ganze eingreife oder ein überflüssiges Gremium sei. So wurde erneut deutlich, was schon mehrmals betont wurde: Staatskorporatistische Lösungen waren anders als in der Weimarer Republik im politischen System Großbritanniens nicht mehrheitsfähig.

Wie anhand des deutsch-britischen Vergleichs gezeigt wurde, reicht eine monokausale Erklärung für die Entwicklung der deutschen Arbeitsbeziehungen in der Weimarer Republik, was den durch Gesetzgebung und Rechtsprechung vorgegebenen Rahmen anbelangt, nicht aus. Deren Vorprägung durch das Kaiserreich beinhaltete paternalistisch-berufsständische und antidemokratische ebenso wie liberale und voluntaristische Traditionen. Von einem modernen korporatistischen System konnte man aber im Wilhelminischen Reich noch nicht sprechen, denn dazu hätte notwendigerweise "(...) der Dreieckscharakter konfligierender sozialer Interessen bei staatlicher Vermittlung" gehört. Will man überhaupt eine sinnvolle Unterscheidung zwischen vorindustriellen, berufsständischen Ordnungssystemen mit sektoral begrenzten Vertretungskörperschaften (z.B. Handels-, Landwirtschafts- oder Handwerkskammern) und dem Korporatismus der modernen Industriegesellschaft treffen, dann ergibt sich letzterer aus dem, der kapitalistischen Wirtschaftsweise bei allen weiteren Differenzierungen nach Schichten, Branchen, Geschlechtszugehörigkeit oder anderen Kriterien dennoch zugrunde liegenden, Basiskonflikt zwischen Arbeitgebern und abhängig Beschäftigten. Er setzt daher

---

103 Vgl. PRO, PRO 30/69/359, Bl.492-559.

unerläßlich ein Dreiecksverhältnis zwischen dem Staat und den Spitzenverbänden beider Seiten der Industrie voraus: "Wo ein Verband überwiegend Statusverband, wie bei Ärzten, Advokaten, Bauern oder Konsumenten, ist, der durchaus Gegner hat, aber keinen institutionalisierten Gegenverband mit einem grundsätzlich antagonistischen Interesse auf der Basis eines Nullsummenspiels, ist es wenig sinnvoll, von Korporatismus zu sprechen. (...) Korporatismus – autoritärer wie liberaler - bedeutet den Versuch, mit staatlicher Hilfe konfliktorisch einander gegenüber stehende Interessen zu **versöhnen**. Nur wo Interessengruppen untereinander in einen andauernden Konflikt geraten, so daß der Staat vermittelnd eingreift, liegt korporative Politik vor. Das gilt für die meisten Standesorganisationen nicht."[104]

Erst der Erste Weltkieg machte aus Sicht der politischen, wirtschaftlichen und sozialen Eliten auch in Deutschland eine Abstimmung des Verhaltens der Arbeiterorganisationen mit den Zielen der staatlichen Politik erforderlich. Wichtig für unser Thema bleibt aber festzuhalten, daß sich aus der **politischen** Rückständigkeit Deutschlands nicht nur eine lähmende Dominanz der alten Eliten, sondern auch ein Ungleichgewicht zwischen den **modernen** gesellschaftlichen Kräften ergab. Insbesondere das fehlende Gegengewicht von Exekutive und Legislative zu einer gewerkschaftsfeindlichen Rechtsprechung schlug sich auf der Ebene der Arbeitsbeziehungen in einem Übergewicht der Unternehmer und des Staates und langfristig in einer latent stets vorhandenen Tendenz zur Ausgrenzung der Gewerkschaften nieder. Bei den Arbeitnehmerorganisationen wiederum erzeugte sie einen ausgeprägten Etatismus, ein Gefühl der Schwäche und eine hohe Bereitschaft, ihre ursprüngliche Bevorzugung voluntaristischer Arbeitsbeziehungen zugunsten staatlicher Anerkennung und Einbindung aufzugeben. Anders als in Großbritannien erfolgte somit keine oder nur eine geringe Verschmelzung unterschiedlicher ideologischer Traditionen und keine evolutionäre Entwicklung der liberal-industriegesellschaftlichen aus den korporativ-vorindustriellen Wertvorstellungen. Der aus den politischen Machtverhältnissen herrührende, ausgeprägte Fortbestand älterer berufsständischer Ordnungsvorstellungen und Einrichtungen lenkte die Entwicklung der deutschen Arbeitsbeziehungen in eine spezifische Richtung und wirkte sich langfristig in der Tendenz zur Bildung staatskorporatistischer Strukturen aus, die in der Weimarer Republik schließlich Realität wurden. Sie basierten auf einem "von oben" implementierten kollektiven Arbeitsrecht und waren, da ihnen die Grundlage eines tradierten pluralistischen Grundkonsenses in der deutschen Gesellschaft fehlte, in starkem Maße von staatlichem Schutz und staatlicher Absicherung abhängig. Als dieser Rückhalt in der krisenhaften Endphase der Republik mehr und mehr wegbrach, war es auch um den Fortbestand des kollektiven Arbeitsrechts geschehen. Die Gewöhnung an

---

[104] Beyme, Neuer Wein, S.224 (Herv.heb. im Orig.).

ein staatliches Übergewicht in den Arbeitsbeziehungen im Rahmen des Weimarer Staatskorporatismus ließ Widerstandsgedanken innerhalb der sozialistischen Gewerkschaften kaum aufkommen. Tradierte berufsständische oder illiberale Einstellungen bei den anderen Gewerkschaftsrichtungen, innerhalb der Unternehmerschaft und in der politischen Führung erleichterten darüber hinaus die Abkehr von den immerhin noch tripartistischen und interessenpolitisch fundierten staatskorporatistischen Strukturen und begünstigten damit gleichzeitig den Übergang zum autoritär gelenkten, antidemokratischen Wirtschaftssystem der nationalsozialistischen Diktatur.

Auf britischer Seite kann wiederum eine einseitige Betonung der voluntaristischen Tradition in den Arbeitsbeziehungen der Zwischenkriegszeit angesichts der dynamischen, durch den Krieg eingeleiteten, sozio-ökonomischen Entwicklungsprozesse nicht befriedigen. Die in den Kollektivverhandlungen auf freiwilliger Basis vereinbarten Mechanismen der Konfliktregelung erweckten schon in der Vorkriegszeit das öffentliche Interesse und wurden als Stärkung des sozialen Friedens begrüßt. Britische Regierungen begannen mehr und mehr Einfluß auf die Kollektivbeziehungen zu nehmen, zunächst um freiwillige Absprachen zu fördern, seit dem Ersten Weltkrieg aber, um sie für politische Ziele zu nutzen bzw. mit diesen in Übereinstimmung zu bringen. Da sich die Organisationen beider Seiten der Industrie im pluralistischen politischen System Großbritanniens im Gleichschritt entwickelt hatten, waren alle Voraussetzungen für die Herausbildung gesellschaftlich-korporatistischer Konfliktregulierung zwischen Gewerkschaften, Staat und Unternehmerverbänden gegeben. Diese basierte in der Zwischenkriegszeit auf einer durch gesellschaftlichen Druck "von unten" erkämpften Ausweitung der Gewerkschaftsrechte und bestand in hohem Maße aus freiwilligen und informellen Konsultationen und Absprachen. Da sich der gesellschaftliche Korporatismus Großbritanniens evolutionär aus den voluntaristischen Arbeitsbeziehungen eines fortgeschrittenen pluralistischen politischen Systems heraus entfaltete, war der Verrechtlichungs- und Institutionalisierungsgrad dieser Strukturen entsprechend gering. Die voluntaristischen Traditionen der britischen Arbeitsbeziehungen stellten nicht nur ein ständiges Korrektiv gegen die Herausbildung staatskorporatistischer Strukturen und einer daraus resultierenden Politisierung der Arbeitsbeziehungen dar. Gleichzeitig gewährleisteten sie auch die Akzeptanz interessenpolitischer Gegensätze und - darauf basierend - einen hohen Legitimationsgrad der Gewerkschaften, der selbst bei einer gesellschaftskorporatistischen Konfliktregelung stets in Gefahr gerät. Starke Glaubwürdigkeitsverluste als Interessenvertretung der Arbeitnehmer waren dagegen der Preis, den die deutschen Gewerkschaften für ihre Einbindung in das staatskorporatistische System der Weimarer Republik zu zahlen hatten.

V. Zur Auseinandersetzung der Gewerkschaften mit dem politischen Extremismus

"From Scotland we are marching,
From down the mine and mill,
Our banners raised upon high.
We'll go forward all the time
For we are the strong determined band
Each with a weapon in their hand.
We are the Hunger Marchers of the proletariat,
We are the Hunger Marchers of the proletariat."[1]

Da die Massenarbeitslosigkeit der Weltwirtschaftskrise, wie die historische Wahlforschung gezeigt hat, direkt oder indirekt die politische Radikalisierung förderte und das jeweilige politische System gefährdete, stellt sich die Frage nach der Auseinandersetzung des ADGB und des TUC mit den Parteien und Organisationen des extremen rechten und linken Spektrums. Inwieweit verfügten die Gewerkschaften über eine Faschismus-Analyse, die dessen Entstehungsursachen, soziale Trägerschaft und Ziele offenlegte und damit eine gezielte Verteidigung der parlamentarischen Demokratie ermöglichte? Inwieweit waren sie auf der anderen Seite bereit, sich den außerparlamentarischen Protestaktionen und Strategien zu öffnen, mit denen die Kommunisten offenbar zahlreiche Erwerbslose für sich gewinnen konnten?
Der Verzicht auf außerparlamentarische Maßnahmen war in den Augen einiger Kritiker der Grund für den ihrer Meinung nach begrenzten Erfolg der Arbeitslosenpolitik des TUC[2]. So hat Ralph Miliband die diesbezügliche Politik der britischen Arbeiterbewegung nach dem Rücktritt der zweiten Labour-Regierung als "MacDonaldism" ohne MacDonald bezeichnet. Weder die Staatskrise von 1931 noch Massenarbeitslosigkeit oder Faschismus hätten einen tiefgreifenden Eindruck auf ihre Führer gemacht, die weiterhin an die Durchsetzung ihrer Ziele auf parlamentarischem Wege und durch konstitutionelle Mittel glaubten. Die

---

1 Lied, das von den schottischen Teilnehmern der NUWM-Hungermärsche gesungen wurde (Melodie vermutlich entsprechend dem deutschen Arbeiterlied "Dem Morgenrot entgegen"). Vgl. Ian MacDougall, Voices from the Hunger Marches. Personal recollections by Scottish Hunger Marchers of the 1920s and 1930s, 2 Bde., Edinburgh 1990 u. 1991. Die Strophe wird dort in mehreren Beiträgen in verschiedenen Textvarianten, hier nach James Reilly, Bd.1, S.150, zitiert.

2 Vgl. u.a. Flanagan, Parish-Fed Bastards, S.120 f.; die Gegenposition vertritt z.B. John Stevenson, The Politics of Violence, in: Gillian Peele u. Chris Cook (Hg.), The Politics of Reappraisal 1918-1939, London 1975, S.146-65.

Konzentration der Labour Party in den dreißiger Jahren auf eine programmatische Rekonsolidierung und propagandistische Überzeugungsarbeit sei daher lediglich eine neue Form des für sie charakteristischen Attentismus gewesen[3]. Auch Alan Booth und Melvyn Pack kritisieren einen ihrer Meinung nach erfolgten Rechtsruck der britischen Arbeiterbewegung im Verlauf der Weltwirtschaftskrise, für den vor allem die beiden führenden TUC-Vertreter Bevin und Citrine verantwortlich gewesen seien. Sie hätten sich die Einbindung der Gewerkschaften in die Machtstrukturen des Staates auf Kosten der gesamten Arbeiterbewegung erkauft. Aufgrund seines allgemeinen Konservatismus habe sich der TUC dem Drängen des IGB auf internationale Arbeitsbeschaffung und ein kohärentes, expansionistisches Wirtschaftsprogramm verweigert. Andererseits habe aber auch die Labour Party außerhalb des Parlaments nichts für die Arbeitslosen tun können, da der TUC eine kommunistische Infiltration durch die NUWM und die Kommunistische Partei befürchtet habe. Damit habe sich die Labour Party selbst zu einer langen Periode der Opposition verurteilt[4].

Zu einem ganz anderen Ergebnis gelangt hingegen Barbara Malament. Nach ihrer Auffassung bewegte sich die Labour Party einschließlich der ihr angeschlossenen Gewerkschaften unter dem Einfluß der Wirtschaftskrise und dem Sturz der Labour-Regierung nach links. Die Gewerkschaften befürworteten einen britischen "New Deal" als kurzfristige Maßnahme, erklärten ihn aber als langfristige Wirtschaftspolitik gegenüber planerischen und strukturverändernden Maßnahmen für unzureichend. Dagegen bezeichneten führende Sprecher der ILP den amerikanischen "Rooseveltism" als faschistisch und warfen dem TUC vor, er propagiere zum Schaden der Arbeiterklasse die Idee einer Gesundung und Reformfähigkeit des kapitalistischen Systems. Dennoch war auch die britische Linke von einem revolutionären Umsturz der politischen und gesellschaftlichen Verhältnisse weit entfernt. Sie setzte ihre Hoffnung hinsichtlich der Implementierung langfristig systemverändernder Programme vielmehr auf eine kommende Labour-Regierung. Der einzige Unterschied zwischen den Gewerkschaften und den Linken inner- und außerhalb der Partei sei daher eine andere Auffassung über die Voraussetzungen zur Erreichung des sozialistischen Ziels gewesen: "From 1931 to 1937 the Left assumed the prior collapse of capitalism to be either necessary, desirable, or inevitable; the unions did not."[5]

Die Kritik an der Politik des ADGB zur Eindämmung von Massenarbeitslosigkeit und politischer Radikalisierung in der Endphase der Weimarer Republik unter-

---

3 Vgl. Miliband, Parliamentary Socialism, S.193 f.

4 Vgl. Booth u. Pack, Employment, Capital and Economic Policy, S.94 f., 121 f., 146 f.

5 Vgl. Barbara C. Malament, British Labour and Roosevelt's New Deal: the Response of the Left and the Unions, in: JBS 17 (1978), S.136-67, hier S.136-40, Zitat S.138.

scheidet sich kaum von den im Hinblick auf den TUC formulierten Positionen[6] und betont, je nach politischem Standpunkt der Autoren, entweder die nur zögerliche Öffnung gegenüber systemimmanenten wirtschaftspolitischen Konzepten (M. Schneider) oder die zu starke Einbindung der Arbeiterorganisationen in das politische System, ihre mangelnde Bereitschaft zur Zusammenarbeit mit der KPD und die Entfremdung der Gewerkschaften als Interessenvertretung der Beschäftigten zu den Erwerbslosen bzw. zwischen Führung und Basis generell (R.-M. Huber-Koller). Lange Zeit gehörte es darüber hinaus zu den gängigen Thesen der Forschung, daß die sozialistische deutsche Arbeiterbewegung über keine oder eine nur unzureichende Faschismus-Analyse verfügt habe[7]. Dieses Diktum wurde in jüngerer Zeit vor allem durch die Dissertation Wolfram Pytas widerlegt, der gezeigt hat, daß sich die Sozialdemokratie schon sehr früh, nämlich seit Anfang der zwanziger Jahre, mit der noch auf Bayern konzentrierten Hitler-Bewegung befaßt habe. Es folgte eine Zwischenphase, in der die SPD der NS-Bewegung aufgrund ihrer politischen Bedeutungslosigkeit keine Beachtung schenkte. Spätestens nach der Reichtagswahl vom 14. September 1930 habe dann aber bei ihr eine intensive Beschäftigung mit der NSDAP auf breiter Front eingesetzt, die unter den anderen deutschen Parteien ihresgleichen suchte[8]. Dieselben zeitlichen Eckdaten gelten auch für den ADGB[9], bei dem man allerdings, zumindest aufgrund des vorhandenen Quellenmaterials, nicht von einer ausführlichen Auseinandersetzung sprechen kann. Mit der SPD teilte der ADGB die marxistisch fundierte Einschätzung, nach der die NSDAP eine extrem nationalistische Mittelstandspartei sei. Ihre antikapitalistisch-ständische Mittelstandsideologie war aber nach Ansicht des ADGB ebenso vorgetäuscht wie die pseudo-

---

6 Vgl. auch Einleitung, S.5 f., Anm.10-14, u. S.25f., Anm.64-71.

7 Vgl. Reinhard Sturm, Faschismusauffassungen der Sozialdemokratie in der Weimarer Republik, in: Saage (Hg.), Solidargemeinschaft und Klassenkampf, S.302-30, hier S.303 f.. Der Autor hängt diesem Urteil jedoch nicht an. Dagegen ist für Henryk Skrzypczak die Verkennung der Größe der nationalsozialistischen Bedrohung durch die Gewerkschaften ihr "vielleicht schwerster Erkenntnisfehler" (Zur Strategie der Freien Gewerkschaften in der Weimarer Republik, in: Vetter (Hg.), Vom Sozialistengesetz, S.201-27, hier S.226).

8 Vgl. Wolfram Pyta, Gegen Hitler und für die Republik. Die Auseinandersetzung der deutschen Sozialdemokratie mit der NSDAP in der Weimarer Republik, Düsseldorf 1989, S.194. Kritischer: Henry Ashby Turner, Jr., Sozialdemokratische Stereotypen über den Nationalsozialismus am Ende der Weimarer Republik, in: Christian Jansen, Lutz Niethammer u. Bernd Weisbrod (Hg.), Von der Aufgabe der Freiheit. Politische Verantwortung und bürgerliche Gesellschaft im 19. und 20. Jahrhundert. Festschr. f. Hans Mommsen zum 5. November 1995, Berlin 1995, S.163-70.

9 Vgl. Potthoff, Freie Gewerkschaften, S.204 f.

sozialistischen Parolen, mit denen sie auf Stimmenfang unter den Arbeitern ging. In Wirklichkeit vertrete die NSDAP mehr und mehr eine ausgesprochen privatkapitalistische Unternehmerideologie und strebe die Revision aller sozialen Errungenschaften der Arbeiterbewegung, deren Vernichtung und die Errichtung einer Diktatur an[10].
Über die Absichten und Ziele der Nationalsozialisten, die davon ausgehende Gefahr für die Republik und die Gewerkschaften sowie über die Notwendigkeit einer Bekämpfung der NSDAP bestand somit für den ADGB kein Zweifel. Jedoch scheint es, daß er die Abwehr dieser Bedrohung primär auf die politisch-parlamentarische Ebene beschränkt wissen wollte. Daraus folgte ganz allgemein die Unterstützung der sozialdemokratischen Tolerierungspolitik. Im Rahmen der Arbeitslosenpolitik ist darüber hinaus die Entwicklung eines großangelegten Beschäftigungsprogramms (zum "WTB-Plan" vgl. Kap.VI.2.) als Versuch des ADGB anzusehen, der Sozialdemokratie durch eine positive Politik der Krisenbekämpfung die Meinungsführerschaft gegenüber den radikalen rechten und linken Parteien zurückzugewinnen und zu verhindern, daß diese aus der Wirtschaftskrise allzu viel Kapital schlugen[11]. Die Breitenwirkung der NS-Propaganda und deren Möglichkeiten, sich auch in der Arbeiterschaft Rückhalt zu verschaffen, wurden dagegen vollkommen unterschätzt. Dementsprechend wurden Aufklärungskampagnen in der Gewerkschaftspresse und in den Betrieben, die auch unorganisierte Arbeiter erreicht hätten, kaum oder erst viel zu spät in Betracht gezogen. Das verdeutlicht ein Schreiben des stellvertretenden Bundesvorsitzenden Peter Graßmann an die Kollegen des Deutschen Metallarbeiterverbands vom November 1932. Darin führte er aus, daß der Abwehrcharakter der Hammerschaften, die als besondere Kampfgruppe der Gewerkschaften in der Eisernen Front gegründet worden waren, zunehmend zurückgetreten sei. Jedoch habe sich "(...) im Laufe der Zeit denn doch, wenn auch nicht überall (sic!), die Erkenntnis durchgerungen, daß gegenüber den Bestrebungen der RGO und der nationalsozialistischen Betriebszellen eine geschlossene Abwehr der freien Gewerkschaften auch in der Zukunft nötig sein wird. (...) Die politischen Ereignisse der letzten Monate haben ja unsere gewerkschaftliche Arbeit etwas in den Hintergrund treten lassen. Man könnte aber sehr wohl der Auffassung sein, daß nunmehr die nächste Zeit erst recht zu Vorstößen der gewerkschaftlichen Werbearbeit benutzt werden könnte und daß

---

10 Vgl. Lothar Erdmann, Kreuzzug gegen den demokratischen Sozialismus, in: GZ 40 (1930), S.545-48; H.[ans] A.[rons], Das Wirtschaftsprogramm der NSDAP, in: GZ 41 (1931), S.130-33; E. F. Riemensberger, Die deutschen Faschisten und das italienische Beispiel, in: GZ 41 (1931), S.232 f.; sowie die abgedruckten Dokumente in: Frank Deppe u. Witich Roßmann, Wirtschaftskrise, Faschismus, Gewerkschaften. Dokumente zur Gewerkschaftspolitik 1929-1933, Köln 1981, S.116-37.

11 Vgl. Pyta, Gegen Hitler und für die Republik, S.492-501.

dazu eine entsprechende Ausgestaltung der Hammerschaften zweckdienlich sein würde."[12]

Die Unterschätzung des nationalsozialistischen Einflusses auf die Arbeiterschaft und der gewerkschaftlichen Einwirkungsmöglichkeiten auf andere soziale Schichten schlug sich auch in weiteren Unterlassungssünden nieder. Einmal abgesehen von der Besprechung einzelner nationalsozialistischer Agitations- und Terroraktionen wurden die strukturellen Ursachen des Aufstiegs der NSDAP und ihrer Erfolge in keiner Vorstands- oder Ausschußsitzung des ADGB im Zeitraum Mai 1930 bis April 1933 jemals gründlich analysiert. Stattdessen nahm die Auseinandersetzung mit den kommunistischen Einheitsfrontangeboten breiten Raum ein[13]. Weder wurde das Thema in den Jahrbüchern der Jahre 1929 bis 1931 diskutiert[14], noch stand es während des Frankfurter Bundeskongresses von 1931 zur Debatte - eine Folge der schon konstatierten geringen Partizipationsmöglichkeiten der Mitglieder und Delegierten bei dieser Veranstaltung. Auch eine Publikation, vergleichbar den Veröffentlichungen des ADGB zu wirtschafts- und sozialpolitischen Fragen, findet sich nicht. Obwohl die politischen Anstrengungen im Rahmen der Tolerierungspolitik zur Bekämpfung des wachsenden Rechtsradikalismus offensichtlich scheiterten, lehnte der ADGB bekanntlich eine Einheitsfront mit den Kommunisten vollständig ab und zog nichtkonstitutionelle, außerparlamentarische Aktionen, wie etwa einen Generalstreik, erst als allerletzte Maßnahme für den äußersten Notfall in Betracht. Einige der dafür verantwortlichen Faktoren - insbesondere ein historisch begründeter, tief sitzender Etatismus und Legalismus der deutschen Arbeiterbewegung - wurden bereits angesprochen. Zusätzlich trugen partielle inhaltliche Überstimmungen, die insbesondere unter den jüngeren Angestellten im ADGB-Bundesbüro in der Frage der Reparationen oder der Einstellung zur Nation vorhanden waren, vermutlich zur gewerk-

---

12 Zit. n. Weber u.a. (Hg.), Quellen, Bd.4, Dok. 145, S.761-63, hier S.762 f.: Vorstand des ADGB (Graßmann) an Hauptvorstand des DMV, 12.11.1932.

13 Vgl. Weber u.a. (Hg.), Quellen, Bd.4. Zum gleichen Ergebnis gelangt Potthoff, Freie Gewerkschaften, S.216, Anm.37.

14 Eine Ausnahme bildet die Analyse des Wahlergebnisses vom 14. September 1930. Danach könne von einer Einheitlichkeit der sozialen Interessenrichtung und der politischen Orientierung bei den Anhängern der NSDAP keine Rede sein. Jedoch habe sie gerade von ihrer Anpassungsfähigkeit, sich mit jeder sozialen oder politischen Unzufriedenheit zu identifizieren, von dieser Mischung von nationalem Pathos und sozialem Protest, die ihren Populismus ausmachte, profitiert: "Auf absehbare Zeit aber - solange Deutschland so schwer unter der Wirtschafts- und Finanzkrise leidet - kann die gefühlsmässige Erbitterung über die bestehenden Verhältnisse völlig ausreichen, um der nationalsozialistischen Bewegung die psychologische Grundlage für den organisatorischen Zusammenhalt ihrer verschiedenartigen Elemente zu gewährleisten." Vgl. ADGB-Jahrbuch 1930, S.43-46, Zitat S.46.

schaftlichen Fehleinschätzung des Nationalsozialismus bei. Ob der ADGB allerdings spätestens 1932 eine eindeutige ideologische Wende nach rechts vollzog, wie u.a. Detlev Brunner annimmt[15], erscheint zweifelhaft, wenn man die Ausführungen Leiparts und Tarnows während einer Bundesvorstandssitzung im August 1932 berücksichtigt. Dort zog zunächst Leipart aus den kommunistischen Stimmengewinnen die Schlußfolgerung, daß man über die künftige Haltung der Gewerkschaften zur KPD gelegentlich beraten und eine mögliche Distanzierung von der SPD erwägen müsse. Anschließend schlug der Vorsitzende des Holzarbeiterverbandes Tarnow vor, daß die Gewerkschaften versuchen könnten und sollten, "(...) ein revolutionäres Wirtschaftsprogramm mit dem Ziele sofortiger Planwirtschaft aufzustellen, das uns mit den Kommunisten und dem ehrlichen Teil der Nationalsozialisten näher zusammenbringe. Das gebe dann für die ganze politische Situation eine veränderte Grundlage. Wir müßten uns vom evolutionären zum revolutionären Sozialismus umstellen."[16] Was den ADGB in der Endphase der Weimarer Republik bewegte, war somit nicht ein ideologischer Ruck in eine bestimmte politische Richtung. Vielmehr bedingten persönliche Unzulänglichkeiten der Führungspersonen[17], tradierte Einstellungen und darauf beruhende Fehleinschätzungen sowie ein Gefühl der organisatorischen Schwäche seine opportunistischen, nach allen Seiten offenen Bemühungen um Organi-

---

15 Vgl. Brunner, Bürokratie und Politik, S.245; Potthoff, Freie Gewerkschaften, S.207 f., betont, daß sich Tarnow nicht einmal gescheut habe, einen NS-Funktionär zu einer Aussprache zu empfangen, macht aber vor allem politische und finanzielle Sachzwänge für den nationalen Schwenk des ADGB verantwortlich. Auch Winkler, Weg, S.227, hält die Wiederentdeckung der nationalen Parole durch den ADGB seit 1930 für "ein Stück politischer Taktik", um sowohl der NSDAP als auch der KPD den Wind aus den Segeln zu nehmen.

16 Vgl. Weber u.a. (Hg.), Quellen, Bd.4, Dok. 116, S.643-46, Zitat S.644 f.: Sitzung des Bundesvorstandes, 3.8.1932.

17 Als solche muß z.B. eindeutig eine Bemerkung Leiparts auf der Sitzung des Bundesvorstands am 13.7.1932 interpretiert werden. Dort lehnte er zunächst ein von Friedrich Stampfer erbetenes offizielles Glückwunschschreiben des ADGB zum Wiedererscheinen des vorübergehend verbotenen "Vorwärts" mit der lächerlichen Begründung ab, daß er erstens Gegner bestellter Glückwunschreiben sei, und daß zweitens mit einem weiteren Verbot zu rechnen sei, nach desssen Beendigung man wieder einen Glückwunsch aussprechen müsse. Anschließend ging er auf die täglichen Meldungen des "Vorwärts" zu Überfällen der Nazis auf Mitglieder der "Eisernen Front" ein. Dabei vertrat er die Ansicht, "(...) daß die Mitteilungen des "Vorwärts" etwas gefärbt sind, um dadurch die Wiedereinführung des Uniformverbotes zu erreichen." Vgl. Weber u.a. (Hg.), Quellen, Bd.4, Dok. 107, S.619-22, Zitat S.620. Die kurzsichtige, eine Verharmlosung der nationalsozialistischen Terroraktionen enthaltende Stellungnahme Leiparts kritisierte somit - um das Maß an Führungsschwäche und Fehlurteilen voll zu machen - auch noch eine mutige und sinnvolle taktische Vorgehensweise des sozialdemokratischen Presseorgans.

sations- und Einflußwahrung und um den Erhalt des politischen Systems. Nicht ganz zu Unrecht wurden die kommunistischen Organisationen dabei als der, im Vergleich zu den Nationalsozialisten, stärkere Konkurrent um das Vertrauen der Arbeiterschaft und damit allerdings fälschlicherweise als die größere politische Gefahr betrachtet.

In dieser Haltung wurde der ADGB durch das Ergebnis der Betriebsratswahlen von 1931 bestätigt. Es zeigte sich, daß die 1929 gegründete Nationalsozialistische Betriebszellen-Organisation (NSBO) in den meisten Wirtschaftszweigen nur bei einer kleinen Minderheit der Arbeiter Unterstützung erhielt. Ein weit überdurchschnittliches Ergebnis erzielte sie allerdings in den Kraftwagenhallen und in der Stahlformerei der Kruppschen Gußstahlfabrik. Dieses wurde mit einer hohen Zahl ehemaliger Angehöriger von Wehrmacht oder Wehrmachtsverbänden unter den Kraftfahrern und einem hohen Anteil gering qualifizierter Arbeiter in der Stahlformerei sowie einem geringen gewerkschaftlichen Organisationsgrad erklärt, der auch für die nationalsozialistischen Erfolge in der Chemieindustrie und den öffentlichen Verkehrsbetrieben verantwortlich gewesen sein mag[18]. Aus einem Bericht des Reichskomitees der RGO geht aber darüber hinaus hervor, daß auch die politische Einstellung des Führungspersonals und des Arbeitgebers maßgeblich über Erfolg oder Mißerfolg der nationalsozialistischen Propaganda in einem Betrieb entscheiden konnte. So sei die Bildung von Nazi-Zellen in einigen untersuchten Betrieben des Ruhrgebiets stets über die Angestellten, die Meister und Vorarbeiter und in einem Fall (Duisburger Hafen) über die Unternehmer erfolgt. Unter anderem würden den Mitgliedern der NSDAP bei Krupp gewisse Vergünstigungen (z.B. Bevorzugung in Gedinge und Akkord) eingeräumt. Zudem rekrutiere sich der größte Teil der NSDAP-Mitglieder bei Krupp aus früheren Anhängern der "Gelben". Ein anderer Teil glaube, daß die Mitgliedschaft in der NSBO, in der ihre Vorgesetzten fast ausschließlich als Funktionäre tätig seien, sie vor Entlassung schütze. Diese Einstellung sei besonders stark ausgeprägt[19].

Die Methoden, welche die Nationalsozialisten bei der Agitation in den Betrieben anwandten, waren nach Ansicht der RGO "eine getreue Kopierung der Arbeit der Kommunistischen Partei". Zur Verstärkung ihres Einflusses führten die Nazis seit September 1931 eine regelrechte Kampagne im ganzen Reich, am konzentriertesten aber in Berlin durch, in die der gesamte Parteiapparat und die NS-Presse eingespannt sei. Im Gegensatz zu den Angestelltenbelegschaften, wo die Nationalsozialisten über einen starken und, wie die RGO-Führung zugab, den kommunistischen Einfluß bei weitem übersteigenden Rückhalt verfügten, lagen ihr im November 1931 nur wenige Meldungen über den Erfolg dieser "Hib-Aktion"

---

[18] Vgl. Winkler, Weg, S.607 f.

[19] Vgl. ZPA I 4/6/8: Sekretariat. Einige ergänzende Bemerkungen zu den abschließenden Berichten über die Betriebs- und Gewerkschaftsarbeit der NSDAP und SPD, 16.5.1932.

("Hinein in die Betriebe") unter den Arbeitern vor. Gute Fortschritte schienen die Nazis in Sachsen, dort insbesondere in den Textilbetrieben, zu machen, besondere Aktivitäten entfalteten sie darüber hinaus in den Leuna-Werken der I.G. Farben[20]. Die Betriebsratswahlen im Frühjahr 1933 brachten zwar insgesamt für die nationalsozialistischen Kandidaten ein unerwartet schlechtes Ergebnis; sie setzten jedoch gleichzeitig auch die Entwicklung fort, die sich seit 1930/31 in einigen Bereichen schon angekündigt hatte. In den beiden oben genannten Abteilungen und zusätzlich im Hochofenwerk kamen die Nazis bei Krupp diesmal auf über 50% der Stimmen. Auch in der chemischen Industrie (z.B. I.G. Farben) verzeichnete die NSBO überdurchschnittlich gute Ergebnisse. Ihre größten Erfolge verbuchte sie allerdings im Ruhrbergbau, wo die NSBO als stärkste Gruppe aus den Wahlen hervorging. Die freien Gewerkschaften als zweitstärkste Gruppe mußten gegenüber 1931 einen Stimmenrückgang von 6% hinnehmen, die stärksten Einbußen (19,7%) erlitt jedoch die RGO. Ob dabei neben dem Protestverhalten der bisherigen kommunistischen Wähler auch die ausgeprägte bergbauständische Tradition unter den "bodenständigen", teils noch agrarisch gebundenen Bergleuten so generell als Ursache für die besondere Anfälligkeit des Bergbaus angeführt und daraus auf "eine bunt gemischte Zusammensetzung der nationalsozialistischen Wählerschaft" in den Betrieben geschlossen werden kann[21], ist allerdings zweifelhaft. In Großbritannien bewirkten eben diese Traditionen in den homogenen "communities" der Kohlereviere außerordentlich stabile politische Verhältnisse. Die Annahme muß vielmehr dahingehend differenziert werden, daß zwischen dem hohen Anteil an Protestwahlverhalten und den alten bergbaulichen Traditionen gar kein Gegensatz bestand. Vielmehr beinhalteten letztere ja gerade eine starke Disposition zu anarcho-syndikalistischen Einstellungen (vgl. Kap.III.1.) und somit allgemein zu politischen Extrempositionen. Diese Neigungen wurden offenbar vom TUC bzw. der Miners' Federation of Great Britain weitaus besser integriert als vom ADGB oder dem Bergarbeiterverband, wozu sowohl die größeren Partizipationsmöglichen der britischen Gewerkschaftsbasis, der gelassenere Umgang mit Minderheitspositionen und Konflikten, aber auch eine weniger auf das Allgemeinwohl, dafür aber stärker auf eine sektionale Interessenvertretung ausgerichtete Haltung der britischen Gewerkschaftsführungen beigetragen haben dürften. Betrachtet man also die allgemeinen, in den Betriebs-

---

20 Vgl. ZPA I 4/6/8: Der Angriff der Nazis auf die Betriebe, 26.11.1931.

21 So Winkler, Weg, S.908, unter Bezugnahme auf die Dissertation von Wolfgang Zollitsch, die inzwischen unter dem Titel "Arbeiter zwischen Weltwirtschaftskrise und Nationalsozialismus. Ein Beitrag zur Sozialgeschichte der Jahre 1928 bis 1936", Göttingen 1990, erschienen ist. Die generelle Heterogenität der NSBO-Anhänger soll mit dem folgenden jedoch nicht in Frage gestellt werden; vgl. u.a. dazu Gunther Mai, Die Nationalsozialistische Betriebszellen-Organisation, in: Matthias u. Schönhoven (Hg.), Solidarität und Menschenwürde, S.271-89.

ratswahlen von 1931 und 1933 zum Ausdruck kommenden Tendenzen, dann hatte sich der ADGB eine mangelnde Bindungskraft auf betrieblicher Ebene sicherlich weniger stark vorzuwerfen als die SPD im politischen Bereich. Im Detail zeigen sich jedoch einzelne Versäumnisse, die dem TUC nicht unterliefen. So können zwar die Rekrutierungserfolge der NSBO unter den Arbeitern im Gegensatz zum Einbruch der Nazis in andere gesellschaftliche Bereiche als gering eingeschätzt werden, im deutsch-britischen Zahlenvergleich (vgl. Kap.I.3.) waren sie dennoch beachtlich.

Vergegenwärtigt man sich noch einmal die oben zitierten Äußerungen Leiparts und Tarnows, wären vergleichbare Stellungnahmen, die eine Anpassung an die eine oder andere Seite enthielten, für den TUC und seinen Generalsekretär Citrine undenkbar gewesen. Dafür gab es zwei Gründe: Zum einen war das Vertrauen in die eigene Stärke ein herausragendes Charakteristikum der britischen Gewerkschaften, zum anderen ließen sie sich die Kompetenz für politische Aktivitäten nicht in dem Ausmaß entziehen, wie es aufgrund der beiderseits akzeptierten Arbeitsteilung zwischen ADGB und SPD der Fall war. So läßt sich die Beziehung zwischen TUC und Labour Party am besten durch die bei allem Pathos einen wahren Kern enthaltenen Äußerungen John Bromleys veranschaulichen, der den TUC als Gastredner auf dem Parteitag der Labour Party von 1932 repräsentierte. Dabei bekräftigte er mit Blick auf das zurückliegende Wahldebakel vom Herbst 1931 einerseits die Einheit der Arbeiterbewegung als "one organisation with two departments" und nutzte andererseits die Gelegenheit, die Führungsposition und Überlegenheit des "big brother" innerhalb dieser Strukturen zu betonen. So rief er den Parteiaktivisten gönnerhaft zu: "Be of good courage, we shall be with you, not only in sympathy but when you want your hand held in the dark we shall be only too proud to help you." War dies auch ein harter Brocken, den der TUC damit der Labour Party in den Mund schob, erleichterte er doch sogleich das Schlucken mit der ebenso ernst zu nehmenden Bemerkung: "We Trade Unionists may come here sometimes (...) and criticise the Executive, and we may sometimes, in the heat of the debate, say things that do not appear to have all the milk of human kindness in them, but we do not allow anyone outside to say those things. We do not allow anyone outside the Movement to attack us with impunity."[22]

Die Einmischung in aktuelle politische Probleme sowie die Erwägung und Einleitung direkter Abwehrmaßnahmen blieb für den britischen Dachverband auch nach der Zurückdrängung des syndikalistischen Einflusses Anfang der zwanziger Jahre eine Selbstverständlichkeit. In seiner Haltung wurde der TUC allerdings von den bürgerlichen Kräften Großbritanniens unterstützt, die nicht im mindesten zu einem Nachgeben gegenüber den radikalen Parteien und Organisationen bereit waren. So gilt trotz aller Fehler und Versäumnisse auch für den ADGB, was für die

---

22 Labour Party Report 1932, S.226 f.

Sozialdemokratie bereits konstatiert wurde[23]: Er hätte die Substanz des freiheitlich-demokratischen Rechtsstaates durchaus erfolgreich verteidigen können, wenn die Institutionen und Machteliten der Republik auf seiner Seite gewesen wären.
Ganz anders reagierte hingegen die britische Staatsmacht. Als 1934 fünfzig Faschisten eine Farm in Suffolk besetzten, um die Pfändung der Schweine und Bullen eines zahlungssäumigen Bauern zu verhindern, berichtete zwar der Daily Telegraph belustigt, die Nachbarschaft betrachte die "Blackshirt invasion as the richest free entertainment they have had for years". Außenminister John Simon (National Liberals) nahm die Angelegenheit aber offenbar sehr viel ernster, indem er dem Innenminister und dem Premier das folgende Schreiben vom 16. Februar 1934 zusandte: "It is surely much more than a matter for the local police. Here are some fifty 'blackshirts' with a 'leader' who must be sullied with funds from a central source, who are defying the law and making a nuisance of themselves and a mock of the most elementary civil rights. This kind of thing is smiled at in some quarters and applauded in others, but I trust it may be found possible to take it seriously and stop it at once and for all by vigorous measures. I should like to see not only the ringleader but some of the followers indicted for malicious damage and conspiracy (...) I am very deeply impressed with the danger of letting this silly business of "playing at Mussolini" go on in this country. (...) There is nothing whatever that the youth of England need to learn from Hitler."[24]
Die im Oktober 1932 durch Sir Oswald Mosley gegründete British Union of Fascists (BUF) hatte mit dem sogenannten "Olympia Meeting" von 1934 im Londoner Stadtteil Kensington bereits den Höhepunkt ihrer ohnehin begrenzten Karriere erreicht[25]. Bis zu diesem Zeitpunkt wurde die Bewegung zumindest toleriert, obwohl es als Folge von Massenkundgebungen und uniformierten Aufmärschen der Faschisten immer wieder zu kleineren Ausschreitungen kam. Nach der Olympia-Kundgebung vom 7. Juni 1934 mit ca. 12.000 Anwesenden änderte sich die öffentliche Meinung. Vor allem das Vorgehen der als Ordner agierenden, uniformierten "Blackshirts" gegen einige von den Kommunisten mobilisierte Zuhörer, welche die Ansprache Mosleys durch laute Zwischenrufe zu stören versuchten, wurde von der Öffentlichkeit als übertrieben gewalttätig empfunden. Augenzeugen, darunter einige konservative Abgeordnete, äußerten sich anschließend entsetzt in der Presse, im House of Commons und anderswo über das brutale Verhalten der Faschisten. Auch der nun zunehmend häufiger artikulierte Antisemitismus der BUF, mehr als alles andere aber die nur drei

---

23 Vgl. Pyta, Gegen Hitler und für die Republik, S.519 f.

24 PRO, PRO 30/69/401; Premierminister MacDonald versah das Schreiben mit dem Vermerk: "I quite agree".

25 Zum folgenden vgl. Stevenson u. Cook, Slump, S.195-244.

Wochen später folgende Ermordung des deutschen SA-Stabschefs Ernst Röhm und seiner Anhänger ohne vorhergehendes Gerichtsverfahren öffnete der britischen Öffentlichkeit die Augen über den wahren Charakter des Faschismus[26]. Der Pressemagnat Lord Rothermere - das britische Gegenstück zu Alfred Hugenberg -, der die BUF Anfang des Jahres 1934 mit seiner Daily Mail und anderen Zeitungen noch kräftig unterstützt hatte, distanzierte sich nach Olympia öffentlich von der Partei. Der National Council of Labour entsandte am 26. Juni 1934 eine Delegation zum Innenminister. Diese wies auf die Gefahren für die parlamentarische Demokratie hin, die von der faschistischen Bewegung im Land ausgingen, unterbreitete Materialien über die Aktivitäten und Ziele der BUF und forderte die Regierung zum Handeln auf. Um die Bedeutung hervorzuheben, die der National Council of Labour der Thematik beimaß, bestand die Abordnung aus dem vollständigen General Council, Citrine, dem Parteivorstand sowie dem amtierenden Fraktionsführer der Labour Party Clement Attlee (insgesamt 57 Personen - das Amtszimmer Herbert Samuels muß also ziemlich voll gewesen sein!)[27]. Auch innerhalb der Regierung verstärkte sich nach dem Olympia-Treffen die Auffassung, daß härtere Maßnahmen zum Schutz von Ruhe und Ordnung ergriffen werden müßten. Die im gleichen Jahr erlassene "Incitement to Disaffection Act" richtete sich allerdings vorwiegend gegen die außerparlamentarischen Aktionen der NUWM und eine kommunistische Unterwanderung der Streitkräfte. Sie erweiterte die Möglichkeiten der Strafverfolgung gegen den Besitz und die Verbreitung aufrührerischer Literatur, kam aber in den darauffolgenden Jahren kaum zur Anwendung[28]. Gegenüber den Vertretern des National

---

26 Vgl. National Council of Labour and the Co-operative Union, Statement on Fascism at Home and Abroad, in: TUC-Report, App. C, S.435-50, hier S.449 f. (auch in: Labour Party-Archives 1934/41). Zu den ideologischen Einflüssen, auf denen Mosleys Faschismus-Konzept basierte, vgl. Richard C. Thurlow, The Return of Jeremiah: The Rejected Knowledge of Sir Oswald Mosley in the 1930s, in: Lunn u. Thurlow (Hg.), British Fascism, S.100-13.

27 Ein vergleichbares Gespräch des ADGB mit einem Regierungsvertreter, das sich ausschließlich mit dieser Thematik beschäftigt hätte, hat nie stattgefunden. Darüber, ob sich ein Mitglied der Weimarer Präsidialkabinette zu einem solchem Gespräch bereit gefunden hätte, kann nur spekuliert werden. Allerdings nutzten die Gewerkschaften aller Richtungen einen Empfang beim Reichspräsidenten am 26.2.1931 in Anwesenheit Brünings und Stegerwalds, um auf die politischen Gefahren aufmerksam zu machen, die sich aus der Massenarbeitslosigkeit ergaben; vgl. Weber u.a. (Hg.), Quellen, Bd.4, Dok.32, S.259 f.; BAP, 06.01/St 43/1/ Bl.122 f.

28 Vgl. Stevenson u. Cook, Slump, S.233 f.; Mowat, Britain between the Wars, S.474 f.; Taylor, English History, S.374. Die mit einer Gesetzgebung zur Unterdrückung der außerparlamentarischen Bewegungen verbundenen Einschränkungen der bürgerlichen Freiheiten und die entsprechende Ausweitung der staatlichen, insbesondere polizeilichen, Machtbefugnisse stießen in weiten Teilen der britischen Gesellschaft, aber auch in

Council of Labour betonte der Innenminister, daß die Regierung für eine weitere Gesetzgebung noch Zeit benötige, versicherte aber in der Parlamentsdebatte über Olympia, daß sie in Konsultation mit den Führern der anderen Parteien erfolgen werde. Der General Council des TUC, der Vorstand und die Fraktion der Labour Party traten daraufhin in fortgesetzten Kontakt, um eine gemeinsame, für die gesamte Arbeiterbewegung geltende Position zu erarbeiten[29].
Mit dem sogenannten "Battle of Cable Street" am 4. Oktober 1936 war für die britische Staatsmacht schließlich die Schmerzgrenze erreicht. Hier eskalierten die gewalttätigen Auseinandersetzungen zwischen Faschisten und Antifaschisten, als Mosley und etwa 3000 seiner Anhänger während eines Marsches durch das Londoner Arbeiterviertel East End, dem Stadtteil mit der höchsten jüdischen Bevölkerungskonzentration, von etwa 100.000 Gegendemonstranten empfangen wurden. Die Führung von TUC und Labour Party hatte zwar dazu aufgefordert, sich ruhig zu verhalten und dem Umzug fernzubleiben. Dennoch dürften sich an dem Protest angesichts der hohen Teilnehmerzahl - neben den Kommunisten, der NUWM und einigen jüdischen Organisationen, die offiziell zum Widerstand aufgerufen hatten - auch zahlreiche Mitglieder ihrer eigenen Anhängerschaft beteiligt haben. Obwohl die gewalttätigen Auseinandersetzungen zumeist nicht von der BUF beabsichtigt, sondern vielmehr aufgrund von Störungen ihrer Veranstaltungen durch Antifaschisten ausgelöst worden seien, lastete die Mehrheit der britischen Bevölkerung - so der Londoner Polizeichef an den Innenminister - dies den Faschisten an, in dem Gefühl, "(...) that the Fascist policy of processions in essentially working class districts is one of provocation."[30] Nicht unbedingt der Antisemitismus der BUF als solcher war also für die Ablehnung verantwortlich, die ihr entgegenschlug - diskriminierende Vorurteile stießen auch in Teilen der britischen Gesellschaft auf Resonanz. Vielmehr trafen die von ihr intendierte gewaltsame und intolerante Einschränkung der individuellen Freiheitsrechte und

---

Kabinett und Parlament auf Widerstand; vgl. Stevenson u. Cook, Slump, S.236 f.. Der Labour-Parteitag von 1934 verabschiedete eine Protestresolution gegen den Erlaß des Gesetzes; vgl. Labour Party Report 1934, S.181.

29 Nach Middlemas, Politics in Industrial Society, S.242, entschloß sich die Regierung erst zum Erlaß der Public Order Act von 1937, nachdem der TUC den National Council of Labour zur Herausgabe eines Memorandums im März 1936 veranlaßt hatte, das Privatarmeen und -uniformen und die Anstiftung zur Gewalt öffentlich verurteilte. Zur Delegation des National Council of Labour vgl. Statement on Fascism at Home and Abroad (s.o. Anm.26), hier S.449 f.

30 PRO, HO 144/21086 (801.052/41): Commissioner of Police of the Metropolis an Secretary of State, 8.10.1937. Sir Philip Game bezog sich in seinem Schreiben auf einen faschistischen Umzug am 3.10.1937. Kritik an den Gegenmaßnahmen durch Kommunisten und ILP habe er auffallend wenig gehört, so daß er von einer diesbezüglichen polizeilichen Strafverfolgung abrate.

das durch das paramilitärische Auftreten der Schwarzhemden in Frage gestellte Gewaltmonopol des demokratischen Staates, der diese Meinungsvielfalt garantierte, in der pluralistischen politischen Kultur Großbritanniens auf Mißfallen. Diese bildete damit einen unersetzlichen Schutz gegen Gefährdungen der parlamentarischen Demokratie. Ein Vergleich der Unruhen im Londoner Eastend mit dem sogenannten "Blutsonntag von Altona" zeigt darüber hinaus, daß aus Gründen, die vermutlich ebenfalls im Bereich einer vorhandenen oder fehlenden Akzeptanz der demokratischen Spielregeln des parlamentarischen Systems zu suchen sind, die Gewaltbereitschaft aller Beteiligten in der Weimarer Republik weitaus größer war als in Großbritannien. Als SA und SS am 17. Juli 1932 einen Umzug durch die kommunistischen Hochburgen der Altstadt von Altona veranstalteten, schossen Antifaschisten in einer Selbsthilfeaktion mit Waffen aller Kaliber auf die etwa 7.000 Teilnehmer der Demonstration. Die Polizei erwiderte das Feuer, die Nationalsozialisten selbst schossen nicht. Die Auseinandersetzungen forderten 18 Tote, 91 Personen wurden festgenommen. Die Londoner Polizei konnte sich demgegenüber auf den Einsatz von Schlagstöcken beschränken, 88 Personen wurden verhaftet, 70 wegen Verletzungen behandelt. Kein britischer Bürger verlor während der dreißiger Jahre sein Leben im Zusammenhang mit kommunistischen oder faschistischen Demonstrationen. Einzige Ausnahme bildete ein von der NUWM 1931/32 auf Druck der Komintern durchgeführtes Aktionsprogramm von Märschen und Demonstrationen der Erwerbslosen gegen kommunale Fürsorgeämter (Public Assistance Committees) und den "means test". Diese Aktivitäten verursachten vor allem in Glasgow, Belfast und Birkenhead teils mehrtägige Straßenkämpfe zwischen Arbeitslosen und Polizei, wobei in Belfast zwei Menschen den Tod fanden[31].
Die Zwischenfälle in der Cable Street führten direkt zum Erlaß der Public Order Act, die am 1. Januar 1937 in Kraft trat[32]. Das vorwiegend gegen die Rechtsradikalen gerichtete Gesetz verbot u.a. das Tragen politischer Uniformen auf öffentlichen Plätzen oder Veranstaltungen und gab der Polizei die Befugnis, mit Zustimmung des Innenministers ganze Stadtteile oder Straßen für einen Zeitraum von bis zu drei Monaten mit einem Demonstrationsverbot zu belegen. Die Aktivitäten der britischen Faschisten wurden dadurch zwar nicht beendet, aber durch

---

31 Vgl. Stevenson u. Cook, Slump, S.207; Stevenson, Politics of Violence, S.149. Zu Altona vgl. Winkler, Weg, S.650-52.

32 Im Vorfeld der Gesetzgebung wurde im Innenministerium eine instruktive Übersicht über die wichtigsten Zwischenfälle erstellt, die sich zwischen 1932 und 1936 in Zusammenhang mit kommunistischen oder faschistischen Demonstrationen und Kundgebungen ereignet hatten; vgl. PRO, HO 144/20710 (695.689/24). Das Gesetz richtete sich somit nicht ausschließlich gegen die Faschisten, sondern stellte eine Reaktion der Regierung auf den politischen Extremismus ganz allgemein und die damit verbundene Eskalation der Gewalt auf den Straßen dar.

die staatlichen Autoritäten eindeutig und entschieden in ihre Grenzen verwiesen. Die Bestimmung ließ sich allerdings auch auf nichtfaschistische Veranstaltungen, wie z.B. die Hungermärsche der NUWM auf London, anwenden, so daß die Public Order Act auf dem linken politischen Flügel auf starke Kritik stieß. So wurde u.a. auch der TUC von der ständigen Erneuerung des Demonstrationsverbotes im East End in Dreimonatsintervallen betroffen, mit der man weitere Aufmärsche der BUF in diesem Stadtteil zwischen 1937 und ihrer Auflösung 1940 vollständig unterband. Während die Polizei jedoch gegen die NUWM rigoros vorging, war es kennzeichnend für die gesellschaftliche und politische Stellung des TUC, daß die Anwendung der Public Order Act auf einen geplanten Umzug des Trades Council von Bethnal Green im Juli 1937 erst nach umfangreichen innerministeriellen Überlegungen, Konsultationen der Organisatoren und einer Unterredung zwischen Innenminister Samuel Hoare, Ernest Bevin und dem stellvertretenden TUC-Generalsekretär Tewson in gegenseitigem Einverständnis stattfand. Als dann im September die Verlängerung des Demonstrationsverbots anstand, wurde neben den Vertretern der politischen Parteien wieder lediglich Bevin als einziger Repräsentant einer gesellschaftlichen Organisation über die Beweggründe des Innenministers schriftlich informiert[33].

Der TUC nahm die BUF oder andere, vor ihrer Gründung bereits bestehende faschistische Organisationen in Großbritannien[34] bis Anfang der dreißiger Jahre nicht sehr ernst. Eine innergewerkschaftliche Diskussion lösten sie nicht aus. Erst 1933, vor dem Hintergrund der Machtübernahme des NS-Regime in Deutschland, setzte im TUC eine mehrjährige, kontinuierliche Auseinandersetzung mit dem politischen Extremismus und autoritären Regierungssystemen im allgemeinen und dem Faschismus im besonderen ein. Sie wurde sowohl innergewerkschaftlich als auch gemeinsam mit den Vertretern der Labour Party im National Council of Labour geführt und resultierte langfristig in einer vollständigen Revision der außenpolitischen Grundsätze der britischen Arbeiterbewegung. Unter dem Einfluß des TUC, der sowohl über seine dominierende Stellung im National Council of Labour als auch über die Beschlüsse der kurz vor den Parteitagen stattfindenden Gewerkschaftskongresse die politische Richtung vorgab, rückte die Labour Party ab 1934 schrittweise von ihrer pazifistischen Linie ab und unterstützte ab 1937 offiziell die Wiederaufrüstungspolitik der Regierung[35].

---

33 Vgl. PRO, HO 144/21086: 801.052/21 u. 801.052/33.

34 Vgl. Richard Thurlow, Fascism in Britian. A History, 1918-1985, Oxford 1987.

35 Vgl. Clegg, British Trade Unions, Bd.3, S.123-46; Pelling, British Trade Unionism, S.201-03; Mowat, Britain between the Wars, S.550-52; Martin, TUC, S.230-33, hält die Einflußnahme des TUC für begrenzt.

Der TUC-Kongreß von 1933 billigte eine Vorlage des General Council mit dem Titel "Dictatorships and the Trade Union Movement"[36], die den Ablauf der politischen Ereignisse in den letzten Monaten der Weimarer Republik darstellte und die wichtigsten Ursachen des Aufstiegs der NSDAP aufzeigte. Vor dem Hintergrund der zahlreichen, nach dem Ersten Weltkrieg in Europa entstandenen autoritären Regime in Deutschland, Österreich und Italien, in Ungarn, Jugoslawien, Finnland und Polen, in der Sowjetunion und anderen Staaten beschäftigte sich der General Council mit möglichen Gemeinsamkeiten, welche die betroffenen Länder verbanden und zu dieser Entwicklung beigetragen haben könnten. Schließlich fragte er nach den Lehren, die Großbritannien und die britische Gewerkschaftsbewegung daraus zu ziehen hätten. Die Ursprünge des vorliegenden Berichts seien, wie Citrine vor den Kongreß-Delegierten ausführte[37], direkt in den deutschen Vorgängen zu suchen. In seiner Eigenschaft als Vorsitzender und Repräsentant des IGB habe er in regelmäßigen Abständen Berlin besucht und dem General Council über die dortige kritische Entwicklung berichtet. Daraus sei der Entschluß entstanden, die deutschen Ereignisse sorgfältig zu untersuchen und mit den in Großbritannien herrschenden Bedingungen im Hinblick auf mögliche Gefährdungen der britischen Demokratie zu vergleichen. Bezugnehmend auf den Bericht nannte der TUC-Generalsekretär verschiedene Gründe für den Aufstieg der NSDAP, wie z.B. die Zersplitterung des Parteiensystems, die Aufspaltung der deutschen Arbeiterbewegung in Kommunisten und Sozialdemokraten, ein verstärkt auftretender Nationalismus als Reaktion auf den Versailler Vertrag, die hohe Arbeitslosigkeit und eine zunehmende Atmosphäre der Gewalt als Folge einer tiefen Gesellschaftsspaltung, die sich in mehrerer Hinsicht äußere: durch die Feindschaft zwischen Arbeiterschaft und Mittelschichten, die Uneinigkeit der verschiedenen Teile der Arbeiterklasse untereinander und die Aufspaltung wichtiger gesellschaftlicher Organisationen nach politischen Zugehörigkeiten und Klassen. Zu nennen seien hier die Richtungsgewerkschaften, aber auch die parteipolitisch gebundenen Sport-, Jugend- und Rechtsorganisationen sowie vor allem die paramilitärischen Verbände, wie Stahlhelm, Reichsbanner, die kommunistische "Rote Front" oder die "Braune Armee" der Nazis.

Das Fehlen jeglichen Widerstandes auf seiten der sozialistischen deutschen Arbeiterbewegung, fuhr Citrine fort, habe international zu Spannungen und öffentlicher Kritik geführt. So gab es gegenüber dem IGB im Vorfeld konkrete Zusagen des

---

36 Vgl. TUC-Report 1933, App. C, S.425-35.

37 Vgl. zum folgenden neben der genannten Vorlage des General Council die Ausführungen Citrines in: TUC-Report 1933, S.318-25, und die anschließende Diskussion, S.325-40. Um eine freie und ausführliche Auseinandersetzung mit dem Thema zu ermöglichen, wurde für die Dauer der Debatte sogar die Geschäftsordnung außer Kraft gesetzt.

ADGB hinsichtlich der Maßnahmen, die er im Falle einer nationalsozialistischen Machtübernahme ergreifen würde. Deren Nichteinhaltung und seine Teilnahme an der nationalsozialistischen 1. Mai-Demonstration habe in der internationalen Gewerkschaftsbewegung Verwirrung und Verstimmung hervorgerufen. Diese seien verschärft worden, als die Vertreter der deutschen Arbeiterbewegung gegenüber der Sozialistischen Internationale und dem IGB den Wunsch äußerten, keine kritischen Resolutionen zum NS-Regime zu verabschieden, um ihre Situation nicht noch weiter zu verschlechtern. Beide Organisationen hätten, so Citrine, dieser Bitte selbstverständlich nicht entsprechen können, die als ein Versuch Hitlers interpretiert werden müsse, die deutschen Sozialisten als Geisel für ein gutes Betragen der internationalen Arbeiterpresse einzusetzen[38]. Andererseits wisse er aus erster Hand, daß es definitive Planungen für einen Generalstreik gegeben habe. Diese seien aber wegen der herrschenden Massenarbeitslosigkeit und aus Angst vor einem Bürgerkrieg nicht zur Durchführung gekommen. Mit Rücksicht auf die prekäre Situation der Kollegen in Deutschland könne er darauf nicht detailliert eingehen. Es sei somit ein tragisches Kapitel in der Geschichte der deutschen Arbeiterbewegung, daß ihre Führer unter schwierigsten Bedingungen einerseits zwar nicht davongelaufen, sondern auf ihrem Posten geblieben seien, andererseits aber einem folgenschweren Irrtum erlegen seien, für den sie durch persönliche Verfolgung und Unterdrückung ihrer Organisationen bereits bitter bezahlt hätten. Bei allem Verständnis sei er aber dennoch der Auffassung, daß die deutsche Gewerkschaftsbewegung legitimerweise für ihre Bereitschaft zur Anpassung an das neue Regime kritisiert werden könne. Wahrscheinlich habe sie die Nazis unterschätzt und eine Zerstörung ihrer Organisationen nicht für möglich gehalten. Sie habe nicht erkannt, was sich allerdings einige Leute in Großbritannien auch nicht ausreichend bewußt machen würden: daß die Existenz einer unabhängigen Gewerkschaftsbewegung mit einer Diktatur nicht zu vereinbaren sei.

Der Bericht des General Council beschränkte sich jedoch nicht auf den Rechtsextremismus. Differenzierend und ohne beides miteinander gleichzusetzen ging er auch auf linke Diktaturen, wie z.B. in der Sowjetunion, ein, die zwar unter völlig anderen Bedingungen entstanden seien und ganz andere Ziele verfolgten als die

---

38 Der IGB verabschiedete bei seinem Treffen vom 9.-11.4.1933 in Zürich eine Resolution, die auf S.172 des TUC-Reports von 1933 abgedruckt ist. Er richtete einen Spendenfonds für die Opfer des Hitler-Regimes ein, den der National Joint Council durch einen umgehenden Spendenaufruf an alle Zweige und Untergliederungen der britischen Arbeiterbewegung unterstützte. Direkt im Anschluß an den IGB-Kongreß organisierte der National Joint Council eine Massenkundgebung in der Londoner Albert Hall und nutzte außerdem die 1. Mai-Demonstrationen im ganzen Land zur Agitation gegen den Hitlerismus. Am 19.7.1933 veröffentlichte er ein Manifest, das alle Teile der Arbeiterbewegung zu einem Boykott deutscher Güter und Dienstleistungen aufrief; vgl. ebd., S.172 f.; National Council of Labour, Boycott German Goods! Boycott German Services! London 1934.

faschistischen Regime in Deutschland oder Italien, die aber aus gewerkschaftlicher Sicht gleichfalls abzulehnen seien. Rede- und Pressefreiheit, das Recht auf öffentliche Versammlungen und freie Wahlen seien nicht nur aus politischen Gründen, sondern auch für die gewerkschaftliche Arbeit eine unerläßliche Voraussetzung. Niemand außerhalb Rußlands sei kompetent genug zur Beantwortung der Frage, ob die kommunistische Diktatur die einzige Möglichkeit zur Verhinderung einer Konterrevolution gewesen sei und ob sie unter den dort herrschenden Verhältnissen eine notwendige Übergangsphase darstelle. Jedoch ändere die Tatsache, daß die Verteidigung der Revolution vor einer Rückkehr zur zaristischen Tyrannei eine sozialistische Pflicht gewesen war und noch sei, nichts an der prinzipiellen Ablehnung der Diktatur durch den TUC. Wer eine Einheitsfront mit den Kommunisten unterstütze, erkenne nicht, daß diese mit den Faschisten die rücksichtslose Unterdrückung von Opponenten und Minderheitsmeinungen gemein hätten. Eine Einheitsfront liefe somit darauf hinaus, daß sich Demokraten bei der Bekämpfung einer rechten mit den Befürwortern einer linken Diktatur zusammenschließen würden.

Abschließend wandte sich der Bericht vergleichend den Verhältnissen im Vereinigten Königreich zu und fragte, welche Konsequenzen die britische Gewerkschaftsbewegung aus diesen Entwicklungen zu ziehen habe: "One of the most important factors in these countries was the absence of any strong democratic tradition. In Russia, the Communist dictatorship succeeded the iron dictatorship of the Czars. In Germany, political democracy in any real and effective sense was unknown until after the war, and both because of the shortness of time and the unsettled internal conditions, the German people had no opportunity to become accustomed to democratic methods. In Great Britain we have had such a long experience of constitutional government that a strong belief in democratic methods has become part of the national character. Again, in Italy - and, to some extent, in Germany - Fascism was able to draw increasing support because of the menace, real or alleged, of Communist violence. There is no serious menace from that quarter in this country. In Russia, and again in Italy, the disorganisation and despair produced by the war were very powerful factors in the overturn of the existing governments, and the establishment of dictatorships. There is no such collapse in Great Britain. In Germany an exaggerated nationalism, due largely to resentment at the treatment of Germany by the victorious nations after the war, played straight into Hitler's hand. There is no such feeling in this country to encourage the growth of Fascism. Another important factor in Germany was the growth of private armies on party lines, and the existence of rigid class divisions in the Trade Union Movement, the Youth Movement, and so on. This, again, is a

development from which we are free in Great Britain."[39] Eine einzige Übereinstimmung gebe es aber zwischen dem Vereinigten Königreich und diesen Ländern, nämlich den durch wirtschaftliche Depression und Arbeitslosigkeit erzeugten Vertrauensverlust in die politischen Institutionen. Dieser schaffe zweifellos günstige Ausgangsbedingungen für den Faschismus. Erste Pflicht der Gewerkschaften sei es daher, ihr Bekenntnis zur Demokratie zu bekräftigen und alle Diktaturen, ob auf der Rechten oder auf der Linken, gleichermaßen zu bekämpfen. Wie die Ereignisse in Deutschland gezeigt hätten, sei auch die stärkste Gewerkschaftsbewegung nicht unverwundbar, wenn elementare Bürgerrechte beseitigt würden. Der General Council werde daher den National Joint Council veranlassen, eine Aufklärungs- und Protestkampagne gegen den Faschismus und zur Verteidigung der demokratischen Prinzipien zu organisieren.
In den Rahmen dieser Kampagne sind unter anderem das "Statement on Fascism at Home and Abroad" von 1934[40] sowie der dem Kongreß von 1935 vorliegende Bericht des General Council mit dem Titel "Fascism"[41] einzuordnen, die auf die jeweils aktuelle Lage der faschistischen bzw. nationalsozialistischen Herrschaft in Deutschland, Österreich und Italien sowie auf die Situation der britischen Faschisten eingingen. Mehr als wohl jede andere Institution in Großbritannien setzten sich die Gewerkschaften mit dem Auftreten des Faschismus im Ausland auseinander, da sie nicht nur durch ihre Mitgliedschaft im IGB über das Schicksal ihrer deutschen und anderen Kollegen gut informiert waren. Sie erkannten auch die Gefahren für ihre eigenen Organisationen, die zu den ersten gehören würden, die der Diktatur zum Opfer fallen mußten. In einer Zeit, als sich die britische Regierung noch der Illusion hingab, die aggressiven faschistischen Staaten durch "appeasement" in Schach halten zu können, propagierte der TUC bereits deren entschiedene Eingrenzung durch Sanktionen des Völkerbunds und kalkulierte dabei auch einen möglichen Kriegsausbruch mit ein. Ein Premierminister Citrine oder Bevin, so läßt sich mit einiger Wahrscheinlichkeit folgern, hätte nicht bis zum deutschen Angriff auf Polen gewartet, bevor er sich zum Handeln entschlossen hätte.

---

39 Dictatorships and the Trade Union Movement (s.o. Anm.36), S.431. Damit wurden vom TUC bereits die wichtigsten Punkte einer modernen historischen Strukturanalyse der Ursachen des nationalsozialistischen Aufstiegs in Deutschland genannt.

40 Vgl. TUC-Report 1934, App. C: National Council of Labour and the Co-operative Union, Statement on Fascism at Home and Abroad, S.435-50 (auch in: Labour Party-Report 1934, App. XVII, S.293 ff.; Labour Party-Archives 1934/41).

41 Vgl. TUC-Report 1935, App. D, S.471-80. Die jeweils neuesten, zahlreichen Publikationen des TUC zu diesem Thema finden sich in "section L (Press and Publicity)" der jährlichen Kongreßprotokolle; vgl. auch die im Literaturverzeichnis genannten, diesbezüglichen Veröffentlichungen des National Council of Labour.

Für die deutsche Arbeiterbewegung wurde die Verhinderung des "Dritten Reiches" durch die Tolerierungspolitik ab 1930 zum alles überragenden Leitziel sozialdemokratischer Politik. Ihre Erfolglosigkeit macht deshalb im Rückblick umso betroffener. Zu den Faktoren, welche die Abwehrpolitik der SPD negativ beeinflußten, gehörte nach Ansicht vieler Historiker die falsche und teilweise intransigente Gleichsetzung von Kommunismus und Nationalsozialismus, die die geringen Möglichkeiten einer antifaschistischen Einheitsfront oder eines Einwirkens auf Teile der KPD-Wähler vereitelt habe[42]. Obgleich das schwerlich nachzuweisen ist, war diese Fixierung auf die rot/braun - Gleichung sicherlich stärker als andere Hemmfaktoren auf gewerkschaftliche Erfahrungen in der alltäglichen Betriebspraxis zurückzuführen, die in die sozialdemokratische Faschismus-Analyse einflossen. Wenngleich sich auch die SPD mit der parlamentarischen Konkurrenz von NSDAP und KPD auseinandersetzen mußte, konnte das doch nichts Ungewöhnliches für eine politische Organisation sein, die die Grundsätze eines pluralistischen Parteiensystems akzeptierte. Zu den gewerkschaftlichen Erfahrungen gehörten hingegen ständige Versuche der Unterwanderung oder Gründung von Konkurrenzorganisationen in einem Bereich, in dem nicht Pluralität, sondern Geschlossenheit und Disziplin die höchsten Werte darstellten. Hinzu kamen die offene Zusammenarbeit von Nationalsozialisten und Kommunisten während des Streiks in den Berliner Verkehrsbetrieben im November 1932[43], die ständigen Attacken gegen die "Gewerkschaftsbonzen" des ADGB, in dessen Augen sich die Angriffe der "Nazis" gegen die Repräsentanten der verhaßten Republik kaum von denen der "Kozis" gegen die "Sozialfaschisten" unterschieden, oder das Aufstellen utopischer Forderungen durch die RGO, die es ihr ermöglichten, die pragmatischere, aber durchsetzungsfähigere Politik der freien Gewerkschaften kontinuierlich als Verrat zu brandmarken[44]. Ähnliches läßt sich für Großbritannien konstatieren, wo 1924 die National Minority Movement mit dem Ziel gegründet wurde, innerhalb der bestehenden Gewerkschaften kommunistische Fraktionen zu bilden. Wie die KPD, ging auch die Communist

---

42 Vgl. Helga Grebing, Sozialdemokratische Arbeiterbewegung und Nationalsozialismus 1924-1933, in: dies. u. Klaus Kinner (Hg.), Arbeiterbewegung und Faschismus. Faschismus-Interpretationen in der europäischen Arbeiterbewegung, Essen 1990, S.237-46, hier S.244 f.

43 Vgl. GZ 42 (1932), S.723-25; Weber u.a. (Hg.), Quellen, Bd.4, Dok. 144, S.752-61: Sitzung des Parteiausschusses der SPD (Auszüge), 10.11.1932; Winkler, Weg, S.765-73.

44 Zur Auseinandersetzung des ADGB mit dem Kommunistenproblem vgl. Potthoff, Freie Gewerkschaften, S.209-16. Die parteipolitische Polarisierung innerhalb der deutschen Arbeiterbewegung, in die auch der ADGB verstrickt wurde, behandelt ausführlich: Klaus Schönhoven, Reformismus und Radikalismus. Gespaltene Arbeiterbewegung im Weimarer Sozialstaat, München 1989.

Party of Great Britain (CPGB) auf Anweisung der Kommunistischen Internationale (Komintern) ab 1928/29 zu einer primär gegen die reformistische Arbeiterbewegung gerichteten "class against class" - Politik über. Eine auch nur partielle Zusammenarbeit zwischen Kommunisten und Faschisten hat es allerdings in dieser Phase in Großbritannien dennoch nicht gegeben. Die Minority Movement wurde stattdessen, infolge der geänderten politischen Linie, zur Gründung unabhängiger, revolutionärer Verbände angehalten. Im Gegensatz zu den relativen Erfolgen der RGO, deren "Rote Verbände" 1931 vor allem unter den Metall- und Bergarbeitern, den Hafenarbeitern und Seeleuten, den Bauarbeitern und den Land- und Forstarbeitern, in geringerem Maße auch unter den Fabrik- und Textilarbeitern, Gemeindearbeitern und Eisenbahnern, den Nahrungs- und Genußmittelarbeitern und den Schuhmachern über Rückhalt verfügten[45], gelang ihr dies allerdings nur in zwei Fällen: bei der Gründung der United Mineworkers of Scotland und der United Clothing Workers. Zwar hatten viele britische Gewerkschaftsmitglieder nichts gegen eine starke linke Basisbewegung einzuwenden, die die hauptamtliche Führung u.a. daran erinnerte, wer ihre Gehälter zahlte - eine Schwächung oder gar Zerstörung ihrer Organisationen wollten sie jedoch nicht hinnehmen. Das gilt in geringerem Maße allerdings auch für Deutschland, wo die RGO zwar vergleichsweise beachtliche Rekrutierungserfolge vorweisen konnte, ihr jedoch weder innerhalb der Freien Gewerkschaften noch in Konkurrenz zu den ADGB-Verbänden ein entscheidender Durchbruch gelang[46]. Durch die strategische Kehrtwende zur Bildung unabhängiger Gewerkschaften verloren sowohl die KPD als auch die CPGB den größten Teil ihrer Einflußbasis innerhalb der sozialistischen Gewerkschaften. Dennoch ist es vor dem Hintergrund der kommunistischen Infiltrationsstrategien nicht verwunderlich, daß die Auseinandersetzung mit dem Kommunismus beim ADGB wie beim TUC weit früher einsetzte als diejenige mit dem Faschismus.

Auf dem Kongreß in Belfast 1929 legte der General Council die Ergebnisse einer ausführlichen "Inquiry into Disruption"[47] vor, die er aufgrund eines Beschlusses der Kongreßdelegierten des vorhergehenden Jahres durchgeführt hatte. Sie befaßte sich mit Ausnahme zweier kurzer Abschnitte zu wirtschaftsfriedlichen Organisationen vor allem mit den Presseorganen und Nebenorganisationen der Kommunistischen Partei, deren Taktiken zur Diskreditierung und Unterwanderung der Gewerkschaftsbewegung sowie mit den diesbezüglichen Erfahrungen der TUC-

---

45 Vgl. ZPA I 4/6/8: Die organisatorische Entwicklung der RGO in Deutschland, 21.1.32.

46 Vgl. Potthoff, Freie Gewerkschaften, S.212-14. Allgemein vgl. auch Frank Deppe u. Witich Roßmann, Kommunistische Gewerkschaftspolitik in der Weimarer Republik, in: Matthias u. Schönhoven (Hg.), Solidarität und Menschenwürde, S.209-31.

47 Vgl. TUC-Report 1929, S.168-82.

Einzelgewerkschaften. Aufgrund dieser ausführlichen Informationen, so der TUC-Vorstand abschließend, sollten die Einzelverbände in der Lage sein, auf ihre jeweils eigene Art und Weise mit dem geringen und weiter abnehmenden Einfluß der Kommunisten fertig zu werden. Als die CPGB dann aber ab 1933/34 zunehmend von ihrer bisher verfolgten "class against class" - Politik abrückte und nunmehr die Zusammenarbeit mit der Labour Party und den Gewerkschaften gegen den Faschismus suchte, handelte der National Joint Council von TUC und Labour Party sofort. Im März 1933 veröffentlichte er eine Grundsatzerklärung[48], die seinen Glauben an die Prinzipien der parlamentarischen Demokratie bekräftigte und seine gleichermaßen entschiedene Ablehnung einer kommunistischen oder faschistischen Diktatur öffentlich zum Ausdruck brachte. Der TUC-Kongreß von 1934 in Weymouth setzte die Diskussion fort und billigte eine Vorlage des Trades Councils Consultative Committee, die sich mit Unterwanderungstendenzen in einigen Trades Councils befaßte[49]. Im gleichen Jahr reagierte der General Council auch selbst auf die kommunistischen Einheitsfrontangebote mit der Herausgabe des sogenannten "Black Circular". Das Rundschreiben des Vorstands bedrohte die Trades Councils mit dem Entzug der formellen Anerkennung durch den Dachverband, wenn sie Delegierte, die gleichzeitig Mitglied einer kommunistischen oder faschistischen Organisation waren, als Vertreter der lokalen Gewerkschaftsorganisationen in ihrem Gremium zuließen. 1925 hatte der TUC seinen regionalen Untergliederungen bereits die Zusammenarbeit mit der Minority Movement untersagt. Außerdem wurden die Einzelgewerkschaften dazu angehalten, Kommunisten aus allen verantwortlichen Funktionen zu entfernen[50]. Auch auf den Gewerkschaftskongressen von 1935 und 1936 stellte die Auseinandersetzung mit dem Kommunismus und der Einheitsfrontpolitik noch einmal ein wichtiges Diskussionsthema dar[51]. Entsprechend veröffentlichte der National Council of Labour 1936 eine Stellungnahme unter dem Titel "British Labour and Communism"[52], die sich erneut ausführlich mit der kommunistischen Taktik der Unterwanderung und Zerstörung der sozialistischen Arbeiterbewegung im In- und Ausland beschäftigte und der Einheitsfront ebenso

---

48 Das Manifest mit dem Titel "Democracy v. Dictatorship" ist abgedruckt in: Labour Party-Report 1933, App. IX, S.277 f.. Vgl. auch Pelling, British Trade Unionism, S.200 f.

49 Vgl. TUC-Report 1934, S.232-34.

50 Vgl. Clegg, British Trade Unions, Bd.3, S.150 f.; Pelling, British Trade Unionism, S.201.

51 Vgl. TUC-Report 1935, S.260-80; TUC-Report 1936, S.423-37.

52 Vgl. TUC-Report 1936, S.225-30; auch in: Labour Party-Report 1936,, App. IX, S.296-300.

wie der inzwischen propagierten Volksfront eine Absage erteilte. 1937 schließlich konnte auch der Parteivorstand der Labour Party feststellen, daß neben der Frage der Einheitsfront kein anderes Thema zuvor "has ever received such frequent consideration, nor been more repeatedly and emphatically repudiated by Annual Conferences of the Party."[53]

Die gewerkschaftliche Mitgliedschaft blieb den Mitgliedern der kommunistischen Partei während der ganzen Zwischenkriegszeit offen, anders als in der Labour Party, die seit 1925 die individuelle Parteimitgliedschaft für Kommunisten untersagte. Auch die Anträge der CPGB auf einen korporativen Anschluß lehnten die Labour-Parteitage von 1921, 1922, 1923, 1924 und 1936 mit jeweils überwältigender Mehrheit ab. Darüber hinaus wurde es Kommunisten seit 1929 verboten, als Gewerkschaftsdelegierte an den Parteitagen der Labour Party teilzunehmen[54]. Im Jahre 1934 überarbeitete die Labour Party ihre offizielle Liste derjenigen Organisationen, deren Ziele mit einer Parteimitgliedschaft unvereinbar waren. Die CPGB und die NUWM gehörten bereits seit langem dazu; die BUF wurde in diesem Jahr hinzugefügt. Gleichzeitig ermächtigten die Delegierten des Parteitags in Southport den Vorstand mit 1.820.000 zu 89.000 Stimmen, gegen Parteimitglieder, die sich öffentlich zur Einheitsfront bekannten und mit der CPGB oder ihren Nebenorganisationen zusammenarbeiteten, disziplinarisch vorzugehen[55]. Die Einstellung der Gewerkschaftsdelegierten, mit deren Stimmen sich die Labour-Exekutive diese überwältigende Zustimmung verschaffte, kam auf dem Parteitag deutlich zum Ausdruck, als sich Aneurin Bevan, ein Vertreter des linken Flügels, gegen das Anliegen des Vorstandes aussprach und von seinem phonetischen Namensvetter Bevin die rauhe Antwort erhielt: "A previous speaker said that the Communist Party was an insignificant Party. It would not have been if you gentlemen had had your way; we would have been split; we would have been rent if we had not kept down this intrigue. And if you do not keep down the Communists, you cannot keep down the Fascists. (...) I hope that there is sufficient self-discipline in the Party, and that everybody will stand four-square against any attempt to divide us when we are facing the difficulties the future has in store for us."[56]

Ein ausgeprägter Antikommunismus wurde also in beiden Fällen über die Gewerkschaften in die Partei hineingetragen und gegen eine linke, überwiegend intel-

53 Labour Party-Report 1937, S.269.

54 Vgl. Noreen Branson u. Bill Moore, Labour-Communist Relations, 1920-1951, Teil I: 1920-1935, (Communist Party History Group, Our History, Pamphlet 82), London Juli 1990, S.8 u. 18; ; Stevenson u. Cook, Slump, S.143.

55 Vgl. Labour Party-Report 1934, S.9-13, 138-42.

56 Labour Party-Report 1934, S.140 f.

lektuelle Minderheit durchgesetzt. Die Intellektuellen-Organisation "Socialist League", die nach dem Austritt der ILP 1932 deren Platz auf dem linken Flügel der Labour Party eingenommen hatte und sich für eine Einheitsfront mit der ILP und den Kommunisten einsetzte, wurde 1937 aufgrund des Parteitagsbeschlusses von Southport aus der Partei ausgeschlossen[57]. Die traditionellen politischen Bindungen der Arbeiterschaft - ob beschäftigt oder arbeitslos - an die Labour Party blieben jedoch überwiegend intakt. Obwohl die Kommunisten, nicht zuletzt durch den Einfluß des Spanischen Bürgerkrieges, in der Lage waren, ihre Mitgliedschaft zwischen 1935 und 1942 von 7.700 auf 56.000 auszudehnen, rekrutierten sich die neuen Mitglieder vorwiegend aus den jungen, intellektuellen Mittelschichten[58]. Anders als die KPD mit einem arbeitslosen Mitgliederanteil von ca. 80% im Jahr 1931 war die Kommunistische Partei Großbritanniens niemals eine Partei der Erwerbslosen. Noch auf dem Höhepunkt der Wirtschaftskrise hatte über die Hälfte ihrer Mitgliedschaft eine Beschäftigung[59]. Obzwar etwas erfolgreicher als die Faschisten blieb daher auch die CPGB im Vergleich zur KPD eine gesellschaftlich und politisch irrelevante Partei.
Die kompromißlose Haltung des TUC zur Kommunistischen Partei und die von ihm eingeschlagene Ausgrenzungstaktik zur Abwehr innerorganisatorischer und gesellschaftlicher Radikalisierungstendenzen beeinflußten auch die gewerkschaftliche Arbeitslosenpolitik in starkem Maße. Sein prinzipielles Bekenntnis zu konstitutionellen Vorgehensweisen und die daraus resultierende Ablehnung außerparlamentarischer Aktionen ließen in der Weltwirtschaftskrise eine Unterstützung der 1921 gegründeten National Unemployment Workers' [Committee] Movement (NUWM)[60] nicht zu. Das war nicht immer so. Zwischen 1923 und 1927 existierte

---

57 Vgl. Labour Party National Executive Committee, The Labour Party and the So-Called "Unity Campaign", in: Labour Party-Report 1937, App. VII, S.268-70.

58 Vgl. Stevenson u. Cook, Slump, S.136-38; Pelling, British Communist Party, Kap. IV u. V, S.54-90.

59 Vgl. Flanagan, "Parish-Fed Bastards", S.173; genauere Zahlen zur KPD vgl. bei Bahne, Erwerbslosenpolitik der KPD, S.489, auf den sich auch Winkler, Weg, S.596, bezieht.

60 Der Namensteil "Committee" wurde 1929 gestrichen. Er verweist darauf, daß die Ursprünge der NUWM in der anarcho-syndikalistischen Shop Stewards-Bewegung der direkten Nachkriegszeit lagen, wodurch es immer wieder zu Differenzen mit der CPGB kam. Die Führer der NUWM stammten häufig aus dem Bereich des Werkzeug- und Maschinenbaus. Sie waren somit nicht etwa ungelernte Arbeiter, sondern Fachkräfte und Angehörige der "Arbeiter-Aristokratie" in gewerkschaftlich stark organisierten Industriebranchen. Harry McShane, Scottish Organiser, und Walter Hannington, National Organiser der NUWM, wären in diesem Zusammenhang insbesondere zu nennen. Hannington (1896-1966), ein Gründungsmitglied der CPGB, kehrte, nachdem er wieder einen Arbeitsplatz gefunden hatte, in seine Gewerkschaft zurück. Dort fungierte er zwischen 1942 und 1961 zunächst als National Organiser, später als Assistant Divisional

vorübergehend eine institutionalisierte Form der Kooperation zwischen NUWM und TUC im Rahmen des Joint Council on Unemployment. Erst nachdem der gescheiterte Generalstreik die Befürworter direkter syndikalistischer Aktionen zum Schweigen gebracht hatte, nach der Etablierung Citrines als Generalsekretär und der Durchsetzung seiner politischen Linie einer korporatistischen Zusammenarbeit zwischen Gewerkschaften, Arbeitgebern und Staat als Mehrheitsmeinung im TUC ging der Dachverband zu einer generellen Ablehnung außerparlamentarischer Methoden über und beendete seine Zusammenarbeit mit der kommunistischen Erwerbslosenbewegung[61].

Zum Mißfallen der CPGB bewahrte sich jedoch auch die NUWM noch in den dreißiger Jahren eine gewisse Unabhängigkeit von Moskau und verstand sich weniger als politische Hilfsorganisation zur Mobilisierung der Erwerbslosen für die revolutionären Ziele der Partei, sondern primär als unabhängige soziale Interessenorganisation der Arbeitslosen. Als die britische Erwerbslosenbewegung auf der Prager Konferenz der Roten Gewerkschafts-Internationale im August 1931 aufgefordert wurde, sich einer radikalen Reorganisation nach dem Vorbild der KPD-Erwerbslosenausschüsse zu unterziehen, wurde dies von ihrem Führer, Walter Hannington, verweigert. An Stelle der beitragsfreien, auf Basis der Stempelstellen lose zusammengefaßten, aktivistischen Ausschüsse in Deutschland stand Hannington für den gewerkschaftsähnlichen Charakter der NUWM ein und glaubte nicht, "(...) that the unemployed in Britain prefer to have an organization which they don't pay for"[62]. Deren Forderungen, z.B. nach höheren Unterstüt-

---

Organiser der Amalgamated Engineering Union (AEU); vgl. die biographischen Daten in: Clegg, British Trade Unions, Bd.2, S.575; den rückblickenden Erfahrungsbericht von Harry McShane in: MacDougall, Voices from the Hunger Marches, Bd.1, S.16-28; Flanagan, "Parish-Fed Bastards", S.121-56. Vgl. auch die im Literaturverzeichnis genannten autobiographischen Werke Hanningtons.

61 Mit Schreiben vom 10.3.1927 unterrichtete der TUC die NUWM davon, daß er Fragen der Arbeitslosenpolitik zukünftig im Rahmen eines gemeinsamen Sonderausschusses mit der Labour Party behandeln werde und der gemeinsame Ausschuß mit der NUWM daher keinen sinnvollen Zweck mehr erfülle. Zum Schreiben und den vorhergehenden Sitzungsprotokollen des Ausschusses vgl. MRC, MSS.292/135.01/5: Joint Advisory Committee (NUWCM & TUC). Minutes, 1923-1927. Zu den Aktivitäten des Ausschusses vgl. auch MSS.292/135.2/2 u. 135.2/5.

62 Vgl. Flanagan, "Parish-Fed Bastards", S.172 f., Zitat S.173. Für eine komparatistische Perspektive vgl. auch Richard Croucher, Communist Unemployed Organizations between the World Wars. International Patterns and Problems, in: AfS 30 (1990), S.584-98. Infolge verschiedener konzeptioneller Umstellungen, mit denen die kommunistische Politik in den letzten Jahren der Weimarer Republik auf Mißerfolge bei der Organisierung der Erwerbslosen reagierte, bestanden in Deutschland eine Vielzahl unterschiedlicher Organisationsformen nebeneinander her. Dazu gehörten u.a. neben den formal basisdemokratisch und auf Einheitsfrontbasis gebildeten Erwerbslosenausschüssen, die

zungsleistungen, allerdings vertrat die NUWM in kompromißloser, ausschließlich die Interessen der Erwerbslosen berücksichtigender Form. Damit übte sie offenbar eine Anziehungskraft auf zahlreiche Arbeitslose aus, die sich zwar einerseits nicht mit der CPGB identifizieren konnten, andererseits ihre Interessen von der offiziellen Arbeiterbewegung nicht ausreichend vertreten sahen. Nicht von den Faschisten, sondern von den Hungermärschen und militanten Kampagnen der NUWM schien somit in den Augen der britischen Öffentlichkeit die größte Gefahr für das politische System während der dreißiger Jahren auszugehen.
Die NUWM organisierte in der Zwischenkriegszeit insgesamt sechs nationale Hungermärsche (1922, 1929, 1930, 1932, 1934 u. 1936)[63], bei denen Kontingente aus allen Teilen des Vereinigten Königreichs in mehrwöchigen Fußwanderungen nach London zogen. Die Teilnehmerzahl der Märsche von 1932-1936 betrug jeweils zwischen 1.000 und 2.000, die sich in London mit weiteren Demonstranten zu Massenversammlungen vereinigten. Den zahlenmäßigen Höhepunkt stellte der Abschluß des Hungermarsches von 1932 dar, als 25.000-30.000 Personen im Hyde Park und auf dem Trafalgar Square zusammenkamen und sich gewaltsame Auseinandersetzungen mit der Polizei lieferten[64]. Während der Märsche herrschte jedoch strenge Disziplin, die Organisatoren sorgten für Unterkunft, Verpflegung, ein gutes Erscheinungsbild und ein gesetzestreues, nicht provokantes Verhalten. Frauen marschierten grundsätzlich in getrennten Zügen, wobei auf eine korrekte Kleidung (nackte Beine ohne Strümpfe waren unerwünscht) besonderer Wert gelegt wurde. Vor allem die schottischen und walisischen Kontingente hatten häufig ein eigenes Musikorchester dabei und zogen zum Klang der Dudelsäcke in London ein. Wie die Teilnehmer der Märsche im Rückblick nahezu durchgehend betonten, gab ihnen dieses für sie unvergeßliche Erlebnis - unabhängig von

---

aber in der Regel nur wenige, fast ausschließlich kommunistische, Mitglieder umfaßten, die RGO-Erwerbslosengruppen, Industriegruppen der RGO, in denen Betriebsarbeiter und Arbeitslose gemeinsam organisiert waren, Erwerbslosengruppen der Roten Verbände sowie sogenannte Aktivgruppen und Erwerbslosenstaffeln; vgl. Rose-Marie Huber-Koller, Die kommunistische Erwerbslosenbewegung in der Endphase der Weimarer Republik, in: Gesellschaft. Beiträge zur Marxschen Theorie 10 (1977), S.89-140, hier S.105 f.

63 Hinzu kamen fünf schottische Märsche nach Edinburgh (1928, 1930, 1932, 1933, 1938), ein Marsch der walisischen Bergarbeiter nach London (1927) und ein schottischer Marsch nach Glasgow (1935); vgl. die Zeittafel in: MacDougall, Voices from the Hunger Marshes, Bd.1, S.12-15; ausführlicher Richard Croucher, We Refuse to Starve in Silence: A History of the National Unemployed Workers' Movement, 1920-46, London 1987; Peter Kingsford, The Hunger Marchers in Britain 1920-1935, London 1982.

64 Vgl. Stevenson u. Cook, Slump, S.190. Zum "Great National Hunger March against the Means Test", wie ihn die NUWM taufte, vgl. auch Stevenson, Politics of Violence.

konkret erreichten Verbesserungen - das Gefühl, sich zumindest gewehrt und ihre Würde und Selbstachtung bewahrt zu haben[65].
Da scheint es nicht nur kommunistische Propaganda gewesen zu sein, daß die protestierenden Erwerbslosen in vielen Kommunen bei der Bevölkerung auf große Sympathie stießen und teilweise mit Begeisterung und Beifall empfangen wurden. Das traf auch auf zahlreiche Trades Councils des TUC und lokale Parteiorganisationen der Labour Party zu, auf deren Unterstützung die NUWM bei der Unterbringung und Verköstigung der durchziehenden Marschierer in den einzelnen Städten und Gemeinden angewiesen war. Auf nationaler Ebene allerdings verweigerte der TUC (wie auch die Labour Party) der NUWM jegliche Zusammenarbeit bei der Organisation und Durchführung der Märsche und wies die Trades Councils an, sich ebenso zu verhalten. Nach dem "Black Circular" von 1934, das den Trades Councils generell die Zusammenarbeit mit "infiltrierenden Körperschaften" verboten hatte, unterrichtete das Rundschreiben Nr.33 vom 9.Dezember 1937 sie von dem ausdrücklichen Beschluß des General Council, "(...) that unless marches, whatever their nature, are first approved and endorsed by the General Council, such Marches should not be supported by Trades Councils recognised by Congress."[66]
Vorausgegangen war der letzte große nationale Marsch der NUWM im Oktober/November 1936, der eine stärkere Unterstützung durch die Labour Party erhalten hatte als die anderen Märsche zuvor[67]. Auch der General Council hatte seine Regeln vorübergehend außer Kraft gesetzt und bei seiner monatlichen Sitzung im September 1936 beschlossen, keine Schritte gegen Trades Councils einzuleiten, die den durchziehenden Arbeitslosen Hilfe gewährten. Grund dafür war, daß ein Kontingent des Hungersmarsches aus süd-walisischen Bergarbeitern bestand, die, wie die South Wales Miners' Federation dem TUC ausdrücklich und schriftlich mitteilte, die offizielle Unterstützung der Gewerkschaft genossen. Überdies hatten auch zahlreiche Trades Councils geschrieben, daß sie sich zur Solidarität mit den durch ihre Stadt kommenden "South Wales miners" verpflichtet

---

65 Vgl. die Berichte ehemaliger Teilnehmer in: MacDougall, Voices from the Hunger Marshes. Viele der dort zu Wort kommenden Zeitzeugen schlossen sich 1936/37 den Internationalen Brigaden in Spanien an. Einer zeigte sich noch ein halbes Jahrhundert später ebenso kämpferisch wie damals: "I wid dae it again if I went for one thing - tae put Maggie Thatcher oot o'that 10 Downing Street. I'd volunteer the morrow." (Tony Brown, ebd., S.363-72, hier S.370)

66 MRC, MSS.292/135.2/7: Circular No.33 (1937-38). Auch die wiederholten Versuche der NUWM, bei den Gewerkschaftskongressen von 1931, 1932 und 1933 mit einer Abordnung eingelassen zu werden und vor den Delegierten sprechen zu können, wurden regelmäßig abgelehnt.

67 Vgl. Stevenson u. Cook, Slump, S.188 f.

fühlten[68]. Gegen den Mythos der Bergarbeiter, die nicht nur in der Arbeiterbewegung, sondern auch in weiten Teilen der britischen Gesellschaft hohes Ansehen genossen, konnte nicht einmal der General Council etwas ausrichten.
Die ansonsten aber unbeugsame Haltung des TUC-Vorstands stieß bei den Trades Councils auf nicht unbeträchtliche Kritik. Eine im Frühjahr 1937 durchgeführte Umfrage des Trades Councils Joint Consultative Committee unter den Trades Councils kam zu dem Schluß, "(...) that the marches created a great deal of inconvenience, and that most Trades Councils were forced into a position of supporting them." Die Delegierten der Jahreskonferenz der Trades Councils im Mai 1937 allerdings billigten dieses Ergebnis nicht, das zudem auf einer ungenügenden Zahl von Antworten beruhte, und wiesen den Bericht nach einer kontroversen Diskussion über Sinn und Zweck von Hungermärschen an den Ausschuß zurück. Auf die Frage "Does your Council consider that in the circumstances, the efforts made were justified?" hatten immerhin 32 Trades Councils mit ja geantwortet, 8 machten "other remarks" und 5 äußerten keine Meinung[69]. Im August 1937 wurde daher erneut ein Rundschreiben versandt, das nur 20 weitere Antworten erbrachte. Dennoch zeigten diese nach Auffassung des TUC-Vorstands, "(...) that the majority of the Trades Councils were not consulted before the marchers were en route, and also that the majority of the Trades Councils who replied considered that the efforts were not worth while."[70]
Die Umfrage legitimierte somit den bereits angesprochenen Beschluß des General Council, dem es letztendlich gelang, seine Linie sowohl im TUC als auch innerparteilich durchzusetzen. Auf ein Schreiben des Trades Councils von Ilford, der dem General Council mitteilte, daß er sich im Falle zukünftiger, nicht offiziell anerkannter Hungermärsche Handlungsfreiheit ausbedinge, antwortete der Leiter der TUC-Organisationsabteilung: "(...) I am sorry that they (der Trades Council; C.K.) are taking up this attitude, because I think it should be plainly stated that if the General Council arrive at a decision that Trades Councils should not take part in the organisation of a particular march, they will expect all Trades Councils on the route of the march in question to carry out their decision."[71]

---

68 Vgl. MRC, MSS.292/157.83/15: Oliver Harris, Gen. Secr. South Wales Miners' Federation, Cardiff, an Citrine, 22.9.1936; General Council Minutes, 23.9.1936.

69 Vgl. MRC, MSS.292/135.2/7: History of Case. Vgl. auch TUC-Report 1937, S.107 f. Die Jahreskonferenz der Trades Councils des darauffolgenden Jahres billigte dann den Bericht des Consultative Committee; vgl. TUC-Report 1938, S.118.

70 Vgl. MRC, MSS.292/135.2/7: Circular No.33 (1937-38).

71 MRC, MSS.292/135.2/7: E.P. Harries an T.V. Debenham, Ilford Trades Council, 4.1.1937.

Während dem TUC in der Forschung zumeist ein mangeldes Interesse an den Arbeitslosen und eine einseitige Interessenpolitik zugunsten der Beschäftigten vorgeworfen wird[72], führten die Repräsentanten des linken Flügels der Labour Party die harte Haltung des General Council auf einen übertriebenen Antikommunismus zurück. So beantwortete sich Barbara Ayrton Gould, ein Mitglied des Parteivorstands, ihre bittere Frage nach den Gründen seiner mangelnden Unterstützung für die protestierenden Arbeitslosen gleich selbst mit der Vermutung: "Because some of these marchers might be Communists. I hope when Sir Walter Citrine gets to the pearly gates, St. Peter will be able to assure him there is no Communist inside."[73]

Jedoch gab es andere, berechtigte Gründe, die den General Council im Interesse und zum Schutz seiner Untergliederungen zu dieser Haltung veranlaßten. Die Unterbringung und Verpflegung mehrerer hundert Männer für ein oder zwei Nächte konnte für viele Trades Councils eine enorme finanzielle Belastung darstellen, der sie, vor allem wenn sie selbst unter einer hohen lokalen Abeitslosenquote litten, kaum gewachsen waren. So ergab die oben erwähnte Umfrage auch, daß von den Trades Councils, welche die Märsche für gerechtfertigt hielten, nicht weniger als 20 aus dem Gebiet "London and Home Counties" mit geringer Erwerbslosenrate stammten, während von denen, die sich gegen die Hungermärsche aussprachen, nur einer in diesem Gebiet lag[74]. Letztendlich befanden sich diejenigen Trades Councils, die unter der finanziellen und personellen Belastung durch die Versorgung der durchziehenden Marschierer zu leiden hatten, in der Mehrheit und unterstützten die offizielle Politik des TUC. Ein plastisches Bild dieser Probleme vermittelt das folgende Schreiben des Industrial Labour Council von Newport (Monmouthshire) an den General Council: "We are having an interesting time on the above matter [marchers; C.K.]. A Joint Committee (Trades Council and Labour Party) are considering ways and means for same. (...) We have been asked to arrange hall accomodation for sleeping (500 marchers), provide 500 blankets, and provide for tea, supper, and breakfast the next morning. Hall accomodation presents a difficulty, we have been able to get a labour hall, which will accomodate 400 for sleeping, the other hundred we have not been able to arrange for up to the present. Blankets, not obtainable up to the present, and very little possibility. Money for provisions. The Labour Party owe £ 300 without a single penny in the bank, and the Nov. elections in a few weeks. We have no

---

72 Vgl. z.B. Ralph Hayburn, The National Unemployed Workers' Movement, 1921-36. A Re-appraisal, in: IRSH 28 (1983), S.279-95, hier S.280.

73 Labour Party-Report 1936, S.228.

74 Vgl. MRC, MSS.292/135.2/7: E.P. Harries, Org. Dept., an J. Marchbank, National Union of Railwaymen, 25.5.1938, Anhang (Memorandum: "Unemployed Marches").

money, and will barely meet our liabilities at the end of the year. (...) The whole thing is a ghastly tragedy, and if this is an example of what will take place under a Socialist regime, well heaven protect us. (...) If by any chance you have a magician on the T.U.C. you might ask him to wave his hand and supply 500 blankets, a few halls, and some DOUGH to pay for the provisions."[75]
Zum Scheitern der NUWM trug aber schließlich nicht nur die Ablehnung durch die offizielle Arbeiterbewegung, sondern auch die Haltung der Regierung bei. Diese versagte der NUWM einerseits konsequent die Anerkennung als Interessenvertretung der Erwerbslosen, privilegierte andererseits den TUC und marginalisierte dadurch die NUWM vollständig. Alle britischen Regierungen der Zwischenkriegszeit gleich welcher Couleur hielten sich an die prinzipielle Vorgabe, daß Delegationen der NUWM nicht zu Ministern und erst recht nicht zum Premierminister vorgelassen wurden. Mit einer Ausnahme durch Arbeitsminister Macnamara 1922 wurden daher die Vertreter der kommunistischen Erwerbslosenbewegung, wenn überhaupt, stets durch Ministerialbeamte empfangen. Ramsay MacDonald war dabei offenbar noch konsequenter als seine konservativen Vorgänger, denn als Premierminister der zweiten Labour-Regierung verweigerte er nicht nur den Empfang von Delegationen der NUWM, sondern auch die Beantwortung ihrer Anfragen[76]. Aus einem interministeriellen Schreiben ging im Kontrast dazu eine ganz andere Einstellung der Beamten zum TUC und den Gewerkschaften generell hervor, wenngleich diese auch nicht immer an die Öffentlichkeit dringen durfte. Dort wurde seitens des Arbeitsministeriums folgender Ratschlag zum Umgang mit einer Anfrage der NUWM gegeben, die um den Empfang einer Abordnung durch Premier Baldwin und verschiedene andere Minister bat: "We are quite clear that in no circumstances should the Prime Minister receive a deputation of the marchers. In replying to the letter, you might perhaps say merely that no good purpose would be served if the Prime Minister received a deputation, although you might add, if you think fit, that as the organisers of the march will have seen from the public Press, the Prime Minister is receiving a deputation from the Miners' Federation on the 5th March on the subject of unemployment in the coalfields. Actually, as you will know, the Trades Union Congress General Council has specifically dissociated themselves from this movement, although this is perhaps not a reason which the Prime Minister could give for refusing to see a deputation, especially as A. J. Cook (der Generalsekretär

---

75 MRC, MSS.292/157.83/15F: Morrice, Newport (Mon.) Industrial Labour Council, an Harries, TUC General Council, 3.10.1936 (alle Rechtschreibfehler i. Orig.); dort auch weitere, ähnliche Klagebriefe.

76 Vgl. PRO, PIN 7/126: Aktennotiz G. H. Ince, 19.2.1932.

der Miners' Federation; C.K.) has given the marchers at least a qualified blessing."[77]
Noch deutlicher antwortete Arbeitsminister Sir Henry Betterton im Februar 1932 auf die Anfrage des ILP-Abgeordneten Buchanan im House of Commons, warum er keine Deputation der NUWM empfange: "In this matter I am following exactly the policy of my predecessor and of the Labour Government, and **I am not prepared to recognise this organisation as entitled to speak for Labour**."[78]
1936 schließlich wurde im Innenministerium der Entwurf einer Presseerklärung der Regierung bezüglich des geplanten Hungermarsches der NUWM erstellt. In diesem Zusammenhang hielt es der Innenminister immerhin für nötig, die Meinung des Gesundheitsministers darüber einzuholen, daß die Verlautbarung "(...) does not include any reference to the fact that the Trade Union Congress has refused to approve of the proposed march, and the Home Secretary would be glad to know whether, in the view of Sir Kingsley Wood, any mention of this should be made in the Government statement, and, if so, wether it would be desirable first to consult Mr. Ernest Bevin."[79]
Daß der außerparlamentarische Druck der Straße letztendlich wenig Gewicht gegenüber dem institutionellen Einfluß der offiziellen Arbeiterbewegung hatte, zeigte deutlicher als alles andere auch der sogenannte "Jarrow Crusade" vom Oktober 1936. Dies war der einzige Hungermarsch in der Zwischenkriegszeit, der von TUC und Labour Party offiziell unterstützt und von der Labour-Abgeordneten für Jarrow, Ellen Wilkinson, organisiert und angeführt wurde. Zugleich war er mit ca. 200 Teilnehmern auch der kleinste von allen stattgefundenen Hungermärschen. Durch seine Trägerschaft und das betont respektable, verfassungsgemäße Auftreten der "marchers", die von sympathisierenden Abgeordneten im House of Commons zum Tee empfangen wurden, fand er dennoch weit mehr öffentliche Aufmerksamkeit als der weit größere, etwa zeitgleich stattfindende Marsch der NUWM. So monierte beispielsweise ein Teilnehmer dieses Marsches: "While we had the longest march and the best organised march - it was over 700 miles from Aberdeen - we got the least publicity because it clashed wi'the Jarrow March. (...) Now the Jarrow March had the official backin' o'the Labour movement and the

---

77 PRO, PIN 7/101: W. H. Lowe Watson (Ministry of Labour) an C. Patrick Duff (Prime Minister's Office), 22.2.1929.

78 PRO, PIN 7/126: Aktennotiz: National Unemployed Workers' Movement. Requests to Ministers to receive Deputations (Hervorh. von mir).

79 PRO, HLG 30/61: A. S. Hutchinson (Home Office) an A. N. Rucker (Ministry of Health), 25.9.1936. Da sich Kingsley Wood gegen eine Presseerklärung aussprach, weil sie den Eindruck erwecken könnte, die Regierung beschneide Bürgerrechte, kam dieser Punkt allerdings nicht mehr zur Aussprache, zumindest fand sich in den Akten kein Hinweis mehr darauf.

powers that be. And ever since then, whenever there is any reference to unemployment or hunger marches, what you see on the telly is the Jarrow March. It's always the Jarrow March."[80] Obgleich der Marsch der NUWM von 1936 immerhin mit einer Massenversammlung von ca. 12.000 Personen endete, ging somit nur der "Jarrow March" als Mythos und Volkslegende in das öffentliche Bewußtsein ein[81].

Obwohl also die NUWM weit erfolgreicher war als die CPGB, sollten ihre organisatorische Stärke und ihr Einfluß nicht überschätzt werden. Die Mehrheit der NUWM-Mitglieder war unorganisiert, es gelang also der überwiegend kommunistischen Führung der Organisation weder eine Mobilisierung der Erwerbslosen für ihre langfristigen politischen Ziele noch eine Abspaltung arbeitsloser Mitglieder der sozialistischen Arbeiterbewegung von ihren bisherigen Organisationen. Symptomatisch für diese aus Sicht der NUWM bestehende Problematik war daher auch die ungewohnt geringe Teilnehmerzahl von 350 Personen anläßlich des von ihr 1930 organisierten Marsches "Against the Labour Government"[82]. Darüber hinaus schwächte auch die im Anschluß an die Kommunistische Partei in den dreißiger Jahren vollzogene Wende zur Einheitsfrontpolitik die NUWM[83]. So führte ihre konzessionsbereite Haltung 1937 zu einer Vereinbarung mit der South Wales Miners' Federation (SWMF) (eine Mitgliedsorganisation der Miners' Federation of Great Britain), in der die NUWM auf die Rekrutierung der Arbeitslosen in dieser Region verzichtete. So weit es Süd-Wales betreffe, sei die NUWM aufgelöst, äußerte sich wenig später der Generalsekretär der SWMF über die einstige Hochburg der kommunistischen Erwerbslosenbewegung[84].

Anders als die NUWM war die kommunistische Erwerbslosenbewegung in Deutschland nicht durch den gewerkschaftlichen Syndikalismus der Vorkriegs- und ersten Nachkriegsjahre, sondern durch den Einfluß der KPD geprägt, die in Bezug auf die "Bolschewisierung" innerhalb der Komintern als besonders fort-

---

80 John Lennox, in: MacDougall, Voices of the Hunger Marches, Bd.2, S.373-90, hier S.388.

81 Vgl. Stevenson u. Cook, Slump, S.184-90; Stevenson, Politics of Violence, S.162-64; David Clay Large, Between Two Fires. Europe's Path in the 1930s, Kap.V: "Red Ellen" Wilkinson and the Jarrow Crusade. Great Britain in the Great Slump, New York usw. 1990, S.180-222.

82 Vgl. Flanagan, "Parish-Fed Bastards, S.171.

83 Zum offiziellen Einheitsfrontangebot der NUWM an den TUC vgl. MRC, MSS.292/135.1: NUWM National Administrative Council an TUC General Council u. National Federation of Trades Councils, 19.4.1933.

84 Vgl. Flanagan, "Parish-Fed Bastards", S.177.

geschritten galt[85]. Obwohl es auch hier zu Klagen über die mangelnde Umsetzung von Beschlüssen kam, vollzog sie doch im deutsch-britischen Vergleich alle Wendungen und Vorgaben Moskaus getreulich und genau nach. Eine mit der NUWM vergleichbare, selbstständige Erwerbslosenbewegung hat es in Deutschland nicht gegeben. Ihre sozialpolitischen Forderungen wurden stets den langfristigen politischen Zielen der KPD untergeordnet, die Interessenartikulation bei Demonstrationen und Kundgebungen mit Parolen wie "Für die Diktatur des Proletariats" oder "Für die Verteidigung der Sowjetunion" verknüpft[86]. Obwohl die deutsche kommunistische Erwerbslosenbewegung rein numerisch mehr Arbeitslose organisieren konnte als die NUWM, erlangte sie eine geringere gesellschaftliche Bedeutung als jene. Weder in der Literatur noch in den Akten ließen sich Hinweise auf eine besondere Beschäftigung der Regierung mit dieser Problematik finden, während in Großbritannien 1932 sogar eigens ein Kabinettsausschuß für Hungermärsche eingerichtet wurde[87]. Umgekehrt fanden sich aber auch keine Anzeichen für Versuche einer Kontaktaufnahme der Erwerbslosenbewegung mit den staatlichen Institutionen. Die Aktionen der kommunistischen Erwerbslosenausschüsse unter Anleitung der RGO und KPD setzten vor allem auf Militanz und Untergrabung des politischen Systems. Die NUWM bewies hingegen u.a. auch bei ihrem vergeblichen Versuch, als krönenden Abschluß des Marsches von 1932 eine Petition mit einer Million gesammelten Unterschriften gegen den "means test" im Parlament einzureichen, daß sie die althergebrachten Methoden der Druckausübung letztlich doch akzeptierte. Auch der gewerkschaftsähnliche Charakter der NUWM, der durch die straff organisierte Durchführung der Märsche, den spürbaren Gemeinschaftsgeist der Teilnehmer und die Beibehaltung ihrer gewerkschaftlichen Bräuche (Musikorchester) zum Ausdruck kam, fehlte der deutschen Erwerbslosenbewegung. Über charismatische Führer, die wie Walter Hannington der gesamten britischen Öffentlichkeit ein Begriff waren, verfügte sie ebenfalls nicht. Vielmehr blieb sie vollständig eine untergeordnete Zweigorganisation der KPD und RGO[88]. Dies mag der Grund dafür sein, daß die

---

85 Vgl. Huber-Koller, Kommunistische Erwerbslosenbewegung, S.106.

86 Vgl. ebd., S.107 f.

87 Vgl. PRO, Cab.27/497.

88 Ein falscher Eindruck mag allerdings dadurch entstanden sein, daß die deutsche kommunistische Erwerbslosenbewegung m.E. im Vergleich zur britischen noch recht wenig erforscht ist. Jedoch konnte die Literatur auch nicht für jeden Nebenaspekt dieser Untersuchung gründlich aufgearbeitet werden. Als Zeitzeugenbericht vgl. den Beitrag: Erwerbslosenbewegung vor 50 Jahren. Ein Gespräch mit Willy Hundertmark - vor 50 Jahren selbst arbeitslos und in der Erwerbslosenbewegung aktiv, in: Marxistische Blätter 20 (1982), S.81-84.

zeitgenössischen Beschreibungen der deutschen Hungermärsche eher düster und - vermutlich in Erfüllung der übertriebenen Vorgaben und des Aktionismus der Führung[89] - auch desorganisiert wirken. So schilderte z.B. in der sozialdemokratischen Erwerbslosen-Tribüne ein Arbeitsloser seine Erfahrungen mit einem kommunistischen Hungermarsch von Gotha nach Weimar, an dem er mit 64 weiteren Leidensgenossen im Frühjahr 1930 teilnahm, folgendermaßen: "In schlechter Kleidung und mit schlechtem Schuhwerk, hungernd und frierend trat man hoffnungsvoll den Marsch zunächst nach Erfurt an. Unterwegs schon brach ein Mann vor Hunger zusammen. Es kostete Mühe, ihn nach Erfurt zu bringen. Vor Erfurt erwartete man die dortigen Genossen, aber weit und breit ließ sich niemand sehen. Das Uebernachtungslokal wurde nach vielen Mühen ausfindig gemacht. Wie sehr war man aber erstaunt, auch dort weder Genossen noch Mitglieder der Roten Hilfe anzutreffen. Im Lokal herrschte der schönste Maskenballbetrieb, und jene von Hunger geplagten Erwerbslosen konnten diesem ergötzlichen Treiben zusehen. Nachdem sich der Schwarm der maskierten Gäste gegen 3 Uhr morgens verlaufen hatte, konnten die armen Erwerbslosen dann in dem rauch- und staubgeschwängerten Raum auf blanken Stühlen, Tischen und auf dem Fußboden übernachten, ohne einen Bissen Essen zu sich genommen zu haben. Die Lust zum Marsch nach Weimar war vergangen. Man legte am anderen Morgen alles Hab und Gut zusammen und erstand die Fahrkarten nach dort. In Weimar vollzog sich das gleiche Bild. Aus der Hungerdemonstration wurde eine Bettelaktion, bis zur Rückfahrt das Geld zusammen war."[90]

Als ein weiterer wichtiger Unterschied ist schließlich auch die öffentliche Meinung, insbesondere die Einstellung der Mittelschichten, in Deutschland zu nennen, die sich zu keiner breiten Solidarisierung oder auch nur Sympathiebewegung mit den Arbeitslosen bereitfinden konnten und damit zu der tiefen Gesellschaftsspaltung und ihren radikalisierenden Folgen in der Weimarer Republik beitrugen.

Welche Erkenntnisse lassen sich abschließend aus der vergleichenden Betrachtung der gewerkschaftlichen Auseinandersetzung mit dem politischen Extremismus ziehen und welche Bewertung kann man hinsichtlich der eingeschlagenen Strategien vornehmen? Die Reaktionen des TUC auf den politischen Extremismus unterschieden sich insofern von denen des linken Flügels der Labour Party, als sie

---

89 U.a. verlangte das Reichskomitee der RGO-Erwerbslosen-Kommission die Veranstaltung von 10.000 Versammlungen in einem bestimmten Zeitraum; vgl. Huber-Koller, Kommunistische Erwerbslosenbewegung, S.114 f.

90 Erwerbslosen-Tribüne. Informationsorgan für Erwerbslose, hrsg. von der SPD, 1. Märzausgabe 1930, S.2. Kann man dieser Zeitung Parteilichkeit vorwerfen, so gilt das sicher nicht für einen der KPD nahestehenden Beobachter, der sich mit ähnlichem Tenor äußerte; vgl. Georg K. Glaser, Der Hungermarsch am 30. Januar 1933, in: Friedrich G. Kürbisch (Hg.), Entlassen ins Nichts. Reportagen über Arbeitslosigkeit 1918 bis heute. Ein Lesebuch, Berlin usw. 1983, S.100 f.

sich gleichermaßen auf rechte und linke radikale Parteien bezogen. In der SPD war diese Flügelbildung geringer ausgeprägt als in der britischen Arbeiterpartei, lediglich einige wenige führende Sozialdemokraten, wie der AfA-Vorsitzende Siegfried Aufhäuser, plädierten zwar nicht für die Einheitsfront, aber zumindest für einen Nichtangriffspakt zwischen Kommunisten und Sozialdemokratie. Leipart hingegen schwankte und demonstrierte in dieser Frage im Gegensatz zu seinem britischen Kollegen Citrine eine ausgesprochene Führungsschwäche. So plädierte er in der Bundesvorstandssitzung des ADGB vom 21.6.1932 zunächst für eine Einheitsfront, dann nur noch für einen Burgfrieden und lehnte schließlich unter dem Druck des ebenfalls anwesenden Rudolf Hilferding auch diesen ab. Die offizielle Erklärung zur Frage der Einheitsfront, auf die sich der Bundesvorstand schließlich einigte, begründete die Haltung des ADGB dann auch entsprechend schwächlich mit dem gehässigen Bruderkampf, den die Kommunisten tagtäglich gegen die sozialdemokratische Arbeiterbewegung führten, und nicht mit einem prinzipiellen Bekenntnis zur parlamentarischen Demokratie, wie es der TUC getan hatte[91].

So lassen sich beim ADGB also sowohl Versäumnisse bei der Analyse und Aufklärung über den Faschismus bzw. Nationalsozialismus als auch Schwächen bei der Zurückdrängung des kommunistischen Einflusses aufzeigen, die vermutlich zu dem im deutsch-britischen Vergleich stärkeren Einbruch der Organisationen dieser beiden politischen Randgruppen in die deutsche Arbeiterschaft beitrugen. Damit soll keinesfalls behauptet werden, der ADGB sei den Kommunisten gegenüber freundlicher gesinnt gewesen als der TUC. Eher das Gegenteil war der Fall. Aber durch seine Führungsschwäche und sein - mit zunehmender Verschärfung der wirtschaftlichen und politischen Krise - auch opportunistisches Verhalten gelang dem ADGB weder eine ähnlich wirkungsvolle gesellschaftliche Marginalisierung der radikalen Kräfte noch eine ausreichende Integration von Minderheits- und Extrempositionen in der eigenen Klientel. Wie Franz-Josef Furtwängler später in einer rückblickenden Betrachtung ausführte, hätten sich die Gewerkschaften vergeblich um die Dauererwerbslosen bemüht. Vielmehr haßten diese die "Gewerkschaftsbonzen" und am Ende gar den beschäftigten Arbeiter, wie sie die "besitzende Klasse" niemals gehaßt hätten. Da es die Nationalsozialisten verstanden, diese Haßgefühle aufzupeitschen, habe sich die Berliner SA zu 80% aus den Erwerbslosenschlangen vor den Stempelstellen rekrutiert. An den beschäftigten Arbeiter sei Hitler fast gar nicht herangekommen, die Arbeitslosen aber seien die Kerntruppe des "plebizitären Zäsarismus" gewesen. Die Kritik an den Gewerkschaften sollte jedoch nicht überzogen werden. Vor dem Hintergrund der insgesamt begrenzten Organisationserfolge von RGO und NSBO in der Betriebsarbeiterschaft, aber auch unter den Erwerbslosen muß vielmehr gefragt

---

91 Vgl. Winkler, Weg, S.616-26; Weber u.a. (Hg.), Quellen, Bd.4, Dok. 98, 100-102, S.606-13; die Erklärung des ADGB ist auch abgedruckt in: GZ 42 (1932), S.412 f.

werden, warum bei einer letztlich doch relativ erfolgreichen gewerkschaftlichen Marginalisierungspolitik eine entsprechende Ausgrenzung der radikalen Kräfte auf politischer Ebene mißlang. So konstatierte auch Furtwängler, daß die SPD schon zu Zeiten der Großen Koalition einen "fahrigen Opportunismus", z.B. in der Frage des Panzerkreuzerbaus, und eine bedenkliche Konfliktscheu gezeigt habe, und kritisierte: "In ereignisreichen Zeiten macht sich Halbherzigkeit auf die Dauer niemals bezahlt, auch wenn man sie fälschlicherweise für 'Realpolitik' hält. Die stummen Massen erwarten Klarheit, notfalls Kühnheit und die Jugend erst recht."[92]
Der TUC trug hingegen durch seine energische öffentliche Ablehnung totalitärer Ideologien und Regierungsformen beider politischer Richtungen dazu bei, deren Vertreter in das gesellschaftliche Abseits zu drängen, den Protest seiner Anhänger in konstitutionelle Bahnen zu lenken und ihr durch die Depression geschwächtes Vertrauen in die bestehenden politischen Institutionen wieder zu stärken. Die staatstragende Haltung der britischen Gewerkschaften in konstitutionellen Fragen ging auf der anderen Seite jedoch nicht mit einem Verzicht auf einen sektionalistischen, interessenpolitischen Standpunkt der britischen Arbeiterbewegung auf wirtschaftlicher Ebene und im Parlament oder gar einer Tolerierung der Nationalen Regierung einher. So blieben auch die Rekrutierungserfolge der extremen politischen Kräfte in Großbritannien, ob man nun die BUF, CPGB, Minority Movement oder auch die NUWM betrachtet, im Vergleich zu den entsprechenden deutschen Organisationen in der Arbeiterschaft ausgesprochen gering. Die Bedeutung der NUWM leitete sich nicht daraus her, daß es ihr gelang, die Erwerbslosen in großem Umfang an sich zu binden. Sie entstand vielmehr primär dadurch, daß sie durch ihre Aktionen zum einen gesellschaftliche Ängste weckte und staatliche Gegenmaßnahmen provozierte und zum anderen die Aufmerksamkeit und Sympathie einiger, insbesondere intellektueller, Teile der Mittelschichten für die Probleme der Arbeitslosen gewinnen konnte. Auch die NUWM verdankte es ihrer konkreten, auf die Bedürfnisse der Erwerbslosen abgestimmten Interessenpolitik, daß sie in der Arbeiterschaft zumindest auf etwas größere Resonanz stieß als die CPGB.
Dieses Fazit wird auch durch die Auffassung eines der führenden Gewerkschaftsfunktionäre dieser Zeit bestätigt. Nach Bevins Meinung hatten die Wahlergebnisse von 1931 gezeigt, daß Labour einen Großteil der gehobenen, gut verdienenden Facharbeiter und Handwerker verloren habe und stattdessen von einer Menge armer Leute gewählt worden sei. Nicht weil diese von den Ideen der Arbeiterbewegung überzeugt seien, sondern weil die Labour Party für sie im kommunalen Bereich als soziale Unterstützungspartei fungiere. Ginge es diesen Menschen wieder besser, würden sie sich genauso schnell für eine andere Partei

---

92 HBS-Archiv, Nl. Franz-Josef Furtwängler 1: F.-J. Furtwängler, Die deutschen Gewerkschaften und ihr Ende durch Hitler (Ms.), S.118 u.295.

entscheiden[93]. Anders als die deutsche Sozialdemokratie, von der sich die Protestwähler enttäuscht abwandten, spielte die Labour Party, wie bereits auf der Ebene der kommunalen Fürsorgeämter gezeigt wurde, also selbst die Rolle einer Protestpartei und fing somit erfolgreich die gesellschaftliche Unzufriedenheit auf.
Die Arbeitslosenpolitik des TUC richtete sich aufgrund dieser Erkenntnis vor allem auf die Rückgewinnung seiner traditionellen Basis - der eher konservativen Facharbeiteraristokratie der alten Stapelindustrien in den "depressed areas". Die Unterstützung militanter, linksradikaler Organisationen oder deren außerparlamentarischer Aktionen hätte auf die Mehrheit dieser Klientel abschreckend gewirkt. Die Ausgrenzungstrategien der offiziellen Arbeiterbewegung wurden durch Marginalisierungsstrategien der britischen Regierungen erfolgreich unterstützt. Entscheidend war jedoch, daß die staatlichen Abwehrmaßnahmen gleichzeitig mit einer Privilegierung des TUC verknüpft wurden, so daß sich die demokratischen politischen und gesellschaftlichen Hauptkräfte gegenseitig zuarbeiteten und in ihrer Bedeutung stärkten. Nun verfügte zwar auch der ADGB, gemeinsam mit den christlichen und Hirsch-Dunkerschen Gewerkschaften, als staatlich anerkannte Interessenvertretungen der Arbeiterschaft über einen bevorzugten Zugang zur Exekutive, der anderen gesellschaftlichen Interessenorganisationen nicht im gleichen Maße offenstand. Jedoch fand sich in den Quellen kein Hinweis über eine Abstimmung polizeilicher oder gesetzgeberischer Vorgehensweisen zur Bekämpfung von KPD oder NSDAP mit den Gewerkschaften, die mit der oben beschriebenen Einbeziehung von TUC-Vertretern in politische Entscheidungen vergleichbar gewesen wären. Obwohl in Gesetzen, Verordnungen und Bestimmungen ausdrücklich verankert, entwickelten sich die Vorrechte der deutschen Gewerkschaften in der Endphase der Weimarer Republik mehr und mehr zu einem leeren Formalismus ohne wirkliche Einflußmöglichkeiten.
So kristallisieren sich also aus gewerkschaftlicher Perspektive zwei wichtige Unterschiede zu Großbritannien heraus, die neben anderen Ursachen für die wachsende politische Radikalisierung in Deutschland verantwortlich waren: zum einen die Tolerierungspolitik, die als eine Fehlentscheidung der deutschen Arbeiterbewegung eingestuft werden muß und eine glaubwürdige gewerkschaftliche Interessenpolitik verhinderte; zum anderen die mangelnde Unterstützung der Gewerkschaften und deren zunehmende Ausgrenzung durch die gesellschaftlichen und politischen Eliten der Weimarer Republik. Gerade in diesem Zusammenhang wurde deutlich, daß die übereinstimmende Entscheidung von ADGB und TUC gegen außerparlamentarische Aktionen allein noch nichts über die Durchsetzungs- und Erfolgsmöglichkeiten der gewerkschaftlichen Arbeitslosenpolitik aussagte. Am Beispiel der NUWM-Hungermärsche und des Jarrow-Marsches zeigte sich,

---

[93] Vgl. Bullock, Ernest Bevin, S.499 f. Bevin hielt allerdings gleichzeitig eine ausführliche Erziehungs- und Bildungsarbeit für notwendig, um diese neuen Mitglieder und Wähler stärker an die Labour Party zu binden.

daß Militanz zumindest in Großbritannien kein Ersatz für Einfluß war: "Extra-parliamentary agitation was very weak unless it could secure the support of groups like organised labour and effectively translate popular pressure into votes within the House of Commons."[94]

---

[94] Stevenson, Politics of Violence, S.162.

VI. Programmatische Reaktionen auf die Weltwirtschaftskrise: Konjunkturpolitik und Planung

"Ich erblicke in der Lage Englands eine zutreffende Vergleichsmöglichkeit zu Deutschland auch darin, dass auch die britische Volkswirtschaft von sozialistischen Ideen durchsetzt ist. Manche Stellungnahme zu volkswirtschaftlichen, finanz- und steuerpolitischen Fragen ist auch in England, genau wie bei uns, von sozialistischen Ideen unzweifelhaft beeinflusst."[1]

Die programmatischen Reaktionen der deutschen und britischen Gewerkschaften auf die Weltwirtschaftskrise entstanden nicht autonom und spontan, sondern stellten das Ergebnis eines längerfristigen Prozesses dar. Es soll gezeigt werden, daß die Arbeiterorganisationen selbst nur ein Teil umfassenderer wirtschaftlicher und politischer Entwicklungen waren, die auf sie einwirkten. Untersucht werden soll aber auch, inwieweit sie die Möglichkeit besaßen, diese Entwicklungen zu beeinflussen.

1. Die programmatische Entwicklung in den zwanziger Jahren

Gewerkschaften und Unternehmerorganisationen lieferten sich zwischen 1924 und 1926 einen "Kampf der Denkschriften" (Ludwig Preller), in dem beide Seiten ihre wirtschaftspolitischen Forderungen darlegten und versuchten, Einfluß auf die Regierungspolitik und auf die Öffentlichkeit zu nehmen. Die letzte Denkschrift in dieser Reihe[2] ist "Gegenwartsaufgaben deutscher Wirtschaftspolitik", die von den freien Gewerkschaften im Februar 1926 als Antwort auf die Publikation "Deutsche Wirtschafts- und Finanzpolitik" des Reichsverbandes der Deutschen Industrie

---

1 BAK, Nl. 13 (Silverberg)/25: Rede Paul Silverbergs über "Wirtschaftslage und öffentliche Hand" am 6.11.1930.

2 Für die anderen Denkschriften vgl.: ADGB, Entschließung des Bundesausschusses des ADGB zur Denkschrift der Vereinigung der Deutschen Arbeitgeberverbände über Arbeitstarifpolitik, Wirtschaftskrise und Währung, Berlin, 12. Juni 1925; ders. u.a., Wirtschaftskrisis und Gewerkschaftsforderungen. Denkschrift der Spitzenverbände der deutschen Gewerkschaften an die Reichsregierung (Eine Antwort auf die Eingabe der Vereinigung der Deutschen Arbeitgeberverbände an den Reichskanzler vom 12. Mai 1925), Berlin, 7. Juli 1925; ders., Die Lohn- und Arbeitszeitpolitik der deutschen Gewerkschaften - ein wirtschaftspolitisches Erfordernis, Berlin, August 1925 (enthält auch die Antwort der Arbeitgeber auf "Wirtschaftskrisis und Gewerkschaftsforderungen"); vgl. auch Preller, Sozialpolitik, S.319-21.

(RDI) vom Dezember 1925 herausgegeben wurde[3]. Sie befaßte sich mit den Ursachen, die nach gewerkschaftlicher Ansicht zu der Rezession von 1925/26 geführt hatten. Der ADGB argumentierte darin, daß die Stabilisierung der deutschen Währung nach der Inflation von 1922/23 nicht mit der erforderlichen Anzahl von Konkursen verbunden gewesen sei, die die Befreiung von überflüssigen, während des Inflationsbooms gegründeten und "ungesunden" Unternehmen in Industrie und Handel herbeigeführt hätten. Stattdessen überlebten diese Unternehmen zunächst durch Kredite der Rentenbank und später, nach Annahme des Dawes-Plans, durch ausländische Anleihen, welche es ihnen ermöglichten, ihre Anlagen und Lagerbestände aufrechtzuerhalten, ihre Überschußproduktion fortzusetzen und die Preise in die Höhe zu treiben. Die Preispolitik der Kartelle und die von ihnen unterstützte Hochzollpolitik sowie eine verfehlte Kreditvergabepolitik der Banken hätten diese Situation verschärft. Erst als der Zustrom ausländischer Anleihen zurückgegangen sei, brach schließlich, nach Auffassung des gewerkschaftlichen Dachverbandes, im Herbst 1925 die notwendige Reinigungskrise aus. Der ADGB schloß aus diesen Zusammenhängen, daß der Grund für die Rezession in einem Mißverhältnis zwischen Produktionskapazitäten und Absatzmöglichkeiten lag, hervorgerufen durch den Mangel an Kaufkraft der großen Masse der Bevölkerung infolge einer falschen Verwendung des Sozialprodukts. Während die Arbeitgeberorganisationen Kürzungen bei Löhnen und Sozialleistungen forderten, um die Produktionskosten zu reduzieren und dadurch die deutsche Wettbewerbsfähigkeit auf den Exportmärkten zu stärken, sprach sich der ADGB deshalb für Preissenkungen, Erhöhungen der Löhne und Sozialleistungen, die Einführung des gesetzlichen Achtstundentags und die Ratifizierung des Washingtoner Abkommens von 1919 über die 48-Stunden-Woche aus, um die Massenkaufkraft auf dem Binnenmarkt auszuweiten. Gewerkschaften und Unternehmer stimmten darin überein, daß ein Gleichgewicht in den öffentlichen Haushalten die Voraussetzung jeder gesunden Finanzpolitik sei. Aber anstelle einer allgemeinen Senkung der Staatsausgaben, einschließlich der Sozialleistungen, um mindestens 20%, wie sie vom RDI befürwortet wurde, schlug der ADGB u.a. Kürzungen bei den Militärausgaben und eine höhere Besteuerung der Besserverdienenden vor. Die Reichsbank und die öffentlichen Banken sollten zukünftig die Kreditvergabepolitik der Privatbanken beeinflussen und in wirtschaftlich sinnvollere Bahnen lenken. Gleichzeitig sollten die bestehenden Zollschranken, insbesondere bei industriellen Grundstoffen und Nahrungsmitteln, mit dem Ziel des Freihandels abgebaut werden[4].

---

3 ADGB, AfA-Bund u. ADB, Gegenwartsaufgaben deutscher Wirtschaftspolitik, Berlin, Februar 1926.

4 Vgl. ADGB u.a. (Hg.), Gegenwartsaufgaben, S.5-8, 14, 18, 20-29.

Der "Kampf der Denkschriften" wurde vor dem Hintergrund zunehmender Spannungen in den deutschen Arbeitsbeziehungen ausgetragen. 1924 hatten sich die Gewerkschaften von den Folgen der Inflation erholt und einen Teil ihrer alten Stärke wiedererlangt. Enttäuscht von den Versuchen der Arbeitgeber, die aus dem Stinnes-Legien Abkommen vom November 1918 erwachsenen sozialen und politischen Reformen wieder rückgängig zu machen, verließen die Gewerkschaften schließlich die Zentralarbeitsgemeinschaft. Sie begannen erfolgreich, das Lohnniveau wieder zu heben, nachdem es 1923 durch Lohnkürzungen und die Währungsstabilisierung, welche die Lebenshaltungskosten erhöht hatte, nach unten gedrückt worden war. Die Auseinandersetzung zwischen dem ADGB und den Arbeitgeberorganisationen über Maßnahmen zur wirtschaftlichen Erholung konzentrierten sich daher auf Löhne, Preise und die Belastung der Produktionskosten durch Sozialabgaben. Am 10. Dezember 1925 fand ein Treffen zwischen Vertretern des ADGB und der Vereinigung der Deutschen Arbeitgeberverbände (VDA) statt, auf dem die verschiedenen, bis dahin publizierten Stellungnahmen diskutiert werden sollten. Beide Seiten trennten sich mit der Feststellung, daß ihre entgegengesetzten Standpunkte bei der Betrachtung der volkswirtschaftlichen Zusammenhänge zu diesem Zeitpunkt unvereinbar seien[5].
Die Spannungen zwischen Gewerkschaften und Arbeitgebern, die ihr Verhältnis von Beginn an überschattet hatten, dominierten auch ihre Debatten über wirtschaftliche Probleme und verhinderten die Entwicklung einer gemeinsamen Position zur Bekämpfung von Rezession und Arbeitslosigkeit in den zwanziger Jahren. Andererseits erkannte der ADGB die versteckte strukturelle Binnenmarktschwäche der deutschen Wirtschaft bereits lange vor dem Ausbruch der Weltwirtschaftskrise. Im Gegensatz zu Großbritannien, wo die Rezession durch den Zusammenbruch der internationalen Exportmärkte primär importiert wurde, waren es in Deutschland vor allem hausgemachte Probleme, die den zyklischen Rückgang der Konjunktur in eine Depression verwandelten. Der ADGB wies auf die Fehlverteilung der Investitionen hin, die in einigen Bereichen, insbesondere bei Stahl, Textilien und Kohle, Überkapazitäten schufen. Des weiteren machte er auf die rigide Preispolitik der Kartelle und den unklugen politischen Schutz des landwirtschaftlichen Sektors vor Konkurrenz aufmerksam - eine Diagnose, die Wirtschaftshistoriker heute bestätigen (vgl. Kap.II.1.). Entsprechend konzentrierte der ADGB seine programmatischen Forderungen in den zwanziger Jahren auf die Förderung des Binnenmarktes als Vorbedingung einer Erholung auf den Exportmärkten. Die Diskussion handelspolitischer Fragen reduzierte er infolgedessen auf die Schutzzölle. Monetäre Fragen untersuchte er kaum, das Problem einer Überbewertung der Währung wurde nicht einmal erwähnt.

---

5 Vgl. ZPA I 2/708/99/Bl.97-113: Niederschrift über die Verhandlungen mit den Vertretern des ADGB am 10.12.1925 im Sitzungszimmer der Arbeitgeber-Vereinigung, S.16 f.

Während die deutschen Gewerkschaften somit in ihrer Kenntnis der strukturellen wirtschaftspolitischen Probleme weit vorangeschritten waren, gab es wenig Anzeichen für die Entwicklung einer antizyklischen Fiskal- oder Geldpolitik. Der ADGB unterstützte in den zwanziger Jahren, nicht anders als die führenden Politiker, eine Politik des Haushaltsausgleichs. Öffentliche Arbeitsbeschaffungsprogramme wurden als eine sozialpolitische Linderungsmaßnahme unter vielen gesehen, aber für weniger wichtig gehalten als die Arbeitslosenunterstützung. Die Integration der Arbeiterklasse in das politische System und der Erhalt und Ausbau der erreichten Rechtsposition blieben weiterhin das wichtigste Ziel. Es wurde in diesen Jahren durch das Programm der "Wirtschaftsdemokratie" fortentwickelt, das der ADGB auf seinen Bundeskongressen in Breslau (1925) und Hamburg (1928) diskutierte[6]. Darüber hinaus fällt auf, daß sich der ADGB den wirtschaftlichen Problemen der zwanziger Jahre fast ausschließlich aus Sicht der Beschäftigten mit Blick auf die Entwicklung der Löhne und Preise widmete. Selbst die Arbeitslosenunterstützung wurde vor allem als Mittel zum Schutz der Löhne gegen den Druck der erwerbslosen "industriellen Reservearmee" betrachtet. Die Arbeitslosen selbst schienen nur ein Nebenaspekt des Problems zu sein[7].

Wie sah im Vergleich dazu die programmatische Entwicklung der britischen Gewerkschaften vor der Weltwirtschaftskrise aus? Schon Ende des 19. Jahrhunderts hatte die britische Arbeiterbewegung ihr Konzept des "right to work or

---

6 Vgl. Naphtali, Wirtschaftsdemokratie; Rudolf Kuda, Das Konzept der Wirtschaftsdemokratie, in: Vetter (Hg.), Vom Sozialistengesetz, S.253-74; Klaus Schönhoven, Die Vision der Wirtschaftsdemokratie. Programmatische Perspektiven der Freien Gewerkschaften in der Weimarer Republik, in: Hermann Weber (Hg.), Gewerkschaftsbewegung und Mitbestimmung in Geschichte und Gegenwart. Ergebnisse einer polnisch-deutschen Tagung, Düsseldorf 1989, S.33-53; Cora Stephan, Wirtschaftsdemokratie und Umbau der Wirtschaft, in: Wolfgang Luthardt (Hg.), Sozialdemokratische Arbeiterbewegung und Weimarer Republik. Materialien zur gesellschaftlichen Entwicklung 1927-1933, Bd.1, Frankfurt/M. 1978, S.281-92, und Dokumente S.293 ff.

7 Diese Einschätzung wird m.E. durch einen Vergleich der Titel der verschiedenen Schriften zur Wirtschaftspolitik bestätigt, die der ADGB und der TUC bis zur Weltwirtschaftskrise veröffentlichten. Die Titel der TUC- oder Labour Party - Broschüren bezogen sich direkt auf die Arbeitslosigkeit (vgl. neben den bereits erwähnten Schriften z.B. auch Labour Party, Unemployment, The Peace and the Indemnity, London 1921; dies., Work for the Workless, London 1924; dies., "On the Dole" - or Off! What to do with Britain's Workless Workers, London 1926; National Joint Council, Workless. A Social Tragedy, London 1933; TUC, The Right to Live. A T.U.C. Defence of the Claims of the Unemployed, London 1933; ders., Unemployment and the Cost of Living, London 1937). Dagegen wiesen die ADGB-Titel (s.o. S.331f., Anm.2 u. 3) mehr auf eine allgemeine Analyse der wirtschaftlichen Lage hin. Dies änderte sich allerdings unter dem Druck der Krise.

maintenance" entwickelt. 1895 diskutierte der jährliche Kongreß des TUC eine Resolution, die sich für Arbeitsbeschaffungsprogramme aussprach. In seinem "Special Report on Unemployment" von 1905 forderte der Dachverband die Regierung auf, Kommunalverwaltungen und Privatunternehmen zu einer gemeinsamen Anstrengung zu ermutigen, um extreme Ausschläge des Konjunkturzyklus durch antizyklische Investitionsausgaben auszugleichen[8]. Die britischen Gewerkschaften entdeckten somit sehr früh die Möglichkeit, daß die Regierung einer schwankenden Nachfrage nach Arbeitskräften entgegenwirken und zusätzliche Nachfrage durch Arbeitsbeschaffungsprogramme schaffen könnte. Sie gingen damit über die traditionelle Maßnahme der Notstandsarbeiten hinaus, die eher als eine Gegenleistung der Erwerbslosen für den Erhalt der Armenfürsorgeleistungen ("Poor Law benefits") gedacht waren, denn als ein Mittel zu ihrer Reintegration in den Arbeitsmarkt. Weit früher als der ADGB, der erst in den zwanziger Jahren diesen analytischen Schritt vollzog, hatte der TUC eine Unterkonsumtionstheorie entwickelt. Sie folgte der Annahme, daß Arbeitslosigkeit durch ungenügende Nachfrage verursacht und daher durch eine antizyklische Ausgabenpolitik verhindert oder beseitigt werden konnte.

1916 schlossen sich die vier zu diesem Zeitpunkt bestehenden nationalen Leitungsgremien der britischen Arbeiterbewegung - das Parliamentary Committee des TUC, das National Executive Committee der Labour Party, das Management Committee der General Federation of Trade Unions[9] und das War Emergency Workers' National Committee[10] - zu einem Joint Committee on Labour Problems after the War zusammen und veröffentlichten im darauffolgenden Jahr eine Stellungnahme zum Arbeitslosenproblem in der Nachkriegszeit[11]. In Erwartung

---

8 Vgl. Kenneth D. Brown, Labour and Unemployment 1900-1914, Newton Abbot 1971, S.17; Garside, Public Works and Mass Unemployment, S.84.

9 Die 1899 gegründete General Federation of Trade Unions geht auf einen Beschluß des TUC-Kongresses von 1897 zurück, eine Vereinigung zur gegenseitigen finanziellen Unterstützung bei Streiks und Aussperrungen zu bilden. Zu ihrer Entwicklung vgl. Alice Prochaska, History of the General Federation of Trade Unions, 1899-1980, London usw. 1982.

10 Dieser Ausschuß wurde 1916 gegründet und bestand aus einer gleichen Anzahl von Vertretern des TUC, der General Federation of Trade Unions and der Labour Party, sowie aus Vertretern 15 weiterer Arbeiterorganisationen des politischen und wirtschaftlichen Bereichs; vgl. Martin, TUC, S.150-51.

11 Vgl. Joint Comittee on Labour Problems after the War, The Prevention of Unemployment, in: The Problem of Unemployment after the War. Memoranda on the Prevention of Unemployment and the Necessity for the Revision of the Unemployment Insurance Acts, London 1917 (auch abgedruckt in: Unemployment: A Labour Policy.

einer beträchtlichen Erwerbslosenquote nach Kriegsende drängte der Ausschuß die Regierung, schon im voraus eine systematische Vorgehensweise festzulegen, die "(...) ought to include measures for preventing the occurence of unemployment, as far as this may be practicable, as well as measures for providing for the victims of unemployment when it occurs"[12]. Als erster Schritt zur Verhütung der Arbeitslosigkeit sollte demnach ein konzertierter Versuch unternommen werden, die nationale aggregierte Nachfrage nach Arbeitskräften auf einem ungefähr einheitlichem Niveau zu halten. Zentralregierung und Kommunalverwaltungen sollten Aufträge für solche Arbeiten vergeben, die sich mit der Nachfrage der privaten Arbeitgeber nicht überschnitten[13].
Trotz aller vorausschauenden Mahnungen während des Krieges erarbeitete die Regierung jedoch keine Pläne zur Verhinderung zukünftiger Erwerbslosigkeit. Stattdessen versuchte sie durch ad hoc - Maßnahmen, den Problemen des Wiederaufbaus, der Arbeiterunruhen und des Ausbruchs der schweren Wirtschaftskrise von 1920/21 Herr zu werden. Diese Maßnahmen beinhalteten zunächst die Einführung einer zeitlich begrenzten, nicht-beitragsgebundenen Sonderunterstützung für Arbeitslose ("out of work donation") im Jahre 1918, die an die Einführung der deutschen Arbeitslosenhilfe im selben Jahr erinnert. Es schlossen sich die Verabschiedung verschiedener Arbeitslosenversicherungsgesetze zwischen 1919 und 1922 und die Ernennung des Unemployment Grants Committee an, das besondere Beihilfen der Zentralregierung an die Kommunalverwaltungen zur Durchführung öffentlicher Arbeitsbeschaffungsmaßnahmen verwalten und verteilen sollte. Im Februar 1919 berief die Regierung die National Industrial Conference ein, in der beide Seiten der Wirtschaft vertreten waren. Die Konferenz setzte u.a. einen gemeinsamen, paritätisch besetzten Ausschuß aus Arbeitgebern und Gewerkschaftern ein, der die Erwerbslosenfrage untersuchen sollte. Im April 1919 legte der Ausschuß einen einstimmig beschlossenen Bericht vor, dessen Empfehlungen auch vom Gesamtplenum bestätigt wurden. Obwohl die Regierung versprach, daß die Ergebnisse der Konferenz einen legislativen Niederschlag finden würden, bestand das einzige Resultat des Berichts, wie der TUC später beklagte, in dem Arbeitslosenversicherungsgesetz von 1920, das keine vorbeugenden Maßnahmen zur Verhütung von Arbeitslosigkeit vorsah[14]. Wichtiger aber war, daß der gewerkschaftliche Dachverband und die Arbeit-

---

Report of the Joint Committee on Unemployment appointed by the Parliamentary Committee of the Trades Union Congress and the Labour Party Executive, London, 27. Januar 1921, App.I, S.34 f.).

12 Ebd., Abs.3.

13 Vgl. ebd., Abs.4.

14 Vgl. Unemployment: A Labour Policy, S.13.

geberorganisationen damit begonnen hatten, einen gemeinsamen Standpunkt zu den Eigeninteressen der Industrie zu erarbeiten, die sich von denen anderer Wirtschaftssektoren unterschieden. Neben der herausragenden Rolle, die beide Seiten den öffentlichen Arbeitsbeschaffungsmaßnahmen und Aufträgen zuwiesen, einigten sich Arbeitgeber und Gewerkschafter auf die Beschränkung von Überstundenarbeit sowie auf die Ausweitung der Sozialleistungen bei Arbeitslosigkeit, Krankheit, Gebrechlichkeit und im Altersruhestand, was für die deutschen Arbeitgeber undenkbar gewesen wäre. Auf der anderen Seite zeigte auch der TUC Kompromißbereitschaft, indem er einer systematischen Kurzarbeit in Zeiten wirtschaftlicher Depression zustimmte, wenn dadurch Entlassungen vermieden und ihre Einführung der Kontrolle durch gemeinsame Vertretungskörperschaften in jeder Branche unterliegen würde. Verstaatlichung oder "common ownership of the means of production", eines der Hauptziele, denen sich die Labour Party mit Unterstützung der gewerkschaftlichen "bloc vote" in ihrer neuen Parteisatzung von 1918 verschrieben hatte, wurde in dem Bericht als konkrete Maßnahme zur Bekämpfung der Arbeitslosigkeit nicht erwähnt. Die Konformität zwischen Arbeitgebern und Gewerkschaften sollte dennoch nicht überschätzt werden. Die Auffassung der gewerkschaftlichen Vertreter im gemeinsamen Ausschuß der Industrial Conference, daß "(...) a general increase in wages by improving the purchasing power of the workers would have a general and permanent effect in the direction of limiting continuous unemployment by bringing consumption up to something more like equilibrium with production", wurde in die gemeinsamen Empfehlungen nicht aufgenommen[15]. Der Unterschied zwischen dem Vereinigten Königreich und Deutschland bestand nicht darin, daß sich die britischen Arbeitsbeziehungen harmonischer gestalteten als die deutschen. Kennzeichnend war vielmehr, daß die ganz normalen, sich aus den Kollektivverhandlungen ergebenden Gegensätze und Konflikte zwischen Kapital und Arbeit nicht mit allgemeinen wirtschafts- und sozialpolitischen Fragen zur Bekämpfung von Wirtschaftskrise und Arbeitslosigkeit vermischt wurden. Im Kontrast dazu ließ die konfliktscheue politische Kultur in Deutschland eine solche Trennung nicht zu und scheint noch im Rückblick das Wertesystem moderner deutscher Historiker zu beeinflussen. So urteilte Udo Wengst über die Strategie der deutschen Unternehmer während ihrer Gespräche mit den Gewerkschaften im Sommer 1930: "Die Aussichten auf eine Einigung mit den Gewerkschaften waren (...) nicht gerade günstig, da sich die Unternehmer grundsätzlich auf ein zweigleisiges Vorgehen einigten: einerseits Konfrontation in den anstehenden Tarifauseinandersetzungen, andererseits Kooperation in allgemeinen sozial- und wirtschaftspolitischen Fragen. Diese

---

15 Vgl. Unemployment: A Labour Policy, App.III: Recommendations of the Joint Committee of the National Industrial Conference, 1919, S.42-45, Zitat S.44. Zu den Empfehlungen der Gewerkschaftsseite vgl. auch MacKay, Forsyth u. Kelly, Discussion of Public Works Programmes, S.12-14.

Haltung **mußte** das Verhältnis zu den Gewerkschaften zunehmend belasten und die Möglichkeit für eine Zusammenarbeit verschlechtern."[16] Daß dieses Junktim lediglich im besonderen nationalen Kontext der deutschen Arbeitsbeziehungen Bestand hat, zeigt ein Vergleich der britischen und deutschen Spitzengespräche am Vorabend und im Verlauf der Weltwirtschaftskrise.

1928 trafen sich eine repräsentative Arbeitgebergruppe[17] um den Chemieindustriellen Alfred Mond und Mitglieder des General Council zu gemeinsamen Gesprächen im Rahmen der Conference on Industrial Reorganisation and Industrial Relations. Den alternierenden Vorsitz bei den Mond-Turner-Gesprächen, wie der populäre Name der Konferenz lautete, übernahmen Mond und Ben Turner, der Präsident der Textilarbeitergewerkschaft und Vorsitzende des General Council in der Amtsperiode 1927/28. Die Anregung zu dieser Annäherung zwischen Kapital und Arbeit kurze Zeit nach dem bis dahin härtesten Arbeitskampf der britischen Geschichte, dem Generalstreik von 1926, kam ursprünglich von Sir Arthur Steel-Maitland. Der Arbeitsminister der amtierenden konservativen Regierung Baldwin versprach sich von der angestrebten Verbesserung der Arbeitsbeziehungen eine Förderung und Erhöhung der Produktivität und eine entsprechende Senkung der Produktionskosten in der britischen Industrie. Umgekehrt, so hoffte er, würde es das den Firmen erlauben, höhere Nominallöhne zu zahlen und damit den Gewerkschaften entgegenzukommen. Die Idee stieß bei einigen führenden Mitgliedern sowohl des TUC als auch der britischen Unternehmerverbände - Federation of British Industries (FBI)[18] und National Confederation of Employers' Organisations (NCEO)[19] - auf Unterstützung. Erste Ansätze zu ihrer Realisierung scheiterten jedoch am Erlaß der

---

16 Udo Wengst, Unternehmerverbände und Gewerkschaften in Deutschland im Jahre 1930, in: VfZ 25 (1977), S.99-119, hier S.108 (Hervorh. von mir).

17 Zu den industriellen Interessen, die von den Arbeitgebern vertreten wurden, vgl. BLPES, Citrine Papers, III.1/8: TUC General Council, Research Dept. (R.27857): Industrial Interests of Employers Signing the Letter of 23rd. November, 1927 (WMB/MK, 29.12.27); Howard F. Gospel, Employers' Labour Policy: A Study of the Mond-Turner talks 1927-33, in: Business History 21 (1979), S.180-97, hier S.181-87.

18 Die FBI entsprach in ihrer Zuständigkeit für die allgemeinen wirtschaftlichen, kommerziellen und technischen Fragen der Industrie (z.B. Finanz- oder Außenhandelspolitik der Regierung) dem Reichsverband der Deutschen Industrie (RDI). Zur Aufgabenverteilung und unterschiedlichen Interessenlage in den britischen Unternehmerorganisationen vgl. T. Rodgers, Employers' Organizations, Unemployment and Social Politics in Britain during the Interwar Period, in: Social History 13 (1988), S.315-42, hier S.316-22.

19 Die NCEO war für alle Fragen zuständig, die direkt das Verhältnis zwischen Kapital und Arbeit (z.B. Kollektivverhandlungen) berührten, und bildete somit das britische Gegenstück zur Vereinigung der Deutschen Arbeitgeberverbände (VDA).

Trade Disputes and Trade Unions Act von 1927, der zu einem Rückzug der Gewerkschaftsseite führte. Zudem begrüßte die NCEO zwar eine stärkere Zusammenarbeit. Jedoch zog sie entsprechende Vereinbarungen auf betrieblicher und brachenweiter Ebene einer nationalen Konferenz vor. So erging schließlich am 23. November 1927 auf Privatinitiative des progressiv eingestellten Industriellen und Abgeordneten der Konservativen, Sir Alfred Mond (ab 1928 Lord Melchett), eine Einladung an den TUC, in der den Gewerkschaften mitgeteilt wurde: "We realize that industrial reconstruction can be undertaken only in conjunction with and with the co-operation of those entitled and empowered to speak for organised labour. The necessity of every action being taken to achieve the fullest and speediest measures of industrial reconstruction therefore impels us to seek the immediate co-operation of those who are as vitally interested in the subject as ourselves. We believe that the common interests which bind us are more powerful than the apparently divergent interests which seem to separate."[20]
Neben anderen Gesprächsthemen, wie der offiziellen Anerkennung der Gewerkschaften durch die Arbeitgeber oder der Bildung eines paritätisch besetzten Nationalen Wirtschaftsrates (National Industrial Council), die nach zahlreichen Aussprachen in einem ersten Zwischenbericht[21] der Konferenz vom 4. Juli 1928 niedergelegt wurden, widmeten sich beide Seiten ausführlich dem Arbeitslosenproblem. In insgesamt sieben gemeinsamen Treffen[22] befaßten sie sich auf eine

---

20 MRC, MSS.292/262/9: Alfred Mond u.a. an TUC General Council, 23.11.1927. Zum Hintergrund und Verlauf der Konferenzen vgl. TUC-Report 1928, S.209-30; TUC-Report 1929, S.186-209; TUC-Report 1930, S.160-62; TUC-Report 1931, S.218-22; Charles, Development of Industrial Relations, S.261-98; Michael Dintenfass, The Politics of Producers' Co-operation: the FBI-TUC-NCEO Talks, 1929-1933, in: Turner (Hg.), Businessmen and Politics, S.76-92; G. W. McDonald u. Howard F. Gospel, The Mond-Turner Talks, 1927-1933: A Study in Industrial Co-operation, in: HJ 16 (1973), S.807-29. Vgl. auch die ausführliche zeitgenössische Berichterstattung durch Walter Milne-Bailey in der ADGB-Zeitschrift "Die Arbeit", in der sich das starke Interesse des ADGB an den Gesprächen manifestierte: Nicht Wirtschaftsfriede, sondern Reorganisation der Wirtschaft, in: DA 5 (1928), H.2, S.131-34; Gewerkschaftsbewegung und Wirtschaftsdemokratie (s.o., Kap.IV.1.b), S.263, Anm.34); Die englische Wirtschaftskonferenz, ebd., H.9, S.547-64; Der englische Gewerkschaftskongreß, ebd., H.9, S.590-92; Die englische Wirtschaftskonferenz und das Problem der Arbeitslosigkeit, in: DA 6 (1929), H.4, S.240-48; Der englische Gewerkschaftskongreß und die Unternehmerorganisationen, in: DA 7 (1930), H.5, S.341-44.

21 Vgl. den Abdruck des Berichts in deutscher Sprache in: Milne-Bailey, Englische Wirtschaftskonferenz, S.551-64; in englischer Fassung: TUC-Report 1928, S.219-30, und PRO, Lab 2/1582/Stats 581/1928 (dort auch Protokoll des Treffens vom 4.7.1928, bei dem der Zwischenbericht verabschiedet wurde).

22 Die Treffen fanden statt am 18.10., 8.11., 22.11., 6.12., 20.12.1928, 10.1., 22.1.1929; vgl. die Gesprächsprotokolle in: BLPES, Citrine Papers, III.1/9: Industrial Conference.

Weise mit der Erwerbslosenfrage, die weit über den Austausch von "statements" und leeren Floskeln hinausging. Sowohl die Unternehmergruppe als auch der General Council bildeten einen Unterausschuß, der jeweils die Verhandlungen führte. Auf TUC-Seite war dies das "Industrial Committee", bestehend aus E. Bevin, W. M. Citrine, A. Pugh, T. Richards, J. H. Thomas, W. Thorne, B. Turner, W. Milne- Bailey als Sekretär und G. Hicks als stellvertretendes Mitglied. Die für die Diskussionen benötigten Materialien und Informationen erhielten die Ausschußmitglieder durch das Economic Committee. Der Wirtschaftsausschuß des General Council erarbeitete zu den verschiedenen, im Verlauf der Gespräche auftretenden Aspekten eine Vielzahl von Memoranden[23] und berührte dabei so unterschiedliche Themen wie die Maßnahmen der deutschen Regierung zur Linderung der durch Rationalisierung verursachten Arbeitslosigkeit, Produktionskosten in den USA oder die Bevölkerungsentwicklung in Frankreich unter dem Einfluß der Immigration. Vor allem Milne-Bailey in seiner Dreifachfunktion als Sekretär des Industrial Committee und des Economic Committee sowie als Leiter der Wirtschafts- und Forschungsabteilung des TUC leistete in dieser Hinsicht unschätzbare Dienste.

Beide Seiten legten als Diskussionsgrundlage jeweils ein vorläufiges Memorandum zur Arbeitslosenfrage[24] vor, die zu einer gemeinsamen Stellungnahme verschmolzen werden sollten. Die TUC-Vertreter erwiesen sich dabei als die dominanteren und kreativeren Gesprächspartner. Ernest Bevins Vorschläge zur Verminderung des Arbeitskräfte-Überangebots durch die Verlängerung der Schulpflicht und die bessere Gestaltung der Alterspensionen wurden von der Unternehmergruppe im Prinzip übernommen. Die statistischen bzw. versicherungstechnischen Details sollten auf Vorschlag eines ihrer Vertreter den Fachleuten überlassen bleiben[25]. Auch mit seiner Ansicht, daß die herrschende Arbeitslosigkeit vor allem auf die Rückständigkeit und unzureichende Anpassung großer Teile der britischen Industrie an veränderte Weltmarktbedingungen zurück-

---

Committee Documents, 1928-29; MRC, MSS.292/262/28: Unemployment. Notes of Discussions, 1928-29.

23 Vgl. MRC, MSS.292/262/26: Industrial Conference. Unemployment Memos 1928-29; vgl. auch MSS.292/135.01/2: Industrial Committee, 1928.

24 Vgl. MRC, MSS.292/135.01/2: General Memorandum on Unemployment. Submitted by Lord Melchett Group, 1928. R.G./M.105 (auch in MSS.292/262/27); TUC General Council, Industrial Committee. Statement on Unemployment. Ind.Conf.26a. WMB/EH/MK, 1.12.1928. Vgl. auch die Memoranden zur Kritik des General Council am Unternehmerpapier, ebd.

25 Vgl. MRC, MSS.292/262/28: Notes of the Fifteenth Joint Committee Meeting of the Representative Group of Employers and the General Council of the Trades Union Congress, 6th Dec. 1928 (WMB/MK/EH, 29.11.1928).

zuführen sei, setzte sich das Industrial Committee gegen die Unternehmer durch. Das sogenannte "Mond scheme", das im Unternehmer-Memorandum einen zentralen Stellenwert einnahm, wurde daher fallengelassen. Es sah die Zahlung freiwerdender Gelder aus dem Arbeitslosenversicherungs-Fonds an Unternehmen zur Wiederbeschäftigung bisher Erwerbsloser vor. Nach Ansicht des TUC bedeute dies eine staatliche Subventionierung ineffektiv produzierender Firmen und verhindere unter Umständen die einzig sinnvolle Methode zur Reduzierung der Produktionskosten: "Capital must be 'deflated', plant and technique must be modernised, organisation must replace chaos, large units must replace small units, science must supersede 'rule of thumb'. (...) We cannot keep a leading position in world economic affairs and maintain the population of a leading industrial nation with a 19th Century outlook and 19th Century organisation and methods."[26]
Anstelle des "Mond scheme" wurde von den Arbeitgebern der TUC-Vorschlag eines staatlichen Reservefonds (development fund) übernommen[27] - nach Bevins Ansicht eine umwälzende Idee, deren Realisierung die gesamte Finanzpolitik des Landes revidieren würde[28]. So habe in der Vergangenheit vor allem die Finanzwelt davon profitieren können, daß der Staat in ökonomischen Krisen Kredite zu überhöhten Zinssätzen aufgenommen habe, um damit Beschäftigungsmaßnahmen zu finanzieren. Das sollte sich nach den Vorstellungen der Mond-Turner-Konferenz ändern. Zukünftig sollte die Regierung in Zeiten der wirtschaftlichen Prosperität einen prozentualen Anteil des Volkseinkommens als Reservefonds ansammeln, um damit in der nächsten Depression eine antizyklische Ausgabenpolitik zu verfolgen.
Am Ende der Diskussionen stand schließlich ein gemeinsamer "Report on Unemployment"[29], den die Gesamtkonferenz am 12. März 1929 billigte. Er enthielt eine detaillierte Zusammenstellung von Ursachen und Entwicklung der

---

26 MRC, MSS.292/135.01/2: TUC General Council. Industrial Committee. Unemployment. Employers' Memorandum. General Criticism. Ind.Conf. 24a, S.3 f.; vgl. auch ebd.: Detailed Notes on the Employers' Memorandum, WMB/EH/MK, 7.11.1928. Sir Alfred Mond hatte seine Vorstellungen schon früher dargelegt und publiziert; vgl. ders., The Remedy for Unemployment. Get the Workers Back to Work!, o.O., o.J. [1925].

27 Vgl. MRC, MSS.292/262/28: Minutes of the Sixteenth Joint Committee Meeting of the Representative Grroup of Employers and the General Council of the Trades Union Congress, 20th Dec. 1928 (R.G./M. 129).

28 Vgl. Ernest Bevin, Statement on Melchett-Turner Unemployment Report, London o.J. [1929], S.10 f.

29 Vgl. Conference on Industrial Reorganisation and Industrial Relations, Interim Joint Report on Unemployment, adopted by the Full Joint Conference on 12th March, 1929, London 1929. Vgl. auch Milne-Bailey, Englische Wirtschaftskonferenz und das Problem der Arbeitslosigkeit.

Arbeitslosigkeit sowie Mittel zu ihrer Bekämpfung. Der Bericht machte drei Faktoren hauptsächlich für das Auftreten anhaltender Erwerbslosigkeit nach dem Ersten Weltkrieg verantwortlich: erstens die Geldpolitik des Schatzamtes und der Bank von England; zweitens die Schrumpfung des Welthandels und den Verlust alter Exportmärkte, der aus der Entwicklung eigener Industrien durch einige Überseeländer während des Krieges resultiere (zu diesem Problemfeld gehörten auch das Anwachsen der Schutzzölle und anderer Handelsbarrieren sowie die Schwierigkeiten zahlreicher britischer Branchen, sich durch die Nutzung moderner wissenschaftlicher Produktions- und Organisationsmethoden den Nachkriegsbedingungen anzupassen); drittens schließlich die Freisetzung von Arbeitskräften aufgrund eben dieses Rationalisierungsprozesses bzw. des Einsatzes Arbeitskräfte sparender Methoden[30].
Nachdem der Bericht die Ursachen der herrschenden Arbeitslosigkeit genannt hatte, ging er dazu über, Lösungsvorschläge für das Problem aufzuführen. Dabei unterschied er zwischen Palliativen und langfristigen Gegenmitteln. Die sofort einzuleitenden Linderungsmaßnahmen sahen die erweiterte Bereitstellung von Exportkrediten zur Förderung des Handels mit Rußland und staatliche Krediterleichterungen ("trade facilities") vor, um den strukturschwachen Industrien, insbesondere Kohle, Eisen und Stahl, Schiffsbau und einige Bereiche der Maschinenbau- und Textilindustrie, bei ihrem Reorganisationsprozeß zu helfen. Wie bereits erwähnt, sollte ein staatlicher Reservefonds eingerichtet werden, um damit große Beschäftigungsprogramme auf nationaler Ebene zu finanzieren und die Industrie in Zeiten der Depression zu stimulieren. Darüber hinaus wurde eine Ausweitung der bestehenden Arbeitsbeschaffungsmaßnahmen für notwendig erachtet. Zur Entlastung des Arbeitsmarkts von überschüssigen Arbeitskräften sollten die Leistungen der staatlichen Altersrente für Arbeiter ab 65 Jahren erhöht werden, um einen früheren Rückzug der Beschäftigten in den Ruhestand anzuregen. Auf der anderen Seite plädierte der Bericht für eine Erhöhung der Schulpflicht, um das Eintrittsalter in den Arbeitsmarkt hinauszuschieben. Des weiteren sei der staatliche Fonds zur Emigrationsförderung stark auszuweiten. Ein 20 Jahre umfassendes Niederlassungsprogramm in den Dominions müßte ebenso erwogen werden wie die mögliche Bildung einer Commonwealth-Wirtschaftsgemeinschaft. Im Hinblick auf den besonders hohen Stand der Erwerbslosigkeit in den Bergbauregionen sollte die Regierung die Hilfsmaßnahmen für die Umsiedlung der Arbeitslosen in stärker prosperierende Gebiete beschleunigen. Schließlich seien auch engere Kontakte zwischen den Repräsentativorganisationen

---

30 Vgl. Conference on Industrial Reorganisation and Industrial Relations, Report on Unemployment, S.5-7. Diese Analyse war weitgehend identisch mit den Ursachen, die in dem vorläufigen Memorandum der Gewerkschaftsseite dargelegt worden waren; vgl. MRC, MSS.292/135.01: TUC General Council. Industrial Committee, Statement on Unemployment. Ind.Conf.26a. WMB/EH/MK, 1.12.1928.

von Industrie und Landwirtschaft, einschließlich der organisierten Arbeiterbewegung, herbeizuführen[31].
Der Bericht zeigte ein wachsendes Verständnis der strukturellen Wirtschaftsprobleme Großbritanniens auf beiden Seiten der Industrie. In seiner Analyse und mit den Empfehlungen zur Bereitstellung von Industrie- und Exportkrediten, Rationalisierung und Umsiedlung von Arbeitskräften aus strukturschwachen in prosperierende Gebiete spiegelte er die dominante Rolle der Basisindustrien in der britischen Wirtschaft in ähnlicher Weise wider, in der die Forderungen des ADGB den spezifischen deutschen Bedingungen entsprochen hatten. Indem sich der Bericht für die Emigration in die Länder des Commonwealth als Maßnahme zur Entlastung des Arbeitsmarktes aussprach, nutzte er besondere britische Ausweichmöglichkeiten, die der deutschen Wirtschaft nicht offen standen. In ihrer Wirkung sollten sie jedoch nicht überschätzt werden. Wie schon gezeigt wurde (vgl. Kap.II.3.), war die Größenordnung der wirtschaftlich motivierten Auswanderung in der Weltwirtschaftskrise sehr gering.
Die langfristigen Hauptvorschläge der Konferenz gingen noch tiefer als die Sofortmaßnahmen an die Wurzeln der strukturellen Arbeitslosigkeit. Sie bekräftigten erneut die Notwendigkeit, den Rationalisierungsprozeß, unterstützt durch Konsultationen zwischen Arbeitgebern und Gewerkschaften in den verschiedenen Industrien, so schnell wie möglich voran zu treiben. Sobald wieder normale wirtschaftliche Bedingungen herrschten, sollten Unternehmen oder ganze Branchen einen Reservefonds einrichten. Dieser Fonds sei aus den Unternehmensgewinnen zu finanzieren, um die infolge der Rationalisierung freigesetzten Arbeiter zu unterstützen. Die wichtigste Empfehlung des Berichts betraf jedoch den monetären Bereich. Sie stellte fest, "(...) that the currency and banking policy pursued by the Treasury and the Bank of England ought in future to be framed in such a way that the special interests of industry are safeguarded and furthered"[32].
An diesem Punkt bezog sich der Bericht auf den ersten Zwischenbericht der Konferenz vom Juli 1928. Dieser hatte argumentiert, daß der Goldstandard, zu dem Großbritannien 1925 zurückgekehrt war, das der Industrie zur Verfügung stehende Angebot an Kapital und Krediten einschränke, die wirtschaftliche Expansion hemme und die Konkurrenzfähigkeit des britischen Exporthandels beeinträchtige[33]. Verbunden mit dem Vorschlag für eine Commonwealth-Wirt-

---

[31] Vgl. Conference on Industrial Reorganisation and Industrial Relations, Report on Unemployment, S.8-12. Auch der Passus zur Landwirtschaft wurde auf Anregung des TUC in den Bericht aufgenommen; Vgl. MRC, MSS.292/262/28: Minutes of the Sixteenth Joint Committee Meeting (...), 20th Dec. 1928.

[32] Vgl. Conference on Industrial Reorganisation and Industrial Relations, Report on Unemployment, S.12-15, Zitat S.13.

[33] Vgl. Howard F. Gospel, Employers' Labour Policy: A Study of the Mond-Turner Talks 1927-33, in: Business History 21 (1979), S.180-97, hier S.186.

schaftsgemeinschaft sprachen sich somit Gewerkschaften und Unternehmer erstmals in einer offiziellen Stellungnahme dafür aus, daß die Regierung von ihrer traditionellen Politik eines goldgebundenen Währungssystems, ausgeglichener Budgets und des Freihandels ablassen solle. Jedoch handelte es sich dabei noch um erste vorsichtige Überlegungen. Die Konferenz betonte, daß der Gegenstand zu kontrovers sei, um ausführlicher dazu Stellung zu nehmen[34]. Vielmehr schlage sie der Regierung vor, zunächst eine Untersuchungskommission zur Währungs- und Bankenpolitik einzusetzen, an der Vertreter der Industrie und der Finanzwelt beteiligt werden sollten[35].

Professionelle Politiker und Ökonomen benötigten mehr Zeit für die Erkenntnis, daß die Rückkehr zum Gold vor allem den Interessen der City gedient und die Entwicklung der Industrie behindert hatte. Als das Macmillan Committee im Juni 1931 seinen Abschlußbericht vorlegte, waren es nicht Keynes, sondern nur die beiden Arbeitnehmervertreter im Ausschuß, Bevin und Allen, die eine Abwertung allen anderen wirtschaftspolitischen Eingriffen vorzogen. Im Hinblick auf protektionistische Maßnahmen vertraten sie die Anschauung, daß vor der Einführung eines Schutzzolls erst einmal ein umfangreiches Programm staatlicher Planung und Reorganisation der Wirtschaft in Kraft gesetzt werden sollte: "Then, if the alternative remained, tariffs would be preferable to all-round reductions in wages and salaries, provided that at the same time steps were taken to safeguard the export trade and to prevent the exploitation of the consumer."[36]

Die Einführung von Schutzzöllen war eine Streitfrage, die auf dem TUC-Kongreß von 1930 kontrovers und ausführlich diskutiert wurde. Traditionellerweise ware beide, die britische wie die deutsche Gewerkschaftsbewegung, überzeugte Befürworter des Freihandels, da sie die negativen Auswirkungen von Zöllen auf die Lebenshaltungskosten fürchteten. Im Kampf gegen die Forderungen der ostelbischen Junker nach Autarkie besaß der ADGB zumindest ein gemeinsames Interesse mit den Arbeitgebern der exportorientierten deutschen Industriebranchen. Der TUC wurde in der Zwischenkriegszeit ebenfalls niemals endgültig zum Protektionismus bekehrt, obwohl es erste zögernde Schritte zu einer Annäherung gab. Im Rahmen der Gespräche mit der FBI, in denen die Kontakte nach dem offiziellen Ende der Mond-Turner-Konferenzen informell fortgesetzt wurden,

---

34 Beide Seiten hatten sich bereits während der Gespräche darauf geeinigt, das im Vorfeld der bevorstehenden Parlamentswahlen politisch belastete Thema des Protektionismus nicht weiter zu verfolgen; vgl. MRC, MSS.292/262/28: Notes of the Fifteenth Joint Committee Meeting (...), 6th Dec. 1928.

35 Vgl. Conference on Industrial Reorganisation and Industrial Relations, Report on Unemployment, S.12 f.. Acht Monate später, im November 1929, ernannte die Labour-Regierung das Macmillan Committee (vgl. Kap.IV.2.).

36 Committee on Finance and Industry, Report, S.209-10, Zitat S.210.

erstellte das Economic Committee einen Bericht zur Vorlage bei der Reichskonferenz ("Imperial Conference"), die im September 1930 in London stattfand. Der Bericht schlug die Bildung einer Wirtschaftsgemeinschaft durch die Länder des Commonwealth vor und wurde auf dem kurz vor der Konferenz tagenden TUC-Kongreß von einer knappen Mehrheit angenommen[37].
Es läßt sich also festhalten, daß der TUC am Vorabend der Weltwirtschaftskrise in seinem Verständnis der ökonomischen Zusammenhänge bereits weiter vorangeschritten war als der ADGB. Das betraf vor allem den monetären Sektor. Er wurde darin von einer Gruppe progressiver Arbeitgeber unterstützt, die erkannten, daß sich im Hinblick auf die Bekämpfung der Arbeitslosigkeit und den Wiederaufbau der Industrie weit mehr Übereinstimmungen mit dem TUC erzielen ließen als mit den Vertretern anderer Wirtschaftssektoren. Dies galt insbesondere für die Repräsentanten der einflußreichen britischen Finanzwelt. Gemeinsam entwickelten beide Seiten der Wirtschaft einen Katalog konkreter Hilfsmaßnahmen für die Arbeitslosen. Damit soll nicht geleugnet werden, daß es auch zahlreiche britische Arbeitgeber gab, die ihre feindliche Einstellung gegenüber den Gewerkschaften mit vielen deutschen Arbeitgebern teilten. Weder die britischen noch die deutschen Unternehmerorganisationen stellten einen monolithischen Block dar. Vielmehr gab es in ihren Reihen eine Vielzahl unterschiedlicher Einstellungen und politischer Verhaltensweisen[38]. Gewerkschaftsfeindliche Einstellungen waren in Deutschland am ausgeprägtesten in der Schwerindustrie, in Großbritannien in der Maschinenbau- und der Bauindustrie vorhanden. Die Teilnehmer der Mond-Turner-Gespräche waren sich jedoch einig, daß James T. Brownlie, der Präsident der Amalgamated Engineering Union, seinem Verhandlungspartner auf Arbeitgeberseite, dem Sekretär der Engineering Employers' Federation Allan Smith, in seiner ablehnenden Haltung gegenüber einer korporatistischen Zusam-

---

37 Vgl. TUC-Report 1930, S.208-17, 257-87. Dem Kongreß lagen zwei weitere Alternativen vor - die Bildung einer anglo-amerikanischen oder einer europäischen Wirtschaftsgemeinschaft. Der General Council favorisierte jedoch den Commonwealth-Block, weil dieser den Vorteil bot, auf bereits bestehende Strukturen zurückgreifen zu können. Die Delegierten billigten die Vorlage des General Council mit 1.878.000 zu 1.401.000 Stimmen.

38 Vgl. Howard F. Gospel, Employers and Managers: Organisation and Strategy, 1914-39, in: Wrigley (Hg.), History of British Industrial Relations, Bd.2, S.159-84; W.R. Garside, Management and Men: Aspects of British Industrial Relations in the Inter-war Period, in: Barry Supple (Hg.), Essays in British Business History, Oxford 1977, S.244-67; Reinhard Neebe, Großindustrie, Staat und NSDAP 1930-1933. Paul Silverberg und der Reichsverband der Deutschen Industrie in der Krise der Weimarer Republik, Göttingen 1981, insb. S.60-72, 80-89, 142-52.

menarbeit von Kapital und Arbeit in nichts nachstand[39]. In ihrem Beharren auf den alten antagonistischen Strukturen, so Lord Melchett, verstanden sich die beiden Männer allerdings prächtig: "Alan Smith and Brownlee both had very nice jobs of meeting and talking to each other for hours, they understood each other, and both were anxious to have no interference." Und Ben Tillett, der Turner inzwischen als Vorsitzenden des General Council und des Industrial Committee abgelöst hatte, faßte die diesbezügliche Diskussion abschließend zusammen: "There appeared to be some amount of antagonistic doubt on both sides, and they both had met with a certain amount of stupidity."[40]

Die beiden Dachverbände der britischen Unternehmer, FBI und NCEO, lehnten jedoch die Annahme des ersten gemeinsamen Zwischenberichts der Konferenz vom Juli 1928 aus verschiedenen Gründen[41] ab. Eine Mehrheit ihrer Mitglieder fürchtete nicht nur einen Machtzuwachs der Gewerkschaften aufgrund der darin enthaltenen Empfehlungen. Auf starke Ablehnung stieß insbesondere auch der Vorschlag eines Nationalen Wirtschaftsrates, da dieser die Gefahr von Kompetenzstreitigkeiten zwischen FBI und NCEO und in ihrer Folge eine Schwächung der Unternehmerorganisationen in sich berge. Somit endeten die Mond-Turner-Konferenzen in ihrer ursprünglichen Form im Juni 1929, indem sich beide Seiten bis auf weiteres vertagten[42]. Auf öffentlichen Druck hin wurde jedoch eine neue Form der Konsultation vereinbart, die darauf hinauslief, daß der TUC mit jeweils einem der beiden Unternehmerdachverbände themenspezifische, dessen Zuständigkeitsbereich betreffende Gespräche führte. Vor allem die konservativen Parteiführer hatten auf die Fortsetzung der Gespräche gedrängt. Sie befürchteten, daß der Abbruch der populären Konferenz durch die Arbeitgeber von der Labour Party im bevorstehenden Wahlkampf 1929 ausgeschlachtet werden und der konservativen Sache schaden könnte. Die Billigung des Zwischenberichts durch den TUC-Kongreß im September 1928 bestärkte sie in dieser Haltung.

Während die NCEO in der Folgezeit eine passive, fast schon obstruktive Rolle spielte, fanden zwischen 1930 und 1933 noch eine Reihe von Gesprächen zwischen dem TUC und der FBI statt. Der Informationsaustausch zwischen den

---

39 Zu den TUC-internen Gegnern der Mond-Turner-Konferenzen vgl. auch die kontroverse Diskussion in: TUC-Report 1928, S.407-53. Zur Haltung der Arbeitgeber in der Arbeitslosenfrage vgl. Engineering and Allied Employers' National Federation, Unemployment. Its Realities and Problems, London 1933.

40 Für beide Zitate s. MRC, MSS.292/262/28: Minutes of the Sixteenth Joint Committee Meeting (..), 20th Dec. 1928. Die Quelle gibt die Schreibweise der Namen der beiden genannten Verbandsvertreter falsch wieder.

41 Vgl. TUC-Report 1929, S.202-08; McDonald u. Gospel, Mond-Turner Talks, S.822-24.

42 Vgl. TUC-Report 1929, S.208.

beiden Organisationen verfolgte das Ziel, die Regierung in fundamentalen Fragen ihrer Wirtschafts und Finanzpolitik zu beeinflussen. Eine gemeinsame Vorlage vor dem Macmillan-Ausschuß wurde erwogen, letztendlich aber doch getrennt abgegeben, obwohl "(...) it was found that there was practically no divergence between the views expressed in these documents"[43].
Da es somit trotz aller Gegensätze zwischen den Verbänden gelang, die Gespräche über die Weltwirtschaftskrise hinweg aufrecht zu erhalten, stellten sie einen wertvollen Beitrag zur öffentlichen und wissenschaftlichen Debatte über eine alternative Wirtschaftspolitik dar. Die Regierung nahm die Ergebnisse der Konferenz sehr ernst, indem sie z.B. im Hinblick auf deren Empfehlung zur Bildung eines Nationalen Wirtschaftsrats Erkundigungen über die Entstehung und Arbeit der entsprechenden existierenden Gremien in Deutschland und Frankreich einholte[44]. Vor allem aber erarbeitete ein eigens zu diesem Zweck gebildetes "Interdepartmental Committee on Unemployment" eine ausführliche Stellungnahme zur Vorlage im Kabinett[45], die sich vergleichend mit dem Bericht der Konferenz zur Arbeitslosenfrage und der in der gleichen Woche publizierten Broschüre der Liberalen "We can Conquer Unemployment" auseinandersetzte. Eine in diesem Zusammenhang entstandene Aktennotiz des Arbeitsministeriums kam dabei zu dem Schluß: "The Melchett-Turner proposals are sounder than the Liberal proposals, I think, because they envisage additional capital being fed into industry through some amplification of the Trade Facilities, Export Credits, and development schemes. This avoids the distortion of the whole economic system that the Liberal proposals would produce. (...) I still regard it as not conclusively proved that capital can be raised by a State loan without pro tanto diminishing the amount of capital that would otherwise have gone to employment-creating investment."[46] Zwar setzte sich in dieser Äußerung des Ministerialbeamten erneut der alte "Treasury view" gegen ein antizyklisches "deficit-spending" durch. Dennoch brachten die Mond-Turner-Gespräche zumindest den TUC in seiner programmatischen Entwicklung, vor allem im Bereich der Geldpolitik, einen entscheidenden Schritt voran. Dafür sorgte nicht zuletzt die Notwendigkeit, sich durch die Erstellung zahlreicher Memoranden mit den verschiedensten Aspekten der Wirtschafts- und insbesondere Arbeitslosenpolitik zu befassen. Noch höher ist aber die Wiederherstellung des gewerkschaftlichen Ansehens einzuschätzen, die

---

43 TUC-Report 1930, S.162.

44 Vgl. PRO, Lab 2/1336/6/1928; vgl. auch Lab 2/775/4/1927-1943.

45 Vgl. PRO, Cab. 24/203: Interdepartmental Committee on Unemployment. Report on "We can Conquer Unemployment" and Melchett-Tillett Report [C.P. 104(29)].

46 PRO, Lab 2/1361/E.D.9885/1929: Melchett-Tillett Conference. Notes for Interdepartmental report required by the Cabinet; Note by John Hilton, 22.3.29.

sich als Resultat der Gespräche ergab. Kurze Zeit nach dem Desaster des Generalstreiks zeigten sie der britischen Öffentlichkeit, daß der TUC seine Rolle als gleichberechtigter Gesprächspartner der Unternehmer nicht verloren hatte. Auch die innergewerkschaftliche Position des TUC wurde gestärkt und stabilisiert, denn die Teilnahme des General Council war nur möglich gewesen, weil der Kongreß von 1927 ihn zur repräsentativen Behandlung von allgemeinen Fragen ermächtigt hatte, die die ganze Gewerkschaftsbewegung angingen (vgl. Kap.III.2.). Damit brachten die Konferenzen den TUC gleichzeitig seinem Ziel näher, als gesellschaftlicher Machtfaktor auch von der Regierung bei allgemeinen wirtschafts- und sozialpolitischen Entscheidungen konsultiert zu werden.

Auch die deutsche Regierung zeigte starkes Interesse an den Mond-Turner-Verhandlungen. Auf Bitten des Reichsarbeitsministeriums erfolgte eine regelmäßige Berichterstattung des Auswärtigen Amtes über den Gang der Gespräche. Das Außenministerium wiederum bezog seine Informationen durch die Deutsche Botschaft in London, die im Januar 1931 zum Schlußbericht der Konferenz vermeldete: "Immerhin haben die Bemühungen der Konferenz zur Folge gehabt, dass die Unternehmer den Generalrat des Gewerkschaftskongresses als die berufene Vertretung der Arbeiterschaft anerkannt und ihre Bereitwilligkeit erklaert haben, mit ihm nicht nur sozialpolitische, sondern auch wirtschaftliche Fragen zu erörtern."[47]

Darüber hinaus hatten die Gespräche eine aufklärende Wirkung auf beide Seiten der Industrie. Diese lernten sich dadurch besser kennen, und das Mißtrauen der Unternehmer hinsichtlich einer kommunistischen Unterwanderung der Gewerkschaften schwand. Umgekehrt hob Citrine gegenüber F. W. Leggett, einem leitenden Beamten des Ministry of Labour, im Hinblick auf die Teilnehmer der Mond-Gruppe lobend hervor, daß "(...) it was better that big men should meet the Trade Unions to discuss big questions."[48] Diese Bemerkung richtete sich gegen die professionellen Arbeitgebervertreter, wie den schon erwähnten Rechtsanwalt Allan Smith von der Engineering Employers' Federation, die in der NCEO zunehmend den Ton angaben. Smith sei primär an dem Gewinnen von Fällen und nicht an

---

47 Vgl. BAP, 39.01/35282/6501: Akten betr. Arbeitsgemeinschaften der Arbeitgeber und Arbeitnehmer im Auslande, Okt.1927-Jan.1933, Zitat: Deutsche Botschaft (gez. Neurath), London, an Auswärtiges Amt, Berlin, Schreiben vom 5.1.1931. Weitere Informationen über die Gewerkschaften in Großbritannien und anderen Ländern erhielt das Reichsarbeitsministerium aus den Presseberichten des IGB, die ebenfalls regelmäßig zur Kenntnis genommen wurden; vgl. BAP, 39.01/35270/6472-6476: Akten betr. Internationale Verbände der Gewerkschaften, Okt.1927-Dez.1931. Ein vergleichbares Interesse an der deutschen Gewerkschaftsbewegung ließ sich in den staatlichen Akten des PRO nicht feststellen.

48 BLPES, Citrine Papers, I.4/1: Civil Service for the Trade Union Movement, 8th November, 1928; WMC/EKK/99, 12.11.28.

einem befriedigenden Ausgang der Verhandlungen mit den Gewerkschaften interessiert. Der Anwalt nehme daher keine Rücksicht auf die Gefühle der Arbeitnehmervertreter und mache sie vor den anderen Arbeitgebern lächerlich. Die Mitglieder der Mond-Gruppe seien sich hingegen über die negativen Folgen dieser Handlungsweise im klaren. Citrine zitierte in diesem Zusammenhang den Industriellen Hugo Hirst, der gesagt habe: "We have many excellent men in our organisations, but they are not big men and they cannot take big and comprehensive views."[49]
Beklagt wurde hier somit das langsame Aussterben des patriarchalischen Unternehmers alten Schlags und der Aufstieg bürokratischer Betriebsführungen. Dies bedeutete nicht, daß der Generalsekretär des TUC unfähig war, sich auf die moderne Entwicklung auf dem Gebiet der Interessenvertretung einzustellen. Im Gegenteil gab er im gleichen Gespräch Leggett recht, daß die Professionalisierung der Gewerkschaftsfunktionäre auf der anderen Seite noch ungenügend vorangeschritten sei und bemängelte: "The art of presenting a Case to an Arbitration Court, or the handling of witnesses, is so entirely different from platform oratory, that few men are able to combine the qualities necessary for the performance of each of these duties."[50] Dennoch bleibt festzuhalten, daß hier am praktischen Beispiel erneut bestätigt wird, was bereits anhand der allgemeinen Strukturen in der organisatorischen Entwicklung der deutschen und britischen Gewerkschaftsbewegung festgestellt wurde. Dort wirkte sich der vergleichsweise vorhandene Modernisierungsrückstand des TUC eher positiv aus, indem der geringere Professionalisierungsgrad seiner Führungskader und das Fortleben berufsständischer Traditionen für einen besseren Kontakt zur Basis und eine höhere Glaubwürdigkeit sorgten als in den Verbänden des ADGB. Zusätzlich zeigt sich nun, daß die britischen Arbeitsbeziehungen gerade in den Branchen große Spannungen aufwiesen, in denen entsprechende Modernisierungstendenzen in Richtung einer stärkeren Bürokratisierung und Professionalisierung in den Arbeitgeberorganisationen zu besonderen Belastungen des Verhältnisses zwischen Gewerkschafts- und Arbeitgebervertretern führten. Zu Recht wurde daher auch mit Blick auf die deutschen Arbeitsbeziehungen im Ruhrbergbau darauf hingewiesen, daß der in diesem Bereich so stark ausgeprägte Herr-im-Haus-Standpunkt der Arbeitgeber gerade nicht direkt aus der ständischen Arbeitsverfassung und dem vorindustriellen Direktionsprinzip des preußischen Staates herrühre. Vielmehr habe er sich aus dessen moderner Adaptation an den liberalen Industriekapitalismus entwickelt. Eine maßgebliche Rolle hätten dabei die früheren Bergassessoren gespielt, die aus dem preußischen Staatsdienst als Grubendirektoren übernommen wurden. Deren gewandeltes Verständnis der betrieblichen

---

49 Ebd.

50 Ebd.

Arbeitsbeziehungen bestand daher nicht in einer patriarchalischen, "auf Ausgleich bedachten Betriebsführung", "sondern in einer auf Hierarchisierung, Bürokratisierung und Effektivierung des Betriebsziels ausgerichteten Unterordnung der Belegschaft unter die Autorität des Betriebsführers."[51]
Dennoch bemühten sich auch in der Weimarer Republik Teile der Unternehmerschaft um eine Verständigung mit den Gewerkschaften. So fanden im Mai/Juni 1930 Gespräche zwischen Vertretern der Gewerkschaften und Unternehmerorganisationen statt[52]. Eine Gruppe führender Arbeitgeber aus der verarbeitenden Industrie, die wie ihre britischen Kollegen zunächst nicht als Repräsentanten ihrer Organisationen, sondern als Individuen auftraten, hatte sich mit einer Einladung zu gemeinsamen, vertraulichen Besprechungen über die Ursachen der herrschenden Wirtschafts- und Finanzkrise an den ADGB gewandt. Bei der ersten Aussprache am 26. Mai 1930 bezeichneten die anwesenden fünf Arbeitgeber als Zweck der Verhandlungen die gemeinsame Beeinflussung der Öffentlichkeit zur Überwindung der Vertrauenskrise in der Wirtschaft und der Arbeitslosigkeit auf dem Arbeitsmarkt. Dazu sollten die folgenden Fragen geklärt werden: 1. die Sanierung der Arbeitslosenversicherung durch Heranziehung aller bisher nicht versicherten Angestellten der Wirtschaft; 2. die Ursachen der Arbeitslosigkeit und Wege zu ihrer Bekämpfung; 3. die Senkung der Produktionskosten, wobei die Preisfrage wie die Lohnfrage eingehend und gleichgewichtig zu erörtern seien; und 4. die Sanierung der Reichsfinanzen und die steuerliche Belastung der Wirtschaft. Falls eine Einigung über die erforderlichen Schritte zur Wiederbelebung der Konjunktur erzielt werden könnte, sollten die Verhandlungen in einen gemeinsamen Appell in Form eines entsprechenden Aufrufs des Reichspräsidenten münden. Gewerkschaften und Arbeitgeber hofften, damit das Vertrauen in die deutsche Wirtschaft zu stärken und zugleich die Reichsregierung im Sinne der vereinbarten Vorschläge zu beeinflussen. Da Hindenburg beabsichtigte, am 4. Juni einen längeren

51 Vgl. Bernd Weisbrod, Arbeitgeberpolitik und Arbeitsbeziehungen im Ruhrbergbau. Vom "Herr-im-Haus" zur Mitbestimmung, in: Feldman u. Tenfelde (Hg.), Bergbau, S.107-62, hier S.110-29, Zitat S.117. So argumentiert auch Dick Geary, The Industrial Bourgeoisie and Labour Relations in Germany 1871-1933, in: Blackbourn u. Evans (Hg.), German Bourgeoisie, S.140-61.

52 Zum folgenden vgl. Reinhard Neebe, Unternehmerverbände und Gewerkschaften in den Jahren der großen Krise 1929-33, in: GG 9 (1983), S.302-30; ders., Konflikt und Kooperation 1930-1933: Anmerkungen zum Verhältnis von Kapital und Arbeit in der Weltwirtschaftskrise, in: Abelshauser (Hg.), Weimarer Republik als Wohlfahrtsstaat, S.226-37; Weisbrod, Befreiung von den "Tariffesseln"; Wengst, Unternehmerverbände und Gewerkschaften; ADGB-Jahrbuch 1929, S.229-34; ADGB-Jahrbuch 1930, S.96-100; Weber u.a. (Hg.), Quellen, Bd.4, Dok.4, S.100-16; Dok.15, S.171-73; Dok.19, S.187-202; Dok.24, S.225-30; Dok.26, S.236-41; GZ 40 (1930): Nr.24, S.379 f.; Nr.26, S.403; Nr.27, S.427. Weitere Quellenbelege in: Politik und Wirtschaft in der Krise.

Erholungsurlaub außerhalb Berlins anzutreten, mußte das Tempo der Aktion beschleunigt werden. Beide Seiten legten deshalb bereits bei ihrem zweiten Treffen am 1. Juni jeweils einen Vorschlag als Grundlage einer gemeinsamen Erklärung vor. Dabei handelte es sich um "statements", denen kein gemeinsamer Diskussions- und Ausarbeitungsprozeß vorangegangen war. So verwundert es nicht, daß keine gemeinsame programmatische Erklärung zustande kam. Auch der Versuch, dem Reichspräsidenten zwei gesonderte, aber wenigstens inhaltlich aufeinander abgestimmte Erklärungen vorzulegen, scheiterte. Während sich der ADGB mit den Vertretern der anderen, von ihm inzwischen hinzugezogenen gewerkschaftlichen Spitzenverbände auf eine gemeinsame Stellungnahme einigte, ergaben sich unter den führenden Vertretern des RDI und der VDA so erhebliche Differenzen, daß kein einheitliches Unternehmerpapier erstellt werden konnte. Der Empfang beim Reichspräsidenten mußte abgesagt werden. Der erste und entscheidende Teil der gemeinsamen Aktion war damit, so der ADGB, illusorisch geworden. Die internen Meinungsverschiedenheiten der Unternehmer führten allerdings zu einer Neuformulierung ihres Standpunktes. Bei einer dritten Aussprache am 6. Juni machte sich die nun erfolgende Einflußnahme der rheinisch-westfälischen Schwerindustrie dergestalt bemerkbar, daß sich die Verhandlungsbasis der Gespräche verschob und dadurch für die ADGB-Vertreter unannehmbar wurde. In einem neuen, seitens der Arbeitgeber vorgelegten Entwurf für eine gemeinsame Erklärung traten die bisherigen Schwerpunkte Arbeitslosigkeit und Sanierung der Arbeitslosenversicherung in den Hintergrund. Stattdessen standen nun die öffentliche Finanzpolitik und die Senkung der Produktionskosten bzw. Steuererleichterungen, die Kürzung der öffentlichen Personalausgaben und eine entsprechende Anpassung der Löhne in der Privatwirtschaft als Voraussetzung von Preissenkungen an vorderster Stelle.

Diesem vom ADGB-Bundesvorstand abgelehnten Arbeitgeberentwurf stellten die gewerkschaftlichen Spitzenverbände in den weiteren Verhandlungen am 13. Juni eine eigene neue Vorlage entgegen, die wiederum von den Arbeitgebern nicht angenommen wurde. Auch der von Unternehmerseite vorgebrachte Vorschlag, von gemeinsamen Appellen jeder Art nunmehr definitiv abzusehen und sich endlich mit der Erörterung der Einzelfragen zu befassen, gelangte nicht zur Durchführung. In einer letzten Aussprache am 24. Juni einigten sich beide Seiten auf den Abbruch der Gespräche. In einer gemeinsamen Presseverlautbarung kündigten sie an, die betreffenden Einzelfragen gemeinsam mit den Vertretern der anderen Wirtschaftszweige im Vorläufigen Reichswirtschaftsrat behandeln zu wollen.

Insgesamt vier Treffen hatten somit nicht zu einer ernsthaften Auseinandersetzung mit den Auffassungen der jeweils anderen Seite, sondern zu wenig mehr als dem Austausch der gegensätzlichen Standpunkte geführt. Beide Seiten begründeten den Abbruch der Verhandlungen in einer abschließenden Erklärung. Während die Arbeitgeber erneut die Notwendigkeit von Kürzungen bei den öffentlichen

Ausgaben, Löhnen und Gehältern herausstrichen, wies der ADGB auf einige, jüngst erfolgte Ereignisse hin, die seines Erachtens von der Öffentlichkeit fälschlicherweise in Zusammenhang mit den Verhandlungen gebracht und als deren Ergebnisse gewertet worden waren. Dazu gehörten vor allem der Schiedsspruch von Oeynhausen, der den Lohnabbau zur Voraussetzung des Preisabbaus in der Schwerindustrie machte, sowie die ebenfalls auf einen Lohnabbau zielenden Anträge der DVP im Reichstag. In den Augen des ADGB interpretierte die Öffentlichkeit seine Teilnahme an den Gesprächen somit als Schwäche. Dieser Eindruck wurde bereits im Verlauf der Verhandlungen durch die Berichterstattung der unternehmernahen Presse hervorgerufen, die - so der ADGB - vielfach in einer abwegigen Spekulation über eine neue Arbeitsgemeinschaft gegipfelt habe. Zum Teil habe sie aber auch ganz unverhüllt den Abbau der Löhne und dadurch der Selbstkosten der Wirtschaft und der Preise als Ziel der Verhandlungen dargestellt.

Das vermeintliche Kräfteungleichgewicht zwischen den Verhandlungspartnern förderte nicht gerade deren Bereitschaft, sich mit den Argumenten der jeweiligen Gegenseite konstruktiv auseinanderzusetzen und brachte den ADGB zudem in Legitimationsschwierigkeiten gegenüber der eigenen Basis. Als die Gespräche unter Beteiligung aller drei Gewerkschaftsrichtungen im Oktober 1930 auf Anregung und unter dem Vorsitz von Reichsarbeitsminister Stegerwald wieder aufgenommen wurden, zeigte sich die tatsächlich zunehmende Schwächung der gewerkschaftlichen Position noch deutlicher. Der ADGB-Bundesvorstand begründete seine Verhandlungsbereitschaft mit der weiteren Verschärfung der Wirtschafts- und Arbeitsmarktlage im Herbst 1930 sowie der staatspolitischen Verantwortung der Gewerkschaften angesichts des unerwarteten Erfolgs der Nationalsozialisten bei den September-Wahlen[53]. Die Regierung, deren Stellung sich infolge des Wahlausgangs ebenfalls verschlechtert hatte, zielte hingegen auf eine breitere gesellschaftliche Absicherung ihrer Politik des Lohn- und Preisabbaus ab. Ein Teil der Unternehmer wiederum suchte die Zusammenarbeit mit den Gewerkschaften, um weitgehende staatliche Eingriffe in die Wirtschaft einzugrenzen, eine Senkung der öffentlichen Lasten durchzusetzen und im Rahmen der Preissenkungsaktionen die Interessen der Industrie gegenüber dem Handel besser zur Geltung zu bringen. Ein anderer Teil arbeitete jedoch weiterhin auf die zwangsweise Kürzung der Löhne und darüber hinaus auf einen grundsätzlichen Umbau des staatlichen Schlichtungswesens und insbesondere die Abschaffung der Verbindlichkeitserklärung hin. So war es nicht weiter erstaunlich, daß im Dezember 1930 zwar eine gemeinsame Stellungnahme[54] vorlag, ihr Inhalt aber -

53 Vgl. ADGB-Jahrbuch 1930, S.96; Protokoll der Bundesausschuß-Sitzung des ADGB am 14./15.12.1930, in: Weber u.a. (Hg.), Quellen, Bd.4, Dok.19, S.188-202.

54 Abdruck in: ADGB-Jahrbuch 1930, S.97-99; Weber u.a. (Hg.), Quellen, Bd.4, Dok.19, S.190-92.

verglichen mit den beiden Zwischenberichten der Mond-Turner-Konferenzen - sehr begrenzt und insbesondere für den Bereich der Arbeitslosenpolitik wenig ertragreich war[55].
Gewerkschaften und Arbeitgeber stimmten darin überein, daß eine Senkung der Preise angestrebt werden müsse, eine Verkürzung der Arbeitszeit erwogen, die Arbeitsweise der Arbeitsämter verbessert und die laufenden Tarifverträge auf freiwilliger Basis im Hinblick auf mögliche Lohnkürzungen überprüft werden sollten. Während die Arbeitgeber dem Positionspapier grundsätzlich zustimmten, lehnte die Mehrzahl der Verbandsvorstände des ADGB die gemeinsame Erklärung ab. Vor allem die letztgenannte Empfehlung zu einer möglichen Änderung von Tarifverträgen in beiderseitigem Einverständnis beunruhigte die Vertreter der Einzelgewerkschaften[56]. Sie befürchteten, daß die Mitgliedsverbände der Arbeitgebervereinigung, trotz gegenteiliger Zusicherung des Dachverbandes, die Empfehlung in ihren jeweiligen Branchen zu Lohn- und Stellenkürzungen nutzen würden. Auch sahen die gewerkschaftlichen Verbandsvertreter voraus, daß bei einer erneuten Zusammenarbeit mit den Arbeitgebern, analog derjenigen in der ZAG, die mit weitgehenden Zugeständnissen der Arbeitnehmerorganisationen verbunden wäre, das Vertrauen ihrer Mitglieder verloren ginge und diese noch stärker in die Arme der kommunistischen Organisationen getrieben würden. Eine im Juni 1930 einsetzende kommunistische Pressekampagne, welche die ADGB-Führung wegen ihrer Verhandlungen mit den Unternehmern des Klassenverrats beschuldigte, drängte die Freien Gewerkschaften weiter in die Defensive[57]. Die vorhandene Chance zur Stabilisierung des politischen Systems angesichts der nationalsozialistischen Bedrohung durch die Bildung eines gemeinsamen Interessenblocks aus beiden Seiten der Wirtschaft wurde somit vergeben.

---

55 Neebe bezeichnet die Vereinbarung, ohne einen Vergleichsfaktor heranzuziehen, als "umfangreichen Katalog gemeinsam verantworteter Grundsätze zu Fragen der Konsumkraft, des Tariflohns und Tarifvertrags, des Preis- und Lohnabbaus sowie der Arbeitszeit"; vgl. ders., Unternehmerverbände und Gewerkschaften. S.315. Wengst wertet die inhaltliche Schwerpunktsetzung der Erklärung (zentrale Rolle der Lohnsenkung, Ausklammerung des Problems der Aufrechterhaltung der Sozialversicherungen) hingegen als Indiz für die inzwischen eingetretene Machtverschiebung zugunsten der Unternehmer; vgl. ders., Unternehmerverbände und Gewerkschaften, S.112.

56 Vgl. die Diskussion in der Sitzung des ADGB-Bundesausschusses am 14./15.12.1930, in: Weber u.a. (Hg.), Quellen, Bd.4, Dok.19, S.187-202, sowie Dok.24, ebd., S.225-30 (Bundesvorstands-Sitzung am 14.1.1931), Dok.26, S.236-41 (Bundesvorstands-Sitzung am 4.2.1931).

57 Vgl. Winkler, Weg, S.140 f.; Winkler hebt einseitig das Verhalten der kommunistischen Presse hervor und übergeht dabei vollständig die negativen Folgen der Berichterstattung in der arbeitgebernahen Presse.

Mit dem ursprünglichen Vorstoß einiger Unternehmer zu einer Annäherung an die Gewerkschaften im Sommer 1930 war implizit die Absicht verbunden gewesen, nur wenige Wochen nach dem Zusammenbruch der Großen Koalition eine Rückkehr der SPD in die Regierung vorzubereiten[58]. Neben der kompromißlosen Einstellung einiger Arbeitgeber aus der Schwerindustrie, die eine Vereinbarung mit dem ADGB von der Zustimmung der Gewerkschaften zur einer "Auflockerung" des kollektiven Arbeitsrechts abhängig machten, wurden die Gespräche jedoch auch durch das Verhalten des Reichskanzlers unterlaufen. Durch die Auflösung des Reichstags im Juli 1930 entzog Brüning sowohl einer möglichen Vereinbarung zwischen den Tarifparteien als auch einer Mehrheitsbildung auf parlamentarischer Ebene ebenso die Grundlage wie durch seine Entschlossenheit, die Sozialdemokratie entsprechend den Wünschen des Reichspräsidenten unter keinen Umständen an einer neuen Regierung zu beteiligen. Brüning selbst belastete allerdings ausschließlich die schwerindustriellen Arbeitgeber mit der Schuld am Scheitern der Gespräche, als er in einem Zwischenruf in der Reichstagssitzung vom 15. Oktober 1931 erklärte, daß sie "von einem bestimmten Teil der Industrie im letzten Augenblick zerschlagen" worden seien. RDI und VDA sahen sich daraufhin genötigt klarzustellen, daß der Verhandlungsmißerfolg im wesentlichen auf die "auf Grund von Indiskretionen [der Reichskanzlei; C.K.] einsetzende Pressekampagne" zurückzuführen sei, die "die Stellung der verhandelnden Gewerkschaftsführer ausserordentlich erschwerte"[59].
Die Handlungsspielräume der deutschen Gewerkschaftsbewegung für ein Zusammengehen mit den Unternehmern waren somit knapp bemessen. Zum einen wurden sie durch die antipluralistischen Einstellungen weiter Teile der deutschen Gesellschaft eingeschränkt, zu denen auch einflußreiche Politiker wie Brüning und Hindenburg sowie führende Arbeitgeber gehörten. Ferner stellte die starke kommunistische Bedrohung ihrer Organisationen eine Einengung der gewerkschaftlichen Entscheidungsfreiheit dar. Im Gegensatz zur britischen Entwicklung wurden die Kooperationsversuche der wirtschaftlichen Spitzenverbände auf einer gleichberechtigten Basis weder von der Regierung ausdrücklich unterstützt, noch von der öffentlichen Meinung breit getragen, wie ein Teil der Berichterstattung sowohl auf bürgerlicher Seite als auch in der Arbeiterpresse zeigte. Letztlich scheiterten aber die Gespräche wohl auch, weil die leitenden Funktionäre des ADGB nicht über die dominierende Persönlichkeit und Resolutheit der TUC-Führung verfügten, wie sie insbesondere Citrine und Bevin besaßen. Trotz starker interner Kritik, die vor allem durch den Generalsekretär der Miners' Federation,

---

58 Im weiteren folge ich insbesondere der Argumentation von Neebe, Unternehmerverbände und Gewerkschaften, S.308-14.

59 Vgl. BAK, Nl. 13 (Silverberg)/458/Bl.207 f.: VDA-Rundschreiben Nr.155 vom 17.10.1931; vgl. auch Brüning, Memoiren, S.177.

Arthur J. Cook, geäußert wurde[60], setzte der General Council die Billigung seiner Teilnahme an den Mond-Turner-Gesprächen durch den TUC-Kongreß durch[61].
Welche Schlußfolgerungen für die gewerkschaftliche Arbeitslosenpolitik kann man abschließend aus dem Vergleich der programmatischen Entwicklung des TUC und des ADGB in den zwanziger Jahren ziehen? Die politischen Forderungen beider Gewerkschaftsbewegungen basierten in diesem Zeitraum auf der Unterkonsumtionstheorie. Beide plädierten für die Schaffung zusätzlicher Nachfrage nach Arbeitskräften durch öffentliche Aufträge. Die Wiederbeschäftigung der Erwerbslosen würde den Annahmen der Gewerkschaften zufolge zunächst mehr Kaufkraft bzw. Konsumtion hervorbringen, dadurch die Industrie zu einer Ausweitung ihrer Produktion stimulieren und somit die Wiederbelebung der Wirtschaft in Gang setzen. Es darf jedoch nicht übersehen werden, daß weder der TUC noch der ADGB bis zum Einsetzen der Weltwirtschaftskrise alternative Vorstellungen über die Finanzierung dieser Arbeitsbeschaffungspläne entwickelt hatten, die von der bisherigen Finanzierung durch Mehreinnahmen bzw. aus einem ausgeglichenen Staatshaushalt abwichen. Zwar begann der TUC bereits, die künstliche Ausweitung der Geldmenge in einem neuen, günstigeren Licht zu sehen. Dennoch konfligierten seine Forderungen nach antizyklischen Arbeitsbeschaffungsprogrammen mit seiner Zustimmung zu einer orthodoxen Haushaltspolitik nicht weniger als diejenigen des ADGB. Noch 1930 führte der ADGB daher aus, daß die deutschen Gewerkschaften zwar "(...) in einer produktiven Arbeitsbeschaffung eine wichtige Voraussetzung für die Linderung der Elendserscheinungen in der kapitalistischen Wirtschaft [sehen]". Aber sogleich schränkte er ein: "Man darf sich keiner Illusion darüber hingeben, dass gegenwärtig Reich, Länder und Gemeinden infolge ihrer Kassenverhältnisse nicht in der Lage sind, ein umfangreiches Arbeitsbeschaffungsprogramm zu finanzieren. Es muss daher davon abgesehen werden, grosszügige Pläne zur Arbeitsbeschaffung, wie es an sich der Augenblick erfordert, auszuarbeiten (...)."[62]
Walter Milne-Bailey wiederum betrachtete staatliche Beschäftigungsmaßnahmen in einem Memorandum vom 4. Februar 1930 lediglich als Palliative, die keine echte Wirkung auf die Arbeitslosenzahlen hätten, sondern öffentliche Gelder von anderen Zwecken abziehen würden, "(...) which might or might not have produced

[60] Vgl. A. J. Cook, The Mond Moonshine. My Case Against the "Peace" Surrender, London [1928]; ders., Mond's Manacles. The Destruction of Trade Unionism, London [1928]. Presseausschnitte zu den Nond-Turner-Konferenzen vgl. in: ZPA V SUF/523.

[61] Sowohl die britischen als auch die deutschen Gespräche wurden bis 1933 als informelle Kontakte zwischen Gewerkschaften und Arbeitgeberorganisationen fortgesetzt; vgl. McDonald u. Gospel, Mond-Turner Talks, S.824-29; Neebe, Unternehmerverbände und Gewerkschaften, S.317-29.

[62] ADGB u.a., Wirtschaftslage, Kapitalbildung, Finanzen, S.62.

a greater amount of employment than the new uses to which they are being devoted."[63]

2. Unter dem Druck der Weltwirtschaftskrise

Die Geschichte der "Großen Depression" von 1929-33 ist in beiden Ländern eng mit einer politischen Auseinandersetzung um die Arbeitslosenversicherung und dem darauf folgenden Zusammenbruch der Regierung verbunden. Die Ereignisse von 1930 in Deutschland und 1931 in Großbritannien wurden bereits kurz erwähnt (vgl. Kap. II). Während der ADGB bereit war, zur Sanierung des Versicherungsfonds höhere Beitrage zu akzeptieren, lehnte es der TUC ab, seine Vertreter in die Royal Commission on Unemployment Insurance zu entsenden, die im Dezember 1930 ernannt wurde. Als Grund seiner Weigerung nannte er den Untersuchungsauftrag der staatlichen Kommission, welcher "(...) would lead to proposals for restoring the solvency of the Insurance Fund by reducing benefits, increasing contributions, and excluding sections of the unemployed from full participation in the scheme."[64] Der TUC argumentierte, daß das Beitragsprinzip der Versicherung nicht nur theoretisch abzulehnen sei, weil Arbeitslosigkeit eine gesellschaftliche Bürde sei, die von der ganzen Nation und nicht von der Industrie allein getragen werden müsse. Zudem habe sich das Prinzip im Hinblick auf die ständig wachsende Verschuldung des Fonds seit seiner Einführung vor dem Krieg als nicht praktikabel erwiesen. Der TUC sprach sich infolgedessen dafür aus, daß die Arbeitslosenunterstützung zukünftig ausschließlich durch das Schatzamt getragen werde, finanziert durch eine "special unemployment levy on all incomes, whether from earnings or from interest and profit. (...) Unearned income should be charged at a higher rate than earned income."[65]

Sowohl für den TUC als auch für den ADGB gab es zahlreiche Gründe, jegliche Kürzungen der Arbeitslosenunterstüzung strikt abzulehnen. Beide Organisationen wußten, daß diese Leistungen - neben den Lohnverhandlungen - der Bereich waren, in dem ihrer Klientel am deutlichsten wurde, was Gewerkschaften für sie tun konnten. Auch betrachteten beide Dachverbände den Erhalt der Kaufkraft als unabdingbar für eine wirtschaftliche Erholung. Der ADGB hatte zudem aufgrund der zunehmenden Radikalisierung seiner Mitglieder nur begrenzte Handlungs-

63 MRC, MSS.292/135.01/3: Unemployment (Econ.C. 2/7.1929-30), 4.2.1930, S.3.

64 TUC, Fair Play for the Unemployed. The Trade Union Case against the Royal Commission's Report, London [1931], S.3.

65 TUC, Royal Commission on Unemployment Insurance. The Trades Union Congress Scheme for State Provision for Unemployment Benefit, London [1931], S.9, Abs. 21 and 22.

spielräume für Zugeständnisse. Anders als für den TUC war für ihn die Arbeitslosenversicherung darüber hinaus eine Errungenschaft, die für die mühsam erkämpfte Integration der Arbeiterschaft und ihrer Interessenvertretung in das politische System der Weimarer Republik stand und daher uneingeschränkt bewahrt werden mußte. Die offensichtlichen Versuche der Arbeitgeber, die Auseinandersetzungen über die Sanierung der Arbeitslosenversicherung für eine Revision der Weimarer Sozialverfassung insgesamt zu nutzen, lassen diese Einschätzung als gerechtfertigt erscheinen. In der Frage der Arbeitslosenunterstützung war es daher nicht entscheidend, ob die Gewerkschaften bereits eine wirtschaftspolitische Strategie zur Bekämpfung der Arbeitslosigkeit entwickelt hatten, die ihnen eine Alternative zu ihren traditionellen, sozialpolitischen Linderungs- und Umverteilungsvorschlägen eröffnete. Auch die Problematik Versicherungsprinzip oder verstaatlichtes System, in der die Einstellungen von ADGB und TUC auseinandergingen, war von keiner größeren Bedeutung für die Haltung beider Organisationen zur Arbeitslosenunterstützung. Dagegen spielte die Erwerbslosenunterstützung eine so wichtige Rolle für die Legitimierung ihrer Existenz, daß weder der TUC noch der ADGB Einsparungen in dieser Richtung zulassen konnten. Die Hauptfrage war daher in beiden Ländern, ob das politische und gesellschaftliche System eine kompromißlose, sektionalistische Interessenpolitik durch die Gewerkschaften aushalten konnte oder nicht.

Der Zusammenbruch der Koalitionsregierung unter dem sozialdemokratischen Reichskanzler Hermann Müller im März 1930 war das letzte Stadium eines kontroversen Diskussionsprozesses im Kabinett über die finanzpolitischen Maßnahmen zur Sanierung des Staatshaushalts, der bereits im Frühjahr 1929 begonnen hatte[66]. Unter dem Druck der Gewerkschaften bzw. der Arbeitgeberverbände konnten SPD und DVP keinen Kompromiß darüber erzielen, ob das Defizit des Versicherungsfonds durch Leistungskürzungen ausgeglichen werden sollte, wie es die DVP wünschte, oder durch eine Erhöhung der Beiträge, wie es die Sozialdemokraten forderten. Die Gewerkschaften veranlaßten die SPD schließlich dazu, die Koalition zu verlassen. Wie sich später herausstellte, verursachte diese Entscheidung das Ende der letzten demokratischen Regierung der Weimarer Republik.

Die britische Krise um die Arbeitslosenversicherung entstand dagegen als Konsequenz der europäischen Bankenkrise von 1931. Ein Ansturm auf die Reserven der Bank von England führte zu umfangreichen Verlusten an Gold und ausländischer Währung. Er zwang die Zentralbank, von Frankreich und den Vereinigten Staaten Anleihen aufzunehmen, um das Pfund Sterling zu schützen und den Goldstandard aufrecht zu erhalten. Die Repräsentanten der amerikanischen Federal Reserve Bank, unterstützt durch die britischen Oppositionsparteien und die Bank von

---

66 Vgl. Winkler, Schein, S.589-605, 738-54, 759-823; Schiffmann, Freie Gewerkschaften und das Scheitern; Weisbrod, Krise der Arbeitslosenversicherung.

England, knüpften die Kreditvergabe jedoch an eine Bedingung. Zur Wiederherstellung des Vertrauens der Kapitalanleger müßten substantielle Kürzungen, insbesondere im Bereich der Arbeitslosenversicherung, zum Ausgleich des Staatshaushalts durchgeführt werden. In der entscheidenden Kabinettssitzung am 23. August 1931 sprachen sich daraufhin elf Minister der Labour-Regierung, darunter auch Premierminister MacDonald, für eine zehnprozentige Kürzung der Versicherungsleistungen aus. Neun Minister stimmten dagegen, nachdem zuvor der TUC konsultiert worden war und Einsparungen in diesem Bereich strikt abgelehnt hatte[67]. Da ihr somit eine ausreichende Unterstützung ihres Sparprogramms im Kabinett und - wie die kritische Haltung der Gewerkschaftsvertreter gezeigt hatte - in der Partei fehlte, trat die Labour-Regierung zurück.

Die Ereignisse von 1930 in Deutschland bzw. 1931 in Großbritannien wurden von Historikern und Zeitgenossen ausführlich diskutiert[68]. Winkler hat beispielsweise argumentiert, daß der Druck, den beide Seiten der Wirtschaft auf die ihnen jeweils nahestehende Partei - SPD bzw. DVP - ausübten, den Gegensatz zwischen Kapital und Arbeit direkt in das Parlament und die Regierung verlagert habe. Der "Klassenkampf im Kabinett" habe daher die Große Koalition zerstört. Hinsichtlich der Gründe, welche die SPD zum Nachgeben gegenüber der Einwirkung des ADGB veranlaßten, hat Winkler auf den ideologischen Charakter des deutschen Parteienwesens hingewiesen, der Partei und Gewerkschaften - im Gegensatz zum Parteiensystem in den anglo-amerikanischen Ländern - durch die gleiche Weltanschauung des Klassenkampfs besonders eng aneinandergebunden und der SPD den Spielraum für Kompromisse beschnitten habe[69].

Das mag zwar für die deutsche Arbeiterbewegung zutreffen. Auf britischer Seite müssen jedoch auch andere Gründe, die den gewerkschaftlichen Einfluß auf die Partei bestimmten, berücksichtigt werden. Erwähnt werden sollen in diesem Zusammenhang die gewerkschaftliche Blockstimme auf Parteitagen und die Rolle der Gewerkschaften als Hauptfinanziers der Partei. Darüber hinaus ist es aber für beide Länder und Organisationen unmöglich, zwischen dem pluralistischen Prozeß der Interessenvermittlung und Konfliktregelung und den formalen politischen Machtstrukturen zu trennen, wie es etwa Winkler in seiner Analyse der Koalitionskrise von 1930 unternommen hat. Die kritische Einstellung des TUC zu einem beitragsgebundenen Versicherungssystem und seine Forderung nach Verstaatlichung der Arbeitslosenunterstützung waren sicherlich noch kompromiß-

---

67 Vgl. Clegg, History of British Trade Unions, Bd.2, S.506-11; Garside, British Unemployment, S.58-65; Skidelsky, Politicians and the Slump, S.334-83.

68 Vgl. Einleitung, 3., S.23ff.

69 Winkler, Schein, S.820 f.

loser als die Position des ADGB. In beiden Fällen gab es keinen Zweifel daran, daß weder die Labour-Regierung noch die mitregierende SPD in der Koalition dazu legitimiert war, weiter im Amt zu bleiben, nachdem die Gewerkschaften ihren Widerstand deutlich gemacht und im deutschen Fall die Parlamentsfraktion auch offiziell auf ihre Seite gezogen hatten. Die Teilnahme von SPD- oder Labour-Ministern an einem Kabinett gegen den Willen ihrer jeweiligen Fraktion hätte die Unterstützung einer vom Parlament unabhängigen Exekutive bedeutet, wie sie Brünings antidemokratisches Präsidialkabinett dann später praktizierte[70]. Der Vergleich der deutschen und britischen Staatskrise zeigt dagegen, daß sektionale Interessen für ein parlamentarisches politisches System nicht gefährlich sind, solange es genügend Demokraten gibt, die die pluralistische Verfassung der Gesellschaft akzeptieren.

In Großbritannien wurde nach dem Rücktritt der zweiten Labour-Regierung für die Übergangsphase bis zu den nächsten Wahlen ein nationales Koalitionskabinett unter der Führung MacDonalds als Premierminister gebildet. Es bestand aus vier Konservativen, zwei Liberalen und drei Mitgliedern der Labour Party, die daraufhin aus der Partei ausgeschlossen wurden. Die Labour Party selbst ging in die Opposition. Dort begann sie in Zusammenarbeit mit dem TUC, ein neues Parteiprogramm zu erarbeiten. Während also die britische Arbeiterbewegung, in scharfer Gegnerschaft zur Politik der Nationalen Regierung, ihre Reihen eher noch fester schloß als zuvor, entfremdeten sich ADGB und Sozialdemokratie im Verlauf der Krise mehr und mehr voneinander[71]. Diese Entwicklung beeinträchtigte auch die programmatischen Fortschritte des ADGB und die Durchsetzungskraft seiner Vorschläge.

Die deutschen Gewerkschaften hatten weit stärker als der TUC unter einem massiven Rückgang und einer Radikalisierung ihrer Mitgliedschaft zu leiden. Für den ADGB wurde es somit unbedingt erforderlich, eine echte Alternative sowohl zur Brüningschen Deflationspolitik als auch zu seinen eigenen traditionellen Umverteilungsvorschlägen zu entwickeln, die sich zur Bekämpfung der wachsenden Massenarbeitslosigkeit als relativ wirkungslos erwiesen. Dennoch spielten diese Forderungen, z.B. nach Arbeitszeitverkürzung, höheren Löhnen und einer angemessenen Arbeitslosenunterstützung, während der gesamten Krise eine wichtige Rolle in der gewerkschaftlichen Programmatik. Als symptomorientierte Maßnahmen zielten sie zwar auf die Linderung der negativen sozialen Folgen, nicht aber auf die Beseitigung der kapitalistischen Wirtschaftsweise ab. Damit handelten die

---

70 Vgl. mit ähnlicher Argumentation: Eberhard Heupel, Reformismus und Krise. Zur Theorie und Praxis von SPD, ADGB und AfA-Bund in der Weltwirtschaftskrise 1929-1932/33, Frankfurt/M. 1981, S.109-10; Schiffmann, Gewerkschaften und das Scheitern, S.191.

71 Vgl. Kap.II.2. u. III.3.a); vgl. auch Potthoff, Freie Gewerkschaften, S.230-37.

Gewerkschaften entsprechend der in der deutschen Arbeiterbewegung vorherrschenden marxistischen Wirtschaftstheorie. Deren Annahmen zufolge durfte in den Verlauf ökonomischer Krisen nicht eingegriffen werden, um die damit verbundene Zuspitzung der Klassengegensätze und den schließlich folgenden Zusammenbruch des Kapitalismus nicht zu behindern.

Demgegenüber hatte Fritz Naphtalis Konzept der "Wirtschaftsdemokratie" von 1928 den Gewerkschaften zunächst neue wirtschaftspolitische Wege eröffnet. Es gab die abstrakten Zusammenbruchs-Hoffnungen auf und strebte eine langfristige Umstrukturierung der privatkapitalistischen Produktionsweise an. Danach sollten durch die Einbindung der Gewerkschaften in die Führung einzelner Unternehmen oder ganzer Industrien auf gleichberechtigter Basis mit den Unternehmern Wirtschaftskrisen zukünftig verhindert werden. Als die SPD jedoch 1930 durch den Sturz der Großen Koalition von der politischen Macht ausgeschlossen wurde, verlor das Konzept viel von seiner Attraktivität. Schließlich bedurfte es einer Regierung, die zur Durchsetzung solcher struktureller Veränderungen des kapitalistischen Systems bereit war. Darüber hinaus drängte die Verschärfung der Krise 1931/32 auf kurzfristig wirksame Sofortmaßnahmen. Der ADGB wartete jedoch vergeblich auf eine politische Wende, welche die rigorose Deflationspolitik Brünings auf Kosten der Arbeiterschaft beendet hätte. Trotz der formal starken Position der Gewerkschaften im Rahmen des kollektiven Arbeitsrechts und obwohl sich Brüning seiner Abhängigkeit von der Tolerierung durch die Sozialdemokratie bewußt war, zeigte sich stattdessen in der Endphase der Weimarer Republik eine zunehmende Tendenz, Arbeitgeberinteressen zum Hauptkriterium staatlicher Wirtschaftspolitik zu machen. So kontrastierte u.a. die Bereitschaft der Regierung Brüning, ihre Politik mit den Wünschen von Arbeitgebern und Finanzwelt abzustimmen, stark mit ihrer Abneigung gegen Verhandlungen mit den Gewerkschaften. In dieser Situation und unter dem Druck, daß das gesamte parlamentarische System in Gefahr sei, gab der ADGB alle Hoffnungen auf ein schnelles Voranschreiten zur Wirtschaftsdemokratie auf und stellte erstmals die Erwerbslosen in den Mittelpunkt seiner programmatischen Vorschläge. 1932 erfolgte daher eine massive Agitationswelle des ADGB für staatliche Arbeitsbeschaffung.

Seit dem Ausbruch der Krise hatten die Gewerkschaften ihre Diskussionen über öffentliche Arbeitsbeschaffungsmaßnahmen zur Bekämpfung der wachsenden Erwerbslosigkeit intensiviert[72]. Bei einer gemeinsamen öffentlichen Kundgebung im Januar 1930 kritisierten ADGB und AfA-Bund die Politik der Beschränkung

---

72 Zum folgenden vgl. insbesondere das ADGB-Jahrbuch 1931, S.58-62, sowie auch: John A. Moses, Trade Unionism in Germany from Bismarck to Hitler 1869-1933, Bd.2: 1919-1933, London 1982, S.385-96; Pollard, German Trade Union Policy, S.36-39; Schneider, Arbeitsbeschaffungsprogramm. Im Hinblick auf die detaillierte Behandlung, die das Thema bereits erfahren hat, möchte ich mich auf die wichtigsten Punkte beschränken.

ausländischer Kapitalimporte durch den Reichsbankpräsidenten Schacht und forderten nationale Beschäftigungsprogramme, die durch Auslandsanleihen finanziert werden sollten. Mit abnehmender Verfügbarkeit der ausländischen Gelder und dem Zusammenbruch des internationalen Kreditsystems im Sommer 1931 mußte der ADGB seine Vorschläge jedoch der neuen Situation anpassen. In Überstimmung mit zahlreichen anderen Plänen, die zu dieser Zeit in verschiedenen Ländern und von Albert Thomas, dem Präsidenten des Internationalen Arbeitsamtes, entwickelt wurden, unterstützte der ADGB-Bundeskongreß von 1931 Arbeitsbeschaffungsprogramme, die durch Kreditvereinbarungen auf internationaler Ebene finanziert werden sollten. Eine unter deutscher Beteiligung zwischen Oktober 1930 und Januar 1931 mehrfach tagende "Gemeinsame Kommission des Internationalen Gewerkschaftsbundes und der Sozialistischen Arbeiter-Internationale zur Prüfung der Probleme der Wirtschaftskrise und der Arbeitslosigkeit" hielt es ebenfalls für möglich, zu einem späteren Zeitpunkt öffentliche Arbeiten internationaler Natur, wie z.B. die Vereinheitlichung des Elektrizitätswesens oder den Bau internationaler Verkehrswege, durch eine planmäßige internationale Kreditpolitik zu finanzieren und durchzuführen[73]. Aber auch diese Pläne mußten wieder aufgegeben werden, als die europäische Finanzkrise ihren Höhepunkt erreichte und Großbritannien dazu zwang, den Goldstandard aufzugeben und das Pfund Sterling abzuwerten. Der Goldstandard als internationales Währungssystem war damit zerstört, und eine Phase des umfassenden Protektionismus und der weiteren Schrumpfung des Welthandels begann. Die Kampagne für internationale Arbeitsbeschaffung konnte auf dieser Basis nicht fortgesetzt werden, und der ADGB mußte seine Forderungen erneut modifizieren - diesmal in eine Richtung, die sich wieder auf die nationale Ebene konzentrierte.

Auch die Kontakte zum TUC mögen bei diesem programmatischen Re-Orientierungsprozeß eine Rolle gespielt haben. Nach Ansicht des TUC-Wirtschaftsexperten Milne-Bailey deckten sich die währungspolitischen Anschauungen Wladimir Woytinskys mit denen der britischen Gewerkschaften und des Macmillan-Ausschusses. Woytinsky habe sich deren Gedanken weitgehend zu eigen gemacht. Dagegen habe Milne-Bailey in Gesprächen mit seinen Freunden

---

73 Auf nationaler Ebene sprach sie sich für eine langfristig geplante, antizyklische Investitionspolitik aus, die die öffentlichen Arbeiten auf Zeiten hoher Arbeitslosigkeit konzentrierte, und legte sich somit nicht auf eine Defizitfinanzierung fest. Die Kommission setzte sich folgendermaßen zusammen: für den IGB: W. M. Citrine (Großbritannien), H. Jacobsen (Dänemark), Léon Jouhaux (Frankreich), T. Leipart (Deutschland), W. Schevenels (Generalsekr. d. IGB); für die SAI: Otto Bauer (Österreich), Louis de Brouckère (Belgien), J. Compton (Großbritannien), R. Grimm (Schweiz), F. Naphtali (Deutschland). Diese ordentlichen Mitglieder wurden bei einzelnen Sitzungen durch Ersatzdelegierte vertreten; vgl. Vierter Kongreß der Sozialistischen Arbeiter-Internationale 1931, S. I.26-I.49, insb. S. I.33 f. u. I.37 f.

Fritz Naphtali und Karl Kautsky, die 1930 in Berlin stattfanden, in diesen Fragen keine Übereinstimmung erzielen können. Im Hinblick auf Naphtali wünsche er grundsätzlich zu betonen, "(...) daß Währungspolitik in einer sozialistischen Wirtschaft nicht weniger wichtig ist als in einer kapitalistischen. Wenn man einen Währungsmechanismus überhaupt beibehält, so muß er wissenschaftlich gehandhabt werden." Den Arbeitsbeschaffungsvorschlägen Woytinskys, die zu diesem Zeitpunkt noch auf eine Finanzierung durch internationale Kreditschöpfung abzielten, stand Milne-Bailey jedoch kritisch gegenüber. Die britische Arbeiterbewegung habe stattdessen immer für eine Beschäftigungspolitik im nationalen Rahmen plädiert, die durch eine große öffentliche Anleihe finanziert werden solle und in dieser Form auch von Keynes in allen Einzelheiten entwickelt worden sei. Für Woytinskys Pläne sei hingegen die Schaffung eines stabilen Weltpreisniveaus durch monetäre Maßnahmen eine notwendige Voraussetzung[74]. Dessen kurz- oder mittelfristige Realisierung war aber wohl für den pragmatischen TUC-Vertreter Milne-Bailey zu unwahrscheinlich, als daß er sich für internationale Arbeitsbeschaffung eingesetzt hätte.
Bei seinem Treffen im Dezember 1931 diskutierte der Bundes-Vorstand des ADGB ein Arbeitsbeschaffungsprogramm, das nach den Initialen seiner drei Verfasser, Wladimir Woytinsky, Fritz Tarnow und Fritz Baade, als WTB-Plan bezeichnet wurde. Auf dem eigens dazu einberufenen "Krisenkongreß" am 13. April 1932 wurde der Plan als offizielle Politik der Freien Gewerkschaften verabschiedet. Er enthielt ein öffentliches Beschäftigungsprogramm im Umfang von zwei Milliarden RM zur Wiedereinstellung von einer Million Erwerbslosen. Die Finanzierung sollte teilweise wie bei früheren gewerkschaftlichen Vorschlägen durch Umverteilung der verfügbaren Gelder erfolgen, also durch Ersparnisse in der Arbeitslosenunterstützung, zusätzliche Steuerzahlungen und Arbeitslosenversicherungsbeiträge der Wiederbeschäftigten. Zu einem anderen Teil sollte aber eine von der Reichsbank durch zusätzliche Notenschöpfung zu deckende Kreditausweitung die notwendigen Mittel bereitstellen. Der WTB-Plan bedeutete daher einen echten Durchbruch des ADGB hin zu einer aktiven staatlichen Konjunkturpolitik, gekennzeichnet durch antizyklisches "deficit-spending" der Regierung zur Ankurbelung der wirtschaftlichen Erholung. Keynes, der in den zwanziger Jahren in England bereits ähnliche Vorstellungen entwickelt hatte[75], wurde dabei stark rezipiert, jedoch beruhte der Plan auch auf eigenen Untersuchungen Woytinskys. Das Programm bedeutete eine Abkehr sowohl von einer orthodoxen Haushaltspolitik als auch von der marxistischen Krisentheorie und

---

74 Vgl. Walter Milne-Bailey, Währungspolitik und Wirtschaftskrise, in: DA 8 (1931), H.11, S.805-15, Zitat S.809.

75 Vgl. Skidelsky, Keynes, Bd.2 (Teil 1 u. 2).

konnte daher erst nach ausführlichen und kontroversen Diskussionen innerhalb der Gewerkschaftsbewegung und mit den Vertretern der Partei durchgesetzt werden[76] Der Beschäftigungsplan stieß insbesondere auf die Kritik der SPD, die zum einen eine Gefahr für die Währung befürchtete. Zum anderen machte die Partei die Einbettung des Plans in ein stärker marxistisch fundiertes Programm zur Vorbedingung seiner Einbringung in den Reichstag. Im Juli 1932 publizierten die freien Gewerkschaften daher ihr Programm zum "Umbau der Wirtschaft"[77], das die Zukunftsvision einer sozialistischen Planwirtschaft enthielt. Es war allerdings weniger marxistisch orientiert, als in der Literatur oft behauptet wird, da es weder auf Veränderungen des bestehenden politischen Systems der parlamentarischen Demokratie noch auf die vollständige Aufhebung des Privateigentums an Produktionsmitteln abzielte. Kleinhändler und Kleinbauern sollten ausgenommen sein[78]. Zur Verhütung zukünftiger wirtschaftlicher Katastrophen forderten die Gewerkschaften eine bessere Anpassung der Produktion an den gesellschaftlichen Bedarf. Dazu sei eine systematische Stärkung der Massenkaufkraft, die gesetzliche Einführung der 40-Stunden-Woche, eine antizyklische Ausgabenpolitik sowie die staatliche Regelung der Kapitalbildung und -verwendung notwendig. Zur Milderung von Konjunkturschwankungen hätten öffentliche Körperschaften und die Träger der Sozialversicherungen während der guten Konjunktur finanzielle Reserven zu bilden, deren Einsatz für öffentliche Aufträge und soziale Leistungen in der Krise dem Absinken der Massenkaufkraft entgegenwirken werde[79]. Im Gegensatz zum WTB-Plan erwähnte das Programm weder eine bestimmte Finanzierungssumme noch "deficit-spending" durch Kreditschöpfung als Finanzierungsmodus für die geplanten Arbeitsbeschaffungsmaßnahmen. Dies stellte eine Konzession an die Kritiker einer unorthodoxen Haushalts- und Geldpolitik in der Sozialdemokratie dar. An langfristigen Maßnahmen forderte das Programm die Verstaatlichung der Schlüsselindustrien, insbesondere des Bergbaus, der Eisen- und Stahlindustrie, der Großchemie und von Teilen der Baustoffindustrie sowie der Energie- und Verkehrswirtschaft, der Banken, Kreditinstitute und Versicherungsgesellschaften und des Großgrundbesitzes[80]. Die zukünftige Handelspolitik sollte die Aufhebung der Schutzzölle und anderer Handelshemmnisse, die Wiederherstellung des internationalen Währungs- und

---

76 Fritz Naphtali und Rudolf Hilferding waren die Hauptkritiker des WTB-Plans.

77 Vgl. ADGB u. AfA-Bund, Umbau der Wirtschaft. Die Forderungen der Gewerkschaften, Berlin 1932; vgl. auch die Kurzfassung in: GZ 42 (1932), S.418-20.

78 Vgl. ebd., S.14 f.

79 Vgl. ebd., S.7-9.

80 Vgl. ebd., S.9 f., 15-17, 20.

Kreditsystems und eine engere wirtschaftliche Zusammenarbeit der europäischen Staaten anstreben. Mit dem Aufbau und der Leitung der Planwirtschaft sei eine "zentrale Planungsstelle" zu betrauen. Sie sollte die Tätigkeit von vier weiteren, neu einzurichtenden Planungsinstitutionen überwachen und koordinieren. Diese bestanden aus dem Bankenamt zur planmäßigen Kreditregelung, dem Kartell- und Monopolamt zur Preisgestaltung, der zentralen Verwaltung der öffentlichen Wirtschaftsunternehmen und dem Außenhandelsamt zur Regelung aller Handelsbeziehungen mit anderen Staaten. Vor dem Hintergrund ihres alten Konzepts der Wirtschaftsdemokratie beanspruchten die Gewerkschaften schließlich auch noch die Beteiligung von Arbeitervertretern an allen neu einzurichtenden öffentlichen Körperschaften zur Planung, Fortentwicklung und Kontrolle der Wirtschaft in Übereinstimmung mit Artikel 165 der Weimarer Reichsverfassung[81].

In der historischen Forschung wurde argumentiert, daß der ADGB, beeinflußt durch die ideologische Immobilität der SPD, im letzten Moment eine Chance zur Stabilisierung der Weimarer Republik durch einen offensiven Kampf gegen die Wirtschaftskrise verpaßte, als er den WTB-Plan zugunsten des marxistischen Programms zum Umbau der Wirtschaft fallen ließ. Als die SPD im Herbst 1932 schließlich Gesetzesanträge zur Arbeitsbeschaffung im Reichstag einbrachte, sei es für eine wirkungsvolle Mobilisierung der öffentlichen Meinung zu spät gewesen. Darüber hinaus seien die Vorschläge nun zu stark verwässert worden, um als Alternative zur Regierungspolitik eine Massenunterstützung zu gewinnen. Folgt man dieser Argumentation, dann stellte der WTB-Plan eine echte kurzfristige Alternative zur vorherrschenden Krisenstrategie der Regierung dar, während das Programm zum Umbau der Wirtschaft dahinter zurückfiel. Es befürwortete eine orthodoxe, ausgeglichene Haushaltspolitik, die mit langfristigen Maßnahmen zur Erreichung des sozialistischen Ziels kombiniert wurde. Die ideologischen Konflikte zwischen Gewerkschaften und Partei oder zwischen Marxisten und Unterstützern eines expansionistischen wirtschaftspolitischen Ansatzes sollte man jedoch nicht überbewerten. Das Konzept der Wirtschaftsdemokratie, das sowohl von der SPD als auch vom ADGB unterstützt wurde, hatte wie der WTB-Plan die Integration der Arbeiterbewegung in das kapitalistische Wirtschaftssystem und eine reformistische Politik der schrittweisen wirtschaftlichen Umgestaltung vorgesehen. Das neue Programm war nicht mehr und nicht weniger als die Fortentwicklung dieses Gedankens, ergänzt durch die Vorstellung, daß Reorganisation mit Planung verbunden werden mußte. Es strebte eher eine "mixed economy" aus verstaatlichten Industrien und privaten Unternehmen an als die erzwungene Überwindung des Kapitalismus durch die "Diktatur des Proletariats". In einer Auseinandersetzung mit Woytinskys Thesen schrieb einer seiner Hauptkritiker Fritz Naphtali, daß der Dissens zwischen ihm und Woytinsky nicht

---

[81] Vgl. ebd., S.24-30.

in der Notwendigkeit einer aktiven Konjunkturpolitik durch die Arbeiterbewegung, sondern auf monetärem Gebiet liege[82]. Im Gegensatz zu Woytinsky sei er nicht davon überzeugt, daß die wirtschaftliche Erholung über eine allgemeine Anhebung des internationalen Preisniveaus durch künstliche Geldschöpfung erreicht werden könne[83]. Vielmehr müßten die Unausgewogenheiten zwischen Preisen und Marktverhältnissen beseitigt werden.
Vor dem Hintergrund der monopolistischen Preispolitik der deutschen Kartelle und Syndikate bei Investitionsgütern, die Reinvestitionen in anderen Branchen behinderten, hatte Naphtali nicht ganz unrecht. Das Programm zum Umbau der Wirtschaft eröffnete in dieser Hinsicht einen Weg, expansionistische monetäre Maßnahmen mit einer Kreditsteuerung und Preisregulierung durch staatliche Planungskörperschaften zu verbinden, die im öffentlichen Interesse lagen. Die Vorstellung einer gelenkten Geldpolitik, als solche eine notwendige Voraussetzung keynesianischer Konjunkturpolitik, wurde daher auch von der SPD im Prinzip akzeptiert. Aber wie die programmatische Entwicklung der britischen Arbeiterbewegung ebenfalls zeigte, akzeptierten nur wenige weitsichtige Persönlichkeiten innerhalb der Arbeiterbewegung gleichzeitig auch eine antizyklische Fiskalpolitik. Die Mehrheit lehnte sie ab - aber nicht aus Gründen der marxistischen Ideologie. Die Überzeugung, daß staatliche Haushalte ausgeglichen sein sollten, war zu tief verwurzelt, als daß sie während der Zwischenkriegszeit revidiert werden konnte. Das beantwortet aber noch nicht die Frage, ob es möglich gewesen wäre, das System der Weimarer Republik durch die sofortige Durchführung einer defizitfinanzierten Arbeitsbeschaffungspolitik zu stabilisieren. Seit dem Auftreten des Phänomens der Stagflation weiß man, daß auch eine keynesianische Politik keine Patentlösung für alle wirtschaftlichen Probleme darstellt. Andererseits wurde spätestens mit dem Zusammenbruch des kommunistischen Ostblocks deutlich, daß eine vollständig verstaatlichte und geplante Wirtschaft ebenfalls nicht funktioniert. Während man aber einerseits die Arbeiterbewegung der Zwischenkriegszeit nicht nachträglich dafür verurteilen darf, daß sie das Wissen der keynesianischen Konjunkturtheorie noch nicht besaß, muß man dies andererseits auch hinsichtlich ihrer Utopie einer sozialistischen Planwirtschaft zugestehen. Der englische Historiker Sidney Pollard hat einmal im Hinblick auf die britische Parallele geurteilt, daß der Durchbruch des ADGB zu einer antizyklischen, defizitären Arbeitsbeschaffungspolitik nicht so sehr sein persönliches Verdienst gewesen sei, sondern vielmehr "(...) the result of being in that part of the fighting front where that direction of advance seemed most clearly

---

82 Vgl. ders., Neuer Angelpunkt der aktiven Konjunkturpolitik oder Fehlleitung von Energien?, in: DA 8 (1931), S.485-97, hier S.485-88.

83 Darin stimmte er also mit W. Milne-Bailey überein; s.o., S.362.

indicated"[84]. Die britische Entwicklung zeigt, daß dies ebenso auf das langfristige marxistische Programm für den Umbau der kapitalistischen in eine Planwirtschaft zutraf.
Spätestens seit den Mond-Turner-Gesprächen hatte der TUC den Zusammenhang zwischen der deflationären Geldpolitik der Regierung, die sich aus der Einbindung des Pfundes in das Goldstandardsystem ergab, und den Problemen der britischen Exportindustrien auf dem Weltmarkt erkannt. In seiner Anhörung vor dem Macmillan Committee zur Untersuchung des britischen Geld- und Finanzwesens drängte er 1930 auf eine Erhöhung der internationalen Großhandelspreise durch die Senkung der gesetzlichen Mindestgolddeckungsreserven oder, alternativ, durch die Heraufsetzung des Goldpreises[85]. Dieser Schritt sei zwar, wie der TUC argumentierte, keine eigentliche Abkehr vom Goldstandard. Die Wirkung käme jedoch einem niedrigeren Wechselkurs bzw. einer Abwertung gleich. Wie er in einer anderen Stellungname zur Arbeitslosigkeit von 1931 betonte, glaubte der TUC nicht, daß eine monetäre Anpassung allein die Erholung des Handels bewirken könne. Insgesamt war er sich wohl noch nicht ganz sicher, ob er eher einer keynesianischen oder doch eher einer mehr marxistisch orientierten Krisenanalyse folgen sollte, denn er fuhr fort, "(...) that a boldly planned scheme of national development on a sufficiently large scale would supply the necessary stimulus, or it may be that we must wait until accumulated stocks of goods are cleared off the market."[86] In jedem Fall war der TUC aber nicht bereit, die Zeit bis zu einer endgültigen Klärung dieser theoretischen Frage abzuwarten. Somit entschied er, daß eine reibungslose Funktionsweise des nationalen und internationalen Finanz- und Währungssystems zu den Hauptzielen seiner Wirtschaftspolitik gehören sollte.
Während der britische Dachverband damit schon früher als der ADGB Elemente einer expansiven Geldpolitik entwickelt hatte, widmete er der Arbeitsbeschaffung weit weniger Aufmerksamkeit als die deutschen Gewerkschaften. Es kann allerdings kein Zweifel daran bestehen, daß sich der TUC dieser wirtschaftspolitischen Option bewußt war. Schon seit Ende des 19. Jahrhunderts hatte er in zahlreichen Publikationen die Durchführung öffentlicher Beschäftigungsprogramme gefordert. Darüber hinaus bestimmte er als wichtigstes Mitglied des IGB neben dem deutschen Dachverband die Entscheidungen der internationalen Organisation maßgeblich mit. Diese verabschiedete auf ihrem Jahrestreffen in

---

84 Ders., The Trade Unions and the Depression of 1929-1933, in: Mommsen u.a. (Hg.), Industrielles System, S.237-48, hier S.248.

85 Vgl. Macmillan Committee on Finance and Industry. Precis of Evidence submitted by the TUC General Council, in: TUC-Report 1931, S.265-86, hier S.281-86.

86 The Unemployment Situation. Statement by the Economic Committee of General Council, in: TUC-Report 1931, S.262-65, hier S.264.

Bern 1932 eine Resolution zur Arbeitsbeschaffung. Bei einer außerordentlichen Konferenz am 16. und 17. April 1932 in Genf, bei der Citrine als Präsident des IGB den Vorsitz hatte, gab sie eine Verlautbarung mit dem Titel "To the Workers of all Lands"[87] heraus. Beide Beschlüsse sprachen sich für kreditfinanzierte Beschäftigungsmaßnahmen aus. Im selben Jahr betonte ein von Milne-Bailey erstelltes TUC-Memorandum, daß ein umfangreiches neues, kreditfinanziertes Arbeitsbeschaffungsprogramm für Großbritannien von größter Wichtigkeit wäre[88]. Ein Jahr später, im Vorfeld der herannahenden Weltwirtschaftskonferenz in London im Juni/Juli 1933, sandte der General Council eine Stellungnahme an den Premierminister. Sie legte die politische Linie dar, die nach Ansicht des TUC von der Delegation des Vereinigten Königreichs verfolgt werden sollte. U.a. führte der General Council aus, daß es seit langem sein Standpunkt sei, "(...) that public works financed by loans are the best means of giving the necessary stimulus to industry without which a liberal credit policy is powerless"[89]. Der zwei Monate später stattfindende TUC-Kongreß in Brighton verabschiedete schließlich im Anschluß an die Ausführungen der Gastdelegierten von der American Federation of Labor eine Resolution, die ihre Unterstützung für die Maßnahmen des "New Deal" aussprach und die britische Regierung dazu anhielt, ähnliche kreditfinanzierte Beschäftigungsprogramme aufzulegen[90]. Ein weiteres, von der Forschungs- und Wirtschaftsabteilung der TUC-Zentrale erstelltes Memorandum zur Arbeitslosenpolitik vom November 1934 bekräftigte diese Sichtweise[91]. Der Beitrag des TUC zur Propagierung einer alternativen wirtschaftspolitischen Strategie war daher weder so "negligible", "mediocre, conventional and lacking in imagination" noch so "relatively late and unsophisticated, when compared with the record of the I.F.T.U. [= IGB; C.K.] and its other affiliated national labour movements", wie er von Alan Booth und Melvyn Pack[92] beschrieben wurde. Vielmehr scheint das Urteil der beiden Historiker von der nachträglichen Kenntnis einer ausgearbeiteten und vollständig verfügbaren keynesianischen Konjunkturtheorie getrübt worden zu sein. Der TUC diskutierte die "right-to-work"-Politik

---

87 Abgedruckt in: TUC-Report 1932, S.125 f.

88 Vgl. MRC, MSS.292/135.01/4: TUC General Council, Research Department. Unemployment Relief and Public Works, 12.11.1932 (WMB/FP/85).

89 Vgl. TUC-Report 1933, S.211-13, Zitat S.212.

90 Vgl. TUC-Report 1933, S.249-70.

91 Vgl. MRC, MSS.292/135.01/3: TUC General Council, Research Department. Unemployment Policy, 21.11.1934 (WMB/BL/193).

92 Dies., Employment, Capital and Economic Policy, S.115 u. 122. Vgl. so auch James E. Cronin (s.u., S.370, Anm.96.

über einen langen Zeitraum von Jahren hinweg. Unter dem Druck der Wirtschaftskrise wurden die Debatte intensiviert und die Vorschläge modifiziert, teilweise beeinflußt durch innerbritische Ereignisse, wie die Untersuchung des Macmillan-Ausschusses, teilweise durch internationale Diskussionen innerhalb des IGB und anderen Organisationen, die jedoch aufgrund personeller Verflechtung und Mitgliedschaft kaum von den internen Diskussionen des TUC getrennt werden können.

Aber so wie die konjunkturelle Krise nur einen Teilaspekt des britischen Arbeitslosenproblems darstellte, so war auch die Arbeitsbeschaffung nur ein Teil der Arbeitslosenpolitik des TUC. Während sich der ADGB auf die kurzfristigen Effekte umfangreicher Beschäftigungsmaßnahmen konzentrieren mußte, weil die Erwerbslosigkeit in Deutschland stärker verteilt, der zyklische Konjunkturabschwung tiefer und die soziale Verarmung infolge der rigiden Kürzungen von Löhnen und Sozialleistungen allgemeiner war, mußte der TUC auf der anderen Seite ein Mittel gegen die fortdauernde Stagnation der britischen Basisindustrien finden, die für die kontinuierlich hohe Arbeitslosenrate im Vereinigten Königreich seit 1921 verantwortlich war. In diesem Zusammenhang sollte auch nicht vergessen werden, daß die Stärke der britischen Arbeiterbewegung von ihren Hochburgen in den "depressed areas" abhing. Dort gelang es ihr, trotz der negativen wirtschaftlichen und sozialen Entwicklung ihre Basis in bemerkenswertem Umfang stabil zu halten. So war der TUC nicht nur zum Vorteil seiner eigenen Organisationen, sondern auch im Hinblick auf die politische Stabilität des Landes gut beraten, die Frage der öffentlichen Arbeitsbeschaffung eng mit der Reorganisation der Stapelindustrien zu verbinden.

Die wichtigste Lehre aus der Depression bestand für ihn daher in dem dringenden Bedarf der britischen Wirtschaft "(...) for a thought-out industrial programme, for the elimination of wasteful methods, for the proper utilisation of labour and its adequate maintenance when not required by industry, and for the thorough reorganisation of the basic industries and their operation in the interest of the community"[93] - kurz gesagt, nach wirtschaftlicher Umgestaltung und Planung. Schon 1930 hatte das Economic Committee mit der Ausarbeitung einer "comprehensive economic policy for submission to the General Council and Congress"[94] begonnen, da es ebensowenig wie die Mehrheit der Bevölkerung bereit war, "(...) to tolerate any longer the present chaotic muddle in industry"[95].

Das Economic Committee des General Council war 1929 als ein Forum zur Diskussion wirtschaftspolitischer Fragen innerhalb des Gewerkschaftsvorstands

---

93 TUC-Report 1931, S.264.

94 Ebd., S.260.

95 Ebd., S.264.

eingerichtet worden und hatte sich schnell zum einflußreichsten Ausschuß des TUC entwickelt. Zusammen mit dem "policy sub-committee" des nationalen Vorstands der Labour Party trug das Economic Committee die Hauptverantwortung für die Erstellung eines neuen Parteiprogramms zur Rekonsolidierung der britischen Arbeiterbewegung nach ihrer katastrophalen Wahlniederlage von 1931. Zweifellos wurde der Hauptanteil der theoretischen Neukonstituierung der Labour Party von professionellen Wirtschaftswissenschaftlern und anderen Experten in inoffiziellen Forschungsgruppen der Partei, wie die "Society for Socialist Inquiry and Propaganda (SSIP)" und dem "New Fabian Research Bureau (NFRB)" geleistet. Jedoch sollte der enorme Einfluß, den der TUC durch das "bloc-voting"-System auf alle Entscheidungen und Beschlüsse der jährlichen Parteitagskonferenzen ausübte, nicht übersehen werden. Die Transportarbeitergewerkschaft allein stellte schon fast 10% aller abgegebenen Stimmen. Die dominierende Persönlichkeit ihres Generalsekretärs Ernest Bevin garantierte dafür, daß die Meinung der Gewerkschaften in Beiräten, Ausschüssen und auf Parteitagen der Labour Party, durch öffentliche Reden im ganzen Land ebenso wie in beratenden Ausschüssen der Regierung und der Geschäftswelt gehört wurde. Auch im Koordinationsgremium der britischen Arbeiterbewegung, dem National Council of Labour, konnte der TUC beträchtlichen Einfluß auf die politische Linie der Partei nehmen. Nach dessen Rekonstituierung im Winter 1931/32 besaß der TUC in diesem Gremium ebensoviele Vertreter wie die beiden anderen Mitglieder, Vorstand und Parlamentsfraktion der Labour Party, zusammen. Nicht ganz zu Unrecht wurde die Partei daher zwischen 1931 und 1940 als "the General Council's Party" bezeichnet[96]. Darüber hinaus nahmen zwei Angehörige des Labour-Parteivorstands, Hugh Dalton und Herbert Morrison, regelmäßig an den Sitzungen des gewerkschaftlichen Economic Committee teil. Dort erläuterten sie einerseits die Positionen des "policy sub-committee" der Labour Party zu den verschiedenen Politikfeldern und nahmen andererseits die Änderungsvorschläge des TUC zur Weiterleitung an den Parteivorstand zur Kenntnis[97]. Wie Elizabeth Durbin in ihrer Untersuchung der programmatischen Entwicklung der Labour

---

96 Vgl. Pelling, Short History of the Labour Party, Kap.V, S.71 ff.. Dagegen urteilte James E. Cronin, daß "(...) the TUC did not contribute much to policy formulation in the 1930s. The unions fudged the issue of free trade versus protection, they were inconsistent in their advocacy of public works and their lack of support for the unemployed was shameful. Nor did they follow up on the thoughtful proposals for expansionist policies developed by socialists on the continent and well known to the TUC through the International Federation of Trade Unions." ("The Politics of State Expansion. War, State and Society in Twentieth-Century Britain", London usw. 1991, S.128)

97 Vgl. die entsprechenden Sitzungsprotokolle des Economic Committee der Jahre 1931 ff. [in: TUC-Archives, TUC Committee Minutes and Papers 1922-1953].

Party in den dreißiger Jahren gezeigt hat[98], organisierten diese drei Männer, Dalton, Morrison und Bevin, die theoretische Forschungsarbeit, entwarfen die Resolutionen, leiteten die Debatten und gewannen die Unterstützung der Parteimitglieder für das neue Programm "For Socialism and Peace", das auf dem Parteitag der Labour Party von 1934 angenommen wurde.
Verglichen mit dem Programm des ADGB zum Umbau der Wirtschaft war "For Socialism and Peace" thematisch noch umfassender. Es behandelte Labours Vorstellungen zur Außenpolitik, zur nationalen wirtschaftlichen Reorganisation, zum Arbeitsrecht, zum Ausbau sozialer Dienstleistungen, zur Arbeitslosenpolitik und zur Verfassungsreform. Das grundlegende Prinzip der wirtschaftlichen Umgestaltung sollte "a policy of full and rapid Socialist economic planning"[99] sein, unter zentraler Leitung eines neu einzurichtenden National Investment Board, das die Aufbringung und Lenkung von Kapitalinvestitionen zu organisieren sowie ein umfassendes Investitionsprogramm für die Regierung zu erstellen hatte. Die Finanz- und Geldpolitik einer zukünftigen Labour-Regierung würde aber nicht nur die Investitionskontrolle, sondern auch die Kontrolle des Währungs- und Kreditsystems zum Ziel haben. Die Bank von England und die Großbanken sollten daher verstaatlicht werden. Darüber hinaus schlug das Programm die Verstaatlichung des Landbesitzes, der wichtigsten Industrien und Dienstleistungen, einschließlich des Transportwesens, des Kohlebergbaus, der Elektrizitäts- und Wasserversorgung, der Eisen- und Stahlindustrie sowie anderer Schlüsselindustrien, vor. Den Beschäftigten der verstaatlichten Industrien wurde ein gesetzlich verbrieftes Recht auf einen wirkungsvollen Anteil an deren Leitung und Kontrolle versprochen[100]. Herbert Morrison setzte sich in diesem Zusammenhang vergeblich für die Bildung öffentlicher Körperschaften ("public corporations") ein, die zwar unter ministerieller Aufsicht stehen, aber weitgehend durch administrative oder technische Experten geleitet werden sollten. Dagegen hatte eine große Anzahl der Gewerkschaftsfunktionäre mit starken syndikalistischen Wurzeln auf dem Parteitag von 1933 erfolgreich eine Resolution unterstützt, die sich für "workers' control", also für eine direkte Vertretung der

---

98 Vgl. dies., New Jerusalems. The Labour Party and the Economics of Democratic Socialism, London usw. 1985, S.203.

99 Labour Party, For Socialism and Peace. The Labour Party's Programme of Action, London o.J. [1934], S.9. Zum programmatischen Rekonsolidierungsprozeß der Labour Party vgl. auch die im Literaturverzeichnis genannten, von der Partei herausgegebenen "policy reports" und "study guides".

100 Vgl. ebd., S.9, 19-26. Die Frage der direkten gewerkschaftlichen Vertretung in den Leitungsgremien der sozialisierten Industrien war ein kontroverses Thema innerhalb der britischen Arbeiterbewegung; vgl. TUC-Report 1933, S.210, 370-79; Labour Party-Report 1933, S.14, 204-09; Durbin, New Jerusalems, S.90.

Gewerkschaften in den Führungsgremien ("management boards") der sozialisierten Industrien aussprach[101].
Die Politik der wirtschaftlichen Reorganisation sollte durch eine Arbeitsgesetzgebung ergänzt werden, die u.a. die Einführung der 40-Stunden-Woche, die Ausweitung der Fabrikgesetzgebung und des Systems der Lohnämter und ähnliche Maßnahmen zur Verbesserung der wirtschaftlichen Leistungsfähigkeit, Löhne und Arbeitsbedingungen vorsah[102]. Mit den wirtschaftlichen Maßnahmen ging ein Programm der sozialen Verbesserungen einher. 1933 hatte Bevin in einer Broschüre seine schon seit langem immer wieder vorgebrachten sozialpolitischen Forderungen veröffentlicht[103]. Sie bildeten die Grundlage für die Politik der Labour Party zur Linderung der Erwerbslosigkeit und zur Umverteilung der bestehenden Arbeitsmöglichkeiten. Labour an der Regierung würde demnach ein umfangreiches Programm des Wohnungsbaus und der Slumbereinigung durchführen, ein staatlich getragenes medizinisches Versorgungssystem aufbauen, die Schulpflicht verlängern, das Ausbildungssystem verbessern, das Rentensystem, insbesondere für ältere Arbeiter, ausweiten und ein ausschließlich staatliches Arbeitslosenunterstützungssystem einrichten[104]. Arbeitslosenpolitik wurde als ein integraler Bestandteil der wirtschaftlichen Neugestaltung verstanden. Erwerbslosigkeit sollte zukünftig durch große nationale Arbeitsbeschaffungsprogramme bekämpft werden, darunter die Ausweitung der sozialen Dienstleistungen durch den umfangreichen Bau von Häusern, Schulen und Hospitälern und die Förderung verstaatlichter und anderer Industrien durch ein Elektrifizierungsprogramm, einen planvollen Ausbau der nationalen Wasserversorgung oder ein großangelegtes Programm zum Bau von Straßen, Brücken und Häfen[105]. Zum Schluß bekräftigte die Labour Party ihre Entschlossenheit zur Aufrechterhaltung der parlamentarischen Demokratie. Sie fügte aber hinzu, daß sich eine zukünftige Labour-Regierung in einer nationalen Notsituation vom Parlament mit den notwendigen Kompetenzen für die Durchsetzung ihrer sozialistischen Reformpolitik ausstatten lassen werde. Dahinter stand eine in der Labour Party durchaus verbreitete Angst,

---

101. Einen Monat zuvor, auf dem TUC-Kongreß von 1933, hatte die Resolution noch keine Mehrheit gefunden. Stattdessen wurde zu dieser Streitfrage ein gemeinsames Kompromißpapier des General Council und des Parteivorstandes verabschiedet; vgl. TUC-Report 1933, S.210, 370-79; Labour Party-Report 1933, S.14, 204-09; Durbin, New Jerusalems, S.90; Pelling, British Trade Unionism, S.204-05.

102 Vgl. Labour Party, For Socialism and Peace, S.9, 27 f.

103 Vgl. Ernest Bevin, My Plan for Two Million Workless, London 1933.

104 Vgl. Labour Party, For Socialism and Peace, S.9 f., 29-32.

105 Vgl. ebd., S.10, 32-34.

daß es auch in Großbritannien zu einer faschistischen Machtübernahme kommen könne[106].

Dalton und Bevin hatten die nationalen Entwicklungs- und Arbeitsbeschaffungspläne des Parteiprogramms zusammen gestaltet. Während aber ihre ersten schriftlichen Entwürfe noch eine Kreditfinanzierung dieser Maßnahmen implizierten, erwähnte die letzte, in "For Socialism and Peace" enthaltene Version nicht einmal mehr Anleihen oder Budgetdefizite. Das war offensichtlich auf den Einfluß von Mitgliedern des Parteivorstands zurückzuführen, die auf die Entfernung jeglicher Hinweise auf eine expansive Wirtschaftspolitik hingearbeitet hatten[107]. Stattdessen sollten die notwendigen Finanzmittel nun durch eine höhere Besteuerung der vermögenden Bevölkerungsschichten beschafft werden[108].

In den folgenden Jahren wurden verschiedene Aspekte dieser Politik genauer ausgearbeitet. Der TUC formulierte detaillierte Vorschläge zur Reorganisation und Verstaatlichung der Eisen- und Stahlindustrie (1934), der Baumwolltextilindustrie (1935) und des Kohlebergbaus (1936)[109]. Darüber hinaus befaßte er sich vor dem Hintergrund der anhaltend hohen Langzeiterwerbslosenquote und in Reaktion auf die Verabschiedung der Special Areas Act von 1934 näher mit den Problemen der Notstandsgebiete. 1935 legte der General Council den Delegierten des jährlichen Gewerkschaftskongresses einen Bericht zu den strukturschwachen Regionen vor[110]. Darin forderte er eine entschiedenere Politik der regionalen Planung und Entwicklung, die auf eine ausgeglichenere Verteilung der industriellen Aktivitäten im Land abzielte. Durch verschiedene Maßnahmen sollten den neuen und expandierenden Industrien in einem umfassenden "Frühjahrsputz" die Ansiedlung in den Notstandsgebieten erleichtert und deren Attraktivität erhöht werden. Dazu gehörten z.B. der Ausbau der vorhandenen Infrastruktur (Transportwesen, Gas-, Wasser- und Elektrizitätsversorgung) und die Verbesserung des Erscheinungsbildes der alten Industriestandorte mit besonderem Augenmerk auf die Förderung des Tourismusgewerbes. Durch besondere Zuschüsse der Zentralregierung sollten darüber hinaus die Finanzen der Kommunalbehörden in den "depressed areas" wieder auf eine solide Basis gestellt werden. Andere Vorschläge zur kurzfristigen Linderung der Arbeitslosigkeit enthielten die bekannten Forderungen, wie Ent-

---

106 Vgl. ebd., S.10, 35 f.; Durbin, New Jerusalems, S.211.

107 Vgl. Durbin, New Jerusalems, S.219.

108 Vgl. Labour Party, For Socialism and Peace, S.34.

109 Vgl. TUC-Report 1934, S.189-205; TUC-Report 1935, S.202-08; TUC-Report 1936, S.210-13; TUC, Cotton. The T.U.C. Plan of Socialisation, London 1935; ders., Coal. The Labour Plan, London 1936.

110 Vgl. TUC-Report 1935, App.E, S.481-89.

schädigungszahlungen an Arbeiter, die infolge von Rationalisierungsmaßnahmen freigesetzt wurden, Verlängerung der Schulpflicht, Erhöhung der Altersrenten, Arbeitszeitverkürzung, Arbeitsbeschaffung, die Einführung bezahlten Urlaubs, Umsiedlung und Umschulung von Erwerbslosen sowie deren Ansiedlung als ländliche Kleinbauern.

Die Vorschläge des TUC für die strukturschwachen Gebiete wurden in "Labour's Immediate Programme" integriert, dessen Veröffentlichung 1937 erfolgte. Das Sofortprogramm beschloß den Prozeß der programmatischen Rekonsolidierung seit 1931 und stieg, in den Worten des Parteivorstands, sofort zu einem "best seller" der Parteiliteratur auf[111]. Mit Ausnahme des Teils, der sich mit den Notstandsgebieten befaßte, enthielt der Text keine Weiterentwicklung der Forderungen, die bereits in "For Socialism and Peace" ausgearbeitet worden waren. Vielmehr stellte er lediglich eine kürzere Version des ersten Programms dar, die sich nun für propangandistische Zwecke besser eignete. Um das Programm wählbarer zu machen, hatte man allerdings die Hinweise auf den möglichen Gebrauch einer Notstandsgesetzgebung und die Verstaatlichung der Großbanken getilgt. Als erste Maßnahmen, die die Labour Party bei einer Regierungsübernahme "without hesitation or delay" in Angriff zu nehmen beabsichtigte, wurden die Sozialisierung der Bank von England, des Grundbesitzes und Transportwesens, der Kohle und Energieversorgung genannt.

Zusammenfassend läßt sich festhalten, daß „For Socialism and Peace“ unter dem Einfluss einiger Parteivorstandsmitglieder eine verhältnismäßig orthodoxe Fiskal- und Beschäftigungspolitik befürwortete, die zur Stimulierung einer konjunkturellen Erholung der Wirtschaft wenig beigetragen hätte. Dennoch hatte der TUC die Partei zumindest davon überzeugt, daß deflationäre Maßnahmen zugunsten einer regulierenden Geldpolitik verworfen werden sollten - nicht, weil die Labour Party zu einer expansionistischen Haushaltspolitik zur Anregung der Binnennachfrage bekehrt worden wäre, sondern weil eine Abwertung der britischen Währung gleichzeitig die Wettbewerbsfähigkeit britischer Exporte verbesserte. "Labour's Immediate Programme" betonte ausdrücklich, daß es keine Rückkehr zum Goldstandard geben werde. Im Hinblick auf die Handelspolitik, wo der TUC während der Mond-Turner-Konferenzen bereits einige zögernde Schritte auf dem Weg zu einer Abkehr vom Freihandel gegangen war, blieb die Position der britischen Arbeiterbewegung vage. Einerseits konvertierte sie in der Zwischenkriegszeit niemals vollständig zum Protektionismus. Auf der anderen Seite hatte die Depression das Versagen der "laissez faire" - Politik deutlich gezeigt. Gleichzeitig machte es die Einführung nationaler und internationaler Beschränkungen in Industrie und Handel im eigenen Interesse unmöglich, weiterhin einen vollständig freien Wettbewerb auf dem Weltmarkt zu propagieren.

---

111 Vgl. Labour Party Report 1937, S.18, und App.X: Labour's Immediate Programme, S.277-79.

Nach kontroversen Diskussionen verabschiedete der TUC-Kongreß von 1932 daher einen "Report on Fiscal Policy" des Economic Committee, der sich für eine staatliche Regulierung des Handels als gerechtfertigten Teil einer umfassenden Wirtschaftsplanung und für eine flexible Anwendung von Import- und Exportkontrollen aussprach[112]. Im Kontrast dazu verurteilte "For Socialism and Peace" alle nationalen Maßnahmen zur Handelsbeschränkung und forderte eine Handelsregulierung auf internationaler Ebene, während "Labour's Immediate Programme" wiederum zumindest Importkontrollen erwähnte. Sowohl der politische als auch der industrielle Flügel der Arbeiterbewegung hob aber vor allem die strukturellen Probleme der britischen Wirtschaft hervor und stimmte darin überein, daß eine endgültige Lösung nur durch langfristige Reorganisation und Planung gefunden werden könne. Durch die traditionellen sozialistischen Mittel der Verstaatlichung, des allgemeinen Ausbaus des öffentlichen Sektors und der administrativen Zentralisierung sollte dieses Ziel erreicht werden. Die einzigen, wirklich unkonventionellen programmatischen Forderungen der britischen Arbeiterbewegung zur Bekämpfung der Wirtschaftskrise waren in der Tat eine regulierende Geldpolitik, die der TUC gemeinsam mit den Arbeitgebern lange vor der Labour Party formuliert hatte, sowie die Vorschläge des TUC-Berichts zu den Notstandsgebieten, die als erste Ansätze zur Entwicklung einer regionalen Struktur- und Beschäftigungspolitik in Großbritannien betrachtet werden können.

---

112 Vgl. TUC-Report 1932, S.202-06, 370-77, 379-87.

Resümee: Zur politischen Kultur Deutschlands und Großbritanniens in der Zwischenkriegszeit. Gewerkschaftliche Handlungsspielräume im Vergleich

All our past proclaims our future:
Shakespeare's voice and Nelson's hand,
Milton's faith and Wordworth's trust in
this our chosen and chainless land,
Bear us witness: come the world against her,
England yet shall stand."[1]

Großbritanniens Arbeitslosenproblem war primär durch die seit Anfang der zwanziger Jahre anhaltende, regional auf die Hauptstandorte der alten Industrien in Nordengland, Schottland und Wales begrenzte Langzeitarbeitslosigkeit charakterisiert. In Deutschland hingegen, wo aufstrebende neue und absteigende alte Industrien viel gleichmäßiger verteilt waren, lagen die Arbeitslosenzahlen in der Depression ab 1929 zwar auf höherem Niveau, wiesen aber ein geringeres regionales Gefälle auf als im Vereinigten Königreich. Aufgrund des höheren Diversifikationsgrades ihrer Industrieansiedlungen und einer weniger starken Ausrichtung der Gesamtwirtschaft auf den Export war die deutsche Wirtschaft besser gegen den internationalen wirtschaftlichen Strukturwandel in der Zwischenkriegszeit bzw. eine dauerhaft veränderte Güternachfrage auf dem Weltmarkt gewappnet. Wie die Analyse der Erscheinungsformen der Arbeitslosigkeit in beiden Ländern zeigte, hatte die britische Arbeitslosigkeit daher auch vor allem langfristige, strukturelle Ursachen, deren Auswirkungen durch die zusätzliche Schrumpfung der Nachfrage infolge der Konjunkturkrise vorübergehend intensiviert wurden. Gleichzeitig vollzog sich jedoch, unterstützt durch eine starke Binnennachfrage infolge stabiler Reallöhne, hoher staatlicher Sozialtransfers und einer expansiven Geldpolitik, ein rasanter sektoraler Strukturwandel innerhalb der britischen Volkswirtschaft, der die Folgen der weltweiten Depression abfederte. Die deutsche Massenarbeitslosigkeit wurde umgekehrt primär durch den Beginn der zyklischen Konjunkturkrise verursacht. Anders als in Großbritannien wurde der konjunkturelle Einbruch hier jedoch nicht durch private Investitionen und eine wachsende private Nachfrage nach Konsumgütern und Dienstleistungen gemildert, sondern durch eine strukturelle Binnenmarktschwäche des verlangsamten sektoralen Wandels beträchtlich verschärft. Dieser war durch den hohen Organisationsgrad und den starken politischen Einfluß stagnierender Industriebranchen, sektorale Fehlverteilungen von Investitionen und eine rigorose poli-

[1] Charles Algernon Swinburne, zit. n. Mowat, Britain between the Wars, S.403.

tische Einschränkung der privaten und öffentlichen Nachfrage bedingt. Für eine wirksame Bekämpfung der Arbeitslosigkeit in beiden Ländern war es daher entscheidend, deren unterschiedliche Ursachen zu erkennen und mit geeigneten Maßnahmen darauf zu reagieren: auf eine fehlende internationale Exportnachfrage in bestimmten strukturschwachen Branchen im britischen und auf eine generell zu geringe Binnennachfrage im deutschen Fall.
Die wirtschaftlichen Strukturen und Hauptprobleme beider Länder spiegelten sich in der Mitgliederentwicklung der Einzelgewerkschaften und deren Kräfteverhältnis im Dachverband wider. Entsprechend ihrer Bedeutung für die Gesamtwirtschaft vereinigten die britischen Verbände in den alten Exportindustrien der Industrialisierungsphase zwar immer noch ein Drittel aller Gewerkschaftsmitglieder des TUC auf sich, erhielten dabei aber zunehmend Konkurrenz von den Gewerkschaften der Dienstleistungsindustrien. Gleichzeitig waren sie auch am stärksten durch Mitgliederverluste aufgrund von Erwerbslosigkeit betroffen, während die Mitgliedschaft in den Angestelltenorganisationen gegenläufig zur allgemeinen Entwicklung selbst in der Wirtschaftskrise kontinuierlich anstieg. Im ADGB war die Konzentration von Macht und Einfluß bei einzelnen Verbänden oder Verbandsgruppen aufgrund eindeutig festgelegter wirtschaftlicher Interessenlagen weniger stark ausgeprägt, wobei dort die bereits weiter fortgeschrittene Entwicklung zum Industriegewerkschaftsprinzip zum Tragen kam. Der Metallarbeiterverband als größte Einzelgewerkschaft des ADGB deckte sowohl export- als auch binnenmarktorientierte, sowohl alte als auch neue Bereiche der Metallindustrie ab. Anders als in Großbritannien kam jedoch dem binnenmarktorientierten Bau- und Baunebengewerbe nicht nur eine große Bedeutung innerhalb des Machtgefüges der ADGB-Mitgliedsgewerkschaften zu; es wurde auch am stärksten durch die Arbeitslosigkeit der Weltwirtschaftskrise getroffen. Im Gegensatz zum TUC verzeichnete der ADGB nicht nur in den traditionellen Industriebranchen, sondern in Übereinstimmung mit den strukturellen Problemen auf dem Binnenmarkt gerade im Dienstleistungs- und Konsumgüterbereich hohe Mitgliederrückgänge. Es war daher nur folgerichtig, daß sich die Aufmerksamkeit der deutschen Gewerkschaften stärker auf die Bekämpfung der konjunkturellen Arbeitslosigkeit konzentrierte, die der britischen stärker auf eine regionale Strukturpolitik.
Neben der regionalen und sektoralen Verteilung der Arbeitslosigkeit sind auch aus der Zusammensetzung der Erwerbslosen selbst Schlußfolgerungen für die Gestaltung der gewerkschaftlichen Arbeitslosenpolitik zu ziehen. Generell erwiesen sich nicht ideologische Überzeugungen, sondern die Beschäftigungslage und das Ausmaß der gewerkschaftlichen Gestaltungsspielräume in den Arbeitsbeziehungen als das entscheidende Kriterium für den Eintritt und Verbleib in den einzelnen Gewerkschaftsverbänden. Das gilt auch für Branchen, in denen in großem Umfang ungelernte oder weibliche Arbeitskräfte rekrutiert wurden. In beiden Ländern waren erwachsene, männliche Industriearbeiter, d.h. die Hauptklientel der

Gewerkschaften, am stärksten von Arbeitslosigkeit betroffen. An ihren Interessen hatten sich die Vorschläge von ADGB und TUC zur Beseitigung der Wirtschaftskrise vor allem zu orientieren.
Die Politik der deutschen und britischen Regierungen in der Krise unterschied sich in ihrer deflationistischen finanzpolitischen Schwerpunktsetzung auf einen ausgeglichenen Staatshaushalt nicht voneinander. Jedoch war die Arbeitslosenpolitik der deutschen Regierungen seit Brüning durch eine überproportionale Orientierung der Wirtschafts- und Sozialpolitik an Unternehmerinteressen und eine mangelnde Legitimierung gegenüber den Interessen der Arbeitnehmer gekennzeichnet, die zugunsten reparationspolitischer Ziele marginalisiert wurden. Dagegen billigte die zweite Labour-Regierung trotz ihrer offiziellen wirtschaftstheoretischen Leitlinie des Budgetausgleichs Beschäftigungsprogramme, deren Umfang das Finanzvolumen aller von den deutschen Präsidialkabinetten genehmigten Arbeitsbeschaffungsmaßnahmen um das Dreifache überstieg. Gleichzeitig unternahm sie bewußt keine ernsthaften Anstrengungen zur Reduzierung der Sozialausgaben. Die Akzeptanz und Berücksichtigung gesellschaftlicher Partikularinteressen war in der britischen Gesellschaft ein tradierter Grundbestandteil der politischen Kultur. Besonders deutlich wurde dies am Beispiel des britischen Arbeitslosenunterstützungssystems während der zwanziger Jahre, dessen Ausbau durch die Erleichterung der Bewilligungskriterien und die Erweiterung der Kreditaufnahmebefugnisse der britische Sozialhistoriker Bentley Gilbert folgendermaßen kritisiert hat: "The difficulty was that these rules, like the limitation on Treasury advances, were only as strong as the political will to enforce them. In any elective society the government's attitude toward a large group in the population needing help is likely to be a reflection of the expectations of the voters." In wirtschaftlich guten Zeiten blieben die Beschränkungen daher unangetastet: "But with the uncertainty that came with the end of the war, with the extravagant promises for a better Britain on the one hand and the growing threat of communist revolution on the other, the nation began to question whether economic security was only for a few and to believe that every returned soldier, and indeed every worker, deserved a measure of economic security as a matter of right. Such a consensus undermined the defence of the limitations on the borrowing power of the unemployment fund and of the limitations on the right to benefit. (...) Actuarial safeguards disappeared and unemployment insurance became simply an awkward and expensive agency for the payment of general welfare benefits financed by ordinary taxation."[2]
Mag diese Kritik aus finanzpolitischer Sicht auch gerechtfertigt erscheinen, so wirft sie doch gleichzeitig ein positives Licht auf das Demokratie-Verständnis der britischen Regierungen, die sich - im Kontrast zur deutschen Seite - ihrer Legitimationspflicht gegenüber der breiten Bevölkerung offenbar bewußt blieben.

---

2 Gilbert, Social Policy, S.54.

Dafür sorgte nicht zuletzt die parlamentarische Zuständigkeit bei geplanten Änderungen des Arbeitslosenversicherungsgesetzes, während sich die deutsche Ministerialbürokratie auf der Grundlage der Notverordnungen auch in der Sozialpolitik weitgehend der parlamentarischen Kontrolle entziehen konnte. Der pluralistische Grundkonsens der britischen Gesellschaft eröffnete dem TUC größere wirtschafts- und sozialpolitische Handlungsspielräume als dem ADGB, indem er generell eine höhere Akzeptanz gewerkschaftlicher Interessenpolitik und daher auch eine stärkere Berücksichtigung der gewerkschaftlichen Forderungen im Bereich der staatlichen Arbeitslosenpolitik gewährleistete.
Neben den wirtschaftlichen und politischen Daten, der sozialen Lage der Erwerbslosen und dem Mitgliederstand waren die Organisationsstrukturen ein weiteres Element, das die gewerkschaftliche Arbeitslosenpolitik beeinflußte, indem sie deren Handlungsspielräume gegenüber Parteien, staatlichen Institutionen und Unternehmern definierten. Die erweiterten Aufgaben der Gewerkschaften in der Zwischenkriegszeit, die sich nun nicht mehr nur auf den sozial-, sondern auch auf den wirtschaftspolitischen Sektor erstreckten, die Formalisierung und Institutionalisierung der Arbeitsbeziehungen, die daraus resultierende Verlagerung großer Bereiche der Interessenpolitik auf die Verbandsspitzen sowie von der parlamentarischen auf die Ebene der staatlichen Exekutive und Administration erforderte von den Gewerkschaften eine entsprechende Modernisierung ihrer Organisationsstrukturen. In beiden Ländern setzten sich umfassende Zentralisierungs- und Bürokratisierungsbestrebungen durch und führten zu einer Stärkung der Dachverbände. In beiden Gewerkschaftsbewegungen bestimmten die Zentralen fortan die allgemeinpolitische Linie und erfuhren dadurch einen Autoritätszuwachs, der im ADGB jedoch auf zentralistischen, von der Basis abgekoppelten Organisationsstrukturen beruhte, im TUC hingegen auf der freiwilligen Zustimmung der Mitgliedsverbände. Die Einfluß- und Kontrollmöglichkeiten der Einzelgewerkschaften wie auch die Partizipationschancen der Delegierten auf den Gewerkschaftskongressen blieben im TUC in stärkerem Umfang erhalten als im ADGB. Darüber hinaus zeigten sowohl die Diskussionen auf den jährlichen Kongressen als auch die Satzung des TUC eine vergleichsweise größere Bereitschaft der britischen Gewerkschaften, sich politisch einzumischen, direkt aktiv zu werden und sich weder auf eine staatstragende Haltung noch auf die wirtschaftliche Interessenvertretung der Arbeitnehmer zu beschränken. Walter Citrine, der in dieser Hinsicht sicherlich den größten Einblick besaß, kommentierte das Verhältnis zur Labour Party in seinen Unterlagen mit der Bemerkung, daß "(...) the Trades Union Congress is not, and so far as I can judge, will not surrender its right to deal directly with political issues."[3]

---

3 BLPES, Citrine Papers, I.4/4: Notes for Speech to be given to the Society of Labour Candidates, 30.6.1932. WMC/PK.29.6.32.

Infolge der unterschiedlichen Entstehungsgeschichte der deutschen und britischen Arbeiterbewegung war der TUC ideologisch flexibler als der ADGB und sowohl dem Staat als auch der organisatorisch verbündeten Partei (SPD bzw. Labour Party) gegenüber von stärkerem Selbstbewußtsein und Vertrauen in die eigene Kraft gekennzeichnet. Gepaart mit einer größeren Führungsstärke seiner leitenden Funktionäre befähigte ihn diese Einstellung zu einer, wenn notwendig kompromißlosen, sektionalistischen Interessenpolitik. Dies bildete die Voraussetzung für seine im Vergleich zum ADGB bessere Integration unterschiedlicher ideologischer Strömungen und Oppositionsbewegungen. Eine geringer vorangeschrittene Professionalisierung des TUC-Führungsstabs sorgte zudem für eine größere Homogenität von Führung und Basis. Die Mitglieder- und Organisationsentwicklung des TUC gestaltete sich daher in der Weltwirtschaftskrise wesentlich stabiler als die des ADGB. Von der solideren Verankerung des britischen Dachverbandes in der Arbeiterschaft und seinen, ebenfalls entstehungsgeschichtlich begründeten, umfangreicheren Einflußmöglichkeiten auf die Parteiorganisation und Parlamentsfraktion der Labour Party profitierte jedoch auch das politische System Großbritanniens durch eine größere Stabilität. Das in die Partei hineingetragene Organisationsverständnis der Gewerkschaften, ihr Beharren auf Loyalität, Solidarität, Disziplin und der absoluten Verbindlichkeit von Parteitags- und Kongreßbeschlüssen, aber auch die finanzielle Abhängigkeit der Labour Party von den Gewerkschaften und deren Stimmenmehrheit auf den Parteitagen stärkte das Vertrauen der Arbeiterschaft in die Zuverlässigkeit und den Erfolg ihrer Interessenvertretung auf wirtschaftlicher und politischer Ebene. Dieses Vertrauen ging dem ADGB spätestens mit dem Übergang von SPD und Gewerkschaften zur Tolerierungspolitik verloren, so daß sich ein politisches Vakuum bildete, in dem die Agitation der radikalen Parteien auch innerhalb der sozialdemokratischen Klientel auf fruchtbaren Boden fallen konnte.

Die Frage nach der Mitverantwortung der deutschen Arbeiterbewegung an der nationalsozialistischen Machtübernahme, von der diese Studie ausging, ist jedoch, wie die Analyse des Wahlverhaltens in Deutschland und Großbritannien gezeigt hat, zu allgemein gestellt. Zwar war die NSDAP letztendlich die siegreiche Partei, die das demokratisch-parlamentarische System der Weimarer Republik zu Grabe trug. Gelingen konnte ihr das aber nur nach Jahren der zersetzenden Radikalisierung, die sowohl zur NSDAP nach rechts als auch zur KPD nach links erfolgte und den Zusammenbruch schließlich herbeiführte. Die Verantwortung der deutschen Arbeiterbewegung für die mangelnde Integrationskraft des Weimarer Parteiensystems[4] muß daher realistischerweise, dem Wahlverhalten ihrer Klientel entsprechend, vorwiegend auf dem linken Flügel des Elektorats gesucht werden,

---

[4] Vgl. dazu allgemein Wolfram Pyta, Politische Kultur und Wahlen in der Weimarer Republik, in: Gerhard A. Ritter (Hg.), Wahlen und Wahlkämpfe in Deutschland. Von den Anfängen im 19. Jahrhundert bis zur Bundesrepublik, Düsseldorf 1997, S.197-239.

wo sie - im Gegensatz zur britischen Arbeiterbewegung - offenbar versagte. Da der ADGB bei den Reichstagswahlen den größten Stimmenblock im Gesamtergebnis der Partei stellte - 1928 war jeder dritte SPD-Wähler Mitglied einer ADGB-Gewerkschaft[5] -, hatte er einen beträchtlichen Anteil am Scheitern oder Gelingen dieses Integrationsprozesses. Umgekehrt ist die Verantwortung für das rechte Wählerspektrum primär auf seiten der bürgerlichen Parteien in Deutschland anzusiedeln, die sich aus Gründen, die hier nicht untersucht werden können, den Einstellungen, Absichten und Zielen der Nationalsozialisten zunehmend annäherten oder sich unzureichend distanzierten. Wie Bernd Weisbrod ausgeführt hat, war die politische Kultur Weimars durch ein hohes Maß an Akzeptanz illegaler politischer Gewalt gekennzeichnet, die das staatliche Gewaltmonopol zersetzte und von den Nazis für ihre Zwecke genutzt werden konnte. Während sich im Arbeiterlager gewaltbejahende und staatstragende, gewaltverneinende Gruppen heftig bekämpften, sei zwischen den Gruppen des bürgerlichen Lager ein stilles Einverständnis entstanden, das die Anwendung von außerstaatlicher politischer Gewalt zum Zwecke des Systemwechsels nicht prinzipiell ablehnte[6]. Ganz anders verhielt sich dagegen die Nationale Regierung Großbritanniens, die jegliche Radikalisierungstendenzen durch ein energisches Einsetzen der Staatsmacht bis hin zur Public Order Act von 1937 bekämpfte.
Ähnliche Konstellationen lassen sich auch bei der Analyse des Verhältnisses der Gewerkschaften zum politischen Extremismus beobachten. Zweifellos weist die Auseinandersetzung des ADGB mit dem Nationalsozialismus bzw. dem Faschismus im Vergleich mit dem TUC Lücken und Fehleinschätzungen auf. Für das Eindringen der NSBO in die Arbeiterschaft kann die Schuld jedoch nicht allein bei den Gewerkschaften, sondern muß viel stärker beim Führungspersonal der Betriebe gesucht werden. Auf britischer Seite hingegen erhielt der TUC Unterstützung durch die Regierung und die gesellschaftlichen Eliten, deren Einfluß auf den Erhalt der politischen Stabilität gesamtgesellschaftlich wahrscheinlich höher einzustufen ist als die Haltung der Gewerkschaften. Gerade der Kontrast zwischen der übereinstimmenden Einstellung von TUC und ADGB zur Einheitsfront mit den Kommunisten sowie den daraufhin von beiden Dachverbänden ergriffenen, kongruierenden Maßnahmen einerseits und der dennoch unterschiedlichen Entwicklung von KPD und CPGB andererseits zeigt, daß das Anwachsen extremistischer Parteien vor allem auf politischer und nicht auf gesellschaftlicher Ebene abgewehrt werden mußte. Es wurde jedoch auch deutlich, wie hoch die Bedeutung der herrschenden politischen Kultur eines Landes zu bewerten ist und in welchem Ausmaß die deutschen und britischen

---

5 Vgl. Braunthal, Der Allgemeine Deutsche Gewerkschaftsbund, S.139.

6 Vgl. ders., Gewalt in der Politik. Zur politischen Kultur in Deutschland zwischen den beiden Weltkriegen, in: GWU 43 (1992), S.391-404, hier S.404.

Gewerkschaften jeweils ein Kind dieser unterschiedlichen Traditionen waren. So führten die tradierten Einstellungen des ADGB zu einer gravierenden Unterschätzung der Nationalsozialisten, während der Anti-Legalismus und Anti-Etatismus der britischen Gesellschaft für eine größere Abwehrbereitschaft des TUC gegenüber den Faschisten sorgte. Darüber hinaus sensibilisierten diese Strukturen aber auch die britische Gesellschaft insgesamt gegenüber einem zu starken Anwachsen der staatlichen Autorität und einer Einschränkung der individuellen Freiheitsrechte und wirkten somit als Korrektiv antidemokratischer Tendenzen.

Das Fehlen eines pluralistischen Grundkonsenses in Deutschland und die daraus resultierende Orientierung der Politik an traditionellen Herrschaftsinteressen haben die Vertreter der Theorie eines "deutschen Sonderwegs" im Hinblick auf die Entwicklung des Sozial- und Interventionsstaates im 19. Jahrhundert bis 1918 auf antidemokratische und illiberale Züge der politischen Kultur zurückgeführt: "Da die Traditionen einer bürgerlichen Revolution bzw. einer starken liberalen politischen Kultur in Deutschland fehlen, verstärkte der Organisierte Kapitalismus direkt oder indirekt vorgegebene autoritäre Strukturen in Staat, Gesellschaft und Wirtschaft. (...) Dabei ist in Deutschland die Bindung an traditionelle Herrschaftsinteressen unübersehbar."[7] Implizit liegt dieser Einschätzung die britische Geschichte als Kontrastfolie zugrunde. Demgegenüber hat Samuel Beer in seiner nun schon älteren, aber immer noch faszinierenden Untersuchung gezeigt, daß der "neue Pluralismus" der funktionalen Interessenrepräsentation, dessen Entstehung eng mit dem Siegeszug kollektivistischer Ideen im 20.Jahrhundert verbunden war, mindestens ebensoviel den vorliberalen, noch ständisch geprägten Auffassungen der "Old Whigs" verdankte wie den mit diesen im 19. Jahrhundert konkurrierenden Vorstellungen der "Liberals" und "Radicals" von "(...) representation of individuals rather than corporate bodies, ranks, orders or 'interest'."[8] Zwar unterschieden sich die modernen funktionalen Interessenorganisationen insofern von den alten, als sie nicht mehr auf gesetzlichen Beschränkungen, tradierten Gewohnheiten oder einer "natürlichen", gottgegebenen Hierarchie beruhten. Anders als die freiwilligen Zusammenschlüsse unabhängiger Individuen in liberal-radikalen Vereinigungen basierten die modernen Verbände

---

7 Hans-Ulrich Wehler, Der Aufstieg des Organisierten Kapitalismus und Interventionsstaates in Deutschland, in: Winkler (Hg.), Organisierter Kapitalismus, S.36-57, Zitat S.49.

8 Vgl. Samuel H. Beer, Modern British Politics. A Study of Parties and Pressure Groups, London 1969(2), S.71-79, Zitat S.34; vgl. auch ders., The Representation of Interests in British Government: Historical Background, in: American Political Science Review 51 (1957), S.613-50, hier S.645-50; zu den vielfältigen Wurzeln und Spielarten des Liberalismus in Großbritannien vgl. Alan Bullock u. Maurice Shock, Englands liberale Tradition, in: Lothar Gall (Hg.), Liberalismus, Königstein/Ts. 1985 (3., erweit. Aufl.), S.254-82.

jedoch auch auf kollektiven, "objektiven" Interessenlagen, die ihre Mitglieder ohne deren Zutun vereinigten und ihnen ihren Platz und ihre Funktion innerhalb der sozialen Ordnung gaben[9]. Seit der Jahrhundertwende habe es, nach Auffassung Beers, in Großbritannien einen signifikanten Wandel der öffentlichen Meinung von der Betonung individueller Verantwortlichkeit hin zu einer Legitimierung funktionaler Interessenverbände, insbesondere der neuen organisierten Produzentengruppen in der modernen industriellen Wirtschaft, gegeben. Dieser Wertewandel habe ideologische, aber auch eben jene wirtschaftlichen Ursachen gehabt, die die Entwicklung zum "Organisierten Kapitalismus" kennzeichneten: "If the rise of the large business corporation was the central thread in economic development, the rise of trade unions, trade associations, and indeed of cooperatives was part of the same general tendency away from individualism and towards collectivism."[10]

Was Beer ausführlich für Großbritannien untersuchte, hat Ernst Fraenkel dann, auf ihn bezugnehmend, als "historische Vorbelastung des deutschen Parlamentarismus" definiert[11]. Im Gegensatz zu dem traditionell am (vorindustriellen; C.K.) Gedanken der Interessenrepräsentation ausgerichteten englischen Regierungssystem habe sich das kontinentaleuropäische parlamentarische Denken, einschließlich des deutschen, stärker an den plebiszitären Ideen der Französischen Revolution orientiert, nach denen das Parlament einen vorgegebenen, abstrakten Allgemeinwillen des Volkes repräsentiert, nicht aber eine Stätte ist, "(..) auf der die pluralistischen Kräfte der Gesellschaft einen Ausgleich zu finden bestrebt sind. Von wenigen Ausnahmen abgesehen, haben sich die deutschen Parlamente nicht organisch aus den Ständen entwickelt, sondern sind in begrifflichen Gegensatz zu dem Ständewesen konzipiert und errichtet worden. (...) An die Mitglieder des Parlaments wurde die Forderung gestellt, den Gedanken aufzugeben, daß sie Vertreter von Partikularinteressen seien; vielmehr sollten sie sich verhalten, als ob sie ausschließlich Repräsentanten des Allgemeinwohls seien."[12] Aufgrund dieser Einstellung mußte nach Fraenkel die Wahrnehmung jeglicher Sonderinteressen ideologisch verbrämt und als Schutz von nur allzu häufig fiktiven Gemeinschaftsinteressen dargestellt werden. Anstatt kollektive Interessengegensätze freimütig auszutragen, wurde die Kontroverse als grundsätzliche Erörterung

---

9 Vgl. Beer, Modern British Politics, S.44 f., 71 f.

10 Beer, Modern British Politics, S.74.

11 Vgl. Ernst Fraenkel, Historische Vorbelastungen des deutschen Parlamentarismus, in: VfZ 8 (1960), S.323-40, hier S.332, Anm.16 (auch ersch. in: ders., Deutschland und die westlichen Demokratien, Stuttgart usw. 1968(4), S.13-31; dort aber nur noch indirekte Bezugnahme auf Beer).

12 Fraenkel, Vorbelastungen, S.20 bzw. 330.

über allgemeingültige Prinzipien verkleidet und führte damit zu einer vergifteten Parlamentsatmosphäre und schließlich zur Unglaubwürdigkeit des gesamten politischen Systems[13].
Das hinter den von Beer und Fraenkel geschilderten Einstellungen stehende, schon in der vorindustriellen Phase geprägte, ganz unterschiedliche Staatsverständnis - in Deutschland als eine abstrakte, über den Gesetzen und Partikularinteressen stehende Einheit, in Großbritannien als ein praktikables Sortiment rechtlicher und politischer Instrumente - führte dann, wie John Breuilly[14] ausgeführt hat, im Entwicklungsprozeß des liberalen Industriekapitalismus zur Herausbildung sehr verschiedener politischer Kulturen in beiden Ländern. In Großbritannien habe demnach eine "empirisch-partizipatorische" politische Kultur das Erringen politischer, z.B. sozialreformerischer, Ziele mit Hilfe staatlicher Institutionen auf zentraler oder lokaler Ebene begünstigt. Die Folgen waren eine pragmatische Zusammenarbeit zwischen liberalen Mittelschichten und organisierter Arbeiterbewegung sowie eine schnelle Integration der letzteren in das gesellschaftliche und politische System[15]. In Deutschland habe sich hingegen eine "abstrakte", "nicht-partizipatorische" politische Kultur entwickelt, in der Rechtsvorschriften oder politische Institutionen nicht als zweckdienliche Mittel begriffen wurden, deren man sich bedienen konnte. Stattdessen seien sie als Machtinstrumente eines über der Gesellschaft stehenden ideellen Staates verstanden worden, der sie im allgemeinen Interesse, patriarchalisch-fürsorglich oder auch disziplinierend-repressiv, nutzen konnte. Dies habe eine stärkere Politisierung und ideologische Radikalisierung der deutschen Arbeiterbewegung gefördert, die ihre Forderungen

---

13 Vgl. Fraenkel, Vorbelastungen, S.21 bzw. 331. Die von Fraenkel kritisierte Auffassung, daß die Einwirkung von Partikularinteressen auf Parlament und Exekutive schädlich sei, liegt auch Winklers Interpretation der Bruchs der Großen Koalition von 1930 als "Klassenkampf im Kabinett" zugrunde; vgl. ders., Schein, S.736 ff., insb. S.815-23.

14 Vgl. John Breuilly, Civil Society and the Labour Movement, Class Relations and the Law. A Comparison between Germany and England, in: Jürgen Kocka (Hg.) unter Mitarb. von E. Müller-Luckner, Arbeiter und Bürger im 19. Jahrhundert. Varianten ihres Verhältnisses im europäischen Vergleich, München 1986, S.287-318, hier insb. S.311-18; vgl. auch Gustav Schmidt, Politischer Liberalismus, "Landed Interests" und Organisierte Arbeiterschaft, 1850-1880. Ein deutsch-englischer Vergleich, in: Gall (Hg.), Liberalismus, S.232-53 (zuerst ersch. in: Hans-Ulrich Wehler (Hg.), Sozialgeschichte heute, Göttingen 1974, S.266-88).

15 Zur Integration der organisierten Arbeiterbewegung in die partizipatorische politische Kultur Großbritanniens durch die Generalisierung liberaler individueller Freiheitsrechte und die Herstellung einer klassen- und parteiübergreifenden Loyalität zu einem politischen System, das selbst als Garant der persönlichen Freiheit erschien, vgl. Bernd Weisbrod, Der englische "Sonderweg" in der neueren Geschichte, in: GG 16 (1990), S.233-52, hier S.242-49

nur an oder gegen den Staat richten, nicht aber durch ihn erringen konnte, und dazu beigetragen, daß Allianzen zwischen Bürgertum und Arbeiterbewegung in Deutschland weitgehend fehlten.

Beide Formen der liberalen, politischen Kultur griffen also auf spezifische vorindustrielle Prägungen zurück, bei denen sich, wie Breuilly gegen die Vertreter der Sonderwegstheorie zu Recht hervorhebt, schwerlich entscheiden ließe, welche "moderner" oder "rückwärtsgewandter" sei[16]. Für den Vergleich ist lediglich von Bedeutung, daß sich infolge der Gestaltungskraft dieser unterschiedlichen Prägungen der Aufstieg des "Organisierten Kapitalismus" unter Einbeziehung der Arbeiterbewegung im britischen bzw. deren Ausgrenzung im deutschen Fall vollzog. Die Thesen von einem einzigartigen, vom europäischen Normalfall abweichenden Sonderweg der deutschen oder britischen Arbeiterbewegung müssen somit modifiziert werden. Zu diesem Ergebnis hat auch der hier vorgenommene Vergleich des ADGB und des TUC geführt. So zeigen die beiden gewerkschaftlichen Dachverbände bei der organisatorischen Entwicklung starke Übereinstimmungen, wie etwa ähnliche Altersstrukturen unter den leitenden Funktionären, oligarchische Tendenzen, Zentralisierungs- und Bürokratisierungsbestrebungen oder Intellektuellenfeindlichkeit. Darüber hinaus weisen die maßgeblichen Unterschiede, insbesondere der für den stärkeren Zusammenhalt in der britischen Gewerkschaftsbewegung verantwortliche, geringere Professionalisierungsgrad ihres Führungspersonals, entgegen den Annahmen der Sonderwegstheoretiker eher auf einen Modernisierungsrückstand denn auf das Gegenteil in Großbritannien hin. Beide Gewerkschaftsorganisationen waren zudem in ihrer Frühgeschichte beträchtlichen Repressionen durch Gesetzgebung und Rechtsprechung ausgesetzt. Die Flexibilität des TUC bei der Integration unterschiedlicher ideologischer Strömungen war zwar höher, der Vorwurf der Immobilität aufgrund eines übertriebenen Dogmatismus auf deutscher Seite wird dadurch jedoch nicht eindeutig bestätigt. Sowohl in der Programmatik als auch in ihren Bemühungen um eine direkte politische Durchsetzung ihrer Forderungen traten die britischen Gewerkschaften in der Zwischenkriegszeit wesentlich militanter als ihre staatstragenden deutschen Kollegen auf.

---

16 Auf der anderen Seite wurde aber auch den in Mode gekommenen Versuchen der Historiker, dem Deutschen Kaiserreich gerade im Vergleich zu Großbritannien Modernität zuzusprechen, Kritisches entgegengesetzt; vgl. Wolfgang J. Mommsen, Einführung: Deutscher und britischer Liberalismus. Versuch einer Bilanz, in: Langewiesche (Hg.), Liberalismus im 19. Jahrhundert, S.211-22, hier S.221; vgl. auch Rudolf Muhs, Deutscher und britischer Liberalismus im Vergleich. Trägerschichten, Zielvorstellungen und Rahmenbedingungen (ca. 1830-1870), ebd., S.223-51.

Zu einem in vieler Hinsicht ähnlichem Resultat gelangt auch eine neuere Studie, die sich mit einem Vergleich der Labour Party und der SPD befaßt[17]. Aufgrund der zahlreichen Übereinstimmungen zwischen den beiden Parteien könne deshalb die in der Forschung gängige, gegensätzliche Typologie eines angelsächsischen Modells von Arbeiterbewegungen und eines marxistisch-deutsch dominierten kontinentaleuropäischen Modells nicht weiter aufrechterhalten werden. Eine differenzierende vergleichende Betrachtungsweise von Details sollte jedoch nicht zur Einebnung wichtiger genereller Unterschiede führen, indem die quantitativ vorhandenen Ähnlichkeiten in ihrer qualitativen Wirkungsmächtigkeit deutlich überschätzt werden. Gerade angesichts der festgestellten Übereinstimmungen bietet der Vergleich die interessante Möglichkeit, den faktisch dennoch unterschiedlichen Verlauf der historischen Entwicklung in Großbritannien und Deutschland in der Zwischenkriegszeit zu erklären. Bei der Frage nach dem Beitrag der britischen und deutschen Gewerkschaften zur politischen Stabilität ihres Landes in der schwierigen Phase von Weltwirtschaftskrise und Massenarbeitslosigkeit hat sich die unterschiedliche Verfaßtheit der politischen Kultur als der entscheidende Faktor erwiesen. Er bestimmte das Verhältnis zwischen Gesellschaft und Staat bzw. zwischen Gewerkschaften, anderen sozialen Gruppen und dem politischen System.
Die modernen britischen Arbeitsbeziehungen zwischen den Kriegen beruhten demnach auf einer evolutionären, von staatlichen Eingriffen weitgehend freien Anpassung der ständischen an die liberalen Wirtschaftstrukturen des Industriekapitalismus. Der Kampf um ständische Rechte und Privilegien wurde auf eine Art und Weise in den Interessengegensatz zwischen Kapital und Arbeit transformiert, die zwar viele Traditionen lebendig erhielt, aber nicht zu einer fortschritts- und industriefeindlichen Zivilisationskritik führte. So finden sich etwa in der Forschungsliteratur keine Hinweise darauf, daß die mit der Entwicklung von Massenkonsumgütermärkten einhergehende "Revolution im Einzelhandel" in der britischen Gesellschaft nicht überwiegend positiv wahrgenommen wurde. Das Aufblühen großer Waren- und Kaufhausketten nach dem Ersten Weltkrieg führte zu einer allgemeinen Verbesserung des Lebensstandards, "(...) bringing with them a wider range of foodstuffs, clothing and household goods than had been available at the traditional corner shop and retailer"[18].
Sinkende Lebenshaltungskosten, wachsende staatliche Sozialleistungen und technischer Fortschritt, der eine billige Massenproduktion erst ermöglichte, kamen

---

17 Vgl. Stefan Berger, Ungleiche Schwestern? Die britische Labour Party und die deutsche Sozialdemokratie im Vergleich. 1900-1931, Bonn 1997. Vgl. auch meine Rezension des Buches in: Neue Politische Literatur 45 (2000), S.115-17.

18 Vgl. John Stevenson, British Society 1914-45, London usw. 1984, S.112 f., 124-34, 348 f., Zitat S.113.

den Mittelschichten generell, insbesondere jedoch den neuen Mittelschichten, zugute. Aber auch für die ärmsten Bevölkerungsschichten, unter ihnen die Arbeitslosen, bedeutete diese Entwicklung eine Verbesserung ihrer Lebensverhältnisse, von der letztlich die gesamte Nation und das politische System profitierten. George Orwell schilderte dazu seine Eindrücke, die er 1936 bei einem Aufenthalt unter Bergleuten in Barnsley, Sheffield und Wigan sammelte: "Wohl am größten ist der Unterschied beim Kino und der Massenproduktion billiger schicker Kleider seit dem Krieg. Man hat vielleicht nur drei Halfpence in der Tasche, überhaupt keine Zukunftsaussichten und als Zuhause nur eine Ecke in einem undichten Schlafzimmer; aber man kann in seinen neuen Kleidern an der Straßenecke stehen und sich in einem privaten Tagtraum als Clark Gable oder Greta Garbo vorkommen, was einen für eine ganze Menge entschädigt. (...) Zwanzig Millionen Leute sind unterernährt, aber im Prinzip hat jedermann Zugang zum Radio. Was wir an Nahrung verloren haben, haben wir an Elektrizität gewonnen. Große Teile der Arbeiterklasse sind aller Dinge, die sie wirklich brauchen, beraubt und werden dafür mit billigen Luxusartikeln teilweise entschädigt, die an der Oberfläche des Lebens etwas Milderung bringen. (...) Ziemlich wahrscheinlich haben Fish-and-Chips, kunstseidene Strümpfe, Salm in Dosen, Schokolade im Sonderangebot, Kino, Radio, starker Tee und Fußballtoto die Revolution abgewendet."[19]
In Deutschland hatte sich dagegen der mittelständische Einzelhandel schon vor 1914 als Hauptträger einer stark antisemitisch geprägten Kampagne gegen die Waren- und Kaufhäuser hervorgetan, von denen er sich in seiner Existens gefährdet fühlte. Gewöhnt an einen obrigkeitsstaatlichen Mittelstandsschutz, der Wettbewerb weitgehend ausschaltete, fühlte sich das Kleingewerbe in der Zwischenkriegszeit als das Hauptopfer der Depression, obwohl sich die für den "starren Bedarf" arbeitenden Kleinbetriebe als krisenfester erwiesen als viele Industriebranchen. Dieser spezifisch deutschen Mentalität des gewerblichen alten Mittelstandes, in der sich berufsständisches mit obrigkeitsstaatlichem Denken verband, schlossen sich in der Weimarer Republik offenbar auch weite Teile der

---

19 Vgl. Orwell, Wigan Pier, S.86-88. Signifikanterweise wird dieser Aspekt in Bezug auf die Weimarer Republik noch heute von der Geschichtsforschung praktisch nicht thematisiert. Stattdessen wird die Lage der Arbeiter in den "Goldenen Zwanzigern" und Anfang der dreißiger Jahre überwiegend negativ dargestellt (vgl. z.B. Rudolf Vierhaus, Auswirkungen der Krise um 1930 in Deutschland. Beiträge zu einer historisch-psychologischen Analyse, in: Werner Conze u. Hans Raupach (Hg.), Die Staats- und Wirtschaftskrise des Deutschen Reichs 1929/33, Stuttgart 1967, S.155-75, hier insb. S.160, 170-74; Gunther Mai, "Wenn der Mensch Hunger hat, hört alles auf". Wirtschaftliche und soziale Ausgangsbedingungen der Weimarer Republik (1914-1924), in: Abelshauser (Hg.), Weimarer Republik als Wohlfahrtsstaat, S.33-62). In dieser impliziten Ablehnung des industriellen Fortschritts dürfte sich u.a. auch die bis heute andauernde Wirkung antimodernistischer Einstellungen in der deutschen Gesellschaft auf die politische Kultur niederschlagen.

neuen Mittelschichten an. Sie führte in der Weltwirtschaftskrise zu einer parteipolitischen Hinwendung zu den Nationalsozialisten, deren Anti-Warenhaus-Kampagnen in der zweiten Hälfte der zwanziger Jahre im Kleingewerbe eine überwältigende Resonanz auslösten[20].
Abgesehen von der spezifischen Interessenlage des Mittelstands, stieß die Entwicklung zur modernen Massenkonsumgüter- und Dienstleistungsgesellschaft auch allgemein in der deutschen Bevölkerung auf weitgehende Ablehnung. So hatten amerikanische Konzerne, die in der Stabilisierungsphase der Weimarer Republik versuchten, auf den deutschen Markt vorzudringen, generell Rücksicht auf Ressentiments zu nehmen, wie sie in nationalistischen Parolen von der „Überfremdung“ der deutschen Wirtschaft lautstark artikuliert wurden. Den wenigen amerikanischen Firmen der Nahrungs- und Genußmittelindustrie, darunter der Kaugummi-Hersteller Wrigley und Coca-Cola, die nach 1924 eigene deutsche Tochtergesellschaften gründeten, gelang es beispielsweise nicht, mit ihren Produkten in breite Konsumentenkreise vorzustoßen. Dies wurde erst nach 1945 auf der Basis einer moralisch zerstörten Gesellschaftsstruktur und einer dementsprechend erhöhten Sehnsucht nach Partizipation an den Symbolen der Siegermacht erreicht[21].
Die britischen Gewerkschaften profitierten im 19. Jahrhundert von ihren ungebrochen fortbestehenden berufsständischen Traditionen durch ein tiefes Zusammengehörigkeitsgefühl, eine stabile Bindekraft ihrer Organisationen und ein starkes Selbstwertgefühl. Wirtschaftliches und politisches System entwickelten sich in Großbritannien im Gleichschritt, basierend auf einer hohen gesellschaftlichen Akzeptanz von Interessenkonflikten und ihrer weitgehend staatsfreien Austragung als notwendige Voraussetzung einer konsensualen Konfliktregelung. Auch in Deutschland erfolgte in diesem Zeitraum eine Anpassung der vorindustriellen an liberal-kapitalistische Strukturen. Eine obrigkeitsstaatliche Gesetzgebung verhinderte jedoch die evolutionäre Herausbildung von Gewerkschaften aus den Zünften bzw. unterdrückte die sich entwickelnden Ansätze. Die weitere Adaptation der Arbeitsbeziehungen an das kapitalistische Wirtschaftssystem im Wilhelminischen Reich vollzog sich nun zunächst nicht mehr auf der Basis der Auseinandersetzung zwischen zwei relativ gleichstarken Konfliktparteien, sondern unter dem dominierenden Einfluß der Arbeitgeber in Zusam-

---

20 Vgl. Heinrich August Winkler, Vom Protest zur Panik: Der gewerbliche Mittelstand in der Weimarer Republik, in: Mommsen u.a. (Hg.), Industrielles System, S.778-91; ausführlicher ders., Mittelstand, Demokratie und Nationalsozialismus. Die politische Entwicklung von Handwerk und Kleinhandel in der Weimarer Republik, Köln 1972; vgl. auch Hans-Peter Ullmann, Interessenverbände in Deutschland, Frankfurt/M. 1988, S.154-63. Zum neuen Mittelstand vgl. Jürgen Kocka, Zur Problematik der deutschen Angestellten 1914-1933, in: Mommsen u.a. (Hg.), Industrielles System, S.792-811.

21 Vgl. Verenkotte, Das Brüchige Bündnis, S.265-332, insb. S.324-27.

menarbeit mit dem Obrigkeitsstaat. Gleichzeitig wurde die Unterdrückung gesellschaftlicher Partikularinteressen über die schwache Stellung des Reichstags gegenüber dem Reichskanzler und dem Monarchen, die Politik des Kulturkampfes und das Sozialistengesetz auch im politischen System fortgesetzt und verhinderte die Herausbildung eines gesellschaftlichen Bewußtseins für die Normalität von Interessenkonflikten und deren Austragung. Dem pluralistischen Grundkonsens der britischen Gesellschaft stand somit auf deutscher Seite die Vision einer konfliktfreien "Volksgemeinschaft" gegenüber[22].
Die Arbeitsbeziehungen in Deutschland und Großbritannien in der Zwischenkriegszeit waren also das Spiegelbild von politischen Kulturen, deren nationale Prägungen trotz vergleichbarer Produktionsbedingungen und Konfliktregelungsmechanismen zwischen den Kollektivorganisationen signifikante Unterschiede aufweisen. Diese bildeten sich bereits in der vorindustriellen Phase heraus. Auf der ererbten Basis einer hohen Legitimität von Partikularinteressen entstand in Großbritannien in der Periode des Liberalismus ein neuer pluralistischer Grundkonsens, der die Voraussetzung für die autonome, nicht staatlich gelenkte, gleichberechtigte Entwicklung der wirtschaftlichen Kollektivorganisationen darstellte. Beginnend mit dem Ersten Weltkrieg schlug er sich in der Tendenz zu einem gesellschaftlichen Korporatismus nieder, der auf Arbeitnehmerseite durch ein unabhängig erkämpftes Repräsentationsmonopol des TUC auf allgemeinpolitischer Ebene, freiwilligen und informellen Absprachen zwischen ihm, den Unternehmerverbänden und dem Staat sowie zwischen Dachverband und Mitgliedsgewerkschaften, eine wachsende Einbeziehung der Gewerkschaften in politische Entscheidungen und administrative Aufgaben sowie einen geringen Verrechtlichungs- und Institutionalisierungsgrad gekennzeichnet war. Als Form des politischen Krisenmanagements zur besseren Vermittlung gesellschaftlicher und staatlicher Interessen verdrängten gesellschaftskorporatistische Strategien in politisch schwierigen Zeiten den traditionellen Voluntarismus der britischen Arbeitsbeziehungen und traten daher in der wirtschafts- und sozialpolitischen Entwicklung Großbritanniens während der Weltwirtschaftskrise deutlich hervor. In Deutschland führte die tradierte Abwertung von Partikularinteressen und die damit verbundene Überhöhung des Staates dagegen zu einer mangelnden

---

22 Vgl. Detlef Lehnert u. Klaus Megerle, Identitäts- und Konsensprobleme in einer fragmentierten Gesellschaft. Zur politischen Kultur in der Weimarer Republik, in: Dirk Berg-Schlosser u. Jakob Schissler (Hg.), Politische Kultur in Deutschland. Bilanz und Perspektiven der Forschung. PVS, Sonderheft, 1987, S.80-95, hier S.89. Vgl. auch dies. (Hg.), Politische Teilkulturen zwischen Integration und Polarisierung. Zur politischen Kultur in der Weimarer Republik, Opladen 1990; zu unserem Thema insbesondere der Beitrag von Peter Lösche u. Franz Walter (Zwischen Expansion und Krise. Das sozialdemokratische Arbeitermilieu, ebd., S.161-87), und die theoretischen Überlegungen von Stefan Immerfall (Politische Kultur als historische Makrovariable. Zur vergleichenden Entwicklungsanalyse geschichtlicher Kontextbindungen, ebd., S.26-42).

Akzeptanz des industriekapitalistischen Systems und der damit verbundenen Klassenauseinandersetzungen und schlug sich in der Weimarer Republik in einer staatskorporatistischen Konfliktregulierung nieder. Entsprechend bildeten auf Arbeitnehmerseite zentralistische, hierarchische Organisationsstrukturen und eine staatliche Arbeitsgesetzgebung die Grundlage der begrenzten Teilnehmerzahl und des durch das Prinzip der Richtungsgewerkschaften überdies eingeschränkten Repräsentationsmonopols des ADGB. Das Übergewicht des Staates in diesem tripartistischen Beziehungsgeflecht, die daraus resultierende Politisierung der Arbeitsbeziehungen, die in der Weltwirtschaftskrise wachsende Orientierung der Wirtschafts- und Sozialpolitik an Unternehmerinteressen, die zunehmende Ausgrenzung der Gewerkschaften aus der politischen Entscheidungsfindung und der Verzicht des ADGB auf eine entschiedene Interessenpolitik führten jedoch zu massiven Legitimationsverlusten der Gewerkschaften, die schließlich höher waren als der Nutzen der durch eine korporatistische Konfliktregulierung angestrebten Marginalisierung gesellschaftlicher Proteste und politischer Extrempositionen. Dem ADGB konnte es daher nicht gelingen, seine Basis auch in der Krise an sich zu binden, die fortschreitende und überwiegend nach links orientierte Radikalisierung seiner Klientel aufzuhalten und die durch die Massenarbeitslosigkeit entstandene Unzufriedenheit mit dem politischen System in konstitutionelle Bahnen zu lenken.

Diese, aus den allgemeinen Rahmenbedingungen erarbeiteten, Hypothesen wurden am Fallbeispiel der gewerkschaftlichen Arbeitslosenpolitik genauer überprüft. Dabei wurde deutlich, daß ein neokeynesianischer Interpretationsansatz, wie er von Historikern insbesondere in den siebziger und achtziger Jahren häufig angewandt wurde, bei der Beurteilung der programmatischen Vorschläge des TUC und des ADGB zur Bekämpfung von Arbeitslosigkeit und Wirtschaftskrise zu kurz greift. Stattdessen müssen diese Vorschläge primär als eine Reaktion der Gewerkschaften auf die spezifischen wirtschaftlichen Probleme ihrer jeweiligen Länder verstanden werden. Zusätzlichen Einfluß auf die gewerkschaftliche Meinungsbildung nahmen darüber hinaus auch die unterschiedliche politische Entwicklung in beiden Staaten, die jeweils vorherrschenden Strukturen der Arbeitsbeziehungen und die unterschiedlichen organisatorischen Handlungsspielräume beider Dachverbände. Während der zwanziger Jahre blieb der ADGB hinter der programmatischen Entwicklung des TUC zurück. Der antagonistische Zustand der deutschen Arbeitsbeziehungen und die antipluralistische Einstellung bei Arbeitgebern und Politikern zwangen den ADGB in dieser Phase, seine Energie hauptsächlich auf den Schutz der Löhne, Arbeitsbedingungen und Sozialleistungen zu konzentrieren und die Interessen der Beschäftigten in den Vordergrund zu stellen. Gleichzeitig wurde dadurch die Entwicklung einer von Unternehmern und Gewerkschaften gemeinsam getragenen, fortschrittlicheren Analyse der wirtschaftlichen Probleme des Landes verhindert. Unter dem Druck der Depression und beeinflußt durch internationale wirtschaftspolitische Diskussionen schloß der ADGB jedoch schnell zum TUC auf. Er entwickelte den WTB-Plan, der die richtige Antwort auf den allgemeinen Rückgang der aggregierten Nachfrage in Deutschland gewesen wäre, wie der Erfolg der nationalsozialistischen Arbeitsbeschaffungspolitik später bewies. Unter dem Druck politischer Radikalisierung und sozialer Verelendung breiter Bevölkerungsschichten widmete der ADGB für einen bestimmten Zeitraum alle seine Anstrengungen einer intensiven Agitation für Arbeitsbeschaffung - im Gegensatz zum TUC, der auf eine ganz andere Ausgangslage reagieren mußte. Großbritannien erlebte ab 1933/34 eine Erholung auf dem Binnenmarkt, während die regionale Langzeitarbeitslosigkeit weiterhin anhielt. Diese Regionen waren gleichzeitig die Hochburgen der britischen Arbeiterbewegung und erforderten daher die besondere Aufmerksamkeit des TUC. Schon seit 1928/29 begann der TUC im Rahmen der Mond-Turner-Gespräche, die negativen Effekte einer überbewerteten Währung auf die Industrie zu erkennen und gemeinsam mit den Arbeitgebern über eine expansionistische Geldpolitik zu diskutieren. Obwohl die britischen Arbeitsbeziehungen durch ähnlich schwere Konflikte, z.B. den Generalstreik von 1926, wie die deutschen gekennzeichnet waren, tendierten die britischen Arbeitgeber weniger als ihre deutschen Kollegen dazu, allgemeine wirtschaftliche und politische Probleme mit Fragen der Tarifverhandlungen zu vermischen. Beide Seiten der Wirtschaft einte daher das gemeinsame Interesse, den dominanten Einfluß der Bank von England und der City auf die Politik der Regierung zu vermindern. Infolge der starken Freihandelstradition in Großbritannien und der Stellung Londons als internationales Finanzzentrum konzentrierten sich sowohl die programmatischen Reaktionen des TUC auf die Krise als auch das allgemeine öffentliche Interesse viel stärker auf monetäre Fragen als in Deutschland, während öffentliche Arbeitsbeschaffungsprogramme nur von zweitrangiger Bedeutung waren. Eine allgemeine Stimulierung der Nachfrage wäre jedoch auch keine endgültige Lösung für die besonderen strukturellen Probleme der "depressed areas" gewesen. Im Gegensatz zu den hoch kartellisierten Unternehmen in der deutschen Schwerindustrie litten Großbritanniens Stapelindustrien unter zu kleinen, ineffizienten Produktionseinheiten und technischer Rückständigkeit, die ihre Anpassung an veränderte neue Weltmarktbedingungen verhinderte. Eine allgemeine wirtschaftliche Reorganisation und eine energische regionale Strukturpolitik waren daher erforderlich, um die ungleiche geographische Verteilung von expandierenden und stagnierenden Industrien auszugleichen, veraltete Produktions- und Management-Methoden zu modernisieren und neue Investitionen in die richtigen Kanäle zu lenken. Indem sich der TUC auf diese Aspekte konzentrierte, entsprach er ganz offensichtlich den dringendsten Bedürfnissen der britischen Wirtschaft.

In ihrer programmatischen Konzentration auf wirtschaftlicher Rekonstruktion und Planung stand die britische Arbeiterbewegung in ihrem Land nicht allein. In den dreißiger Jahren bildeten sich Planungsgruppen, wie z.B. "Political and Economic

Planning (PEP)" und die "Next Five Years Group", in denen sich Wissenschaftler, höhere Beamte und Angestellte, fortschrittliche Führer aus Industrie und Finanzwelt, Politiker und Arbeiterführer trafen und ähnliche Ideen diskutierten[23]. "Planung" wurde in den dreißiger Jahren in Großbritannien zum dominierenden Thema der öffentlichen wirtschaftspolitischen Diskussion von der politischen Linken bis zur Rechten. Es gab daher, wie Arthur Marwick argumentiert hat, "(...) a very large groundwork of social and political 'agreement' in the thirties"[24], das dazu beitrug, der überparteilichen Akzeptanz einer "mixed economy" und des Wohlfahrtsstaates, wie sie nach 1945 von der Labour-Regierung realisiert wurden, den Weg zu bahnen. Obwohl Oswald Mosley und andere mit Mussolinis Faschismus sympathisierende Persönlichkeiten ein Teil dieser Planungsbewegung der dreißiger Jahre waren, erreichten sie aufgrund der Stärke der staatstragenden politischen Institutionen und Interessengruppen niemals irgendeine signifikante öffentliche Unterstützung. Die Labour Party war daher mit Hilfe des TUC in der Lage, die Grundlagen ihrer politischen Meinungsführerschaft nach dem Zweiten Weltkrieg zu legen[25]. Die lange Tradition des Pluralismus in Großbritannien, d.h. die parteien- und schichtenübergreifende grundsätzliche Anerkennung weltanschaulicher, politischer oder gesellschaftlicher Vielfalt, war die Vorbedingung der Entstehung einer Politik nach kollektivistischen Prinzipien in den dreißiger Jahren. Diese gründete auf einem neuen gesellschaftlichen Konsens, der das nationale Interesse nicht mehr länger als gleichbedeutend mit dem Interessen der Privatwirtschaft ansah. Vielmehr sollten die Früchte des wirtschaftlichen Wachstums zukünftig auf alle sozialen Schichten verteilt werden, kontrolliert und gelenkt durch demokratische Institutionen. In Deutschland, wo sowohl das Programm des ADGB zum Umbau der Wirtschaft als auch das nationalsozialistische Modell einer wirtschaftlichen Reorganisation in Form von "Gleichschaltung" durch einen autoritären Staat als Teil derselben Planungsbewegung betrachtet werden muß[26], erblicken wir das entgegengesetzte Ergebnis. Schon in den letzten Jahren der Weimarer Republik zeigte sich eine zunehmende

---

23 Vgl. Booth u. Pack, Employment, Capital and Economic Policy, S.55-75; Carpenter, Corporatism in Britain; Arthur Marwick, Middle Opinion in the Thirties: Planning, Progress and Political 'Agreement', in: EHR 79 (1964), S.285-98.

24 Marwick, Middle Opinion, S.285.

25 Der ebenfalls maßgebliche Einfluß des Zweiten Weltkriegs kann hier nicht diskutiert werden; vgl. dazu Paul Addison, The Road to 1945. British Politics and the Second World War, London 1975.

26 Vgl. dazu Claus-Dieter Krohn, Autoritärer Kapitalismus. Wirtschaftskonzeptionen im Übergang von der Weimarer Republik zum Nationalsozialismus, in: Stegmann u.a. (Hg.), Industrielle Gesellschaft, S.113-129.

Tendenz im politischen Entscheidungsprozeß, Arbeitgeberinteressen in den Vordergrund zu stellen und die Gewerkschaften zu marginalisieren. Darüber hinaus waren die Vorbehalte gegen den sogenannten "Gewerkschaftsstaat" sowie das gesamte System der Weimarer parlamentarischen Demokratie, auch unabhängig vom Problem der Arbeitslosigkeit, gesellschaftlich so weit verbreitet, daß sich dies durch die Durchführung eines expansionistischen, über die Finanzierungssumme der unter Papen und Schleicher bereits in Gang gesetzten Maßnahmen hinausgehenden Arbeitsbeschaffungsprogramms wohl kaum geändert haben dürfte. Große Teile der deutschen Gesellschaft wären bereit gewesen, eine solche expansionistische Politik zu akzeptieren, aber nur unter veränderten politischen Bedingungen. Dennoch mußten die deutschen Gewerkschaften im Hinblick auf ihre kontinuierlichen Mitgliederverluste zumindest versuchen, die ideologische Vorherrschaft und die notwendige Unterstützung für das Weimarer politische System durch die Entwicklung eines alternativen Gesellschaftsmodells im Rahmen eines „Umbaus der Wirtschaft“ zurückzugewinnen. Während das dem TUC gelang, ließ der fehlende pluralistische Konsens der Weimarer Gesellschaft dem ADGB keine Erfolgschance. Das nationalsozialistische Konzept der "Volksgemeinschaft", das die Zerstörung der organisierten Arbeiterbewegung einschloß, gewann daher den politischen Kampf.

Anhang

Abkürzungsverzeichnis

£ s. p.	Pound, shilling, pence
ADB	Allgemeiner Deutscher Beamtenbund
ADGB	Allgemeiner Deutscher Gewerkschaftsbund
AdsD	Archiv der sozialen Demokratie
AfA-Bund	Allgemeiner freier Angestelltenbund
AfS	Archiv für Sozialgeschichte
AVAVG	Gesetz über Arbeitslosenvermittlung und Arbeitslosenversicherung
BAK	Bundesarchiv Koblenz
BAP	Bundesarchiv, Abteilungen Potsdam
BdiP	Blätter für deutsche und internationale Politik
BLPES	British Library of Political and Economic Science
BUF	British Union of Fascists
CPGB	Communist Party of Great Britain
DA	Die Arbeit
DVP	Deutsche Volkspartei
EcHR	Economic History Review
EHR	English Historical Review
FAD	Freiwilliger Arbeitsdienst
FBI	Federation of British Industries
GG	Geschichte und Gesellschaft
GMH	Gewerkschaftliche Monatshefte
GWU	Geschichte in Wissenschaft und Unterricht
GZ	Gewerkschafts-Zeitung
HBS-Archiv	Archiv der Hans-Böckler-Stiftung, Düsseldorf
HiKo	Historische Kommission zu Berlin
HJ	Historical Journal
HZ	Historische Zeitschrift
IGB	Internationaler Gewerkschaftsbund
ILP	Independent Labour Party
IRSH	International Review of Social History
IWK	Internationale wissenschaftliche Korrespondenz zur Geschichte der deutschen Arbeiterbewegung
JBS	Journal of British Studies
JCH	Journal of Contemporary History
JIH	Journal of Interdisciplinary History
JPolEc	Journal of Political Economy
KPD	Kommunistische Partei Deutschlands
LSE	London School of Economics and Political Science
MP	Member of Parliament
MRC	Modern Records Centre

Ms.	Manuskript
NCEO	National Confederation of Employers' Organisations
Nl.	Nachlaß
NSBO	Nationalsozialistische Betriebszellen-Organisation
NSDAP	Nationalsozialistische Deutsche Arbeiterpartei
NUWM	National Unemployed Workers' Movement
PP	Parliamentary Paper
PRO	Public Record Office
PVS	Politische Vierteljahresschrift
RDI	Reichsverband der Deutschen Industrie
Reichsanstalt	Reichsanstalt für Arbeitsvermittlung und Arbeitslosenversicherung
RGO	Revolutionäre Gewerkschaftsopposition
RM	Reichsmark
SA	Sturmabteilung
SAI	Sozialistische Arbeiter-Internationale
SPD	Sozialdemokratische Partei Deutschlands
SS	Schutzstaffel
STUC	Scottish Trades Union Congress
TUC	Trades Union Congress
VDA	Vereinigung der Deutschen Arbeitgeberverbände
VfZ	Vierteljahrshefte für Zeitgeschichte
VSWG	Vierteljahrschrift für Sozial- und Wirtschaftsgeschichte
VzW	Vierteljahrshefte zur Wirtschaftsforschung
WTB-Plan	Woytinsky-Tarnow-Baade-Plan
ZA FDGB	Stiftung Archiv der Parteien und Massenorganisationen der DDR im Bundesarchiv (vormals Zentralarchiv des Freien Deutschen Gewerkschaftsbundes [ZA FDGB]), Berlin
ZPA	Stiftung Archiv der Parteien und Massenorganisationen der DDR im Bundesarchiv (vormals Zentrales Parteiarchiv [ZPA] der SED im Institut für Marxismus-Leninismus), Berlin

Tabellenverzeichnis

Quellen- und Literaturverzeichnis

I. Archivalien

Bundesrepublik Deutschland

Archiv der Hans-Böckler-Stiftung (HBS-Archiv), Düsseldorf

Bestand 5:
ADGB-Restakten (Korrespondenz des ADGB-Bundesvorstands)

Nl. Lothar Erdmann:
Aus Aufzeichnungen von L. Erdmann, 1932-1933
Nl. Franz-Josef Furtwängler:
1: F.-J. Furtwängler, Die deutschen Gewerkschaften und ihr Ende durch Hitler (Ms.)
2: Leitfaden der Gewerkschaftsgeschichte (Ms.)
4: Daten zu Fritz Tarnows staatspolitischer Entwicklung (Ms.)
Nl. Heinrich Imbusch
Nl. Theodor Leipart
Nl. Johann Platte
Nl. Josef Simon:
J. Simon, Erinnerungen aus meinem Leben (Ms., 1947/48)

Archiv der sozialen Demokratie (AdsD) der Friedrich-Ebert-Stiftung, Bonn

Bestand ADGB
Bestand Flugblätter, 1929-1933

Nl. Otto Braun
Nl. Wilhelm Dittmann:
Erinnerungen
Nl. Lothar Erdmann:
Kass. XII-XIII
Nl. Wilhelm Keil:
Kass. II, Mappen 5, 9, 11, 15, 17, 26, 29
Nl. Paul Löbe:
Mappe 22
Nl. Ludwig Preller:
Mappen 10, 21, 57-61, 64, 65, 132, 190
Nl. Herrmann Müller:
Kass. I/1-161, II/1-334, V/1-38
Nl. Carl Severing:
Mappen 18, 21, 23, 25, 44, 45, 49, 50, 159, 161, 168, 173, 175, 185, 190, 192, 315-328
Nl. Otto Wels

Nl. Wladimir Woytinsky

Bundesarchiv Koblenz (BAK)

NS 26 NSDAP-Hauptarchiv:
815
R 2 Reichsfinanzministerium:
18815 - 18824 (R 2/18821 nicht vorhanden)
R 41 Reichsarbeitsministerium:
5, 633, 638-641, 656, 1057, 1185
R 43 I Reichskanzlei:
1138-1141, 1165, 1166, 2024, 2031, 2034-2047, 2055
R 43 II Reichskanzlei:
531, 536, 539, 540
R 163 Reichsanstalt für Arbeitsvermittlung und Arbeitslosenversicherung:
51, 52, 54, 57, 60, 65, 66
ZSg. Zeitgeschichtliche Sammlung:
ZSg. 1-87 /1, 2, 4, 5, 7, 9-12
ZSg. 103 /875, 876, 878, 1617, 1618, 1620-1625
ZSg. 126 /825

Kleine Erwerbungen: 513, 577

Nl. 4 Hermann Dietrich:
307, 320, 343
Nl. 5 Hermann Pünder:
120, 128, 129, 131-136, 142-144
Nl. 13 Paul Silverberg:
11, 13, 17, 25, 26, 28, 34, 36, 64, 192-195, 234-236, 249, 250, 254, 255, 274, 310, 318-320, 369, 455-458, 464, 465, 702-707
Nl. 19 Paul Moldenhauer:
2, 3
Nl. 138 Ludwig Kastl:
4, 37
Nl. 209 Rudolf Wissell:
19-22, 43-46
Nl. 233 Wilhelm Lautenbach:
13, 16, 31
Nl. 243 Fritz Baade

Bundesarchiv, Abteilungen Potsdam (BAP)

06.01 Präsidialkanzlei:
55, 56, St 43/1, 152
31.01 Reichswirtschaftsministerium:
9914, 9915, 9927

39.01 Reichsarbeitsministerium:
1141, 6460-6462, 6472-6476, 6497-6502, 6525-6528, 6556, 6557
39.03 Reichsanstalt für Arbeitsvermittlung und Arbeitslosenversicherung:
64, 74-76, 83, 84, 89-90, 122, 165, 215-217
39.05 Reichskommissar für Arbeitsbeschaffung:
1-4, 9, 11-15, 41-44, 77-80, 212-222
61 Sta 1 Stahlhelm. Bund der Frontsoldaten. Zeitungsausschnittssammlung:
2119-2121, 2134, 2135, 2178, 2179, 2195, 2213
63 DAF 3 Deutsche Arbeitsfront. Arbeitswissenschaftliches Institut. Zeitungsausschnittssammlung:
2178, 2179, 2381, 2382, 2424, 2426-2429, 2435, 2440, 2456, 2459, 2463, 2464, 2470, 2476, 2479, 2507, 2523, 2635-2638, 2644, 2646, 2697, 2698, 2768, 2807

Nl. 90 Mu 5 Hermann Müller:
3, 96, 97

Historische Kommission zu Berlin (HiKo) / August-Bebel-Archiv

Bestand ADGB-Restakten (NB):
NB 9, 10, 16, 20-34, 44, 81, 82, 109, 111, 112, 325-331, 348, 349, 424, 470, 471

Stiftung Archiv der Parteien und Massenorganisationen der DDR im Bundesarchiv, ehemaliges Zentralarchiv des Freien Deutschen Gewerkschaftsbundes (ZA FDGB), Berlin

AfA-Bund: A 124
Gewerkschaftskartell/Ortsausschuß des ADGB Nauen: A 6
Deutscher Baugewerksbund: Nr.272
Deutscher Holzarbeiter-Verband: A 44, A 50-51, A 53, Nr.157-158
Deutscher Hutarbeiter-Verband: Nr.135
Deutscher Landarbeiter-Verband: Nr.90, 104
Deutscher Tabakarbeiter-Verband: Nr.1
Gesamtverband der Arbeitnehmer der öffentlichen Betriebe und des Personen- und Warenverkehrs: Nr.190
Verband der Deutschen Buchdrucker: A 8, Nr.204
Verband der Lebensmittel- und Getränkearbeiter Deutschlands: Nr.136
Verband der Lithographen, Steindrucker und verwandten Berufe Deutschlands: A 118

Manuskripte: Nr.167 (Theodor Leipart. Artikel, 1945-1946)

Nl. 2 Theodor Leipart:
1: T. Leipart, Aus meinem Leben. Autobiographie (Ms. nach 1945)
7: T. Leipart, Der Aufstieg der Gewerkschaften (Ms.)
Nl. 16 Hermann Schlimme:
1, 19, 20, 39, 73

Nl. 25 Johann Sassenbach:
1-5
Nl. 28 Walter Maschke:
24
Nl. 54 Max Urich:
1, 2, 16, 22, 33, 37, 39, 41, 42, 48, 52

Stiftung Archiv der Parteien und Massenorganisationen der DDR im Bundesarchiv, ehemaliges Zentrales Parteiarchiv der SED im Institut für Marxismus-Leninismus (ZPA), Berlin

I 2/708: 30, 99, 100-102
I 4/6: 8, 25, 27
II 160: 1
V SUF:163, 226, 486, 510, 523, 535

Nl. 152 Walter Maschke:
2

Großbritannien

British Library of Political and Economic Science (BLPES) / London School of Economics and Political Science (LSE)

Papers of Sir Walter McLennan Citrine, Baron Citrine of Wembley (Citrine Papers):
Part I: 1/1-1/13, 3/1-3/4, 4/1-4/8, 7/3-7/8
Part III: 1/1-1/17, 2/1-2/2

Lansbury Collection:
Section III: Bd.19/c.1-21, Bd.19-20/d.1-440, Bd.25/n.1-17, Bd.25/o.1-166, Bd.29/d.1-14

Passfield Papers:
Diary of Beatrice Webb (Typescript), Bd.43-46
Section IV: 23, 25-27

Modern Records Centre (MRC) / University of Warwick Library

MSS.292 Trades Union Congress:

131.3/3 - 131.3/4	Training for the Unemployed
135.1 - 136.1	Unemployment, 1921-1960
157/1 - 157.83/15	Unemployment Insurance, 1922-1948
262/1 - 262/43	Industrial Conferences, 1919, 1924-1932
263/1 - 263/9	FBI and NCEO, 1929-1934
943/2 - 943/3	Germany

Public Record Office (PRO), Kew

Government Actuary's Department:
Act 1 /383

Board of Trade:
BT 56 /23/CIA/1172, 25/CIA/1251, 25/CIA/1251/4, 43/CIA/1870

Cabinet Office:
Cab 1 /195;
Cab 23 /65, 72, 81;
Cab 24 /203, 233;
Cab 27 /117, 197, 389, 397, 413, 437, 438, 497, 501, 502, 577-579;
Cab 58 /8, 10, 11, 14

Ministry of Housing and Local Goverment:
HLG 30 /1, 36, 61-63

Home Office:
HO 144 /20087, 20710, 21086

Ministry of Labour:
Lab 2 /775/4, 917/ED 58226, 917/ET 3692, 1168/ED 9484, 1168/IR 952, 1194/ED 21519, 1207/1, 1250/1, 1309/3-4, 1333/6-7, 1336/6, 1361/ED 9885, 1372/1/ET 1996, 1377/ET 5286, 1396/ET 1275, 1467/6, 1524/ED 1484/6, 1582/Stats 581, 1595/Stats 342, 1586/Stats 659, 2033/4, 2139/2, 2176/Stats 313
Lab 4 /9-11, 178, 192, 200-201, 204, 228, 231
Lab 8 /250, 253
Lab 9 /74

Ministry of Agriculture, Fisheries, and Food:
MAF 53 /20, 55, 57

Metropolitan Police Offices:
MEPO 2 /4142

Ministry of Health:
MH 55 /217

Ministry of Pensions and National Insurance:
PIN 6 /38, 42
PIN 7 /67, 74, 101, 106, 126, 146, 154, 160, 162, 184

Prime Minister's Office:
PREM 1 /96, 217, 365
Public Record Office:

PRO 30/69: The Papers of the Rt. Hon. James Ramsay MacDonald, M.P., P.C., and of his wife, Margaret Ethel
PRO 30/69 /260, 359, 371, 380-381, 383, 389, 401, 412-413, 440-442, 444-445, 447, 461, 516-517, 581

Treasury
T 161 /533/S 34963/1, 533/S 34963/2
T 172 /1769, 1800
T 175 /39

Trades Union Congress and Labour Party Library, Congress House, London

Boxen: HD 5706, 5765-5767, 6661

II. Quellenpublikationen

1. Quelleneditionen

Akten der Reichskanzlei. Weimarer Republik.
- Das Kabinett Müller II, 28. Juni 1928 bis 27. März 1930, bearb. von Martin Vogt, 2 Bde., Boppard a.R. 1970
- Die Kabinette Brüning I und II, 30. März 1930 bis 10. Oktober 1931, 10. Oktober 1931 bis 1. Juni 1932, bearb. von Tilman Koops, Bd. 1 u. 2: Boppard a.R. 1982, Bd. 3: Boppard a.R. 1990
-Das Kabinett von Papen, 1. Juni bis 3. Dezember 1932, bearb. von Karl-Heinz Minuth, 2 Bde., Boppard a.R. 1989
- Das Kabinett von Schleicher, 3. Dezember 1932 bis 30. Januar 1933, bearb. von Anton Golecki, Boppard a.R. 1986

Archives of the British Labour Party, 1928-1937.
- Series II: Pamphlets and Leaflets of the Labour Representation Committee, 1900-06, and the Labour Party since 1906, Hassocks 1977

Archives of the British Liberal Party.
- Series I: Pamphlets and Leaflets, Part 2: 1912-1939, Hassocks 1978

Archives of the Trades Union Congress.
- Series I: TUC General Council, Minute Books, Part 1: 1921-1932; Part 2: 1932-1946, Hassocks 1975-1977
- Series II: Pamphlets and Leaflets, Part 1: Pamphlets and Leaflets 1887-1930; Part 2: Pamphlets and Leaflets 1931-1947, Hassocks 1977-1978
- Series III: Periodicals and Serials 1918-1977, Brighton 1981
- TUC Committee Minutes and Papers 1922-1953, Part I, Reel 3: Economic Committee, Box 1254, 1929-1944 (file 4 missing), Brighton 1983

Borsdorf, Ulrich, Hans O. Hemmer u. Martin Martiny (Hg.), Grundlagen der Einheitsgewerkschaft. Historische Dokumente und Materialien, Köln usw. 1977

Craig, F. W. S. (Hg.), British General Election Manifestos, 1900-1974, London 1975

Deppe, Frank, u. Witich Roßmann, Wirtschaftskrise, Faschismus, Gewerkschaften. Dokumente zur Gewerkschaftspolitik 1929-1933, Köln 1981

Flemming, Jens, u.a. (Hg.), Die Republik von Weimar, Bd.2: Das sozialökonomische System, Düsseldorf 1979

MacKenzie, Norman, u. Jeanne (Hg.), The Diary of Beatrice Webb, Bd.4: 1924-1943, "The Wheel of Life", Cambridge, Massachusetts, 1985

Politik und Wirtschaft in der Krise 1930-1932. Quellen zur Ära Brüning. Eingel. von Gerhard Schulz, bearb. von Ilse Maurer u. Udo Wengst unter Mitw. von Jürgen Heideking, 2 Bde., Düsseldorf 1980

Robertson, N., u. K. I. Sams, British Trade Unionism. Select Documents, 2 Bde., Oxford 1972

Weber, Hermann, Klaus Schönhoven u. Klaus Tenfelde (Hg.), Quellen zur Geschichte der deutschen Gewerkschaftsbewegung im 20. Jahrhundert, Köln;
- Bd.3: Die Gewerkschaften von der Stabilisierung bis zur Weltwirtschaftskrise 1924-1930, bearb. von Horst-Albert Kukuck u. Dieter Schiffmann (1986)
- Bd.4: Die Gewerkschaften in der Endphase der Republik 1930-1933, bearb. von Peter Jahn unter Mitarb. v. Detlev Brunner (1988)

2. Zeitungen und Zeitschriften

Arbeiter-Zeitung. Organ der KPD, Sektion der Kommunistischen Internationale, Bez. Hessen-Frankfurt, mit Beilage Roter Stern, Nr.1-304, 6. Jg. 1929

Arbeitsrecht und Schlichtung. "Das Schlichtungswesen". Zugleich Mitteilungsblatt der Schlichtungsausschüsse im Deutschen Reich. Unter Mitwirkung des Reichsarbeitsministeriums und der Länder hrsg. v. der Vereinigung der Deutschen Schlichtungsausschüsse, 10. Jg. 1928 - 13. Jg. 1931

Daily Herald, London 1929-1939

Der Erwerbslose. Kampfblatt für Recht und Arbeit, hrsg. vom Nationalsozialistischen Erwerbslosenausschuß Hamburg, 14. Ausg., 5. Jg. 1933

Der Erwerbslose. Organ der Pflicht-Notstandsarbeiter und Erwerbslosen von Rheinland-Westfalen, hrsg. vom Landes-Ausschuß der Erwerbslosen von Rheinland-Westfalen, Köln, Nr.1-6, 1. Jg. 1926, Nr.1-5, 7, 8, 10, 2. Jg. 1927, Nr.15, 4. Jg. 1929, Nr.8, 5. Jg. 1930

Der Erwerbslosenfunktionär. Funktionärsorgan der Erwerbslosenausschüsse Berlin-Brandenburg-Lausitz-Grenzmark, Nr. 1-2, 1933

Der stempelnde Prolet. Mitteilungsblatt der Greifswalder Erwerbslosen, Nr.1-2, hrsg. vom Kreisvorstand der SPD, Greifswald 1931

Der Wahre Jacob. Illustrierte Zeitschrift für Satire, Humor und Unterhaltung, 50. Jg. 1929 - 53. Jg. 1932

Die Arbeit. Zeitschrift für Gewerkschaftspolitik und Wirtschaftskunde, hrsg. v. Theodor Leipart, Berlin, 5.-10. Jg. 1928-1933

Die Weltbühne. Wochenschrift für Politik, Kunst, Wirtschaft, 25. Jg. 1929 - 28. Jg. 1932

Erwerbslos. Blätter der Erwerbslosen der SPD Elmsbüttel, Nr.12, 21.1.1932

Erwerbslosen-Echo. Zeitung der Erwerbslosen für den Bezirk Großthüringen. Organ des Bezirkskomitees der revolutionären Gewerkschaftsopposition, Erfurt, Nr.26-29, 31-36, 6. Jg. 1931

Erwerbslosenführer. Organ der Erwerbslosen-Ausschüsse und Vertrauensleute zur Behandlung aller Fragen der Erwerbslosenbewegung und des Kampfes gegen Not und Arbeitslosigkeit, Berlin, H.1-2, 1. Jg. 1931, H.1-8, 2. Jg. 1932, H.1, 3. Jg. 1933

Erwerbslosen-Tribüne. Informationsorgan für Erwerbslose, hrsg. von der SPD, Berlin 1930-1932

Erwerbslosentribüne, hrsg. von der SPD Hamburg, Nr.1, 3. Jg., Jan. 1933

Gewerkschafts-Zeitung. Organ des Allgemeinen Deutschen Gewerkschaftsbundes, 39.-43. Jg. 1929-1933. Nachdr., hrsg. v. Dieter Dowe, Berlin usw. 1983 (mit einem Anhang: Gewerkschaften in der Krise, von Helga Grebing, Michael Schneider und Klaus Schönhoven)

Industrial News. For the use of the press, hrsg. v. TUC General Council, London 1929-1937

Industrial Review, hrsg. v. TUC General Council, London Jan. 1929 - Aug. 1933

Labour. A Magazine for all Workers, hrsg. v. TUC u. Labour Party, Bd.1-4, London, Aug. 1933 - Aug. 1937

Monthly Circular of the Labour Research Department, hrsg. v. der Fabian Society / Labour Research Department, London 1929-1930

Sozialistische Monatshefte, Bd.1-2, 35. Jg. 1929, Bd.1-2, 36. Jg. 1930, Bd.1, 37. Jg. 1931, Bd.1-3, 38. Jg. 1932

The Labour Magazine, hrsg. v. TUC u. Labour Party, Bd.8-12, London, Mai 1929 - Aug. 1933

The Labour Monthly. A Magazine of International Labour, Bd. 10 (1928) - 21 (1939)

The New Leader, hrsg. v. der Independent Labour Party, London 1929-1933

3. Amtliche Veröffentlichungen

Denkschrift über die Arbeitsbeschaffungsmaßnahmen der Reichsregierung. Reichstag, III. Wahlperiode 1924/27, Drucks. Nr.2921, Berlin, 24.1.1927

Die Verhandlungen der Sachverständigenkommission für Fragen der Arbeitslosenversicherung, Juli 1929 (Sonderveröffentlichung des Reichsarbeitsblattes), Berlin 1929

Gutachterkommission zur Arbeitslosenfrage ["Brauns-Kommission"], Gutachten zur Arbeitslosenfrage (Sonderveröffentlichung des Reichsarbeitsblattes), 3 Teile, Berlin 1931

PP 1928-29, Cmd.3331: Memoranda on Certain Proposals relating to Unemployment, London 1929

PP 1929-30, Cmd.361: Economic Advisory Council, Committee on the Cotton Industry, Report, London 1930

PP 1929-30, Cmd.3519: Statement on Works approved for Government Financial Assistance in connection with Unemployment, London 1930

PP 1929-30, Cmd.3601: Economic Advisory Council, Report of Delegation on the Industrial Conditions in the Iron and Steel Industries in France, Belgium, Luxemburg, Germany and Czechoslovakia, London 1930

PP 1929-30, Cmd.3616: Unemployment. Meeting with Local Authorities on the 25th June, 1930, regarding works for the relief of unemployment. Statements by the Minister of Health and the Minister of Transport, London 1930

PP 1930-31, Cmd.3746: Statement of the principal measures taken by H. M. Government in connection with Unemployment, London 1930

PP 1930-31, Cmd.3859: Report of the Ministry of Labour for the Year 1930, London 1931

PP 1930-31, Cmd.3897: Committee on Finance and Industry [Macmillan Committee], Report, London 1931

PP 1930-31, Cmd.3920: Committee on National Expenditure [May Committee], Report, London 1931

PP 1930-31, Cmd.3952: Memorandum on the Measures proposed by His Majesty's Government to secure Reductions in National Expenditure, London 1931

PP 1931-32, Cmd.4044: Ministry of Labour, Report for the Year 1931, London 1932

PP 1931-32, Cmd.4185: Royal Commission on Unemployment Insurance, Final Report, London 1932

PP 1932-33, Cmd.4281: Ministry of Labour, Report for the Year 1932, London 1933

PP 1932-33, Cmd.4354: Unemployment Grants Committee, Final Report. 20th December, 1920, to 31st August, 1932, London 1933

PP 1933-34, Cmd.4543: Ministry of Labour, Report for the Year 1933, London 1934

PP 1934-35, Cmd.4786: Report of the Unemployment Insurance Statutory Committee, in accordance with Section 20 of the Unemployment Insurance Act, 1934, on the question of the insurance against unemployment of persons engaged in employment in agriculture, London 1935

PP 1934-35, Cmd. 4861: Ministry of Labour, Report for the Year 1934, London 1935

PP 1935-36, Cmd.5145: Ministry of Labour, Report for the Year 1935, London 1936

PP 1936-37, Cmd.5317: Absorption of the Unemployed into Industry. Discussions between the Minister of Labour and Representatives of certain Industries, London 1936

PP 1936-37, Cmd.5386: Ministry of Labour, Statement relating to Special Areas including Memorandum on Financial Resolution to be proposed, London 1937

PP 1936-37, Cmd.5431: Ministry of Labour, Report for the Year 1936, London 1937

PP 1937-38, Cmd.5717: Ministry of Labour, Report for the Year 1937, London 1938

Vorläufiger Reichswirtschaftsrat, Nr.380, 1920/32, Bericht des Zentralausschusses (21er Ausschuß) über die Hebung der Produktion, insbesondere durch Arbeitsbeschaffung, 12.3.1932 [in: BAP, 39.05/3]

Zur Entlastung des Arbeitsmarktes im Winter 1933/34. Denkschrift des Präsidenten der Reichsanstalt für Arbeitsvermittlung und Arbeitslosenversicherung, Dr. Syrup, vom 28.9.1933 [in: BAK, R 41/5/Bl.1-15]

4. Veröffentlichungen von Parteien und Organisationen

ADGB, Für den internationalen Achtstundentag!, o.O., o.J.

ders., Entschließung des Bundesausschusses des ADGB zur Denkschrift der Vereinigung der Deutschen Arbeitgeberverbände über Arbeitstarifpolitik, Wirtschaftskrise und Währung, Berlin, 12. Juni 1925

ders., Die Lohn- und Arbeitszeitpolitik der deutschen Gewerkschaften - ein wirtschaftspolitisches Erfordernis, Berlin, August 1925

ders., Um die Handelspolitik. Schutzzoll oder Freihandel? Material für gewerkschaftliche Vorträge, o.O., März 1925

ders., ADGB. Allgemeiner Deutscher Gewerkschaftsbund. Was ist der ADGB? Was will der ADGB? Was leistet der ADGB? Die Ziele des ADGB, Berlin 1926 ders., Der Kampf um die Arbeitslosenversicherung, Berlin 1929

ders., Leipart und Breitscheid über die Notverordnung, Berlin 1931

ders., Arbeitsbeschaffung. Die Forderungen der Gewerkschaften. Sieben Millionen Arbeitslose ver-langen Arbeit und Brot!, Berlin 1932

ders., Hilfe für die erwerbslose Jugend. Die Stellung der Gewerkschaften zum freiwilligen Arbeits-dienst, Berlin 1932

ders., Sozialer Dienst - Hilfswerk der Arbeiterschaft für die erwerbslose Jugend, Berlin 1932

ders., Warum arbeitslos? Heraus aus dem Elend! Berlin 1932

ders., Deutscher Gewerkschaftsbund, Gewerkschaftsring deutscher Arbeiter, Angestellten und Beamten u. AfA-Bund, Wirtschaftskrisis und Gewerkschaftsforderungen. Denkschrift der Spitzenverbände der deutschen Gewerkschaften an die Reichsregierung (Eine Antwort auf die Eingabe der Vereinigung der Deutschen Arbeitgeberverbände an den Reichskanzler vom 12. Mai 1925), Berlin, 7. Juli 1925

ders., AfA-Bund u. ADB, Gegenwartsaufgaben deutscher Wirtschaftspolitik, Berlin, Februar 1926

dies., Wirtschaftslage, Kapitalbildung, Finanzen. Die Entwicklung in Deutschland von 1925 bis 1930, Berlin 1930

ADGB u. AfA-Bund, Umbau der Wirtschaft. Die Forderungen der Gewerkschaften, Berlin 1932

Aufstieg oder Niedergang? Deutsche Wirtschafts- und Finanzreform 1929. Eine Denkschrift des Präsidiums des Reichsverbandes der Deutschen Industrie, Berlin 1929

Conference on Industrial Reorganisation and Industrial Relations, Interim Joint Report on Unemployment, adopted by the Full Joint Conference on 12th March, 1929, London 1929

dies., Final Report. Approved by the Representative Group of Employers and the Trades Union Congress General Council, London 1930

Deutscher Baugewerksbund, Arbeitslosenunterstützung bei berufsüblicher Arbeitslosigkeit. Denkschrift, 1.4.1929

ders., Der freiwillige Arbeitsdienst - ein gefährlicher Notbehelf zu Lasten der Bauarbeiter, Berlin 1932

Engineering and Allied Employers' National Federation, Unemployment. Its Realities and Problems, London 1933

Generalkommission der Gewerkschaften Deutschlands, Die Arbeitslosenunterstützung in Reich, Staat und Gemeinde. Denkschrift, Berlin 1914(2)

Gewerkschaftliche Forderungen für den Übergang von der Kriegs- zur Friedenswirtschaft. Petition der Generalkommission der Gewerkschaften Deutschlands u.a., Berlin, 30.6.1917

Hilft Arbeitsdienst gegen Arbeitslosigkeit? Schipp, schipp - Hurrah! Aufklärungsschrift der Sozialdemokratie, Berlin 1931

IGB, Richtlinien für die Wirtschaftspolitik des Internationalen Gewerkschaftsbundes, Amsterdam, Dez. 1929

ders., Fighting World Economic Crisis and Unemployment. Pamphlet embodying the Findings of the Joint Unemployment Committee of the International Federation of Trade Unions and the Labour and Socialist International, Amsterdam 1931

International Labour Office (League of Nations), Unemployment. Some international Aspects 1920-1928. Report Presented to the Twelfth Session of the International Labour Conference, May-June 1929. Studies and Reports Series C (Employment and Unemployment) No.13, Genf 1929

dass., Unemployment Problems in 1931. Studies prepared by the International Labour Office in collaboration with Professors Ansiaux, Cole, Hahn and Hersch, Studies and Reports Series C (Employment and Unemployment) No.16, Genf 1931

Jahrbuch der Deutschen Sozialdemokratie für das Jahr 1929, hrsg. vom Vorstand der SPD, Berlin o.J.

Jahrbuch der Deutschen Sozialdemokratie für das Jahr [1930-1931], Berlin usw. 1976 (Nachdr.)

Jahrbuch [1928-1931] des Allgemeinen Deutschen Gewerkschaftsbundes, Berlin [1929-1932]

Joint Comittee on Labour Problems after the War, The Prevention of Unemployment, in: The Problem of Unemployment after the War. Memoranda on the Prevention of Unemployment and the Necessity for the Revision of the Unemployment Insurance Acts, London 1917

Labour Party, Unemployment, the Peace and the Indemnity, London 1921

dies., Work for the Workless, London 1924

dies., "On the Dole" - or Off! What to do with Britain's Workless Workers, London 1926

dies., Report of the [28th-37th] Annual Conference, London [1928-1937]

dies., The Latest Conservative Attack on the Unemployed, London 1928
dies., A Labour Government and Unemployment, London 1929

dies., An Anti-Profiteering Programme, London 1929

dies., Conservative Attacks on the Unemployed, London 1929

dies., Hitting the Unemployed. The Tory Record, London 1929

dies., How to conquer Unemployment. Labour's Reply to Lloyd George, London 1929

dies., Work for the Unemployed, London 1930

dies., Labour and the Crisis. Reprint of a Speech at Burnley, Sept. 25th, 1931, by the Rt. Hon. Arthur Henderson, M.P., London 1931

dies., Labour's Call to the Nation. Manifesto of the Trades Union Congress General Council, the National Executive of the Labour Party, and the Consultative Committee of the Parliamentary Labour Party, London 1931

dies. Two Years of Labour Rule, London 1931

dies., Currency, Banking, Finance. The Labour Party Policy Report No.1, London 1932

dies., National Planning of Transport. Policy Report No.2, London 1932

dies., Reorganisation of the Electricity Supply Industry, Policy Report No.3, London 1932

dies., Smashing the Unemployed! The Meaness of the Means Test, London 1932

dies., The Land and the National Planning of Agriculture, Policy Report No.4, London 1932

dies., Banking and Finance. Study Guide No.1, London 1933

dies., Housing and Slums. Policy Report No.7, London 1933

dies., The Economic Situation. Study Guide No.2, London 1933

dies., The Inquitious Means Test, London 1933

dies., The Land and Agriculture. Study Guide No.4, London 1933

dies., The Socialisation of Industry. Study Guide No.3, London 1933

dies., The Workers' Status in Industry. Study Guide No.5, London 1933

dies., Fair Rents and no Profiteering. Policy Report No.9, London 1934

dies., For Socialism and Peace. The Labour Party's Programme of Action, London o.J. [1934]

dies., Labour and Education. Policy Report No.8, London 1934

dies., Nazis, Nazism, Nazidom, London 1934

dies., Socialism and the Condition of the People, London 1934 dies., Up with the Houses! Down with the Slums! Policy Report No.10, London 1934

dies., Labour's Financial Policy, London 1935

dies., Unemployment is the Real Issue, London 1935

dies., What Socialism will really mean to you, London 1935

dies., Currency, Banking and Finance, London 1936

dies., Why the Banks should be Nationalised. By a Bank Manager, London 1936

dies., Central Scotland. Report of the Labour Party's Commission of Enquiry into the Distressed Areas, London, Juli 1937

dies., Durham and the North East Coast. Report of the Labour Party's Commission of Enquiry into the Distressed Areas, London, April 1937

dies., Lancashire. Report of the Labour Party's Commission of Enquiry into the Distressed Areas, London, September 1937

dies., South Wales. Report of the Labour Party's Commission of Enquiry into the Distressed Areas, London, Mai 1937

dies., The Distressed Areas. A Programme of Immediate Action. Labour Commission's Interim Report, London, Januar 1937

dies., West Cumberland. Report of the Labour Party's Commission of Enquiry into the Distressed Areas, London, März 1937

Liberal Party, At Work Once More. The Liberal Plan to conquer Unemployment, London 1929

dies., Can the Liberal Pledge be Carried Out? Reprint of an Article by J. M. Keynes in the Evening Standard on March 19th, 1929, London 1929

dies., We can Conquer Unemployment. Mr. Lloyd George's Pledge, London 1929

Men Without Work. A Report Made to the Pilgrim Trust. With an Introduction by the Archbishop of York and a Preface by Lord Macmillan, London usw. 1938

National Council of Labour, Boycott German Goods! Boycott German Services! London 1934
ders., Fascism. The Enemy of the People!, London 1934

ders., What is this Fascism?, London 1934

ders., British Labour and Communism, London 1935

ders. and the Co-operative Union, Statement on Fascism at Home and Abroad, London 1934 ders., Lancashire Federation of Labour Parties and Lancashire and Cheshire Federation of Trades Councils, The Problem of Unemployment in Lancashire and on Merseyside. Memoranda and Re-solutions to be considered at a Regional Conference in the Spinners' Hall, Bolton on Saturday, April 30, 1938, at 3 p.m., London 1938

ders. and South Wales Regional Council of Labour, Memorandum and Resolution on the Problem of Unemployment to be considered at the Regional Conference at Cory Hall, Cardiff on Saturday, April 9th, 1938 at 2.45 p.m., Cardiff 1938

National Joint Council, Workless. A Social Tragedy, London 1933

ders., Labour and the Unemployment Bill, London 1934

Protokoll der Verhandlungen des 13. Kongresses der Gewerkschaften Deutschlands (3. Bundestag des ADGB), abgehalten in Hamburg vom 3. bis. 7. September 1928, Berlin 1928

Protokoll der Verhandlungen des 14. Kongresses der Gewerkschaften Deutschlands (4. Bundestag des ADGB), abgehalten in Frankfurt a.M. vom 31. August bis 4. September 1931, Berlin 1931

Protokoll. Internationale Konferenz der Sozialistischen Arbeiter-Internationale, Paris, 21.-25. August 1933 (Kongreß-Protokolle der Sozialistischen Arbeiter-Internationale, Bd.5), Glashütten i. Taunus 1976 (Neudr. d. Ausg. Paris 1933)

Rechenschafts-Bericht der Generalkommission der Gewerkschaften Deutschlands vom 1. Juni 1914 bis 31. Mai 1919, Berlin 1919

Reichsarbeitsgemeinschaft "Sozialer Dienst" (Hg.), Die sozialpädagogische Gestaltung des freiwilligen Arbeitsdienstes (Sonderdruck aus der "Sozialistischen Bildung", Monatsschrift des Reichsausschusses für sozialistische Bildungsarbeit), Berlin, Dez. 1932

STUC, [32nd-36th, 39th-41st] Annual Report, Glasgow [1929-1933, 1936, 1938] (die Berichte von 1934, 1935 u. 1937 konnten nicht eingesehen werden)

TUC, Report of Proceedings at the [52nd-71st] Annual Trades Union Congress, London [1920-1939] (der Bericht von 1923 konnte nicht eingesehen werden)

ders., Administering Unemployment Insurance. Report of Trades Union Congress Deputation to the Minister of Labour, London 1929

ders., "Genuinely Seeking Work" (An Analysis of Conditions and Procedure). Evidence submitted on behalf of the Trades Union Congress General Council to the Morris Committee on Unemployment Insurance, August 27th, 1929, London 1929

ders, Commonwealth Trade: A New Policy, London 1930

ders., Fair Play for the Unemployed. The Trade Union Case against the Royal Commission's Report, London 1931 ders., Royal Commission on Unemployment Insurance. The Trades Union Congress Scheme for State Provision for Unemployment Benefit, London 1931

ders., Pauperising the Unemployed. The T.U.C. Case against the Means Test, London 1932

ders., The Government evades its National Responsibility. T.U.C. Criticism of the Unemployment Bill, 1933, London 1933

ders., The Right to Live. A T.U.C. Defence of the Claims of the Unemployed, London 1933

ders., Cotton. The T.U.C. Plan of Socialisation, London 1935

ders., No Pauperisation of the Unemployed! The Fight against te Unemployment Assistance Board's Regulations, London 1935

ders., Unemployment Assistance. Means Test Regulations, London 1935

ders., Coal. The Labour Plan, London 1936

ders., Unemployment and the Cost of Living, London 1937

ders. u. Labour Party, The Administration of the Unemployment Insurance Acts, London 1923

ders., Labour Party u. Miners' Federation of Great Britain, The Mining Situation: An Immediate Programme, London 1928

Unemployment: A Labour Policy. Report of the Joint Committee on Unemployment appointed by the Parliamentary Committee of the TUC and the Labour Party Executive, London, 27. Januar 1921

Vierter Kongreß der Sozialistischen Arbeiter-Internationale, Wien, 25. Juli bis 1. August 1931. Berichte, Verhandlungen und Beschlüsse (Kongreß-Protokolle der Sozialistischen Arbeiter-Internationale, Bd. 4/1 u. 4/2), Glashütten i. Taunus 1974 (unveränd. Nachdr. d. Ausg. Zürich 1932)

Wirtschaftskrisis und Gewerkschaftsforderungen. Denkschrift der Spitzenverbände der deutschen Gewerkschaften an die Reichsregierung (Eine Antwort auf die Eingabe der Vereinigung der Deutschen Arbeitgeberverbände an den Reichskanzler vom 12. Mai 1925), Berlin, 7. Juli 1925

III. Zeitgenössische Literatur und biographische Erinnerungen

(Einzelbeiträge aus Zeitschriften und Zeitungen werden nur dann aufgeführt, wenn sie im Text gesondert erwähnt wurden.)

A.[rons], H.[ans], Das Wirtschaftsprogramm der NSDAP, in: GZ 41 (1931), S.130-33

Beales, H. L., u. R. S. Lambert (Hg.), Memoirs of the Unemployed, Wakefield 1973 (Nachdr.; zuerst ersch. bei Victor Gollancz 1934)

Benjamin, Lawrence, The Position of the Middle-Class Worker in the Transition to Socialism, hrsg. v. der Labour Party, London 1935

Beveridge, William, An Analysis of Unemployment I, in: Economica 3, New Ser. (1936), S.357-86

ders., An Analysis of Unemployment II, in: Economica 4, New Ser. (1937), S.1-17

ders., An Analysis of Unemployment III, in: Economica 4, New Ser. (1937), S.168-83

Bevin, Ernest, Statement on Melchett-Turner Unemployment Report, London o.J. [1929]

ders., My Plan for Two Million Workless, London 1933

Bondfield, Margaret, A Life's Work, London o.J.

Braun, Adolf, Die Tarifverträge und die deutschen Gewerkschaften, Stuttgart 1908

Brüning, Heinrich, Memoiren 1918-1934, Stuttgart 1970

Burns, Eveline M., British Unemployment Programs, 1920-1938. A Report prepared for the Committee on Social Security, Washington 1941

Citrine, Walter M., The Trade Unions in the General Election. Report of Speech at the Demonstration held in the Spa Hall, Scarborough, 7h October, 1931, London 1931

ders., Trades Union Congress in Session, London 1935

ders., What the T.U.C. is doing, London [1935-1937]

ders., Men and Work. An Autobiography, Westport, Connecticut 1976 (Nachdr.; zuerst ersch. London 1964)

Cole, G. D. H., An Introduction to Trade Unionism, London 1953

ders., A Short History of the British Working-Class Movement 1789-1947, London 1966 (Neuaufl. d. 4. Aufl. v. 1948)

ders., u. Ernest Bevin, The Crisis, in: ders., Economic Tracts for the Times, London 1932 (Nachdr.; zuerst ersch. im New Statesman and Nation, Okt. 1931), S.11-65

Cook, Arthur J., The Nine Days. The Story of the General Strike told by the Miners' Secretary, London [1926]

ders., The Mond Moonshine. My Case Against the "Peace" Surrender, London [1928] ders., Mond's Manacles. The Destruction of Trade Unionism, London [1928]

Der Vorläufige Reichswirtschaftsrat 1927-1932, hrsg. vom Büro des Vorläufigen Reichswirtschaftsrates nach grundlegender Vorarbeit durch Dr. H. Hauschild, Berlin 1933

Eckert, Christian, Englands Aufstieg und Gefährdung in der Weltwirtschaft, Berlin 1932 (Nachdr. in: Seeds of Conflict. Series 10. Economic Depression and Political Expansion. Europe and Japan between the Wars: Western Europe, Nendeln, Liechtenstein 1982)

Engler, Wilhelm, Die Ursachen der Arbeitslosigkeit und ihre Bekämpfung, hrsg. v. ADGB / Bezirk Hessen u. Hessen-Nassau, Frankfurt/M. o.J. [um 1930]

Erdmann, Lothar, Kreuzzug gegen den demokratischen Sozialismus, in: GZ 40 (1930), S.545-48

Walter Fey, Leistungen und Aufgaben im Deutschen Wohnungs- und Siedlungsbau, (Sonderhefte des Instituts für Konjunkturforschung, 42), Berlin 1936

Gallacher, William, Mondism and MacDonaldism, hersg. v. der Communist Party of Great Britain, London 1928

Greenwood, Walter, Love on the Dole, Harmondsworth 1987 (Nachdr.; 1. Aufl. 1933)

ders., Lancashire, London 1951

Grenfell, David, Labour's Way to plan Prosperity, London 1935

Hannington, Wal, Unemployed Struggles 1919-1936. My Life and Struggles Amongst the Unemployed, London 1936

ders., The Problem of the Distressed Areas, London 1937

ders., Never on our Knees, London 1967

Hardie, J. Keir, John Bull and his Unemployed. A Plain Statement on the Law of England as it affects the Unemployed, London 1905

Hermens, F. A., Der Staat und die Weltwirtschaftskrise, Berlin usw. 1936

Hill, A. C. C. Jr., u. Isador Lubin, The British Attack on Unemployment, Washington, D.C., 1934

Jahoda, Marie, Arbeitslose bei der Arbeit. Die Nachfolgestudie zu "Marienthal" aus dem Jahr 1938, hrsg. u. mit e. Einführung versehen von Christian Fleck (Studien zur historischen Sozialwissenschaft, Bd.11), Frankfurt/M. usw. 1989

dies., Paul F. Lazarsfeld u. Hans Zeisel, Die Arbeitslosen von Marienthal. Ein soziographischer Versuch mit einem Anhang zur Geschichte der Soziographie, Allensbach usw. 1960 (2. unveränd. Aufl.; 1. Aufl. Leipzig 1933)

Kahn-Freund, Otto, Der Funktionswandel des Arbeitsrechts, in: Archiv für Sozialwissenschaft und Sozialpolitik 67 (1932) (Nachdr.: Johnson Reprint Corp., New York usw. 1971), S.146-74

Keynes, John Maynard, The Economic Consequences of Mr. Churchill, London 1925 (Nachdr. in: Seeds of Conflict. Series 10. Economic Depression and Political Expansion. Europe and Japan between the Wars: Western Europe, Nendeln, Liechtenstein 1982)

ders., Allgemeine Theorie der Beschäftigung, des Zinses und des Geldes, Berlin 1983(6) (zuerst ersch. als: "The General Theory of Employment, Interest and Money", London 1936)

Kleine, Gerhard, Groß-Britanniens Ausgaben für Zwecke der öffentlichen Sozial- und Wohlfahrtspolitik vor und nach der Wirtschaftskrise von 1931, Leipzig, Phil. Diss., 1939

Lederer, Emil, u. Jakob Marschak, Die Klassen auf dem Arbeitsmarkt und ihre Organisationen, in: Grundriß der Sozialökonomik, IX. Abt.: Das soziale System des Kapitalismus, II. Teil: Die autonome und staatliche Binnenpolitik im Kapitalismus, bearb. von G. Albrecht u.a., Tübingen 1927, S.106-258

Legien, Carl, Das Koalitionsrecht der deutschen Arbeiter in Theorie und Praxis. Denkschrift der Generalkommission der Gewerkschaften Deutschlands, Hamburg 1899

ders., Die deutsche Gewerkschaftsbewegung, Berlin 1911(2)

Lehnemann, Bruno, Wege zu Arbeit und Brot. Betrachtungen und Berechnungen über die Auswirkung der Streichung von Produktivausgaben in den öffentlichen Haushalten, hrsg. v. ADGB / Bezirk Pommern-Mecklenburg-Strelitz, Stettin o.J. [um 1931]

Leipart, Theodor (Hg. i. A. des ADGB), Die 40 Stunden - Woche. Untersuchungen über Arbeitsmarkt, Arbeitsertrag und Arbeitszeit, Berlin 1931

Lloyd George, David, The Liberal Pledge to Conquer Unemployment. A Speech delivered to Liberal Candidates on March 1st, 1929, London 1929

ders., the Marquess of Lothian u. B. Seebohm Rowntree, How to Tackle Unemployment. The Liberal Plans as laid before the Government and the Nation, London 1930

MacDonald, James Ramsay, The New Unemployed Bill of the Labour Party, London 1907

McKenzie, G. Grant, Unemployment Assistance Guide, hrsg. v. der Labour Party, London 1936

Milne-Bailey, Walter, Nicht Wirtschaftsfriede, sondern Reorganisation der Wirtschaft, in: DA 5 (1928), H.2, S.131 ff.

ders., Die englische Gewerkschaftsbewegung und die Wirtschaftsdemokratie, in: DA 5 (1928), H.6, S.371-78 (Teil 1), H.7, S.433-44 (Teil 2)

ders., Die englische Wirtschaftskonferenz, in: DA 5 (1928), H.9, S.547-64

ders., Der englische Gewerkschaftskongreß, in: DA 5 (1928), H.9, S.590-92 ders., Die englische Wirtschaftskonferenz und das Problem der Arbeitslosigkeit, in: DA 6 (1929), H.4, S.240-48

ders., Der englische Gewerkschaftskongreß und die Unternehmerorganisationen, in: DA 7 (1930), H.5, S.341-44

ders., Währungspolitik und Wirtschaftskrise, in: DA 8 (1931), H.11, S.805-15

Mond, Alfred, The Remedy for Unemployment. Get the Workers Back to Work!, o.O., o.J. [1925]

Mosley, Oswald, A National Policy. An Account of the Emergency Programme advanced by Sir Oswald Mosley M.P., London 1931 (Nachdr. in: Seeds of Conflict. Series 10. Economic Depression and Political Expansion. Europe and Japan between the Wars: Western Europe, Nendeln, Liechtenstein 1982)

Naphtali, Fritz, Neuer Angelpunkt der aktiven Konjunkturpolitik oder Fehlleitung von Energien?, in: DA 8 (1931), S.485-97

ders., Wirtschaftsdemokratie. Ihr Wesen, Weg und Ziel, hrsg. u. eingel. von Rudolf F. Kuda, Köln usw. 1977(4) (zuerst ersch. 1928)

Orwell, George, Der Weg nach Wigan Pier, Zürich 1982 (zuerst ersch. als "The Road to Wigan Pier", London 1937)

Pimlott, Ben (Hg.), The Political Diary of Hugh Dalton, 1918-40, 1945-60, London 1986

Priestley, J. B., English Journey, Chicago 1984 (Nachdr.; 1. Aufl. 1934)

Pünder, Hermann, Politik in der Reichskanzlei. Aufzeichnungen aus den Jahren 1929-1932, hrsg. von Thilo Vogelsang (Schriftenreihe der VfZ, Nr.3), Stuttart 1961

Reithinger, Anton, Stand und Ursachen der Arbeitslosigkeit in Deutschland und Vorschläge zu ihrer Bekämpfung. Teil A: Entwicklung und gegenwärtiger Stand der Arbeitslosigkeit in Deutschland, abgeschlossen Ende Dezember 1931; Teil B: Die Ursachen der Arbeitslosigkeit in Deutschland und Vorschläge zu ihrer Bekämpfung, abgeschlossen Anfang Januar 1932 (Typoskript im Bestand der UB Mannheim; publiziert als: ders., Stand und Ursachen der Arbeitslosigkeit in Deutschland. Vierteljahrshefte zur Konjunkturforschung, Sonderheft 29, Berlin 1932)

Riemensberger, E. F., Die deutschen Faschisten und das italienische Beispiel, in: GZ 41 (1931), S.232 f.

Smyth, J. L., Unemployment Insurance. An Analysis of the Present Position, hrsg. v. TUC, London 1930

ders., Notes on the Unemployment Assistance Regulations, 1936, hrsg. v. National Council of Labour, London 1936

Spliedt, Franz, u. Dr. Bruno Broecker, Die Versorgung der Arbeitslosen nach dem neuesten Stande der Gesetzgebung, hrsg. vom ADGB, Berlin 1932

Snowden, Philip, An Autobiography, Bd. 2: 1919-1934, London 1934

Stampfer, Friedrich, Die ersten 14 Jahre der Deutschen Republik, Offenbach/M. 1947(2)

ders., Erfahrungen und Erkenntnisse. Aufzeichnungen aus meinem Leben, Köln 1957

Tarnow, Fritz, Warum arm sein?, Berlin 1928

Thomas, James H., My Employment Policy, in: Labour Magazine Bd.8, Nr.8, 1929 [in: Archives of the Trades Union Congress, Series III: Periodicals and Serials 1918-1977, Reel 9, Brighton 1981]

Umbreit, Paul, 25 Jahre Deutscher Gewerkschaftsbewegung. 1890-1915, Berlin 1915

ders., Soziale Arbeiterpolitik und Gewerkschaften, Berlin 1916

ders., Sozialpolitische Arbeiterforderungen der deutschen Gewerkschaften. Ein sozialpolitisches Arbeiterprogramm, Berlin 1918

Wagemann, Ernst, Kurven und Zahlen zur Wirtschaftslage in Deutschland, hrsg. v. Institut für Konjunkturforschung, Berlin 1932

Webb, Sidney u. Beatrice, The History of Trade Unionism, London 1950(2) (Nachdr.)

West, F. R., Trickery and Treachery of the "National" Government, hrsg. v. der Labour Party, London 1935

Wilkinson, Ellen, u. Edward Conze, Why Fascism? London 1936
Wissell, Rudolf, Die Sozialpolitik nach dem Kriege, Berlin 1929

Woytinsky, Wladimir, Arbeitslosigkeit oder verkürzte Arbeitszeit, in: Berliner Tageblatt Nr.555 v. 25.11.1930

ders., Die Arbeitslosigkeit im Jahre 1932, Teil I u. II, in: GZ 43 (1933), S.86-88, 104 f.

IV. Archivalische, bibliographische und statistische Hilfsmittel und Nachschlagewerke

Allen, Victor Leonard, International Bibliography of Trade Unionism, London 1968

Bain, George Sayers u. Robert Price, Profiles of Union Growth. A Comparative Statistical Portrait of Eight Countries, Oxford 1980 dies., The Labour Force, in: A. H. Halsey (Hg.), British Social Trends Since 1900. A Guide to the Changing Social Structure of Britain, London usw. 1988(2), S.162-201

Bibliothek der sozialen Demokratie / Bibliothek der Friedrich-Ebert-Stiftung (Hg.), Bibliographie zur Geschichte der deutschen Arbeiterbewegung, Bonn 1976 ff.

Brunner, Detlev, Quellen zur Gewerkschaftsgeschichte. Bestandsverzeichnisse Ostberliner Archive zur Geschichte der Gewerkschaftsbewegung von den Anfängen bis 1933, Essen 1992

Butler, David, u. Gareth Butler, British Political Facts 1900-1985, London 1986(6)

Consolidated Guide to the Modern Records Centre (University of Warwick Library Occasional Publication No.14), compiled by Richard Storey and Alistair Tough, Coventry 1986

Cook, Chris, u. John Stevenson, Longman Atlas of Modern British History. A Visual Guide to British Society and Politics 1700-1970, London 1978

dies., The Longman Handbook of Modern British History 1714-1987, London usw. 1989(2)

Craig, F. W. S. (Hg.), British General Election Manifestos, 1900-1974, London 1975

ders., British Electoral Facts 1885-1975, London 1976(3)

ders., British Parliamentary Election Results 1918-1949, London 1977(2)

Degen, Günther R., Zur Geschichte und Gegenwart der Gewerkschaftsbewegung in Groß-britannien. Ein Literaturbericht, in: IWK 12 (1976), S.461-81

Deutsche Bank, Filiale Hamburg (Hg.), Devisenkurse 1924-1933. Monats-Durchschnittskurse für London, New York, Amsterdam, Stockholm, Zürich, Paris. Errechnet nach den Notierungen an der Berliner Börse, Hamburg o.J.

dies., Devisenkurse 1934-1945. Monats-Durchschnittskurse für London, New York, Amsterdam, Stockholm, Zürich, Paris. Errechnet nach den Notierungen an der Berliner Börse, Hamburg o.J.

Dictionary of National Biography, 1971-80, hrsg. von Lord Blake u. C. S. Nicholls, Oxford 1986

Dictionary of National Biography, 1981-85, hrsg. von Lord Blake u. C. S. Nicholls, Oxford 1990

Dowe, Dieter, u. Kurt Klotzbach (Hg.), Programmatische Dokumente der deutschen Sozialdemokratie, Berlin usw. 1984(2)

Duffield, Sarah, u. Richard Storey, The Trades Union Congress Archive 1920-60 (University of Warwick Library Occasional Publication No.19, Modern Records Centre Sources Booklet No.5), Coventry 1992

Feinstein, C. H., Statistical Tables of National Income, Expenditure and Output of the U.K. 1855-1965, Cambridge usw. 1976 (zuerst ersch. als Teil von ders., National Income, Expenditure and Output of the United Kingdom, 1855-1965, Cambridge 1972)

Flora, Peter u.a. (Hg.), State, Economy, and Society in Western Europe 1815-1975. A Data Hand-book in two Volumes, Frankfurt/M. usw., Bd.1: The Growth of Mass Democracies and Welfare States (1983); Bd.2: The Growth of Industrial Societies and Capitalist Economies (1987)

Freese, Matthias, Kooperation und Konflikt. Neuere Studien zu den Gewerkschaften in der Weimarer Republik, in: Neue Politische Literatur 36 (1991), S.405-49

Grahn, Gerlinde, Quellen zur Geschichte der deutschen und internationalen Arbeiterbewegung im Zentralen Staatsarchiv, in: Beiträge zur Geschichte der Arbeiterbewegung 25 (1983), S.248-55

dies., Quellen zur Geschichte der Arbeiterbewegung zwischen der Mitte des vergangenen Jahrhunderts und 1945 in den Nachlässen des Bundesarchivs, Abteilungen Potsdam, in: IWK 29 (1993), S.26-43

Hoffmann, Walter G., Das Wachstum der deutschen Wirtschaft seit der Mitte des 19. Jahrhunderts, Berlin usw. 1965

Klotzbach, Kurt, Bibliographie zur Geschichte der deutschen Arbeiterbewegung, 1914-1945: Sozialdemokratie, Freie Gewerkschaften. Christlich-Soziale Bewegungen. Kommunistische und linke Splittergruppen, Bonn 1981 (3., erweit. Aufl.)

Kolb, Eberhard, Literaturbericht: Weimarer Republik, 3 Teile, in: GWU 43 (1992), S.311-21, 636-51, 699-721

Kuba, Karlheinz, Archiv- und Bibliotheksbestände zur Gewerkschaftsgeschichte in der Johannes-Sassenbach-Stiftung, in: IWK 27 (1991), S.35-43

Mitchell, Brian R., European Historical Statistics 1750-1975, New York usw. 1981 (2., überarb.Aufl.)

Paul, Hans-Holger, Nachlässe von Persönlichkeiten der Deutschen Arbeiterbewegung (vor dem 3. Oktober 1990) und West-Berlins. Ein Spezialinventar, Bonn 1990

Petzina, Dietmar, Werner Abelshauser u. Anselm Faust, Sozialgeschichtliches Arbeitsbuch, Bd. 3: Materialien zur Statistik des Deutschen Reiches 1914-1945, München 1978

Pipers Wörterbuch zur Politik, Bd. 1: Politikwissenschaft. Theorien - Methoden - Begriffe, hrsg. v. Dieter Nohlen u. Rainer-Olaf Schulze, München usw. 1985

Pipers Wörterbuch zur Politik, Bd. 2: Westliche Industriegesellschaften. Wirtschaft - Gesellschaft - Politik, hrsg. v. Manfred G. Schmidt, München usw. 1983

Royal Historical Society (Hg.), Annual Bibliography of British and Irish History, Oxford 1976 ff.

Schmidt-Liebich, Jochen, Daten der englischen Geschichte. Von den Anfängen bis zur Gegenwart, München 1977

Smith, Harold, The British Labour Movement to 1970: A Bibliography, London 1981

Statistisches Reichsamt (Hg.), Statistisches Jahrbuch für das Deutsche Reich, Bd.48-57, Berlin 1929-1938

Stenton, Michael u. Stephen Lees (Hg.), Who's Who of British Members of Parliament, Bd.3: 1919-1945, Brighton 1979

Reichsministerium des Innern (Hg.), Handbuch für das Deutsche Reich 1929, 44. Jg., Berlin 1929

dass., Handbuch für das Deutsche Reich 1931, 45. Jg., Berlin 1931

Supplement to the Consolidated Guide to the Modern Records Centre (University of Warwick Library Occasional Publication No.20), compiled by Richard Storey, Alistair Tough and Christine Woodland, Coventry 1992

Swann, Brenda, u. Maureen Turnbull, Records of Interest to Social Scientists. Unemployment Insurance 1911 to 1939 (Public Record Office Handbooks No.16), London 1975

dies., Records of Interest to Social Scientists 1919 to 1939. Employment and Unemployment (Public Record Office Handbooks No.18), London 1978

Tenfelde, Klaus (Hg.), Arbeiter und Arbeiterbewegung im Vergleich. Berichte zur internationalen historischen Forschung (HZ, Sonderhefte, Bd.15), München 1986

Trades Union Congress Deposited Records (MSS.292) (Modern Records Centre Information Leaflet No.9), Coventry 1992

Ursachen und Folgen. Vom deutschen Zusammenbruch 1918 und 1945 bis zur staatlichen Neuordnung in der Gegenwart, hrsg. u. bearb. v. Hubert Michaelis u. Ernst Schaepler, Berlin, Bd.7: Die Weimarer Republik, 1928-1930 (1962); Bd.8: Die Weimarer Republik 1930-1933 (1963)

Verzeichnis der in der Bibliothek des Deutschen Gewerkschaftsbundes vorhandenen Berichte und Protokolle der Ortskartelle bzw. Gewerkschaftskartelle der Gewerkschaften vor 1933 (Ms.), zus.gestellt v. Marlies Kaiser, Stand 1.8.1982

Voßke, Heinz, Über die Bestände des Archivs im Institut für Geschichte der Arbeiterbewegung in Berlin, in: IWK 26 (1990), S.191-97

Wendt, Bernd-Jürgen, Historische Aspekte der englischen Arbeiterbewegung. Ein Literaturbericht, in: AfS 19 (1979), S.527-64

V. Forschungsliteratur

(Sammelbände, für die ein Kurztitel verwandt wurde, werden gesondert aufgeführt.)

Abelshauser, Werner, The First Post-Liberal Nation: Stages in the Development of Modern Corporatism in Germany, in: European History Quarterly 14 (1984), S.285-318

ders. (Hg.), Die Weimarer Republik als Wohlfahrtsstaat. Zum Verhältnis von Wirtschafts- und Sozialpolitik in der Industriegesellschaft (VSWG, Beiheft Nr.81), Stuttgart 1987

ders., Freiheitlicher Korporatismus im Kaiserreich und in der Weimarer Republik, in: ders. (Hg.), Weimarer Republik als Wohlfahrtsstaat, S.147-70

ders. (Hg.), Konflikt und Kooperation. Strategien europäischer Gewerkschaften im 20. Jahrhundert, Essen 1988

ders., Neuer Most in alten Schläuchen? Vorindustrielle Traditionen deutscher Wirtschaftsordnung im Vergleich mit England, in: Dietmar Petzina u. Jürgen Reulecke (Hg.), Bevölkerung, Wirtschaft, Gesellschaft seit der Industrialisierung. Festschr. f. Wolfgang Köllmann zum 65. Geburtstag, Dortmund usw. 1990, S.117-32

ders. u. Dietmar Petzina, Krise und Rekonstruktion. Zur Interpretation der gesamtwirtschaftlichen Entwicklung im 20. Jahrhundert, in: dies. (Hg.), Deutsche Wirtschaftsgeschichte im Industriezeitalter: Konjunktur, Krise, Wachstum, Königstein/Ts. usw. 1981, S.47-93

Abraham, David, Conflicts within German Industry and the Collapse of the Weimar Republic, in: Past and Present 88 (1980), S.88-128
ders., The Collapse of the Weimar Republic. Political Economy and Crisis, Princeton, New Jersey 1981

ders., Business Wars: On Contributions to Weimar Scholarship, in: VSWG 72 (1985), S.329-52

Addison, Paul, The Road to 1945. British Politics and the Second World War, London 1975

Adelman, Paul, British Politics in the 1930s and 1940s, Cambridge 1987

Aitken, Keith, The Bairns O' Adam. The Story of the STUC, Edinburgh 1997

Albert, Götz, Vom Blauen Band zur Grundberührung: Die deutsche Schiffbauindustrie von 1850 bis 1990, in: VSWG 83 (1996), S.155-79

Aldcroft, Derek H., The Inter-War Economy: Britain 1919-1939, London 1970

ders., The British Economy, Bd.1: The Years of Turmoil 1920-1951, Brighton 1986

Alemann, Ulrich von, u. Rolf G. Heinze, Verbändepolitik und Verbändeforschung in der Bundesrepublik, in: dies. (Hg.), Verbände und Staat, S.12-37 dies. (Hg.), Verbände und Staat. Vom Pluralismus zum Korporatismus. Analysen, Positionen, Dokumente, Opladen 1979

Alford, B. W. E, New Industries for Old? British Industry Between the Wars, in: Roderick Floud u. Donald McCloskey (Hg.), The Economic History of Britain Since 1700, Bd. 2: 1860 to the 1970s, Cambridge usw. 1981, S.308-31

Allen, V. L., Power in Trade Unions. A Study of their Organization in Great Britain, London usw. 1954

ders., Trade Union Leadership. Based on a Study of Arthur Deakin, London usw. 1957

ders., The Re-organization of the Trades Union Congress 1918-1927, in: British Journal of Sociology 11 (1960), S.24-43

Alter, Peter, Der britische Generalstreik von 1926 als politische Wende, in: Theodor Schieder (Hg.), Beiträge zur britischen Geschichte im 20. Jahrhundert (HZ, Beiheft 8 [Neue Folge]), München 1983, S.89-116

Ambrosius, Gerold, Staat und Wirtschaft im 20. Jahrhundert, München 1990

Arnot, R. Page, The Miners: Years of Struggle. A History of the Miners' Federation of Great Britain (from 1910 onwards), London 1953

ders., The Miners in Crisis and War. A History of the Miners' Federation of Great Britain (from 1930 onwards), London 1961

Bähr, Johannes W., Sozialer Staat und industrieller Konflikt. Das Schlichtungswesen zwischen Inflation und Weltwirtschaftskrise, in: Abelshauser (Hg.), Weimarer Republik als Wohlfahrtsstaat, S.185-203

ders., Staatliche Schlichtung in der Weimarer Republik. Tarifpolitik, Korporatismus und industrieller Konflikt zwischen Inflation und Deflation 1919-1932, Berlin 1989

Bagwell, Philip, The Railwaymen. The History of the National Union of Railwaymen, London 1963

Bahne, Siegfried, Die Erwerbslosenpolitik der KPD in der Weimarer Republik, in: Hans Mommsen u. Winfried Schulze (Hg.), Vom Elend der Handarbeit. Probleme historischer Unterschichtenforschung, Stuttgart 1981, S.477-96

ders., Das Verhältnis zwischen SPD und ADGB in der Weimarer Republik, in: Hermann W. von der Dunk u. Horst Lademacher (Hg.), Auf dem Weg zum modernen Parteienstaat. Zur Entstehung, Organisation und Struktur politischer Parteien in Deutschland und den Niederlanden, Melsungen 1986, S.165-71

Balderston, Theodore, The Origins of Economic Instability in Germany, 1924-1930: Market Forces versus Economic Policy, in: VSWG 69 (1982), S.488-514 ders., The Beginning of the Depression in Germany, 1927-1930: Investment and the Capital Market, in: EcHR 36 (1983), S.395-415

ders., Links between Inflation and Depression: German Capital and Labour Markets, 1924-1931, in: Feldman (Hg.), Nachwirkungen der Inflation, S.157-185

ders., The Origins and Course of the German Economic Crisis 1923-1932, Berlin 1993

Barkai, Avraham, Das Wirtschaftssystem des Nationalsozialismus. Ideologie, Theorie, Politik 1933-1945, Frankfurt/M. 1988

Barker, R., Political Myth: Ramsay MacDonald and the Labour Party, in: History 61 (1976), S.46-56

Bassett, R., 1931: Political Crisis, London 1958

Beer, Samuel H., The Representation of Interests in British Government: Historical Background, in: American Political Science Review 51 (1957), S.613-50

ders., Modern British Politics. A Study of Parties and Pressure Groups, London 1969(2)

Beier, Gerhard, Das Problem der Arbeiteraristokratie im 19. und 20. Jahrhundert. Zur Sozialgeschichte einer umstrittenen Kategorie, in: ders., Geschichte und Gewerkschaft. Politisch-historische Beiträge zur Geschichte sozialer Bewegungen, Köln 1981, S.118-180.

Beloff, Max, Wars and Welfare. Britain 1914-1945, London 1984

Benjamin, Daniel K., u. Levis A. Kochin, Searching for an Explanation of Unemployment in Inter-War Britain, in: JPolEc 87 (1979), S.441-78

dies., What went Right with Juvenile Unemployment Policy between the Wars: A Comment, in: EcHR 32 (1979), S.523-28

dies., Unemployment and Unemployment Benefits in Twentieth- Century Britain: A Reply to Our Critics, in: JPolEc 90 (1982), S.410-36

Bentley, Michael, u. John Stevenson (Hg.), High and Low Politics in Modern Britain. Ten Studies, Oxford 1983

Berger, Stefan, Ungleiche Schwestern? Die britische Labour Party und die deutsche Sozialdemokratie im Vergleich. 1900-1931, Bonn 1997 (zuerst ersch. als: The British Labour Party and the German Social Democrats, Oxford 1994)

Berkeley, Humphry, The Myth that will not die. The Formation of the National Government 1931, London 1978

Bermbach, Udo, Organisierter Kapitalismus. Zur Diskussion eines historisch-systematischen Modells, in: GG 2 (1976), S.264-73

Bessel, Richard, State and Society in Germany in the Aftermath of the First World War, in: W. R. Lee u. Eve Rosenhaft (Hg.), The State and Social Change in Germany 1880-1980, New York usw. 1990, S.200-27

Beyme, Klaus von, Der Neokorporatismus - Neuer Wein in alte Schläuche?, in: GG 10 (1984), S.211-33

Biegert, Hans H., Gewerkschaftspolitik in der Phase des Kapp-Lüttwitz-Putsches, in: Mommsen u.a. (Hg.), Industrielles System, S.190-205

Birch, Lionel (Hg.), The History of the T.U.C. 1868-1968. A Pictorial Survey of a Social Revolution, London 1968

Blackbourn, David, u. Geoff Eley, The Pecularities of German History. Bourgeois Society and Politics in Nineteenth-Century Germany, Oxford usw. 1984

ders. u. Richard Evans (Hg.), The German Bourgeoisie. Essays on the Social History of the German Middle Class from the Late Eighteenth to the Early Twentieth Century, London usw. 1991

Blaich, Fritz, Staat und Verbände in Deutschland zwischen 1871 und 1945, Wiesbaden 1979

ders., Staatsverständnis und politische Haltung der deutschen Unternehmer 1918-1990, in: Bracher u.a. (Hg.), Weimarer Republik, S.158-78

Blessing, Werner K., Zerfaserung des Parteiensystems und politische Radikalisierung, in: Bayrische Landeszentrale für politische Bildungsarbeit (Hg.), Die Weimarer Republik, Bd.3: Das Ende der Demokratie, 1929-1933, München 1995, S.219-70

Böhret, Carl, Institutionalisierte Einflußwege der Verbände in der Weimarer Republik, in: Heinz Josef Varain (Hg.), Interessenverbände in Deutschland, Köln 1973, S.216-27

Bombach, G. u.a. (Hg.), Der Keynesianismus I. Theorie und Praxis keynesianischer Wirtschaftspolitik. Entwicklung und Stand der Diskussion, Berlin usw. 1976

Booth, Alan, Corporatism, Capitalism and Depression in Twentieth-century Britain, in: British Journal of Sociology 33, 1982, S.200-23

ders., Britain in the 1930s: A Managed Economy?, in: EcHR 40 (1987), S.499-522

ders., Britain in the 1930s: A Managed Economy? A Reply to Peden and Middleton, in: EcHR 42 (1989), S.548-55

ders. u. Sean Glynn, Unemployment in the Interwar Period: A Multiple Problem, in: JCH 10 (1975), S.611-36

dies., Interwar Unemployment: Restatement and Comments, in: JCH 15 (1980), S.761-68 ders. u. Melvyn Pack, Employment, Capital and Economic Policy: Great Britain 1918-1939, Oxford 1985

Borchardt, Knut, Wirtschaftliche Ursachen des Scheiterns der Weimarer Republik, in: ders., Wachstum, Krisen, Handlungsspielräume der Wirtschaftspolitik. Studien zur Wirtschaftsgeschichte des 19. und 20. Jahrhunderts, Göttingen 1982, S.183-205 (zuerst ersch. in: Karl Dietrich Erdmann u. Hagen Schulze (Hg.), Weimar, Selbstpreisgabe einer Demokratie. Eine Bilanz heute, Düsseldorf 1980, S.211-49)

ders., Zwangslagen und Handlungsspielräume in der großen Weltwirtschaftskrise der frühen dreißiger Jahre. Zur Revision des überlieferten Geschichtsbildes, in: ders., Wachstum, Krisen, Handlungsspielräume der Wirtschaftspolitik. Studien zur Wirtschaftsgeschichte des 19. und 20. Jahrhunderts, Göttingen 1982, S.165-82 (zuerst ersch. in: Bayrische Akademie der Wissenschaften, Jahrbuch 1979, München 1979, S.87-132)

ders., Noch einmal: Alternativen zu Brünings Wirtschaftspolitik?, in: HZ 237 (1983), S.67-83

ders., Zum Scheitern eines produktiven Diskurses über das Scheitern der Weimarer Republik. Replik auf C. D. Krohns Diskussionsbemerkungen, in: GG 9 (1983), S.124-37

ders., Could and should Germany have followed Great Britain in leaving the Gold Standard?, in: Journal of European Economic History 13 (1884), S.471-98

ders., Wege aus der Arbeitslosigkeit: Die Diskussion in Deutschland in den frühen dreißiger Jahren, in: VzW 1984, H.1, S.6-16
ders., Das Gewicht der Inflationsangst in den wirtschaftspolitischen Entscheidungsprozessen wäh-rend der Weltwirtschaftskrise, in: Feldman (Hg.), Nachwirkungen der Inflation, S.233-60

ders., A Decade of Debate About Brüning's Economic Policy, in: Kruedener (Hg.), Economic Crisis and Political Collapse, S.99-151

Borsdorf, Ulrich, Historische Wandlungsprozesse im gewerkschaftlichen Führungspersonal, in: GMH 29 (1978), S.602-16

ders. u.a., Fehler, Versagen, Schuld? Ein Streitgespräch über die Rolle von SPD, KPD und Gewerkschaften am Ende der Weimarer Republik zwischen Ulrich Borsdorf, Frank Deppe, Michael Schneider und Hermann Weber, in: GMH 34 (1983), S.285-304

Bracher, Karl-Dietrich, Die Auflösung der Weimarer Republik. Eine Studie zum Problem des Machtverfalls in der Demokratie, Düsseldorf 1984 (unveränd. Nachdr. d. 5. Aufl. 1971)

ders., Manfred Funke u. Hans-Adolf Jacobsen (Hg.), Die Weimarer Republik 1918-1933. Politik, Wirtschaft, Gesellschaft, Bonn 1987

Branson, Noreen, u. Margot Heinemann, Britain in the Nineteen Thirties, London 1971

dies. u. Bill Moore, Labour-Communist Relations, 1920-1951, Teil I: 1920-1935, (Communist Party History Group, Our History, Pamphlet 82), London Juli 1990

Braunthal, Gerard, Der Allgemeine Deutsche Gewerkschaftsbund in der Weimarer Republik, Köln 1981 (zuerst ersch. als "Socialist Labor and Politics in Weimar Germany. The General Federation of German Trade Unions", 1978)

Breitling, Rupert, Die zentralen Begriffe der Verbandsforschung. "Pressure Group", Interessengruppen, Verbände, in: PVS 1 (1960), S.47-73

Brelie-Lewien, Doris von der, Der Aufstieg des Nationalsozialismus - unvermeidliches Ende des "deutschen Sonderweges" in Europa?, in: Helga Grebing, Der "deutsche Sonderweg" in Europa 1806-1945. Eine Kritik, Stuttgart usw. 1986, S.138-195

Breuilly, John, Liberalismus oder Sozialdemokratie? Ein Vergleich der britischen und deutschen politischen Arbeiterbewegung zwischen 1850 und 1875, in: Kocka (Hg.), Europäische Arbeiterbewegungen, S.129-66

ders., Civil Society and the Labour Movement, Class Relations and the Law. A Comparison between Germany and England, in: Jürgen Kocka (Hg.) unter Mitarb. v. E. Müller-Luckner, Arbeiter und Bürger im 19. Jahrhundert. Varianten ihres Verhältnisses im europäischen Vergleich, München 1986, S.287-318

Broadberry, Stephen N., The British Economy Between the Wars. A Macroeconomic Survey, Oxford 1986

ders., The Emergence of Mass Unemployment: Explaining Macroeconomic Trends in Britain During the Trans-World War I Period, in: EcHR 43 (1990), S.271-82

ders., The Emergence of Mass Unemployment: A Reply", EcHR 45 (1992), S.739-42

ders. u. Albrecht O. Ritschl, The Iron Twenties: Real Wages, Productivity and the Lack of Prosperity in Britain and Germany before the Great Depression, in: Buchheim u.a. (Hg.), Zerrissene Zwischenkriegszeit, S.15-43.

Brown, Kenneth D., Labour and Unemployment 1900-1914, Newton Abbot 1971

ders., The Labour Party and the Unemployment Question, 1906-1910, in: HJ 14 (1971), S.599-616

ders., The English Labour Movement 1700-1955, Dublin 1982

Brunner, Detlev, Bürokratie und Politik des Allgemeinen Deutschen Gewerkschaftsbundes 1918/19 bis 1933, Köln 1992

Buchheim, Christoph, Zur Natur des Wirtschaftsaufschwungs in der NS-Zeit, in: ders. u.a. (Hg.), Zerrissene Zwischenkriegszeit, S.97-119

ders., Michael Hutter u. Harold James (Hg.), Zerrissene Zwischenkriegszeit: Wirtschaftshistorische Beiträge. Knut Borchardt zum 65. Geburtstag, Baden-Baden 1994

Büttner, Ursula, Politische Alternativen zum Brüningschen Deflationskurs. Ein Beitrag zur Diskussion über "ökonomische Zwangslagen" in der Endphase von Weimar, in: VfZ 37 (1989), S.209-51

Buhl, Manfred, Sozialistische Gewerkschaftsarbeit zwischen programmatischem Anspruch und politischer Praxis. Der ADGB und die freien Gewerkschaften in der Stabilisierungsphase der Weimarer Republik (1923/24-1927/28), Köln 1983

Bullock, Alan, The Life and Times of Ernest Bevin, Bd.1: Trade Union Leader 1881-1940, London 1960

ders. u. Maurice Shock, Englands liberale Tradition, in: Lothar Gall (Hg.), Liberalismus, Königstein/Ts. 1985 (3., erweit. Aufl.), S.254-82

Burgess, Keith, The Origins of British Industrial Relations. The Nineteenth Century Experience, London 1975

ders., The Challenge of Labour. Shaping British Society 1850-1930, London 1980

Burnett, John, Idle Hands: The Experience of Unemployment, 1790-1990, London usw. 1994

Butt, John, Working-Class Housing in Glasgow, 1900-39, in: Ian MacDougall (Hg.), Essays in Scottish Labour History. A Tribute to W. H. Marwick, Edinburgh o. J. [1978], S.143-69

Capie, Forrest, Unemployment and Real Wages, in: Glynn u. Booth (Hg.), Full Employment, S.57-69

Carpenter, L. P., Corporatism in Britain, 1930-45, in: JCH 11 (1976), S.3-25

Casson, Mark, Economics of Unemployment. An Historical Perspective, Oxford 1983

Cawson, Alan, In Defence of the New Testament: A Reply to Andrew Cox, "The Old and New Testaments of Corporatism", in: Political Studies 36 (1988), S.309-15

Charles, Rodger, The Development of Industrial Relations in Britain 1911-1939. Studies in the Evolution of Collective Bargaining at National and Industry Level, London 1973

Checkland, Sydney, British Public Policy 1776-1939: An Economic and Political Perspective, Cambridge usw. 1983

Childers, Thomas, The Social Basis of the National Socialist Vote, in: JCH 11 (1976), S.17-42

ders., The Middle Classes and National Socialism, in: Blackbourn u. Evans (Hg.), German Bourgeoisie, S.318-337

Church, Roy A., Ursprünge und Niedergang des "Tripartismus" in der britischen Kohleindustrie 1889 bis 1988, in: Feldman u. Tenfelde (Hg.), Bergbau, S.15-65

Clarke, Peter, The Keynesian Revolution in the Making, 1924-1936, Oxford 1989

Clegg, Hugh Armstrong, General Union in a Changing Society. A Short History of the National Union of General and Municipal Workers, 1889-1964, London 1964

ders., The System of Industrial Relations in Great Britain, Oxford 1972

ders., A History of British Trade Unions since 1889, Oxford, Bd. 2: 1911-1933 (1985), Bd. 3: 1934-1951 (1994)

ders., Alan Fox u. A. F. Thompson, A History of British Trade Unions since 1889, Bd. 1: 1889-1910, Oxford 1964

Clinton, Alan, Post Office Workers. A Trade Union and Social History, London 1984

Cohen, Youssef, u. Franco Pavoncello, Corporatism and Pluralism: A Critique of Schmitter's Typology, in: British Journal of Political Science 17 (1987), S.117-22

Collins, Michael, Unemployment in Interwar Britain. Still Searching for an Explanation", in: JPolEc 90 (1982), S.369-79

Connelly, J. T., The Woodworkers 1860-1960, London 1960

Cook, Chris, u. Ian Taylor (Hg.), The Labour Party. An Introduction to its History, Structure and Politics, London usw. 1980

Cowling, Maurice, The Impact of Labour. The Beginning of Modern British Politics, Cambridge 1971

ders., The Impact of Hitler. British Politics and British Policy 1933-1940, Cambridge 1975

Cox, Andrew, The Old and New Testaments of Corporatism: Is it a Political Form or a Method of Policy-making?, in: Political Studies 36 (1988), S.294-308

Crafts, N. F. R., Long-term Unemployment in Britain in the 1930s, in: EcHR 40 (1987), S.418-32

Cronin, James E., The Politics of State Expansion. War, State and Society in Twentieth-Century Britain, London usw. 1991

ders., Neither Exceptional nor Peculiar. Towards the Comparative Study of Labor in Advanced Society, in: IRSH 38 (1993), S.59-75

Cross, Rodney, How Much Voluntary Unemployment in Interwar Britain?, in: JPolEc 90 (1982), S.380-85

Crouch, Colin, Pluralism and the New Corporatism: A Rejoinder, in: Political Studies 31 (1983), S.452-60

Croucher, Richard, We Refuse to Starve in Silence: A History of the National Unemployed Workers' Movement, 1920-46, London 1987

ders., Communist Unemployed Organizations between the World Wars. International Patterns and Problems, in: AfS 30 (1990), S.584-98

Crowther, Anne, British Social Policy 1914-1939, London 1988

Cullen, S., The Development of the Ideas and Policy of the British Union of Fascists, 1932-40, in: JCH 22 (1987), S.115-36

Currie, Robert, Industrial Politics, Oxford 1979

Czada, Roland, Korporatismus, in: Pipers Wörterbuch zur Politik, Bd.2, S.209-18

Dare, Robert, Instinct and Organization: Intellectuals and British Labour after 1931, in: HJ 26 (1983), S.677-97

Deacon, Alan, Concession and Coercion: The Politics of Unemployment Insurance in the Twenties, in: Asa Briggs u. John Saville (Hg.), Essays in Labour History 1918-1939, London 1977, S.9-35

Deppe, Frank, Hätten die Gewerkschaften die Weimarer Republik retten können?, in: Das Argument 22 (1980), S.546-60

ders., Georg Fülberth u. Jürgen Harrer (Hg.), Geschichte der deutschen Gewerkschaftsbewegung, Köln 1989 (4., aktual. u. neubearb. Aufl.)

ders. u. Witich Roßmann, Hätte der Faschismus verhindert werden können? Gewerkschaften, SPD und KPD 1929-1933, in: BdiP 28 (1983), S.18-29

dies., Kommunistische Gewerkschaftspolitik in der Weimarer Republik, in: Matthias u. Schönhoven (Hg.), Solidarität und Menschenwürde, S.209-31

Dimsdale, N. H., S. J. Nickell u. N. Horsewood, Real Wages and Unemployment in Britain During the 1930's", in: Economic Journal 99 (1989), S.271-92

Dintenfass, Michael, The Politics of Producers' Co-operation: the FBI-TUC-NCEO Talks, 1929-1933, in: Turner (Hg.), Businessmen and Politics, S.76-92

Dorpalen, Andreas, SPD und KPD in der Endphase der Weimarer Republik, in: VfZ 31 (1983), S.77-107

Durbin, Elizabeth, New Jerusalems. The Labour Party and the Economics of Democratic Socialism, London usw. 1985

Eatwell, Roger, u. Anthony Wright, Labour and the Lessons of 1931, in: History 63 (1978), S.38-53

Eichengreen, Barry, Unemployment in Interwar Britain: New Evidence from London, in: JIH 17 (1986), S.335-58

ders., The Origins and Nature of the Great Slump Revisited, in: EcHR 45 (1992), S.213-39

ders., Wages and the Gold Standard. Perspectives on the Borchardt Debate, in: Buchheim u.a. (Hg.), Zerrissene Zwischenkriegszeit, S.177-203

ders. u. Timothy J. Hatton (Hg.), Interwar Unemployment in International Perspective, Dordrecht usw. 1988

Eichler, Joachim, Theodor Leipart, in: Helga Grebing, Hans-Otto Hemmer u. Gottfried Christmann (Hg.), Das Holzarbeiterbuch. Die Geschichte der Holzarbeiter und ihrer Gewerkschaften, Köln 1993, S.88-91

Eisenberg, Christiane, Deutsche und englische Gewerkschaften, Göttingen 1986

dies., The Comparative View in Labour History. Old and New Interpretations of the English and German Labour Movements before 1914, in: IRSH 34 (1989). S.403-32

Eley, Geoff, Liberalismus 1860-1914. Deutschland und Großbritannien im Vergleich, in: Langewiesche (Hg.), Liberalismus im 19. Jahrhundert, S.260-76

ders., Liberalism, Europe, and the bourgeoisie 1860-1914, in: Blackbourn u. Evans (Hg.), German Bourgeoisie, S.293-317

Emig, Dieter, u. Rüdiger Zimmermann, Das Ende einer Legende: Gewerkschaften, Papen und Schleicher. Gefälschte und echte Protokolle, in: IWK 12 (1976), S.19-43

Erdmann, Karl Dietrich, Die Weimarer Republik, München 1982(3)

Erwerbslosenbewegung vor 50 Jahren. Ein Gespräch mit Willy Hundertmark - vor 50 Jahren selbst arbeitslos und in der Erwerbslosenbewegung aktiv, in: Marxistische Blätter 20 (1982), S.81-84

Euchner, Walter, u. Maurice Stockhausen, SPD, Gewerkschaften und Reichswirtschaftsrat, in: Saage (Hg.), Solidargemeinschaft und Klassenkampf, S.61-80

Evans, Richard J., Rethinking German History. Nineteenth-Century Germany and the Origins of the Third Reich, London usw. 1987

ders. u. Dick Geary (Hg.), The German Unemployed. Experiences and Consequences of Mass Unemployment from the Weimar Republic to the Third Reich, London usw. 1987

Falter, Jürgen W., Politische Konsequenzen von Massenarbeitslosigkeit. Neue Daten zu kontroversen Thesen über die Radikalisierung der Wählerschaft am Ende der Weimarer Republik, in: PVS 25 (1984), S.275-95 ders., Unemployment and the Radicalisation of the German Electorate 1928-1933: An Aggregate Data Analysis with Special Emphasis on the Rise of National Socialim, in: Stachura (Hg.), Unemployment and the Great Depression, S.187-207

ders., Wahlen und Wählerverhalten unter besonderer Berücksichtigung des Aufstiegs der NSDAP nach 1928, in: Bracher u.a. (Hg.), Weimarer Republik, S.484-504

ders., Arbeiter haben erheblich häufiger, Angestellte dagegen sehr viel seltener NSDAP gewählt als wir lange Zeit angenommen haben. Ein Rückblick auf das Projekt "Die Wähler der NSDAP 1928-1933, in: GG 16 (1990), S.536-52

ders., Hitlers Wähler, München 1991

ders., Die Wahlen des Jahres 1932/33 und der Aufstieg totalitärer Parteien, in: Bayrische Landeszentrale für politische Bildungsarbeit (Hg.), Die Weimarer Republik, Bd.3: Das Ende der Demokratie, 1929-1933, München 1995, S.271-314

ders., Thomas Lindenberger u. Siegfried Schumann, Wahlen und Abstimmungen in der Weimarer Republik. Materialien zum Wahlverhalten 1919-1933, München 1986

ders. u. Reinhard Zintl, The Economic Crisis of the 1930s and the Nazi Vote, in: JIH 19 (1988), S.55-85

ders. u. Michael H. Kater, Wähler und Mitglieder der NSDAP. Neue Forschungsergebnisse zur Soziographie des Nationalsozialismus 1925 bis 1933, in: GG 19 (1993), S.155-77

Faust, Anselm, Funktion und soziale Bedeutung des gewerkschaftlichen Unterstützungswesens: Die Arbeitslosenunterstützung der Freien Gewerkschaften im Deutschen Kaiserreich, in: Hans Mommsen u. Winfried Schulze (Hg.), Vom Elend der Handarbeit. Probleme historischer Unterschichtenforschung, Stuttgart 1981, S.395-417

ders., Konjunktur, Arbeitsmarkt- und Arbeitslosenpolitik im Deutschen Kaiserreich, in: Dietmar Petzina u. Ger van Roon (Hg.), Konjunktur, Krise, Gesellschaft. Wirtschaftliche Wechsellagen und soziale Entwicklung im 19. und 20. Jahrhundert, Stuttgart 1981, S.235-55

ders., Der Staat und die Arbeitslosigkeit in Deutschland 1890-1918. Arbeitsvermittlung, Arbeitsbeschaffung und Arbeitslosenversicherung, in: Mommsen (Hg.), Entstehung des Wohlfahrtsstaates, S.159-72

ders., Von der Fürsorge zur Arbeitsmarktpolitik: Die Errichtung der Arbeitslosenversicherung, in: Abelshauser (Hg.), Weimarer Republik als Wohlfahrtsstaat, S.260-79

Feldman, Gerald D., Die Freien Gewerkschaften und die Zentralarbeitsgemeinschaft 1918-1924, in: Vetter (Hg.), Vom Sozialistengesetz, S.229-52

ders., Die wirtschaftspolitischen Vorstellungen des "Alten Verbandes" in der Weimarer Republik, in: Mommsen u. Borsdorf (Hg.), Glück auf, Kameraden!, S.301-23

ders. (Hg.) unter Mitarb. v. E. Müller-Luckner, Die Nachwirkungen der Inflation auf die deutsche Geschichte 1924-1933, München 1985

ders., The Weimar Republic. A Problem of Modernization?, in: AfS 26 (1986), S.1-26

ders., From Crisis Creation to Work Creation. Government Policies and Economic Actors in the Great Depression, in: Jürgen Kocka, Hans-Jürgen Puhle und Klaus Tenfelde (Hg.), Von der Arbeiterbewegung zum modernen Sozialstaat. Festschr. f. Gerhard A. Ritter zum 65. Geburtstag, München usw. 1994, S.703-18

ders. u. Irmgard Steinisch, Notwendigkeit und Grenzen sozialstaatlicher Intervention. Eine vergleichende Fallstudie des Ruhreisenstreits in Deutschland und des Generalstreiks in England, in: AfS 20 (1980), S.57-117

dies., Industrie und Gewerkschaften 1918-1924. Die überforderte Zentralarbeitsgemeinschaft, Stuttgart 1985

ders. u. Klaus Tenfelde (Hg.), Arbeiter, Unternehmer und Staat im Bergbau. Industrielle Beziehungen im internationalen Vergleich, München 1989

Fenley, Anthony, Labour and the Trade Unions, in: Cook u. Taylor (Hg.), Labour Party, S.50-81

Fischer, Conan J., Gab es am Ende der Weimarer Republik einen marxistischen Wählerblock?, in: GG 21 (1995), S.63-79

Fischer, Wolfram, Die Weimarer Republik unter den weltwirtschaftlichen Bedingungen der Zwischenkriegszeit, in: Mommsen u.a. (Hg.), Industrielles System, S.26-50

Flanagan, Richard, "Parish-Fed Bastards". A History of the Politics of the Unemployed in Britain, 1884-1939, New York usw. 1991

Fowler, Alan, u. Terry Wyke, The Barefoot Aristocrats. A History of the Amalgamated Association of Operative Cotton Spinners, Littleborough 1987

Fox, Alan, A History of the National Union of Boot and Shoe Operatives 1874-1957, Oxford 1958

ders., Corporatism and Industrial Democracy: The Social Origins of Present Forms and Methods in Britain and Germany, in: Industrial Democracy: International Views, Coventry (SSRC Industrial Relations Unit, University of Warwick) 1978, S.1-54

ders., History and Heritage. The Social Origins of the British Industrial Relations System, London usw. 1985

Fraenkel, Ernst, Der Ruhreisenstreit 1928-1929 in historisch-politischer Sicht, in: Ferdinand A. Hermens u. Theodor Schieder (Hg.), Staat, Wirtschaft und Politik in der Weimarer Republik. Festschr. f. Heinrich Brüning, Berlin 1967, S.97-117 ders., Historische Vorbelastungen des deutschen Parlamentarismus, in: ders., Deutschland und die westlichen Demokratien, Stuttgart usw. 1968 (4. unveränd. Aufl.), S.13-31 (zuerst ersch. in: VfZ 8 (1960), S.323-340)

Frey, Bruno S. u. Hannelore Weck, Hat Arbeitslosigkeit den Aufstieg des Nationalsozialismus bewirkt?, in: Jahrbücher für Nationalökonomie und Statistik 196 (1981), S.1-31

Friebel, Isolde u. Heinrich Händel, Großbritannien, Bd.2: Wirtschaft und Gesellschaft, München 1982

Führer, Karl Christian, Arbeitslosigkeit und die Entstehung der Arbeitslosenversicherung in Deutschland 1902-1927, Berlin 1990

Fyrth, H. J., u. Henry Collins, The Foundry Workers. A Trade Union History, Manchester 1959

Gahlen, Bernhard, u.a., Volkswirtschaftslehre. Eine problemorientierte Einführung, Tübingen 1982 (13., verb. Aufl.)

Gard, Elizabeth, The British Trade Unions, Cambridge 1983
Garside, William R., The Durham Miners 1919-1960, London 1971

ders., Juvenile Unemployment and Public Policy between the Wars, in: EcHR 30 (1977), S.322-39

ders., Management and Men: Aspects of British Industrial Relations in the Inter-war Period, in: Barry Supple (Hg.), Essays in British Business History, Oxford 1977, S.244-67

ders., Juvenile Unemployment between the Wars: A Rejoinder, in: EcHR 32 (1979), S.529-32

ders., The Measurement of Unemployment. Methods and Sources in Great Britain, 1850-1979, Oxford 1980

ders., Unemployment and the School-Leaving Age in Inter-War Britain, in: IRSH 26 (1981), S.159-70

ders., The Failure of the "Radical Alternative". Public Works, Deficit Finance and British Interwar Unemployment, in: Journal of European Economic History 14 (1985), S.537-55

ders., Public Works and Mass Unemployment: Britain's Response in a European Perspective 1919-1939, in: AfS 27 (1987), S.83-102

ders., The Real Wage Debate and British Interwar Unemployment, in: Glynn u. Booth (Hg.), Full Employment, S.70-81

ders., British Unemployment 1919-1939. A Study in Public Policy, Cambridge 1990

ders. u. T. J. Hatton, Keynesian Policy and British Unemployment in the 1930s, in: EcHR 38 (1985), S.83-88

Garvy, George, Keynes and the Economic Activists of Pre-Hitler Germany, in: JPolEc 83 (1975), S.391-404

Gates, Robert A., The Economic Policies of the German Free Trade Unions and the German Social Democratic Party, 1930-1933, University of Oregon, Ph.D., 1970

ders., Von der Sozialpolitik zur Wirtschaftspolitik? Das Dilemma der deutschen Sozialdemokratie in der Krise 1929-1933, in: Mommsen u.a. (Hg.), Industrielles System, S.206-25

Geary, Dick, Arbeiter und Unternehmer im deutschen Kaiserreich, in: Abelshauser (Hg.), Konflikt und Kooperation, S.170-83

ders., The Industrial Bourgeoisie and Labour Relations in Germany 1871-1933, in: Blackbourn u. Evans (Hg.), German Bourgeoisie, S.140-61

Gessner, Dieter, Das Ende der Weimarer Republik. Fragen, Methoden und Ergebnisse interdisziplinärer Forschung, Darmstadt 1978

Gilbert, Bentley B., British Social Policy 1914-1939, London 1970

Glynn, Sean, Real Policy Options, in: ders. u. Booth (Hg.), Full Employment, S.154-174

ders. u. John Oxborrow, Interwar Britain: A Social and Economic History, London 1976

ders. u. Alan Booth, Unemployment in Interwar Britain: A Case for Re-learning the Lessons of the 1930s?, in: EcHR 36 (1983), S.329-48

dies., Building Counterfactual Pyramids, in EcHR 38 (1985), S.89-94

dies. (Hg.), The Road to Full Employment, London usw. 1987

dies., The Emergence of Mass Unemployment: Some Questions of Precision, in: EcHR 45 (1992), S.731-38

Göhler, Gerhard, u. Ansgar Klein, Politische Theorien des 19. Jahrhunderts, in: Hans-Joachim Lieber (Hg.), Politische Theorien von der Antike bis zur Gegenwart, Bonn 1991, S.259-656

Gospel, Howard F., Employers' Labour Policy: A Study of the Mond-Turner Talks 1927-33, in: Business History 21 (1979), S.180-97

ders., Employers and Managers: Organisation and Strategy, 1914-39, in: Wrigley (Hg.), History of British Industrial Relations, Bd.2, S.159-84

Grebing, Helga, Über die Bedingungen der Verwirklichung gewerkschaftlicher Zielsetzungen in der parlamentarischen Demokratie, in: GMH 27 (1976), S.257-67

dies., Geschichte der deutschen Arbeiterbewegung. Ein Überblick, München 1977(8) dies., Die Gewerkschaften in der Krisenphase der Weimarer Republik, in: GMH 34 (1983), S.228-38

dies., Gewerkschaftliches Verhalten in der politischen Krise der Jahre 1930-1933, in: Gewerkschafts-Zeitung. Organ des Allgemeinen Deutschen Gewerkschaftsbundes, 43. Jg. 1933, Nachdr.: Berlin usw. 1983, Anhang, S.[7]-[46]

dies. unter Mitarb. v. D. von der Brelie-Lewien u. H.-J. Franzen, Der "deutsche Sonderweg" in Europa 1806-1945. Eine Kritik, Stuttgart usw. 1986

dies., Sozialdemokratische Arbeiterbewegung und Nationalsozialismus 1924-1933, in: dies. u. Klaus Kinner (Hg.), Arbeiterbewegung und Faschismus. Faschismus-Interpretationen in der europäischen Arbeiterbewegung, Essen 1990

Grotkopp, Wilhelm, Die große Krise. Lehren aus der Überwindung der Wirtschaftskrise 1929/32, Düsseldorf 1954

Grübler, Michael, Die Spitzenverbände der Wirtschaft und das Erste Kabinett Brüning. Vom Ende der Großen Koalition 1929/30 bis zum Vorabend der Bankenkrise 1931. Eine Quellenstudie, Düsseldorf 1982

Hänisch, Dirk, Sozialstrukturelle Bestimmungsgründe des Wahlverhaltens in der Weimarer Republik. Eine Aggregatdatenanalyse der Ergebnisse der Reichstagswahlen 1924 bis 1933, Duisburg 1983

Hahn, Thomas, Arbeiterbewegung und Gewerkschaften: eine Untersuchung der Strategiebildung der Freien Gewerkschaften auf dem "Arbeitsmarkt" am Beispiel des Kampfes gegen die Arbeitslosigkeit mit Arbeitsnachweisen und Arbeitslosenunterstützung bis zum Arbeitsbeschaffungsprogramm in der Wirtschaftskrise Deutschlands 1928-1933, Berlin, FU, Diss. 1977

Hancock, K. J., The Reduction of Unemployment as a Problem of Public Policy, 1920-1929, in: Sidney Pollard (Hg.), The Gold Standard and Employment Policies Between the Wars, London 1970, S.99-121 [zuerst ersch. in: EcHR 15 (1962)]

Hans-Böckler-Stiftung (Hg.), 100 Jahre Fabrikarbeiterverband / IG Chemie - Papier - Keramik. Wissenschaftliche Fachtagung vom 7./8. April 1988 in Mannheim, Tagungsreport 1/88, Düsseldorf o.J. [1988]

Harrod, R. F., Keynes and the Macmillan Committee: Proposals for Public Works and Protection, in: Charles Feinstein (Hg.), The Managed Economy: Essays in British Economic Policy and Performance Since 1929, Oxford 1983, S.31-46

Hartwich, Hans-Hermann, Massenarbeitslosigkeit und Demokratiekrise - Arbeitsbeschaffung und soziale Reaktion, in: GMH 34 (1983), S.239-52

Haupt, Heinz-Gerhard u. Jürgen Kocka (Hg.), Geschichte und Vergleich. Ansätze und Ergebnisse international vergleichender Geschichtsschreibung, Frankfurt/M. usw. 1996

Hausen, Karin, Unemployment also hits Women: the New and the Old Woman on the Dark Side of the Golden Twenties in Germany, in: Stachura (Hg.), Unemployment and the Great Depression, S.78-120

Hay, Roy, Die Haltung der britischen Unternehmerschaft zur Sozialversicherung und das deutsche Beispiel, in: Mommsen (Hg.), Entstehung des Wohlfahrtsstaates, S.115-41

Hayburn, Ralph, The National Unemployed Workers' Movement, 1921-36. A Re-Appraisal, in: IRSH 28 (1983), S.279-95

Heer, Hannes, Burgfrieden oder Klassenkampf. Zur Politik der sozialdemokratischen Gewerkschaften 1930-1933, Neuwied usw. 1971

Henning, Hansjoachim, Dieter Lindenlaub u. Eckhard Wandel (Hg.), Wirtschafts- und sozialgeschichtliche Forschungen und Probleme. Festschr. f. Karl Erich Born, St. Katharinen 1987

Hennock, Peter, Die Ursprünge der staatlichen Sozialversicherung in Großbritannien und das deutsche Beispiel 1880-1914, in: Mommsen (Hg.), Entstehung des Wohlfahrtsstaates, S.92-114

Hentschel, Volker, Deutsche Wirtschafts- und Sozialpolitik 1815 bis 1945, Königstein/Ts. usw. 1980

ders., Geschichte der deutschen Sozialpolitik 1880-1980. Soziale Sicherung und kollektives Arbeitsrecht, Frankfurt/M. 1983

ders., Wirtschafts- und sozialhistorische Brüche und Kontinuitäten zwischen Weimarer Republik und Drittem Reich, in: Zeitschrift für Unternehmensgeschichte 28 (1983), S.39-80

ders., Die Sozialpolitik in der Weimarer Republik, in: Bracher u.a. (Hg.), Weimarer Republik, S.197-217

Hertz-Eichenrode, Dieter, Wirtschaftskrise und Arbeitslosigkeit. Konjunkturpolitik 1925/26 und die Grundlagen der Krisenpolitik Brünings, Frankfurt/M. 1982

Heupel, Eberhard, Reformismus und Krise. Zur Theorie und Praxis von SPD, ADGB und AfA-Bund in der Weltwirtschaftskrise 1929-1932/33, Frankfurt/M. usw. 1981

Hildebrandt, Horst (Hg.), Die deutschen Verfassungen des 19. und 20. Jahrhunderts, Paderborn usw. 1985(13)

Holmans, A. E., Housing Policy in Britain. A History, London usw. 1987

Holmes, Colin, Anti-Semitism and the BUF, in: Lunn u. Thurlow (Hg.), British Fascism, S.114-34

Holtfrerich, Carl-Ludwig, Alternativen zu Brünings Wirtschaftspolitik in der Weltwirtschaftskrise, in: HZ 235 (1982), S.605-31 ders., Arbeitslosigkeit, Sozialabbau, Demokratieverlust. Ergebnis zu hoher Löhne in der Weimarer Republik, in: GMH 34 (1983), S.714-22

ders., Zu hohe Löhne in der Weimarer Republik? Bemerkungen zur Borchard-These, in: GG 10 (1984), S.122-41

ders., Vom sozialpolitischen Aufbruch zur sozialen Demontage. Die Weimarer Republik und die Weltwirtschaftskrise, in: Henning u.a. (Hg.), Wirtschafts- und sozialgeschichtliche Forschungen, S.335-46

ders., Was the Policy of Deflation in Germany Unavoidable?, in: Kruedener (Hg.), Economic Crisis and Political Collapse, S.63-80

ders., Vernachlässigte Perspektiven der wirtschaftlichen Probleme der Weimarer Republik, in: Heinrich August Winkler (Hg.), Die deutsche Staatskrise 1930-1933. Handlungsspielräume und Alternativen, München 1992, S.133-50

Holton, Robert J., Revolutionary Syndicalism and the British Labour Movement, in: Mommsen u. Husung (Hg.), Development of Trade Unionism, S.266-82

Homburg, Heidrun, Vom Arbeitslosen zum Zwangsarbeiter. Arbeitslosenpolitik und Fraktionierung der Arbeiterschaft in Deutschland 1930-1933 am Beispiel der Wohlfahrtserwerbslosen und der kommunalen Wohlfahrtshilfe, in: AfS 25 (1985), S. 251-98

Hopwood, Edwin, A History of the Lancashire Cotton Industry and the Amalgamated Weavers' Association, Manchester 1969

Howson, Susan, Slump and Unemployment, in: Roderick Floud u. Donald McCloskey (Hg.), The Economic History of Britain Since 1700, Bd. 2: 1860 to the 1970s, Cambridge usw. 1981, S.265-85

dies. u. Donald Winch, The Economic Advisory Council 1930-39. A Study in Economic Advice During Depression and Recovery, Cambridge 1977

Huber-Koller, Rose-Marie, Die kommunistische Erwerbslosenbewegung in der Endphase der Weimarer Republik, in: Gesellschaft. Beiträge zur Marxschen Theorie 10 (1977), S.89-140

dies., Gewerkschaften und Arbeitslose. Erfahrungen der Massenerwerbslosigkeit und Aspekte freigewerkschaftlicher Arbeitslosenpolitik in der Endphase der Weimarer Republik, 2 Bde., Pfaffenweiler 1992

Hüllbüsch, Ursula, Die deutschen Gewerkschaften in der Weltwirtschaftskrise, in: in: Werner Conze u. Hans Raupach (Hg.), Die Staats- und Wirtschaftskrise des Deutschen Reichs 1929/33, Stuttgart 1967, S.126-54

dies., Der Ruhreisenstreit in gewerkschaftlicher Sicht, in: Mommsen u.a. (Hg.), Industrielles System, S.271-89 dies., Koalitionsfreiheit und Zwangstarif. Die Stellungnahme des Allgemeinen Deutschen Gewerkschaftsbundes zu Tarifvertrag und Schlichtungswesen in der Weimarer Republik, in: Ulrich Engelhardt, Volker Sellin u. Horst Stuke (Hg.), Soziale Bewegung und politische Verfassung. Beiträge zur Geschichte der modernen Welt. Festschr. f. Werner Conze, Stuttgart 1976, S.599-652

Hüttner, Martin, Freie Gewerkschaften der Weimarer Republik zwischen italienischem Faschismus, Nationalsozialismus, Wirtschaftsdemokratie und Weltwirtschaftskrise, Frankfurt/M. 1987

Hyman, Richard, Mass Organization and Militancy in Britain: Contrasts and Continuities, in: Mommsen u. Husung (Hg.), Development of Trade Unionism, S.250-65

Jahn, Peter, Gewerkschaften in der Krise. Zur Politik des ADGB in der Ära der Präsidialkabinette 1930 bis 1933, in: Matthias u. Schönhoven (Hg.), Solidarität und Menschenwürde, S.233-53

James, Harold, Gab es eine Alternative zur Wirtschaftspolitik Brünings?, in: VSWG 70 (1983), S.523-41

ders., Did the Reichsbank draw the Right Conclusions from the Great Inflation?, in: Feldman (Hg.), Nachwirkungen der Inflation, S.211-31

ders., Deutschland in der Weltwirtschaftskrise 1924-1936, Stuttgart 1988 (zuerst ersch. als "The German Slump", 1986)

ders., Financial Flows Across Frontiers During the Interwar Depression, in: EcHR 45 (1992), S.594-613

Jefferys, James B., The Story of the Engineers 1800-1945, o.O. [London] 1945

Jochmann, Werner, Brünings Deflationspolitik und der Untergang der Weimarer Republik, in: Stegmann u.a. (Hg.), Industrielle Gesellschaft, S.97-112

Jones, Kathleen, The Making of Social Policy in Britain 1830-1990, London usw. 1991

Jones, Stephen G., Trade-Union Policy Between the Wars. The Case of Holidays with Pay in Britain, in: IRSH 31 (1986), S.40-67

Kahn-Freund, Otto, Labour Law, in: Morris Ginsberg (Hg.), Law and Opinion in England in the 20th Century, London 1959, S.215-63

ders., Arbeitsbeziehungen. Erbe und Anpassung. Vorträge, gehalten in der Britischen Akademie am 27. und 30. November und am 4. Dezember 1978, Baden-Baden 1981

ders., Labour Law and Politics in the Weimar Republic, hrsg. von Roy Lewis u. Jon Clark, Oxford 1981

Kaiser, André, Staatshandeln ohne Staatsverständnis. Die Entwicklung des Politikfeldes Arbeitsbeziehungen in Großbritannien 1965-1990, Bochum 1995

Kaiser, Andreas, Probleme gewerkschaftlicher Politik in der Endphase der Weimarer Republik, in: BdiP 25 (1980), S.1099-114

Kaiser, Claudia, Trade Union Reactions to Economic Crisis: Britain and Germany in the Early 1930s, in: Christoph Buchheim u. Redvers Garside (Hg.), After the Slump. Industry and Politics in 1930s Britain and Germany, Frankfurt/M. usw. 2000, S.179-200

Kastendiek, Hans, Korporative Strategien und Strukturen in kapitalistischen Gesellschaften - Überlegungen zu einer historisch orientierten gesamtgesellschaftlichen "Korporatismus"-Analyse, in: Manfred Glagow (Hg.), Gesellschaftssteuerung zwischen Korporatismus und Subsidiarität, Bielefeld 1984, S.89-114

Keating, Michael, u. David Bleiman, Labour and Scottish Nationalism, London usw. 1979

Keese, Dietmar, Die volkswirtschaftlichen Gesamtgrößen für das Deutsche Reich in den Jahren 1925-1936, in: Werner Conze u. Hans Raupach (Hg.), Die Staats- und Wirtschaftskrise des Deutschen Reichs 1929/33, Stuttgart 1967, S.35-81

Kendall, Walter, Gewerkschaften in Europa, Hamburg 1977

Kidner, Richard, Trade Union Law, London 1979

Kindleberger, Charles P., Die Weltwirtschaftskrise. 1929-1939, München 1984(3)

Kingsford, Peter, The Hunger Marchers in Britain 1920-1935, London 1982

Kirby, M. W., Industrial Policy, in: Glynn u. Booth (Hg), Full Employment, London 1987, S.125-139

Klönne, Arno, Die deutsche Arbeiterbewegung. Geschichte - Ziele - Wirkungen, Düsseldorf usw. 1980

Kluxen, Kurt, Geschichte Englands. Von den Anfängen bis zur Gegenwart, Stuttgart 1968

Kocka, Jürgen, Organisierter Kapitalismus oder Staatsmonopolistischer Kapitalismus? Begriffliche Vorbemerkungen, in: Winkler (Hg.), Organisierter Kapitalismus, S.19-35

ders., Zur Problematik der deutschen Angestellten 1914-1933, in: Mommsen u.a. (Hg.), Industrielles System, S.792-811

ders., Theorien in der Sozial- und Gesellschaftsgeschichte. Vorschläge zur historischen Schichtungsanalyse, in: GG 1 (1975), S.9-42

ders. (Hg.), Europäische Arbeiterbewegungen im 19. Jahrhundert. Deutschland, Österreich, England und Frankreich im Vergleich, Göttingen 1983 ders., German History before Hitler: The Debate about the German Sonderweg, in: JCH 23 (1988), S.3-16

ders., Paradigmenwechsel? Die Perspektive der "Historischen Sozialwissenschaft", in: Bernd Mutter u. Siegfried Quandt (Hg.), Historie - Didaktik - Kommunikation. Wissenschaftsgeschichte und aktuelle Herausforderungen, Marburg 1988, S.65-80

ders., Comparative Historical Research: German Examples, in: IRSH 38 (1993), S.369-79

ders., New Trends in Labour Movement Historiography: A German Perspective, in: IRSH 42 (1997), S.67-78

ders. u. Thomas Nipperdey (Hg.), Theorie und Erzählung in der Geschichte, München 1979

Köhler, Henning, Arbeitsbeschaffung, Siedlung und Reparationen in der Schlußphase der Regierung Brüning, in: VfZ 17(1969), S.276-307

ders., Sozialpolitik von Brüning bis Schleicher, in: VfZ 21 (1973), S.146-50

ders., K. Borchardts "Revision des überlieferten Geschichtsbildes" der Wirtschaftspolitik in der Großen Krise. Eine Zwangsvorstellung?, in: IWK 19 (1983), S.164-80

Köllmann, Wolfgang, Bevölkerungsentwicklung in der Weimarer Republik, in: Mommsen u.a. (Hg.), Industrielles System, S.76-84

König, Benno, Interessenvertretung am Arbeitsplatz: Betriebsrätepraxis in der Metallindustrie 1920-1933, in: Klaus Tenfelde (Hg.), Arbeiter im 20. Jahrhundert, Stuttgart 1991, S.66-90

Kolb, Eberhard, Die Weimarer Republik, München 1988

Kramer, Helgard, Frankfurt's Working Women: Scapegoats or Winners of the Great Depression?, in: Evans u. Geary (Hg.), German Unemployed, S.108-41

Krieger, Wolfgang, Das gewerkschaftliche Unterstützungswesen in Großbritannien in den zwanziger Jahren, in: AfS 20 (1980), S.119-46

Krohn, Claus-Dieter, Autoritärer Kapitalismus. Wirtschaftskonzeptionen im Übergang von der Weimarer Republik zum Nationalsozialismus, in: Stegmann u.a. (Hg.), Industrielle Gesellschaft, S.113-29

ders., "Ökonomische Zwangslagen" und das Scheitern der Weimarer Republik. Zu K. Borchardts Analyse der deutschen Wirtschaft in den zwanziger Jahren, in: GG 8 (1982), S.415-26

Kruedener, Jürgen von, Die Überforderung der Weimarer Republik als Sozialstaat, in: GG 11 (1985), S.358-76

ders. (Hg.), Economic Crisis and Political Collapse. The Weimar Republic 1924-1933, New York usw. 1990

Kuda, Rudolf, Das Konzept der Wirtschaftsdemokratie, in: Vetter (Hg.), Vom Sozialistengesetz, S.253-74

Kühnl, Reinhard, Die Weimarer Republik. Errichtung, Machtstruktur und Zerstörung einer Demokratie, Reinbek bei Hamburg 1985

Kürbisch, Friedrich G. (Hg.), Entlassen ins Nichts. Reportagen über Arbeitslosigkeit 1918 bis heute. Ein Lesebuch, Berlin usw. 1983

Kukuck, Horst-Albert, Der Wiederaufschwung der Gewerkschaftsbewegung 1924 bis 1929, in: Matthias u. Schönhoven (Hg.), Solidarität und Menschenwürde, S.153-86

Kunz, Andreas, Arbeitsbeziehungen und Arbeitskonflikte im öffentlichen Sektor. Deutschland und Großbritannien im Vergleich, in: GG 12 (1986), S.34-62

Langan, Mary, u. Bill Schwarz (Hg.), Crisis in the British State, 1880-1930, London usw. 1985

Langewiesche, Dieter (Hg.), Liberalismus im 19. Jahrhundert. Deutschland im europäischen Vergleich, Göttigen 1988

Langkau, Jochen, Hans Matthöfer u. Michael Schneider (Hg.), SPD und Gewerkschaften, Bd.1: Zur Geschichte eines Bündnisses, Bonn 1994

Large, David Clay, Between Two Fires. Europe's Path in the 1930s, New York usw. 1990

Laybourn, Keith, The Rise of Labour. The British Labour Party 1890-1979, London usw. 1988

Lehmbruch, Gerhard, Wandlungen der Interessenpolitik im liberalen Korporatismus, in: Alemann u. Heinze (Hg.), Verbände und Staat, S.50-71

Lehnert, Detlef, u. Klaus Megerle, Identitäts- und Konsensprobleme in einer fragmentierten Gesellschaft. Zur politischen Kultur in der Weimarer Republik, in: Dirk Berg-Schlosser u. Jakob Schissler (Hg.), Politische Kultur in Deutschland. Bilanz und Perspektiven der Forschung. PVS, Sonderheft, 1987, S.80-95

dies. (Hg.), Politische Teilkulturen zwischen Integration und Polarisierung. Zur politischen Kultur in der Weimarer Republik, Opladen 1990

Leisewitz, André, Arbeitslosenbewegung in der Weltwirtschaftskrise 1929/1932, in: Marxistische Blätter 20 (1982), S.53-58

Lenger, Friedrich, Mittelstand und Nationalsozialismus? Zur politischen Orientierung von Handwerkern und Angestellten in der Endphase der Weimarer Republik, in: AfS 29 (1989), S.173-98

ders., Beyond Exceptionalism: Notes on the Artisanal Phase of the Labour Movement in France, England, Germany and the United States, in: IRSH 36 (1991), S.1-23

Lewek, Peter, Arbeitslosigkeit und Arbeitslosenversicherung in der Weimarer Republik 1918-1927 (VSWG, Beiheft 104), Stuttgart 1992

Lindenlaub, Dieter, Die Weltwirtschaftskrise in Deutschland: Die gesamtwirtschaftliche, die einzelwirtschaftliche und die internationale Perspektive, in: Henning u.a. (Hg.), Wirtschafts- und sozialgeschichtliche Forschungen, S.375-441

Lloyd, John, Light and Liberty. A History of the EETPU, London 1990

Lohr, Manfred, Langfristige Entwicklungstendenzen der Arbeitslosigkeit in Deutschland, in: Erich Wiegand u. Wolfgang Zapf (Hg.), Wandel der Lebensbedingungen in Deutschland, Wohlfahrtsentwicklung seit der Industrialisierung, Frankfurt/M. usw. 1982, S.237-333

Lovell, John, u. B. C. Roberts, A Short History of the TUC, London 1968

Lowe, Rodney, The Erosion of State Intervention in Britain, 1917-24, in: EcHR 31 (1978), S.270-86

ders., The Failure of Consensus in Britain: The National Industrial Conference, 1919-1921, in: HJ 21 (1978), S.649-75

ders., Hours of Labour: Negotiating Industrial Legislation in Britain, 1919-1939, in: EcHR 35, 1982, S.254-71

ders., Welfare Legislation and the Unions during and after the First World War, in: HJ 25 (1982), S.437-41

ders., Adjusting to Democracy. The Role of the Ministry of Labour in British Politics, 1916-1939, Oxford 1986

ders., Labour Policy, in: Glynn u. Booth (Hg), Full Employment, S.140-53

ders., The Government and Industrial Relations, 1919-39, in: Wrigley (Hg.), History of British Industrial Relations, Bd.2, S.185-210

Lunn, Kenneth, u. Richard C. Thurlow (Hg.), British Fascism. Essays on the Radical Right in Interwar Britain, London 1980

Lyman, Richard W., The First Labour Government 1924, London 1957

MacDonald, D. F., The State and the Trade Unions, London 1960

McDonald, G. W., u. Howard F. Gospel, The Mond-Turner Talks, 1927-1933: A Study in Industrial Co-operation, in: HJ 16 (1973), S.807-29

MacDougall, Ian, Some Aspects of the 1926 General Strike in Scotland, in: ders. (Hg.), Essays in Scottish Labour History. A Tribute to W. H. Marwick, Edinburgh o. J. [1987], S.170-206 ders., Voices from the Hunger Marches. Personal recollections by Scottish Hunger Marchers of the 1920s and 1930s, 2 Bde., Edinburgh 1990 u. 1991

MacKay, Donald I., David J. C. Forsyth u. David M. Kelly, The Discussion of Public Works Programmes, 1917-1935: Some Remarks on the Labour Movement's Contribution, in: IRSH 11 (1966), S.8-17

McKibbin, Ross J., The Evolution of the Labour Party 1910-1924, Oxford 1974

ders., The Economic Policy of the Second Labour Government 1929-1931, in: Past and Present 68 (1975), S.95-123

ders., Arthur Henderson as Labour Leader, in: IRSH 23 (1978), S.79-101

ders., Why was there no Marxism in Great Britain?, in: EHR 99 (1984), S.297-331

McLean, Iain, Party Organisation, in: Cook u. Taylor (Hg.), Labour Party, S.32-49

Mai, Gunther, Die Nationalsozialistische Betriebszellen-Organisation, in: Matthias u. Schönhoven (Hg.), Solidarität und Menschenwürde, S.271-89

ders., "Wenn der Mensch Hunger hat, hört alles auf". Wirtschaftliche und soziale Ausgangsbedingungen der Weimarer Republik (1914-1924), in: Abelshauser (Hg.), Weimarer Republik als Wohlfahrtsstaat, S.33-62

Maier, Charles S., Strukturen kapitalistischer Stabilität in den 20er Jahren. Errungenschaften und Defekte, in: Winkler (Hg.), Organisierter Kapitalismus, S.195-213

ders., Recasting Bourgois Europe. Stabilization in France, Germany, and Italy in the Decade after World War I, Princeton, New Jersey, 1975

ders., Die Nicht-Determiniertheit ökonomischer Modelle. Überlegungen zu Knut Borchardts These von der "kranken Wirtschaft" der Weimarer Republik, in: GG 11 (1985), S.275-94

Malament, Barbara C., British Labour and Roosevelt's New Deal: the Response of the Left and the Unions, in: JBS 17 (1978), S.136-67

Marcon, Helmut, Arbeitsbeschaffungspolitik der Regierungen Papen und Schleicher. Grundsteinlegung für die Beschäftigungspolitik im Dritten Reich, Bern usw. 1974

Marquand, David, Ramsay MacDonald, London 1977

Martin, Bernd, Die deutschen Gewerkschaften und die nationalsozialistische Machtübernahme. Von der Anpassungspolitik während der Präsidialkabinette zur Selbstausschaltung im totalitären Staat, in: GWU 36 (1985), S.605-31

Martin, Ross M., TUC: The Growth of a Pressure Group 1868-1976, Oxford 1980

ders., Pluralism and the New Corporatism, in: Political Studies 31 (1983), S.86-102 ders., Pluralism and the New Corporatism: A Reply, in: Political Studies 31 (1983), S.461 f.

Marwick, Arthur, Middle Opinion in the Thirties: Planning, Progress and Political 'Agreement', in: EHR 79 (1964), S.285-98

Matthias, Erich, u. Klaus Schönhoven (Hg.), Solidarität und Menschenwürde. Etappen der deutschen Gewerkschaftsgeschichte von den Anfängen bis zur Gegenwart, Bonn 1984

Maurer, Ilse, Reichsfinanzen und Große Koalition. Zur Geschichte des Reichskabinetts Müller (1928-1930), Bern usw. 1973

May, Trevor, An Economic and Social History of Britain 1760-1970, Harlow 1987

Medick, Hans, Anfänge und Voraussetzungen des Organisierten Kapitalismus in Großbritannien 1873-1914, in: Winkler (Hg.), Organisierter Kapitalismus, S.58-83

Meister, Rainer, Die große Depression. Zwangslagen und Handlungsspielräume der Wirtschafts- und Finanzpolitik in Deutschland 1929-1932, Regensburg 1991

Metcalf, David, Stephen J. Nickell u. N. Floros, Still Searching for an Explanation of Unemployment in Interwar Britain, in: JPolEc 90 (1982), S.386-99

Middlemas, Keith, Politics in Industrial Society. The Experience of the British System since 1911, London 1979

Middleton, Roger, Treasury Policy on Unemployment, in: Glynn u. Booth (Hg.), Full Employment, S.109-24

ders., Britain in the 1930s: A Managed Economy? A Comment, in: EcHR 42 (1989), S.544-47

Miliband, Ralph, Parliamentary Socialism. A Study in the Politics of Labour, London 1961

Miller, Frederic M., The Unemployment Policy of the National Government 1931-1936, in: HJ 19 (1976), S.453-76

ders., The British Unemployment Assistance Crisis of 1935, in: JCH 14 (1979), S.329-52

Möller, Horst, Weimar. Die unvollendete Demokratie, München 1985

Mommsen, Hans, Die deutschen Gewerkschaften zwischen Anpassung und Widerstand 1930-1944, in: Vetter (Hg.), Vom Sozialistengesetz, S.275-99

ders., Gewerkschaften und wirtschaftliche Krisen, in: GMH 27 (1976), S..273-79

ders., Soziale Kämpfe im Ruhrbergbau nach der Jahrhundertwende, in: ders. u. Borsdorf (Hg.), Glück auf, Kameraden!, S.249-272 ders., Sozialdemokratie und Freie Gewerkschaften in der Weimarer Republik, in: GMH 34 (1983), S.203-18

ders., The Free Trade Unions and Social Democracy in Imperial Germany, in: Mommsen u. Husung (Hg.), Development of Trade Unionism, S.371-89

ders., Die verspielte Freiheit. Der Weg der Republik von Weimar in den Untergang 1918-1933, Berlin 1989

ders., Regierung ohne Parteien. Konservative Pläne zum Verfassungsumbau am Ende der Weimarer Republik, in: Heinrich August Winkler (Hg.), Die deutsche Staatskrise 1930-1933. Handlungsspielräume und Alternativen, München 1992, S.1-18

ders. u. Ulrich Borsdorf (Hg.), Glück auf, Kameraden! Die Bergarbeiter und ihre Organisationen in Deutschland, Köln 1979

ders., Dietmar Petzina u. Bernd Weisbrod (Hg.), Industrielles System und politische Entwicklung in der Weimarer Republik, Düsseldorf 1974

Mommsen, Wolfgang J. (Hg.) in Zsarb. mit Wolfgang Mock, Die Entstehung des Wohlfahrtsstaates in Großbritannien und Deutschland 1850-1950, Stuttgart 1982 (zuerst ersch. als "The Emergence of the Welfare State in Britain and Germany, 1850-1950", London 1981)

ders., Britain and Germany 1800 to 1914: Two Developmental Paths Towards Industrial Society, London 1986

ders., Einführung: Deutscher und britischer Liberalismus. Versuch einer Bilanz, in: Langewiesche (Hg.), Liberalismus im 19. Jahrhundert, S.211-22

ders., Perspektivengebundenheit und Objektivität historischer Forschung, in: Zeitschrift für Geschichtswissenschaft 40 (1992), S.341-49

ders. u. Hans-Gerhard Husung (Hg.), The Development of Trade Unionism in Great Britain and Germany 1880-1914, London usw. 1985 (zuerst ersch. als "Auf dem Weg zur Massengewerkschaft. Die Entwicklung der Gewerkschaften in Deutschland und Großbritannien 1880-1914", Stuttgart 1984)

Morgan, Austen, J. Ramsay MacDonald, Manchester 1987

Morgan, Jane, Conflict and Order. The Police and Labour Disputes in England and Wales, 1900-1939, Oxford 1987

Morgan, Kenneth O., The High and Low Politics of Labour: Keir Hardie to Michael Foot, in: Bentley u. Stevenson (Hg.), High and Low Politics, S.285-312

Mortimer, J. E., A History of the Association of Engineering and Shipbuilding Draughtmen, London 1960 ders., History of the Boilermakers' Society, Bd.2: 1906-1939, London 1982

Moses, John A., Trade Unionism in Germany from Bismarck to Hitler 1869-1933, Bd.2: 1919-1933, London 1982

Mowat, Charles L., Britain between the Wars, London 1956

Müller, Dirk H., Der Syndikalismus in der deutschen Gewerkschaftsbewegung vor 1914, in: Matthias u. Schönhoven (Hg.), Solidarität und Menschenwürde, S.57-68

ders., Syndicalism and Localism in the German Trade Union Movement, in: Mommsen u. Husung (Hg.), Development of Trade Unionism, S.239-49

Müller-Jentsch, Walther, Versuch über die Tarifautonomie. Entstehung und Funktionen kollektiver Verhandlungssysteme in Goßbritannien und Deutschland, in: Leviathan 11 (1983), S.118-50

Muhs, Rudolf, Deutscher und britischer Liberalismus im Vergleich. Trägerschichten, Zielvorstel-lungen und Rahmenbedingungen (ca. 1830-1870), in: Langewiesche (Hg.), Liberalismus im 19. Jahrhundert, S.223-51

Munting, Roger, u. B. A. Holderness, Crisis, Recovery and War. An Economic History of Continental Europe 1918-1945, New York usw. 1991

Muth, Heinrich, Schleicher und die Gewerkschaften 1932. Ein Quellenproblem, in: VfZ 29 (1981), S.189-215

Neebe, Reinhard, Großindustrie, Staat und NSDAP 1930-1933. Paul Silverberg und der Reichsver-band der Deutschen Industrie in der Krise der Weimarer Republik, Göttingen 1981

ders., Unternehmerverbände und Gewerkschaften in den Jahren der großen Krise 1929-33, in: GG 9 (1983), S.302-30

ders., Zwischen Kooperation und Konfrontation: Unternehmerpolitik und Gewerkschaften 1930-1933, in: GMH 4/5 (1983), S.253-64

ders., Konflikt und Kooperation 1930-1933: Anmerkungen um Verhältnis von Kapital und Arbeit in der Weltwirtschaftskrise, in: Abelshauser (Hg.), Weimarer Republik als Wohlfahrtsstaat, S.226-37

Niedhart, Gottfried (Hg.), Einführung in die englische Geschichte, München 1982

ders., Geschichte Englands im 19. und 20. Jahrhundert, München 1987

Nipperdey, Thomas, Interessenverbände und Parteien in Deutschland vor dem Ersten Weltkrieg, in: Hans-Ulrich Wehler (Hg.), Moderne deutsche Sozialgeschichte, Köln 1976(5), S.369-88

Nocken, Ulrich, Corporatism and Pluralism in Modern German History, in: Stegmann u.a. (Hg.), Industrielle Gesellschaft, S.37-56

ders., Korporatistische Theorien und Strukturen in der deutschen Geschichte des 19. und frühen 20. Jahrhunderts, in: Ulrich von Alemann (Hg.), Neokorporatismus, Frankfurt/M. usw. 1981, S.17-39

ders., Weimarer Geschichte(n). Zum neuen amerikanischen Buch "Collapse of the Weimar Republic", in: VSWG 71 (1984), S.505-27

ders. / David Abraham, Noch einmal: "Weimarer Geschichten", in: VSWG 73 (1986), S.61 f.

Nottingham, Christopher J., Recasting Bourgois Britain? The British State in the Years which followed the First World War, in: IRSH 31 (1986), S.227-47

O'Brian, Patrick K., Britain's Economy between the Wars: A Survey of a Counter-Revolution in Economic History, in: Past and Present 115 (1987), S.107-30

Offe, Claus, Korporatismus als System nichtstaatlicher Makrosteuerung? Notizen über seine Voraussetzungen und demokratischen Gehalte, in: GG 10 (1984), S.234-56

Ormerod, P. A., u. G. D. N. Worswick, Unemployment in Interwar Britain, in: JPolEc 90 (1982), S.400-09

Panitch, Leo V., Ideology and Integration: The Case of the British Labour Party, in: Political Studies 19 (1971), S.184-200

Parker, R., British Rearmament 1936-1939; Treasury, Trade Unions and Skilled Labour, in: EHR 96 (1981), S.306-43

Paulmann, Johannes, Arbeitslosigkeit in Großbritannien 1931-1939. Sozial- und Wirtschaftspolitik zwischen Weltwirtschaftskrise und Weltkrieg, Bochum 1989

ders., Arbeitslosigkeit und sonst gar nichts? Zur Entwicklung des britischen Arbeitsmarktes in der ersten Hälfte des 20. Jahrhunderts, 1911-1961, in: VSWG 79 (1992), S.1-34

ders., Arbeitsmarktpolitik in Großbritannien von der Zwischenkriegszeit bis in die Zeit nach dem Zweiten Weltkrieg. Zur Entwicklung eines Politikfeldes, in: HZ 255 (1992), S.345-75

ders., Staat und Arbeitsmarkt in Großbritannien. Krise, Weltkrieg, Wiederaufbau, Göttingen usw. 1993

ders., Auswanderung und Emigrationsförderung in der Zwischenkriegszeit. Zur sozialpolitischen Dimension des britischen Empire, in: Jürgen Kocka, Hans-Jürgen Puhle und Klaus Tenfelde (Hg.), Von der Arbeiterbewegung zum modernen Sozialstaat. Festschr. f. Gerhard A. Ritter zum 65. Geburtstag, München usw. 1994, S.683-702 ders., "Ein Experiment der Sozialökonomie": Agrarische Siedlungspolitik in England und Wales vom Ende des 19. Jahrhunderts bis zum Beginn des Zweiten Weltkrieges, in: GG 21 (1995), S.506-32

Peden, George, Arms, Government and Businessmen, 1935-1945, in: Turner (Hg.), Businessmen and Politics, S.130-45

ders., The "Treasury View" on Public Works and Employment in the Interwar Period, in: EcHR 37 (1984), S.167-81

ders., British Economic and Social Policy: Lloyd George to Margaret Thatcher, Deddington 1985

ders., Britain in the 1930s: A Managed Economy? A Comment, in: EcHR 42 (1989), S.538-43

Pelling, Henry, The British Communist Party. A Historical Profile, London 1958
ders., A History of British Trade Unionism, London 1972(2)

ders., A Short History of the Labour Party, London 1985(8)

Petzina, Dieter, Hauptprobleme der deutschen Wirtschaftspolitik 1932/33, in: VfZ 15 (1967), S.18-55

Petzina, Dietmar, Elemente der Wirtschaftspolitik in der Spätphase der Weimarer Republik, in: VfZ 21 (1973), S.127-33

ders., Die deutsche Wirtschaft in der Zwischenkriegszeit, Wiesbaden 1977

ders., Internationale Aspekte der Wirtschaftspolitik in den dreißiger Jahren, in: VzW 1984, H.1, S.38-46

ders., Arbeitslosigkeit in der Weimarer Republik, in: Abelshauser (Hg.), Weimarer Republik als Wohlfahrtsstaat, S.239-59

ders. u. Werner Abelshauser, Zum Problem der relativen Stagnation der deutschen Wirtschaft in den zwanziger Jahren, in: Mommsen u.a. (Hg.), Industrielles System, S.57-76

Peukert, Detlev J. K., Die Erwerbslosigkeit junger Arbeiter in der Weltwirtschaftskrise in Deutschland 1929-1933, in: VSWG 72 (1985), S.305-28

ders., Die Weimarer Republik. Krisenjahre der Klassischen Moderne, Frankfurt/M. 1987

ders., Wohlfahrtsstaat und Lebenswelt, in: Lutz Niethammer u.a. (Hg.), Bürgerliche Gesellschaft in Deutschland. Historische Einblicke, Fragen, Perspektiven, Frankfurt/M. 1990, S.348-63

Phillips, Gordon A., Trade Unions and Corporatist Politics: the Response of the TUC to Industrial Rationalisation, 1927-33, in: P. J. Waller (Hg.), Politics and Social Change in Modern Britain, Brighton usw. 1987, S.192-212 ders., Britische Gewerkschaften und der Staat, in: Abelshauser (Hg.), Konflikt und Kooperation, S.31-51

Pierenkemper, Toni, Historische Arbeitsmarktforschung: Vorüberlegungen zu einem Forschungsprogramm, in: ders. u. Richard Tilly (Hg.), Historische Arbeitsmarktforschung. Entstehung, Entwicklung und Probleme der Vermarktung von Arbeitskraft, Göttingen 1982, S.9-36

ders., Beschäftigung und Arbeitsmarkt, in: Gerold Ambrosius, Dietmar Petzina u. Werner Plumpe (Hg.), Moderne Wirtschaftgeschichte. Eine Einführung für Historiker und Ökonomen, München 1996, S.243-63

Pimlott, Ben, Labour and the Left in the 1930s, Cambridge usw. 1977

Plumpe, Gottfried, Wirtschaftspolitik in der Weltwirtschaftskrise. Realität und Alternativen, in: GG 11 (1985), S.326-57

Pollard, Sidney, Trade Union Reactions to the Economic Crisis, in: JCH 4 (1969), S.101-15

ders., The Trade Unions and the Depression of 1929-1933, in: Mommsen u.a. (Hg.), Industrielles System, S.237-48

ders., England: Der unrevolutionäre Pionier, in: Kocka (Hg.), Europäische Arbeiterbewegungen, S.21-38

ders., Wege aus der Arbeitslosigkeit - Großbritannien und Schweden, in: VzW 1984, H.1, S.48-61

ders., German Trade Union Policy 1929-1933 in the Light of the British Experience, in: Kruedener (Hg.), Economic Crisis and Political Collapse, S.21-44

ders., Die Krise des Sozialismus in der Zwischenkriegszeit: Großbritannien, in: GG 17 (1991), S.160-81

ders., The Development of the British Economy 1914-1980, London usw. 1991(3)

Potthoff, Heinrich, Die Sozialdemokratie von den Anfängen bis 1945. Kleine Geschichte der SPD, Bd.1, Bonn-Bad Godesberg 1975

ders., Gewerkschaften in Weltkrieg und Revolution: Kontinuität und Wandel, in: Matthias u. Schönhoven (Hg.), Solidarität und Menschenwürde, S.107-31

ders., Die Freien Gewerkschaften. Perspektiven, Programme und Praxis, in: Saage (Hg.), Solidargemeinschaft und Klassenkampf, S.15-42

ders., Freie Gewerkschaften und sozialistische Parteien in Deutschland, in: AfS 26 (1986), S.49-85 ders., Freie Gewerkschaften 1918-1933. Der Allgemeine Deutsche Gewerkschaftsbund in der Weimarer Republik, Düsseldorf 1987

Preller, Ludwig, Sozialpolitik in der Weimarer Republik, Kronberg/Ts. usw. 1978 (unveränd. Nachdr. von 1949)

Prochaska, Alice, History of the General Federation of Trade Unions, 1899-1980, London usw. 1982

Pugh, Martin, The Making of Modern British Politics 1867-1939, Oxford 1982

ders., State and Society: British Political and Social History, 1870-1992, London usw. 1994

Puhle, Hans-Jürgen, Parlament, Parteien und Interessenverbände, in: Michael Stürmer (Hg.), Das kaiserliche Deutschland. Politik und Gesellschaft 1870-1918, Düsseldorf 1976(2), S.340-77

ders., Theorien in der Praxis des vergleichenden Historikers, in: Jürgen Kocka u. Thomas Nipperdey (Hg.), Theorie und Erzählung in der Geschichte, München 1979, S.119-36

ders., Historische Konzepte des entwickelten Industriekapitalismus. "Organisierter Kapitalismus" und "Korporatismus", in: GG 10 (1984), S.165-84

Pyta, Wolfram, Gegen Hitler und für die Repubik. Die Auseinandersetzung der deutschen Sozialdemokratie mit der NSDAP in der Weimarer Republik, Düsseldorf 1989

ders., Politische Kultur und Wahlen in der Weimarer Republik, in: Gerhard A. Ritter (Hg.), Wahlen und Wahlkämpfe in Deutschland. Von den Anfängen im 19. Jahrhundert bis zur Bundesrepublik, Düsseldorf 1997, S.197-239

Radice, Lisanne, Beatrice and Sidney Webb. Fabian Socialists, London usw. 1984

Ramm, Thilo, Die Arbeitsverfassung der Weimarer Republik, in: F. Gamillscheg u.a. (Hg.), In Memoriam Sir Otto Kahn-Freund, München 1980, S.225-46

Rawnsley, Stuart, The Membership of the British Union of Fascists, in: Lunn u. Thurlow (Hg.), British Fascism, S.150-65

Richards, Peter G., The Recent History of Local Fiscal Reform, in: S. J. Bailey u. R. Paddison (Hg.), The Reform of Local Government Finance in Britain, London/New York 1988, S.25-41

Richardson, Harry W., Economic Recovery in Britain, 1932-9, London 1967

Ritschel, Daniel, A Corporatist Economy in Britain? Capitalist Planning for Industrial Self-government in the 1930s, in: EHR 106 (1991), S.41-65

Ritschl, Albrecht, Zu hohe Löhne in der Weimarer Republik? Eine Auseinandersetzung mit Holtfrerichs Berechnungen zur Lohnposition der Arbeiterschaft 1925-1932, in: GG 16 (1990), S.375-402

Ritter, Gerhard A., Staat, Arbeiterschaft und Arbeiterbewegung in Deutschland. Vom Vormärz bis zum Ende der Weimarer Republik, Berlin usw. 1980

ders., Sozialversicherung in Deutschland und England. Entstehung und Grundzüge im Vergleich, München 1983

ders., Die neuere Sozialgeschichte in der Bundesrepublik, in: Jürgen Kocka (Hg.), Sozialgeschichte im internationalen Überblick. Ergebnisse und Tendenzen der Forschung, Darmstadt 1989, S.19-88

ders., Der Sozialstaat. Entstehung und Entwicklung im internationalen Vergleich, München 1991 (2., überarb. u. erhebl. erweit. Aufl.)

ders. u. Klaus Tenfelde, Der Durchbruch der Freien Gewerkschaften Deutschlands zur Massenbewegung im letzten Viertel des 19. Jahrhunderts, in: Vetter (Hg.), Vom Sozialistengesetz, S.61-120

Roberts, B. C., Trade Union Government and Administration in Great Britain, London 1957(2)

ders., The Trades Union Congress 1886-1921, London 1958

Roberts, Richard, The Administrative Origins of Industrial Diplomacy: an Aspect of Government-Industry Relations, 1929-1935, in: Turner (Hg.), Businessmen and Politics, S.93-104

Rodgers, T., Employers' Organizations, Unemployment and Social Politics in Britain during the Interwar Period, in: Social History 13 (1988), S.315-42

Rose, Richard, Politics in England. Change and Persistence, London usw. 1989(5)

Rosenberg, Arthur, Entstehung und Geschichte der Weimarer Republik, hrsg. u. eingel. v. Kurt Kersten, Frankfurt/M. 1983

Rosenhaft, Eve, u. W. R. Lee, State and Society in Modern Germany: Beamtenstaat, Klassenstaat, Wohlfahrtsstaat, in: dies. (Hg.), The State and Social Change in Germany, 1880-1980, New York usw. 1990, S.1-33

Ruck, Michael, Von der Arbeitsgemeinschaft zum Zwangstarif. Die Freien Gewerkschaften im sozialen und politischen Kräftefeld der frühen Weimarer Republik, in: Matthias u. Schönhoven (Hg.), Solidarität und Menschenwürde, S.133-52

ders., Der Wohnungsbau - Schnittpunkt von Sozial- und Wirtschaftspolitik. Probleme der öffentlichen Wohnungspolitik in der Hauszinssteuerära (1924/25-1930/31), in: Abelshauser (Hg.), Weimarer Republik als Wohlfahrtsstaat, S.91-123

ders., Die öffentliche Wohnungsbaufinanzierung in der Weimarer Republik. Zielsetzungen, Ergebnisse, Probleme, in: Axel Schildt u. Arnold Sywottek (Hg.), Massenwohnung und Eigenheim. Wohnungsbau und Wohnen in der Großstadt seit dem Ersten Weltkrieg, Frankfurt/M. usw. 1988, S.150-200 ders., Gewerkschaften - Staat - Unternehmer. Die Gewerkschaften im sozialen und politischen Kräftefeld 1914-1933, Köln 1990

ders., Wirtschaft und Arbeitsgesellschaft im Zeichen der Großen Krise, in: Bayrische Landeszentrale für politische Bildungsarbeit (Hg.), Die Weimarer Republik, Bd.3: Das Ende der Demokratie, 1929-1933, München 1995, S.131-70

Saage, Richard (Hg.), Solidargemeinschaft und Klassenkampf. Politische Konzeptionen der Sozialdemokratie zwischen den Weltkriegen, Frankfurt/M. 1986

Sanmann, Horst, Daten und Alternativen der deutschen Wirtschafts- und Finanzpolitik in der Ära Brüning, in: Hamburger Jahrbuch für Wirtschafts- und Gesellschaftspolitik 10 (1965), S.109-140

Saul, Klaus, Zwischen Repression und Integration. Staat, Gewerkschaften und Arbeitskampf im kaiserlichen Deutschland 1884 bis 1914, in: Klaus Tenfelde u. Heinrich Volkmann (Hg.), Streik. Zur Geschichte des Arbeitskampfes in Deutschland während der Industrialisierung, München 1981, S.209-36

Schieder, Theodor, Möglichkeiten und Grenzen vergleichender Methoden in der Geschichtswissenschaft, in: ders., Geschichte als Wissenschaft. Eine Einführung, München usw. 1965, S.187-211

Schiffmann, Dieter, Die Freien Gewerkschaften und das Scheitern der Regierung Müller 1930, in: Matthias u. Schönhoven (Hg.), Solidarität und Menschenwürde, S.187-207

Schildt, Axel, Wer hat die Weimarer Republik zerstört?, in: BdiP 28 (1983), S.7-18

ders., Militärische Ratio und Integration der Gewerkschaften. Zur Querfrontkonzeption der Reichs-wehrführung am Ende der Weimarer Republik, in: Saage (Hg.), Solidargemeinschaft und Klassen-kampf, S.346-64

ders., Das Kabinett Kurt von Schleicher, in: Bayrische Landeszentrale für politische Bildungsarbeit (Hg.), Die Weimarer Republik, Bd.3: Das Ende der Demokratie, 1929-1933, München 1995, S.391-444

Schildt, Gerhardt, Die Arbeiterschaft im 19. und 20. Jahrhundert, München 1996

Schmidt, Gustav, Politischer Liberalismus, "Landed Interests" und Organisierte Arbeiterschaft, 1850-1880. Ein deutsch-englischer Vergleich, in: Lothar Gall (Hg.), Liberalismus, Königstein/Ts. 1985 (3., erweit. Aufl.), S.232-53 (zuerst ersch. in: Hans-Ulrich Wehler (Hg.), Sozialgeschichte heute, Göttingen 1974, S.266-88)

Schmidt, Manfred G., Arbeitsmarktpolitik, in: Pipers Wörterbuch zur Politik, Bd.2, S.28-32

Schmidt-Liebich, Jochen, Daten der englischen Geschichte. Von den Anfängen bis zur Gegenwart, München 1977

Schmitter, Philippe C., Still the Century of Corporatism?, in: Review of Politics 36 (1974), S.85-131

ders., Interessenvermittlung und Regierbarkeit, in: Alemann u. Heinze (Hg.), Verbände und Staat, S.92-114

Schneider, Michael, Konjunkturpolitische Vorstellungen der Gewerkschaften in den letzten Jahren der Weimarer Republik. Zur Entwicklung des Arbeitsbeschaffungsplans des ADGB, in: Mommsen u.a. (Hg.), Industrielles System, S.226-37

ders., Das Arbeitsbeschaffungsprogramm des ADGB. Zur gewerkschaftlichen Politik in der Endphase der Weimarer Republik, Bonn-Bad Godesberg 1975

ders., Unternehmer und Demokratie. Die freien Gewerkschaften in der unternehmerischen Ideologie der Jahre 1918 bis 1933, Bonn-Bad Godesberg 1975

ders., "Arbeitsbeschaffung" und "Umbau der Wirtschaft". Probleme der gewerkschaftlichen Programmatik in den letzten Jahren der Weimarer Republik, in: GMH 27 (1976), S.665-77

ders., Arbeitsbeschaffung. Die Vorstellungen von Freien Gewerkschaften und SPD zur Bekämpfung der Wirtschaftskrise, in: Wolfgang Luthardt (Hg.), Sozialdemokratische Arbeiterbewegung und Weimarer Republik. Materialien zur gesellschaftlichen Entwicklung 1927-1933, Bd.1, Frankfurt/M. 1978, S.220-31, u. Dokumente, S.232 ff.

ders., Tolerierung - Opposition - Auflösung. Die Stellung des Allgemeinen Deutschen Gewerkschaftsbundes zu den Regierungen Brüning bis Hitler, in: Wolfgang Luthardt (Hg.), Sozialdemokratische Arbeiterbewegung und Weimarer Republik. Materialien zur gesellschaftlichen Entwicklung 1927-1933, Bd.1, Frankfurt/M. 1978, S.150-67, u. Dokumente, S.169 ff.

ders., Von der Deflations- und Arbeitsbeschaffungspolitik in der Krise der 30er Jahre. Aspekte eines internationalen Vergleichs, in: GMH 33 (1982), S.65-73

ders., Gewerkschaften und Wirtschaftskrise. Ein Streifzug durch die "Gewerkschafts-Zeitung" (1929-1933), in: Gewerkschafts-Zeitung. Organ des Allgemeinen Deutschen Gewerkschaftsbundes, 43. Jg. 1933, Nachdr.: Berlin usw. 1983, Anhang, S.[47-72]

ders., Arbeitsbeschaffungspolitik zwischen sozialer Reaktion und Zerschlagung der Gewerkschaften 1932 bis 1933, in: Ernst Breit (Hg.), Aufstieg des Nationalsozialismus, Untergang der Republik, Zerschlagung der Gewerkschaften. Dokumentation der historisch-politischen Konferenz des DGB im Mai 83 in Dortmund, Köln 1984, S.148-56

ders., Zwischen Machtanspruch und Integrationsbereitschaft: Gewerkschaften und Politik 1918-1933, in: Bracher u.a. (Hg.), Weimarer Republik, S.179-96

ders., Kleine Geschichte der Gewerkschaften. Ihre Entwicklung in Deutschland von den Anfängen bis heute, Bonn 1989

Schönhoven, Klaus, Expansion und Konzentration. Studien zur Entwicklung der Freien Gewerkschaften im Wilhelminischen Deutschland 1890 bis 1914, Stuttgart 1980

ders., Selbsthilfe als Form von Solidarität. Das gewerkschaftliche Unterstützungswesen im Deutschen Kaiserreich bis 1914, in: AfS 20 (1980), S.147-93

ders., Innerorganisatorische Probleme der Gewerkschaften in der Endphase der Weimarer Republik, in: Gewerkschafts-Zeitung. Organ des Allgemeinen Deutschen Gewerkschaftsbundes, 43. Jg. 1933, Nachdr.: Berlin usw. 1983, Anhang, S.[73]-[104]

ders., Localism - Craft Union - Industrial Union: Organizational Patterns in German Trade Unionism, in: Mommsen u. Husung (Hg.), Development of Trade Unionism, S.219-35

ders., Die deutschen Gewerkschaften, Frankfurt/M. 1987

ders., Die Vision der Wirtschaftsdemokratie. Programmatische Perspektiven der Freien Gewerkschaften in der Weimarer Republik, in: Hermann Weber (Hg.), Gewerkschaftsbewegung und Mitbestimmung in Geschichte und Gegenwart. Ergebnisse einer polnisch-deutschen Tagung, Düsseldorf 1989, S.33-53

ders., Reformismus und Radikalismus. Gespaltene Arbeiterbewegung im Weimarer Sozialstaat, München 1989

ders., Die regionale Ausbreitung der deutschen Gewerkschaften im Kaiserreich 1890-1918, in: Gerhard A. Ritter (Hg.) unter Mitarb. v. E. Müller-Luckner, Der Aufstieg der deutschen Arbeiterbewegung. Sozialdemokratie und Freie Gewerkschaften im Parteiensystem und Sozialmilieu des Kaiserreichs, München 1990, S.345-78

ders., Strategie des Nichtstuns? Sozialdemokratischer Legalismus und kommunistischer Attentismus in der Ära der Präsidialkabinette, in: Heinrich August Winkler (Hg.) unter Mitarb. v. E. Müller-Luckner, Die deutsche Staatskrise 1930-1933. Handlungsspielräume und Alternativen, München 1992, S.59-75

ders., Von der Kooperation zur Konfrontation. Gewerkschaften, Arbeitgeber und Staat in der Weimarer Republik, in: Frank von Auer u. Franz Segbers (Hg.), Sozialer Protestantismus und Gewerkschaftsbewegung. Kaiserreich - Weimarer Republik - Bundesrepublik Deutschland, Köln 1994, S.131-48

Schuker, Stephen A., Ambivalent Exile: Heinrich Brüning and America's Good War, in: Buchheim u.a. (Hg.), Zerrissene Zwischenkriegszeit, S.329-56

Schulz, Gerhard, Reparationen und Krisenprobleme nach dem Wahlsieg der NSDAP 1930. Betrachtungen zur Regierung Brüning, in: VSWG 67 (1980), S.200-22

ders., Inflationstrauma, Finanzpolitik und Krisenbekämpfung in den Jahren der Wirtschaftskrise, 1930-1933, in: Feldman (Hg.), Nachwirkungen der Inflation, S.261-96

Simpson, Bill, Labour: The Unions and the Party. A Study of the Trade Unions and the British Labour Movement, London 1973

Skidelsky, Robert, Politicians and the Slump. The Labour Government of 1929-1931, London 1967

ders., Oswald Mosley, London 1975

ders., Reflections on Mosley and British Fascism, in: Lunn u. Thurlow (Hg.), British Fascism, S.78-99

ders., Keynes und die Treasury: Argumente für und wider eine aktive Arbeitslosenpolitik 1920-1939, in: Mommsen (Hg.), Entstehung des Wohlfahrtsstaates, S.175-95

ders., John Maynard Keynes, Bd.2: The Economist as Saviour 1920-1937, London 1992

Skrzypczak, Henryk, Fälscher machen Zeitgeschichte. Ein quellenkritischer Beitrag zur Gewerkschaftspolitik in der Ära Papen und Schleicher, in: IWK 11 (1975), S.452-71

ders., Zur Strategie der Freien Gewerkschaften in der Weimarer Republik, in: Vetter (Hg.), Vom Sozialistengesetz, S.201-27

ders., Gewerkschaften und Parteien. Das Beispiel Freie Gewerkschaften und Sozialdemokratie 1890-1933, in: GMH 33 (1982), S.465-77

ders., Kanzlerwechsel und Einheitsfront. Abwehrreaktionen der Arbeiterbewegung auf die Machtübergabe an Franz von Papen, in: IWK 18 (1982), S.482-99

ders., Revolutionäre Gewerkschaftspolitik in der Weltwirtschaftskrise, in: GMH 34 (1983), S.264-77

Sontheimer, Kurt, Antidemokratisches Denken in der Weimarer Republik. Die politischen Ideen des deutschen Nationalismus zwischen 1918 und 1933, München 1983(2)

ders., Die politische Kultur der Weimarer Republik, in: Bracher u.a. (Hg.), Weimarer Republik, S.454-64

Southall, Humphrey R., The Origins of the Depressed Areas: Unemployment, Growth, and Regional Economic Structure in Britain before 1914, in: EcHR 41 (1988), S.236-58

Stachura, Peter D., The Social and Welfare Implications of Youth Unemployment in Weimar Germany, 1929-1933, in: ders. (Hg.), Unemployment and the Great Depression, S.121-47

ders. (Hg.), Unemployment and the Great Depression in Weimar Germany, London 1986

Stegmann, Dirk, Die Silverberg-Kontroverse 1926. Unternehmerpolitik zwischen Reform und Restauration, in: Hans-Ulrich Wehler (Hg.), Sozialgeschichte heute. Festschr. f. Hans Rosenberg, Göttingen 1974, S.594-610

ders., Bernd-Jürgen Wendt u. Peter-Christian Witt (Hg.), Industrielle Gesellschaft und politisches System. Beiträge zur politischen Sozialgeschichte. Festschr. f. Fritz Fischer, Bonn 1978

Steinberg, Hans-Josef, Die Entwicklung des Verhältnisses von Gewerkschaften und Sozialdemokratie bis zum Ausbruch des Ersten Weltkrieges, in: Vetter (Hg.), Vom Sozialistengesetz, S.121-34

ders., Sozialismus und deutsche Sozialdemokratie. Zur Ideologie der Partei vor dem 1. Weltkrieg, Berlin usw. 1979 (5., erweit. Aufl.)

Stephan, Cora, Wirtschaftsdemokratie und Umbau der Wirtschaft, in: Wolfgang Luthardt (Hg.), Sozialdemokratische Arbeiterbewegung und Weimarer Republik. Materialien zur gesellschaftlichen Entwicklung 1927-1933, Bd.1, Frankfurt/M. 1978, S.281-92, u. Dokumente, S.293 ff.

Stevenson, John, The Politics of Violence, in: Gillian Peele u. Chris Cook (Hg.), The Politics of Reappraisal 1918-1939, London 1975, S.146-65

ders., The Making of Unemployment Policy, 1931-35, in: Bentley u. Stevenson (Hg.), High and Low Politics, S.182-213

ders., British Society 1914-45, London usw. 1984

ders. u. Chris Cook, The Slump. Society and Politics during the Depression, London usw. 1979

Sturm, Reinhard, Faschismusauffassungen der Sozialdemokratie in der Weimarer Republik, in: Saage (Hg.), Solidargemeinschaft und Klassenkampf, S.302-330

Tampke, Jürgen, Die Sozialisierungsbewegung im Steinkohlenbergbau an der Ruhr, in: Mommsen u. Borsdorf (Hg.), Glück auf, Kameraden!, S.225-248

Taylor, A. J. P., English History 1914-1945, Oxford usw. 1992 (zuerst ersch. 1965 als Bd.15 d. Oxford History of England)

Taylor, Andrew J., The Miners and Nationalisation, 1931-36, in: IRSH 28 (1983), S.176-99

Taylor, Ian, Ideology and Policy, in: Cook u. ders. (Hg.), Labour Party, S.1-31

Tenfelde, Klaus, Linksradikale Strömungen in der Ruhrbergarbeiterschaft 1905 bis 1919, in: Mommsen u. Borsdorf (Hg.), Glück auf, Kameraden!, S.199-223

ders., Zur Geschichte der Industriellen Beziehungen im Bergbau, in: Feldman u. ders. (Hg.), Bergbau, S.7-14

ders., Klaus Schönhoven, Michael Schneider u. Detlev J. K. Peukert, Geschichte der deutschen Gewerkschaften von den Anfängen bis 1945, Köln 1987

Thomas, Mark, Rearmament and Economic Recovery in the late 1930s, in: EcHR 36 (1983), S.552-79

Thomson, David, England in the Twentieth Century (1914-79), Harmondsworth 1983

Thorpe, Andrew, Arthur Henderson and the British Political Crisis of 1931, in: HJ 31 (1988), S.117-39

ders., The British General Election of 1931, Oxford 1991
ders., Britain in the 1930s: The Deceptive Decade, Oxford usw. 1992

ders., The Industrial Meaning of "Gradualism": The Labour Party and Industry, 1918-1931, in: JBS 35 (1996), S.84-113

Thurlow, Richard C., The Return of Jeremiah: The Rejected Knowledge of Sir Oswald Mosley in the 1930s, in: Lunn u. Thurlow (Hg.), British Fascism, S.100-13

ders., Fascism in Britian. A History, 1918-1985, Oxford 1987

Tilly, Richard, Bemerkungen zur Kontroverse über die Wirtschaftskrise der Weimarer Republik, in: Henning u.a. (Hg.), Wirtschafts- und sozialgeschichtliche Forschungen, S.347-73

Tomlinson, J. D., Unemployment and Government Policy Between the Wars: A Note, in: JCH 13 (1978), S.65-78

ders., Public Policy and the Economy since 1900, Oxford 1990

ders. / Alan Booth u. Sean Glynn, Interwar Unemployment - Two Views, in: JCH 17 (1982), S.545-55

Treue, Wilhelm, Der deutsche Unternehmer in der Weltwirtschaftskrise 1928-1933, in: Werner Conze u. Hans Raupach (Hg.), Die Staats- und Wirtschaftskrise des Deutschen Reichs 1929/33, Stuttgart 1967, S.82-125

Tunzelmann, N. von, Britain 1900-45: A Survey, in: Roderick Floud u. Donald McCloskey (Hg.), The Economic History of Britain since 1700, Bd.2: 1860 to the 1970s, Cambridge 1981, S.239-64

Turner, Henry Ashby Jr., Sozialdemokratische Stereotypen über den Nationalsozialismus am Ende der Weimarer Republik, in: Christian Jansen, Lutz Niethammer u. Bernd Weisbrod (Hg.), Von der Aufgabe der Freiheit. Politische Verantwortung und bürgerliche Gesellschaft im 19. und 20. Jahrhundert. Festschr. f. Hans Mommsen zum 5. November 1995, Berlin 1995, S.163-70

Turner, John (Hg.), Businessmen and Politics. Studies of Business Activity in British Politics, 1900-1945, London usw. 1984

Ullmann, Hans-Peter, Industrielle Interessen und die Entstehung der deutschen Sozialversicherung, 1880-1889, in: HZ 229 (1979), S.574-610 ders., Deutsche Unternehmer und Bismarcks Sozialversicherungssystem, in: Mommsen (Hg.), Entstehung des Wohlfahrtsstaates, S.142-58

ders., Interessenverbände in Deutschland, Frankfurt/M. 1988

ders., Wirtschaftsverbände in Deutschland, in: Zeitschrift für Unternehmensgeschichte 35 (1990), S.95-115

Verenkotte, Clemens, Das brüchige Bündnis. Amerikanische Anleihen und deutsche Industrie 1924-1934, Phil.Diss., Freiburg i. Br. 1991

Vetter, Heinz Oskar (Hg.), Vom Sozialistengesetz zur Mitbestimmung. Zum 100. Geburtstag von Hans Böckler, Köln 1975

ders. (Hg.), Aus der Geschichte lernen - die Zukunft gestalten. Dreißig Jahre DGB. Protokoll der wissenschaftlichen Konferenz zur Geschichte der Gewerkschaften vom 12. und 13. Oktober 1979 in München, Köln 1980

Vierhaus, Rudolf, Auswirkungen der Krise um 1930 in Deutschland. Beiträge zu einer historisch-psychologischen Analyse, in: Werner Conze u. Hans Raupach (Hg.), Die Staats- und Wirtschaftskrise des Deutschen Reichs 1929/33, Stuttgart 1967, S.155-75

Volkmann, Hans-Erich, Die NS-Wirtschaft in Vorbereitung des Krieges, in: Wilhelm Deist, Manfred Messerschmidt, ders. u. Wolfram Wette (Hg.), Ursachen und Voraussetzungen des Zweiten Weltkrieges, Frankfurt/M. 1989, S.211-435

Vorstand der Industriegewerkschaft Metall (Hg.), 100 Jahre Industriegewerkschaft 1891 bis 1991. Vom Deutschen Metallarbeiter-Verband zur Industriegewerkschaft Metall. Ein Bericht in Wort und Bild, Köln o.J. [1991]

Wagenführ, R., u. W. Voss, Trade Unions and the World Economic Crisis, in: Herman van der Wee (Hg.), The Great Depression Revisited. Essays on the Economics of the Thirties, Den Haag 1972, S.258-68

Webster, C., Health, Welfare and Unemployment During the Depression, in: Past and Present 109 (1985), S.204-30

Wehler, Hans-Ulrich, Der Aufstieg des Organisierten Kapitalismus und Interventionsstaates in Deutschland, in: Winkler (Hg.), Organisierter Kapitalismus, S.36-57

ders., Anwendung von Theorien in der Geschichtswissenschaft, in: Jürgen Kocka u. Thomas Nipperdey (Hg.), Theorie und Erzählung in der Geschichte, München 1979, S.17-39

Weisbrod, Bernd, Schwerindustrie in der Weimarer Republik. Interessenpolitik zwischen Stabilisierung und Krise, Wuppertal 1978

ders., Economic Power and Political Stability Revisited: Heavy Industry in Weimar Germany, in: Social History 4 (1979), S.241-63 ders., Die Krise der Arbeitslosenversicherung und der Bruch der Großen Koalition (1928-1930), in: Mommsen (Hg.), Entstehung des Wohlfahrtsstaates, S.196-212

ders., Konsens oder Konflikt? Unternehmer und Gewerkschaften in der Krise 1928 bis 1933, in: Ernst Breit (Hg.), Aufstieg des Nationalsozialismus, Untergang der Republik, Zerschlagung der Gewerkschaften. Dokumentation der historisch-politischen Konferenz des DGB im Mai 83 in Dortmund, Köln 1984, S.137-47

ders., Die Befreiung von den "Tariffesseln". Deflationspolitik als Krisenstrategie in der Ära Brüning, in: GG 11 (1985), S.295-325

ders., Arbeitgeberpolitik und Arbeitsbeziehungen im Ruhrbergbau. Vom "Herr-im-Haus" zur Mitbestimmung, in: Feldman u. Tenfelde (Hg.), Bergbau, S.107-62

ders., Der englische "Sonderweg" in der neueren Geschichte, in: GG 16 (1990), S.233-52

ders., Kapital und Arbeit: Der umstrittene Gesellschaftsvertrag, in: Lutz Niethammer u.a. (Hg.), Bürgerliche Gesellschaft in Deutschland. Historische Einblicke, Fragen, Perspektiven, Frankfurt/M. 1990, S.332-47, 679-83

ders., Gewalt in der Politik. Zur politischen Kultur in Deutschland zwischen den beiden Weltkriegen, in: GWU 43 (1992), S.391-404

Wende, Peter, Geschichte Englands, Stuttgart 1985

Wendt, Bernd-Jürgen, War Socialism - Erscheinungsformen und Bedeutung des Organisierten Kapitalismus in England im Ersten Weltkrieg, in: Winkler (Hg.), Organisierter Kapitalismus, S.117-49

ders., Whitleyism - Versuch einer Institutionalisierung des Sozialkonfliktes in England am Ausgang des Ersten Weltkrieges, in: Stegmann u.a. (Hg.), Industrielle Gesellschaft, S.337-53

ders., Vom Interventionsstaat zum Industrieparlament. Ordnungspolitische Vorstellungen in England nach dem Ersten Weltkrieg, in: GG 12 (1986), S.5-33

Wengst, Udo, Unternehmerverbände und Gewerkschaften in Deutschland im Jahre 1930, in: VfZ 25 (1977), S.99-119

Whiteside, Noel, u. James A. Gillespie, Deconstructing Unemployment: Developments in Britain in the Interwar Years, in: EcHR 44 (1991), S.665-82

Whiteside, Noelle, Welfare Legislation and the Unions during the First World War, in: HJ 23 (1980), S.857-74

dies., Industrial Labour and Welfare Legislation after the First World War: A Reply, in: HJ 25 (1982), S.443-46

Wilke, Gerhard, Konjunkturpolitik, in: Pipers Wörterbuch zur Politik, Bd.2, S. 191-98

Williams, A., The Labour Party's Attitude to the Soviet Union, 1927-35: An Overview with Specific Reference to Unemployment Policies and Peace, in: JCH 22 (1987), S.71-90

Williamson, Peter J., Corporatism in Perspective. An Introductory Guide to Corporatist Theory, London 1989

Williamson, Philip, "Safety First": Baldwin, the Conservative Party, and the 1929 General Election, in: HJ 25 (1982), S.385-409

ders., A "Bankers' Ramp"? Financiers and the British Political Crisis of August 1931, in: EHR 99 (1984), S.770-806

ders., Financiers, the Gold Standard and British Politics 1925-1931, in: Turner (Hg.), Businessmen and Politics, S.105-29

ders., National Crisis and National Government: British Politics, the Economy and Empire, 1926-1932, Cambridge 1992

Winch, Donald, Britain in the 'Thirties. A Managed Economy?, in: C. H. Feinstein (Hg.), The Managed Economy: Essays in British Economic Policy and Performance Since 1929, Oxford 1983 (Nachdr.; zuerst ersch. 1969), S.47-67

Winkel, Harald, Zur historischen Entwicklung der Arbeitsbeschaffungsmaßnahmen, in: Hamburger Jahrbuch für Wirtschafts- und Gesellschaftspolitik 21 (1976), S.317-32

ders., Der Glaube an die Beherrschbarkeit von Wirtschaftskrisen (1933-1970). Lehren aus der Weltwirtschaftskrise, in: Gerhard Schulz (Hg.), Die Große Krise der dreißiger Jahre. Vom Niedergang der Weltwirtschaft zum Zweiten Weltkrieg, Göttingen 1985, S.17-43

Winkler, Heinrich August, Mittelstand, Demokratie und Nationalsozialismus. Die politische Entwicklung von Handwerk und Kleinhandel in der Weimarer Republik, Köln 1972

ders., Pluralismus oder Protektionismus? Verfassungspolitische Probleme des Verbandswesens im Deutschen Kaiserreich, Wiesbaden 1972

ders. (Hg.), Organisierter Kapitalismus. Voraussetzungen und Anfänge, Göttingen 1974

ders., Vom Protest zur Panik: Der gewerbliche Mittelstand in der Weimarer Republik, in: Mommsen u.a. (Hg.), Industrielles System, S.778-91

ders., Extremismus der Mitte? Sozialgeschichtliche Aspekte der nationalsozialistischen Machtergreifung, in: ders., Liberalismus und Antiliberalismus, S.205-17, 349-53 (zuerst ersch. in: VfZ 20 (1972), S.175-91)

ders., Liberalismus und Antiliberalismus. Studien zur politischen Sozialgeschichte des 19. und 20. Jahrhunderts, Göttingen 1979 ders., Organisierter Kapitalismus? Versuch eines Fazits, in: ders., Liberalismus und Antiliberalismus, S.264-71

ders., Mittelstandsbewegung oder Volkspartei? Zur sozialen Basis der NSDAP, in: Wolfgang Schieder (Hg.), Faschismus als soziale Bewegung. Deutschland und Italien im Vergleich, Göttingen 1983(2), S.97-118

ders., Von der Revolution zur Stabilisierung. Arbeiter und Arbeiterbewegung in der Weimarer Republik 1918 bis 1924, Berlin usw. 1984

ders., Der Weg in die Katastrophe. Arbeiter und Arbeiterbewegung in der Weimarer Republik 1930 bis 1933, Berlin usw. 1987

ders., Der Schein der Normalität. Arbeiter und Arbeiterbewegung in der Weimarer Republik 1924 bis 1930, Berlin usw. 1988(2)

ders., Choosing the Lesser Evil: The German Social Democrats and the Fall of the Weimar Republic, in: JCH 25 (1990), S. 205-27

ders. (Hg.) unter Mitarb. v. E. Müller-Luckner, Die deutsche Staatskrise 1930-1933. Handlungsspielräume und Alternativen, München 1992

ders., Weimar 1918-1933. Die Geschichte der ersten deutschen Demokratie, München 1993

ders., "Eine wirklich noch nicht dagewesene Situation": Rudolf Hilferding in der Endphase der Weimarer Republik, in: Jürgen Kocka, Hans-Jürgen Puhle und Klaus Tenfelde (Hg.), Von der Arbeiterbewegung zum modernen Sozialstaat. Festschr. f. Gerhard A. Ritter zum 65. Geburtstag, München usw. 1994, S.131-55

Winter, Jay M., Trade Unions and the Labour Party in Britain, in: Mommsen u. Husung (Hg.), Development of Trade Unionism, S.359-70

Wolffsohn, Michael, Großunternehmer und Politik in Deutschland. Der Nutzen der Arbeitsbeschaffung der Jahre 1932/33 für die Schwer- und Chemieindustrie, in: Zeitschrift für Unternehmensgeschichte 22 (1977), S.109-33

ders., Arbeitsbeschaffung als Wohlfahrtspolitik? Die Endphase der Weimarer Republik, in: Mommsen (Hg.), Entstehung des Wohlfahrtsstaates, S.213-51

Wrigley, Chris J. (Hg.), A History of British Industrial Relations, Brighton, Bd. 1: 1875-1914 (1982); Bd. 2: 1914-1939 (1987)

ders., The First World War and State Intervention in Industrial Relations, 1914-18, in: ders. (Hg.), History of British Industrial Relations, Bd.2, S.23-70

ders., The Trade Unions between the Wars, in: ders. (Hg.), History of British Industrial Relations, Bd.2, S.71-128

Wurm, C. A., Der Exporthandel und die britische Wirtschaft 1919-1939, in: VSWG 68 (1981), S.191-224

Zeitlin, Jonathan, From Labour History to the History of Industrial Relations, in: EcHR 40 (1987), S.159-84

Ziebura, Gilbert, Weltwirtschaft und Weltpolitik 1922/24-1931. Zwischen Rekonstruktion und Zusammenbruch, Frankfurt/M. 1984

Zollitsch, Wolfgang, Einzelgewerkschaften und Arbeitsbeschaffung: Zum Handlungsspielraum der Arbeiterbewegung in der Spätphase der Weimarer Republik, in: GG 8 (1982), S.87-115

ders., Arbeiter zwischen Weltwirtschaftskrise und Nationalsozialismus. Ein Beitrag zur Sozialge-schichte der Jahre 1928 bis 1936, Göttingen 1990

Kolibri 360 GmbH
Ferdinand-Jühlke-Straße 7
99095 Erfurt, Deutschland
produktsicherheit@kolibri360.de

Druck:
CPI Druckdienstleistungen GmbH
im Auftrag der
Kolibri 360 GmbH
Ferdinand-Jühlke-Str. 7
99095 Erfurt